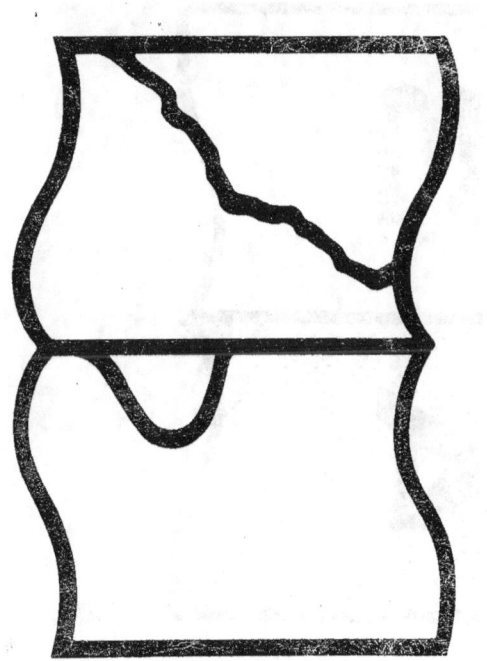

Texte détérioré — reliure défectueuse

NF Z 43-120-11

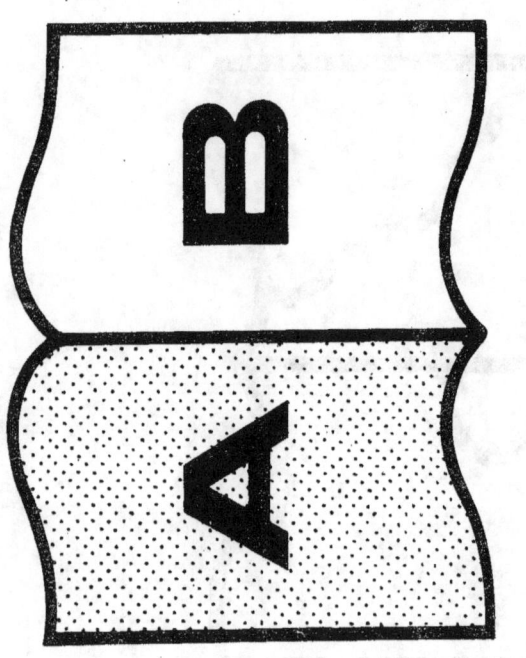

Contraste insuffisant
NF Z 43-120-14

L'HOTEL DE NIORRES

TOME Ier

ERNEST CAPENDU

L'HOTEL DE NIORRES

TOME Ier

PARIS
JULES ROUFF ET Cte ÉDITEURS
14, CLOITRE SAINT-HONORÉ, 14

Tous droits réservés.

L'HOTEL DE NIORRES

2ᵉ Partie — 3ᵉ Partie — 4ᵉ Partie

ROI DES GABIERS — LE TAMBOUR DE LA 32ᵐᵉ DEMI-BRIGADE — BIBI-TAPIN

Par ERNEST CAPENDU

Henri se saisit avidement du papier et le dévora des yeux. (Page 5.)

JULES ROUFF et Cⁱᵉ, Éditeurs, 14, Cloître Saint-Honoré, PARIS

L'HOTEL DE NIORRES

PREMIÈRE PARTIE

I

Une Journée à Versailles

LA PLACE LOUIS XV

Les Champs-Élysées, quoique ayant été de tout temps, depuis leur création, la promenade favorite de l'aristocratie parisienne, n'étaient pas à beaucoup près sous Louis XVI ce qu'ils sont de nos jours.

La promenade, si belle aujourd'hui, mais dont les dernières plantations n'étaient pas alors fort anciennes, se divisait en deux parties : le *Petit-Cours* et le *Grand-Cours*, sous la dénomination générale de *Champs-Élysées*.

En 1768, on avait commencé à tracer la route qui, servant de prolongation à la grande allée des Tuileries, s'étendit jusqu'à Neuilly et sépara le Grand-Cours en deux parties à peu près égales. En 1785 les travaux commencés étaient encore en cours d'exécution.

C'est au commencement de l'été de cette année 1785, vers les premiers jours de juillet, que nous prions le lecteur de vouloir bien se reporter avec nous.

Il était neuf heures du matin, et l'avenue de Neuilly ainsi que la place Louis XV, offraient l'apparence d'une solitude à peu près complète car, sauf un seul personnage, aucun être humain n'animait cette partie de la capitale du royaume.

C'était un homme jeune encore, n'ayant pas dépassé les limites de la trentaine, mais dont les traits fatigués attestaient une maturité anticipée. Il portait, avec une distinction parfaite, l'uniforme des officiers de la marine royale, ce corps réputé, sous l'ancienne monarchie, pour ne se recruter que parmi l'élite de la noblesse française.

Depuis une demi-heure environ que le jeune officier était arrivé sur la limite de la place, il avait circonscrit sa promenade dans un même espace, remontant et descendant successivement la voie nouvelle depuis le Garde-Meuble jusqu'à la rue Saint-Honoré. Vingt fois déjà il s'était arrêté à l'angle de la rue Saint-Honoré, interrogeant du regard la voie populeuse dans la direction de l'église Saint-Roch, comme s'il eût attendu quelque personne devant venir de ce côté.

Jusqu'alors, un même sentiment de déception mêlé d'inquiétude avait, à chaque station nouvelle, fait froncer ses sourcils bruns, lorsque, au moment où neuf heures sonnèrent à l'horloge du château, il laissa échapper de ses lèvres une exclamation joyeuse.

Il était à cet instant sur la limite de la place, et en se retournant pour remonter la rue, il venait d'apercevoir un homme à peu près de son âge et portant un uniforme semblable au sien, qui se dirigeait rapidement vers lui.

Sans doute le premier officier fut frappé de l'expression douloureuse qui se peignait sur le visage du nouvel arrivant, car ses premières paroles furent une anxieuse interrogation :

— Qu'y a-t-il donc, Charles? demanda-t-il en s'arrêtant subitement.

— Un nouveau malheur, Henri, un nouveau crime! répondit le second officier d'une voix tremblante d'émotion.

— Mon Dieu! Blanche ou Léonore...

— Ont encore échappé cette fois! interrompit vivement celui que nous avons entendu nommer Charles.

Henri leva les yeux au ciel avec une expression d'ineffable reconnaissance.

— Mais qui donc a été frappé? demanda-t-il.

— Mme d'Orgerel! répondit Charles.

— Elle est morte?

— Cette nuit.

— Comment? de quelle mort?

— Je l'ignore. Elle est morte, c'est là tout ce que j'ai pu apprendre.

— Quand as-tu su ce malheur?

— Ce crime, veux-tu dire, car cette mort est le résultat d'un crime aussi épouvantable que ceux qui l'ont déjà précédé. J'en ai été instruit il y a une demi-heure à peine.

— Par qui?

— Par une lettre de Blanche. Tiens! lis!

Charles présenta à son compagnon un billet contenant quelques lignes, qu'il tenait convulsivement froissé dans sa main droite.

Henri se saisit avidement du papier, et le dévora des yeux avec une ardeur décelant toute l'importance qu'il mettait à cet écrit.

« Le malheur ne se lasse pas de s'abattre sur notre maison, » lut le jeune officier, tandis que Charles lançait autour de lui un regard investigateur, pour s'assurer qu'aucune oreille indiscrète ne se trouvait à portée d'entendre.

« Cette nuit, continua Henri, à deux heures, Mme d'Orgerel, notre excellente tante, a succombé après une agonie horrible... Le saisissement que nous a causé à tous cette catastrophe inattendue, ne me permet pas encore de rassembler mes esprits pour vous donner des détails sur cet atroce événement.

« Notre oncle et notre mère sont affolés de douleur. Léonore vient de s'évanouir dans mes bras : sa faiblesse est extrême, et moi seule ai la force de vous prévenir tous deux. »

Henri laissa tomber le bras qui tenait la lettre et regarda son ami.

— Horrible! dit-il.

— Et de pareilles choses se passent au centre d'un pays civilisé! ajouta Charles en levant les yeux au ciel, comme pour implorer la puissance du Créateur; dans la capitale de la France! Sommes-nous donc devenus semblables aux féroces peuplades de l'Afrique?

— Ainsi, reprit Henri, en se rapprochant de son interlocuteur, tu persistes dans ta pensée, Charles?

— Oui.

— Tu crois à une succession de crimes?

— J'y crois, Henri, parce que je suis certain du fait, dit Charles avec véhémence.

— Une telle atrocité est-elle donc possible?

— Rappelle-toi M. de Finjac, le riche planteur de la Martinique. Lorsque nous le quittâmes, nous laissâmes à l'habitation une nombreuse famille : une femme charmante, cinq enfants en excellente santé, six domestiques blancs et plus de douze cents nègres. Notre absence fut courte, à peine dura-t-elle quatre semaines, et souviens-toi de notre retour!... L'habitation, si animée jadis, était devenue déserte. Mme de Finjac, ses enfants, ses femmes, ses serviteurs et ses esclaves étaient morts. Le malheureux planteur demeurait presque seul, entouré de trois nègres, et ayant supporté le spectacle de cette agonie de tous les siens.

— Mais cela se passait aux colonies, Charles! Cette série de meurtres avait pour but une vengeance.

— Qui te dit que les crimes accomplis aujourd'hui ne sont pas le résultat d'un sentiment plus violent encore que celui de la haine? Qui te dit que la main d'un misérable et insatiable ambitieux ne sème pas la mort dans cette famille?

— Encore une fois, nous sommes en France, à Paris, et non à la Martinique ou à Saint-Domingue!

— Les pays civilisés sont-ils donc exempts de natures criminelles, et crois-tu le cœur plus gangrené sous une peau noire que sous une poitrine blanche?

— Mais qui donc accuser?

Charles saisit la main de son ami.

— Le fils de la Madone n'est pas mort! murmura-t-il à son oreille.

Henri fit un brusque mouvement.

— Qu'en sais-tu? demanda-t-il.

Charles lâcha la main de son compagnon, et, fouillant dans la poche de sa veste, il prit une seconde lettre qu'il offrit à Henri.

— Lis encore, dit-il. Cette lettre m'a été remise ce matin, quelques instants avant celle de Blanche. Elle porte le timbre de Brest, et, tu le vois, elle t'était adressée, en cas d'absence de ma part.

Henri regarda la suscription placée sur l'enveloppe de la missive que lui présentait son ami, et cette suscription était effectivement ainsi conçue :

« A Monsieur le Marquis Charles d'Herbois, ou, en son absence, à Monsieur le Vicomte Henri de Renneville, rue de Beaujolais-Saint-Honoré, à Paris. »

— Tu venais de partir pour te rendre chez le maréchal de Castries, ajouta le marquis Charles d'Herbois, lorsque le courrier de Brest est arrivé...

M. de Renneville ouvrit vivement la lettre.

— C'est du baron d'Antibes! dit-il en interrogeant la signature de l'épître.

Puis il lut à voix haute :

« Mon bien cher Marquis,

« J'ai reçu votre missive il y a vingt jours à peine, et, ne connaissant pas de plus grande joie que celle que j'éprouve en obligeant mes amis, je me suis mis immédiatement en campagne pour obtenir les renseignements que vous et le vicomte de Renneville me demandez avec une si fiévreuse instance.

« Pour dire vrai, la mission dont me chargeait votre bonne amitié n'était pas précisément facile à remplir; mais, rassurez-vous, j'ai mené l'affaire à bonne fin. Ma situation dans le monde de la province me permettait, heureusement, d'employer les ressources les plus étendues, et je n'y ai point failli.

« Toutes les autorités de Brest, celles de Quimper et celles de Morlaix ont été remuées par moi, et j'ai lancé des éclaireurs sur toutes les routes. Enfin, après dix-huit jours de recherches d'abord infructueuses, après une série de marches et de contremarches dont je passerai les péripéties sous silence, voici ce que je suis parvenu à apprendre de la manière la plus authentique :

« L'homme dont vous me parlez existe peut-être, probablement même à cette heure, bien qu'il ait passé pour mort il y a plusieurs années. Mais où est-il à l'heure où je vous adresse ces lignes? Là est le mystère et un mystère tellement impénétrable que, malgré tout mon désir de vous servir tous deux, malgré ma curiosité vivement surexcitée, malgré mes recherches et celles de tous les lieutenants criminels ou civils de la province, il m'a été impossible, non pas d'avoir une certitude, mais de faire une supposition qui eût le sens commun.

« Quelque temps après la disparition de sa mère, cette femme si connue de toute la ville de Brest, le personnage en question quitta la France pour aller voyager dans l'autre hémisphère. Il revint à Brest en 1775. De mauvaises actions témoignèrent de son nouveau séjour dans sa ville natale. Trois ans après, en 1778, il partit une seconde fois. Ce fut alors que le bruit de sa mort se répandit parmi la classe de gens mal famés dans laquelle il vivait. Depuis cette époque, effectivement, on n'en entendit plus parler.

« Mais deux condamnés aux galères, ses anciens amis et ses camarades de débauches et de crimes, envoyés au bagne il y a six mois à peine, nous ont donné de nouveaux renseignements sur son compte. Ils ont déclaré en ma présence que *Bamboula* (tel est le singulier nom sous lequel était désigné le fils de la Madone) n'avait nullement péri dans une rixe avec les gardes de la Prévôté, qu'il se portait au contraire à merveille et vivait libre et content de son existence en dehors des lois de la société.

« Pressés de questions, les deux galériens ne nous donnèrent que des renseignements vagues. Ils avaient vu Bamboula quelques jours avant leur arrestation. Bamboula était alors à Paris, et paraissait fort mal dans ses affaires, à en juger par son extérieur misérable. Il avait proposé une opération à ses anciens amis. Ceux-ci avaient accepté ; mais au moment où ils allaient au rendez-vous pris avec leur associé pour être mis au courant de ce qu'ils avaient à faire, ils tombèrent dans une embuscade tendue par les agents du lieutenant de police, et furent arrêtés.

« Bamboula était-il pour quelque chose dans cette arrestation? Les deux galériens hésitaient à se prononcer à cet égard. Cependant ils connaissaient trop leur ancien compagnon pour être certains de sa bonne foi.

« Voilà, mon cher marquis, tout ce que j'ai pu apprendre. Les deux galériens n'en savaient pas davantage touchant l'homme en question. Il vit; il était, il y a huit mois, à Paris, dans un état précaire. C'est là le résumé des renseignements que je vous envoie.

« J'ai la certitude, je vous le répète, que ses anciens compagnons de débauche ont dit vrai, et qu'ils ne pouvaient en savoir plus.

« Ai-je rempli ma mission convenablement? Je l'ignore. Je me suis ingénié à faire pour le mieux. Soyez-en, tous deux, convaincus, et croyez-moi, l'un et l'autre, votre ami bien sincèrement affectionné.

« Ferdinand, baron d'Antibes. »

— Eh bien! reprit vivement le marquis d'Herbois lorsque le vicomte eut achevé la lecture de la lettre; tu vois, le fils de la Madone existe! Il est à Paris! Comprends-tu, maintenant, et veux-tu enfin te rendre à l'évidence et croire à cette succession de crimes que tu t'obstines à mettre en doute?

Henri regarda fixement son ami.

— Charles! dit-il d'une voix brève, il faut agir et agir sans perdre un instant. Quand partons-nous?

— Dès que nous aurons vu le ministre.

— Il est à Versailles.

— Tu n'as pas pu le voir ce matin alors?

— Non.

— Eh bien! allons à Versailles; nous prendrons nos ordres de départ, et ensuite...

— Nous sauverons Blanche et Léonore, qui seraient frappées à leur tour si elles demeuraient à Paris, comme l'ont été successivement leurs cousins et leur tante.

Tout en causant, les deux jeunes gens avaient remonté la rue Royale et se trouvaient alors à la hauteur de la rue Saint-Honoré.

— Il est neuf heures un quart, dit le marquis en interrogeant le cadran de sa montre; nous pouvons être à midi à Versailles. La réception chez le roi n'a lieu qu'à deux heures, nous pouvons facilement voir le bailli de Suffren et le maréchal de Castries. Nos ordres d'embarquement doivent être prêts, rien ne nous retiendra plus à Paris ni à Versailles.

— Montez, montez, mes bourgeois! cria le cocher. (Page 12.)

M. de la Pérouse m'a prévenu que l'*Astrolabe* n'appareillerait que le 1er août. Que nous soyons à Brest le 29 juillet, cela est suffisant, donc nous avons vingt jours entiers devant nous : c'est plus qu'il n'en faut pour la réussite de nos projets. Viens, Henri, partons pour Versailles.

— Nous trouverons des voitures au Cours-la-Reine, répondit le vicomte.

Les deux jeunes gens, se prenant mutuellement le bras, se dirigèrent vers la place Louis-XV qu'il s'agissait de traverser dans toute sa largeur sous l'action brûlante du soleil qui l'inondait de ses rayons dorés.

II

LE COURS-LA-REINE

Parmi les privilèges plus ou moins raisonnés, plus ou moins étranges, plus ou moins favorables ou onéreux au public que la Révolution de 1789 a si énergiquement et si rapidement abolis, il en était un qui mérite, certes, d'être rappelé au souvenir de nos lecteurs : c'était celui qui mettait en possession du droit de parcours sur la route royale de Paris à Versailles deux espèces seulement de voitures publiques, faisant défense absolue à tout véhicule de place, fiacre ou charrette, de conduire qui que ce fût, moyennant rétribution et sans permis spécial accordé temporairement, de la capitale du royaume à la résidence ordinaire de la Cour.

Les véhicules privilégiés se rangeaient en deux catégories bien tranchées, portant chacune un nom différent : les *carrabas* et les *pots-de-chambre*.

Le *carrabas* prenait dix sois par voyageur, le *pot-de-chambre* douze; aussi, quand le temps était beau, ce dernier véhicule était-il de beaucoup préféré à l'autre par les gentilshommes de province se rendant à Versailles pour voir le dîner, par les abbés et par les militaires.

Le *carrabas* avait la spécialité des bourgeois, des clercs, des ouvriers et des petits marchands que leurs plaisirs ou leurs affaires appelaient au séjour royal.

Carrabas et *pots-de-chambre* stationnaient, à l'entrée des Champs-Élysées, du côté de la rive droite de la Seine.

C'était quelques instants avant le moment où le marquis d'Herbois était venu annoncer à son ami la fatale nouvelle qui les avait si fort émus tous deux; neuf heures n'étaient point encore sonnées et le vicomte accomplissait encore seul sa promenade dans la rue Royale.

De l'autre côté de la place, une seule voiture stationnait à l'entrée du Cours-la-Reine et cette voiture était un *carrabas*. Elle était absolument vide. Le cocher, descendu de son siège et s'en reposant sur la tranquillité parfaite de son attelage, était allé s'étendre sur l'herbe touffue d'un fossé. Les huit chevaux, les jambes arquées, la tête basse et l'air piteusement résigné, ne tressaillaient même pas sous les piqûres incessantes des moustiques. Les pauvres bêtes ne sentaient plus probablement la douleur. Voiture, chevaux et cocher attendaient, non pas l'heure du départ, car aucun instant précis n'était fixé à cet égard, mais bien l'arrivée d'un nombre suffisant de voyageurs pour se mettre en route.

Enfin comme neuf heures sonnaient et comme le cocher, la tête tournée vers le jardin des Tuileries, jetait un vague coup d'œil sur le quai longeant la terrasse du palais, il aperçut deux ombres se dessinant nettement au milieu du torrent de lumière qui les inondait. Ces deux ombres s'avançant rapidement paraissaient se diriger droit vers le Cours-la-Reine.

— Allons! grommela l'automédon en examinant toujours les promeneurs, en voici deux! Il n'en faut plus que dix-huit! Ils causeront ensemble en attendant les autres et, s'ils ont de la chance, dans une petite heure nous pourrons partir! Quelle diable de corvée m'a donnée là M. Lenoir!

Et enflant la voix en appelant du geste :

— Par ici, bourgeois! par ici! cria-t-il. On n'attend plus que vous pour rouler! nous allons partir! Versailles! Sèvres! Saint-Cloud! Versailles!

Les deux personnages interpellés posaient alors le pied sur le Cours-la-Reine et, regardant autour d'eux avec une certaine inquiétude, semblaient chercher tout autre chose que ce qu'ils trouvaient là. C'était à ce moment précis que le marquis d'Herbois, arrivant par la rue Saint-Honoré, rejoignait le vicomte qui l'attendait rue Royale.

III

LES DEUX RÊVES

En constatant l'espèce d'hésitation témoignée par les nouveaux arrivés à l'endroit du *carrabas* stationnaire, le cocher se précipita, avec les gestes les plus engageants et le sourire le plus affable, vers les deux promeneurs qu'il considérait déjà comme ses pratiques.

Ceux-ci, à peu près de même taille et de même tournure, étaient aussi à peu près de même âge. Tous deux avaient dépassé les limites de l'adolescence, mais atteignaient à peine à celles de la jeunesse. L'un et l'autre paraissaient avoir de seize à dix-sept ans.

Grands, minces, élancés, ils portaient tous deux un costume exactement pareil : bas noirs, habit noir, culottes noires, gilet noir, cravate blanche, souliers à boucles d'argent. Ces vêtements, bien brossés, bien ajustés, avaient, en dépit de leur gravité, contrastant avec l'extrême jeunesse de leurs propriétaires, un certain air de fête qui décelait en eux le costume d'apparat. On devinait aisément que, pliés soigneusement les jours ordinaires dans le fond d'une armoire de famille, habits, gilets et culottes ne voyaient la lumière qu'à propos de circonstances extraordinaires.

Aucun d'eux ne portait l'épée, mais chacun tenait sous son bras gauche un énorme portefeuille de cuir brun.

Ainsi équipés, on eût dit les deux frères, si une différence notable dans les traits du visage et dans l'expression de la physionomie n'eût éloigné au plus vite cette pensée que pouvait faire naître, au premier abord, la similitude du costume.

L'un offrait dans son ensemble l'expression de l'insouciance, de l'audace, de la fierté, de la franchise; l'autre celle de l'ambition, du calcul, de la ruse et de la méchanceté.

Cependant, au moment où nous mettons en scène ces deux jeunes gens, ces expressions si différentes de leur visage faisaient place à un même sentiment : celui de la déception et de l'inquiétude.

— Quoi ! s'écria le premier, le jeune homme aux cheveux châtain clair et aux joues rosées, en accompagnant cette exclamation d'une moue significative. Quoi ! il n'y a plus de *pot-de-chambre*?

— Comme vous voyez, mon bourgeois ! répondit le cocher. Le dernier *pot-de-chambre* est parti tout à l'heure, mais il serait encore là que vous ne voudriez pas y monter, vous préféreriez mon véhicule !... Regardez-moi cela ! Huit chevaux ! Il n'y a que Sa Majesté Louis XVI et moi qui ayons le droit d'atteler huit bêtes sur la route royale de Versailles. Aussi tout ce qu'il y a de mieux à la Cour fait queue pour monter dans mon carrosse !

— Qu'est-ce que tu dis de cet horrible *carrabas*? reprit celui des deux jeunes gens qui avait déjà parlé en s'adressant à son compagnon.

— Je n'en dis rien ! répondit celui-ci en soupirant. Hélas ! je crois qu'il faudra nous résigner, faute de mieux.

— Montez, montez, mes bourgeois ! cria le cocher sans paraître attacher la plus légère importance aux réflexions méprisantes provoquées par sa voiture, montez, montez !... Nous allons rouler !... On part à l'instant !

— Oui, dit le second des deux jeunes gens, nous partirons quand nous serons complets, je connais ce refrain-là.

— Et moi qui me faisais fête, par ce beau temps, d'aller rouler en lapin ! reprit le premier.

— Aussi, Michel, c'est ta faute!
— Comment, ma faute?
— Tu devais venir me prendre à l'étude à huit heures et tu arrives à neuf. Je t'avais bien dit que le *pot-de-chambre* partirait de bonne heure.
— Tiens, je te trouve plaisant, toi! Et mon scélérat de maître clerc qui m'a fait attendre une heure et demie pour me remettre cet acte.

Et le jeune homme frappa de la main droite le grand portefeuille qu'il portait sous le bras gauche et sur la couverture duquel on lisait : *Maître Desrousseau, notaire royal.*

— A propos, reprit l'autre clerc, car évidemment nos deux jeunes promeneurs avaient droit l'un et l'autre à ce titre peu pompeux. A propos, mon cher Ney, chez qui vas-tu à Versailles?
— Je vais faire signer un contrat de vente au vicomte Alexandre de Beauharnais.
— Ah! celui qui a fait la guerre d'Amérique avec Lafayette et Rochambeau?
— Précisément.
— On dit qu'il a une femme qui est diantrement séduisante.
— Et on dit vrai!
— Tu l'as vue, Michel?
— Oui, deux fois déjà!
— Et tu la trouves belle?
— Belle, ce n'est pas le mot, mais jolie, mais charmante! Il y a surtout un charme indicible dans son regard presque toujours voilé par ses longues paupières. Et gracieuse, vois-tu, je ne puis pas te le dire! Et bonne, aimable, douce!
— Peste! quel feu tu mets à me parler de la cliente de ton étude.
— Qu'est-ce que tu veux? Je ne lui ai parlé que deux fois, eh bien! il me semble toujours entendre le son de sa douce voix.
— C'était une demoiselle Tascher de la Pagerie, n'est-ce pas?
— Oui. Mais, dis donc, tu me parais joliment au courant des affaires de Mme Joséphine de Beauharnais, toi qui ne la connais pas.
— Oh! c'est que j'en ai entendu parler hier.
— Chez qui donc?
— Chez un banquier espagnol, le comte de Cabarus, qui est venu à Paris pour la Compagnie des Philippines. Je lui avais porté des actes de la part du patron, et comme j'attendais dans son cabinet, j'ai écouté ce qui se disait dans la pièce voisine, j'aurais entendu tout sans l'arrivée du plus délicieux lutin que tu puisses imaginer : c'était Mlle de Cabarus, la fille du banquier! Une enfant de onze ans à peine; mais tu n'as

jamais rien vu d'aussi frais, d'aussi joli, d'aussi ravissant que ce visage enchanteur.

— Oh! oh! interrompit en riant le clerc de maître Desrousseau; il me semble, monsieur Lambert Tallien, que vous, qui m'accusiez tout à l'heure d'être de flamme pour Mme de Beauharnais, vous n'êtes pas de glace pour Mlle de Cabarus. Vive Dieu! seriez-vous par hasard épris de cette jeune beauté?

— Je la trouve adorable! répondit Lambert Tallien.

— Eh bien! attends quelques années et tu la demanderas en mariage.

Tallien haussa les épaules.

— Ah çà! est-ce que nous partirons ce soir! demanda-t-il en se tournant vers le cocher du carrabas.

— Montez toujours, mes bourgeois, répliqua l'automédon. Dans cinq minutes nous serons complets, et alors au galop jusqu'à Versailles.

— Et toi, Tallien, chez qui vas-tu à Versailles? demanda le premier des jeunes gens.

— Oh! je vais chez un avocat.

— Un avocat, à Versailles?

— Oui. Il n'est là qu'en passant; j'ai à lui communiquer une consultation. Ordinairement il n'habite pas Versailles, ni même Paris, il est du barreau d'Arras.

— Est-ce qu'il est célèbre?

— Ma foi, je le crois en bonne route pour arriver à la célébrité. L'académie de Metz vient de lui décerner, en partage avec Lacretelle, un grand prix à propos d'un mémoire très remarquable dans lequel il fait l'éloge le plus sentimental des vertus philanthropiques de Louis XVI.

— Tiens! tiens! tiens! j'ai entendu parler de cela. Et comment le nommes-tu, ton avocat?

— M. de Robespierre, répondit Tallien. Oh! c'est un garçon qui ira loin et qui fera parler de lui, tu verras. D'abord c'est un poète remarquable. Il a écrit certains madrigaux qui ne sont point à dédaigner. Ce qu'il y a de charmant surtout dans sa poésie légère, c'est le ton de douceur et de sentiment qui y règne. Cet homme-là me fait l'effet d'être tout miel et tout sucre[1].

— Robespierre! Robespierre! répéta du ton d'un homme qui fouille dans sa mémoire, le clerc de maître Desrousseau, le jeune homme au

---

1. Le sujet du Mémoire dans lequel Maximilien de Robespierre fit l'éloge sentimental du roi, qu'il devait quelques années plus tard contribuer à faire traîner au supplice, était : *De l'origine du préjugé qui fait rejaillir sur une famille l'infamie attachée au crime commis par l'un de ses membres.*

visage frais et épanoui et que nous avons entendu nommer Michel Ney. Il me semble que je connais ce monsieur-là ! Attends donc, est-ce que ce n'est pas un garçon de vingt-cinq à vingt-six ans, toujours soigné, musqué, paré, poudré et si bien chaussé, que j'ai rencontré la semaine dernière à ton étude?

— Justement !

— Eh bien ! il a un air pincé qui me déplaît souverainement, ton M. de Robespierre.

— C'est un homme de talent !

— C'est possible, mais il ne doit pas être bon !

— Ah ! par exemple ! Figure-toi que, dernièrement, il a refusé à l'évêque d'Arras d'être chef de sa haute justice pour ne pas être obligé de prononcer contre un accusé la peine de mort[1] !

— Qu'est-ce que tu veux ? il me déplaît.

— Eh bien ! va le lui dire.

— Moi ! s'écria Michel, dont l'œil étincela soudain ; est-ce que tu m'en défies ?

— Là, là, monsieur Michel Ney, dernier clerc de l'étude de Me Desrousseau, notaire royal à Paris ; calmez-vous, de grâce ! Je ne mets nullement en doute votre courage, dit en riant le jeune homme aux lèvres minces. Je suis convaincu que vous perceriez le flanc de tous les avocats du royaume, si cela peut vous être agréable.

— Tu crois, mon cher Tallien, que je me gênerais, peut-être, pour dire son fait à quiconque me déplairait ? fit Michel, dont le regard était toujours animé.

— Je croirai, pour peu que la chose te fasse plaisir, que tu es plus brave qu'un maréchal de France.

Michel partit subitement d'un violent éclat de rire.

— Qu'est-ce qui te prend ? demanda le jeune Tallien avec étonnement.

— Il me prend que tes paroles me rappellent un drôle de rêve que j'ai fait cette nuit.

— Ah ! toi aussi tu as fait un rêve ! dit Tallien, dont le visage sombre se rembrunit encore.

— Oui, reprit Michel. Figure-toi qu'hier soir, j'étais rentré tard, et la cuisine de l'étude était fermée, de sorte que, ayant le gousset absolu-

---

1. Ce fait historique de la vie de Robespierre et de la réalité duquel on ne peut douter, n'assimile-t-il pas le sanguinaire dictateur à l'empereur Néron qui, dans sa jeunesse, pressé de signer un arrêt de mort, eût voulu, disait-il, *ne pas savoir écrire*.
(Note de l'auteur.)

ment à sec, j'ai été contraint de me coucher sans souper. Je ne sais pas si c'est le vide de mon estomac qui a causé la surexcitation de mon cerveau mais, à peine avais-je fermé les yeux, qu'il me sembla que tout mon corps s'allongeait. Je grandissais... je grandissais au point que je dépassais, de toute la hauteur du buste, une foule d'hommes qui m'entouraient. J'avai un beau costume tout parsemé d'or et un grand sabre à la main... et pui tout à coup, mon rêve a changé d'aspect. J'étais toujours grand, toujour richement vêtu; j'avais encore mon grand sabre, mais il me semblait êt au milieu d'un champ de bataille. J'entendais les cris des vaincus, le bru du canon, le choc des armées, et je me jetais au milieu des masses; criais, je frappais...

— Et tu avais un bâton fleurdelisé à la main? interrompit Tallien e riant.

— Ma foi! c'est bien possible... mais je n'en suis pourtant pas bie certain.

— Et sur la poitrine, n'avais-tu pas le cordon bleu et le cordo rouge?

— Oui! j'avais celui-là! dit vivement Michel.

— Peste! la croix du Saint-Esprit et celle de Saint-Louis! Monse gneur, je réclame votre protection!

— Je te la promets! dit Michel, en partageant la gaieté de son con pagnon.

— Et comment s'est achevé ton rêve?

— De la façon la plus prosaïque! Il paraîtrait que je faisais beaucou de bruit en dormant. La vieille servante de M⁰ Desrousseau, qui couc dans une chambre voisine, a frappé rudement à ma cloison, pour m demander si j'avais une indigestion. La vieille sempiternelle savait bie pourtant que je n'avais pas soupé!

— De sorte que ton songe a été interrompu.

— Hélas! oui, au plus beau moment, j'en suis sûr. Dis donc, Tallie

— Quoi?

— Est-ce que tu crois aux rêves, toi?

— Ma foi! non, heureusement.

— Pourquoi, heureusement?

— Parce que si j'y croyais, je serais très tourmenté.

— Bah! tu as eu un songe aussi?

— Oui, cette nuit.

— Oh! raconte-moi cela! Nous avons le temps, puisqu'il n'y a q ce carrabas pour nous conduire à Versailles, et qu'il ne partira pas po nous deux...

En garde! en garde! cria-t-il au maître d'armes. (P. 24.)

— Écoute, alors, dit Tallien, dont le front se rembrunissait à vue d'œil. Dans mon rêve, j'étais sur la mer, il y avait une tempête horrible. Le vaisseau qui me portait fut brisé tout à coup, et je tombai dans les flots.

— Ça signifie chute! dit Michel en riant.

— Oui, mais la chute était affreuse, car, à peine fus-je roulé par les vagues, que je m'aperçus que ces vagues étaient rouges, j'étais au milieu d'une mer de sang.

— Pouah! que tu devais avoir peur?

— Je ne sais pas si j'avais peur; mais, ce que je sais, c'est que je nageais vigoureusement. Je me soutenais parfaitement. Bref, j'allais être sauvé, j'allais atteindre le rivage que je voyais près de moi, lorsque soudain le sang disparut, la mer redevint bleue, se calma...

— Et tu touchais la terre, interrompit Michel.

— Non! au contraire... les flots s'entr'ouvraient et je me sentais enfoncer...

— Tu t'es noyé dans ton rêve?

— Oui.

— Eh bien! est-ce désagréable de mourir sous l'eau?

— Ma foi! je ne me rappelle plus.

— C'est singulier que nous ayons fait chacun, la même nuit, deux rêves si différents. Dis donc, avais-tu soupé, toi?

— Oui, et copieusement encore.

— Alors, la chose s'explique. La digestion aura été pénible, tandis que moi, rien ne me gênait l'estomac. Simple question de circulation de sang.

— C'est possible.

— Ah çà! mais, dit Michel en se tournant vers le cocher, lequel attendait fort patiemment la fin de la conversation des deux clercs de notaires, quand pensez-vous que nous partirons?

— Tout de suite, mon bourgeois. Montez toujours avec votre compagnon, il n'en manque plus que dix-huit! répondit le cocher avec son inaltérable bonne humeur. Et tenez! voilà la chance qui nous vient regardez à droite et à gauche, voilà deux pratiques.

Et, courant au devant des nouveaux personnages qu'il indiquait, l'automédon fit claquer son fouet en reprenant à plein gosier son éternel refrain :

— Versailles! Sèvres! Saint-Cloud! Versailles! En voiture! en voiture! On n'attend plus que vous pour partir! Par ici, mes bourgeois, par ici!

L'épithète que l'habitude faisait employer par le conducteur du carrabas pour qualifier ses pratiques était cette fois, il faut le reconnaître, parfaitement mal appliquée. Le mot bourgeois, dans l'acception stricte que l'on lui donnait alors, signifiant marchand, négociant, clerc ou commis, ne pouvait convenir ni à l'un ni à l'autre des deux individus qui s'avançaient, le premier venant par le quai, et le second par l'extrémité opposée de la place.

Celui-là était un jeune homme de dix-huit ans, portant, avec une grâce parfaite le costume de ces abbés mignons dont raffolaient si fort nos grand'mères. De magnifiques cheveux, non encore tonsurés, encadraient, de leurs touffes bien poudrées à blanc, une tête ronde, chaudement colorée et étrangement animée par deux grands yeux noirs fiers, hardis, presque provocateurs, qui étincelaient d'ardeur fougueuse. Rien ne contrastait davantage que cette physionomie audacieuse avec l'habit recouvrant le corps. On eût dit un jeune lion déguisé sous la peau d'un agneau. La démarche de l'abbé était vive, décidée, musculeuse, si nous pouvons nous servir de cette expression pour rendre mieux notre pensée.

L'autre personnage, celui qui s'avançait en ligne droite vers le carrabas, était un homme de vingt-cinq à trente ans, de taille moyenne, carré des épaules et large de poitrine.

Marchant la pointe tendue, les coudes arrondis, la main droite appuyée sur le pommeau d'acier d'une longue brette, la gauche balancée gracieusement par le mouvement du bras, la future pratique du propriétaire du carrabas s'avançait d'un air triomphant en se dandinant coquettement sur ses hanches.

— Tiens, dit Michel en désignant le personnage à l'aspect martial, je ne me trompe pas! c'est ce grand pourfendeur de Pierre, mon ancien maître d'armes. J'ai pris leçon avec lui durant trois mois, et puis il est parti pour Naples, où je le croyais même encore.

En ce moment, le jeune abbé arrivait près des deux clercs, et, tirant un fin mouchoir de batiste de sa poche, s'éventait doucement le visage.

IV

LES VOYAGEURS

Le maître d'armes, moins leste que le petit abbé, atteignait à peine les premiers arbres du Cours-la-Reine, lorsque le cocher du véhicule, explorant toujours avec attention la surface poudreuse de la place et les voies qui s'ouvraient sur elle, poussa une nouvelle exclamation joyeuse :

— Versailles! Versailles!... reprit-il en redoublant les claquements sonores de son fouet. Voilà que ça se complète! Je disais bien que nous allions partir! Sèvres! Saint-Cloud!... En voiture vivement!... Versailles! Versailles! Prenez les premières places! Voilà la foule qui accourt : bientôt il n'y en aura pas assez pour tout le monde! En voiture! en voiture!...

Effectivement, trois groupes apparaissaient en plein soleil dans la direction que venait de suivre l'abbé; ces trois groupes, s'avançant vers le lieu où se trouvaient déjà réunis les quatre voyageurs, formaient ce que le cocher nommait *la foule.*

Le premier de ces trois groupes se composait de trois personnages dont deux, âgés de vingt à vingt-cinq ans, avaient dans leur démarche, leur maintien, leur allure et leur costume, quelque chose de grave et de réfléchi peu en harmonie avec leur apparence de jeunesse. On devinait des âmes vieillies sous des fronts encore purs.

L'un était mince et fluet; sa physionomie, assez belle, offrait le caractère frappant d'une intelligence hors ligne; son sourire était triste, son regard sombre, scrutateur, incisif.

L'autre portait, sur un col très court, une tête remarquablement laide, mais en même temps d'une expression sauvage; le cerveau, fonctionnant à l'aise sous un front très large, devait être sans cesse en ébullition; le nez était court, la narine très mobile et l'œil, franc et bien ouvert, lançait des gerbes étincelantes. On oubliait la laideur des traits en examinant l'ensemble de cette physionomie étrangement expressive.

Le compagnon de ces deux hommes, plus jeune qu'eux de cinq ou six années, était vêtu avec une extrême recherche et suivant les dernières lois de la mode. Sa figure, fraîche et jolie, était encadrée par ses longs cheveux tressés et bouclés, mis en queue et nattés à la Panurge et surchargés de poudre et de pommade.

En arrivant en présence du carrabas, les trois personnages s'arrêtèrent; le plus jeune fit une moue dédaigneuse en examinant la voiture, et le plus laid sourit gaiement.

— Ah! ah! Léon, mon cher enfant, dit-il en désignant le carrabas, les véhicules parisiens n'ont pas votre approbation, à ce que je vois. Cependant, il faudra vous y faire, si le papa, ainsi qu'il me le disait hier soir, veut vous laisser ici pour achever vos études. Vertudieu! je sais bien qu'un beau carrosse doré à quatre chevaux ferait mieux votre affaire que cette vilaine boîte traînée par ces maigres haridelles!

— Vous vous trompez, cher maître! répondit vivement le jeune homme. Je ne désire pas pour moi un carrosse plus beau que celui des autres. Seulement, ce que je trouve injuste, ce qui révolte mon sentiment, c'est que les uns soient forcés de monter dans celui-ci, tandis que d'autres se pavanent dans ceux dont vous parlez!

— Bien dit! fit l'interlocuteur du jeune homme dont l'œil étincela vivement. Belle pensée!

— Mais difficile à mettre en pratique, ajouta le troisième compagnon.

Pendant ce temps, le second groupe signalé par le cocher approchait rapidement; il se composait des deux jeunes gens que nous avons laissés rue Royale, alors qu'ils se disposaient à traverser la place Louis XV. Les deux marins marchaient vivement, se dirigeant en ligne droite vers le Cours-la-Reine, sans paraître se soucier de la chaleur tropicale qui régnait sur le parcours du chemin qu'ils suivaient.

— Eh! s'écria celui que le jeune Léon avait qualifié du titre de maître (titre approprié alors, comme aujourd'hui, à tous les membres du barreau de France), eh! je ne me trompe pas, ces deux personnes qui viennent vers nous sont, l'une le vicomte de Renneville et l'autre le marquis d'Herbois.

— Est-ce qu'ils ne font pas partie de l'expédition que prépare en ce moment La Pérouse? demanda l'homme au regard sombre.

— Précisément. Le roi leur a donné leur commission la semaine dernière. Je me suis trouvé avec eux, il y a quelques jours, chez le premier président; ce sont de charmants jeunes gens; s'ils font route aujourd'hui avec nous, je vous présenterai à eux. Si tous les gentilshommes ressemblaient à ceux-là, la noblesse de France aurait le droit de porter haut son blason!

Le vicomte et le marquis atteignaient l'entrée du cours. Celui qui venait de parler et de révéler les noms et qualités des deux marins les regarda fixement, et, s'apercevant aussitôt qu'il était reconnu, il s'inclina poliment.

Les gentilshommes rendirent le salut, et le vicomte fit un pas en avant.

— Maître Danton, je crois, avocat aux conseils du roi? dit le vicomte, du ton d'un homme qui n'est pas absolument certain de l'identité du personnage auquel il parle.

— Tout à votre service, monsieur le vicomte, répondit le futur fondateur du club des Cordeliers.

— Et vous allez à Versailles, messieurs? reprit-il après un moment de silence.

— Oui, répondit le vicomte.

— En carrabas?

— En carrabas, puisqu'il n'y a pas d'autre moyen de transport.

— Oh! ajouta le marquis, des marins n'ont pas le droit de se montrer difficiles; d'ailleurs, vous voyez, monsieur Danton, que le voyage en carrabas sera pour nous une bonne fortune, puisque nous aurons l'honneur de faire route avec vous et ces messieurs.

Et, du geste, le gentilhomme désigna le jeune Léon et l'autre compagnon de Danton. Ceux-ci s'inclinèrent en saluant le marquis. Danton se rapprocha d'eux.

— Monsieur Joseph Fouché, dit-il, professeur au collège de Juilly et monsieur Léon de Saint-Just, fils de l'un de mes bons amis, lequel vient à Paris pour la première fois.

Le vicomte et le marquis répondirent à cette double présentation par un salut.

— Monsieur Fouché, dit M. de Renneville, votre père n'est-il pas armateur à Nantes?

— Oui, monsieur, répondit le professeur.

— Ah! monsieur de Saint-Just en est à son premier voyage à Paris? fit M. d'Herbois en s'adressant au jeune homme. Et que dit-il de la capitale?

Et la conversation s'engagea aussitôt entre les deux gentilshommes et les trois futurs terroristes, tandis que Michel, renouant connaissance avec son ancien maître d'armes, le présentait de son côté à son ami Tallien.

Le petit abbé, lui, s'éventant toujours, marchait doucement, pirouettant sur ses talons, jetant autour de lui ses regards éveillés comme un homme en quête d'aventures.

Le troisième groupe, celui qui avait apparu le dernier à l'angle de la place et de la nouvelle rue Royale, n'était plus qu'à peu de distance du Cours-la-Reine.

Les deux personnages qui le composaient marchaient bras dessus bras dessous, en causant familièrement.

L'un était grand, élancé, bien pris cependant dans sa taille et portant haut une magnifique tête à l'expression noble et sévère et à la coupe romaine.

Celui qui s'appuyait nonchalamment sur le bras de son compagnon était de petite taille, maigre, sec, et d'apparence débile. Sa tête, très forte, paraissait en disproportion avec son corps mince et délicat. Ses traits étaient fortement accusés, son teint mat et bilieux, et sa physionomie expressive était, de temps à autre, subitement illuminée par un regard de feu partant d'une prunelle extrêmement dilatée.

Le plus grand pouvait avoir dix-neuf à vingt ans et portait un costume simple, mais sévère et de bon goût.

Le plus petit, âgé au plus de dix-sept ans, était revêtu de l'uniforme des élèves de l'École militaire de Paris.

Tallien, qui riait avec Michel et le maître d'armes, se trouvait placé de façon à voir venir en face les deux nouveaux arrivants. Tout à coup, il interrompit une histoire de duel que contait l'homme à la longue brette.

— Dis donc, Michel, s'écria-t-il, as-tu mal aux dents?

— Si j'ai mal aux dents? répondit Michel d'un air étonné. Ma foi, non!

— C'est dommage.

— Pourquoi cela?

— Parce que si tu avais eu mal aux dents, je t'aurais envoyé au monsieur qui vient là.

— Lequel? Ce petit élève de l'École militaire?

— Non, l'autre!

— Ce grand sec?

— C'est donc un dentiste?

— Oui.

« Et un fameux encore! dit Tallien en riant aux éclats, oh! je le connais, va! sa connaissance m'a même laissé de cuisants souvenirs!

— Est-ce qu'il vous aurait fait celui de vous arracher quelques molaires avec accompagnement de gencive? demanda le maître d'armes en se frisant la moustache.

— Si je l'avais laissé faire, il m'aurait bien arraché toute la mâchoire! dit Tallien en riant de plus belle. Non! jamais on n'a vu un gaillard plus maladroit que cet être-là! Il m'a torturé une heure durant, sous prétexte de me conserver je ne sais quelle incisive qui me faisait souffrir. Le remède était pire que le mal. Je voudrais vous en voir essayer tous les deux.

— Grand merci! dit Michel.

— Vertuchoux! s'il tentait de m'extirper la moindre des choses, je l'embrocherais comme une mauviette! ajouta le maître d'armes avec des airs de capitan.

— Et comment le nommes-tu, ton dentiste, afin que nous puissions nous en préserver dans l'avenir? demanda Michel.

— Il s'appelle Talma, répondit Tallien.

— Tiens! Talma?... Est-ce qu'il n'a pas un père inventeur d'un râtelier qui marche tout seul?

— Tu y es! son père est arracheur de dents: c'est une famille de dentistes; seulement, le père de celui-ci est établi à Londres.

— Le fils devrait bien y aller aussi, alors.

— C'est ça! s'écria le maître d'armes; qu'il arrache tout aux Anglais je lui donnerai ma bénédiction!

— Et celui qui est avec lui en ce moment? demanda Michel.

— L'élève de l'École militaire?

— Oui; le connais-tu?

— Ma foi! non, répondit Tallien; mais ce doit être un enfant du Midi, à en juger par la couleur de son teint.

— Il a des yeux magnifiques et une bien jolie main!

Le petit abbé, se dandinant toujours sur les hanches, passait alors derrière les trois causeurs. Le maître d'armes fit un pas en arrière; au même moment, l'abbé pirouettait légèrement sur les talons de ses souliers bien cirés et dont, à l'aide de son mouchoir, il venait de chasser la poussière. Du double mouvement des deux hommes résulta aussitôt un accident imprévu. La longue brette de l'un engagea son extrémité dans la soutane de l'autre, et l'abbé, achevant brusquement sa pirouette, faillit tomber en avant, tandis que l'étoffe noire craquait dans sa largeur et que le fourreau de la brette y découpait une large échancrure.

Le petit abbé devint cramoisi de colère, et ses yeux ardents semblèrent lancer des flammes.

— Butor! s'écria-t-il.

— Hein? fit le maître d'armes en se retournant.

— Je dis butor! répéta l'abbé en se dressant sur ses pointes, pour regarder dans le blanc des yeux son grand interlocuteur.

— Ventrebleu! fit le professeur d'escrime, voilà un mot que vous allez rétracter, mon petit bonhomme!

— Je ne rétracterai rien, mon grand monsieur.

— Alors, je vous donnerai le fouet comme à un enfant mal élevé!

— Le fouet! hurla le petit abbé en devenant pourpre, de cramoisi qu'il était.

Un moment il demeura comme frappé de stupeur; la colère le rendait immobile, ses yeux lançaient des cascades lumineuses. Tout à coup poussa un cri rauque, bondit jusqu'au vicomte de Renneville, arracha plutôt qu'il ne prit l'épée que le marin portait au côté, et revenant subitement l'arme haute:

— En garde! en garde! cria-t-il au maître d'armes.

Les spectateurs de cette scène, qui avait duré l'espace de quelques secondes à peine, étaient stupéfaits. Le professeur d'escrime, étonné lui-même, regardait son adversaire avec une expression d'admiration naïve.

Le cocher du carrabas, le brasseur et le garçon d'écurie lancèrent ensemble une série d'effroyables jurons. (P. 30.)

— Peste! fit-il en riant sans paraître ému le moins du monde de l'épée nue qui menaçait sa poitrine. Voilà un abbé gentil à croquer!

— En garde! en garde! répétait l'abbé dont le courroux allait croissant.

Mais les deux gentilshommes et les deux clercs se précipitèrent en même temps.

— Eh! eh! monsieur l'abbé, dit Michel en s'efforçant de calmer

l'irascible jeune homme, vous oubliez votre caractère pacifique! Un prêt[re]
mettre l'épée à la main!

— Au diable! s'écria l'abbé en tentant, mais en vain, de se faire jo[ur]
jusqu'à son adversaire; je ne suis pas prêtre encore, heureusement! Je n'[ai]
d'abbé que le costume; je suis élève au séminaire de Toulouse, où je ju[re]
bien de ne retourner jamais... ainsi laissez-moi faire! allons, en garde!

— Du calme! du calme! mon jeune ami, dit le vicomte en ne po[u]vant s'empêcher de sourire.

— Jour de Dieu! je veux rendre au ventre de ce grand penda[rd]
l'accroc que sa broche a fait à ma soutane neuve! cria l'abbé en se déba[t]tant de plus belle.

— Ta! ta! ta! répondit le professeur d'escrime. Vous ne me rendr[ez]
rien du tout, et moi je ne veux vous faire aucun mal. Sachez, jeune impr[u]dent, que vous jouez là un jeu dangereux! Je m'appelle Pierre Augerea[u]
et je suis maître ès armes!

— Et moi, je me nomme Joachim Murat, et je veux me battr[e]
reprit l'abbé d'une voix plus furieuse encore.

V

LE PETIT ABBÉ

L'animation croissante du jeune et gentil abbé et la tranquillité pa[r]faite de son adversaire le maître d'armes donnaient à la scène un cô[té]
comique qui amoindrissait de beaucoup le dramatique de la situation.

En effet, ce jeune homme, presque encore un enfant, se démena[nt]
sous sa soutane, découpant l'air avec la lame de son épée nue, et gesticu[]lant des deux bras en face de ce personnage au regard calme et railleur,
la contenance impassible, au sourire protecteur, les deux mains croisée[s]
derrière le dos et la tête penchée avec une expression bienveillante, offra[it]
avec son ennemi un contraste si frappant que les futurs voyageurs d[e]
carrabas échangèrent entre eux un coup d'œil ironiquement moqueur.

On eût dit l'un de ces petits et gracieux lévriers cherchant querelle [à]
un vigoureux épagneul et bondissant autour de lui pour le provoquer a[u]
combat, dont le plus fort reconnaissait la profonde inégalité.

— En garde! en garde! criait toujours Joach'm en repoussa[nt]

Michel et le vicomte de Renneville, qui essayaient de contenir ses gestes provocateurs.

— Faites-lui des excuses, dit tout bas le marquis à l'oreille d'Augereau.

Celui-ci haussa les épaules; mais avec cette expression de bonté d'un homme qui a la conscience de sa force en présence d'une créature plus faible, il écarta Michel et Tallien, qui le séparaient de son adversaire entêté :

— Monsieur l'abbé, dit-il, ce n'est pas ma faute si le fourreau de mon épée a déchiré votre soutane. Je vous pardonne votre petit mouvement de vivacité, et, non seulement je ne vous en veux pas, mais encore je déclare que vous me plaisez singulièrement, car j'aime les braves, et, pardieu! vous avez du sang dans les veines, je m'y connais! Allons! donnez-moi la main et n'en parlons plus!

L'abbé regarda fièrement le maître d'armes d'abord, puis ceux qui l'entouraient ensuite. Il sembla hésiter. Enfin, rendant l'épée au vicomte, il accepta la main que lui tendait le maître d'armes.

— Brave et pas de rancune! dit celui-ci en répondant au geste de l'abbé par une pression énergique. Bon caractère!

— Mais, dit Danton en s'avançant vers le cocher, lequel, appuyé sur le manche de son fouet, avait assisté à la scène précédente avec une évidente satisfaction de curiosité, il me semble que nous pouvons partir...

— En voiture! en voiture! cria aussitôt l'automédon. Versailles! Sèvres! Saint-Cloud! Versailles!

Et il s'empressa d'ouvrir la portière de son carrabas. L'agglomération des onze voyageurs, devant l'étroite ouverture par laquelle on pénétrait dans le carrabas, fut accompagnée d'un léger moment de tumulte.

— Nous allons partir? demanda Fouché en s'adressant au cocher, lequel ne se pressait nullement de refermer la portière ouverte.

— Tout de suite, mon bourgeois, tout de suite! Vous êtes déjà onze. Il n'en faut plus que neuf!

Un hourra d'indignation répondit à ces paroles.

— Patience! patience! fit tranquillement le cocher; ça va se compléter, vous allez voir!

— Nous n'arriverons pas à Versailles aujourd'hui! dit le marquis avec une extrême impatience. Il est près de dix heures.

— Impossible cependant de prendre une autre voiture, répondit le vicomte. Corbleu! allons-nous nous mettre en route?

— Nous partons, mon gentilhomme, cria le cocher en faisant mine, pour passer le temps, d'arranger quelque chose aux harnais de ses malheureux quadrupèdes. Nous partons! une minute... et, tenez, voilà quelque chose qui se mitonne là-bas sur la route des Tuileries.

Les voyageurs du carrabas tournèrent involontairement les yeux vers l'endroit que désignait l'automédon.

Effectivement les regards perçants du dénicheur de pratiques venaient de distinguer un tourbillon de poussière soulevé à la hauteur de l'aile du palais; mais c'était une fausse espérance que le cocher donnait à ses voyageurs, afin de leur faire prendre patience (et le drôle le savait bien), car ce tourbillon de poussière, qu'une brise molle chassait dans la direction du Cours-la-Reine, était soulevé non point par les pas de simples piétons, mais bien par les pieds d'un riche attelage entraînant vers le Cours-la-Reine une voiture découverte semblable à celles dont se servaient les garçons d'écurie de grande maison pour promener les chevaux ou aller au fourrage.

Cette voiture était occupée seulement par deux personnes, placées toutes deux sur un siège très élevé, suivant la mode anglaise, à laquelle le véhicule empruntait d'ailleurs son entière construction. La première de ces deux personnes, c'est-à-dire celle qui, tenant la droite, rassemblait les rênes et dirigeait l'attelage, était un jeune homme de belle mine, au front intelligent, aux traits gracieux, et portant la livrée des garçons de l'écurie de monseigneur le comte d'Artois. Il menait ses chevaux avec une adresse merveilleuse et un sang-froid remarquable.

Son compagnon, qui certes avait atteint, sinon dépassé la quarantaine, était d'une laideur repoussante. Ses vêtements, salis, en désordre, étaient loin de relever sa mauvaise mine. En passant devant le palais des Tuileries, l'œil de vipère de cette désagréable créature y avait lancé un regard rempli de venin.

Cet homme contrastait en tous points avec le beau garçon d'écurie qui maintenait ses chevaux pleins d'ardeur, et servait encore à en faire ressortir la bonne grâce et la charmante expression de visage.

La voiture, aux armoiries du second frère du roi, roulait rapidement sur le quai désert. Au moment où elle déboucha sur la place Louis XV, un cabriolet léger, entraîné par un joli cheval bai, s'avança en se maintenant à sa hauteur, débouchant, lui, par la rue Royale.

Le cabriolet, voiture toute récente alors, était surchargé de dorures, finement peint et du modèle le plus élégant. Son heureux propriétaire, assis dans l'intérieur sur un coussin plus élevé que celui de la place voisine, tenait avec une aisance de grand seigneur les guides et le fouet au manche d'ébène incrusté d'or.

A son costume, à ses manières, on devinait au premier coup d'œil que cet homme appartenait à la cour ; mais une certaine affectation dans sa pose, dans son maintien, attestait plus encore le désir de paraître un personnage d'importance que la réalité d'une condition supérieure. Vêtu avec une recherche et un soin extrêmes, coiffé comme le dieu de la mode en personne, il paraissait être et il était réellement fort beau cavalier.

Un petit jockey, tout de rose habillé et poudré à blanc, était grimpé derrière le cabriolet et se penchait de temps à autre sur le côté de la capote relevée pour explorer l'horizon.

A cette époque, l'allée du Cours-la-Reine était seule praticable dans cette partie des Champs-Élysées. Le mauvais état de la berge de la rivière (le quai n'existant pas) rendait le passage du bord de l'eau impossible pour les voitures.

La voiture aux armes de France et le cabriolet se dirigeaient donc vers le même point, formant, dans leur course, les deux côtés d'un angle aigu, dont le sommet était occupé en partie par le carrabas stationnaire.

Le passage était assez large, au reste, pour permettre aux trois voitures de se maintenir de front, et le cabriolet et la voiture des écuries du comte d'Artois s'élancèrent en même temps dans l'espace resserré, mais suffisamment étendu, quand tout à coup un troisième véhicule surgit de l'intérieur des Champs-Élysées, coupant en biais les plantations, malgré les défenses de police, et s'élança sur le Cours en direction diamétralement opposée à celle prise par les deux équipages. Ce véhicule, traîné par deux vigoureux chevaux normands attelés en flèche, était un pesant haquet de brasseur surchargé d'un nombre infini de ces petits tonneaux inventés par nos voisins d'outre-Rhin.

Le conducteur, posé à califourchon, comme le dieu Bacchus, sur le tonneau de tête, qui lui servait de siège, dirigeait à grandes guides son porteur et son cheval de volée, les animant tous deux par les claquements énergiquement répétés de son fouet au manche noueux et flexible. Le brasseur, âgé d'une trentaine d'années environ, était gros, gras, haut en couleur. Il portait la cotte traditionnelle, et son visage épanoui était absolument dépourvu de finesse et d'intelligence.

Les chevaux normands, poussés par le poids de la lourde charge qu'ils traînaient, et dont la puissance était décuplée encore en raison de la force de l'impulsion donnée, étaient dans l'impossibilité absolue de s'arrêter brusquement. De leur côté, le cabriolet et l'autre voiture, lancés à toute vitesse, étaient également incapables de ralentir subitement leur allure. Un triple choc était donc certain, imminent, inévitable.

Les voyageurs placés dans le carrabas poussèrent en même temps un cri de frayeur. Leur position, au reste, n'était pas exempte de dangers. La catastrophe qui menaçait le haquet, le cabriolet et la voiture, devait mettre le carrabas en péril, car, bien que stationnaire, il se trouvait compromis dans la bagarre puisqu'il formait l'un des obstacles s'opposant au passage du lourd et menaçant véhicule.

Le cocher du carrabas, le brasseur et le garçon d'écurie, lancèrent ensemble une série d'effroyables jurons, tandis qu'une clameur lamentable partait du fond du cabriolet.

Michel, Tallien et Augereau, placés les plus près de la portière ouverte, voulurent s'élancer à la fois au dehors ; mais ils n'en eurent pas le temps.

Une secousse violente ébranla la voiture publique; des craquements sonores éclatèrent de tous côtés, et un nuage de poussière s'éleva sur le lieu de la catastrophe. Des cris, des injures, des hennissements ; le bruit de ruades brisant les caisses des voitures, un charivari épouvantable enfin anima brusquement l'entrée du Cours-la-Reine, tout à l'heure si paisible.

Les voyageurs sautèrent lestement à terre; mais tout d'abord, ils ne purent que constater l'accident, sans qu'il leur fût possible d'y porter remède. C'était en effet un chaos épouvantable. Le carrabas tenait la droite de la route; la voiture aux armes du comte d'Artois s'était élancée tenant la gauche, et le cabriolet, lui, était au milieu. Lorsque le haquet s'était rué sur le passage encombré, il avait fait trouée. Accrochant violemment la voiture de promenade, il l'avait arrêtée net. Les deux chevaux s'étaient abattus sous le choc; le garçon d'écurie avait été lancé loin de son siège, sur le gazon du Cours, et le second personnage était demeuré cramponné au faîte du carrosse, évitant ainsi une chute dangereuse.

Mais si le haquet avait heurté de sa roue de gauche le véhicule du comte d'Artois, sa roue de droite avait atteint en plein poitrail le cheval du léger cabriolet. Celui-ci, enlevé et renversé en arrière, était retombé sur la voiture qu'il traînait, brisant son brancard, et précipitant la caisse sur le pesant carrabas.

La voiture publique avait reçu une rude atteinte, mais le pauvre cabriolet, pris, broyé, étranglé entre sa masse solide et celle non moins redoutable du haquet, le pauvre cabriolet, déjà disloqué par la chute du cheval, n'avait pu résister à ce choc épouvantable. Les roues s'étaient détachées, et la caisse était tombée sur la route, engloutissant sous sa capote le malheureux propriétaire de la voiture anéantie.

Les maigres haridelles du carrabas, bousculées, repoussées, entraînées les unes sur les autres, s'étaient embarrassées dans leurs traits et ruaient avec une ardeur dont on les eût crues incapables.

Le cheval du cabriolet gisait à terre le poitrail entr'ouvert, inondant de sang la poussière de la route. Les deux chevaux de l'autre voiture se débattaient énergiquement, l'un pris sous le timon, l'autre engagé sous le porteur du haquet.

Quant au brasseur, à sa voiture, à ses tonneaux et à ses deux vigoureux normands, ils demeuraient maîtres du champ de bataille, dominant le tumulte; le brasseur toujours à cheval sur son tonneau, son porteur immobile et son cheval de volée piétinant sur les débris du cabriolet.

Le premier soin des voyageurs et du cocher du carrabas, qui s'était joint à eux, fut de débarrasser les chevaux pour mettre fin aux ruades et éviter ainsi de nouveaux malheurs.

Le garçon d'écurie s'était relevé tout meurtri de sa chute, et arrivait clopin-clopant sur le lieu du sinistre.

— Que le diable te torde le cou! s'écria-t-il, furieux qu'il était, en s'adressant au brasseur; ne voyais-tu donc pas devant tes chevaux?

— Et toi, cocher de malheur! te faut-il donc des lunettes? riposta le vigoureux conducteur du haquet.

— Des lunettes! attends! attends! je vais t'en donner!

— Viens-y donc un peu, pour voir.

— Ça ne sera pas long, gros avaleur de houblon!

Et le garçon d'écurie se précipita la main haute sur le haquet qu'il escalada. Le brasseur prit son fouet par le petit bout du manche, et se tint sur la défensive.

— Hoche! taisez-vous, et aidez plutôt ces messieurs, dit d'un ton impérieux l'autre personnage, demeuré encore sur le siège où il s'était cramponné et dont il essayait cependant de descendre.

— Eh! répondit le garçon d'écurie avec un accent grondeur, mais en s'arrêtant toutefois dans ses démonstrations menaçantes. Eh! ne voyez-vous pas, monsieur Marat, que c'est ce gros butor-là qui a détérioré l'attelage de monseigneur.

— Tu n'avais qu'à maintenir tes bêtes, je ne t'aurais pas accroché! fit le brasseur en haussant les épaules.

— Tiens! dit tout à coup le cocher du carrabas en regardant le brasseur, c'est Santerre, du faubourg Saint-Antoine! Ça va bien, du reste!

— Corbleu! s'écria Danton avec impatience, avez-vous fini de vous disputer et de vous souhaiter la bienvenue? Çà! dégagez vos voitures! Il y a peut-être sous cette capote de cabriolet un homme grièvement blessé.

— Eh bien! répondit celui que nous avons entendu nommer Hoche, s'il est blessé, il a une fière chance, puisque voilà le chirurgien des écuries de monseigneur.

Et, du geste, il indiqua le personnage qu'il venait de désigner sous le nom de M. Marat.

Cependant le brasseur Santerre, sautant à bas de son haquet, prit son porteur par le mors et le fit reculer. Le cheval de volée obéit également à l'impulsion donnée et accomplit un mouvement rétrograde.

Hoche avait remis ses chevaux sur pied, et l'endroit où gisait le cabriolet demeura libre. La malheureuse bête qui s'emportait si rapidement quelques instants plus tôt demeurait immobile, étendue sur le flanc et perdant à flots son sang qui s'échappait par la large blessure qu'avait faite la roue du haquet.

Des voyageurs entourèrent la capote, laquelle, par sa position, ressemblait à une énorme cloche de cuir, et l'enlevèrent doucement pour dégager l'homme enfoui sous elle.

Le propriétaire du cabriolet gisait inanimé, ne donnant aucun signe de vie.

— Cet homme serait-il mort? demanda Michel avec effroi.

— Non! dit le chirurgien Marat en examinant le corps. Il n'est qu'évanoui, et je crois même qu'il n'a aucune blessure.

Et, se retournant brusquement vers le garçon d'écurie, lequel recommençait à se disputer plus chaudement que jamais avec le brasseur :

— Hoche! ajouta-t-il, donnez-moi ma trousse, qui doit être sur le siège de la voiture.

Hoche obéit vivement et tendit au chirurgien l'objet demandé. Marat ouvrit la trousse et en tira un flacon qu'il déboucha d'abord et plaça ensuite sous les narines du personnage évanoui. Celui-ci, soutenu par le vicomte et par Fouché, entr'ouvrit aussitôt les yeux et fit un mouvement.

— Là! ce n'est rien! dit Marat. Le voilà qui reprend ses sens. Dans quelques minutes il n'y pensera plus.

— Comment vous trouvez-vous, monsieur? demanda Danton en s'approchant.

Le propriétaire du cabriolet remua les lèvres comme pour balbutier un remerciement. En ce moment son regard vague s'arrêta sur le cheval mourant. Il poussa un profond soupir :

— Une bête de cent louis! murmura-t-il.

A l'instant précis de la catastrophe, le petit jockey grimpé derrière le léger véhicule, avait prestement sauté de côté et s'était garé ainsi des suites de l'événement. L'un des premiers il était venu au secours de son maître, et il regardait d'un œil triste les débris du cabriolet éparpillés autour de lui.

L'HOTEL DE NIORRES

En avant, hue, roulez! glapit l'automédon. (P. 36.)

Tout à coup le bruit lointain du timbre d'une horloge arriva jusqu'au Cours-la-Reine. Le jockey tressaillit et, saisissant respectueusement la main de l'homme à demi évanoui encore :

— Monsieur! monsieur! dit-il vivement. Revenez à vous! Il est dix heures!

— Dix heures! répéta machinalement celui auquel s'adressait le petit domestique.

LIVR. 5. — L'HOTEL DE NIORRES.   LIVR. 5.

— Oui, monsieur! voilà dix heures qui sonnent aux Tuileries, et vous devez être à onze heures et demie à Versailles!

Ces simples paroles parurent produire une impression profonde sur celui qui les entendait. Reprenant subitement l'usage de ses sens, il s'arracha par un mouvement brusque des mains qui le soutenaient.

— Dix heures! dix heures! s'écria-t-il. Mon cheval tué! mon cabriolet brisé! je n'arriverai jamais! Que va dire Sa Majesté? Sangdiou! poursuivit-il avec un accent gascon très prononcé et en s'adressant successivement au brasseur, au cocher du carrabas et au garçon d'écurie. Sangdiou! bélitres! ivrognes! pendards! La reine m'attend! Vous périrez tous à la Bastille!

Puis, précipitant ses paroles et ses gestes :

— Une voiture! une voiture! s'écria-t-il, ma fortune pour un cheval!

— Voilà! voilà! cria le cocher du carrabas.

— Eh! caramba! tu n'arriverais jamais, toi! continua le pétulant personnage. Il me faut un attelage princier! Celui-ci!

Et il désigna la voiture aux armes du comte d'Artois.

— Le carrosse de monseigneur! répondit Hoche en haussant les épaules.

— Eh! si monseigneur était là, il serait le premier à m'offrir place à ses côtés! Sais-tu qui je suis, bélitre? Léonard! entends-tu? Léonard, le coiffeur de Sa Majesté la reine de France et de Navarre! Et Sa Majesté m'attend! Comprends-tu, pendard? Vite! vite! en route, et brûle le pavé!

— Impossible, monsieur! répondit Hoche en désignant sa voiture. Vous le voyez, j'ai deux jantes brisées; je vais être obligé de remiser à Paris. Je ne puis même pas conduire M. Marat, le chirurgien des écuries de monseigneur.

— Oh! fit Marat en haussant les épaules, ne t'inquiète pas, mon garçon. Je ne suis pas coiffeur de la reine, moi, et je me contenterai du modeste carrabas.

Léonard paraissait désespéré.

— Vas-tu partir au moins sans tarder d'une minute? dit-il en s'adressant au cocher de la voiture publique.

— Tout de suite, mon bourgeois. Il ne manque plus maintenant que sept voyageurs pour être complet. C'est l'affaire d'un instant.

— Eh! bourreau! je paye tes sept places vacantes, mais brûle le pavé.

— Alors, en voiture! nous partons! cria le cocher en se frottant joyeusement les mains.

Les voyageurs, non moins enchantés que l'automédon, que l'heure du départ fût enfin sonnée, remontèrent vivement dans le carrabas. Léonard s'élança, se plaçant sur la banquette du centre, qu'il partagea avec Michel et Tallien. Augereau et le petit abbé ferrailleur se mirent en face. Le chirurgien Marat monta le dernier.

Pendant ce temps, Hoche, visitant soigneusement ses chevaux, s'apprêtait à tourner bride et à rentrer dans le centre de Paris pour remiser sa voiture avariée. Santerre rattachait la sangle de son porteur, laquelle s'était débouclée par suite du choc donné et reçu.

Le cocher du carrabas monta sur son siège, et, rassemblant ses rênes, fit claquer son long fouet; les pauvres chevaux secouèrent péniblement la tête.

— Attends, cria tout à coup le brasseur, voilà encore un voyageur qui t'arrive.

Et du geste il désigna un tout jeune homme, lequel courait à perdre haleine en traversant la place, et en faisant de grands gestes à l'intention évidente de la voiture sur le point de démarrer.

Ce jeune homme, vêtu en modeste artisan, portait sous son bras droit un énorme paquet de franges de toutes nuances attachées avec une toile verte. Il arriva ruisselant de sueur et respirant bruyamment à l'entrée du Cours.

— Y a-t-il encore de la place? cria-t-il sans s'arrêter.

— Oui, oui, je vais vous ouvrir! Dépêchez-vous! dit le cocher en se disposant à quitter son siège.

Le nouveau venu s'arrêtait alors en face du carrabas et à côté de Hoche, lequel fit un brusque mouvement de joyeuse surprise :

— Tiens! s'écria-t-il en s'adressant au jeune artisan, dont il prit affectueusement la main, c'est toi, Jean Lannes?

— Hoche! fit l'autre en souriant.

— Je te croyais en tournée.

— Je suis revenu; j'ai fini mon apprentissage.

— Et chez qui travailles-tu, maintenant?

— Chez maître Bernard, le gros teinturier de la rue Saint-Honoré.

— Et tu vas à Versailles, Jean?

— Oui, je vais porter des franges au château.

— Partirons-nous? cria Léonard avec fureur.

— Voilà! voilà! répondit le cocher en ouvrant la portière; montez, mon bourgeois!

— Celui qu'on venait d'appeler Lannes serra les mains de Hoche et s'élança lestement.

Le cocher reprit place sur son siège.

— Deux écus pour toi si tu fais la route en deux heures! lui cria le coiffeur en passant sa tête poudrée par la portière.

— En avant, hue, roulez! glapit l'automédon en faisant pleuvoir une grêle de coups de fouet sur l'échine maigre de ses pauvres chevaux.

L'attelage tout entier fit un effort désespéré; le carrabas s'ébranla et commença à rouler. Santerre remontait sur son haquet.

— Adieu, Santerre! cria le cocher du carrabas.

— Adieu, Fouquier! répondit le brasseur en adressant avec son fouet un geste amical au cocher de la voiture publique.

Et le haquet et le carrabas s'élançant à la fois en sens opposé, un nuage de poussière s'éleva aussitôt, enveloppant dans un tourbillon blanchâtre la voiture aux armes du comte d'Artois, sur le siège de laquelle Hoche venait de remonter.

VI

LE CARRABAS

— Eh bien! monsieur, êtes-vous remis de votre chute? demanda Michel au coiffeur de la reine à côté duquel il se trouvait placé.

Léonard toisa son interlocuteur des pieds à la tête, et, reconnaissant en lui un enfant de la petite bourgeoisie, il répondit d'un ton de protection bienveillante :

— Complètement, mon jeune ami, complètement.

— Mais vous manquerez aujourd'hui votre service? fit observer Tallien.

— En aucune façon; Sa Majesté m'attendra.

— Peste, dit Joachim en riant, vous faites attendre la reine, vous?

— J'en suis aujourd'hui au désespoir; mais, que voulez-vous, il le faut bien, répondit Léonard en chiffonnant son jabot. Sa Majesté sera obligée de m'attendre.

— Et si Sa Majesté se faisait coiffer par un autre? dit Michel.

— Sa Majesté se faire coiffer par un autre! s'écria Léonard en bondissant sur sa banquette; me faire un pareil affront! Impossible, impossible! Sachez, jeune homme, que ma main est la seule qui puisse toucher à la chevelure de la reine.

— De sorte que si vous aviez été tué tout à l'heure, comme cela eût bien pu vous arriver, la reine se serait passée de coiffeur pour le reste de ses jours.

— Je le crois! répondit sans hésiter le Gascon.

Un éclat de rire général accueillit cette prétentieuse affirmation. Léonard devint cramoisi.

— Et qui donc pourrait me remplacer? s'écria-t-il. Qui donc oserait se faire mon successeur? N'est-ce pas moi seul qui ai inventé les coiffures à l'*oiseau royal*, au *hérisson*, au *chien couchant*, à l'*économie du siècle*, au *désir de plaire?* Ne suis-je pas l'auteur des *poufs à la reine*, des *parterres galants*, des *calèches détroussées?* La coiffure, avant moi, était un métier, j'en ai fait un art! Si je venais à mourir, messieurs, je suis convaincu que la reine porterait désormais des coiffes!

En entendant cette faconde gasconne, Marat haussa dédaigneusement les épaules, et Danton se mit à rire.

— Mais, monsieur Léonard, dit le dentiste Talma en se mêlant à la conversation, vous devez être horriblement occupé?

— Horriblement est le mot propre, monsieur. Je suis exténué, brisé, moulu, tué, répondit Léonard; je n'ai pas un instant de loisir, pas un moment de repos.

— Les grandes dames vous tourmentent fort?

— Oh! fit le coiffeur de Marie-Antoinette avec une grimace de dédain, je laisse la cour à mes employés, je ne m'occupe, moi, que de Sa Majesté.

— Quoi? vous ne coiffez que la reine?

— A peu près. Je me consacre exclusivement à son service. Quelquefois, il est vrai, je pose quelques chiffons sur la tête de Madame ou sur celle de Son Altesse Royale la comtesse d'Artois, mais point souvent. Quant aux duchesses, aux maréchales et aux princesses, je les abandonne à Frémont, mon premier. Les femmes sans tabourets et n'ayant pas les entrées sont la part de Paul, mon second. Pour ce qui est des présidentes, des femmes de finance et autre menu fretin, je les envoie à Legros, dont la renommée a si fort pâli devant la mienne. Restent les espaliers de l'Opéra, les comédiennes du Théâtre-Français, c'est l'affaire de Léon, mon troisième. Parfois cependant, je l'avoue, je descends jusqu'à ces têtes, je prends les plus jolies, mais c'est lorsque j'ai à essayer quelque nouvelle combinaison, et que je veux composer sans fatiguer Sa Majesté.

— Superbe métier! fit observer Marat avec un ricanement ironique.

— Et qui vous vaut plus d'une confidence attrayante, je gage! ajouta Michel.

— Un coiffeur est un confesseur! dit Léonard.

— Ce qui signifie que l'on n'a rien de secret pour lui.

— Je dois avouer que dans les circonstances difficiles, on a souvent recours à moi! répondit le coiffeur avec une modestie affectée.

— Morbleu! devez-vous en savoir de ces historiettes scandaleuses! s'écria Tallien dont les yeux pétillaient.

— Mais... oui, j'en sais quelques-unes, fit Léonard dont le front rayonnait de se trouver ainsi le point de mire de l'attention de ses compagnons de route.

— Contez-nous une histoire! demanda Michel d'un ton câlin.

— Oh! oh! jeune homme, vous n'y songez pas! Et la discrétion?

— Bah! vous tairez les noms!

— Oh! vous pouvez parler, fit observer Danton, vous ne risquez jamais de dépasser la vérité en inventant même un peu. D'ailleurs, on ne craint pas le scandale à la cour.

— On le cherche! ajouta Marat.

— Et on le trouve! dit Fouché avec un pâle sourire.

— Dès lors, parlez, maître Léonard! cria le petit abbé.

— Une histoire de bataille! ajouta Augereau.

— Ce sera sans doute amusant, dit Saint-Just.

Comme on le voit, quatre personnages étaient jusqu'alors demeurés étrangers à la conversation générale, dont le coiffeur de la reine faisait les frais. Le premier de ces quatre personnages, le compagnon du dentiste Talma, l'élève de l'École militaire, gardait un silence absolu, paraissant se renfermer en lui-même et observer attentivement chacun de ceux avec lesquels il se trouvait.

Le vicomte de Renneville et le marquis d'Herbois, s'isolant également du reste des voyageurs, causaient à voix basse depuis le départ du carrabas et semblaient n'avoir pas entendu un mot de la conversation précédente.

Quant à l'ouvrier teinturier, celui que Hoche, le palefrenier du comte d'Artois, avait salué amicalement, il se tenait silencieux dans son coin, ouvrant les yeux et les oreilles, écoutant avec des regards ébahis tout ce qui se disait et paraissant fort intimidé de se trouver ainsi en contact avec des hommes dont l'un avait l'honneur de coiffer la reine de France, de la voir et de lui parler chaque jour, et dont les autres étaient évidemment des gens d'une condition bien supérieure à la sienne.

— Une histoire, une histoire! répéta Léonard en se caressant le menton. Ma foi! je ne sais trop quoi vous conter... Il faudrait que vous fussiez comme moi au courant des choses de la cour pour bien comprendre...

— Nous tâcherons de deviner, dit Danton en riant de l'outrecuidance du coiffeur.

— Mais je ne sais en vérité que vous dire. Il n'y a rien de bien nouveau depuis quelque temps, à moins que ce ne soit l'aventure dont M. Lenoir parlait hier à Sa Majesté.

— Quelle aventure? demanda vivement Marat.

— Une affaire qui me paraît, ma foi! des plus mystérieuses et des plus dramatiques.

— Et le lieutenant de police en faisait part à la reine.

— Oui, hier matin même, tandis que je coiffais Sa Majesté.

— Eh bien! contez-nous cela à votre tour, monsieur Léonard.

Le coiffeur s'installa mieux qu'il n'était encore sur la banquette, tira de la poche de sa veste de satin une magnifique tabatière en écaille incrustée d'or, et, après l'avoir ouverte, y plongea délicatement le pouce et l'index de sa main droite.

— Hier donc, messieurs, commença-t-il, en portant à ses narines la poudre odoriférante dont il éparpilla les deux tiers sur son jabot de dentelle, hier matin, donc, mon service m'appelant comme de coutume auprès de Sa Majesté, je me rendis dans les petits appartements à l'heure ordinaire. Mais avant de continuer, ajouta Léonard en s'arrêtant et en faisant étinceler au soleil les feux d'un magnifique solitaire qui brillait au petit doigt de la main à l'aide de laquelle il secouait le tabac tombé sur son jabot, je dois vous mettre au courant de certaines particularités de mes relations avec Sa Majesté... Messieurs, je suis Gascon...

— Cela s'entend! interrompit en riant Michel.

— Et je m'en flatte, ajouta Léonard. Or, tout Gascon est généralement conteur; l'élocution diserte est une production aussi indigène aux rives de la Garonne que les pommes à cidre le sont à la terre de Normandie. C'est pour le Gascon un besoin impérieux que celui de se faire écouter, de faire dresser l'oreille à ses auditeurs, au récit de ce qu'il débite. De là son penchant à broder les faits ou les assertions, lorsque la vérité manque à sa faconde loquace. Chez lui le mensonge est rarement un travers du cœur : c'est une nécessité de la langue, ou, si l'on veut, une démangeaison de l'esprit.

— Ce qui signifie, cher monsieur Léonard, qu'il ne va pas falloir croire un mot de tout ce que vous allez nous conter! dit Danton en souriant.

— Permettez! répondit vivement le coiffeur, je ne veux pas dire cela; je veux dire seulement que, comme la reine sait que je suis Gascon, que, comme tel, je ne parle pas mal, elle aime à tenir de ma bouche les nouvelles de la ville et de la cour, que, du reste, j'ose l'affirmer, j'arrange avec assez d'adresse pour que les aspérités n'en soient pas trop rudes aux oreilles de Sa Majesté. Il y a certains jours, surtout, où la reine m'ordonne de prolonger singulièrement la durée ordinaire de sa coiffure. « Léonard, racontez-moi quelque chose », me dit-elle. Je comprends aussitôt ce que cela signifie : c'est l'ordre de suspendre momentanément son accommodage; c'est me dire que pendant une heure, quelquefois une heure et demie, je vais avoir, sans discontinuer, à passer doucement mon peigne dans les beaux cheveux de Sa Majesté, en lui efffeurant délicatement l'épiderme de la tête. Tout aussitôt, une des jeunes et jolies femmes de chambre ordinaires est mandée dans le cabinet de toilette : elle s'assied sur un petit tabouret devant la reine, prend sur ses genoux les pieds de Sa Majesté, les déchausse et frictionne lentement ces jolis pieds qui font l'admiration de la Cour, et cela tout aussi longtemps que je parle en peignant la chevelure de la reine.

— Quel singulier caprice ! dit Danton.

— Elle ne sait à quelle recherche se vouer ! grommela Marat.

— Et pourquoi la reine se fait-elle ainsi peigner et frictionner à plaisir ? demanda Tallien.

— C'est, répondit Léonard, une recette que le célèbre Cagliostro a donnée à la reine, pour combattre les migraines opiniâtres qui la font souvent souffrir. Sa Majesté a des cheveux de toute beauté, personne ne l'ignore. Ce don précieux de la nature la fatigue cependant beaucoup. Le sang se porte facilement à la tête, et les frictions sont un heureux dérivatif.

Marat se prit à ricaner.

— Niaiserie ! murmura-t-il.

— Toujours est-il, continua le coiffeur, que lorsque la reine a été obligée, la veille, de supporter, durant toute une soirée, le poids d'une coiffure habillée, elle se délasse, le lendemain, ainsi que je viens de vous le dire, et ce traitement singulier, bizarre, ne lui en fait pas moins un bien évident, incontestable. Donc, hier matin, voyant Sa Majesté disposée à faire usage de ce qu'elle nomme son antidote contre ses migraines, je déroulai les flots châtains de sa belle chevelure. La femme de chambre de service était à son poste accoutumé, et, tout en maniant légèrement mon peigne, je m'apprêtais à raconter une anecdote dont mon imagination allait probablement faire tous les frais, lorsque M. Lenoir se fit annoncer.

— Qu'il entre ! dit vivement la reine, en frappant ses petites mains l'une contre l'autre.

Puis, se tournant à demi vers moi :

— Léonard, ajouta-t-elle, je garderai votre histoire pour demain; c'est une provision pour l'avenir, M. Lenoir va se charger de fournir le présent.

L'HOTEL DE NIORRES

Alors, prenez un tabouret, monsieur Lenoir. (P. 43.)

LIVR. 6. — L'HOTEL DE NIORRES.   LIVR. 6.

Le lieutenant de police fut aussitôt introduit.

— Avez-vous quelque chose à me raconter? demanda la reine, avec une curiosité d'enfant gâté.

— Oui, madame, répondit M. Lenoir.

— Quelque chose de gai?

— Pas précisément.

— De dramatique, alors?

— Tout ce qu'il y a de plus dramatique, de plus émouvant et de plus mystérieux. C'est le commencement d'une histoire dont l'autorité n'a pas encore su faire l'épilogue, mais que, Dieu aidant, elle terminera bientôt, je l'espère.

— Sera-ce long?

— Assez long, madame.

— Alors, prenez un tabouret, monsieur Lenoir, et mettez-moi vite au courant des premiers actes de votre drame.

— Un tabouret! balbutia M. Lenoir, stupéfait et honteux de l'excès d'honneur qui lui était accordé.

— Oui! oui! dit la reine; asseyez-vous, je le veux. Vous savez bien que je suis mortellement brouillée avec sa Souveraineté l'Étiquette; ainsi...

Le lieutenant de police prit le siège que lui présentait une femme de chambre.

— J'écoute, dit la reine.

— Il y a deux mois à peine, commença le lieutenant de police, un ancien conseiller au parlement de Paris, dont jusqu'ici je dois taire le nom, à moins que Votre Majesté ne m'ordonne de le lui dire, ce que je ne pourrais faire qu'à elle seule.

— Appelez-le simplement M. le conseiller, interrompit la reine en se renversant sur son siège, pour se mettre mieux à même de m'abandonner sa tête.

— Un conseiller donc, poursuivit M. Lenoir, vint, en grand mystère, me trouver à mon lever. Il avait, disait-il, à me communiquer les choses les plus graves et les plus urgentes.

« Je m'empressai de le recevoir dans mon cabinet. Notre conversation fut longue, animée, et, après avoir pris bon nombre de notes, je reconduisis le conseiller jusqu'à sa voiture, ainsi que l'exige l'étiquette.

« Avant de vous faire part du sujet de notre entretien, il est indispensable, madame, que je fasse connaître à Votre Majesté le conseiller et sa famille.

« Le conseiller est un homme d'environ soixante-cinq ans, type de vertu, de probité et d'honneur. Incorruptible dans ses fonctions, il a une énorme influence à la *grand'chambre*, où, d'ordinaire, l'on suit strictement ses avis. Veuf depuis nombre d'années, il lui est resté, de son mariage, quatre enfants, trois garçons et une fille. L'aîné des garçons, entré dans les ordres, devint évêque et occupa bientôt l'un des principaux sièges du royaume. Les deux autres sont mariés, ainsi que leur sœur. Le conseiller vit en famille, au milieu de ses enfants et de ses petits-enfants. En outre, il a près de lui une de ses sœurs, riche veuve d'un président à mortier, sans enfant.

« Tout ce monde avait pris l'habitude de vivre ensemble, dans le vaste hôtel du conseiller, ses deux fils mariés ayant près d'eux leurs femmes, et sa fille son mari.

« Une aimable et vivace progéniture était résultée des deux premiers mariages. Les deux fils mariés avaient chacun un enfant mâle; leur sœur n'avait encore aucun enfant. En outre d'un garçon, le premier des deux fils avait également une fille.

« Quoique logés sous le même toit, les divers couples ne mangeaient pas tous à la même table. Le gendre avait sa cuisine à part; mais, le dimanche de chaque semaine, et à d'autres époques encore dans le mois, tous se réunissaient, sans mélange d'étrangers, autour du père.

— Parfaitement exposé, dit Fouché; c'est d'une clarté merveilleuse!

— Monsieur possède surtout une expression de geste réellement remarquable, ajouta Talma.

— Après! après! demanda Michel, avec une insistance décelant son attention profonde au récit du coiffeur.

Ce récit, au reste, paraissait intéresser tous les voyageurs du carrabas. L'ami du dentiste, l'élève de l'École militaire, attachait sur le narrateur ses regards étincelants. Marat, enfoncé dans son coin, la bouche dédaigneuse, et le haut du visage à demi caché sous les bords de son chapeau, promenait son œil verdâtre sur ses compagnons de route. Jean, l'ouvrier teinturier, s'était curieusement rapproché, en glissant sur la banquette qu'il occupait seul.

Quant au marquis et au vicomte, leur contenance, jusque-là indifférente et froide, avait subi brusquement un rapide changement. Depuis le départ du carrabas jusqu'au moment où le coiffeur avait commencé son récit, M. de Renneville et M. d'Herbois, s'isolant de leurs compagnons, ainsi que nous l'avons dit, avaient causé intimement et à voix basse, sans paraître apporter la moindre attention à ce qui se disait autour d'eux. Mais, au moment où Léonard vint à parler du conseiller au parlement de Paris, et à faire l'énumération de sa nombreuse famille, le vicomte avait tressailli si brusquement et si violemment, qu'on eût dit qu'il allait se lever tout droit de dessus la banquette, et le marquis était devenu, soudain, d'une pâleur extrême.

L'attention des voyageurs, concentrée sur Léonard, ne leur avait pas permis de constater ces doubles signes d'une émotion évidente. Le marquis d'Herbois avait saisi la main du vicomte et l'avait fortement pressée dans la sienne. Tous deux avaient échangé un long regard empreint d'étonnement et de douleur, et tous deux, demeurant immobiles, avaient joint leur attention à celle de leurs compagnons de route. Léonard continuait alors son récit.

Lui non plus, tout entier qu'il était au feu de son discours, n'avait pu remarquer le tressaillement de l'un des gentilshommes et la pâleur qui avait envahi le visage de l'autre.

En ce moment, le carrabas, quittant le Cours-la-Reine, longeait le quai de la Seine, passant à la hauteur de la pompe à feu de Chaillot, laquelle, installée nouvellement et fonctionnant, en dépit de sa mauvaise construction, était l'une des merveilles de la capitale que les Parisiens de cette époque aimaient le plus à contempler.

Suivant l'habitude prise et religieusement observée par ses confrères, le cocher du carrabas voulut faire station devant le monument, pour laisser à ceux qu'il conduisait le loisir de l'admirer à l'aise, mais un hourra unanime des voyageurs s'éleva contre l'usage établi, et l'automédon remit tant bien que mal son attelage au petit trot.

La voiture s'engagea alors sur la rude montée de la colline dite des Bonshommes, longeant les murs élevés du couvent du même nom qu'Anne de Bretagne avait concédé, en 1496, aux Minimes de Chaillot, et que la Révolution allait raser quelques années plus tard.

VII

LE RAPPORT DU LIEUTENANT DE POLICE

— Un matin, reprit Léonard, dès que la voiture se fut remise en route, le conseiller, en entrant dans son cabinet, jeta les yeux sur une lettre posée toute cachetée sur son bureau.

« Il la prit, l'ouvrit et la lut avec un étonnement croissant. Voici ce qu'elle contenait :

« Tremble, malheureux ! tu m'as ruiné en rangeant à ton avis tes

« confrères. Dès ce moment, c'est une guerre à mort que je te déclare! Toi
« et les tiens, vous périrez successivement, car ma haine est si forte que
« ta perte seule ne me suffirait pas.

« Je ne signerai point. Cherche mon nom parmi tes nombreuses vic-
« times ; il te sera difficile de l'y apercevoir. »

« Le conseiller méprisa cette épître, qu'il prit, à bon droit, pour
l'œuvre de quelque plaideur irrité de la perte de son procès, et ne crut
devoir attacher aucune importance aux menaces qu'elle contenait.

« Cependant, désireux de connaître comment était arrivée dans son
cabinet cette lettre anonyme, il appela ses gens et s'enquit de la façon dont
elle avait été apportée.

« Nul ne put répondre. Tous, interrogés successivement, déclarèrent
qu'ils n'avaient vu personne, que ce n'était à aucun d'eux que l'épître avait
été remise, et qu'ils ne pouvaient fournir le moindre renseignement à ce
sujet.

« Cette réponse unanime étonna et effraya le conseiller. Une lettre ne
pouvant venir seule et d'elle-même se placer sur le bureau de son cabinet,
il était évident qu'elle y avait été apportée par quelqu'un. Donc, le mystérieux et menaçant écrivain devait avoir un complice, parmi les gens du
conseiller.

« Mais quel était ce complice? Comment le découvrir? Le magistrat
avait, à son service, des domestiques vieillis dans la maison, s'y succédant
de père en fils, de mère en fille, et en lesquels il avait cru, jusqu'à ce
moment, pouvoir avoir une confiance absolue.

« Douter de ceux qui l'entouraient était déjà une douleur faite à l'âme
du conseiller, par l'auteur anonyme du mystérieux billet.

« Cependant, le conseiller parvint à chasser jusqu'au souvenir de cet
événement. La tranquillité la plus parfaite régnait dans son intérieur ; ses
parents et ses enfants vivaient dans la plus douce quiétude, aucune des
menaces faites ne semblait en voie de réalisation. Le conseiller crut à une
mystification, ou, du moins, il pensa que si l'avis d'un ennemi avait été
donné sérieusement, l'auteur avait reculé devant la noirceur du forfait.

« Tout allait donc au mieux, dans la famille du conseiller, lorsqu'un
dimanche, pendant les heures de l'office, un pauvre petit aide de cuisine
ayant voulu, peu avant le dîner qui se préparait, se restaurer aux dépens
de la marmite, avait, en l'absence du chef, puisé une tasse de bouillon ;
mais, à peine avait-il avalé quelques gorgées du liquide brûlant, qu'il
ressentit de douloureuses étreintes à l'épigastre, presque aussitôt suivies
d'effroyables tiraillements dans les intestins.

« Le malheureux enfant, criant, hurlant, se lamentant, se roulait sur le carreau de la cuisine, au milieu des valets accourus en toute hâte.

« Le conseiller et sa famille rentraient alors dans l'hôtel. Tous s'empressèrent auprès du malade; un médecin, requis avec rapidité, lui prodigua les secours les plus efficaces, après avoir reconnu la présence, dans les entrailles de l'aide de cuisine, d'un corps mortellement venimeux.

« Le pauvre petit, interrogé, avoua son larcin, déclarant n'avoir rien pris autre, depuis son lever, que la tasse de bouillon puisée dans la marmite.

« Le conseiller fit enlever la marmite, la fit transporter dans son cabinet et envoya quérir, sur l'heure, un habile chimiste de ses amis. Celui-ci voulut être assisté par l'un de ses confrères et par le médecin qui avait soigné l'aide de cuisine.

« Tous trois analysèrent alors le contenu de la marmite et déclarèrent, sans la moindre restriction, sans le moindre doute, que le bouillon qu'elle renfermait, et qui devait fournir le potage du dîner de la famille, contenait un poison des plus actifs.

« Le chef de cuisine, appelé devant le conseiller, déclara s'être absenté quelques minutes, tandis que ses maîtres étaient à l'église, s'en reposant sur le marmiton, pour veiller au dîner qui se préparait.

« Le marmiton, celui-là même qui avait été empoisonné, dit qu'un peu avant le moment où il avait eu faim et où il avait puisé dans la marmite, il avait quitté la cuisine pour aller, sur le pas de la grande porte, voir défiler un régiment de gardes-françaises qui passait dans la rue.

« Les autres domestiques assistaient, à cette heure, à l'office divin avec leurs maîtres. Il avait donc fallu choisir l'instant précis où la cuisine s'était trouvée déserte, pour verser dans le vase le poison, dont la présence était incontestable.

« Mais qui avait pu se livrer à cet atroce attentat? Pour l'accomplir, on devait avoir veillé dans l'intérieur de la maison, et le suisse n'avait vu passer personne.

« Le conseiller, ému par cette tentative abominable, se rappela les termes menaçants de la lettre anonyme. Persuadé qu'il avait affaire à un ennemi acharné et capable de tout, il résolut de prendre, à l'égard de sa sûreté et de celle des siens, les précautions les plus sévères.

« Faisant venir tous ses gens en présence de sa famille assemblée, il leur parla de la lettre qu'il avait reçue et des menaces qu'elle contenait; il ajouta qu'un autre, à sa place, les chasserait tous, après l'horrible événement qui avait failli plonger toute sa maison dans un effroyable deuil, mais que lui, au contraire, les conservait à son service, comptant sur leur amour, leur fidélité, et assuré qu'il était de leur entière innocence.

« Seulement, en leur révélant qu'un ennemi secret, formidable, avait juré sa perte et celle de sa famille, il les conjura de redoubler de zèle, de veiller attentivement, et de ne se laisser aller à aucune pensée mauvaise dans le cas où cet ennemi inconnu tenterait de corrompre et de gagner quelques-uns d'entre eux.

« Frappés, comme s'ils l'eussent été d'un coup de tonnerre, par cette révélation subite et inattendue, l'intendant, le maître d'hôtel, le sommelier, le cuisinier, le suisse-portier, les valets de chambre, les cochers, les porteurs, les femmes de chambre, les femmes de charge, tous les gens, enfin, du conseiller se récrièrent avec force, tombèrent à ses pieds, lui jurèrent une fidélité à toute épreuve, sanglotant, pleurant et maudissant de tout leur cœur le misérable lâche qui menaçait leur bon maître et compromettait leur honneur, à eux.

« Habile à juger les hommes, le conseiller comprit vite qu'il n'avait, autour de lui, que des innocents du crime qu'il leur avait, dans sa pensée, un moment imputé.

« Une semaine s'écoula; l'aide de cuisine, grâce à la vigueur de son tempérament, à sa jeunesse, revint à la vie, mais des douleurs épouvantables lui étaient restées à la suite de l'absorption du poison.

« Dans l'hôtel du conseiller, la surveillance était incessante et minutieuse. Tous les domestiques veillaient avec un zèle admirable.

« Les cuisines surtout étaient transformées en une manière de forteresse dont on n'approchait que très difficilement

« Ne voulant pas ébruiter cette odieuse affaire avant d'avoir surpris le coupable auteur de cette tentative criminelle, le conseiller avait ordonné à ses gens le silence le plus absolu à cet égard, de sorte que personne, au dehors, ne se doutait du danger couru par le magistrat et par sa famille.

« Trois semaines se passèrent ainsi. Un soir, le premier fils marié et sa femme, revenant à l'hôtel après avoir passé quelques heures chez un ami, se plaignirent de la soif et demandèrent un rafraîchissement.

« On leur monta une carafe d'eau de groseille. Leurs deux enfants n'étaient point encore couchés; tous quatre burent abondamment de la boisson préparée.

« Deux heures après, des symptômes d'empoisonnement se manifestaient chez les deux enfants. On réveilla les parents, les domestiques, et l'on courut chercher un médecin.

L'HOTEL DE NIORRES

Le mari de la jeune femme, celui qui venait d'acheter les pêches, avait cessé d'exister. (P. 52.)

« Avant que celui-ci n'arrivât, le père et la mère subissaient, à leur tour, des crises affreuses.

« Tous les secours furent inutiles : tous quatre succombèrent avant la fin de la nuit... Un incident naturel vint rendre encore plus émouvante cette scène horrible.

« La jeune femme agonisante était dans son neuvième mois de grossesse ; les tortures du venin précipitèrent sa délivrance, et, en expirant, elle donna le jour à un enfant mâle et que les médecins assistants déclarèrent viable, malgré la terrible catastrophe qui avait avancé sa venue au jour. »

— C'est affreux, dit Michel en frissonnant.

— Cette scène, en effet, devait être épouvantable! ajouta Talma.

Le vicomte et le marquis ne prononcèrent pas une parole; seulement M. d'Herbois, de pâle qu'il était, était devenu livide, et M. de Renneville, les sourcils contractés et les mains frémissantes, paraissait être métamorphosé en statue.

— Ensuite? ensuite? demanda Tallien.

Léonard reprit, après un moment de silence :

— Le coup affreux qui frappait si rudement le malheureux conseiller ne lui laissa pas la pensée de songer au pauvre nouveau-né, entré dans ce monde sous de si pénibles auspices.

« Alors, la femme du second fils, dont ce malheur développa le beau caractère, prit entre ses bras son neveu infortuné, le baisa avec une tendresse où dominait le sentiment de l'amour maternel, et jura que désormais le pauvre orphelin vivrait avec son fils, à elle, dont il devenait à cet instant, non pas le cousin, mais bien le frère.

— Excellente femme! s'écria Michel avec attendrissement.

— Moi, ça me fait pleurer! murmura Jean en portant ses doigts à ses yeux.

— Ce fut à la suite de ce crime effrayant, continua Léonard, heureux de l'attention qu'il provoquait, que le conseiller se décida à aller trouver M. le lieutenant de police. M. Lenoir l'interrogea sur tous les antécédents de sa vie, sur ses liaisons, ses affaires, les plaideurs qui avaient dû être molestés par ses jugements, sur les familles des criminels condamnés par la Tournelle et au jugement desquels il avait participé.

— Il est de fait, dit Danton en coupant la parole au coiffeur de la reine, que la sévérité des lois, en sacrifiant les intérêts de chacun à des théories de justice dans l'intérêt de tous, ne manque jamais d'exciter des ressentiments qui, tôt ou tard, se manifestent. Un magistrat, quelque intègre qu'il puisse être, esclave de la loi, qui n'a pas de miséricorde payé alors pour les violences d'une législation qu'il n'est pas libre d'abolir.

— Cela est vrai, ajouta Marat; mais en bonne justice, comme en bonne politique, il n'y a pas de terme moyen.

— Et que fit le conseiller? demanda Tallien en s'adressant à Léonard.

— Il se prêta aux questions de M. Lenoir avec la chaleur d'un homme qui ne veut rien avoir à se reprocher, répondit le narrateur en reprenant son récit. Sa conscience était si pure, ses rapports avaient été toujours si conformes aux règles de l'équité, qu'il ne se voyait aucun ennemi.

« Le lieutenant de police l'engagea à surveiller lui-même tous ses gens, à redoubler de vigilance, lui promettant de mettre tout en œuvre, de son côté, pour éviter de nouveaux malheurs et arriver à la découverte du coupable.

« Le conseiller et M. Lenoir convinrent que, cette fois encore, il était utile d'étouffer l'affaire; qu'il fallait présenter comme suite d'un accident naturel la mort des victimes, parce qu'en agissant ainsi, on donnerait toute sécurité à l'assassin, lequel, ne croyant pas le crime soupçonné, commettrait sans doute quelque imprudence aidant à le faire connaître. »

Le vicomte et le marquis se regardèrent.

— Tu l'entends? dit le second à l'oreille du premier, et en se penchant, par dessus l'épaule de son compagnon, vers la portière ouverte, comme pour respirer l'air extérieur.

— C'est Dieu qui nous a fait nous rencontrer avec cet homme, dit le vicomte à voix extrêmement basse.

— Le conseiller revint à son hôtel, continua Léonard, sans parler à qui que ce fût de sa visite au lieutenant de police. Il n'avait pas pris sa voiture pour aller chez M. Lenoir, il s'y était rendu à pied.

« Trois jours après la catastrophe qui avait si violemment privé le malheureux magistrat de quatre des membres de sa famille, son second fils marié était, durant les heures de l'après-midi, à la fenêtre de sa chambre, donnant sur la rue où est situé l'hôtel.

« Il songeait peut-être aux malheurs qui menaçaient encore sa famille, lorsqu'un paysan vint à passer, criant des pêches nouvelles qu'il traînait dans une petite charrette.

« L'envie de manger quelques-uns de ces beaux fruits lui vient tout à coup. Il appelle le paysan, celui-ci lève sa tête que couvre aux trois quarts une forêt de cheveux roux.

« Le fils du conseiller, ne voulant pas perdre de vue les fruits qu'il convoite, descend, à l'aide d'une corde, le panier à ouvrage de sa femme posé sur l'appui de la fenêtre. Le paysan emplit le panier de ses pêches les plus vermeilles, l'acheteur hisse panier et fruits et jette un demi-écu au fruitier, qui s'en va content.

« Tout joyeux de son acquisition, le fils du conseiller court à la chambre de sa femme afin de lui offrir l'un des beaux fruits. Il apprend que celle-ci est à vêpres. Il descend chez son père, le conseiller est également sorti.

« La terreur faisait que l'on mangeait peu dans la maison, et la vue de ce mets appétissant excitant encore les désirs non satisfaits de son estomac, le jeune mari, sans plus attendre son père ni sa femme, mord à belles dents dans les fruits veloutés et en savoure le goût parfumé.

« Une heure après, le conseiller, en rentrant, trouve sa bru revenant de l'église; tous deux pénètrent dans l'hôtel. Le père veut reconduire la jeune femme jusque dans ses appartements.

« Il s'était épris pour elle d'une tendresse toute nouvelle depuis la nuit fatale où elle avait juré de servir de mère au malheureux orphelin, lequel était soigné aussi bien que son propre fils.

« Ils montent l'escalier conduisant au second étage, ils pénètrent dans la chambre... un spectacle horrible s'offre aussitôt à eux.

« Le mari de la jeune femme, celui qui venait d'acheter les pêches, avait cessé d'exister.

« Cette fois, la terreur ne connaît plus de bornes, les valets stupéfiés veulent fuir cette maison maudite, le gendre déclare qu'il veut voyager pendant quelque temps avec sa femme.

« Cette fois encore, la pauvre veuve relève le courage de tous. Elle déclare, tout en versant des larmes abondantes, que jamais, dût-elle partager bientôt le sort qui semble réservé à tous les siens, elle n'abandonnera le grand-père de ses enfants.

« Chacun, ranimé par l'exemple, promet de montrer la même énergie, et, abandonnant les projets de départ, maîtres et domestiques se résignent à demeurer dans cette maison souillée par le crime.

« Le trépas de la nouvelle victime est mis sur le compte d'une apoplexie foudroyante, et le monde ignore encore cette suite abominable de forfaits.

« La semaine suivante, le fils aîné du conseiller, l'évêque, arrive auprès de son père. Il amène avec lui deux jeunes filles, deux anges de beauté, et leur mère, femme austère et pieuse, propre belle-sœur du magistrat, que la mort de son mari a plongée dans une misère profonde et que le prélat a pris sous sa protection.

« Ces deux jeunes filles sont fiancées à deux gentilshommes servant dans les armées du roi, et l'évêque les amène dans la capitale ainsi que leur mère afin de procéder aux formalités du mariage, car le conseiller étant le chef de la famille, rien ne peut se passer sans lui; il faut son consentement à l'union. »

Léonard s'arrêta un moment pour reprendre haleine. Ses auditeurs l'avaient écouté avec un recueillement profond, mais aucun d'eux ne se montrait aussi anxieusement intéressé à l'histoire qu'il débitait que MM. d'Herbois et de Renneville.

A mesure que le coiffeur avançait dans son récit, l'agitation la plus vive se reflétait sur leurs traits en signes non équivoques.

Tous deux se tenaient la main et leurs doigts crispés s'étreignaient mutuellement avec une violence dont ni l'un ni l'autre ne paraissait avoir conscience.

Suspendus, pour ainsi dire, aux lèvres du narrateur, ils suivaient chaque phase de l'histoire racontée avec une émotion si violente, si manifeste, que leurs compagnons de route l'eussent, sans aucun doute, remarqué si leur attention à eux-mêmes n'eût été entièrement absorbée par l'étrange et mystérieuse série d'événements que Léonard empruntait au rapport fait la veille à la reine par le lieutenant de police.

VIII

LA ROUTE DE SÈVRES

— Continuez, de grâce, monsieur Léonard, s'écria Michel, incapable de résister à la curiosité qui le poussait.

— Comme la cour et la ville, l'évêque connaissait les malheurs de sa famille tout en en ignorant la cause, continua Léonard. Le secret avait été bien gardé. Sur la recommandation sévère du conseiller, ses parents n'avaient rien dit, espérant ainsi surprendre plus promptement le coupable; et les domestiques, par terreur pour eux-mêmes, avaient conservé le plus religieux silence sur les attentats commis.

« A la révélation de ces crimes successifs, l'évêque parut frappé de stupeur; il voulut éloigner en toute hâte celles qu'il avait amenées; mais la mère des deux jeunes filles, mise au courant de la terrible situation, déclara que quitter la maison du conseiller serait éveiller subitement le scandale de sang que l'on tenait si fort à laisser dans l'ombre par respect même pour la famille.

« Donc l'évêque et ses compagnes demeurèrent à l'hôtel, sous le même toit peut-être que l'infâme assassin, et exposés aux mêmes dangers que les autres membres de la famille du conseiller.

« Il fut résolu que, pour plus de sûreté et pour empêcher que cette ténébreuse affaire ne s'ébruitât, les deux jeunes gentilshommes fiancés aux deux jeunes filles ne seraient point reçus à l'hôtel, et que la porte leur en serait impitoyablement refusée.

« Les deux mariages arrêtés, dussent-ils se rompre (telles furent les propres paroles de la belle-sœur du magistrat), l'honneur de la famille demeurerait sauf ; car, dans une confidence émouvante faite par le conseiller à l'évêque et à la veuve de son frère, le malheureux magistrat leur avait avoué qu'il en était à se demander si ce n'était pas parmi les siens peut-être qu'il devait chercher le coupable.

« On comprend ce que, pour une famille honorable et de vieille noblesse, ce soupçon pouvait avoir d'accablant : « Et, avait ajouté le con-
« seiller, périssent tous les miens et s'anéantisse à jamais le bonheur de
« chacun, plutôt que ne se ternisse l'honneur de mes pères ! S'il y a un
« coupable ici, nous le punirons seuls, mais personne au monde ne devra
« deviner son crime. Mes ancêtres m'ont légué un nom sans tache, il ne
« sera jamais souillé publiquement, moi vivant. » Quoique les mariages projetés et presque arrêtés fussent fortement, dit-on, du goût des deux jeunes filles, la belle-sœur du conseiller n'avait point hésité à partager l'opinion du magistrat, et les deux fiancés avaient été consignés soigneusement à la porte. Ceci se passait il y a peu de jours, ajouta Léonard. »

Le vicomte et le marquis échangèrent un nouveau regard.

— Le lendemain de l'arrivée de l'évêque, reprit le coiffeur, un domestique, favori du second des fils mariés, de celui qui avait été empoisonné avec les pêches achetées au paysan, que la police n'a encore pu arrêter, vient trouver le conseiller. Celui-ci était seul dans sa chambre et encore au lit. Le valet se précipite à genoux au chevet de son maître, le conjure d'entendre le récit qu'il va faire, et en même temps de ne pas opposer un refus à ce qu'il va demander.

— « Monsieur, dit-il d'une voix tremblante, j'ai une révélation à vous faire. La veille du jour où mourut mon pauvre maître, et vers les deux heures du matin, je me sentis fortement secoué dans mon lit et réveillé en sursaut. J'ouvris les yeux, et quelle fut mon épouvante lorsque je vis devant moi votre autre fils mort dans mes bras quelques semaines auparavant. J'étais pâle comme le linceul qui le couvrait. Il me fit signe de ne pas avoir peur, puis il me dit d'une voix sourde qu'il m'avait choisi pour sauver son fils, le malheureux orphelin auquel, en mourant, sa mère avait donné le jour. « Demande à mon père, ajouta-t-il, l'autorisation d'emmener au loin
« cet enfant. Que mon père, mon père seul sache où tu l'auras conduit.
« Sans cela, il mourra comme va mourir mon pauvre frère, ton maître ! » Ces mots achevés, la vision disparut. Je m'évanouis et ne revins à la vie qu'après le soleil levé. Je n'ai pas osé vous faire cette révélation, ainsi qu'à mon cher maître, bien convaincu que vous la regarderiez tous deux comme une chimère ; je me tus donc.

« Le lendemain, mon maître, votre second fils, mourait à son tour. La frayeur me prit; j'eus des remords, et pourtant je me tus encore. Je n'aurais même, je crois, jamais parlé, lorsque hier, étant, à l'entrée de la nuit, seul dans le commun et assis sur un fauteuil, devant un grand feu allumé pour faire sécher la lessive, je vis tout à coup un fantôme m'apparaître derrière la flamme. Cette fois, c'était mon maître, mon bon maître en personne. Il s'approcha de moi en marchant sur les tisons ardents... J'étais cloué sur mon siège, mes dents claquaient, je n'osais remuer... Il me frôla en passant, se pencha vers mon oreille, et, de si près que son haleine fétide et glacée me frappa d'une terreur nouvelle :

— « Saint-Jean, me dit-il, tu ne m'as donc pas aimé?

— « Oh! que si, maître, repartis-je; et beaucoup, et même encore !

— « Alors, pourquoi ne veux-tu pas donner à mon frère et à moi la consolation de voir son fils et mon neveu échapper à la mort?... Prends garde! si tu n'exécutes pas nos volontés, un nouveau malheur va frapper la famille, et ce malheur ce sera sur toi qu'en retombera la faute... »

« Quelqu'un est entré; je n'ai rien entendu partir; mais la voix s'est tue. Alors j'ai ouvert les yeux que la peur m'avait fait tenir fermés pour ne pas voir le fantôme. C'était le cuisinier qui arrivait.

— « Tiens! m'a-t-il dit, je ne vous croyais pas seul, Saint-Jean? C'est drôle, j'ai entendu quelqu'un parler.

— « C'est moi qui ai cette mauvaise habitude, ai-je répondu afin de ne rien laisser soupçonner de ce qui m'était arrivé.

« J'aurais dû peut-être, monsieur, continua le valet, venir vous trouver immédiatement, mais la honte m'a retenu. Cependant, la frayeur de voir apparaître encore un fantôme m'obsède au point que je n'y puis résister, et je viens vous supplier de faire ce que mon maître et son frère demandent. »

« Le conseiller avait écouté gravement l'étrange récit du domestique. Celui-ci lui demanda alors la permission de faire constater par un signe ou par plusieurs l'identité de l'enfant, puis d'enlever celui-ci, de l'emmener au fond de l'Italie ou de l'Allemagne, et là d'attendre avec lui de meilleurs temps.

« Le magistrat, malgré la chaleur que Saint-Jean mettait à ses supplications, ne put prendre sur lui de lui accorder ce qu'il demandait.

« Il résista et remit à quelques jours la réponse définitive.

« Le conseiller est un homme d'esprit et de sens, peu crédule surtout, ayant de la peine à croire que le ciel se servit d'un valet pour intermédiaire, quand l'avertissement direct ne présentait pas plus d'inconvénient aux puissances surnaturelles, et eût mieux répondu à leur but.

« Saint-Jean d'ailleurs, n'ayant parlé qu'après coup, ne cherchait-il pas à s'acquérir une importance par une voie qui le rendrait homme prépondérant dans la maison?

« Enfin, pourquoi le second fils s'occupait-il de l'enfant de son frère et non de son enfant à lui, qui devait courir les mêmes dangers?

« Que signifiait tout cela?

« Le conseiller, après mûres réflexions, conclut que Saint-Jean, dont il connaissait la fidélité à toute épreuve, avait été frappé d'un vertige très naturel après tant de malheurs, et qu'il avait été deux fois le jouet d'un songe.

« Ce fut là également l'opinion de l'évêque.

« Cependant le prélat, le soir venu, se met au lit avec un peu de fièvre. Il croit à un rhume, il demande de la tisane.

« Sa tante, la sœur du conseiller, et sa propre sœur à lui la confectionnent elles-mêmes dans sa chambre. La tisane faite, il faut du sucre. On sonne, et une femme de chambre apporte un sucrier de porcelaine de Saxe.

« La boisson est avalée. L'évêque y revient plusieurs fois et s'endort.

« Vers le milieu de la nuit, il est éveillé par des douleurs atroces. Des symptômes d'empoisonnement se révèlent. Encore cette fois les secours arrivent trop tard; mais, cependant, la rapidité du venin est moindre, et l'évêque a le temps, avant de mourir, de laisser au fils de la veuve courageuse tous ses biens en substitution, dans le cas où l'orphelin né du premier fils marié viendrait à mourir avant celui-là, ces deux enfants étant les seuls du nom aptes à perpétuer la souche.

— Après? demanda Augereau en voyant Léonard s'arrêter.

— Après? dit également Tallien.

— Messieurs, répondit Léonard, l'évêque est mort avant-hier, et M. Lenoir n'en savait pas davantage.

— Quoi! s'écria Danton, la police n'a rien appris?

— Rien absolument.

— Et que dit M. Lenoir?

— Il jure qu'il arrivera à la découverte du coupable.

— Oui, ajouta Marat, quand toutes les victimes seront frappées!

— Et qu'a dit la reine? demanda Fouché.

— Sa Majesté s'est montrée bien vivement intéressée par ce récit, et elle a chargé M. Lenoir de la tenir au courant des circonstances se rattachant à cette lugubre histoire.

« Le père et la mère furent violemment séparés l'un de l'autre. (P. 64.) »

— Bonne princesse! murmura Marat, elle ne s'occupe de ses sujets que par curiosité.

En ce moment, la voiture s'arrêta, et le cocher, descendant de son siège, vint ouvrir la portière.

— Messieurs! dit-il de sa voix enrouée, c'est la montée de Sèvres. Si vous voulez marcher un peu...

Les voyageurs descendirent.

Talma et son compagnon, l'élève de l'École militaire, lequel n'avait point encore prononcé une parole, suivirent le mur du parc de Saint-Cloud, nouvellement acquis par Marie-Antoinette.

Danton, Fouché, Saint-Just, Léonard, Michel, Tallien, Joachim, Augereau et Marat marchèrent sur la chaussée, suivis de près par Jean, lequel semblait vouloir ne pas perdre un seul mot de leur conversation.

Le vicomte et le marquis se tenaient à l'écart.

— Ainsi, dit Danton après un moment de silence et en dardant sur le coiffeur de la reine son regard incisif, ainsi, monsieur Léonard, vous ignorez le nom du conseiller dont vous venez de nous raconter la lamentable histoire?

— Je l'ignore absolument, répondit le coiffeur.

— Cependant, fit observer Fouché, ce nom doit être facile à connaître. On sait tous ceux des conseillers au Parlement; le nombre en est assez restreint, et cette quantité de deuils successifs qui désolent la maison de celui dont vous parlez peut le désigner sans qu'il soit besoin de longues recherches. Qu'en pensez-vous, Danton? En votre qualité d'avocat, vous devez savoir quelque chose?

— Il y a longtemps que je n'ai mis les pieds au palais, répondit Danton, et je ne suis pas au courant de ce qui s'y passe en ce moment. D'ailleurs, ainsi que l'a dit M. Léonard, on s'est efforcé de dissimuler cette série épouvantable de crimes; mais votre observation est juste, Fouché, et je ne doute pas qu'en interrogeant, nous n'arrivions rapidement à connaître le nom du conseiller.

— Et, fit Marat en s'avançant un peu, on doit savoir quel siège occupait l'évêque?

— M. Lenoir ne l'a pas dit devant moi, répondit Léonard.

— Il n'a pas nommé non plus les deux gentilshommes fiancés aux deux nièces?

— Non; seulement, il a dit, en parlant de ces deux jeunes gens, officiers tous deux, que les renseignements obtenus sur eux n'étaient pas des plus satisfaisants.

— Bah! qu'est-ce qu'ils ont donc fait?

— Des dettes énormes, paraîtrait-il.

Marat se mit à rire.

— Ils ne se croiraient pas de noblesse s'ils payaient leurs créanciers! dit-il avec un mauvais regard.

— Sont-ce des hommes tarés? demanda Danton.

— Pas précisément, peut-être; mais, continua le coiffeur en baissant la voix, M. le lieutenant de police semblait avoir d'eux la plus fâcheuse opinion.

— Si les nièces héritaient de leur oncle, fit observer Fouché, on n'aurait peut-être pas loin à chercher pour trouver la trace des coupables.

— Dame! si tous les enfants mouraient; et ils sont en bon chemin pour cela, dit Marat, les nièces hériteraient.

— Oh! fit Léonard, des gentilshommes!

Marat haussa les épaules.

— Raison de plus! fit-il de sa voix sifflante. Pour trouver les vices et les crimes, il faut chercher en haut de l'échelle sociale, par le temps qui court.

— Oui, dit Fouché, et pour rétablir les choses comme elles devraient être, il faudrait retourner l'échelle.

— La briser! ajouta violemment Marat. Plus de degrés inférieurs ni de degrés supérieurs : un seul échelon suffit.

— L'égalité! dit Danton.

Tandis que la conversation continuait entre les différents personnages formant un même groupe sur la montée de Sèvres, le marquis et le vicomte marchaient lentement à cinquante pas en arrière.

— Eh bien! disait M. d'Herbois, nous savons maintenant, à n'en pouvoir douter, pourquoi l'on nous refuse l'entrée de l'hôtel!

— Je disais bien que c'était Dieu qui avait envoyé cet homme sur notre route! répondit le vicomte en désignant Léonard. Ainsi, tout ce que tu avais deviné était vrai!

— Hélas! Henri, j'étais certain de ne pas me tromper!

— Tu le vois, Charles, il est temps de partir, il est temps de soustraire Blanche et Léonore au danger épouvantable qui les menace...

— Oui, répondit le marquis, mais j'ai réfléchi. Avant d'en arriver à une extrémité, devant laquelle je ne reculerai pas d'ailleurs, si la situation l'exige, nous devons tout faire pour voir M. de Niorres.

— Mais il nous a refusé obstinément sa porte.

— Il faut essayer de vaincre cette obstination.

— Pourquoi?

— Nous devons prévenir le conseiller.

— Le prévenir de notre départ?

— Non, mais lui dire que le fils de la Madone existe.

— Il ne nous recevra pas.

— Alors, nous agirons en conséquence; mais il est plus prudent, plus convenable de tenter une explication. Quel motif a M. de Niorres pour nous refuser l'entrée de son hôtel?

— Le sais-je? Le fait est là, cependant : quatre fois nous avons été éconduits.
— Eh bien! Henri, essayons une cinquième fois.
— Mais ce sont de nouvelles lenteurs, dit le vicomte avec impatience, et le péril est imminent! Songe donc! l'évêque est mort... Blanche et Léonore n'ont plus que leur mère pour veiller sur elles. Si la mort les frappait à leur tour...
— Tais-toi! interrompit le marquis en pâlissant, ne dis pas cela! Crois-tu donc que je veuille reculer le moment de leur délivrance? Non! mais je veux essayer encore d'accorder ensemble la sécurité de celles que nous aimons plus que la vie et le respect que nous devons à leur famille.
Le vicomte prit la main du marquis et la serra fortement.
— Tu as raison! dit-il.

IX

LA JOLIE MIGNONNE

Lorsque le carrabas eut atteint le sommet de la montée de Sèvres, il s'arrêta, et tandis que les huit maigres haridelles essayaient de reprendre quelque force en soufflant bruyamment, le cocher, qui avait suivi à pied sa voiture, alla s'appuyer contre l'une des murailles bordant la route, se mettant ainsi, sous son ombre protectrice, à l'abri des rudes atteintes des rayons lumineux dont l'ardeur augmentait sensiblement aux approches du milieu du jour.

Assis nonchalamment sur une borne, en attendant qu'il plût à ses voyageurs de rejoindre le véhicule, Fouquier tira de sa poche un carnet recouvert d'un cuir sale et gras, et il l'ouvrit en relevant une agrafe servant à le fermer.

— Nous disons donc, murmura-t-il en jetant alternativement son regard oblique sur les feuilles noircies du carnet et sur les voyageurs qui s'avançaient péniblement, nous disons... yeux noirs à fleur de tête, nez droit, bouche grande, figure osseuse, dents ébréchées, cou long et mince, épaules larges... Ça ne ressemble à aucun de ces gaillards-là... Le susdit personnage n'est donc point dans mon carrabas. Que le diable lui torde le cou, à ce brigand-là! Joli métier qu'il me fait faire? Conduire ces chevaux éreintés sous un soleil de plomb et avaler la poussière de la route de Paris à Versailles pour gagner un écu de six livres à la fin de sa journée, et recevoir encore de mauvais compliments parce que je n'aurai conduit aucun voyageur dont le signalement se rapporte à celui-ci!... Si M. Lenoir croit que je vais rester longtemps cocher de carrabas, il se trompe!... Corbleu! c'est cet infernal Jacquet qui a eu cette belle idée! Ah! si on n'avait pas quelques espérances pour l'avenir!... En attendant, quel diable de rapport puis-je faire ce soir sur ces gens que je mène à Versailles? Léonard est inattaquable! On l'accuserait d'avoir dévalisé une nuit l'église Notre-Dame que la reine le ferait relâcher le lendemain pour venir la coiffer... Les deux nobles ne disent mot... Quant aux autres... ça vaut-il la peine d'être surveillés! Bah! si je ne trouve rien, je ferai passer l'un d'eux pour l'auteur du pamphlet sur Mme de Polignac! Ah! si je pouvais découvrir l'homme dont j'ai là le signalement! quelle belle affaire!...

Sans doute le cocher, qui n'était autre qu'un employé de M. Lenoir[1], alors lieutenant de police du royaume, allait continuer ses réflexions et son monologue, lorsque Talma et son compagnon atteignirent l'endroit où stationnait la voiture.

— Oh! fit l'élève de l'École militaire en s'essuyant le front, il fait chaud, aujourd'hui.

— Pas autant, cependant que dans votre pays, répondit en riant le dentiste. Regrettez-vous donc la Corse?

— Non, j'aime Paris, et l'un de mes plus grands soucis est de penser qu'après mon examen de sortie, je serai envoyé en garnison dans quelque ville de province.

— Et vous vous destinez toujours à l'artillerie?

— Toujours, c'est mon arme favorite. Oh! il y a de grandes choses à faire avec l'emploi bien entendu du canon.

— A propos, y a-t-il longtemps que vous n'ayez vu Davoust, votre ancien camarade de Brienne?

— Depuis le mois de février dernier, époque à laquelle il a reçu son brevet de sous-lieutenant au régiment de Champagne cavalerie.

— Dans deux mois, vous aussi allez porter l'épaulette; mais puisque vous passerez la journée à Versailles, il faudra que je vous mette en rela-

---

1. Fouquier-Tinville, fils d'un cultivateur, après avoir fait d'assez bonnes études, avait acheté, à Paris, une charge de procureur au Châtelet, mais sa honteuse inconduite, sa passion pour les plus basses débauches, son peu de probité, le contraignirent à se démettre de cet emploi. Il vendit sa charge *sans payer ses dettes*. Réduit à la misère, après avoir fait de nombreuses dupes, il adressa, en 1784, à Louis XVI des vers médiocres *dans lesquels il implorait sa pitié*. Il dut à cette flatterie d'obtenir un petit emploi à la police.

tions avec un charmant garçon, revenu d'Amérique il y a quelque temps. Il a servi là-bas sous les ordres de M. de Rochambeau.

— Ah! comment l'appelez-vous?
— Alexandre Berthier.
— Je ne le connais pas.
— Eh bien! vous ferez connaissance.

En ce moment, les autres voyageurs rejoignirent la voiture, et chacun reprit, dans le carrabas, la place qu'il occupait précédemment.

Fouquier remonta sur son siège, et la lourde voiture s'ébranla de nouveau.

Bientôt la conversation devint générale, et, à l'exception du marquis et du vicomte, lesquels ne se mêlaient en rien aux paroles échangées, chacun y prit une part active.

Léonard surtout brillait de tout l'éclat de sa faconde gasconne et de sa verve effrontée. Il parlait de tout et sur tout avec un aplomb qui faisait hausser les épaules au chirurgien Marat et sourire Danton et ses amis.

Quant au pauvre ouvrier teinturier, relégué au fond de la voiture, et auquel personne ne daignait faire attention, il semblait plongé dans une admiration profonde à l'égard du coiffeur de la reine.

Plusieurs fois, il s'était penché en avant comme pour adresser la parole au coiffeur, plusieurs fois il avait tendu timidement la main comme pour saisir le pan de l'habit brodé du Gascon et attirer ainsi son attention; mais, chaque fois, il avait retiré sa tête en rougissant ou laissé retomber son bras avec un geste de découragement.

Enfin, profitant d'un léger moment de silence qui succédait à un flot de paroles prononcées par Léonard, lequel jetait à la tête de ses compagnons de route tous les grands noms de la cour, qu'il traitait avec une familiarité capable de donner de ses relations la plus haute pensée, Jean, prenant son courage à deux mains, se hasarda à s'avancer discrètement :

— Monsieur,... dit-il d'une voix timide.

Léonard tourna dédaigneusement la tête.

— Qu'est-ce, mon garçon? fit-il avec un ton de protection tout à fait engageant. Que me veux-tu?

— Monsieur, répondit l'ouvrier teinturier en s'enhardissant un peu, je veux vous dire qu'il ne dépendrait que de vous de rendre un fier service à mon patron...

— Qu'est-ce que c'est que ton patron?

— C'est maître Bernard, le gros teinturier de la rue Saint-Honoré.

— Maître Bernard! répéta Léonard; attends donc... il me semble que je connais ça...

— Un bel homme, ajouta Jean, comme pour faciliter les efforts de la mémoire du coiffeur.

— Eh bien! en quoi puis-je l'aider, ton M. Bernard? demanda Léonard, assez satisfait de faire parade de sa puissance, et voulant, devant les voyageurs, se montrer bon prince.

— Dame! monsieur, dit l'ouvrier, vous connaissez M. Lenoir.

— Le lieutenant de police? Parbleu! certainement, je le connais.

— Alors, ça ira tout seul...

— Quoi?

— Ce que j'ai à vous demander pour le patron.

— Eh bien! voyons, qu'as-tu? parle!

— C'est rapport à la petite fille de maître Bernard... sa chère enfant, qu'il ne peut retrouver... si bien que sa femme pleure toutes les larmes de son corps, et que lui a failli se tuer de chagrin...

— Sa fille est donc perdue?

— Perdue ou volée, oui, monsieur.

— Depuis quand?

— Depuis la dernière Saint-Jean; il y a tantôt quinze jours.

— Ah ça! s'écria Léonard, que diable me racontes-tu là!

— Une histoire touchante, monsieur, dit Danton d'un ton d'autorité, et qui peut faire pendant à celle que vous narriez tout à l'heure. Ah! ajouta-t-il en se tournant vers l'ouvrier teinturier, vous travaillez chez Bernard? C'est un digne et honnête homme sur lequel le malheur est venu cruellement s'abattre. Je m'occupe en ce moment de son affaire, et, à votre retour, vous pourrez lui dire que vous avez fait route avec Danton, lequel allait à Versailles consulter son ami Robespierre pour mener à bien l'entreprise dont il s'est chargé.

— Robespierre! répéta Marat en tressaillant, c'est un garçon de talent et d'avenir.

— Vous le connaissez, monsieur? demanda Danton.

— Fort peu; mais je crois que nous finirons par nous lier quelque jour, car il y a entre nous une communauté de sentiments.

— S'il y a entre eux communauté de sentiments, il n'y a pas communauté de costume, toujours! murmura Danton à l'oreille de Saint-Just, car Robespierre est aussi soigné dans sa mise que celui-ci est sale et déguenillé dans la sienne.

Marat n'entendit pas, mais il devina sans doute la pensée de l'avocat, car il sourit de ce mauvais sourire qui lui était habituel.

— Y aurait-il indiscrétion à vous demander quelques détails sur l'affaire à propos de laquelle vous allez consulter Robespierre? reprit-il après un moment de silence.

— Aucune indiscrétion, monsieur, car il s'agit d'une chose connue de beaucoup de gens, répondit Danton.

« M. Bernard et sa femme, dont vous parliez tout à l'heure ce jeune homme assis derrière M. Léonard, sont de braves et excellents époux, vivant fort bien ensemble et ayant concentré toutes leurs affections sur leur unique enfant, jolie petite fille de quatre ans, l'idolâtrie, le joujou, la merveille, les amours de tout le quartier habité par le teinturier.

« Rien n'était plus charmant, au reste, que cette enfant, appelée Rose par ses parents, mais surnommée, par les voisins, la *jolie mignonne*.

« Alerte, rieuse, espiègle, on citait ses malices, on mangeait de baisers ses petites couleurs, on se faisait un plaisir de lui donner des cadeaux de toutes parts, et ses parents, par suite, avaient la vogue dans leur état.

« Moi-même (j'habite la même rue et suis voisin du teinturier) moi-même, j'ai bien souvent joué avec la jolie mignonne.

« Maître Bernard et sa femme ne faisaient pas un pas sans leur enfant chérie, l'emmenant partout avec eux, la couvrant des plus coquettes parures et se montrant, à bon droit, fiers de sa bonne mine et de sa gentillesse.

« Il y a trois semaines, le jour de la Saint-Jean, la petite fille témoigna le désir d'aller admirer le feu de joie donné par la ville sur le port de la Grève.

« Un désir de la jolie mignonne était un ordre pour ses parents. Le soir venu, on la para plus coquettement encore que de coutume, et M. et Mme Bernard se dirigèrent avec elle vers le lieu de la fête.

« Durant le feu, tout alla bien. Rose applaudissait, criait de joie et admirait le spectacle, perchée sur l'épaule de son père, lequel était tout fier de la bravoure de sa fille et de la finesse de ses saillies provoquées par chaque incident du feu.

« Cependant, l'heure venue de se retirer, on chercha à se faire jour parmi la foule. Le père et la mère tenaient l'enfant de chaque main. Une alerte qui survint occasionna un moment de trouble, on criait, on hurlait, on jetait des pétards.

« Le père et la mère furent violemment séparés l'un de l'autre. La mère avait vu son mari s'écarter en tenant l'enfant, le père avait vu sa femme emporter la petite fille, cependant ils étaient inquiets.

« Quand le torrent de mauvais sujets qui venaient de mettre ainsi le désordre au milieu des bourgeois se fut écoulé, les deux époux accoururent l'un vers l'autre.

Les forces de la pauvre femme l'abandonnèrent, elle se laissa choir sur le pavé fangeux... (P. 67.)

« Jugez de leur désespoir! Une double erreur les avait abusés, ni l'un ni l'autre n'avait plus l'enfant, la jolie mignonne avait disparu.

« Tous deux, après s'être tordus les mains et confondus mutuellement en reproches au milieu du peuple qui s'amassait, coururent de droite et de gauche, s'exténuèrent auprès des autorités, prirent des renseignements, firent avec l'ardeur d'une fièvre effrayante la besogne des agents de police sans parvenir au moindre résultat.

« Ils étaient, je vous jure, attendrissants à contempler ces pauvres parents désolés! On ne voyait qu'eux partout. Ils n'avaient qu'une pensée, ne voulaient, ne demandaient, ne cherchaient rien que leur fille, leur trésor dérobé ou perdu.

« Ils se désespéraient, entraient dans des états nerveux épouvantables; la folie menaçait d'envahir leur cerveau.

« La nuit se passa dans une suite non interrompue de vaines recherches. Au jour, ils coururent à l'hôtel du lieutenant de police; un agent principal les reçut, les écouta, blâma fort leur imprudence de venir aux fêtes publiques avec un enfant, et les renvoya en leur promettant de se livrer aux plus actives investigations.

« Maître Bernard et sa femme rentrèrent chez eux la mort dans le cœur. Tous les voisins étaient accourus, c'était une désolation générale.

« Bientôt la foule rassemblée et vivement émue fut saisie d'une idée généreuse : on fit une collecte, chacun apporta son obole, et il fut décidé que la somme réunie serait la récompense de l'inspecteur de police qui ramènerait la jolie mignonne au logis paternel.

« Le zèle fut stimulé par tous les moyens possibles, et ce douloureux événement occupa tout un quartier de Paris.

« Cependant huit jours, dix jours se passèrent et aucune nouvelle n'arrivait de la jolie mignonne.

« La pauvre mère dépérit à vue d'œil. Ce ménage, jadis si uni, devint un foyer de discorde. A chaque heure du jour, c'étaient des scènes, des injures, des colères. Chacun accusait l'autre de négligence et d'être l'auteur du désespoir commun.

« Enfin, un soir, il y a à peine une semaine, le malheureux père, à la suite des reproches sanglants de sa femme et dans un accès d'exaspération, tenta de s'ouvrir la gorge à coups de rasoir. Les voisins, accourus à temps, l'empêchèrent d'accomplir son funeste dessein, et une réconciliation eut lieu entre les deux époux.

« Le surlendemain, le lieutenant de police fit prévenir maître Bernard que l'on avait trouvé dans la banlieue de Paris le corps de deux enfants du sexe féminin et pouvant, l'un et l'autre, avoir l'âge de la jolie mignonne. Seulement, ces pauvres petits êtres, dont on attribuait la mort à un crime épouvantable, étaient absolument défigurés et avaient été trouvés entièrement nus.

« Maître Bernard dut être mis en présence des deux cadavres et assista à l'autopsie qu'en firent les médecins pour constater le crime. L'identité ne pouvant s'établir facilement à cause de l'état dans lequel étaient les corps, on resta dans une poignante incertitude.

« Le pauvre père avait passé une partie de la nuit près des médecins. L'émotion terrible qu'il éprouvait, l'horreur du spectacle auquel il assistait, le dégoût, la douleur lui donnèrent une fièvre ardente, et on dut attendre pour le faire reconduire à son domicile.

« On lui prodigua les soins les plus empressés, mais on hésita sur les moyens de prévenir sa femme, dans la crainte de porter un nouveau coup trop violent à cette organisation déjà affaiblie par le désespoir.

« Maître Bernard avait soigneusement caché à sa femme et l'avertissement que lui avait transmis la police au sujet des deux cadavres trouvés, et la scène effrayante à laquelle il allait assister.

« Mme Bernard ignorait donc les motifs de l'absence de son époux. Vers cinq heures du matin, ne le voyant pas rentrer, les plus sinistres pensées assaillirent son cerveau malade.

« Elle songea que la veille son mari s'était montré plus soucieux encore que de coutume, plus triste, plus sombre, plus désespéré. La tentative de suicide de l'avant-veille lui revint soudain à l'esprit. Elle se figura que maître Bernard s'était tué, et la voilà, demi-folle, s'élançant par les rues.

« Des amis, qui ne la quittaient pas, voulurent s'opposer à sa sortie; mais, ne pouvant l'en dissuader, ils l'accompagnèrent, craignant qu'elle ne se portât à quelque extrémité, tant sa surexcitation était grande.

« C'était un miracle qu'elle pût marcher seule. Dans la rue du Cloître-Saint-Merry, à la place même où l'enfant avait été perdu ou volé, cette surexcitation tomba tout à coup.

« Les forces de la pauvre femme l'abandonnèrent, elle se laissa choir sur le pavé fangeux qu'elle embrassa vingt fois, parce qu'il avait été, disait-elle dans son délire, sanctifié par les pieds de sa fille.

« La folie faisait des progrès rapides, Mme Bernard appelait la mort, elle priait Dieu, elle voyait sa fille parmi les anges: c'était un spectacle à attendrir une âme de bronze, et des maraîchers de Villeneuve-Saint-Georges, des dames de la Halle se rendant à cette heure aux Innocents, s'oubliant autour d'elle et n'osant la consoler, sanglotaient à chaudes larmes près de cette femme qui, dans sa volubilité déchirante, leur contait avec un accent parti du cœur les gentillesses, les manières, les charmantes saillies de l'enfant disparu.

— Oh! pauvre mère! ce devait être affreux! dit Michel tout attendri au récit de Danton.

— C'est pourtant la pure vérité! ajouta Jean en essuyant ses larmes, j'y étais! Ça s'est passé comme le raconte monsieur.

— Une famille empoisonnée! un enfant volé! dit Marat! nous vivons dans un triste temps, messieurs.

— Tout est objet de souvenirs dans la pensée d'une mère, reprit Danton après un léger silence, et personne mieux que Mme Bernard ne pouvait, en dépit de son accès de folie, retracer de sa fille un signalement aussi fidèle que celui qu'elle donnait alors.

« La nuance particulière des cheveux blonds de la petite Rose, leur bouclure abondante, un signe brun au-dessous de l'œil droit, des ongles fins et transparents comme ceux d'une véritable main de marquise, car on en avait pris un soin extrême, une fossette au menton, le pli particulier de sa bouche, alors que la mutine enfant abusait avec coquetterie de son autorité sur ceux qui l'aimaient, et Dieu sait si le nombre en était grand! La mère désolée détaillait chaque trait, mimait les gestes, imitait le son de la voix, et jusqu'aux colères de Rose.

« On l'écoutait, on croyait voir l'enfant. Chacun pleurait et n'osait arrêter l'élan effrayant de cette douleur poignante.

« Aux premiers rangs de la foule serrée autour de Mme Bernard se tenaient deux jeunes gens qui paraissaient l'écouter avec l'attention la plus vive.

« L'un pouvait avoir un peu plus de vingt ans, et était vêtu comme un fils de la bourgeoisie aisée. C'était un étudiant venu à Paris pour achever ses études, et se nommant Guillaume Brune. Son père, avocat au présidial de Brives-la-Gaillarde, fut ami du mien, et Brune lui-même est l'un de mes intimes. Son compagnon, celui qui paraissait prendre un intérêt non moins sincère que le sien aux douleurs de la pauvre Mme Bernard, était plus jeune de quelques années, et il portait l'uniforme des soldats de Royal-Infanterie; j'ai su depuis qu'il s'appelait Nicolas Soult, et qu'il était le fils d'un notaire.

« L'étudiant et le soldat, touchés jusqu'aux larmes par le récit des malheurs de la mère désespérée, avaient essayé, mais en vain, de ramener le calme dans son esprit.

« Mme Bernard n'écoutait rien, ne voulait parler que de sa fille, et chaque fois que l'on avait fait mine de l'arracher à ce lieu témoin des causes de sa douleur, elle avait poussé les cris les plus déchirants. Enfin, un jeune homme, un ouvrier de son mari, je crois, accourt annoncer le retour à la maison du pauvre teinturier.

— C'était moi, dit Jean.

— Alors, fit Danton en s'interrompant dans le récit qu'il allait continuer, puisque vous étiez là, mon ami, vous devez savoir mieux que moi ce qui se passa.

— Oh! monsieur, dit l'ouvrier teinturier en devenant rouge d'émotion de se voir ainsi le point de mire de tous les regards que ces paroles venaient d'attirer sur lui, oh! monsieur, vous savez aussi bien que moi tout cela, et vous le dites bien mieux que je ne pourrais le faire.

— Que devint la pauvre femme? demanda Michel avec la fièvre de l'impatience.

— Brune et le soldat, reprit Danton, pour parvenir à déterminer le départ de la pauvre mère et pour la calmer un peu, lui jurèrent solennellement, en présence de la foule attendrie, de se consacrer dès ce moment à la recherche de l'enfant dérobé, d'entraîner avec eux vers ce but leurs amis et leurs camarades, et de dépenser s'il le fallait, pour l'atteindre plus vite et plus sûrement, leurs peines, leur temps et leur argent.

« Les dames de la Halle formaient un cercle pressé autour de la malheureuse femme, et les témoignages de la plus tendre affection, de la plus sincère compassion lui étaient prodigués de toutes parts.

« Trois marchandes de marée proposèrent, dans leur entraînement, d'aller faire dire une messe à Saint-Eustache pour protéger la réussite des recherches auxquelles allaient se livrer l'étudiant et le soldat.

« Le peuple, messieurs, continua Danton, a des superstitions respectables, des élans de sensibilité qu'il regarderait comme un sacrilège de ne pas suivre lorsqu'ils parlent en lui. Cette messe prenait le caractère d'engagement sacré; c'était la ratification d'un serment solennel; tous les assistants applaudirent à la proposition faite, et s'élancèrent vers l'église entraînant avec eux Mme Bernard. »

Marat sourit dédaigneusement.

— La messe dite et pieusement entendue, poursuivit l'avocat, Mme Bernard fut reconduite chez elle. Son mari, malade, était au lit; la pauvre femme fut contrainte de s'y mettre également. Ce fut le soir, c'est-à-dire avant-hier, que Brune vint me raconter cette histoire et me demander mes avis, et c'est pour m'assurer que ces avis donnés par moi sont bons que je vais à mon tour consulter à cette heure mon ami Robespierre, l'un des cœurs les plus humains que je connaisse.

— Mais M. et Mme Bernard? demanda Augereau.

— Ils sont toujours malades de chagrin, répondit Jean. Un de leurs parents a dû même venir se mettre à la tête de la teinturerie qu'ils sont incapables en ce moment de diriger.

— Et la jolie mignonne?

— Jusqu'à ce jour pas de nouvelles.

— Et l'étudiant et le soldat?

— Ils continuent probablement leurs recherches.

— Vous voyez, monsieur, dit Danton en s'adressant à Leonard, que cette histoire dont je viens de vous faire part peut faire pendant avec la vôtre.

— Mais, fit observer le coiffeur, qui soupçonne-t-on? qui accuse-t-on? quel intérêt a pu être mis en jeu pour l'enlèvement de cette petite fille?

— Quelque famille noble qui a eu besoin d'un enfant, dit Marat avec une expression farouche.

— Un garçon, cela se comprendrait encore, mais une fille!

— Il se passe d'étranges scandales dans certaines petites maisons de grands seigneurs.

— Oh! fit Michel avec un geste de réprobation énergique.

Marat haussa les épaules.

En ce moment on approchait de Versailles. Le cocher du carrabas, faisant pleuvoir sur ses maigres chevaux un véritable déluge de coups de fouet, hâtait leur marche lente, et la voiture roulait lourdement avec un bruit désagréable de ferraille sur le pavé assez bien entretenu de la voie royale.

Bientôt les grilles furent franchies, et on entra dans la ville aristocratique par excellence.

Chacun des voyageurs s'était enveloppé dans un silence profond, même le coiffeur, dont le bavardage avait été incessant durant les deux premiers tiers de la route.

Les deux histoires mystérieuses et terribles racontées successivement par Léonard et par Danton, avaient paru vivement impressionner tous les esprits, et les auditeurs, s'isolant mutuellement par la pensée, semblaient absorbés dans de tristes réflexions.

Cependant le carrabas avançait rapidement, et déjà, à l'extrémité de l'Avenue de Paris, se dressaient les imposantes bâtisses de cette résidence célèbre adoptée depuis plus d'un siècle par les rois de France, ce palais de Versailles né d'une fantaisie de Louis XIV, et « de ce plaisir superbe, a dit Saint-Simon, de forcer la nature, que ni la guerre la plus pesante, ni la dévotion ne purent étouffer. »

En 1785, quoiqu'on fût à la veille des événements les plus terribles, Versailles n'avait rien perdu de son faste royal et brillait même d'un éclat plus puissant. La noblesse menacée, obéissant à cette folie qui semblait s'être emparée d'elle et qui lui faisait fermer les yeux et les oreilles en face des dangers de l'avenir et en présence des indices les plus funestes, la noblesse étalait son luxe effréné, comme si elle eût eu hâte de jouir des derniers jours de triomphe qui lui restaient. Versailles était encombré d'un monde de valets aux livrées éclatantes, de soldats suisses, de gardes du corps qui allaient, venaient, flânaient, s'arrêtaient, discouraient, péroraient sous les grands arbres des avenues, qui dans les rues spacieuses, qui à la porte des établissements publics ou des hôtels des seigneurs.

Les carrosses dorés, les chaises à porteurs, les vinaigrettes, les cavalcades se succédaient, se croisaient sur la chaussée des routes. Une vie fiévreuse animait cette cité aux proportions grandioses et que la foule des courtisans qui l'envahissait rendait cependant trop petite encore.

Au moment où le carrabas allait atteindre la place d'Armes, il fut croisé dans sa course par un magnifique équipage tout étincelant de dorures et enlevé au grand trot de quatre superbes chevaux anglais dont la mode commençait si fort à se répandre.

Un homme de trente ans au plus, de physionomie agréable et fine, et revêtu d'un costume ecclésiastique, occupait seul le carrosse princier.

— Peste, monsieur l'abbé! dit Tallien en riant et en s'adressant à Joachim, voici un de vos confrères qui me semble en meilleur équipage que nous autres.

— Ah! ah! fit Danton en se penchant pour admirer la voiture au passage, c'est M. Maurice de Talleyrand, abbé de Périgord, l'agent général du clergé près la cour, et à la veille, dit-on, d'être nommé évêque d'Autun.

— L'abbé de Périgord! s'écria Joachim, mais c'est précisément chez lui que je vais.

— Alors, il y a grande chance pour que vous ne le rencontriez pas aujourd'hui, car il me fait l'effet de se diriger sur Paris.

— Alors, tant pis! fit le jeune abbé avec un geste de détermination énergique. Si je ne le trouve pas aujourd'hui, je déchire ma soutane. Aussi bien y a-t-il longtemps qu'elle me brûle les épaules.

— C'est ça! ajouta Augereau en riant. Quittez l'habit noir et prenez l'uniforme, car vous me paraissez diablement disposé à suivre plutôt le métier des armes que celui de rigide confesseur des péchés d'autrui. Enrôlez-vous dans le Royal-Infanterie, l'abbé! C'est un beau régiment et l'un des sergents recruteurs est de mes amis. Nous fêterons ensemble votre entrée dans la carrière de Mars.

— Foin de l'infanterie, monsieur! répondit Joachim. J'aime mieux la cavalerie.

— Eh bien! la cavalerie, soit! Que diriez-vous des chasseurs?

— J'en aime l'uniforme!

— Alors, en avant l'enrôlement!

— A propos, messieurs, dit Talma en s'adressant aux voyageurs ses compagnons, quelqu'un d'entre vous pourrait-il me donner un renseignement sur Versailles?

— Qu'est-ce que c'est? demanda Michel.

— Où peut-on trouver dans cette ville bonne table sans trop délier sa bourse?

— Bonne table? Parbleu! il en est une où le vin est bon et pas trop cher.

— C'est celle?...

— De la mère Lefebvre, la jolie femme de Lefebvre, le soldat aux gardes-françaises, un brave garçon qui attend depuis douze ans les galons de caporal. Sa femme a la renommée des gibelottes.

— Et Mme Lefebvre demeure?

— Rue du Plessis, non loin de l'église et à côté du marché; mais si vous voulez y dîner, trouvez-vous ici devant le château, à trois heures, Tallien et moi vous conduirons.

— Cela vous convient-il? demanda Talma à l'élève de l'École militaire.

Celui-ci fit un signe affirmatif.

— Alors, reprit le dentiste, ici, à trois heures.

— Convenu! s'écria Michel. Et vous, l'abbé?

— J'irai avec vous, messieurs.

— C'est cela! dit Augereau, nous achèverons de le former aux belles manières.

Le carrabas venait de s'arrêter et le cocher descendait de son siège pour ouvrir la portière.

Les voyageurs s'élancèrent à terre et chacun, tirant son mouchoir de sa poche, commença à s'épousseter énergiquement des pieds à la tête, opération que rendait indispensable la poussière étalée en couches épaisses sur les habits, les chaussures et les chapeaux.

Seuls, le marquis et le vicomte ne se livrèrent pas à ce soin de leur toilette. A peine furent-ils sur le pavé, que jetant aux mains du cocher le prix de la course, ils s'éloignèrent.

Comme ils atteignaient l'angle de la rue de Maurepas, ils virent venir à eux un personnage de haute taille, vêtu d'un costume sévère et marchant le front baissé le long des maisons.

MM. de Renneville et d'Herbois s'arrêtèrent soudain. Le personnage à la démarche soucieuse passa près d'eux sans les voir et continua sa route.

Après avoir fait quelques pas, il s'arrêta un moment sur le seuil d'une maison de belle apparence, sembla hésiter, puis prenant un parti décisif, il pénétra sous la voûte de la porte d'entrée.

Le vicomte et le marquis s'étaient retournés et avaient suivi attentivement des yeux le promeneur solitaire.

— M. de Niorres! murmura le marquis.

— Chez qui donc va-t-il là? dit M. de Renneville.

L'HOTEL DE NIORRES

En face du magistrat et se tenant respectueusement debout, le chapeau à la main,
était un homme de moyenne taille. (P. 76.)

— Chez le lieutenant de police. Il est entré à l'hôtel Lenoir.
— Chez le lieutenant de police ? Mon Dieu ! irait-il donc lui apprendre encore quelque nouveau malheur ?
Les deux jeunes gens se regardèrent avec une expression d'angoisse effrayante.
— S'il s'agissait de l'une d'elles !... fit le marquis en devenant horriblement pâle.

— Oh! cette crainte d'un événement fatal suspendu sur nous comme une épée de Damoclès n'est pas plus longtemps supportable ! Il faut à tout prix sortir de cette situation.
— Alors il faut faire sur l'heure ce que nous avons résolu !
— Eh bien! agissons.
— Mais avant tout attendons le conseiller.
— Tu as raison.

Les deux jeunes gens s'arrêtèrent et demeurèrent immobiles à quelque distance de la maison dans laquelle était entré le conseiller.

Pendant ce temps leurs compagnons, les voyageurs du carrabas se dispersaient sur la place d'Armes.

Léonard partait comme une flèche dans la direction du château, se précipitant vers l'entrée des petits appartements. Talma, son ami, Michel, Tallien, Augereau et Joachim se séparèrent en se donnant rendez-vous à trois heures, au même lieu, pour aller dîner chez la mère Lefebvre, la femme du soldat aux gardes-françaises, tandis que Danton, Fouché et Saint-Just se dirigeaient vers la demeure de Robespierre.

Marat, les mains dans ses poches, et Jean, son paquet sous son bras, furent les derniers à se mettre en route, l'un pour se rendre aux écuries du comte d'Artois, où il avait son logement, et l'autre vers les communs du palais, où il allait porter ses franges.

X

MONSIEUR LENOIR

La demeure officielle du lieutenant-général de police était naturellement sise à Paris ; mais l'obligation dans laquelle se trouvait ce magistrat de communiquer constamment avec la cour, et presque chaque matin avec le roi, ses attributions qui le mettaient en relation directe avec les ministres et les grands seigneurs l'appelaient si fréquemment à Versailles, que, tout en maintenant dans la capitale le siège de ses bureaux, il avait été contraint d'occuper un hôtel dans le lieu de résidence de la cour.

Au mois de juillet 1785, c'était encore M. Lenoir qui remplissait les fonctions de cette charge importante.

M. Lenoir n'était peut-être pas un grand magistrat, ni un administrateur de première force, mais c'était à coup sûr un homme laborieux, intelligent, actif, spirituel, et d'un sens droit et juste. En 1774, il avait succédé à M. de Sartines, si célèbre par son esprit d'intrigue et son goût particulier pour les perruques, dont il possédait une collection extrêmement remarquable tant par le nombre que par la variété.

Les fonctions du lieutenant de police avaient à cette époque deux objets : les *recherches secrètes* et la *police municipale*. Les *recherches secrètes* avaient un grand rapport avec la *police politique*, mais elles s'étendaient à des investigations morales absolument étrangères à celle-ci.

D'une part, la passion de Louis XV pour le commérage, sa curiosité insatiable, son désir d'animer un peu son esprit blasé par la connaissance d'anecdotes scandaleuses, l'intérêt de ses ministres de le maintenir dans un monde de puérilités pour l'éloigner des choses sérieuses, en amusant le roi par des récits quotidiens, et en flattant sa manie étrange pour une tête couronnée, avaient conduit le lieutenant de police à s'immiscer peu à peu dans les affaires des particuliers, à espionner les familles, à glaner enfin les historiettes qu'il devait, le lendemain, placer dans son rapport, en fouillant dans l'intérieur de chacun et en découvrant des plaies sociales, des hontes secrètes, des malheurs même dont la narration servait de distraction au royal ennuyé !

D'une autre part, cette violation du plus sacré des droits des citoyens d'un pays était encore excitée par les mœurs plus que libres d'une cour avide d'immoralités, les grands seigneurs mettaient à contribution les employés de la police pour faciliter leurs plaisirs particuliers.

Quant à la *police municipale*, elle s'occupait alors, comme aujourd'hui, de la sûreté, de la tranquillité et de la salubrité publiques ; mais cette seconde partie des attributions du magistrat était constamment sacrifiée à l'importance de la première, et les rapports conservés dans les archives le prouvent ; la police de Louis XV et celle de Louis XVI étaient malheureusement beaucoup plus au courant des scandales de toutes sortes provoqués constamment, qu'elles ne s'attachaient à poursuivre les crimes et à protéger les sujets du roi contre les vols commis chaque jour à leur préjudice.

C'est là ce qui explique l'existence extraordinaire, pour nous, des Cartouche, des Mandrin, des Poulailler, et autres célébrités du vol et de l'assassinat.

Outre ces deux attributions, les lieutenants de police en avaient d'autres qui leur étaient déléguées sous le titre de *commissions* par des arrêts du conseil, et qui pouvaient s'étendre aussi loin que les circonstances l'exigeaient.

Nommé en 1774, destitué par Turgot en 1775, la disgrâce du ministre ramena, en 1776, M. Lenoir à la tête de la police du royaume, et en 1785, nous le trouvons en plein exercice de ses fonctions.

L'hôtel que M. Lenoir occupait à Versailles n'était pas très vaste; mais bien proportionné et meublé d'une manière fort luxueuse, il pouvait constituer un séjour des plus agréables.

Cet hôtel n'étant pas la résidence officielle du magistrat, M. Lenoir s'y reposait ordinairement des fatigues de l'administration, n'y donnant que fort peu d'audiences, et rien qu'aux personnages d'importance, et ne recevant là que ses agents les plus intelligents et chargés du service le plus délicat.

Aussi, au premier abord, rien ne sentait-il la police en pénétrant dans ce charmant réduit. Quelques valets en livrée sous le vestibule, de beaux équipages dans la cour, aucune foule, aucun garde; à peine voyait-on, de temps à autre, un individu à mine rusée, à figure de fouine se glisser comme une couleuvre au milieu des habits galonnés et pénétrer dans l'intérieur du logis.

M. Lenoir n'était guère visible à Versailles que pour ses amis de la cour, c'est-à-dire pour les espions qu'il entretenait à grands frais dans le grand monde, enfants de bonne famille pour la plupart, et que la débauche avait conduits à la misère, et la misère au métier qu'ils avaient accepté.

Le jour où commence notre récit, et où nous avons accompagné de Paris à Versailles les voyageurs entassés dans le carrabas, M. le lieutenant de police repris, M. Lenoir, en toilette élégante, était étendu sur une soyeuse ottomane garnissant tout un côté de muraille de son cabinet.

C'était quelques instants avant que la voiture publique n'atteignit l'entrée de la ville, une demi-heure donc environ avant que le vicomte de Renneville et le marquis d'Herbois n'eussent fait la rencontre du personnage si fort préoccupé, lequel se dirigeait, sans voir les deux officiers de marine, vers la demeure du lieutenant de police.

En face du magistrat et se tenant respectueusement debout, le chapeau à la main, était un homme de moyenne taille, de chétive apparence et dont il était impossible, au premier coup d'œil, de deviner l'âge, même d'une manière approximative.

Costumé en homme de bonne compagnie, le visiteur du lieutenant de police se tenait dans une pose gracieuse, le coude appuyé sur le dossier d'un siège élevé, chiffonnant de la main son jabot de dentelle.

Fière, froide, impénétrable et immuable, la physionomie de cet homme demeurait toujours la même : aucune expression sensible ne s'y lisait; son regard verdâtre et terne effleurait les objets sans s'y reposer, et la mobilité extrême dont il était doué empêchait qu'on pût le rencontrer jamais complètement en face.

— Eh bien! donc, monsieur Jacquet, dit le lieutenant de police en faisant tournoyer du bout des doigts, d'une main assez belle et fort soignée, le gland d'un coussin sur lequel il appuyait le haut du corps, eh bien! donc, monsieur Jacquet, nous sommes enfin sur les traces du coupable?

— Je l'espère, monseigneur, répondit l'agent de police.

— Quoi! reprit M. Lenoir, vous ne faites qu'espérer, Jacquet?... Vous n'êtes donc pas sûr!

— Qui peut être sûr de quelque chose quand il s'agit de l'homme dont nous parlons?

— Mais enfin, est-on sur ses traces?

— On y est.

— Qui cela?

— Deux hommes dont je réponds.

— C'est bien lui qui est l'auteur du nouveau libelle contre la reine?

— J'en réponds encore. J'ai saisi le manuscrit écrit de sa propre main; c'est bien la même écriture que celle des deux pamphlets : *les Aventures de madame de Polignac* et *le Cri de la France contre les favoris.*

— Mais avez-vous des preuves certaines que cette écriture soit la sienne?

— Des preuves matérielles, non; des preuves morales, oui.

— Mais il faut des preuves matérielles, Jacquet, pour agir contre un homme de son importance.

— Je le sais, monseigneur, et c'est l'acquisition de ces preuves foudroyantes qui fait en ce moment l'objet de toutes mes recherches.

M. Lenoir se leva et fit quelques tours dans la pièce.

— Ainsi, dit-il en s'arrêtant brusquement, ces libelles contre la reine et son entourage, et l'enlèvement de cette petite fille de la rue Saint-Honoré qui excite si fort en ce moment la bourgeoisie contre nous, seraient l'œuvre d'un seul et même individu?

— Je le crois, monseigneur, répondit froidement Jacquet.

— Et cet homme, ce criminel odieux serait le protégé d'une altesse, de monseigneur le duc de Chartres?

— Plus que le protégé, monseigneur, mais le compagnon de plaisirs, presque l'intime de l'illustre personne dont vous parlez, dit Jacquet.

— Mais si cela est, Jacquet, la situation est périlleuse.

Jacquet s'inclina sans répondre, mais son geste indiquait clairement qu'il était du même avis que son chef.

M. Lenoir recommença sa promenade.

— Jacquet, reprit-il après un instant de silence et en s'arrêtant de nouveau en face de l'agent toujours immobile à son poste, Jacquet, il faut étouffer l'affaire de l'enfant, et me trouver un autre coupable pour les libelles en question.

— Étouffer l'affaire de la petite Rose sera difficile, dit l'agent en avançant la lèvre supérieure en signe de doute.

— Si les parents sont pauvres, faites-les riches et ils se tairont.

— Ils ne sont pas riches, mais cependant ils ne sont pas pauvres.

— Le père aime-t-il les honneurs?

— Il n'en a jamais tâté, mais il doit les aimer comme tout le monde.

— La femme est-elle jeune encore?

— Suffisamment.

— Eh bien! qu'ils espèrent une consolation dans l'avenir à leur malheur présent, qu'ils cessent de faire parler d'eux, d'animer les esprits, et on nommera l'homme échevin.

— C'est peut-être un moyen, et je crois que nous réussirions de ce côté, mais...

— Mais quoi? dit le lieutenant de police en voyant Jacquet hésiter à parler.

— Nous avons une autre affaire pendante, et celle-là a bien aussi son importance.

— L'affaire de Niorres?

— Oui, monseigneur. Jusqu'ici on était parvenu à la tenir à peu près secrète, mais elle commence à s'ébruiter, et avant vingt-quatre heures elle courra tout Paris. Le public va crier...

— Vous n'avez pas revu M. de Niorres? demanda le lieutenant de police.

— Pas depuis hier à midi.

— Et il n'avait aucun soupçon sur l'auteur de ces attentats?

— Aucun.

M. Lenoir regarda fixement M. Jacquet :

— Lui avez-vous fait part de ce dont vous m'avez parlé avant-hier? dit-il d'une voix grave.

— Pas directement, monseigneur, repartit l'agent. Je l'ai sondé d'abord, il ne songeait à rien... puis j'ai jeté un jalon...

— Et qu'a-t-il dit?

— Il a paru ne pas croire, cependant mes observations l'ont frappé.

Le lieutenant de police se rapprocha de son interlocuteur :

— Monsieur Jacquet, dit-il en baissant la voix, êtes-vous bien certain d'avoir agi suivant votre conscience en accusant ceux que vous prétendez être les coupables?

— Monseigneur, répondit Jacquet, la confidence que j'ai eu l'honneur de vous faire est le résultat de mes recherches, et toutes les probabilités se réunissent pour me donner raison.

— Hier soir, après un moment de silence, je me suis trouvé avec le bailli de Suffren; je lui ai parlé, sans rien lui confier cependant de positif, des deux personnages en question. Le bailli de Suffren a l'un et l'autre en très haute estime; il prétend que ce sont deux excellents gentilshommes, deux braves et dignes officiers de Sa Majesté. Leurs familles ont de hautes alliances, monsieur Jacquet.

— Parents éloignés que ceux qui leur restent, monseigneur; ils sont orphelins tous deux et n'ont ni frère ni sœur. L'état de leurs affaires est aussi déplorable que possible : des dettes énormes!...

— Cela n'est point un motif de culpabilité.

— Qui donc cependant aurait intérêt à accomplir tous ces crimes? Monseigneur n'a-t-il pas pris connaissance du rapport détaillé que je lui ai remis hier?

Et Jacquet désigna un volumineux cahier de papier placé sur le bureau du magistrat.

— Si fait, dit M. Lenoir en secouant la tête; j'ai lu, et malheureusement je suis obligé de penser comme vous.

Jacquet s'inclina.

— Monseigneur a tant de sagacité! dit-il.

M. Lenoir ne répondit pas : sa physionomie exprimait un mécontentement manifeste.

— S'ils sont coupables et que je les accuse, dit-il en frappant le tapis du talon de sa chaussure, j'aurai toute la noblesse du royaume sur les bras; si je laisse ces crimes impunis, le peuple entier me jettera la pierre!

— Le peuple, en ce moment, a besoin d'être contenté, monseigneur, fit observer l'agent de police.

— Je ne l'ignore pas, Jacquet! Le peuple est surexcité chaque jour contre la noblesse. Ces avocats, ces libellistes sont de véritables fléaux. Mais à propos d'avocat, qu'est-ce que ce jeune homme d'Arras qui est en ce moment à Versailles, et dont la réputation commence à grandir parmi les ennemis de la cour!

— Monseigneur veut parler de M. de Robespierre?

— Oui. Quel homme est-ce?

— Peuh! fit Jacquet avec une moue méprisante, pas grand'chose, monseigneur. Nous l'aurons à nous quand nous le voudrons bien [1]. « M. de Robespierre n'est pas riche, et certains obstacles qui se trouvent sur une portion du patrimoine qui lui revient ne peuvent se lever que par le moyen de la police, avec des recherches. Voici le fait : on ne sait encore ce qu'est devenu son père depuis assez longtemps disparu. Le séquestre est mis depuis ce jour sur une bicoque de campagne aux environs d'Arras, vu que le chef de cette famille étant parti pour un voyage, on ne sait où il a passé ni ce qu'il est devenu. Le fils en est fort en peine à cause de ses intérêts. On attribue à sa tendresse filiale ses efforts pour faire du bruit dans l'espoir que le retentissement de sa gloire tirera son père des cellules de quelque chartreuse. »

— J'aurais cru c'est homme plus fort, dit M. Lenoir.

— Au demeurant, continua Jacquet, c'est un assez bon homme, fort sentimental et au mieux avec les chanoines du chapitre de Paris. Il dîne fort souvent chez eux [2]. Je tournerai ces prêtres contre lui, s'il est besoin, et si vous le voulez.

— On parle d'une probabilité d'assemblée des notables, reprit M. Lenoir. Il me faut des renseignements sur chacun de ceux qui seront choisis.

— Monseigneur sera obéi ; et quant à l'affaire de Niorres, faut-il continuer les recherches ?

— Activement, mais vous ne communiquerez vos rapports qu'à moi seul.

— Et les deux gentilshommes ?

— Ayez des détails précis sur eux, et efforcez-vous de m'apporter quelques preuves positives de leur culpabilité. Songez également, monsieur Jacquet, à étouffer l'affaire Bernard, qu'on ne parle plus de ces enlèvements d'enfant qui agitent tous les esprits ; et pour ce qui est de l'auteur des libelles...

— Que monseigneur se rassure, je me charge, moi, de trouver un coupable qui fera quelque temps de Bastille pour un prix modéré.

— De cette façon, la reine sera satisfaite...

— Et nous ne mécontenterons personne, ajouta Jacquet en souriant d'un pâle sourire qui ressemblait, à s'y méprendre, à une abominable grimace.

---

1. Tout ce passage concernant Robespierre, et placé entre guillemets, est extrait d'un rapport faisant partie des archives de la police, rapport fait sur Robespierre au commencement de 1775, alors que le gouvernement, pressentant une assemblée prochaine des notables, voulait avoir des renseignements sur chacun de ceux qui pourraient être envoyés. Ce rapport est signé d'un C.

2. Ce passage est encore extrait du même rapport.

L'HOTEL DE NIORRES

Sa chambre n'était plus qu'une fournaise, et Mme d'Orgorel avait péri, étouffée par la fumée! (P. 85.)

Le lieutenant de police le regarda :

— Monsieur Jacquet, fit-il gravement, vous avez toute ma confiance, je pense que vous ne songerez jamais à en abuser.

— Monseigneur a de trop sûrs moyens pour me fermer la bouche, si cette bouche s'ouvrait indiscrètement. Il devrait donc être certain de ma fidélité, s'il n'avait pas confiance en mon dévouement à toute épreuve.

M. Lenoir fit un signe d'assentiment. A ce moment on gratta discrètement à la porte du cabinet.

— Entrez! dit le lieutenant de police.

Un valet se glissa derrière le battant entr'ouvert et prononça quelques paroles à voix basse à l'oreille de son maître.

— Il est là? demanda M. Lenoir.

— Oui, monseigneur, il attend.

— Eh bien! dites que je vais le recevoir.

Puis, se tournant vers Jacquet :

— C'est convenu, ajouta-t-il, que demain l'auteur des libelles soit arrêté!

— Il le sera, monseigneur! répondit Jacquet.

— Et quant à l'affaire Bernard?

— Je vais m'en occuper de ce pas dans le sens voulu.

— Bien! fit M. Lenoir en accompagnant ce mot d'un geste de congé.

Jacquet s'inclina profondément, puis, glissant sur le tapis, il souleva le pan d'une portière et disparut par une porte opposée à celle qu'ouvrait au même instant le valet.

— M. de Niorres! annonça à voix haute le domestique.

XI

LE CABINET DU LIEUTENANT DE POLICE

Le visiteur qui venait d'être ainsi annoncé s'avança sur le seuil du cabinet de M. Lenoir. C'était le même personnage qu'avaient rencontré MM. d'Herbois et de Renneville, et qui était entré dans l'hôtel de la rue de Maurepas, sans accorder la moindre attention aux deux officiers de marine.

M. de Niorres (puisque le valet l'avait appelé ainsi) était un homme de grande taille, âgé d'environ soixante ans.

Son costume, entièrement noir, faisait ressortir encore l'extrême pâleur de son teint. Ses mains, s'échappant d'un flot de dentelles, avaient l'apparence de la cire.

La physionomie de M. de Niorres était fort belle et tout à fait magistrale. Son front proéminent et chargé de rides creusées par le travail dominait bien ses yeux bleus, encadrés sous des sourcils gracieusement arqués. Son nez droit, de forme romaine, lui donnait le profil d'une médaille antique, et sa bouche bien dessinée, son menton fortement accusé ne détruisaient en rien cette ressemblance avec la coupe de visage adoptée par les statuaires pour représenter les héros du Forum.

On devinait facilement que ses cheveux, poudrés, n'eussent pas eu besoin, pour être blancs, de l'artifice d'un coiffeur.

Cette belle tête, dont la pureté des lignes frappait au premier abord, offrait une expression de douloureuse tristesse qui ne devait pas moins impressionner ceux qui la contemplaient.

Le regard était anxieux, les lèvres décolorées, et deux sillons, profondément tracés à chaque coin de la bouche, accusaient une pénible affliction de la pensée.

M. de Niorres, après avoir fait quelques pas en avant, s'inclina devant M. Lenoir, qui lui rendit profondément son salut.

Le lieutenant de police s'empressa même de pousser un fauteuil vers son visiteur, et, du geste, il l'invita à y prendre place.

— Je me réjouirais de l'honneur de votre visite, monsieur, dit M. Lenoir, si je ne devinais que cette visite a pour cause une affliction nouvelle ; mais, monsieur, je suis, comme toujours, tout à vos ordres !

(Le mot *monsieur* était le titre que l'on donnait, alors, aux membres du parlement. La réunion de toutes les chambres était désignée par : *messieurs*, et chaque membre de la magistrature du royaume était *l'un des messieurs*...)

Le conseiller étouffa un soupir, en écoutant la phrase qui lui était adressé, et, se laissant tomber pesamment dans le fauteuil qui lui avait été présenté :

— Hélas! répondit-il, vous devinez juste. C'est encore un nouveau malheur qui me conduit ici.

— Quoi! s'écria le lieutenant de police, avez-vous donc à me dénoncer un autre crime?

— Oui, monsieur! dit le conseiller en courbant sa belle tête.

M. Lenoir joignit les mains.

— Qui donc a encore été frappé? demanda-t-il après un moment de silence.

— Ma sœur !
— Mme d'Orgerel !
— Elle est morte cette nuit.
— Elle aussi a été empoisonnée?
— Non. Cette fois, l'assassin s'est servi d'un autre moyen de destruction.
— Lequel?
— Le feu. A quatre heures du matin, au moment où je commençais à peine à prendre un peu de repos, je fus réveillé subitement par des cris aigus. Une grande clarté, provenant du dehors, inondait ma chambre. Je me vêtis à la hâte, je m'élançai... Je trouvai mes gens occupés à enfoncer les portes de l'appartement de ma sœur, mais quand nous parvînmes près d'elle, il était trop tard. Sa chambre n'était plus qu'une fournaise, et Mme d'Orgerel avait péri, étouffée par la fumée !
— Mais, fit observer M. Lenoir, cet incendie n'était peut-être que le résultat d'un accident, et non celui d'un crime.

M. de Niorres se dressa sur son siège.

— S'il n'y avait pas crime prémédité, dit-il d'une voix forte, comment expliquer alors la découverte, faite par moi, d'une sorte de machine infernale, placée dans l'appartement de ma bru, Mme de Versac, lequel est voisin de celui de ma sœur. La mèche s'était éteinte, par un miracle de la Providence !
— Avez-vous donc retrouvé des vestiges d'une semblable machine, dans les appartements de Mme d'Orgerel ?
— Oui, et c'est le bruit qu'elle a fait en éclatant qui m'a brusquement tiré de mon sommeil. Le plan de l'assassin était, pour ainsi dire, palpable. Les deux paquets devaient éclater en même temps, communiquer le feu aux deux appartements à la fois, c'est-à-dire à tout le corps principal du bâtiment de l'hôtel, et ma sœur et ma bru devaient périr ensemble.

M. Lenoir ne répondit pas. Il semblait réfléchir profondément.

— Quelle est la fortune de Mme d'Orgerel? demanda-t-il tout à coup, en relevant la tête.
— Environ un million de livres en terres, répondit le conseiller au parlement.
— Et elle avait testé?
— Oui.
— Quand cela?
— Il y a huit jours.
— En faveur de qui?

— En faveur de ses neveux, en substitution de l'un à l'autre, en cas de prédécès de l'enfant de mon premier fils, lequel devait, comme chef mâle de la famille, hériter d'abord de tout lui-même. J'avais fait, le même jour, des dispositions identiques.

— Quelle est la fortune laissée par votre fils aîné, feu monseigneur l'évêque? demanda encore M. Lenoir.

— Neuf cent mille livres, répondit M. de Niorres.

— Et la vôtre, monsieur, peut s'évaluer?

— Au double de cette somme, environ.

— Donc, reprit le lieutenant de police, l'enfant de votre premier fils marié, le pauvre petit orphelin, a hérité, tout d'abord, des biens de son père, soit?

— Cinq cent mille livres.

— Plus, de la fortune de l'évêque et de celle de Mme d'Orgerel, ce qui l'aurait rendu possesseur un jour, si le crime odieux s'était accompli dans toute son étendue et que Mme de Versac eût péri également, d'une fortune de quatre millions deux cent mille livres?

— Oui, monsieur!

— Si cet orphelin venait à mourir à son tour, toutes les substitutions sont faites au profit de l'enfant de votre second fils marié, c'est-à-dire au fils de votre bru, Mme de Versac.

— C'est lui, en effet, qui, devenant le seul enfant mâle, héritait de tous les biens de la famille.

— Et en cas d'extinction complète d'enfant mâle?

— Ce serait à ma fille que reviendraient tous ces biens.

— Madame votre fille n'a pas d'enfant, elle?

— Non.

— De sorte que si elle venait à mourir?

— La fortune entière passerait sur la tête de mes nièces, les filles de mon frère, Blanche et Léonore, leur mère n'étant que ma belle-sœur, et n'ayant aucun droit, par conséquent, aux biens provenant du chef du frère de son mari.

— Et après vos deux nièces?

— Je n'ai plus de parents, même éloignés.

— Dès lors, la question d'héritage est circonscrite entre l'orphelin, le fils de Mme de Versac, votre fille et vos deux nièces?

— Sans doute, fit M. de Niorres, mais pourquoi toutes ces demandes, et à quoi voulez-vous en venir?

— A vous rappeler, monsieur, répondit nettement le lieutenant de police, cet axiome de droit que vous devez connaître mieux que moi encore : *Cherche à qui le crime profite!*

M. de Niorres devint d'une pâleur mortelle et se renversa en arrière.

— Monsieur, dit-il d'une voix étranglée, faites-vous attention à vos paroles? Vous accusez toute une honorable famille.

— Je cherche le coupable! répondit froidement le lieutenant de police.

— Puis, attirant son siège vers celui du conseiller au parlement, et, saisissant les mains du malheureux père dans les siennes, avec un geste empreint de la plus profonde sympathie :

— Monsieur, reprit-il, je ne parlerais pas à tout le monde ainsi que je le fais, mais je n'ai point devant moi un homme ordinaire. Je m'adresse à un esprit éminent, supérieur, à un magistrat austère et d'une loyauté reconnue de tous, à une âme forte, enfin. Je dis à ce magistrat que chacun respecte : Quittez, pour un moment, votre situation de chef de famille, que l'homme frappé par le malheur fasse place au juge intègre et éclairé. Qu'il se mette, ce juge, en présence d'une filiation de crimes semblables à ceux qui le désolent, mais accomplis dans une autre maison que la sienne; qu'il se voie, pour un moment, chargé de conduire l'instruction de cette ténébreuse affaire, et qu'il me réponde selon sa conscience. Que fera-t-il, pour remonter à la source du mal, pour découvrir le coupable?

Le conseiller au parlement regarda fixement et profondément M. Lenoir.

Puis, laissant douloureusement retomber sa tête sur sa poitrine, soulevée par un râle convulsif :

— Le juge, dit-il, ferait ce que vous venez de faire, comme vous, il suivrait le précepte indiqué par l'axiome de droit, mais si le juge n'hésitait pas à aller droit au but, le père préférerait la mort, plutôt que de laisser planer l'un de ses soupçons sur ses enfants !

— Cependant, monsieur, reprit le lieutenant de police, vous êtes à la recherche du coupable qui frappe, en ce moment, vous et les vôtres; votre présence même dans mon cabinet prouve que vous avez l'intention arrêtée de poursuivre cette affaire, d'appeler la lumière au milieu de ces mystérieux événements. Or, pour arriver à la découverte de la vérité, quelque cruelle qu'elle soit, d'ailleurs, il faut que nous éclairions ensemble toutes les voies à suivre, que nous acceptions, momentanément au moins, toutes les suppositions que la raison nous suggère. Cette pensée poignante, déchirante que je viens d'émettre, ne vous doit pas étonner, vous, un magistrat, et la façon dont vous avez répondu me prouve que si cette pensée n'a pas été accueillie déjà par vous tous, tout au moins elle a déjà obsédé vos veilles.

M. de Niorres ne répondit pas, mais il baissa encore davantage sa tête penchée.

Le lieutenant de police fixait sur le vieillard, avec une persistance opiniâtre, son œil investigateur; il couvrait, pour ainsi dire, le conseiller au parlement sous son regard, auquel aucune expression de physionomie n'échappait. On eût dit que M. Lenoir, en torturant le cœur et l'esprit de son visiteur, suivait une route tracée d'avance pour arriver sûrement à un but connu de lui seul. Il reprit, après quelques moments, et avec une voix plus câline encore et plus incisive :

— Ces soupçons épouvantables vous déchirent, je le comprends; cependant, ils ne sont pas hors de cause, croyez-le. Mais, comme il vous serait trop pénible de les suivre vous-même, laissez-moi les accompagner dans leur marche ascendante vers cette vérité qu'il nous importe à tous deux de découvrir, vous comme chef d'une famille opprimée, moi comme magistrat chargé de la sécurité des sujets du roi.

Le conseiller fit un geste significatif qu'il ne s'opposait, en aucune façon, aux intentions de son interlocuteur.

— J'ai dit tout à l'heure, poursuivit M. Lenoir : *Cherche à qui le crime profite!* Or, dans les circonstances actuelles, il est évident, presque certain, qu'un intérêt d'argent conduit la main de l'assassin, sans quoi cette succession réfléchie de crimes deviendrait inexplicable. Voyez, en effet, la marche progressive et raisonnée... Votre premier fils, marié, a deux enfants, sa femme est enceinte... on espère anéantir, d'un coup, les enfants nés et celui à naître... le poison est versé; un miracle sauve le pauvre innocent; mais l'empoisonneur ne pouvait prévoir ce miracle. Donc, votre fils meurt, ainsi que sa femme et ses deux enfants.

« A qui serait revenue sa fortune, à lui, votre héritier, dans le cas où toute la famille eût été anéantie? A votre second fils. C'était donc à celui-là que le crime profitait... Mais il est frappé à son tour. Sans doute, on avait l'espoir de tuer, du même coup, sa femme, son enfant et son neveu, auquel Mme de Versac sert de mère. Une seconde fois, la Providence protège les innocents, et ceux-ci échappent. Mais à qui eût profité ce nouvel attentat, s'il eût reçu son entière exécution? Quels étaient les héritiers de votre second fils et de son enfant? L'évêque... mais l'évêque succombe à son tour... Mme d'Orgerel est atteinte également par le bras infatigable... et Mme de Nohan...

— Ma fille?... s'écria M. de Niorres, vous accusez ma fille.

— Je n'accuse point, monsieur. Je procède par déductions logiques. Il est incontestable que tous ces crimes accomplis, c'était à votre fille et à son mari, le comte de Nohan, que revenait le splendide héritage.

— « Ah! monsieur, s'écria-t-il, nous sommes perdus! (P. 92.)

— Mais M. de Nohan est le meilleur et le plus humain des hommes, mais ma fille est une sainte, monsieur! dit le conseiller avec l'accent de l'indignation contenue et de la douleur la plus amère; mais mon gendre voulait fuir, emmener sa femme...

— Permettez! ceci ne serait pas une preuve. Cependant, je suis de votre avis; je connais M. et Mme de Nohan, et jamais le plus léger indice, dans leur existence passée, n'a pu les faire soupçonner d'un forfait aussi noir. Je les crois donc entièrement innocents, et je dirai plus... j'ajouterai que je les crois à la veille d'être victimes, à leur tour, comme ont failli l'être Mme de Versac, son fils et le pauvre orphelin, et comme, si nous ne nous dressons entre eux et l'assassin, ils le deviendront un jour.

— Alors, qui donc supposez-vous?
— Vous avez d'autres parents?...
— Ma belle-sœur et ses deux filles, mes nièces.
— Sans doute.
— Et ce serait elle... une femme dont le caractère est d'une pureté incontestable; ce seraient ses filles, deux anges de candeur, toutes deux à peine sorties de l'enfance, que...

— *Cherche à qui le crime profite!* dit d'une voix nette le lieutenant de police.

— Mais, monsieur, elles n'étaient point à Paris, alors que les premiers attentats eurent lieu. Ces attentats, elles les ignoraient même, et, à cette heure où je vous parle, ma belle-sœur est seule confidente de mes douleurs, Blanche et Léonore en ignorent la cause...

— Mais, dit M. Lenoir, Blanche et Léonore sont dans une pauvreté complète; elles et leur mère sont sous l'entière dépendance de vos bienfaits.

— Et elles reconnaîtraient ces bienfaits dont mon fils l'évêque les a comblées, dont je les comble à mon tour, par les plus odieux des crimes?

— Je ne dis pas elles, monsieur, mais quelqu'un peut aimer l'une d'elles, et vous avouerez au moins que l'homme qui épouserait l'une de vos nièces, devenues les héritières de toute la fortune de votre famille, ferait un beau mariage!

M. Lenoir se tut et regarda fixement le conseiller.

Celui-ci releva le front, et une pensée sinistre sembla assombrir encore sa physionomie.

— J'étais allé déjà, dans mes inductions, aussi loin que vous venez de le faire, dit-il. Hier, l'un de vos agents m'a suggéré cette pensée, et, depuis l'heure où elle est entrée dans ma tête, elle domine entièrement mes facultés.

M. Lenoir ne répondit pas.

— Cette voie nouvelle qui m'a été ouverte, continua M. de Niorrès, conduit à un effrayant abîme si elle n'aboutit pas à la vérité.

— Toujours est-il qu'elle mérite d'être éclairée, répondit le lieutenant de police. Est-ce votre avis?

— Cette idée, en écartant la présence d'un criminel dans le sein de ma propre famille, me laisse plus de liberté d'esprit, monsieur; cependant elle ne me voit pas convaincu.

— Ni moi, dit vivement M. Lenoir; nous cherchons en ce moment, monsieur! reste à savoir si nous avons trouvé.

Le lieutenant de police se leva de son siège, fit un tour dans la chambre, comme pour laisser à la pensée qu'il venait d'émettre le temps de germer dans la tête de son visiteur, puis, revenant doucement vers lui :

— Avant d'aller plus loin, dit-il, j'ai quelque chose encore à vous demander... si toutefois vous voulez bien répondre aux questions que je désire vous faire...

— Qu'est-ce donc, monsieur? demanda le conseiller avec un certain étonnement.

— Vous m'affirmez, n'est-ce pas, que toute votre famille consiste dans les personnes que je viens de vous nommer?

— Je l'affirme.

— Ainsi vous ne vous connaissez aucun autre parent, à quelque degré qu'il soit?

— S'il en existe, je l'ignore.

— Et... pardonnez-moi d'entrer ainsi dans les détails intimes de votre existence, mais mon devoir l'exige, votre situation le commande impérativement... Et, reprit M. Lenoir, vous n'avez jamais, obéissant aux mœurs de l'époque, imité... la conduite du feu roi, par exemple?

— Monsieur! interrompit brusquement le conseiller au parlement, ma conduite privée ne regarde que moi seul.

— Ordinairement oui, sans doute, monsieur, ajouta vivement le lieutenant de police; mais, dans les circonstances tout exceptionnelles où vous vous trouvez, il faut bien, pour voir clair, que nous soulevions tous les voiles, même ceux, surtout ceux qui recouvrent les écarts de jeunesse... Or, il y a trente ans que vous avez perdu votre femme, et peut-être... quelque union... secrète...

M. de Niorres se leva brusquement.

— Je n'ai point d'autres parents que ceux que vous connaissez! dit-il d'une voix ferme, tandis que son front tout à l'heure si pâle s'empourprait des tons les plus vifs.

— Vous en êtes certain? demanda M. Lenoir d'une voix extrêmement incisive.

— Parfaitement certain.

— Alors, excusez-moi, monsieur, je n'ai plus de nouvelles suppositions à faire.

Et le lieutenant de police se rejeta en arrière sur son siège avec un mécontentement manifeste et une indifférence trop affectée pour être sincère.

— Ainsi, reprit-il, votre visite, monsieur, n'aurait d'autre but que celui de me faire connaître l'attentat de la nuit dernière?

— Je vous demande pardon, répondit M. de Niorres; je désirais prendre votre avis au sujet d'un autre événement touchant cette abominable affaire.

— A vos ordres, monsieur. Il s'agit de....

— De ce valet dont je vous ai parlé déjà et qui est venu me révéler une première fois l'apparition étrange dont il avait été témoin.

— Ah! ah! l'homme qui vous proposait de fuir avec l'orphelin pour le dérober aux coups de l'assassin, et qui prétendait avoir reçu cette mission de ses défunts maîtres?

— Positivement.

— Eh bien! est-ce que cet homme aurait eu une seconde vision?

— Oui, monsieur.

— Quand cela?

— Cette nuit même; après la mort de ma sœur.

M. Lenoir se rapprocha de nouveau du conseiller au parlement.

— Racontez-moi cela, dit-il avec vivacité. La conduite de ce valet me paraît bien étrange.

— Vers la fin de la nuit, commença M. de Niorres, après que l'incendie fut éteint et que le corps de ma pauvre sœur eut été transporté dans ma chambre, j'allai me renfermer dans mon cabinet, seul à seul avec les cruelles pensées qui me torturaient. Il y avait une heure environ que j'étais ainsi enfermé avec ma douleur, lorsqu'on heurta doucement à une porte communiquant avec l'intérieur de l'hôtel et dont les domestiques ne se servent ordinairement jamais. Surpris qu'on vînt à moi par cette voie, je me levai et, m'étant approché, je demandai qui était là. Un faible murmure me répondit et je crus entendre nommer : Saint-Jean. J'ouvris aussitôt et je vis entrer dans mon cabinet un homme ayant les cheveux hérissés, la figure bouleversée, les yeux hagards, le corps à demi vêtu et tenant à la main une bougie allumée. Cet homme était Saint-Jean.

— « Ah! monsieur, s'écria-t-il, nous sommes perdus! Je n'ai pu vous fléchir, et la mort de Mme de Versac et celle de son enfant sont proches.

— « Que dis-tu, malheureux! m'écriai-je avec l'accent de la stupéfaction la plus douloureuse.

— « Ce que je viens d'apprendre! me répondit-il. J'étais seul tout à l'heure dans l'appartement de Mme de Versac, laquelle se trouve avec ses enfants chez M. de Nohan. Voulant remonter à ma chambre, je pris cette bougie et je gravis l'escalier à vis, lorsqu'au troisième repos, quoique j'eusse la figure abaissée pour regarder les degrés, j'ai vu ma lumière pâlir et comme un corps m'intercepter le passage. Aussitôt mon cœur a battu violemment, mon sang s'est glacé... J'ai relevé la tête... c'était mon maître qui se dressait devant moi, mais, cette fois, mon maître irrité, furieux... Il a levé la main vers moi, il m'a appelé misérable, mauvais serviteur, mal affectionné de la maison... Puis, en voyant ma terreur, il s'est calmé, m'a ordonné de venir encore vers vous, et de vous désobéir dans le cas où vous ne me permettriez pas de sauver l'enfant orphelin. Je devrais alors le ravir et m'enfuir avec lui pour le mettre en sûreté... Si j'hésitais, a-t-il ajouté, Mme de Versac, sa femme et son fils allaient périr... Et comme je demeurais foudroyé, anéanti, tremblant, sans répondre, il a cru sans doute que je refusais de suivre ses volontés et il m'a frappé si rudement de ses mains osseuses et décharnées que j'en suis encore tout meurtri... Je me suis sauvé en criant, et me voilà... »

« Saint-Jean s'arrêta, continua M. de Niorres. Je ne savais que penser ; je l'avoue, les malheurs successifs qui avaient ébranlé mes forces intellectuelles me rendirent moins incrédule que la première fois. Cependant j'hésitais à répondre, je ne pouvais me décider à parler, lorsque Saint-Jean, pour me convaincre de la fidélité de son récit, dépouilla ses vêtements et me mit à même de constater sur ses épaules et sur ses bras d'effroyables plaques noires, jaunes, livides, témoins irréfragables des coups que lui avait portés le fantôme de l'un de mes fils...

— Quoi, interrompit M. Lenoir, vous avez vu, de vos yeux vu, les traces du châtiment !

— Je les ai vues.

— Et Saint-Jean ne vous en imposait pas ?

— Les contusions étaient incontestables.

— Je m'explique la recommandation du valet, dit le lieutenant de police. Il est évident pour moi que si tous ces crimes ont pour objet de s'approprier votre fortune et celle de toute votre famille, comme je ne saurais en douter, la mise en sûreté du chef mâle de vos descendants, l'orphelin de votre premier fils marié, opposerait un obstacle invincible aux projets de l'assassin, et dès lors rendrait vain et inutile tout autre attentat.

— J'ai pensé comme vous, monsieur, dit le conseiller du parlement.

— Et qu'avez-vous répondu à Saint-Jean ?

— Qu'il se rende aujourd'hui, à six heures du soir, dans mon cabinet, et que je lui donnerais là mes instructions suprêmes. Je voulais, avant, vous voir et vous consulter.

— Vous avez agi fort sagement, monsieur.

— Me conseillez-vous donc de confier mon petit-fils à Saint-Jean?

— Certes, je vous le conseille.

— Vous croyez alors à la véracité de ses récits?

— Non, mais je crois que cet homme n'a que d'excellentes intentions.

— Ainsi, selon vous, il aurait menti?

— Oui et non. Je ne crois pas aux apparitions surnaturelles, pas plus que vous n'y croyez vous-même, monsieur, mais je ne puis mettre en doute l'excellence du conseil donné par Saint-Jean.

— Cet homme alors saurait quelque chose?

— Peut-être.

— Ce serait un complice de l'assassin, et je lui confierais mon petit-fils? s'écria M. de Niorres.

— Pourquoi pas? S'il a été complice, sa démarche prouve qu'il est repentant et, dès lors, il peut vous être de la plus grande utilité. Réfléchissez; s'il avait l'intention de vous tromper, pourquoi viendrait-il, en vous priant de lui remettre l'orphelin, assumer ainsi sur sa tête la responsabilité entière d'un crime! Enlever l'enfant est chose inutile pour le tuer. Ceux qui ont frappé dans votre maison vos fils, leur famille, votre sœur, votre frère, ne doivent pas reculer devant le meurtre de deux créatures faibles et hors d'état de défense. En vous parlant comme il l'a fait, Saint-Jean a donné la preuve de son attachement pour votre famille. D'ailleurs, de deux choses l'une : ou nous sommes dans le vrai en attribuant la succession des crimes accomplis à une honteuse question d'intérêt pécuniaire, et dès lors la sûreté de l'orphelin place, je vous le répète, une barrière insurmontable entre le meurtrier et la réussite de ses projets, ou nous nous trompons, et nous avons affaire à un criminel vulgaire sur la trace duquel nous sommes loin d'être lancés. Si la disparition de l'enfant arrête les empoisonnements, nous aurons deviné juste; si, au contraire, les attentats se poursuivent, il faudra chercher une autre cause et d'autres coupables; mais dans l'ignorance où nous sommes présentement, vous n'aurez rien risqué en agissant ainsi que je le conseille, puisqu'en éloignant votre petit-fils vous l'aurez mis hors d'atteinte de la main exterminatrice.

Le conseiller au parlement demeura un moment silencieux et en proie aux réflexions les plus poignantes, puis, relevant la tête et montrant au lieutenant de police sa belle et noble physionomie, sur laquelle se lisait l'expression d'une résolution arrêtée :

— J'avais résolu d'agir ainsi que vous me le conseillez, dit-il; mais je suis heureux que votre avis soit conforme à mes intentions. Saint-Jean partira ce soir, moi seul saurai en quel lieu il se rendra...

— Il faut faire surveiller cet homme, répondit vivement M. Lenoir. Deux de mes meilleurs agents le suivront cette nuit à sa sortie de votre hôtel, et chaque jour nous aurons un rapport exact et circonstancié.

— Je n'attendais pas moins de votre extrême obligeance, fit M. de Niorres en s'inclinant.

— Ne me remerciez pas, monsieur. Je ne fais qu'accomplir un devoir. L'enfant en lieu de sûreté, notre surveillance dans l'intérieur de votre maison sera plus active encore, et j'ai la certitude que les circonstances nous mèneront alors droit au but.

— Quoi, vous pensez...

— Que l'assassin, trompé dans son attente, se découvrira lui-même par quelque imprudence.

— Ainsi vous ne renoncez pas à votre pensée?

— C'est plus qu'une pensée, monsieur, dit le lieutenant de police, c'est une conviction.

— Mais savez-vous bien qui vous accuseriez? s'écria M. de Niorres avec véhémence. Ma fille et son mari mis en dehors de vos soupçons, ils flétrissent deux hommes de bonne famille, car, en atteignant mes nièces, ils retombent sur deux jeunes gens qui sont chacun leur fiancé.

— Ah! fit vivement M. Lenoir, Mlles Blanche et Léonore sont fiancées! j'ignorais cette circonstance qui peut cependant être d'un grand poids!... Je savais qu'elles étaient aimées, mais je ne savais pas qu'elles étaient promises en mariage; et à qui a-t-on promis leurs mains?

— Au marquis d'Herbois et au vicomte de Renneville.

— Deux officiers de la marine royale? Ceux qui sont épris si vivement de vos nièces et que l'évêque avait accueillis à Brest?

— Précisément.

— Ils doivent faire partie tous deux de l'expédition de La Pérouse?

— Oui.

— Mais il faudrait que les mariages eussent lieu avant le départ des frégates, et ce départ est fixé au 1er août prochain.

— Je le crois.

— Connaissez-vous bien ces deux jeunes gens, monsieur?

— Fort peu personnellement, mais je sais que mon fils et ma belle-sœur ont eu sur eux les renseignements les plus favorables donnés par le bailli de Suffren en personne.

— Le bailli de Suffren a donné des renseignements précis et favorables sur les officiers de marine, c'est possible; mais sur les hommes privés, cela lui eût été difficile. Tenez, monsieur, parcourez ceci.

Et M. Lenoir, prenant sur la table le rapport dont il avait été question précédemment entre lui et Jacquet, le remit aux mains du conseiller au parlement.

Celui-ci l'ouvrit avec étonnement d'abord ; puis, après avoir lu quelques lignes, il parcourut le cahier avec une avidité fiévreuse.

— Eh bien! reprit M. Lenoir, vous le voyez, ces deux jeunes gens, après avoir mené durant de longues années la conduite la plus folle, et après s'être livrés aux dissipations les plus insensées, ne possèdent plus aujourd'hui que des dettes énormes. L'agent qui m'a fait ce rapport en garantit la véracité, et j'ai tout lieu de le croire parfaitement exact. Depuis plusieurs mois MM. d'Herbois et de Renneville sont poursuivis par des créanciers impitoyables, et menacés, s'ils ne parviennent à payer leurs dettes, de voir leur carrière entravée et l'honneur de leur nom étrangement compromis. Or, pour éviter la honte et la misère, que d'hommes ne reculent pas devant les actions les plus mauvaises!

— Cela est vrai, murmura le conseiller en rejetant le cahier qu'il venait de froisser avec horreur.

— A quelle époque les futurs mariages ont-ils été définitivement arrêtés? demanda le lieutenant de police; le savez-vous?

— Oui. Mon fils, l'évêque, m'a dit que c'était le 26 avril dernier que dans sa maison, à Brest, il avait solennellement fiancé les futurs époux, se réservant, toutefois, de demander mon agrément pour la célébration des mariages, célébration qui devait avoir lieu, mon consentement une fois donné.

— Le 26 avril dernier? répéta M. Lenoir.

— Oui, monsieur; je suis certain de cette date.

— Et la mort de votre premier fils, de sa femme et de ses enfants a lieu?

— Le 6 mai.

— Ainsi, c'est dix jours après l'union arrêtée entre MM. d'Herbois et de Renneville et vos nièces, que le malheur est entré dans votre famille?

— Cela est vrai! dit encore M. de Niorres en laissant tomber ses bras.

M. Lenoir et M. de Niorres échangèrent un long regard. Chacun d'eux cherchait évidemment à pénétrer la pensée de l'autre.

— Deux officiers de marine, dit enfin le conseiller au parlement; deux fils de vieille noblesse du Poitou! j'ai peine à croire, et cependant, à défaut de preuves, il y a là des probabilités...

M. de Niorres releva lentement la tête. (P. 104.)

— Permettez, interrompit le lieutenant de police, j'applique toujours l'axiome : *Cherche à qui le crime profite!* Or, il est incontestable que si vos deux nièces héritent de tous les biens de votre maison, ceux qui les épouseront feront une alliance digne d'un prince. Donc, si MM. d'Herbois et de Renneville leur sont fiancés, MM. d'Herbois et de Renneville profiteraient de leur immense fortune, et payeraient facilement leurs dettes... à moins que nous ne nous trompions encore, et que l'une de vos nièces eût inspiré à quelque autre une passion intéressée... ou que, ainsi que je vous le disais, il existât quelque membre inconnu... ou non avoué de votre famille.

— Il n'existe personne dans cette condition, dit brusquement M. de Niorres; je croyais vous l'avoir affirmé.

— Cela est vrai, monsieur; aussi n'était-ce qu'une supposition nouvelle.

M. de Niorres se leva.

— Résumons, dit le lieutenant de police; vous allez confier votre petit-fils à Saint-Jean?

— Oui, dit le conseiller en soupirant.

— Vous seul connaîtrez le lieu de refuge?

— Ni ma fille, ni mon gendre, ni ma bru, ni ma belle-sœur, ni mon frère ne seront mis dans le secret.

— Bien. A quelle heure Saint-Jean partira-t-il?

— De dix heures à minuit.

— A partir de dix heures, deux agents seront prêts à le suivre sans qu'il puisse se douter de cette surveillance, et si vous voulez bien venir me trouver ici après-demain à pareille heure, vous aurez connaissance du premier rapport que j'aurai reçu.

Le conseiller au parlement s'inclina pour prendre congé.

— Je crois, dit M. Lenoir, qu'il est convenable de violer l'étiquette aujourd'hui. Si je vous reconduisais jusque dans la cour de l'hôtel, votre présence serait trop remarquée, et nous devons nous garder de donner l'éveil.

— C'est mon avis, répondit M. de Niorres. A après-demain donc, et Dieu veuille que d'ici là je ne sois pas contraint à venir vous faire une visite nouvelle.

Les deux hommes se saluèrent et le conseiller au parlement sortit lentement du cabinet du lieutenant de police.

XII

M. PICK

— Le vicomte et le marquis sont-ils réellement coupables? se dit M. Lenoir demeuré seul dans son cabinet. Tout le fait supposer! Cependant, ce que M. de Suffren disait d'eux hier!... Que croire dans cette ténébreuse affaire? Les crimes sont là patents, irrécusables! Ils crient vengeance? Et cette lugubre histoire qui se répand déjà parmi le public! Porter accusation contre deux gentilshommes, c'est décrier la noblesse au moment où le tiers-état relève une tête envieuse, où le peuple ne demande qu'à fouler aux pieds les titres et les parchemins!... Ne pas les accuser quand tous les soupçons planeront sur eux, c'est donner gain de cause à ceux qui crient à la partialité en faveur des classes privilégiées, c'est ameuter tous les esprits déjà si montés contre mon administration, contre la justice du roi!... Quel parti prendre?

M. Lenoir se frappa le front avec une expression manifeste d'inquiétude et de mécontentement.

— C'est comme cet enlèvement de la *jolie mignonne*, reprit-il après un moment de silence; une autre affaire tout aussi nébuleuse! Encore un gentilhomme peut-être à accuser!... Mais celui-là est puissant! Est-ce lui l'auteur de cet attentat?... Voyons ce que disent ces rapports!

Et M. Lenoir courut à son bureau, il fouilla avec une activité fébrile au milieu d'une collection de dossiers placés sur le meuble, et, se saisissant de deux cahiers, il revint près de la fenêtre.

— Jacquet se trompe-t-il ou m'a-t-il trompé? dit-il en feuilletant les manuscrits l'un après l'autre. Pick avait-il raison ou pensait-il m'en imposer? Lequel croire? Deux rapports sur cette affaire Bernard, et tous deux complètement différents, tous deux diamétralement opposés l'un à l'autre!

M. Lenoir froissa les papiers dans ses mains crispées.

— L'un, continua-t-il, accuse le favori, l'ami, l'intime compagnon d'une Altesse... l'autre déclare ce gentilhomme entièrement innocent. Jacquet prétend que la fille du teinturier Bernard a été enlevée pour servir à une intrigue ourdie avec une hardiesse infernale... Pick affirme que l'homme dénoncé par Jacquet est étranger à l'affaire de la *jolie mignonne*. Morbleu! je ne me trompe pas cependant, voici bien les deux rapports; ils sont clairs, précis et contradictoires...

Le lieutenant de police frappa vigoureusement de son talon rouge le tapis épais qui recouvrait le plancher.

— Corbleu! fit-il avec impatience, que Jacquet n'a-t-il tort, que Pick n'a-t-il raison! Sévir contre cet homme serait impossible; je renouvellerais la fable du pot de terre contre le pot de fer; je me créerais un ennemi puissant, implacable... et qui sait, avec les intentions que je connais à Son Altesse, ce que le duc peut devenir un jour? Quant à l'affaire de Niorres, tous deux sont unanimes pour accuser, quoique sans preuves matérielles,

les deux officiers de marine... Cependant, Pick affirme que le conseiller dissimule dans l'ombre, avec une obstination sans égale, un membre de sa famille qu'il ne veut ou ne peut point avouer... A-t-il tort? Mais, en ce qui touche le marquis d'Herbois et le vicomte de Renneville, son rapport est aussi clair et aussi précis que celui de Jacquet. Il fournit même des preuves incontestables. Morbleu! qu'il les donne, ces preuves, et j'agis en conséquence! Frapper ces deux hommes, après tout, serait possible! Aucune influence redoutable de leur côté; puis avec ces doctrines philosophiques qui abondent et qui farcissent tous les esprits, la punition publique, exemplaire, de deux membres de la noblesse, serait peut-être d'un excellent effet. Ils parlent d'égalité dans leurs écrits... ils seraient satisfaits au moins... Corbleu! on jurerait que le diable en personne se mêle de cette intrigue!

Et M. Lenoir rejeta violemment, sur le bureau, les dossiers qu'il venait de feuilleter. Puis, après avoir réfléchi durant quelques minutes, il se dirigea vers la cheminée et agita l'un des cordons de sonnette retombant de chaque côté du majestueux chambranle. Un valet parut sur le seuil de la porte.

— Pick! dit simplement M. Lenoir.

Le valet disparut aussitôt, et le lieutenant de police se laissa retomber sur les moelleux coussins de l'ottomane en laissant errer autour de lui ses regards vagues et pour ainsi dire sans rayons.

La porte que le valet avait fermée se rouvrit doucement sous une pression discrète, et un personnage souple d'allure, léger de démarche, dissimulant sa taille en se tenant presque courbé en deux, se faufila lestement dans le cabinet de M. Lenoir.

Ce nouveau venu pouvait avoir environ trente ans à en juger par l'inspection des traits du visage; mais un portrait détaillé et ressemblant de ce visage semblait une œuvre impossible à accomplir, tant cette physionomie étrange était douée d'une mobilité insaisissable. Un grimacier de profession se fût applaudi de posséder un tel masque et, ici, masque est le mot propre, car il paraissait réellement impossible de croire, en regardant deux fois cette figure, que l'on avait devant soi un seul et même individu.

Tantôt ce visage bizarre était long et étroit comme la lame d'un couteau : tantôt il était large et carré comme s'il eût été écrasé sous l'effort d'une presse. Au premier coup d'œil on le trouvait ovale, au second, il se présentait rond comme une pleine lune. La bouche, les yeux, le nez subissaient également des transformations pareilles, s'agrandissant, se rapetissant, se recroquevillant avec une rapidité inouïe et une facilité merveilleuse. Ce n'était pas une tête formée à l'aide d'une charpente osseuse et recouverte de chair, c'était une véritable boule de gomme élastique, subissant toutes les formes sous toutes les pressions.

Le corps long, maigre, et fluet, d'une ténuité indicible, semblait prêt à se casser à chaque mouvement, à chaque geste. Si la tête eût fait la joie d'un grimacier, le corps eût fait certes l'allégresse d'un clown. Sans doute, M. Lenoir était habitué à cette apparition qui tenait du fantastique, car il ne montra pas le moindre étonnement à l'entrée du personnage.

— Pick? dit-il d'une voix brève.

Celui qui répondait à cette appellation originale se redressa et se courba avec les mouvements d'un animal appartenant au genre ophidien.

— J'ai lu votre rapport, continua le lieutenant de police.

— Alors, monseigneur est satisfait? dit Pick avec un sourire gracieux.

— Je n'en sais rien encore, car j'ai des doutes sur sa véracité, en ce qui concerne l'affaire de Niorres.

— Monseigneur insulterait son très humble serviteur en doutant de sa fidélité, dit Pick en se redressant, mais cette fois sans se recourber ensuite.

— Vous accusez de crimes odieux deux gentilshommes, deux officiers de Sa Majesté.

— Hélas! fit l'agent en étouffant un soupir.

— Une telle accusation doit être soutenue par des preuves.

— Je le sais, monseigneur.

— Eh bien! ces preuves, vous les avez promises!

— Je les aurai!

M. Lenoir se leva vivement.

— Vous aurez des preuves, dit-il à voix basse, que MM. de Renneville et d'Herbois sont les auteurs des empoisonnements commis à l'hôtel de Niorres?

— Oui, monseigneur! répondit Pick avec une froideur de glace.

— Des preuves palpables, authentiques, pouvant servir en justice?

— Des preuves réelles et indiscutables?

— Comment les aurez-vous?

— Je ne le sais pas encore, mais j'ai la certitude que de nouveaux événements se préparent, j'ai dressé mes plans en conséquence, j'ai tendu mes filets, et j'aurai les preuves que j'ai l'honneur de promettre à monseigneur.

— Ainsi, dit encore M. Lenoir, ces deux hommes sont bien réellement coupables?

— Ils le sont, j'en réponds!

Le magistrat réfléchit durant quelques instants.

— Et l'affaire Bernard? reprit-il en changeant de ton.

— Aucune nouvelle! répondit Pick.
— On ne peut savoir ce qu'est devenu l'enfant?
— Je n'ai trouvé aucune trace.
— Cependant, il est impossible que sous une administration comme la mienne et dans une ville comme Paris, capitale du royaume, une petite fille disparaisse sans qu'il soit possible de savoir ce qu'elle est devenue.
— Monseigneur veut-il connaître toute ma pensée à cet égard? demanda Pick.
— Parlez! Dites tout sans crainte! fit le lieutenant de police avec vivacité.
— J'ai la persuasion intime et fortement motivée par les recherches auxquelles je me suis livré, continua l'agent, que la disparition de la *jolie mignonne* n'est que momentanée et je crois à une comédie habile jouée par les parents qui désiraient faire des dupes! Cependant, je l'avoue, ceci n'est qu'une opinion qui m'est toute personnelle!
— Alors, s'écria M. Lenoir emporté malgré lui par ses pensées, le rapport de Jacquet est donc faux?
— De toute fausseté, s'il dit le contraire de ce que le mien affirme, répondit Pick.
— L'homme que je vous ai chargé de surveiller?
— L'ami de Son Altesse?
— Oui.
— Entièrement innocent.
— Prenez garde d'égarer ma bonne foi!
— Je n'ai rien à craindre à cet égard, monseigneur.
M. Lenoir regarda fixement l'agent, puis reprenant la parole et revenant à un autre ordre d'idées :
— Dans combien de temps pouvez-vous me donner les preuves dont vous me parlez relativement à l'affaire de Niorres! demanda-t-il.
— Dans deux fois vingt-quatre heures, répondit Pick sans hésiter.
— Alors, dans quarante-huit heures MM. d'Herbois et de Renneville seront à la Bastille.
— Si je n'apporte pas les preuves demandées, monseigneur pourra m'y envoyer coucher à leur place.
— C'est ce qui pourrait en effet vous arriver si vous ne justifiez pas la véracité de votre rapport.
— Alors, monseigneur, je dormirai dans mon lit.
— De quoi avez-vous besoin pour atteindre votre but?
— De rien, monseigneur, je me charge de tout.
— Très bien, Pick. Il y aura mille livres pour vous si vous réussissez!

M. Lenoir fit un geste et Pick sortit comme il était entré, en disparaissant avec la légèreté d'une ombre.

— Je donnerais mille louis pour que cet homme ne se trompât pas dans ses assertions! dit le lieutenant de police. Qu'il réussisse, lui; que Jacquet étouffe l'affaire de l'enfant volé ou que Pick me donne l'assurance de la comédie dont il parle, que je puisse dire après-demain au roi que l'auteur des libelles est enfermé à la Bastille, j'aurai satisfait tout le monde... En attendant, il faut que je fasse surveiller par quelqu'un d'habile et de sûr, le valet auquel M. de Niorres doit confier son petit-fils. Cet homme est plus important qu'il ne paraît, et ses prétendues visions me semblent de bons et solides témoignages contre lui. Il a dû participer aux premiers crimes, s'il refuse d'être pour quelque chose dans ceux qui restent à accomplir. Je veux voir ce Saint-Jean.

Et sans se lever pour avoir recours au cordon de la sonnette, le lieutenant de police étendit le bras et frappa sur un timbre placé à sa portée.

Le même valet qui était déjà venu, entra dans le cabinet.

— Appelez Fouquier, dit M. Lenoir.

XIII

L'AVENUE DE LA REINE

Au moment où le lieutenant de police avait sonné pour ordonner que l'on introduisît près de lui M. Pick, le conseiller au parlement, quittant l'hôtel de la rue Maurepas, marchait lentement sur le pavé de Versailles, se dirigeant vers l'avenue de la Reine.

Complètement absorbé dans ses pensées, M. de Niorres n'accordait aucune attention à ce qui se passait autour de lui, aussi ne put-il remarquer que, lorsqu'il eut franchi le seuil de l'hôtel, un valet en petite livrée (un grison comme on disait alors, pour désigner un domestique ne portant pas les couleurs de son maître), un valet, qui stationnait de l'autre côté de la rue, s'était détaché de la muraille contre laquelle il se tenait appuyé et s'était mis en marche, réglant son pas sur celui du conseiller.

Ainsi suivi sans qu'il s'en doutât, M. de Niorres avait continué sa route, toujours et de plus en plus absorbé dans ses funèbres rêveries.

Où allait-il? Peut-être l'ignorait-il lui-même, lorsque parvenu sur le bas-côté de l'avenue de la Reine, il entendit le murmure de deux voix émues qui le saluaient par son nom, et deux ombres, se projetant devant ses yeux abaissés vers la terre, lui indiquèrent que le chemin lui était barré par la rencontre de deux hommes.

M. de Niorres releva lentement la tête. Le marquis d'Herbois et le vicomte de Renneville se tenaient en face de lui, le chapeau à la main.

Sans doute le conseiller reconnut les deux officiers de marine au premier coup d'œil et sans doute aussi les pensées provoquées à leur égard par M. Lenoir surgirent en foule dans son esprit, car il tressaillit brusquement et une rougeur légère envahit ses joues creusées.

— Que me voulez-vous, messieurs? demanda-t-il d'une voix grave et sévère.

— Monsieur, dit le marquis, vous ignorez sans doute qui nous sommes?

— Non, messieurs, je ne l'ignore pas, répondit le conseiller.

— Alors, reprit le jeune officier, vous savez également, monsieur, que nous nous sommes présentés plusieurs fois à la porte de votre hôtel, sans avoir eu l'honneur d'être reçus par vous.

— Des affaires de famille, messieurs, m'ont privé de cet honneur, répondit M. de Niorres.

— Mais, ajouta le vicomte, c'est précisément d'affaires de famille que nous avons, monsieur, à vous entretenir.

— Plus tard, messieurs, je vous accorderai toute mon attention, mais en ce moment...

— Pardonnez-nous notre insistance, dit le marquis, ce que nous avons à vous dire ne souffre aucun retard.

— Je crois que vous vous trompez, messieurs, car moi, je n'ai rien à entendre.

— Monsieur, dit le vicomte, ne savez-vous donc pas qu'un projet d'union, arrêté sous les auspices même de monseigneur l'évêque, devait faire de nous vos neveux?

M. de Niorres s'inclina sans répondre. Il était évident que cet entretien le fatiguait. Cette évidence était même tellement limpide que le marquis sentit le rouge de la colère lui monter au front. Cependant il parvint à se contraindre.

— Monsieur, dit-il d'une voix ferme, il faut que le vicomte et moi, vous parlions sur l'heure.

Le conseiller se redressa de toute la majesté de sa haute taille.

— Je n'ai pas le loisir de vous accorder cet entretien! répondit-il.

— Monsieur, il le faut, je le répète.

Le marquis entraînait doucement le malheureux vieillard. (P. 107.)

— Oui, il le faut, ajouta le vicomte avec impatience, car si, d'une part, nous avons le droit de vous demander la cause du refus qui nous a été fait d'être reçus dans votre maison; de l'autre, nous avons le droit également, et ce droit c'est notre amour qui nous le donne, de veiller sur Blanche et sur Léonore et de les préserver de la mort suspendue sur leur tête!

— Monsieur! dit le conseiller avec une violence extrême.

— Nous savons tout! se hâta d'ajouter le marquis. Un hasard nous a révélé ce matin même l'horrible vérité, c'est pourquoi, monsieur, il faut que nous vous parlions sur l'heure!

Le conseiller était redevenu parfaitement maître de lui-même.

— J'ignore ce que vous voulez dire, répondit-il, et je ne comprends pas l'insistance que vous mettez près de moi...

— Quoi! vous refusez de nous entendre? s'écria le vicomte.

— Je refuse, messieurs, car les affaires de ma famille me concernent seul.

Le vicomte et le marquis se regardèrent : le conseiller fit un pas en avant pour s'éloigner. M. d'Herbois le toucha doucement au bras.

— Je vous répète, monsieur, dit-il d'une voix tremblante d'émotion, que nous savons tout, que nous aimons Blanche et Léonore, que la mort qui est entrée dans votre maison les menace sans doute toutes deux, et que nous sommes résolus à tout faire pour leur éviter un danger aussi imminent. Le temps presse, l'heure fatale peut sonner à chaque instant, il faut, monsieur, que vous vous rendiez à nos désirs. D'ailleurs, on n'éconduit pas ainsi deux hommes de naissance, deux officiers du roi de France et, si ce n'est pas assez de ces titres pour avoir droit à la faveur que nous sollicitons, j'ajouterai que c'est au nom de la Madone de Brest que nous exigeons de vous un entretien immédiat.

M. de Niorres était pâle, mais, en écoutant la dernière partie de la phrase prononcée par le marquis, il était devenu livide.

— La Madone de Brest! balbutia-t-il.

— Oui, répondit nettement M. d'Herbois.

Le conseiller courba la tête et un tremblement convulsif agita tout son être.

— Je suis prêt à vous entendre, messieurs, dit-il d'une voix presque éteinte.

Le marquis lança un regard étincelant sur le vicomte.

— Cette avenue est peu propice à l'entretien que nous allons avoir, dit M. de Renneville. Vous plairait-il de gagner les bois qui entourent Trianon? Là nous serons libres et nous ne craindrons en aucune façon les oreilles indiscrètes.

— Monsieur, prenez mon bras, dit vivement la marquis en remarquant l'émotion extrême qui anéantissait les forces du vieillard.

Et, saisissant le bras du conseiller, il le passa sous le sien avec un empressement respectueux et sans que M. de Niorres opposât la moindre résistance.

— La Madone de Brest! répétait-il en se parlant à lui-même. Oh! mon

Dieu! vous qui avez été témoin du repentir, n'aurez-vous donc pas pitié du coupable et laisserez-vous éternellement le châtiment suspendu sur sa tête?

Le marquis entraînait doucement le malheureux vieillard. Le vicomte marchait de l'autre côté de M. de Niorres. Tous trois se dirigeaient vers la grille donnant sur l'avenue de Trianon, mais aucun d'eux ne remarqua le grison qui avait jusqu'alors suivi le conseiller au parlement et qui, laissant entre lui et les trois personnages une distance convenable, les suivait encore en longeant les arbres qui bordaient la route et en se dissimulant avec soin derrière leurs troncs noueux.

XIV

LA PLACE D'ARMES

Le château de Versailles est, chacun le sait, bâti sur le point le plus élevé de la ville. En avant s'étend la vaste place d'Armes, de laquelle partent trois longues avenues formant l'éventail.

La première, arrivant en ligne droite vis-à-vis du palais, traversant la ville dans la direction de l'est à l'ouest et la divisant en deux parties égales, se nomme aujourd'hui, et se nommait également durant le siècle dernier, l'avenue de Paris. La seconde, à droite, est l'avenue de Saint-Cloud, traversant le quartier Notre-Dame, la partie la plus neuve de la ville. La troisième, à gauche, d'étendue moindre que les précédentes, se nomme l'avenue de Sceaux.

Dans l'espace qui sépare ces deux avenues de celle de Paris, à leur débouché même sur la place d'Armes, s'élèvent deux bâtiments vastes, bien construits, d'apparence grandiose, et qui sont occupés maintenant, l'un par des escadrons de cavalerie, l'autre par un régiment d'artillerie de la garde; mais en 1785, ces deux bâtiments ayant conservé la destination pour laquelle ils avaient été primitivement créés, étaient désignés sous les noms de : les Grandes et les Petites-Écuries.

Bâties par Mansard, en 1679, ces deux dépendances de la demeure royale complétaient, avec les trois avenues, un magnifique coup d'œil offert aux habitants du château.

Outre ces trois avenues, plantées chacune de quatre rangées d'arbres, deux boulevards contribuaient encore à l'aspect solennel des approches du palais, le boulevard de la Reine, tracé en 1775, et s'étendant de la plaine de Trianon à l'avenue de Picardie, et le boulevard du Roi, qui, coupant le précédent, forme maintenant la continuation de la rue des Réservoirs.

En face des écuries s'ouvrait la majestueuse grille de la royale résidence donnant accès dans la cour des Ministres (aujourd'hui cour des Statues). C'était devant cette cour que stationnaient les chaises bleues, lesquelles transportaient, moyennant six sols, jusqu'aux vestibules des escaliers de marbre, les personnes auxquelles leur rang ne permettait pas d'arriver en voiture jusque dans la cour Royale.

Nous avons dit, dans notre premier chapitre, que le droit de circulation sur la route de Paris à Versailles était rigoureusement interdit à tous véhicules publics, à l'exception des carrabas et des pots-de-chambre. Dans la ville même, ce règlement était religieusement appliqué. A Versailles donc on ne trouvait aucune voiture de place. Seuls les carrosses des seigneurs et les deux véhicules ci-dessus désignés avaient droit de rouler sur le pavé des avenues. Mais si l'élite de la noblesse avait le privilège de pouvoir franchir sans mettre pied à terre la distance séparant l'entrée de la cour de Marbre, il n'en était pas de même pour la majorité des gentilshommes et des dames formant le gros de la cour.

On ne pouvait exiger cependant que tous ces élégants courtisans traversassent à pied, par les temps de pluie et de poussière, la longue série des cours pour pénétrer dans le palais, aussi avait-on autorisé l'établissement des chaises bleues et des brouettes.

Bon nombre de grandes dames avaient leurs chaises dorées et armoriées.

Pour tracer une ligne de démarcation bien distincte entre les véhicules privés et les véhicules publics, on obligea ces derniers à être uniformément peints en bleu clair : de là leur dénomination de chaises bleues et brouettes bleues.

La chaise exigeait deux porteurs; la brouette, suspendue sur deux roues, était traînée par un seul homme. Chaises et brouettes bleues stationnaient sur la place d'Armes en attendant pratique. Les gens de cour, ne jouissant pas du privilège si ambitionné des grandes entrées, descendaient de leurs équipages en face de la grille dorée et louaient une chaise ou une brouette pour traverser la cour Royale et la cour de Marbre.

A l'heure où M. de Niorres, obéissant au désir exprimé par les deux officiers de marine, s'engageait avec eux dans les bois de Trianon, suivi toujours et sans qu'il s'en doutât par l'espèce d'espion attaché à sa marche, les cours du palais offraient l'aspect le plus animé.

Il y avait, ce jour-là, réception extraordinaire chez le roi de France, réception qui devait être suivie d'un grand couvert et à laquelle étaient conviés, non seulement les courtisans et les représentants des puissances étrangères, mais encore bon nombre de gentilshommes de province admis à l'honneur de la présentation. Aussi l'avenue de Paris et celle de Saint-Cloud étaient-elles envahies par des nuages de poussière au travers desquels on apercevait de brillants carrosses entraînés par de rapides attelages et surchargés de valets aux éclatantes livrées.

Dans la cour de Marbre, dans la cour Royale, dans celle des Ministres, les chaises et les brouettes se croisaient, se suivaient, se dépassaient au milieu d'une foule multicolore de domestiques et de soldats. Les carrosses des grands seigneurs arrivaient au grand trot, faisant une brusque trouée au milieu de ce monde; les chaises dorées prenaient le pas sur les chaises bleues; les coureurs, les heiduques, les jockeys, dont la mode était toute récente, se pavanaient au soleil, faisant miroiter à plaisir les dorures dont leurs habits étaient surchargés. Partout enfin, l'animation la plus vive égayait la résidence royale.

Sur la place d'Armes, un flot de curieux, promeneurs inoccupés, étrangers, provinciaux se pressaient devant la grille, s'efforçant de ne pas perdre un coup d'œil du spectacle qu'ils contemplaient avec des regards ébahis.

Au premier rang de ces curieux se tenaient deux hommes, tous deux remarquables par leurs allures franches, vives et décidées bien que fort différentes l'une de l'autre, mais qui, à en juger par l'énergie avec laquelle ils maintenaient leur place, avaient dû certes la conquérir par la toute-puissance de leurs épaules carrées et de leurs mains épaisses.

Le premier de ces deux hommes portait l'uniforme de soldat aux gardes-françaises : c'était un beau et grand garçon d'une trentaine d'années, au visage plein, aux yeux vifs, à l'expression déterminée. L'autre, plus âgé peut-être de quelques années, était de taille plus petite, mais son buste athlétique, ses jambes courtes et bien campées, ses bras énormes décelaient une force musculaire peu commune.

Il portait le costume des matelots de la marine royale, et ce costume, si peu connu à cette époque des habitants de l'intérieur des terres, attirait sur lui tous les regards.

Au reste, à défaut de l'uniforme, l'homme valait certes la peine d'un examen attentif de la part des badauds de Versailles, car jamais type plus complet, plus saisissant du véritable homme de mer, n'avait dû s'offrir à leurs regards étonnés.

Sa tête surtout eût paru superbe à un peintre ami du genre énergique et peu soucieux de ce genre mignard que Boucher avait si fort contribué à mettre à la mode, bien qu'un autre artiste lui eût donné son nom. Son front était large et carré, son nez petit et extrêmement retroussé, ses épais sourcils abritaient deux petits yeux bleus vifs et pétillants; sa bouche grande, aux lèvres épaisses et vermeilles, était garnie de dents qu'eussent enviées bien des duchesses; son menton, carré comme le front et fortement accusé, complétait l'ensemble de cette physionomie à laquelle une teinte violemment basanée de la peau donnait le caractère le plus original. La bonté, la naïveté, la franchise se lisaient sur ce visage mobile, comme si les noms de ces belles et précieuses qualités y eussent été tracés en gros caractères.

La tête renversée en arrière, la poitrine au vent, les coudes en dehors, les mains enfoncées dans les poches de sa culotte flottante, les jambes écartées, les pieds fortement posés sur la terre, le corps bien assis sur ses hanches, le matelot demeurait immobile au milieu de la foule qui l'entourait sans paraître se soucier le moins du monde de l'attention qu'il provoquait.

Les voitures, les chaises, les brouettes défilaient sous ses yeux, et, à chaque équipage richement doré que rencontraient ses regards, il faisait résonner une vigoureuse parole d'admiration naïve dont ses voisins semblaient aussi étonnés que si le digne homme eût formulé sa pensée dans une langue inconnue.

A deux pas du matelot, les deux coudes appuyés sur l'entablement de pierre de la grille, on voyait un petit homme dont l'aspect général du corps représentait assez volontiers celui d'une grosse boule, tant les lignes offraient peu d'angles, tant les bras et les jambes étaient écourtés, le ventre arrondi, le col enfoncé et la tête aplatie dans les épaules. Effectivement, tout était rond dans la structure de ce singulier personnage; tête, yeux, menton, corps, pieds, mains. Il ne devait pas marcher, il devait rouler.

Portant le costume adopté par la petite bourgeoisie de cette époque, le voisin de droite du matelot écarquillait ses petits yeux pour mieux contempler celui dont il frôlait la vareuse, et tendait ses grandes oreilles en s'efforçant de ne rien perdre des observations que laissait échapper à chaque instant le matelot; mais, à l'expression de sa physionomie, il était aisé de deviner qu'il ne comprenait absolument rien à ce qu'il voyait et à ce qu'il entendait.

De temps à autre il se retournait vers un second bourgeois placé comme lui au premier rang des curieux, et son regard interrogateur paraissait demander instamment une explication de l'énigme qu'il s'efforçait, mais en vain, de déchiffrer; regard, nous devons le dire, prodigué en pure perte.

Il y avait longtemps déjà que le matelot contemplait le riche coup d'œil que présentaient les cours du palais, lorsque son compagnon, le soldat aux gardes-françaises, lui frappa rudement sur l'épaule.

— Allons, vieux! dit-il d'une voix engageante, il est l'heure de dîner; l'estomac bat le rappel, le festin doit être prêt, et la mère Lefebvre n'aime pas qu'on laisse brûler sa cuisine. Filons!

— Laisse donc! répondit le matelot avec ce mouvement d'épaules particulier aux gens de mer, laisse donc! le mouillage est bon! la brise adonne! Je m'embosse ici jusqu'à ce que le quart du soir soit piqué! C'est donc pas amusant, dis, de faire le relèvement de toutes ces boîtes qui éclaboussent l'œil? D'ailleurs, tu connais la consigne? Je veux voir mon amiral; je ne démarre pas sans ça. Patience! si t'as la cale à vide, prends un ris dans la basane de ton ventre, et ouvre l'œil pour t'amuser.

— Prendre un ris dans la basane de son ventre! murmura le bourgeois arrondi en se penchant vers son voisin. Bon Dieu! qu'est-ce que cela veut dire? Monsieur Gervais, y comprenez-vous quelque chose?

— Absolument rien, cher monsieur Gorain, répondit M. Gervais. Je comprends qu'on prenne un riz au lait ou au gras, mais dans la basane d'un ventre!

Les deux bourgeois se regardèrent chacun en ouvrant des yeux énormes, et, levant les bras vers le ciel, ils firent un double geste décelant leur stupéfaction profonde.

— Ah ça! dit le soldat en riant et s'adressant au matelot, c'est donc sérieux, Mahurec? Tu veux voir le bailli de Suffren?

— Un peu, que je dis. C'est une idée qu'est amarrée là, dans ma boussole, à quatre amarres, et on me mettrait plutôt en mâchemoure, vois-tu, Lefebvre, que de la déhaler de mon cerveau!

— Mâche... quoi? fit M. Gervais en tirant le bras de M. Gorain.

— Mâche l'amour, je crois, répondit timidement le premier bourgeois.

— Mâche l'amour? Je n'ai jamais entendu dire qu'on mâchait l'amour.

— Ni moi, monsieur Gorain, ni moi!...

Un bruyant éclat de rire du matelot interrompit l'observation de M. Gervais.

— Ah! vieux! s'écria Mahurec en désignant du geste un énorme heiduque servant de coureur à quelque courtisan dont l'équipage roulait sur le pavé de la cour des Ministres. Ah! vieux! relève-moi donc un peu ce négrier qui s'attrape à courir sous le vent de cette carriole plus reluisante qu'un habitacle de boussole. Est-il pavoisé dans le grand, ce caïman-là, avec sa face de vent debout. Quel gabarit numéro un! Toutes voiles dehors, quoi! Et cet espar doré! quel suif! Mais relève donc un peu cet arrimage!

Mahurec montrait la canne à pomme d'or que brandissait le coureur. M. Gorain et M. Gervais avaient écouté bouche béante la série d'exclamations admiratives du marin.

— Une part de suif en carabi! dit M. Gervais. Cet heiduque n'a cependant pas sur sa brillante livrée la moindre tache de graisse.

— Et, ajouta M. Gorain, il parle à chaque instant de le relever; il me semble qu'il est très ferme sur ses jambes, car c'est un très beau coureur.

— Il l'a appelé animal, je crois...

— Non, dit M. Gorain; il l'a appelé amirage.

— Amirage? qu'est-ce que cela veut dire?

— Peut-être est-ce parce que l'heiduque court vite, qu'il a voulu dire qu'il courait avec rage... qu'il était ami de la rage.

— C'est possible, murmura l'autre bourgeois; mais cet homme est très étonnant.

— C'est peut-être un étranger, hasarda M. Gorain, cependant il dit de temps à autre quelques mots français...

— Oui, mais il s'explique presque toujours en langue étrangère... Je le crois Allemand...

— Ou Espagnol...

— M. le lieutenant de police ne devrait pas laisser circuler librement de tels individus, monsieur Gervais, dit M. Gorain d'un air capable.

— Pourquoi donc?

— Parce que, parlant ce langage si extraordinaire que personne ne comprend, les gens de cette espèce peuvent s'entendre très bien entre eux, au nez et à la barbe de tout un chacun, pour tenter un mauvais coup. Ainsi, continua le bourgeois encouragé par l'approbation de son interlocuteur, ainsi, on ne m'enlèvera pas de l'idée que les événements qui, à chaque instant, nous désolent à Paris, ne proviennent d'une bande de malfaiteurs. Voyez plutôt! Ce pauvre Bernard n'a pas encore retrouvé sa fille...

— C'est vrai! Quel enfant superbe! Est-ce malheureux! Est-ce qu'on ne fait pas toutes les démarches?

— Si fait; mêmement que M. Danton, vous savez, mon locataire du troisième, sur la cour?...

— Oui. Eh bien?

— Il s'est chargé de poursuivre les recherches, et il doit, à cette

Brasse à culer, tas de terrions! cria-t-il... (P. 117.)

heure où je vous parle, consulter à cet égard un de ses amis qui est de passage à Versailles.

— Qui cela?

— Un petit avocat d'Arras qui, il paraît, a quelquefois des idées.

— Dieu veuille qu'il réussisse, monsieur Gorain!

— Dieu vous entende, monsieur Gervais! Ce pauvre Bernard et sa femme sont dans un état à fendre l'âme! Leur garçon, ce petit bonhomme qui s'appelle Jean, vous savez, se montre bien dévoué pour eux. Au reste, j'aurai tantôt des nouvelles, car je dois voir M. Danton avant son retour à Paris.

— Et vous pensez, monsieur Gorain, que ce sont des malfaiteurs qui ont commis ce rapt?

— C'est évident, monsieur Gervais. C'est pourquoi je dis que la police devrait faire plus attention à tous ces gens qui usent le pavé de Paris sans qu'on sache ni d'où ils viennent ni où ils vont.

— Et, ajouta M. Gervais en baissant la voix, vous croyez que cet homme qui cause là avec ce soldat...

— Je ne dis rien, monsieur Gervais, mais vous avouerez que les honnêtes gens doivent parler entre eux un langage intelligible, et celui qui me coudoie...

M. Gorain n'osa pas achever sa pensée, mais son geste expressif la compléta.

Pendant ce temps, Mahurec continuait ses exclamations et sa conversation, sans supposer que ses voisins étaient sur le point de le prendre pour un affilié à une bande de brigands, supposition, hâtons-nous de le dire, qui eût fait sourire de dédain le digne et honnête matelot.

— Je te dis que je l'aborderai en grand! criait Mahurec.

— Mais, répondit le soldat, le bailli de Suffren ne t'écoutera pas!

— De quoi! fit le marin en se retournant avec un geste si brusque qu'il fit osciller la foule derrière lui, de quoi? mon amiral pas écouter son matelot? Eh bien! ça serait du propre!

— Mais il ne te donnera pas audience comme cela dans la cour du château!

— Pourquoi donc pas? Que je relève seulement sa boîte à quatre roues, je te cours une bordée dessus : Voilà, mon amiral! c'est Mahurec, votre vieux gabier, qu'a quelque chose à vous larguer dans le pertuis de l'entendement! Et qu'il sera flatté, que je dis, et qu'il fera mettre sa boîte en panne!

— Entendez-vous? dit vivement M. Gervais à son ami. Il dit qu'il fera des boîtes avec de la panne. Jusqu'ici j'avais cru qu'avec cette étoffe on ne pouvait faire que des habits.

— Il veut peut-être parler de la panne, graisse du porc, fit observer M. Gorain.

— C'est possible; mais je ne comprends pas davantage.

— Ni moi.

— D'ailleurs et d'une, reprit Mahurec en s'animant, faut que je mette le cap dessus. Je m'ai pomoyé de Brest à Paris comme un cabillot[1] pour lui larguer deux mots, et, tonnerre! je les lui larguerai, ou on verra bien!

— Il dit qu'il vient de Brest! murmura M. Gorain à l'oreille de M. Gervais. Serait-ce donc un galérien évadé?

— Et il dit qu'il est venu de Brest à Paris comme un cabillaud, ajouta M. Gervais, c'est-à-dire en nageant, car le cabillaud est un poisson; mon épouse l'aime même beaucoup.

— Nager de Brest à Paris est impossible!

— Ce serait bien long, dit M. Gervais.

— Je crois que nous ferions bien de quitter la place; qu'en pensez-vous?

— Je pense comme vous; mais la foule nous en empêche.

— Alors, veillez bien sur vos poches, monsieur Gervais.

— J'y veille, monsieur Gorain, j'y veille?

— Ah ça! reprit le soldat, tu as donc décidément à lui parler, à ton amiral?

— Un peu! répondit le matelot.

— Et qu'est-ce que tu veux lui dire?

— Des machines qu'est des choses qui ne regardent que moi; mais, minute! je fais un nœud plat sur ma langue. Laisse faire seulement, et tu verras si je masque en grand ou si je te largue la vérité du bon Dieu.

— Il ose invoquer Dieu! murmura M. Gorain.

En ce moment un magnifique carrosse, enlevé par quatre chevaux de la plus rare beauté et conduit par un énorme cocher à la livrée rouge et or, traversa la place d'Armes au galop et se dirigea vers l'entrée de la grande grille du palais, mais à peine atteignait-il la cour des Ministres que les chevaux, contenus brusquement, firent un arrêt d'une netteté remarquable, et le carrosse demeura tout à coup stationnaire.

L'un des valets de pied, grimpés derrière l'équipage s'élança aussitôt à terre, ouvrit la portière et abaissa le marchepied. Un jeune homme élégamment vêtu sauta sur le pavé de la cour, puis il se retourna et serra une main fine et blanche, mais de forme masculine, tendue de l'intérieur du carrosse.

— Au revoir, Édouard! dit une voix sonore.

— Au revoir, monseigneur, répondit le jeune homme qui venait de quitter la voiture.

— Quand te reverrai-je?

— Ce soir...

1. Fantassin, suivant le langage des marins.

— Où cela?
— Où Votre Altesse voudra.
— Viens alors souper avec nous.
— Rue Blanche?
— Oui.
— J'y serai à l'heure ordinaire, monseigneur.
— Et tu auras une réponse à me donner?

Cette question, comme les paroles qui venaient d'être échangées entre le jeune homme debout à la portière du carrosse et le personnage demeuré enfermé dans la voiture, cette question avait été faite à voix haute; mais, pour répondre, celui que nous avons entendu nommer Édouard se pencha vers le carrosse et parla à voix basse. Puis il se redressa, salua une dernière fois et se dirigea vers la place d'Armes, tandis que le valet de pied refermait la portière.

Cette petite scène, que nous venons de rapporter, s'était passée précisément en face de l'endroit de la grille où stationnaient en dehors le matelot et le soldat : ni l'un ni l'autre n'en avait donc perdu un seul détail.

Mahurec surtout paraissait examiner le jeune homme avec une attention profonde. Lorsque celui-ci revint vers la place d'Armes et que la voiture roula de nouveau vers la cour Royale, le marin se donna avec le plat de la main un violent coup sur le front :

— Pour sûr, dit-il en faisant ses réflexions à voix haute, j'ai relevé cette frimousse-là, mais ousque c'était? dans quelle aire? sur quel gisement?

— Tu connais ce gentilhomme? dit le soldat en riant.

— Eh! oui, que j'en suis sûr et certain. Cette guibre crochue, ces écubiers avariés, cette carène efflanquée, continua Mahurec en désignant successivement le nez pointu, les yeux fatigués et le corps amaigri du personnage en question, j'ai pointé ça dans ma boussole!

— Morbleu! Tu as de belles connaissances alors!

— Comment ça?

— Le particulier descend de la voiture de monseigneur le duc de Chartres et il a serré la main de Son Altesse.

— Possible! fit Mahurec, mais il me semble que quand j'ai relevé jadis son gabarit, il n'était pas si suivé, si espalmé, si radoubé et si galipoté qu'à cette heure.

— Bah! où donc était-ce?
— Dans quelle aire que tu veux dire?
— Oui. Quand l'as-tu vu déjà?
— Voilà le *hic*... mais...

Ici, Mahurec s'interrompit brusquement pour pousser un grand cri. Sa figure brûlée devint subitement rouge comme la carapace d'un homard cuit, et, tournant sur lui-même, il se précipita tête baissée au milieu des rangs serrés de la foule qui l'entourait.

— Brasse à culer, tas de terriens! cria-t-il en fendant la foule. Voilà mon amiral! Tout le monde à la bande! Défie, que je navigue ou je déralingue le premier qui me dérive en travers!

XV

UN VIEUX DE LA CALE

A l'instant où Mahurec écartait, ou, pour dire plus vrai, bousculait les derniers rangs des curieux, un carrosse armorié, dans lequel se tenait un personnage de soixante ans environ, à la physionomie bronzée, au regard bienveillant et au splendide uniforme tout constellé de décorations, franchissait l'accès de la cour des Ministres. Le matelot, d'un seul bond, s'élança à la poursuite du carrosse, mais, sur le seuil de la grille ouverte, il se heurta contre deux gardes suisses placés en sentinelle de chaque côté du passage.

— On ne passe pas! dit l'un d'eux en croisant son fusil en travers.

— De quoi? fit Mahurec. Laisse courir un bord jusqu'à cette rangée de boîtes qui file beaupré sous poupe.

Le matelot désignait les carrosses marchant à la suite les uns des autres.

— Au large! dit l'autre garde en repoussant Mahurec.

Celui-ci devint écarlate, de rouge qu'il était.

— De quoi! cria-t-il avec un geste menaçant, faut-il pas se brasser à culer devant ta face de vent debout.

— On ne passe pas! répéta l'autre garde.

— Et pourquoi ça?

— Allons, arrière! dit la première sentinelle.

Mahurec se recula, non pour se retirer, mais bien pour prendre son élan.

— Une... deux! fit-il en s'élançant, gare les culots de gargousse!

Et, écartant les deux gardes qu'il envoya rouler à droite et à gauche, aux grands applaudissements de la foule, le matelot passa comme un trait et franchit l'entrée de la cour des Ministres.

Mais son action énergique avait appelé sur lui l'attention des nombreux valets entassés dans la cour, et ceux-ci se précipitèrent à l'aide des sentinelles. Mahurec ne s'arrêta pas. En vrai Breton qu'il était, il courba la tête et vint comme un bélier se ruer sur le mur de valets qui s'opposait à son passage. Deux ou trois furent renversés par le choc, mais les autres se jetaient sur le marin, lorsqu'une voix impérative vint arrêter le tumulte :

— Laissez cet homme! dit le personnage dont le carrosse, venant de pénétrer dans la cour, se trouvait le dernier ayant pris la file.

Les valets s'écartèrent aussitôt et Mahurec se trouva dégagé.

— Laissez faire, mon amiral! dit-il en se redressant, j'aurai drossé tous ces hâle-boulines, main sur main, le temps de faire une épissure, quoi!

— Approche! interrompit le personnage.

Mahurec s'avança, son bonnet de laine à la main, jusqu'à la hauteur de la portière. L'interlocuteur du matelot n'était autre que le bailli de Suffren, alors dans toute la splendeur de sa gloire. Il fixa sur Mahurec son regard sévère.

— Comment! dit-il d'une voix rude, c'est toi qui causes ce tumulte?

— Histoire de rire et de s'amuser mon amiral! répondit le matelot. Ces tas de terriens voulaient-ils pas me genoper et m'empêcher de mettre le cap sur vous!

— C'est donc à moi que tu en veux?

— Oui, mon amiral, j'étais bien sûr et certain que vous tendriez un bout d'amarre à un vieux de la cale qui met en berne à votre intention.

— Ah! ah! tu as quelque chose à me demander?

— Oui, mon amiral.

— Eh bien! parle vite.

— Je vais vous larguer la chose en grand, mon amiral... mais d'abord, et d'une, faut vous demander si je suis toujours au vent de votre bouée?

M. de Suffren sourit doucement.

— J'aime toujours mes bons matelots, Mahurec, j'aime mes vieux de la cale, tu le sais bien. D'ailleurs tu m'as sauvé la vie trois fois.

— Histoire de s'amuser, mon amiral, répondit le matelot en rougissant non de colère cette fois, mais de l'embarras que lui causait le souvenir auquel faisait allusion le célèbre marin.

— Voyons, reprit M. de Suffren de l'air le plus engageant, parle! Qu'as-tu à me dire?

Mahurec se campa sur ses hanches, ôta sa chique de sa bouche, mit la main devant ses lèvres pour envoyer un long jet de salive derrière lui et porta le pouce à sa gorge, comme pour la dégager d'une émotion qui empêchait les paroles d'en sortir.

— J'attends, dit l'amiral.

— Mon amiral, balbutia le matelot en perdant tout à coup son assurance, l'écoute sera peut-être longue à filer...

— C'est donc une histoire que tu as à me raconter?

— Mon amiral, c'est approchant du même calibre

— Eh bien! encore une fois, parle; je t'écoute.

Mahurec fit un effort visible et parut prendre son courage à deux mains.

— Mon amiral, dit-il enfin, il s'agit de moi et de mes lieutenants.

— D'Henri et de Charles? dit vivement M. de Suffren; du marquis d'Herbois et du vicomte de Renneville?

— Oui, mon amiral.

— Est-ce qu'il leur serait arrivé malheur?

— Oh! que non, fit Mahurec puisque je suis vivant.

— C'est vrai, dit l'amiral avec un doux sourire; je sais que tu les aimes.

— Si je les aime! s'écria Mahurec en se donnant un énorme coup de poing dans la poitrine; c'est-à-dire que je me ferais mettre en mâchemoure pour eux deux, voyez-vous! C'est la crème des crèmes! Des vrais matelots, quoi, comme vous et moi! Tout ce qu'il y a de mieux sur la mer, que ça ne devrait pas tant seulement se mélanger jamais avec les terriens!

— Eh bien! fit M. de Suffren.

— Eh bien! reprit Mahurec avec une sorte de mélancolie qui ne messeyait pas à son mâle visage, j'ai l'âme en panteune, voyez-vous; j'ai la boussole affalée dans la vase jusqu'à la flottaison, et si vous ne me prenez pas à la remorque, je sens que ça va mal virer pour ma basane.

M. de Suffren regarda fixement Mahurec; puis, faisant signe à l'un de ses valets qui s'empressa de venir ouvrir la portière du carrosse, il sauta légèrement à terre. S'approchant du matelot demeuré immobile, il appuya sa main aristocratique sur l'épaule carrée de Mahurec, et plongea son regard acéré dans les yeux émus de son interlocuteur :

— Voyons, dit-il, tu es malheureux, tu as l'âme à l'envers; tu vas me conter tes peines. Marche à côté de moi.

Mahurec avait bien entendu ce que venait de lui dire M. de Suffren, mais au lieu de répondre il demeura immobile.

— Allons! dit l'amiral en souriant.

Mahurec tortilla entre ses doigts noueux son bonnet de laine, mais il ne bougea pas.

— Eh bien! reprit M. de Suffren, ne m'as-tu pas entendu? Viens donc!

— Quoi! c'est donc pas une farce, mon amiral? fit le marin en ouvrant dans toute leur grandeur ses petits yeux vifs et clairs. Vous voulez que je coure une bordée de conserve avec vous au milieu de tous ces beaux brodés qui nous entourent?... Moi, un pauvre rien du tout, que je navigue à votre hauteur comme matelot et matelot!

M. de Suffren fit un pas vers Mahurec.

— Tu osais bien me parler, tout à l'heure, dit-il.

— Oh! fit le marin, tout à l'heure, mon amiral, vous étiez dans votre boîte dorée et moi j'étais en bas, c'était naturel; mais présentement nous sommes quasi sur le même bord et je sens la honte qui m'élingue le pertuis aux légumes...

— Quand tu as tué, à San-Iago, l'Anglais qui allait me fendre le crâne, tu étais devant moi, dit l'amiral d'une voix grave et légèrement émue; quand tu as reçu en pleine poitrine, à Sadras, le coup de pique qui m'était destiné, tu étais encore devant moi; enfin, à Trinquemale, tu étais à mes côtés quand tu as assommé les deux officiers qui m'assaillaient à la fois. Pourquoi, aujourd'hui, as-tu peur de te promener avec moi.

— Dame! mon amiral, fit Mahurec en balbutiant de plus en plus, là-bas on se crochait avec l'Anglais, et près de vous c'était la meilleure place, tandis qu'ici... au milieu de tout ce beau monde... j'ai le gréement trop mal peigné pour...

— Fais ce que je te dis! interrompit brusquement M. de Suffren; et si quelqu'un se permettait un sourire, c'est à moi seul qu'il aurait à répondre. Viens, matelot; conte-moi tes peines, et si ton amiral peut quelque chose pour toi, il se souviendra qu'il a trois dettes à payer.

Puis voyant Mahurec toujours immobile et indécis:

— Allons! continua-t-il en lui frappant rudement sur l'épaule, dérape, et file de l'avant.

— Cré mille tonnerres de Brest! dit Mahurec dont la physionomie exprimait un attendrissement comique, vous me mettez vent dessus, vent dedans, mon amiral, avec vos bonnes paroles. Voilà mes écubiers qui embarquent lame sur lame à cette heure!

Et le pauvre matelot essuya ses yeux avec son bonnet de laine; l'amiral le contemplait en souriant.

— Voyons, qu'as-tu? demanda-t-il en se mettant en marche.

— Pour lors et d'une, commença Mahurec, vous vous souvenez peut-être qu'il y a dix ans, quand MM. d'Herbois et de Renneville, mes lieute-

L'HOTEL DE NIORRES

Eh bien! vous avez fait du propre, mon amiral. (P. 125.)

LIVR. 16. — L'HOTEL DE NIORRES. LIVR. 16.

nants, sont entrés dans les gardes-marines, c'est moi que j'ai commencé leur éducation, tant seulement qu'ils ne savaient pas distinguer une chaîne d'ancre d'une drisse de flamme, et qu'à cette heure ils en remontreraient au plus fin des gabiers.

— Je sais cela; après?

— Pour lors, et de deux, ils ont été si bons pour moi tout de suite, que je les ai aimés dans le grand sans me faire prier. Pour lors, quand j'étais affalé dans mon hamac, le nez dans la brise, pire qu'un crabe qu'est drossé par le filet, vous savez bien, mon amiral, c'est par le travers des îles Vertes, ousque la fièvre jaune faisait mettre à tout un chacun la barre dessous... j'étais en train de filer ma dernière écoute, j'étais quasiment paré à avaler ma gaffe, quoi! et qu'il n'y avait pas à bord plus de médicaments que dans mon écubier, rien de rien... la cambuse aux drogues était rafalée, et chaque heure c'était un camarade qui filait vent arrière pour le monde des défunts; eh bien! qui qu'est venu près de moi? qui qu'a donné au pauvre gabier sa ration entière de vin et des bonnes paroles à vous chavirer le cœur? qui qui a tendu un bout de grelin pour l'aider à franchir la passe, enfin! c'est M. d'Herbois et M. de Renneville... Je les vois encore... là... penchés sur mon hamac...

Mahurec porta la main à ses yeux.

— « Matelot, qu'ils me disaient, continua-t-il, tiens bon! le coup de partance n'est pas tiré! Aux bras et aux boulines! mets le cap sur la santé... » Et j'ai fait comme ils disaient, mon amiral, et je m'ai pomoyé sur ma carène et quinze jours après je reprenais mon poste dans la hune d'armiton... Aussi, voyez-vous, je parle comme une bête, mais j'aime comme ça et si jamais, au grand jamais, un particulier de terrien s'avisait tant seulement de regarder mes lieutenants de travers, je te l'amure à bloc et je te l'envoie radouber sa coque jusqu'au-dessus de la flottaison.

Et Mahurec, l'œil enflammé, la narine frémissante, leva ses poings monstrueux et les fit tournoyer dans l'air avec une vigueur que lui eût enviée un hercule de profession.

M. de Suffren regarda le matelot, puis ses yeux, se détournant, rencontrèrent tout ce monde de courtisans et de valets qui remplissaient la cour.

Entre ces gens et Mahurec, entre ces vêtements splendides, ces livrées éclatantes et ce costume primitif de l'homme de mer, le contraste était saisissant et devait certes choquer les regards des grands seigneurs et des grandes dames qui, en passant devant l'illustre bailli et son interlocuteur, ne pouvaient retenir une exclamation d'étonnement et un geste de répulsion. Mais M. de Suffren n'était pas, lui, un courtisan vulgaire, un gentilhomme de boudoir, un général de l'Œil-de-Bœuf, c'était un homme d'un grand cœur, d'un esprit élevé, et un marin profondément épris de la noble carrière qu'il parcourait si brillamment.

Aussi, répondant aux petits cris d'étonnement et aux gestes méprisants que provoquait sa familiarité apparente avec un simple matelot, par un sourire dédaigneux et un regard hautain, il ne se sentit que plus disposé à continuer un entretien qui était loin de lui déplaire.

En présence de Mahurec, il oubliait la cour, il oubliait le château et il se transportait, par la pensée, au milieu de ces marins qu'il aimait tant, à bord de l'un de ces navires qu'il avait hâte de rejoindre.

— Continue, dit-il vivement. Parle encore, Mahurec, je t'écoute!

— Pour lors et de trois, reprit Mahurec en s'enhardissant de plus en plus, j'avais ma vieille mère, vous savez, mon amiral? une femme du bon Dieu, quoi! infirme et malade. C'était pas avec mon arriéré que je pouvais parer à ses besoins et l'empêcher de s'affaler à la côte... N'empêche! ça bourlinguait tant bien que mal, quand un beau jour, voilà la chère femme qui se sent coiffée par la maladie et j'étais pas là... elle était toute seule... sans secours, sans amis.

— Pourquoi ne m'as-tu pas fait prévenir! dit vivement M. de Suffren. Est-ce que j'ai jamais laissé dans la misère la mère d'un de mes matelots?

— Mais, mon amiral, balbutia Mahurec, je ne savais rien, moi, ce n'est qu'après... quand la pauvre femme a eu envoyé son âme au bon Dieu...

— Ta mère est donc morte?

— Oui, mon amiral. Il y a deux ans.

— Morte seule... dans la détresse?

— Oh que non! Il y avait deux braves cœurs que Notre-Dame d'Auray avait envoyés à Brest près de la pauvre femme. Encore mes lieutenants, quoi! Ils l'ont soignée... ils l'ont mijotée... elle n'a jamais manqué... et quand la chère femme a largué sa dernière écoute, c'étaient encore MM. d'Herbois et de Renneville qui l'escortaient des deux bords... Ils y ont mis une croix de leurs mains...

Mahurec respira fortement pour cacher l'émotion qui le gagnait.

— Quand j'ai su tout cela, reprit-il après un moment de silence, j'ai voulu me couper en deux pour envoyer à chacun de mes lieutenants un morceau de ma carène qui leur eût crié : Merci! mais, continua le matelot avec cette teinte de poétique mélancolie particulière à ceux de sa classe, mais j'ai réfléchi que j'avais qu'un cœur, que chacun de mes lieutenants n'en aurait qu'un bout et que tous les deux avaient droit de l'avoir tout entier. Alors j'ai été à Brest... sur la tombe de la pauvre vieille... et là, à deux genoux sur la terre... j'ai juré que tant que Mahurec, le gabier, aurait la force d'attacher un grelin et de se pomoyer sur une enfléchure, avant d'être au roi, avant d'être à la mer, avant d'être à ses officiers, il serait à ses lieutenants!

« Voilà, mon amiral! »

M. de Suffren était très ému. Les paroles franches, le langage pittoresque du gabier l'avaient fortement impressionné.

— Brave homme! murmura-t-il.

Puis, secouant son émotion et redressant la tête, il reprit de sa voix rude :

— Eh bien! après? Est-ce seulement pour me conter ton histoire que tu es venu me trouver ici?

— Oh que non! répondit Mahurec. J'ai quelque machine à vous demander.

— Qu'est-ce que c'est?

— C'est que mes lieutenants sont embarqués tous deux à bord de l'*Astrolabe*...

— Je le sais bien. C'est moi qui ai conseillé à La Pérouse de les prendre dans son état-major.

— Eh bien! vous avez fait du propre, mon amiral.

— Comment! dit M. de Suffren sans se fâcher de la réflexion incongrue du gabier.

— Je veux dire que c'est ça qui me met le cœur en dévire! reprit vivement Mahurec? Parce qu'ils appareillent sur l'*Astrolabe* et que je reste, moi, à la cale d'embarquement.

— Ah! fit l'amiral, je comprends. Tu veux embarquer avec eux.

— Juste, mon amiral.

— Et c'est cela que tu viens me demander?

— Vous le dites. Je suis venu à pied de Brest à Paris pour vous larguer ma demande.

— Et tes lieutenants, le savent-ils?

— Non, mon amiral. J'ai rien dit. Ils ignorent même que je suis ici à cette heure. J'ai voulu vous voir avant tout. Dame! vous comprenez! s'il leur arrivait malheur, faut bien que je sois là... j'ai juré! si je manquais à ma parole, je serais un failli-chien.

— Tu m'as sauvé trois fois la vie, dit M. de Suffren d'une voix grave. Tu ne m'as jamais rien demandé, je n'ai jamais rien fait pour toi, je ne te refuserai pas la grâce que tu sollicites. Tu veux embarquer à bord de l'*Astrolabe*, tu embarqueras en qualité de gabier d'artimon. Viens me trouver ce soir à mon hôtel, je te remettrai moi-même ton ordre d'embarquement. Es-tu content?

— Si je suis content! cria Mahurec devenu pâle de bonheur, et qui, dans son émotion, avait failli avaler la chique qu'il avait replacée dans sa bouche.

M. de Suffren fouilla dans la poche de sa veste et en tira une bourse bien garnie.

— Tiens! dit-il en la tendant à Mahurec, voilà pour lester ta vareuse!

Puis, frappant rudement sur l'épaule du gabier :

— Bonne chance, matelot! va, maintenant! navigue grand largue!

Et M. de Suffren, adressant un geste d'adieu à Mahurec, s'élança dans sa voiture, près de laquelle il était revenu. Le valet de pied releva le marchepied, ferma la portière, et le carrosse reprit sa marche vers la cour de Marbre.

Mahurec était demeuré immobile, tenant à la main la bourse que venait de lui donner le bailli, et il paraissait incapable de faire un pas, tant la joie, l'émotion, le saisissement, anéantissaient toutes ses facultés. Enfin la réaction arriva vive et puissante; Mahurec bondit en l'air, battit un entrechat étourdissant en criant à tue-tête :

— Vive l'amiral!

Puis, retombant sur ses pieds, il tourna sur lui-même, prit sa course, traversa la cour des Ministres, salua en passant d'un air narquois les sentinelles qui avaient voulu s'opposer à son entrée, et faisant dans la foule une nouvelle trouée, mais en sens opposé cette fois à la précédente, il arriva tout d'une haleine à l'endroit où l'attendait encore le soldat aux gardes-françaises.

— Ripaille! cria-t-il en gesticulant comme un possédé; la brise adonne! j'ai mon sac plein! l'amiral m'a mis vent sous vergue. En avant chez ta femme, vieux! Je cours grand largue! Gare au festin de la mère Lefèbvre! Eh! hisse! tout est paré! Attrape à larguer les bonnettes! bitte et bosse en grand.

Et d'une voix formidable, le gabier, pour mieux célébrer la joie qui débordait en lui, se mit incontinent à chanter ce vieux refrain si connu sous la misaine :

> L'compas était démonté,
> La coque allait en dérive,
> Mais v'là la brise qu'arrive
> Rev'là le navire orienté.
> Je naviguais sur mon erre
> Et j'courais de mauvais bords,
> V'là qu'on signale la terre,
> J'mets les bonnett' des deux bords.

MM. Gorain et Gervais, en leur qualité de plus proches voisins du matelot, avaient été les plus vivement bousculés, lors de la première poussée qu'il avait donnée pour aller rejoindre son amiral, et lors de la seconde, surtout, quand il était revenu près du soldat aux gardes-françaises.

Le pauvre M. Gorain, pressé et froissé rudement entre la grille de fer et les coudes du marin, n'avait pu retenir un cri de douleur; mais la peur que lui inspirait Mahurec l'avait empêché de se plaindre. Ce fut donc avec une vive satisfaction que les deux bourgeois virent s'éloigner le matelot et le soldat, et ils poussèrent tous deux un soupir de soulagement, en se trouvant débarrassés de ce turbulent voisinage.

— Avez-vous entendu? fit M. Gorain; il a parlé, en s'en allant, d'aller carder des bonnets.

— Comme si on cardait autre chose que des matelas! répondit M. Gervais en haussant les épaules.

— Et il a ajouté : Vite! des bosses! Je plains bien sincèrement ceux à qui il veut en faire, car il a des poings formidables. Mais voici l'heure à laquelle je dois rencontrer M. Danton, mon locataire. Il faut que je vous quitte, monsieur Gervais; à moins que vous ne vouliez venir avec moi?

— Pourquoi pas? cette affaire de la jolie mignonne me préoccupe bien sincèrement. Mon épouse n'en parle pas sans fondre en larmes, et même ma cuisine souffre beaucoup de sa sensibilité. Allons voir M. Danton, et ensuite nous reviendrons à Paris rapporter des nouvelles toutes fraîches à ce pauvre Bernard.

Et les deux bourgeois, faisant à leur tour une trouée, mais moins violente, dans la foule des curieux, traversèrent la place d'Armes.

XVI

LES TRIANONS

« Versailles, ce chef-d'œuvre si ruineux, dit Saint-Simon, où les changements des bassins et des bosquets ont enterré tant d'or qui ne peut paraître, était loin d'être achevé que déjà Louis XIV, après avoir acquis, en 1663, des moines de Sainte-Geneviève, des terres sur la paroisse de Trianon (désignée sous le nom de *Trianum* dans une bulle du XIIe siècle), s'y faisait bâtir, en 1670, un petit château ou plutôt un petit pavillon, pour aller s'y reposer des ennuis du faste et de la représentation.

« C'était d'abord, dit encore Saint-Simon, « une maison de porcelaine à faire des collations ». Au bout de quelques années, la fantaisie royale voulut, à la place de ce [pavillon, avoir un palais, et Mansard fut chargé d'en dessiner les plans. »

Ce fut durant cette construction qu'eut lieu, entre Louis XIV et son ministre Louvois, la trop célèbre scène à propos d'une fenêtre plus étroite que les autres, scène qui eut pour étrange et fatal résultat cette guerre du Palatinat, qui commença la période décroissante du règne du grand roi.

Cependant Louis XIV se dégoûta vite de ce palais en miniature, et, à partir de 1700, il l'abandonna presque complètement.

Louis XV vint quelquefois à Trianon ; puis, de même que ce château était un diminutif de celui de Versailles, le roi voulut bientôt se donner un diminutif du grand Trianon : il fit construire par Gabriel, à l'extrémité des jardins, un pavillon carré de vingt-trois mètres de façade, qui prit le nom de petit Trianon. Ce fut ce pavillon que Louis XVI donna à Marie-Antoinette comme une retraite inviolable où la reine, abandonnant les ennuis de la royauté, pouvait se promener, s'amuser, se distraire en simple particulière. Les méchants et les médisants, qui abondaient alors, trouvèrent, dans l'affection de la reine pour ce séjour, une arme nouvelle, et, faisant allusion à la patrie première de Marie-Antoinette, ils appelèrent le petit Trianon le petit Vienne.

Les jardins avaient conservé le cachet de plantations de Le Nôtre, alors que Marie-Antoinette devint propriétaire de ce joli pavillon. Elle fit tout bouleverser ; on dessina les jardins à l'anglaise, et Mique, l'architecte de la reine, assisté du peintre Robert, traça un lac, fit serpenter des rivières, dissémina, çà et là, des maisons rustiques représentant un hameau, et éleva, au milieu des bosquets, le temple de l'Amour et le pavillon des concerts. La reine et ses favorites venaient à Trianon se reposer des fatigues et du faste de la Cour, et se livraient, dans l'intimité, à d'innocentes, mais fort peu naïves imitations de la vie champêtre.

« Une robe de percale blanche, dit Mme de Campan, un fichu de gaze, un chapeau de paille étaient la seule parure des princesses. Le plaisir de parcourir les fabriques du hameau, de voir traire les vaches, de pêcher dans le lac, enchantait la reine, et chaque année elle montrait plus d'éloignement pour les fastueux voyages de Marly. »

En 1785, la royauté, précédemment tombée avec Louis XV de l'Olympe de Louis XIV dans le boudoir d'une Du Barry, se réfugiait, alors, dans l'idylle et la bergerie : halte douce et paisible, à la veille d'une effroyable révolution !

Pour se rendre à pied, par le parc, du château de Versailles aux

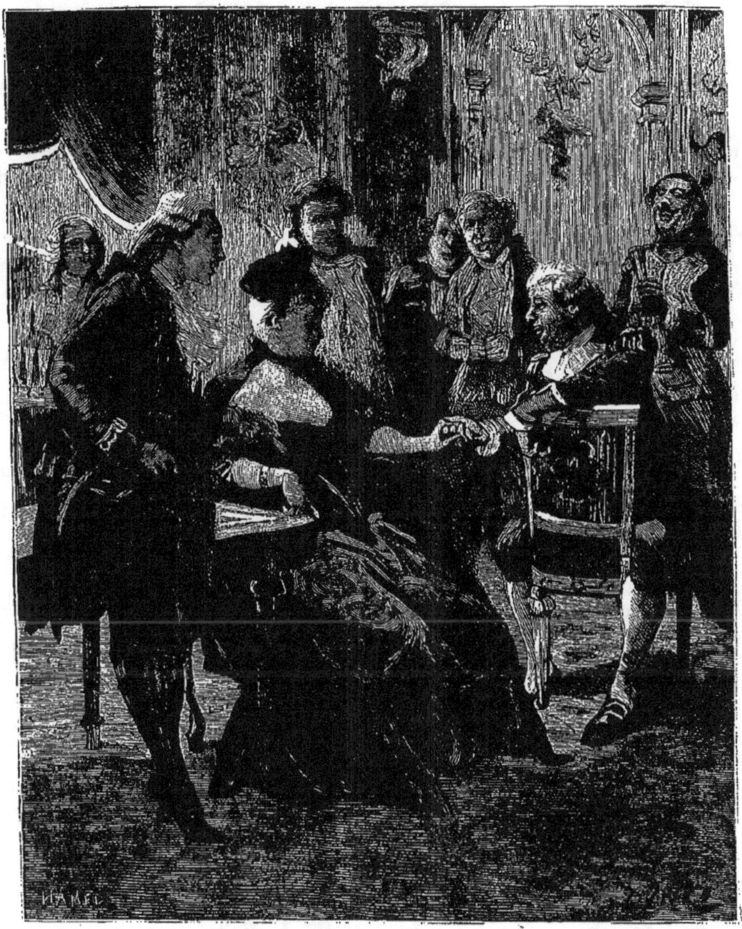

Le marin avait soutenu énergiquement le contraire et parié que la séduisante créature... (P. 134.)

Trianons, il fallait, et il faut encore, prendre les allées situées à droite du bassin d'Apollon. A l'extrémité de l'une des branches du grand canal, dite bras de Trianon, on apercevait deux rampes d'escaliers aboutissant à une grille (toujours ouverte alors), et de l'autre côté de laquelle était le parc du grand Trianon. On pouvait encore parcourir le boulevard de la Reine jusqu'à la barrière du même nom, franchir cette barrière et suivre le prolongement de la grande avenue, laquelle allait aussi directement du bassin de Neptune au château réservé. Ces deux routes aboutissaient presque au même point, à la droite du grand Trianon, dans un petit bouquet de bois servant à relier ensemble les deux parcs, et que l'on désignait sous le nom un peu trop ambitieux de bois de Trianon.

C'est vers ce bois que s'était dirigé le conseiller au Parlement, conduit par les deux jeunes officiers de marine et suivi, à distance, par le personnage qui ressemblait si fort à un espion.

M. de Niorres et ses compagnons avaient parcouru, sans échanger une parole, l'avenue de la Reine et celle de Trianon. Ce ne fut qu'après avoir atteint le bouquet de chênes et de hêtres que le marquis, après avoir échangé un regard avec le vicomte, se disposa à prendre la parole.

Le lieu était parfaitement choisi, au reste, pour une conférence secrète. La reine n'habitait pas Trianon (la réception qui avait lieu à Versailles, ce jour-là, ayant exigé sa présence à la Cour), les parcs réservés étaient absolument déserts; valets et courtisans avaient abandonné le séjour où ne les appelaient point, momentanément, les devoirs de leurs charges et le désir de faire remarquer leur présence.

M. de Niorres s'était remis peu à peu, durant la route, de l'émotion qui l'avait si violemment assailli avant qu'il se fût déterminé à accorder aux deux jeunes gens l'audience qu'ils sollicitaient.

Le front toujours pâle, mais calme et sévère, le regard froid et scrutateur, le magistrat attendait évidemment une confidence qu'il ne voulait pas cependant paraître solliciter.

Quant au grison, ou du moins quant à celui qui avait l'apparence d'un valet en petite livrée, soit qu'il eût subitement renoncé à ses projets, soit qu'il se fût dissimulé rapidement derrière quelque obstacle, depuis que les deux officiers de marine et le conseiller avaient atteint l'entrée du petit bois, il avait complètement disparu.

Les trois hommes pouvaient donc, à bon droit, se croire parfaitement seuls.

— Monsieur, commença le marquis en s'inclinant devant M. de Niorres, pour obtenir de vous quelques instants d'attention, j'ai été obligé, bien malgré moi, d'évoquer, dans votre esprit, un souvenir pénible. Veuillez donc, avant tout, recevoir à cet égard mes très humbles excuses.

— Monsieur, répondit M. de Niorres d'une voix parfaitement calme, en vous suivant jusqu'ici, j'ai cédé à vos sollicitations pressantes et non à un sentiment de crainte, ainsi que vous paraissez le supposer.

— Je ne parle pas d'un sentiment de crainte, monsieur, je parle d'un souvenir.

— J'ignore ce que signifient vos paroles.

— Quoi! dit le vicomte avec une impatience manifeste, encore des réticences?

— Messieurs, je ne vous comprends pas.

— Eh bien! dit brusquement le marquis, puisqu'aucune bonne parole ne peut vaincre la défiance que nous vous inspirons, monsieur, je vais être forcé de m'expliquer nettement.

— Je vous en serai infiniment obligé, monsieur, répondit le conseiller, toujours avec la même froideur.

Le vicomte frappa du pied avec impatience.

— Monsieur, reprit vivement M. d'Herbois, le vicomte et moi, sommes exactement, à une heure près, du même âge. Bien que nos familles à tous deux ne soient pas d'origine bretonne, nous sommes nés tous deux à Brest il y a vingt-six ans, c'est-à-dire durant la nuit du 8 juillet 1759.

En entendant prononcer cette date d'une voix ferme, le conseiller ne put contenir un tressaillement violent, et ses lèvres décolorées blêmirent encore davantage.

Le marquis désigna un banc de marbre placé derrière le vieillard, et, l'invitant du geste à y prendre place :

— Asseyons-nous, monsieur, dit-il, car l'histoire que j'ai à vous raconter, pour arriver ensuite à l'objet de notre désir, sera peut-être un peu longue à entendre.

— Monsieur, ajouta vivement M. de Renneville, épargnez-nous la douleur de vous affliger, vous dont le cœur est déjà si cruellement ulcéré...

— Parlez, monsieur! interrompit encore M. de Niorres.

— Alors, reprit le marquis, je vais continuer, mais, du moins, souvenez-vous, monsieur, que vous nous aurez contraints à agir ainsi que nous le faisons.

M. de Niorres ne répondit pas.

— A l'époque à laquelle remonte notre naissance, dit M. d'Herbois après un moment de silence, vivait à Brest une femme jeune et jolie que son visage angélique et la grâce de sa personne avaient fait surnommer, par tous les habitants, la Madone de Brest.

« Cette femme, qui pouvait à peine avoir trente ans, était dans tout l'éclat de sa splendide beauté et savait encore en rehausser les charmes irrésistibles par une habileté merveilleuse et une coquetterie sans exemple. Au reste, on eût dit que cette créature avait été formée par deux principes complètement opposés l'un à l'autre : celui du bien et celui du mal ; l'un s'était chargé du corps, l'autre de l'âme, car rien n'était plus pur que ses formes, rien n'était plus corrompu que ses pensées. Son front, poli comme l'ivoire, recélait un cerveau où germaient les instincts les plus repoussants; sa poitrine, si belle, cachait un vide à la place du cœur. Sa bouche si fraîche, garnie de perles si éblouissantes, faisait succéder, au sourire fascinateur, l'expression la plus horrible; ses yeux, si doux et si veloutés, lorsque leurs regards voulaient séduire, devenaient un foyer de rayons fulgurants quand la colère, l'envie, la haine les animaient contre une victime innocente.

« La Madone a-t-elle jamais été capable d'aimer un être au monde? Personne à Brest n'a pu le savoir, mais ce que les familles ne savaient que trop, c'était le don qu'elle possédait d'allumer, dans le cœur et dans l'esprit de ceux qui la voyaient, une passion désordonnée que rien ne pouvait combattre, que la mort seule pouvait détruire, et dont le venin malfaisant, gangrenant bientôt l'âme entière, annihilait peu à peu toutes les nobles facultés, pour faire surgir à leur place les vices les plus honteux. Semblable à ces poisons actifs, dévorants, contre lesquels la science ne connaît pas de remède et qui agissent par le simple contact, la Madone de Brest avait la fatale propriété d'envenimer le cœur de tous ceux qui l'approchaient. »

Un soupir profond, qui se fit jour à travers la gorge desséchée du conseiller, interrompit le récit du marquis d'Herbois.

Celui-ci s'arrêta et fixa ses regards sur le vieillard, comme s'il eût attendu, de sa part, une parole qu'il désirait ardemment voir sortir de sa bouche; mais le conseiller garda un silence absolu.

Les deux jeunes marins firent un double geste de dépit et de commisération, puis le marquis reprit, après avoir hésité légèrement :

— A cette époque où la beauté de la Madone faisait dans la ville les plus effrayants ravages, arriva de Paris un homme ayant passé déjà les premières années de la jeunesse, et que le roi avait chargé d'une mission particulière auprès des États de Bretagne. Cet homme, fort beau lui-même, issu d'une excellente origine, marié depuis quelque temps déjà et père d'une nombreuse famille, avait été précédé par une réputation justement établie de magistrat intègre, d'esprit remarquable, de caractère loyal et de mœurs austères, contrastant d'une façon bien étrange avec les habitudes et la manière d'être de ses concitoyens.

« Cet homme, continua le marquis, dont je tairai le nom par respect pour lui-même, je l'appellerai simplement le chevalier d'A... On disait encore, et c'était malheureusement la vérité, que le chevalier, à son départ de Paris, avait laissé mourante sa jeune femme qu'il adorait, et qu'il n'avait fallu rien moins que l'amour qu'il avait pour son devoir, pour le contraindre à quitter le chevet d'une compagne qu'il savait, hélas! ne plus devoir retrouver.

« La femme du magistrat était effectivement atteinte d'une maladie mortelle, et, peu de temps après son arrivée à Brest, M. d'A... reçut de Paris la fatale nouvelle. Il supporta ce coup douloureux en homme d'un grand cœur : son chagrin fut poignant, mais sa physionomie seule en porta les traces, jamais son humeur ne s'en ressentit, et sa mission, dont l'importance était grande pour la province, n'en éprouva pas le moindre tort.

« Seulement, en dehors de ses relations forcées, M. d'A... ne voulut contracter aucune liaison dans la haute société de la ville. Il vivait complètement seul, absorbé par le travail et par la douleur, se montrant peu en public, mais évitant avec un soin extrême, attestant que son âme était au-dessus des conditions ordinaires, de faire parade d'un chagrin trop réel, au reste, pour n'avoir pas sa pudeur.

« La réputation méritée du magistrat avait jadis disposé la ville en sa faveur. Le coup qui venait de l'accabler, sa conduite au-dessus de tous les éloges, sa douleur même qui donnait un attrait de plus à son beau visage, en le recouvrant d'une teinte de mélancolie poétique, redoublèrent encore les sympathies que chacun ressentait pour lui, et c'était justice, car à cette époque M. d'A... était réellement à plaindre. »

Le conseiller étouffa à demi un second soupir, et ses mains frémissantes s'étreignirent fiévreusement...

— Le bruit qui se faisait à Brest autour du nom de M. d'A..., continua le marquis, parvint bientôt aux oreilles de la Madone. Celle-ci, comme tous les génies du mal, avait en horreur tout ce qui ressemblait à la vertu.

« D'abord, elle plaisanta la conduite austère du chevalier, la tourna en raillerie, fit des quolibets sur son compte et en arriva enfin à en nier complètement le mérite.

« La Madone, toujours entourée d'une cour assidue, recevait nombreuse société chaque soir, et l'élite de la jeune noblesse, des officiers de la marine royale et de la finance se pressait dans ses salons. Parmi les marins se trouvait un homme de cinquante ans environ, brutal et souvent grossier dans son langage, mais d'une franchise que rien ne pouvait arrêter et traitant tout ce qui était en dehors du service d'un navire de niaiseries et de fadaises.

« C'était peut-être le seul qui, jusqu'alors, eût résisté à l'empire des charmes de la séduisante créature et l'exception qu'il faisait confirmait la règle. Son caractère lui avait valu, de la part de la Madone, le surnom de Loup-de-Mer, sous lequel il était presque constamment désigné.

« En entendant la Madone mettre en doute la vertu du chevalier d'A... il sourit à son tour, et, par esprit de contradiction, il prit la défense du magistrat.

« La jeune femme, peu habituée à voir contrarier son opinion, s'anima vivement. Bref, une véritable querelle s'engagea entre les deux disputeurs et le résultat de cette querelle fut un pari, dont l'enjeu fut porté à deux cents louis. La Madone prétendait qu'avant deux mois écoulés, le chevalier d'A..., abandonnant la voie de la vertu, serait à ses petits pieds et se compromettrait publiquement pour elle en présence de la ville entière.

— Le marin avait soutenu énergiquement le contraire et parié que la séduisante créature en serait cette fois pour ses frais de coquetterie.

« Le lendemain, au reste, il ne fut plus question du chevalier; le souvenir de la querelle s'effaça et chacun, une semaine passée, oublia jusqu'à la circonstance du pari. Seule, la Madone se souvenait. Non pas qu'elle ressentît la moindre affection pour le chevalier d'A..., non pas qu'elle fût attirée vers lui par le sentiment qui entraînait toute la ville, mais uniquement parce que cette réputation si belle, tant prônée en tous lieux, offensait ses mauvais instincts et parce que son amour du mal désirait ardemment la chute de cet homme qui s'était placé, dans l'opinion publique, au rang le plus élevé.

« Le magistrat, lui, inutile de le dire, ignorait ce qui s'était passé chez la Madone. Il ne savait même pas que cette femme existât.

« Un matin, à l'heure à laquelle il travaillait enfermé dans son cabinet, son valet de chambre vint le prévenir qu'une femme voilée et très simplement vêtue, insistait pour lui parler.

« M. d'A... donna l'ordre que l'on introduisît la visiteuse, et celle-ci entra timidement dans le cabinet du chevalier et prit le siège qui lui fut poliment avancé.

« Cette femme était, raconta-t-elle, une pauvre veuve demeurée dans une détresse profonde, trop fière pour s'adresser à sa famille, avec laquelle elle était brouillée, et dont la position à venir dépendait d'un procès qui devait être jugé par la grande chambre du Parlement de Paris. C'était à propos de ce procès qu'elle venait trouver M. d'A..., le suppliant d'excuser sa démarche peut-être inconvenante, et sollicitant de sa science des affaires, des conseils précieux que sa reconnaissance seule pourrait payer un jour.

« Le chevalier, dont le cœur était généreux, compatit au sort pénible de sa visiteuse et lui promit de lui prêter aide et assistance.

« La pauvre femme se déclara trop émue d'une telle réception, pour pouvoir, en ce moment, raconter en détail l'affaire dont elle voulait cependant entretenir son bienveillant interlocuteur, et elle sollicita la permission de revenir le lendemain.

« M. d'A... plein de prévenances pour le malheur, la reconduisit jusque sur le seuil de son appartement. La femme était demeurée voilée durant tout le temps de l'entretien, mais au moment de quitter le magistrat, et comme elle le remerciait chaleureusement avec des larmes dans la voix, pour mieux, sans doute, lui faire voir le sentiment de reconnaissance qui brillait sur son visage, elle releva son voile...

« M. d'A... demeura stupéfié par l'éclatante beauté qui se révéla alors subitement à lui. S'il eût connu de nom seulement la Madone, il n'eût pas douté un instant que ce fût elle qui venait de quitter son cabinet; mais, vivant en dehors de tout ce qui se passait dans la ville, il ne soupçonna pas une seule minute le piège qui était tendu sous ses pas.

« Le lendemain, à la même heure, la charmante créature revint visiter le chevalier. Elle lui raconta une longue histoire bien embrouillée et savamment préparée à l'avance, et, durant cette seconde audience, elle sut tellement intéresser à son sort l'austère magistrat, que ce fut lui qui, à son tour, réclama une entrevue pour le jour suivant, afin de communiquer à sa visiteuse les réflexions qu'il aurait eu le temps de faire relativement à son procès.

« Que vous dirai-je? poursuivit M. d'Herbois en se tournant vers le conseiller au Parlement de Paris, lequel, les mains toujours croisées, le front penché, paraissait être en proie à une torture morale des plus vives. Que vous dirai-je que l'on ne puisse deviner? La Madone continua son œuvre si habilement commencée.

« Bientôt elle s'immisça si bien dans l'esprit, dans l'âme, dans le cœur de celui qu'elle voulait perdre, que le malheureux chevalier, entraîné, subjugué, fasciné, subissant enfin le sort commun à tous ceux qui approchaient la séduisante créature, ne vit plus que par elle, ne pensa plus qu'à elle et s'abandonna à la passion funeste allumée dans son sein. Il rêva un mariage!

« Il oublia tout; et la femme qu'il avait aimée et dont il pleurait depuis quelques mois à peine la perte douloureuse, et ses enfants demeurés à Paris, loin de ses soins et de son affection, et sa famille et les devoirs que lui imposait sa mission. Il se résolut à tout sacrifier à sa passion.

« Comment s'y prit la Madone pour vaincre cette vertu austère, pour abaisser ce caractère superbe, pour subjuguer cet esprit élevé, pour le contraindre à en arriver à une union secrète? Voilà ce que j'ignore, monsieur, voilà ce qui, après vingt-six ans écoulés, est encore demeuré un mystère pour tous; mais ce que je sais bien, ce que tout Brest a su à cette époque, c'est qu'avant le délai expiré, la Madone avait gagné son pari et que le chevalier, jetant au vent sa réputation sans tache, se prosternait aux genoux d'une créature à laquelle il avait juré fidélité une nuit, au pied des autels. »

M. d'Herbois fit une pose : une sorte de râle sourd faisait siffler la gorge de M. de Niorres.

Le vicomte, assis sur le banc de marbre, de l'autre côté du vieillard, fixait sur lui ses yeux animés. Le conseiller était dans un état de prostration presque complète : ses regards étaient fixes, sa tête, penchée en avant, demeurait immobile et ses lèvres entr'ouvertes semblaient aspirer l'air avec une peine infinie.

— Faut-il continuer? demanda doucement M. d'Herbois.
— Oui! balbutia le vieillard.
— C'est que ce qui me reste à dire est le plus terrible!

M. de Niorres parut sortir de son accablement. La vie revint dans ce corps qu'elle semblait avoir abandonné : les yeux s'animèrent, la tête se redressa et les doigts serrés se détendirent.

— Monsieur, dit-il d'une voix sourde, avant de continuer, il faut que vous me disiez comment vous avez appris tous ces détails d'une période si douloureuse dans une existence qui avait été, avant cette époque fatale, et qui fut depuis exempte de blâme?

— L'explication que vous me demandez, monsieur, répondit le marquis; je vous la donnerai tout à l'heure aussi complète que vous puissiez la désirer. Seulement, avant tout, il faut que nous reprenions notre entretien, ou plutôt que je reprenne mon récit là où je l'ai laissé, car c'est ce qui me reste à dire surtout qui doit provoquer votre intérêt. J'aurais voulu éviter ce qui précède; j'aurais voulu ne pas blesser votre cœur en reprenant les choses d'aussi haut; mais vous m'y avez contraint.

— Ma conduite ne regarde que moi, monsieur, interrompit M. de Niorres d'une voix fière. Si je vous ai laissé parler, c'est que vos paroles devaient être utiles. Les souvenirs que vous avez réveillés ont été sans doute pénibles pour mon âme, mais chacun a sa charge de douleurs en ce monde. Tout ce que je demande au ciel, c'est d'avoir encore assez de force pour pouvoir porter la mienne. Continuez, monsieur, je vous écoute, et ne craignez pas de stigmatiser, comme elle le mérite, la conduite du magistrat dont vous parlez. Vos blâmes n'auront jamais l'amertume de ceux qu'il s'est adressés lui-même, et qu'il s'adresse encore!

M. de Niorres baissa de nouveau la tête; mais son visage n'avait plus cette expression morne qu'il avait revêtue durant la première partie du récit du marquis d'Herbois. Ce n'était plus de l'abattement qui se lisait

Feignant de penser sans cesse à l'avenir de l'enfant... (P. 140.)

sur cette belle et noble physionomie, c'était une résignation puissante et une énergique résolution de supporter tout ce que les paroles du narrateur pouvaient encore lui faire endurer de tortures morales.

— Parmi les illusions nombreuses que la Madone prenait à tâche de faire naître dans l'esprit du chevalier avec une infernale habileté, reprit M. d'Herbois, il en était une si fortement enracinée dans le cerveau du pauvre magistrat, qu'aucune preuve, quelque incontestable qu'elle fût,

n'aurait pu, je crois, l'en arracher. M. d'A... croyait fermement à la
vertu de sa nouvelle épouse, c'est-à-dire qu'il ajoutait une foi aveugle à
toutes les histoires mensongères que lui racontait cette femme, et que,
son amour aidant, il en était arrivé à la persuasion que la Madone n'avait
jamais ressenti que pour lui une affection sincère, et que sa fidélité irré-
prochable était la moindre de ses vertus. Après avoir admiré le chevalier,
lors de sa conduite si pure, Brest l'avait plaint, quand il était tombé dans
les filets de la Madone; mais...

— Mais? interrompit M. de Niorres, en voyant le marquis hésiter à
poursuivre; mais, quand il fut constaté que celui que vous nommez le
chevalier d'A... et que j'appelle, moi, le conseiller de Niorres, était stupidement, follement et honteusement épris de cette indigne et insidieuse
créature, la ville entière jeta sur lui le blâme qu'il méritait, et lui, sans
vergogne et sans respect pour le nom que lui avait légué son père, et
qui appartenait à ses enfants, se jeta tête baissée dans l'abîme, et souilla
ce nom en le donnant à cette femme. Après, monsieur, dit encore le
conseiller qui, depuis quelques instants, ne paraissait plus être le même
homme; après, et appelez désormais par son nom celui dont vous retracez
le fatal égarement.

M. d'Herbois fit un geste de soumission, et, reprenant la parole :

— Ce qui me reste à dire, continua-t-il, est pénible pour moi à
énoncer et douloureux pour vous à entendre, monsieur; mais les circonstances exigent impérativement que je parle, comme le vicomte le
ferait à mon défaut, car il s'agit de sauver ceux qui n'ont pas encore
succombé dans votre maison, et de vous mettre sur les traces du coupable!

— Les traces du coupable! répéta M. de Niorres avec étonnement.

— Oui, dit le vicomte.

— Quoi! vous pourriez...

— Vous aider à découvrir l'horrible vérité, et ce que nous allons
vous confier aujourd'hui, ce que nous seuls peut-être savons à cette heure,
serait connu de vous déjà, si vous ne nous aviez pas obstinément refusé
votre porte.

— Continuez! continuez! dit M. de Niorres avec un accent fébrile.
Ne craignez pas de rouvrir mes plaies! Déchirez mon cœur, mais ne me
cachez rien.

— Eh bien! reprit le marquis d'une voix brève, écoutez-moi donc,
mais permettez-moi de continuer à nommer, dans mon récit, le chevalier
d'A..., ainsi que je l'ai fait jusqu'ici, celui dont je plains bien vivement
les douleurs, et dont je respecte l'honorable caractère. Quel est l'homme
qui, durant son existence, n'a jamais eu un moment d'oubli?

« Je reprends : le chevalier aimait donc la Madone d'un amour sans bornes. Bientôt cette infernale créature, fière de la réussite de ses projets, désireuse d'exploiter celui qu'elle voyait à sa merci, devenant tout à coup ambitieuse, en songeant à l'immense fortune de M. d'A..., résolut de tout tenter pour porter un coup décisif. Un jour, elle apprit au malheureux qu'elle étreignait dans ses serres, que le ciel avait béni leur union secrète, en la sanctionnant par les liens les plus sacrés... qu'elle se sentait mère. Le chevalier crut-il à l'existence réelle de sa paternité...

— Il le crut! dit M. de Niorres, et, à partir de ce jour, il entoura cette femme des soins les plus attentifs, et sa fatale passion redoubla de puissance.

— L'enfant qui vint au monde fut envoyé à Quimper pour y être élevé...

— Oui, dit encore le conseiller; mais, quelques années après sa naissance, cet enfant mourut, et les derniers liens qui eussent pu attacher la victime au tourmenteur, se trouvèrent ainsi anéantis.

— Le croyez-vous, monsieur? demanda le vicomte.

— Si je crois que mon fils est mort? répéta le conseiller en se levant brusquement; puis-je donc en douter?

— Avez-vous vu son cadavre?

— Non...

— Avez-vous assisté à ses derniers moments?

— Non....

— Alors vous n'avez aucune certitude.

— Aucune certitude! s'écria M. de Niorres, dont toute l'énergie était enfin revenue.

— Sans doute. On a pu vous tromper, en vous disant qu'il était mort, cet enfant que vous n'avez pas revu depuis le jour de sa naissance.

— Me tromper! répéta le conseiller, et dans quel but?

— Je l'ignore, dit le vicomte; mais cela a pu avoir lieu.

— Qui vous le fait supposer?

— Je vais vous l'apprendre, dit le marquis; laissez-moi continuer.

Le conseiller se laissa retomber sur le banc de marbre, en proie à l'agitation la plus vive.

— Nous sommes nés, le vicomte et moi, reprit M. d'Herbois, le 8 juillet 1759, je vous l'ai déjà dit. Cette nuit n'a-t-elle pas laissé un souvenir puissant dans votre mémoire?

— Oh! fit le conseiller avec un geste de colère, cette nuit-là sera toujours présente à mon esprit. Il y avait quinze mois, alors, que j'étais sous l'empire de la femme qui m'avait jeté dans la voie mauvaise; il y avait quinze mois que j'étais aveugle, et cette nuit-là la lumière se fit, cette nuit-là, je compris toute l'horreur de ma position.

— Et la veille, demanda le marquis, vous rappelez-vous ce qui s'était passé entre vous et la Madone?

— Oui, dit le conseiller; mais ce qui s'est passé entre nous n'a pu être connu que d'elle et de moi.

— Cependant, nous le savons.

— Vous?

— Oui, monsieur.

M. de Niorres lança sur les deux jeunes gens un regard où perçait une défiance manifeste.

— Parlez, alors, dit-il; racontez, faites comme si je ne me souvenais pas.

— La veille de cette nuit dont je vous parle, continua aussitôt le marquis, c'est-à-dire le 7 juillet au soir, après une scène habilement provoquée par la Madone, pour laquelle vous ressentiez encore toute la violence de la passion qu'elle vous avait inspirée, la mère joua une comédie infâme. Feignant de penser sans cesse à l'avenir de l'enfant pour lequel elle affectait une tendresse sans bornes, elle pleura, elle gémit, elle vous rappela que vous ne pouviez rien pour lui, que votre fortune appartenait à votre fils aîné, et que votre fils nouveau-né avait en perspective non seulement la honte d'être issu d'une union non avouée, mais encore le dénûment et la misère. Entraîné sur la voie où l'on voulait vous engager, vous vous y abandonnâtes sans restriction, et, dans un élan de générosité, vous commîtes l'insigne imprudence de remettre à la Madone un blanc-seing dont elle s'empara comme d'une garantie pour l'avenir.

— Comment savez-vous cela? s'écria M. de Niorres avec violence.

— Je vais vous l'apprendre dans quelques instants, répondit M. d'Herbois; mais ce que je dis est bien vrai, n'est-ce pas?

— Oui.

— Ce blanc-seing, vous l'avez remis à cette femme?

— Je voulais calmer les craintes de la mère; je croyais à sa tendresse, à sa loyauté, et je trouvais naturelles les appréhensions qu'elle ressentait pour l'avenir de son fils. Je venais de lui promettre d'assurer, par un acte authentique, le sort de notre enfant, et comme elle parut douter de mes intentions, pour la convaincre, j'avais saisi une feuille de papier et je l'avais revêtue de ma signature.

— Et ce blanc-seing, vous ne l'avez jamais revu?

— Jamais.

— La Madone avait obtenu de vous ce qu'elle désirait, et le lendemain, elle provoquait elle-même votre rupture.

— Oui! s'écria le conseiller en fermant ses poings avec une expression de rage et de douleur. Oh! je vivrais deux siècles que cette nuit-là serait toujours présente à ma pensée, que la scène, juste punition de ma conduite honteuse, ne s'effacerait jamais de ma mémoire. J'en vois encore tous les détails! Cette nuit-là, j'acquis la preuve que j'avais été, depuis quinze mois, le jouet d'une odieuse perfidie; je sus qu'en me disant qu'elle m'aimait, cette créature m'avait menti sans rougir, qu'en me parlant de sa tendresse, elle avait blasphémé les sentiments les plus purs; je compris, enfin, que j'avais été ce que je méritais d'être : la risée des sots et l'objet de mépris des honnêtes gens. Oh! ce que j'ai souffert, en me trouvant face à face avec un rustre grossier qui me déclara froidement que la Madone n'avait pas d'autre époux que lui, que j'avais été joué indignement, que cette femme était mariée depuis dix ans. Oh! ce que j'ai souffert, en entendant celle que je m'étais plu à douer des qualités les plus précieuses, rire insolemment à chacun de mes reproches, je ne saurais encore l'exprimer aujourd'hui. Mon premier mouvement fut de tuer sans pitié ces deux êtres sans pudeur que j'avais à merci. Déjà ma main convulsive étreignait mon épée, prête à jaillir hors du fourreau; mais la raison, par un miracle de la Providence, rentra soudainement dans mon âme. Je compris toute la boue que j'allais lancer sur mon nom, je me dis que j'avais été dupe assez longtemps, que j'étais puni de mes fautes, que je ne devais me venger que par le mépris, et qu'une seule chose me restait à faire : partir au plus vite. Deux heures après, je quittais Brest, et je m'élançais le cœur brisé, l'esprit en désordre, sur la route de Paris. Là, je retrouvai mes enfants, qui ne savaient rien de ce triste mariage, désormais rompu de droit, ma famille, qui jeta un voile sur un passé que je maudissais, et je résolus de reconquérir ma propre estime, en faisant payer à mon existence à venir les fautes de mon existence passée. Je tins parole, messieurs!

— Nous le savons, dirent sans hésiter le marquis et le vicomte.

— Ce fut deux ans plus tard, reprit M. de Niorres, que j'appris la nouvelle de la mort de mon fils, ou du moins de l'enfant que j'avais cru tel.

— Et comment reçûtes-vous cette nouvelle? demanda le marquis.

— Par la lettre d'un émissaire que j'avais envoyé pour s'informer de ce qu'était devenu l'enfant.

Le marquis regarda le vicomte, et tous deux secouèrent la tête.

— Messieurs, messieurs, fit M. de Niorres avec une anxiété des plus vives, qu'avez-vous donc? Parlez; cet enfant serait-il donc vivant?

— Nous le croyons, dit le vicomte.

— Des preuves!

— Malheureusement, nous n'en avons aucune.

— Oh! alors...

— Mais, ajouta vivement le marquis, à défaut de preuves matérielles, les suppositions les plus justes appuient notre croyance.

— Comment? Parlez, expliquez-vous!

— Depuis votre départ de Brest, avez-vous jamais entendu parler de la Madone? demanda M. de Renneville.

— Jamais, répondit le conseiller.

— Vous ne vous êtes point informé d'elle?

— Sa pensée seule me faisait horreur.

— De sorte que vous n'avez rien su la concernant?

— Absolument rien.

— Vous ignorez qu'après avoir continué, durant quelques années, sa vie de dépravation et de débauche, ne rencontrant plus de dupes à faire, se voyant abandonnée, avec sa beauté qui fuyait et la maturité qui arrivait à grands pas, elle résolut de quitter la ville, de quitter même la France!

— J'ignorais cela, répondit M. de Niorres. Vivant retiré du monde, au milieu de ma famille, ne sortant que pour remplir les devoirs de ma charge, je demeurai complètement étranger à tout ce qui se passait en dehors de ma maison et en dehors du Parlement. Mais cette femme a-t-elle donc mis sa résolution en pratique?

— Oui.

— Elle est partie?

— Il y a quinze ans.

— Et où est-elle allée, la misérable créature?

— En Amérique, d'abord, puis ensuite aux Indes anglaises.

— Et qu'est-elle devenue?

— Elle est morte.

— Morte! répéta M. de Niorres.

— Oui, dit le vicomte de Renneville, et, de cette mort, nous pouvons vous répondre, monsieur, car la Madone de Brest est morte, devant nous, à bord du navire que nous montions.

— Il y a longtemps? demanda M. de Niorres.

— Il y a deux ans seulement.

Le conseiller laissa tomber son front dans ses mains et les deux jeunes gens respectèrent sa méditation profonde.

— Mais, dit M. de Niorres en reprenant la parole après quelques instants de silence, je ne vois rien dans tout ce que vous me dites, messieurs, qui puisse faire supposer que l'enfant dont nous parlions ne soit pas mort.

— Permettez, monsieur, répondit le marquis, je n'ai point encore terminé. Il y a deux ans, le vicomte et moi étions embarqués à bord de la *Belle-Poule*. Nous venions de remplir une mission dans l'océan Indien et nous faisions voile vers l'île de France, lorsqu'à la hauteur de Ceylan, nous fûmes assaillis par une formidable tempête. Durant cinq jours, nous luttâmes ; enfin, le sixième, le beau temps revint, et nous étions hors de tous périls, lorsque nous aperçûmes, sous le vent à nous, un navire faisant des signaux de détresse. C'était une corvette marchande, laquelle avait si fort souffert des atteintes de l'ouragan qu'elle menaçait de sombrer.

« Nous nous portâmes à son secours, et les chaloupes qui furent envoyées étaient commandées par le vicomte et par moi. Nous trouvâmes la corvette dans un tel état que nous reconnûmes aussitôt qu'il était impossible de la sauver. Nous nous occupâmes donc de transporter à bord de la *Belle-Poule* les passagers, l'équipage et tout ce qu'il y avait de plus précieux dans la cargaison. Parmi les passagers se trouvait une femme, laquelle, durant la tempête, avait été grièvement blessée par l'éclat d'un mât qui l'avait atteinte à la poitrine.

« De retour à notre bord, nous recommandâmes cette malheureuse femme au chirurgien, et nous ne savions qui elle était, lorsqu'un matelot, en la voyant passer, poussa un cri d'étonnement. »

— « Tiens ! dit-il, voilà la Madone de Brest. »

« Ce nom était trop connu de tous les marins pour que l'attention générale ne fût pas immédiatement attirée sur la blessée. Des officiers la reconnurent également, bien qu'elle fût horriblement changée, et elle-même ne fit aucune difficulté pour avouer son individualité.

« Nous avions tant entendu parler, nous autres jeunes gens, de la beauté miraculeuse de cette femme, qui pendant longtemps avait été la reine de Brest, nous avions écouté tant d'histoires racontées sur son compte, que l'intérêt que le vicomte et moi avions ressenti pour la blessée fut doublé encore par l'éclat que les souvenirs attachés à sa personne répandaient sur elle.

« L'un de nous lui donna sa cabine, l'installa dans son lit, et elle reçut tous les soins qu'exigeait son état alarmant.

« Cependant la blessure était grave, la chaleur qui régnait dans les parages où nous nous trouvions en rendait la guérison difficile, et le chirurgien nous annonça qu'il regardait la malade comme perdue. Cette nouvelle nous fit lui prodiguer plus de soins encore, dans l'espoir d'adoucir ses derniers moments. L'aumônier du bord vint accomplir près d'elle son pieux ministère.

« La malade nous remerciait avec une effusion qui nous attendrissait souvent; elle paraissait nous avoir pris tous deux en affection sincère, et plusieurs fois elle nous dit que, si elle mourait, elle désirait que nous pussions assister à ses derniers moments. L'aumônier la voyait presque chaque jour, et chaque fois qu'il la quittait, après une longue conférence, nous le voyions traverser le carré le front chargé de nuages, et, en entrant dans la cabine du vicomte, nous trouvions la Madone les yeux rougis par les larmes. Enfin, un matin, l'aumônier quitta la malade le visage radieux et les regards levés vers le ciel, qu'il paraissait remercier avec ferveur.

— « Mes enfants, nous dit-il en passant, je suis heureux, je viens de sauver une pauvre âme!

« Ce jour-là, la Madone nous fit appeler.

— « Je vais mourir, dit-elle d'une voix défaillante, je le sens, et ni le médecin, ni le prêtre ne m'ont caché mon état. Je suis réconciliée avec Dieu, l'aumônier m'a absoute de mes fautes, mais je voudrais, avant de quitter ce monde, me réconcilier avec les ennemis que je m'y suis faits, et c'est vous, messieurs, que j'ai choisis pour me rendre ce précieux service. Me refuserez-vous? »

« Le vicomte ni moi ne comprenions ce que la mourante voulait nous dire; mais elle ne nous laissa pas longtemps dans l'indécision à cet égard.

— « Il est dans ma vie, reprit-elle, une faute que le prêtre m'a pardonnée, mais qu'il faut qu'un autre encore me pardonne. »

« Et, entrant de suite en matière, elle nous raconta en détails la période de sa vie passée que je viens de retracer. Elle se reprochait amèrement sa conduite envers l'homme qui l'avait si follement aimée.

« Elle nous dit que l'enfant qu'elle avait mis au monde était le fils d'un homme de mauvais renom, le seul qui eût jamais fait battre son cœur, son époux, enfin, et non celui du magistrat qu'elle avait si indignement trompé.

— La misérable! murmura M. de Niorres.

— Puis, continua le marquis, elle en vint à nous parler du blanc-seing qu'elle avait surpris.

Étant tous deux en uniforme, nous entrâmes pour interposer notre autorité... (P. 147.)

— Quoi! s'écria M. de Niorres, en a-t-elle donc fait usage?
— Oui, et elle en a fait l'usage le plus criminel.
— Comment? fit le magistrat avec étonnement.
— Un notaire de Brest, pris dans ses filets comme vous l'avez été vous-même, fasciné par sa redoutable séduction, entraîné, subjugué, avait oublié les devoirs de sa charge et s'était fait l'indigne complice de la Madone.

M. de Niorres leva les bras au ciel.

— Après? dit-il avec anxiété.

— De votre blanc-seing, poursuivit le marquis, on fit un acte authentique, une donation en faveur de l'enfant que vous déclariez être votre fils.

— Infamie! interrompit le conseiller.

— D'après cette donation, vous vous établissiez débiteur de l'enfant d'une somme considérable, et, déclarant annuler d'avance toute disposition future contraire à la présente, vous reconnaissiez, en cas d'extinction de tous les membres de votre famille, cet enfant pour unique héritier de tous les biens possédés par vous, à l'heure de votre mort.

— Oh! s'écria M. de Niorres, comme si la lumière se fût faite soudainement dans son cerveau.

Le vicomte et le marquis échangèrent un rapide regard.

— Mais, reprit M. de Niorres, ce blanc-seing, qu'en avait-elle fait?

— Elle l'avait remis à son mari, au véritable père de son enfant, répondit le marquis.

— Mais puisque cet enfant était mort, la donation devenait inutile.

— Si son fils était mort, la Madone l'ignorait, car elle le croyait vivant.

— Ensuite? fit le conseiller, après avoir réfléchi de nouveau.

— Elle nous conjura, cette confidence faite, dit M. d'Herbois, de nous rendre près de vous à notre retour en Europe, et de vous prévenir de ce qu'elle avait fait, vous suppliant d'avoir pitié de son âme et de lui pardonner sa conduite à votre égard.

« Les paroles de la Madone, son repentir, nous avaient vivement touchés, et lorsqu'après notre débarquement nous eûmes le bonheur de rencontrer, le vicomte et moi, les deux charmantes filles de Mme de Niorres, et que nous sûmes que Blanche et Léonore étaient vos nièces, lorsque nous sentîmes qu'elles nous avaient inspiré l'amour le plus pur, les recommandations de la mourante acquirent près de nous une importance nouvelle.

« Votre fils, monsieur l'évêque, dont la perte récente est un coup si douloureux pour tous ceux qui l'ont connu, protégeait nos projets d'union, et il y a près de trois mois, après avoir reçu la confidence de nos projets d'avenir, il daigna de vive voix nous nommer ses futurs cousins. Vous comprenez donc combien, à la veille d'entrer dans votre famille, la confession de la Madone nous paraissait intéressante.

« Nous avions pensé, tout d'abord, à faire part de ce secret à l'évêque, mais il s'agissait de son père, et nous ne crûmes pas convenable de lui faire, non plus qu'à Mme de Niorres, votre belle-sœur, la confidence de ce que nous avait révélé la mourante.

« C'était à vous seul que nous devions parler; aussi accueillîmes-nous avec empressement la proposition que firent votre fils et Mme de Niorres de nous rendre tous à Paris pour obtenir votre consentement aux unions projetées.

« Nous comptions avoir facilement de vous une audience et vous faire part de ce que nous avions à vous dire. Malheureusement, vous savez quels cruels obstacles se sont opposés à l'exécution de nos désirs, et il a fallu l'heureux hasard qui nous a placés aujourd'hui en votre présence, pour que nous eussions enfin ensemble cette conférence si nécessaire.

— Mais, s'écria le conseiller avec une certaine véhémence, je n'ai jamais, jusqu'à cette heure, entendu parler de cet enfant qui, s'il vit aujourd'hui, doit être un homme fait. Qui peut vous faire supposer qu'il ne soit pas mort.

— Lorsque la Madone nous fit cette confidence, dit le vicomte en prenant à son tour la parole, Charles et moi, nous nous rappelâmes aussitôt une petite aventure qui nous était arrivée à Brest plusieurs années auparavant. Nous revenions un soir par le quartier de la marine, lorsqu'en passant devant une taverne, lieu de rendez-vous habituel des matelots, nous fûmes assaillis par un vacarme étourdissant.

« Il y avait une lutte entre plusieurs hommes et tout l'intérieur du logis volait en éclats. Étant tous deux en uniforme, nous entrâmes pour interposer notre autorité, et, au premier rang des combattants, nous reconnûmes un matelot, notre compagnon dans toutes nos campagnes, un brave cœur s'il en est, sur le dévouement absolu duquel nous savons bien pouvoir compter, et qui se nomme Mahurec.

« Après avoir rétabli, non sans peine, la tranquillité dans la taverne, nous ordonnâmes à Mahurec de nous suivre, et, chemin faisant, nous lui fîmes expliquer la cause du tapage. C'était un jeune homme de dix-sept ans environ (il y a dix ans de cela) qui l'avait provoqué. Mauvais sujet fieffé et connu de tous pour tel, ce jeune homme s'était pris de querelle avec les compagnons de Mahurec, et comme il avait auprès de lui plusieurs drôles de son espèce, la collision était devenue générale.

— « Il fallait donc me laisser assommer ce drôle-là nous dit Mahurec.
— « Qu'est-ce donc que ce jeune homme? demandai-je.
— « Ça? répondit le matelot, c'est un fils à la Madone.

« La réponse de Mahurec ne nous frappa nullement alors, mais après la confession de la mourante, elle nous revint vivement en mémoire, je vous le répète.

« Nous interrogeâmes minutieusement notre matelot à cet égard, mais il ne put nous donner aucun renseignement précis : il avait répété, à propos du jeune homme, ce qu'il avait entendu dire par d'autres. Au reste, depuis ce temps, Mahurec ne l'avait plus revu et n'en avait jamais plus entendu parler, soit qu'il fût parti...

— Soit qu'il fût mort ! interrompit le conseiller.

— Monsieur, dit le marquis d'Herbois d'une voix grave, le blanc-seing transformé en une donation de tous vos biens après votre décès et en cas de mort de tous vos héritiers légitimes expliquerait, si le fils de la Madone est vivant, la succession terrible des crimes accomplis dans votre famille. Si cet enfant était mort réellement, quelle raison donner à cette horrible trame ourdie contre les vôtres ? Quel intérêt serait en jeu ?

— Je l'ignore, messieurs, répondit le conseiller, mais, s'il plaît à Dieu, je découvrirai enfin le coupable.

— Cependant, insista le marquis, vous devez reconnaître comme nous que si le fils de la Madone est vivant, les probabilités le désignent comme coupable.

— Peut-être, monsieur, mais je crois cet enfant mort. Qui prouve qu'il soit vivant ?

— Ceci !

Et le marquis tendit au conseiller la lettre du baron d'Antibes, qu'il avait reçue le matin même et qu'il avait communiquée tout d'abord au vicomte quelques instants avant de monter dans le carrabas.

M. de Niorres se saisit de l'épître, ses mains tremblaient convulsivement. Quand il eut achevé sa lecture :

— Je désire conserver cette lettre, dit-il.

Le marquis et le vicomte s'inclinèrent en signe qu'ils ne protestaient nullement contre ce désir.

Le conseiller au parlement replia la lettre, la plaça dans la poche de son habit, et regardant fixement les deux jeunes gens qui paraissaient attendre sa décision :

— Je vous remercie, messieurs, dit-il d'un ton de légère contrainte, des renseignements que vous avez bien voulu me donner. Maintenant, en ce qui vous concerne, de tout ceci que concluez-vous ?

— Nous concluons, dit vivement le marquis, que nous aimons Blanche et Léonore de toute l'ardeur de notre cœur et que nous voulons les préserver du danger que nous voyons suspendu sur leur tête, car elles aussi, à défaut de vos enfants, sont vos héritières et, pour atteindre le but qu'on se propose, elles doivent être sacrifiées.

— Messieurs, reprit M. de Niorres après quelques instants de réflexion, ce que vous venez de me confier me met dans une voie nouvelle. Avant de vous répondre, comme vos paroles l'exigent, j'ai besoin de me consulter...

— Mais, s'écria le vicomte, l'heure fatale peut sonner d'un moment à l'autre.

— Que Dieu nous protège, messieurs, je lui adresse chaque jour cette fervente prière.

— Cependant, ajouta le marquis avec vivacité, vous comprenez, monsieur, qu'il faut agir. Certes, j'ai foi en la prière, mais il faut aider le ciel pour qu'il nous aide?

— Et qui vous dit que je ne fais pas mon devoir? fit le conseiller avec un peu de hauteur.

— Votre devoir, monsieur, est de tout faire pour préserver les innocents avant même de vous occuper de trouver le coupable. Blanche et Léonore sont en danger, vous devez écarter d'elles le péril.

— Nous les aimons, ajouta le vicomte, et elles nous aiment. Une union entre nous était arrêtée, votre sanction manquait seule. Faites que ces mariages aient lieu, monsieur, et nous saurons bien, nous, écarter de nos femmes le bras qui oserait vouloir les frapper.

— Ces unions sont impossibles dans un pareil moment! dit le conseiller d'un ton froidement résolu.

— Mais nous allons être obligés de partir! s'écria M. d'Herbois. Dans huit jours, il faut que nous soyons à Brest. Pouvons-nous donc abandonner ainsi celles pour qui nous sommes prêts à sacrifier notre existence?

— Mes nièces demeureront près de moi!

— C'est les livrer à la mort, monsieur.

— Je connais mes devoirs! dit le conseiller en se levant comme pour mettre fin à cet entretien.

— Quoi! vous refusez de nous unir?

— Dans les conditions présentes, je refuse.

— Faut-il donc donner nos démissions?

— Il faut attendre, messieurs. Une lourde responsabilité pèse sur moi, je ne l'ignore pas, mais en agissant comme je le fais, j'agis comme je le dois.

Les deux jeunes marins se regardèrent avec anxiété.

— Tout au moins, dit le marquis d'Herbois dont la voix tremblait d'impatience, permettez-nous l'accès de votre demeure; laissez-nous voir Blanche et sa sœur.

— Je regrette d'être obligé de refuser encore, dit M. de Niorres, mais je ne suis pas maître d'accorder ce que vous me demandez.

— Pourquoi? demanda le vicomte.

— Je ne puis vous répondre, messieurs. Attendez!

— Mais, s'écria le marquis, nous n'avons que trop attendu déjà! Quoi! après ce que nous venons de vous confier, vous continuez à nous repousser encore! C'est donc nous, personnellement, que vous refusez de recevoir!

— Je ne refuse pas de vous recevoir, je refuse de vous laisser voir mes nièces et de contribuer à entretenir dans leur cœur un amour que je n'ai pas approuvé.

— C'est dans ce double projet d'union que vous nous repoussez?

— Momentanément, oui, messieurs.

— Monsieur de Niorres, dit le marquis avec hauteur, le vicomte et moi sommes de trop bonne maison pour qu'une telle réponse ne soit pas accompagnée d'une explication nette et précise, et cette explication, nous avons l'honneur de vous la demander.

Les deux jeunes gens étaient debout, en face du magistrat et, bien que leur pose fût respectueuse, il y avait dans leur maintien quelque chose de ferme et de résolu décelant l'intention évidente où ils étaient de ne pas rompre l'entretien sans avoir obtenu l'éclaircissement qu'ils exigeaient.

Le conseiller regarda fixement ses deux interlocuteurs, puis, après un moment de silence :

— Je pourrais, dit-il, éviter une réponse franche et trouver facilement un motif dans un autre avenir rêvé par moi pour mes nièces, mais je préfère vous parler nettement. J'ai deux raisons pour refuser ma sanction au double mariage projeté : la première est complètement étrangère aux douloureuses circonstances dans lesquelles se trouve ma famille, elle vous est personnelle, messieurs, à ce point que les malheurs qui m'accablent ne m'eussent-ils pas frappé, je répondrais probablement encore comme je le fais. Vous êtes tous d'eux d'excellente famille, je le reconnais, et au point de vue d'une alliance de parchemins, j'aurais peine à trouver mieux pour mes nièces, mais je veux que Blanche et Léonore soient heureuses, et, au point de vue de leur bonheur, je ne trouve pas en vous de garantie suffisante. Vous servez noblement et bravement le roi, cela est vrai : vous arriverez un jour aux premiers grades de la marine royale, je le crois ; cependant vous ne possédez pour le présent aucun patrimoine. Libres et possesseurs dès votre première jeunesse de tous les biens de vos pères, vous les avez follement gaspillés. Votre vie passée, messieurs, n'est pas exempte de blâme à cet égard.

— Si l'argent est perdu, l'honneur est toujours demeuré sauf! dit le vicomte dont le front s'empourpra.

— Vous avez chacun des dettes énormes!

— Que nous payerons avec les bontés du roi, monsieur, nous en avons l'assurance, répondit le marquis.

— Toujours est-il que votre fortune est nulle, que vos dettes existent, que Blanche et Léonore n'ont aucun patrimoine...

— C'est donc à l'amour seul que nous obéissons, et non à un vil sentiment d'ambition, interrompit M. de Renneville.

— Une pareille union eût été folie! continua le conseiller d'une voix ferme, et j'y eusse sans doute refusé mon consentement, je le répète. Quant au second motif qui vient en ce moment appuyer encore la résolution prise par moi, le voici : il dépend, lui, malheureusement des terribles événements que vous connaissez. Si la main qui poursuit ma famille continue à s'appesantir sur elle, bientôt l'extinction complète de mes enfants et de mes petits-enfants sera accomplie... Dès lors toute la fortune de ma maison passera sur la tête de mes nièces : elles deviendront deux des plus riches héritières de France, et elles auront le droit d'aspirer aux plus illustres alliances.

Le vicomte et le marquis échangèrent un nouveau regard.

— Monsieur, reprit le premier, nous n'avions jamais songé à pareille éventualité, tant nous étions éloignés de supposer un enchaînement de malheurs et de crimes semblable à celui qui menace d'éteindre votre maison. Mais pour cette seconde objection que vous nous faites, nous avons une réponse prête : nous sommes disposés à renoncer d'avance, pour nous et pour celles que nous épouserons, à tout bénéfice de succession venant de votre famille, n'est-ce pas, marquis?

— Sans doute! ajouta M. d'Herbois.

Le conseiller regarda à son tour les deux jeunes gens et parut hésiter, mais reprenant presque aussitôt :

— Avez-vous le droit moral de priver Blanche et Léonore d'une fortune comme celle dont je vous parle? dit-il en relevant la tête.

Les deux jeunes gens firent un même mouvement.

— Monsieur, fit le marquis avec une froideur extrême, nous ne répondrons pas à cette dernière objection, cela serait inutile. Nous voyons avec peine, le vicomte et moi, que nous nous trouvons en présence d'un parti pris. Nous ne pouvons vous contraindre... nous n'essayerons donc plus de vous fléchir. Seulement, monsieur, rappelez-vous bien que vous avez réduit au désespoir deux cœurs qui étaient pleins pour vous d'une respectueuse et sincère affection, souvenez-vous encore, monsieur, que si Blanche et Léonore périssent victimes de la machination effrayante qui a déjà frappé tant des vôtres, leur sang devra retomber sur votre tête!... Nous n'avons plus rien à vous dire, monsieur... Nous vous prions d'excuser l'insistance que nous avons dû mettre à obtenir un entretien auquel nous espérions une issue bien différente.

Le marquis et le vicomte s'inclinèrent devant le conseiller; celui-ci, l'œil assombri encore et le front plus pâli, demeura immobile comme s'il n'eût ni entendu les paroles dites par le marquis d'Herbois, ni vu les gestes d'adieux adressés par les deux jeunes gens.

Enfin, sortant de l'espèce d'embarras pénible dans lequel il paraissait plongé, il salua à son tour sans ajouter une parole, tourna lentement sur lui-même et, traversant le petit bois, il se dirigea vers l'avenue de la Reine.

— Si M. Lenoir a dit vrai, murmura-t-il, si ces deux hommes sont pour quelque chose dans de si odieux attentats, ne devais-je pas leur enlever tout espoir de recueillir un jour les fruits de tant de crimes? Détruire toute pensée d'union entre eux et celles qui doivent être mes héritières, n'est-ce pas mettre un obstacle à toute tentative nouvelle? Mais si ce qu'ils disent est vrai, au contraire, j'ai chez moi un complice de l'assassin. Quel est-il!... S'ils mentent... cette confidence serait la preuve irrécusable de leur culpabilité... Cette histoire serait-elle forgée à plaisir?... Quelle assurance me donnent-ils en dehors de leurs paroles? Eux seuls ont entendu la confession de la Madone... serait-ce donc un moyen habile de détourner les soupçons?... Quant à cette lettre, que prouve-t-elle! Lors même que le fils de cette infernale créature existerait encore, est-ce lui qui sème ainsi la mort dans ma famille! Qui me démontre que la Madone ait usé de ce blanc-seing? mon Dieu, vous qui voyez ma détresse, secourez-moi, je vous en conjure, et ne me laissez pas accuser l'innocent à la place du coupable!

Et le vieillard, courbant sa belle tête sous les flots tumultueux des pensées qui l'assaillaient, pressa sa marche comme s'il eût eu hâte de s'éloigner de l'endroit où l'on venait d'évoquer ses plus douloureux souvenirs.

Après le départ si brusque de M. de Niorres, le marquis et le vicomte étaient demeurés un moment silencieux, regardant le conseiller s'éloigner : puis, M. d'Herbois passant sous le sien le bras de M. de Renneville, tous deux avaient aussi quitté le petit bois.

Les feuilles du taillis épais, auquel été adossé le banc de marbre sur lequel les trois hommes étaient demeurés assis tout le temps de l'entretien,

Le jardin dans lequel venait de pénétrer le personnage que nous ne connaissons... (P. 158.

s'agitèrent faiblement, bien qu'aucune brise ne soufflât dans l'air, mais le marquis et le vicomte étaient tellement absorbés dans leurs pensées qu'aucun d'eux ne fit attention à cette ondulation bizarre du feuillage.

— Quoi! Charles, s'écria tout à coup M. de Renneville en rompant le silence qui régnait entre lui et son compagnon depuis le départ du conseiller, tu veux que nous renoncions à celles que nous aimons?

— Moi?... fit le marquis en s'arrêtant, Blanche sera ma femme, je le jure devant Dieu!

— Mais ce que tu viens de dire...

— Que pouvais-je faire? interrompit M. d'Herbois. Essayer de convaincre cet homme est impossible; il nous repousse. J'espérais que ce que nous avions à lui dire changerait sa résolution; mais, tu l'as vu, il s'oppose à notre bonheur...

— Alors, nous agirons ainsi qu'il est convenu?

— Sans tarder, cette fois?

— Tu as répondu à Blanche?

— Oui, voilà la lettre.

Le marquis tira de la poche de son habit un petit billet cacheté qu'il montra au vicomte.

— Il faudra que Georges la lui fasse parvenir dès ce soir, avec celle-ci que j'adresse à Léonore.

— Tu lui dis de se tenir prête?

— Oui; mais j'ajoute que, coûte que coûte, nous devons les voir toutes deux demain dans la nuit.

— Bien. Elles feront ce que nous leur demandons.

— Tu l'espères, n'est-ce pas?

— J'en suis certain!

— Maintenant il ne s'agit plus que de faire prévenir Georges.

— Georges! répéta le marquis en tressaillant comme s'il venait d'éprouver un étonnement subit, mais le voici!

Le vicomte de Renneville se retourna brusquement et aperçut, à quelques pas, un homme vêtu en grison qui marchait avec précaution.

— Il nous cherche! s'écria-t-il. Mon Dieu! Blanche ou Léonore seraient-elles en danger!

— Pourquoi es-tu ici? Qu'y a-t-il? demanda vivement le marquis en se précipitant, ainsi que son ami, au devant du domestique.

— Rien de nouveau, messieurs, répondit celui-ci; mais prenez garde! si M. de Niorres revenait sur ses pas et s'il m'apercevait, tout serait perdu.

— M. de Niorres! dit Charles. Tu l'as donc vu?

— Oui, monsieur le marquis. Tout à l'heure, au moment où je parcourais le parc dans l'espoir de vous rencontrer, je vous ai aperçus en compagnie de M. le conseiller; c'est pourquoi je vous ai suivis, et j'ai attendu avant de me montrer.

— Où étais-tu? demanda vivement le vicomte.

— Là-bas, monsieur, derrière la pièce de Neptune.

— Es-tu chargé pour nous de quelque message?

— Je n'ai pas de lettres, mais il paraît que mesdemoiselles sont inquiètes, car ce matin Saint-Jean m'a ordonné de me mettre à la recherche de l'un de ces messieurs, afin de rapporter des nouvelles. J'ai su que monsieur le marquis et monsieur le vicomte s'étaient rendus à Versailles, et je suis venu.

— C'est le ciel qui t'envoie! dit le vicomte en joignant à la lettre du marquis qu'il tenait à la main un autre billet. Prends ces deux lettres et porte-les à l'hôtel sans le moindre retard.

— C'est tout? demanda Georges.

— C'est tout; mais hâte-toi! Il faut que tu sois à Paris avant M. de Niorres.

— J'y serai, répondit le grison en saluant les deux gentilshommes.

Puis, revenant sur ses pas :

— S'il y avait réponse, ajouta-t-il, où trouverais-je ces messieurs?

— Au Palais-Royal, ce soir, dans les jardins, répondit le marquis.

Georges fit signe qu'il avait compris et s'éloigna.

— Maintenant, dit M. d'Herbois en reprenant le bras du vicomte, elles partiront; mais de l'argent pour le voyage?

— Nous en aurons! répondit M. de Renneville.

— Qui en donnera?

— Cet excellent Roger!

— Cet homme est décidément notre providence! murmura M. d'Herbois.

En quittant les deux jeunes gens, le grison, porteur des deux lettres adressées aux jeunes filles, s'était jeté à gauche, évitant l'avenue de la Reine, et gagnant la grande route de Marly, il longea le mur du jardin anglais du petit Trianon.

Un peu au-dessus de l'allée du Rendez-Vous se trouve un carrefour formé par la rencontre de cette petite route avec celle de Marly, l'avenue et le boulevard Saint-Antoine.

Georges s'arrêta, et, après avoir regardé attentivement autour de lui, il traversa le carrefour en ligne oblique, et contourna la petite chapelle Saint-Antoine, bâtie à la porte nord de la ville. Derrière cette chapelle se dressait un vieux chêne dont le sommet avait été brisé par la foudre, et dont le tronc rongé présentait au-dessous de la naissance de la première branche une excavation profonde.

Le grison monta sur une grosse pierre formant une sorte de banc au pied du chêne, et, étendant la main, il enfonça les doigts dans la cavité.

— Bon! murmura-t-il sans changer de position, Saint-Jean est venu! Maintenant, voyons à quelle heure est notre rendez-vous.

Il retira sa main pleine de petits cailloux ronds qu'il compta attentivement.

— Onze, dit-il; c'est pour ce soir onze heures. Maintenant le lieu?

Georges jeta les cailloux et sauta à terre. Se mettant à genoux au pied de l'arbre, il prit un couteau dans sa poche, enleva délicatement une petite plaque de mousse verte placée entre deux racines saillantes, creusa la terre, et, au bout de quelques instants, il découvrit un fragment de pierre taillé en forme de dé à jouer, et offrant sur chaque face une nuance différente de coloris.

Le grison prit la pierre, l'examina avec une attention profonde, et remarqua, sur la face peinte en rouge vif, une petite croix blanche placée au centre.

— Bien! dit-il encore. C'est au Palais-Royal. On n'y manquera pas, et, pour prouver que j'ai compris... le signe convenu.

Georges ramassa un des petits cailloux qu'il venait de jeter, le plaça avec la pierre dans le trou qu'il avait fait, remit la plaque de mousse sur le trou, et arrangea soigneusement le terrain, afin que rien ne décelât à l'œil la cachette servant à contenir ce singulier moyen de correspondance.

Puis, remontant sur la pierre, il prit les deux lettres que lui avaient confiées MM. d'Herbois et de Renneville, et les plaça dans la cavité de l'arbre.

— Les voilà à leur adresse, dit-il en remettant pied à terre. Il est trois heures, je suis libre jusqu'à sept; je vais aller faire une partie avec Fouquier.

Et Georges, les deux mains dans ses poches, rentra dans la ville, et, longeant la Pépinière, il se dirigea vers le boulevard la Reine.

XVII

MONSIEUR LE COMTE

Quelques instants avant l'arrivée dans la cour des Ministres de la voiture du bailli de Suffren, et au moment où MM. Gervais et Gorain commençaient à prendre Mahurec pour un échappé des galères de Brest, un magnifique carrosse, on se le rappelle sans doute, avait attiré l'attention de tous les curieux. De ce carrosse s'était élancé un homme jeune encore, vêtu en grand seigneur, qui, après avoir échangé quelques paroles avec le personnage demeuré dans l'intérieur du véhicule, s'était dirigé à pied vers la place d'Armes.

Traversant la place, ce jeune homme, que son interlocuteur avait appelé Édouard, atteignit les bâtiments des grandes écuries, et, tournant brusquement à droite, il s'engagea sur le bas-côté de l'avenue de Sceaux.

Coupant en biais la chaussée de l'avenue et les contre-allées ombragées, il gagna une rue étroite et bordée de maisons basses, et s'engagea, sans hésiter, dans cette voie contrastant par son tracé tortueux et ses bâtisses vilaines avec l'aspect grandiose de ses voisines.

L'ami du duc de Chartres pouvait avoir environ trente ans. Il était de taille moyenne, bien fait de sa personne et de tournure élégante. Sa toilette recherchée servait encore à faire ressortir ses avantages physiques : mais en dépit de sa veste de satin blanc, de son frais habit de taffetas vert clair, de sa culotte de même nuance, de ses bas de soie blancs, de ses souliers à boucles de diamants, de ses manchettes de dentelle, de son jabot en point d'Alençon, et de sa chevelure relevée, poudrée et parfumée à la dernière mode, il y avait dans l'ensemble de son individu quelque chose dont il était difficile de se rendre compte au premier abord, et qui cependant, loin d'attirer la sympathie, excitait un mouvement invincible de répulsion et de défiance. Sans être belle, la physionomie n'était par dénuée de distinction, et les traits pouvaient supporter, même sans trop exciter la critique, un examen attentif. Ainsi, si le nez était peut-être un peu trop pointu, si les yeux étaient fatigués, si les joues étaient creuses, comme l'avait fait remarquer Mahurec dans son langage coloré et maritime, le front était élevé et dénotait l'intelligence; le regard était incisif et hardi; les lèvres, minces et peu colorées, laissaient voir en s'écartant une double rangée de dents du plus bel émail. Les sourcils étaient bien dessinés, le col bien attaché et gracieux, le menton énergiquement accusé.

Cependant l'ensemble de ce visage était loin de plaire, au premier abord; la bouche, plissée et dédaigneuse, ne laissait échapper qu'un sourire railleur et méprisant; le regard était insolent et scrutateur, et l'expression générale offrait quelque chose de glacial et de méchant qui saisissait désagréablement. Mais, peu soucieux sans doute de l'impression qu'il devait produire, celui dont nous venons de tracer le portrait marchait la tête haute, la main gauche appuyée sur le pommeau de son épée de cour, et s'éventant doucement à l'aide d'un mouchoir merveilleusement brodé qu'il balançait gracieusement à l'aide de sa main droite.

Arpentant rapidement la petite voie étroite dans laquelle il s'était engagé, il la suivit dans toute sa longueur, puis, tournant à gauche, il s'enfonça dans une sorte de ruelle absolument déserte et formée par un espace réservé entre deux beaux jardins dépendant d'hôtels voisins et ceints de murailles élevées.

A l'extrémité droite de cette ruelle, une petite porte verte était pratiquée dans le mur; ce fut devant cette porte que le jeune homme s'arrêta; puis, la porte entr'ouverte, il se glissa lentement dans le jardin avec lequel elle communiquait. Le promeneur se trouva alors au centre d'un fourré épais, destiné probablement à masquer la porte du côté du jardin. Il écarta les branches d'un massif et sauta dans l'allée.

— Depuis que la reine Marie-Antoinette, libre propriétaire de Trianon, avait mis à la mode le genre à la fois pittoresque et champêtre, bien peu de jardins appartenant aux gens de la cour avaient conservé les lignes sévères, les plantations régulières, les allées droites, les arbres taillés au cordeau, l'aspect imposant, enfin, que les parcs plantés sous Louis XIV devaient au correct talent de Le Nôtre.

Le jardin dans lequel venait de pénétrer le personnage que nous ne connaissons encore que sous le nom d'Édouard, avait sacrifié au goût nouveau, et aux premiers pas que fit le jeune homme, il se trouva en présence d'un dédale de petits chemins, se croisant, se contournant, s'enfonçant, se perdant dans des bosquets mystérieux, ou gravissant au sommet d'un monticule sur lequel s'élevait un petit temple.

Édouard connaissait sans doute admirablement les lieux dans lesquels il s'aventurait, car il prit sans hésiter un joli sentier, et, se dirigeant d'un pas ferme, il atteignit l'entrée d'une petite grotte située au bord d'un lac d'une mignonnerie enfantine. Une petite presqu'île, s'avançant vigoureusement dans l'eau bleuâtre, coupait brusquement la vue du lac et cachait la grotte à tous les regards.

Le jeune homme s'était arrêté et paraissait regarder attentivement autour de lui; mais son examen ne fut pas de longue durée.

Un épais massif s'écarta doucement sous deux mains qui pressaient les branches à droite et à gauche, une tête apparut dans le vide, et un homme s'élança légèrement, quoique avec une précaution visible.

Cet homme, qui pouvait avoir de quarante à cinquante ans, et dont la physionomie n'offrait aucun caractère bien saillant, était entièrement vêtu d'un costume de nuance tabac d'Espagne, et avait l'apparence placide et insignifiante d'un bon bourgeois content de tout et de lui-même. A la vue de cet homme, Édouard laissa échapper de ses lèvres un léger sifflement approbatif.

— Tu es exact, dit-il en faisant un pas en avant.

— N'est-ce pas mon habitude? répondit le bourgeois, d'un ton où le respect ne dominait pas complètement une sorte d'étrange familiarité.

— Si fait, mon cher, dit le jeune homme; tu es un bon serviteur, je le sais, et, le moment venu, tu seras récompensé comme tu le mérites.

— Pour que le moment vienne, grommela le bourgeois, il ne faudrait pas ainsi entasser imprudence sur imprudence.

— Que parles-tu d'imprudence? demanda Édouard.

— Mais... ma venue à Versailles aujourd'hui... par exemple.

— Il le fallait bien, puis je ne pouvais aller à Paris. D'ailleurs, où est le danger? Cette maison est aussi sûre que l'autre.

— C'est possible, monsieur le comte; mais, sur la route de Versailles, on peut faire de mauvaises rencontres.

— Est-ce que tu en as fait? demanda vivement celui auquel le bourgeois venait de donner le titre aristocratique de comte.

— Non, grâce à Dieu, mais j'aurais pu en faire; car... il est ici!

— A Versailles?

— Oui!

— Impossible! Pourquoi aurait-il quitté Paris, lui qui ne va plus nulle part?

— Je l'ignore; mais je l'ai vu, lui, dans l'avenue de la Reine, sans qu'il me voie, bien entendu.

— Dans l'avenue de la Reine, répéta le comte. Allait-il donc chez M. Lenoir?

— Encore une fois, je l'ignore; mais nous saurons cela ce soir, Georges était à son poste.

— Très bien! dit Édouard. D'ailleurs, qu'il vienne à Versailles ou qu'il demeure à Paris, qu'il voie Lenoir ou qu'il ne le voie pas, peu importe! il ne s'agit pas de lui, mais d'eux (le comte appuya sur le mot). As-tu les renseignements?

— Les plus précis et les plus détaillés, répondit l'interlocuteur du comte.

— Et les correspondances?

— Les voici!

L'homme vêtu en bourgeois déposa sur une petite table de jardin, placée près de lui, deux volumineux paquets de lettres, attachés chacun avec un ruban bleu.

Le comte les saisit avidement, et, déchirant les rubans, il ouvrit vivement quelques lettres.

— Une correspondance du vicomte de Renneville avec la Duthé! s'écria-t-il avec joie.

— Et une autre toute pareille du marquis d'Herbois avec Mlle Guimard! ajouta le second personnage.

— Vive Dieu! ce sont deux trésors que tu m'apportes là!

— Ils valent ce qu'ils ont coûté, presque leur poids d'or. Guimard avait donné ces billets à sa femme de chambre pour en faire des papillotes, et Marine me les a cédés pour un louis la pièce... Mais Mlle Duthé fait ses affaires elle-même, et la fine mouche, se doutant de l'intérêt que quelqu'un avait à posséder ces lettres, m'a vendu les siennes deux cents louis. Il y en a dix.

— N'importe! je les eusse payées le double! Mais, continua le gentilhomme après un silence, pour le compte de qui as-tu acheté ces correspondances?

— Pour le compte de deux rivales, cela va sans dire. C'est une femme à moi qui a traité.

— Parfait. Maintenant, les renseignements?

— Le vicomte de Renneville a pour cent soixante mille livres de dettes pressantes...

— Et le marquis?

— Il doit près du double!

— Bravo! qui possède les créances?

— Une douzaine de prêteurs qui sont à la discrétion du procureur que vous m'avez recommandé, moins un, cependant, le principal créancier.

— Qui est-ce?

— Un nommé Roger, que l'on m'a dit être employé chez M. de Breteuil.

— Il fallait le voir! dit le comte avec impatience.

— C'est ce que j'ai tenté de faire, mais en vain.

— Il est donc introuvable?

— Pis que cela. Il est invisible.

— Comment cela? fit le comte avec étonnement.

— Il n'y a personne du nom de Roger employé au ministère de la maison du roi; et cependant ce Roger existe, j'en ai les preuves. Il a prêté et il prête encore des sommes assez rondes aux deux marins. Mais où est-il? quel est-il? voilà ce qu'il m'a été impossible de savoir jusqu'ici d'une manière précise. Je n'ai eu que les renseignements les plus vagues et les plus contradictoires.

— Diable! dit le comte en réfléchissant, il faut pourtant savoir à quoi nous en tenir à cet égard. Ceci est très important, mon cher Saint-J...

L'HÔTEL DE NIORRES

— Mon cheval n'est pas à vendre, mon brave homme. (P. 165.)

LIV. 21. — L'HÔTEL DE NIORRES. LIV. 21.

— Chut! interrompit brusquement le bourgeois. Pas de noms propres. Les arbres ont parfois des oreilles!

— Pour le présent, reprit le comte, tout est à souhait, et je suis enchanté de ton intelligence. Ces lettres sont des moyens d'action infaillibles... Elles ne sont pas datées, donc elles peuvent avoir été écrites il y a un mois. Tu sais ce que tu dois en faire?

Le bourgeois fit un signe affirmatif.

— Quant à la position du vicomte et à celle du marquis, elles sont bien claires. Ruine complète, dettes énormes, créanciers aboyant après leurs chausses. Que le roi refuse de payer pour eux, et les voilà dans la situation du prince de Guémenée, avec cette différence qu'un Rohan peut faire une banqueroute de trente millions et résister au scandale, tandis que de petits gentilshommes de province seront ensevelis sous leurs ruines. Il faut, à tout prix, se mettre en relations avec le Roger en question.

— J'y parviendrai, monsieur le comte. Maintenant, je retourne à Paris.

— Tu passeras avant à la porte Saint-Antoine?

— Sans doute, puisque Georges est venu.

Le bourgeois fit un pas en arrière, le comte l'arrêta en lui posant la main sur le bras; puis, se plaçant bien en face de lui et plongeant ses regards dans les yeux de son interlocuteur :

— J'ai rêvé, la nuit dernière, que tu avais l'intention de me trahir! dit-il d'une voix lente.

— En vérité? fit le bourgeois sans sourciller ni manifester la moindre émotion.

— Mais, continua le comte, à mon réveil, j'ai réfléchi que le passé devait me répondre du présent et le présent de l'avenir. Donc, je n'ai pas cru à mes pressentiments.

— Vous avez sagement fait, monsieur le comte! répondit l'interlocuteur d'Édouard, en conservant le même sang-froid.

— Ah! ah! vous trouvez, monsieur Saint-Jean?

— Mais vous n'aviez pas autre chose à faire, ce me semble, continua le bourgeois, dont le comte venait enfin de prononcer le nom tout entier. Car si vous vous fussiez brouillé avec moi, vos rêves dorés se seraient envolés à tire-d'aile!

Le comte releva la tête avec un sentiment de fierté blessée.

— Te crois-tu donc à ce point indispensable? dit-il.

— Mais oui! répondit nettement Saint-Jean.

Le front du jeune homme s'empourpra vivement, ses yeux lancèrent un double et rapide éclair, ses lèvres se pincèrent à faire croire qu'elles n'existaient plus, mais, par une brusque transformation, le visage reprit tout à coup une expression paisible, les regards s'adoucirent et un pâle sourire éclaira la physionomie.

— Tu as raison, dit-il d'une voix insinuante, tu m'es indispensable, et comme le passé me répond de tes services à venir, j'ai en toi une confiance absolue. Tu vas retourner à Paris.

Saint-Jean s'inclina en signe d'acquiescement.

— Tu rentreras à l'hôtel, continua le comte, et... tu sais ce qui te reste à faire ?

— Tout est prêt ! répondit le valet.

— Alors, c'est toujours pour demain ?

Saint-Jean fit un signe affirmatif.

— Comment es-tu venu ? demanda le comte.

— A cheval. J'ai laissé ma monture dans les bois de Satory.

— Très bien, et comme je viens d'entrer, moi, par la porte de la ruelle, tu vas sortir par l'autre. Viens.

Le comte, engageant du geste Saint-Jean à l'accompagner, se mit aussitôt en marche. Tous deux traversèrent silencieusement une partie du jardin, et, après de nombreux détours, ils atteignirent un mur situé à l'extrémité opposée de celui bordant le jardin sur la ruelle déserte. Une petite porte, cachée également derrière un massif, était, comme l'autre, pratiquée dans la muraille. Le comte, avant de l'ouvrir, examina l'extérieur à l'aide d'une petite fente pratiquée dans le bois, et, assuré probablement qu'aucun œil indiscret ne se tenait à portée de voir, il introduisit une clef dans la serrure. La porte joua sur ses gonds et Saint-Jean s'élança au dehors.

— Tu n'as rien oublié ? lui dit le comte.

— Rien ! répondit Saint-Jean.

— Les lettres de Duthé et de Guimard... ce Roger à trouver et à acheter, s'il le faut... enfin, songe que demain soir, il faut une solution !

— Nous l'aurons. Je vais agir en conséquence. Si j'avais besoin de voir monsieur le comte dans la soirée, où le trouverais-je ?

— Jusqu'à dix heures au Palais-Royal, dans les jardins, ensuite chez la marquise, puis à l'*Enfer*.

— Compris !

Le comte referma la porte, et les deux hommes se trouvèrent séparés l'un de l'autre ; mais à peine l'obstacle de bois peint se fut-il interposé entre eux, qu'une expression bien différente éclaira la physionomie de celui qui était demeuré dans le jardin et celle de l'homme qui s'élançait dans la campagne.

— Ah! fit le comte avec un sourire railleur, tandis qu'une joie sauvage se répandait sur son visage animé, et que ses yeux lançaient un double jet d'étincelles; ah! tu veux me trahir, et tu penses sans doute t'approprier pour toi seul le fruit du plan que j'ai formé; mais que le conseiller écoute le stupide avis que tu lui a suggéré, c'est là tout ce que je demande, et, d'un seul coup, la réussite de mes projets sera assurée, car je n'aurai plus à craindre de révélations indiscrètes!

La petite porte par laquelle Saint-Jean avait quitté le jardin donnait près de celle de la ville s'ouvrant sur la route des bois de Satory. En quelques instants, Saint-Jean eut atteint les premiers bouquets d'arbres; mais, à peine s'était-il enfoncé dans le bois, qu'il s'était heurté contre un bûcheron en train de se livrer à son rustique travail.

Saint-Jean était tellement préoccupé par les pensées qui l'absorbaient, qu'il n'avait pas vu le paysan, et celui-ci se trouvant penché vers la terre au moment du choc, le valet faillit tomber sur l'herbe.

— Prends donc garde, imbécile! s'écria Saint-Jean avec colère.

— Mais, mon bon monsieur, répondit le bûcheron d'une voix traînante, c'est pas moi qu'a été me jeter dans vous, da!

En parlant, le paysan s'était seulement redressé, et Saint-Jean s'était arrêté court.

— C'est peut-être votre cheval que vous cherchez, mon bon monsieur! continua le paysan sans paraître remarquer le mouvement de Saint-Jean; tenez, mon bon monsieur, il est là... dans le taillis... C'est une bien belle bête tout de même, je voudrais bien en avoir une paire comme ça, da!

— Mon cheval n'est pas à vendre, mon brave homme, répondit Saint-Jean.

— Alors, bon voyage que je vous souhaite, mon bon monsieur.

— Merci, mon ami...

Saint-Jean fit un pas en avant, et le bûcheron leva sa hache pour frapper un tronc d'arbre que le fer avait déjà entaillé.

— Ce soir, à neuf heures, rue du Chaume! dit Saint-Jean d'une voix impérative, tandis que l'autre déchargeait son coup de hache avec une telle vigueur, que le bruit produit étouffa complètement celui des paroles, de manière que le bûcheron, placé très près, put seul en comprendre le sens.

Saint-Jean s'éloigna cependant comme s'il n'eût rien dit, et le bûcheron continua son travail. En ce moment trois heures sonnèrent au château. C'était l'heure, on se le rappelle sans doute, à laquelle une partie des voyageurs du carrabas s'était donné rendez-vous sur la place d'Armes, pour de là aller dîner chez la mère Lefebvre, la femme du soldat aux gardes-françaises, vers l'établissement de laquelle s'était également dirigé Mahurec.

XVIII

LA BOUTIQUE DE LA BLANCHISSEUSE

Le luxe des boutiques, rare encore aujourd'hui dans la ville de Versailles, l'était comme on le pense bien, davantage à l'époque où la cour y avait fixé sa résidence, et cela se comprend : Versailles n'était bâti, en grande partie, que d'hôtels somptueux, et à peine quelques maisons particulières, établies par la spéculation, offraient-elles leurs rez-de-chaussée aux marchands d'objets de nécessité première. Il fallait souvent parcourir plusieurs rues tout entières, pour découvrir, dans une échoppe de mesquine apparence, le commerçant dans le magasin duquel on avait affaire.

Parmi les deux ou trois voies les moins mal partagées à l'égard du négoce, la plus connue était la rue du Plessis, laquelle, étant coupée à son entrée par le boulevard de la Reine, et se trouvant à la fois à proximité de la route de Trianon, de celle du Château et de celle de Saint-Cloud, était effectivement la mieux située pour la commodité des acheteurs et l'établissement des vendeurs. A l'angle de cette rue et d'une autre plus petite, aboutissant à la rue Royale, s'élevait, en 1785, une maison d'assez piètre construction, haute de deux étages et percée à son centre, au niveau du sol, d'une porte bâtarde donnant accès dans l'intérieur. De chaque côté de cette porte l'architecte ingénieux avait réservé deux boutiques.

Toutes deux étaient à peu près de même grandeur : deux fenêtres basses et solidement grillagées les éclairaient chacune et une porte étroite donnait communication avec la rue. Quoique de même forme, ces deux boutiques offraient deux apparences bien distinctes et qu'il était impossible de méconnaître au premier abord.

L'une, celle de droite, était entièrement revêtue d'une couche de badigeon de nuance jadis verdâtre, mais que l'action de l'air et l'intempérie des saisons, contre lesquelles rien ne l'abritait, avaient fait peu à peu passer par une succession de tons jaunâtres, grisâtres et sales, pour aboutir à un état de délabrement dont son propriétaire paraissait peu soucieux. La peinture écaillée tombait par plaques, et çà et là de grandes taches couleur de pierre apparaissaient à l'œil, jurant d'une façon fâcheuse avec les parties de la muraille ayant conservé encore le luxe dont la façade entière avait été enjolivée. Au-dessus de la porte d'entrée et des deux fenêtres se dessinait, sur toute la longueur de la boutique, une bande, haute de dix-huit pouces environ, de la plus belle noirceur, et sur laquelle on lisait en lettres blanches cette inscription destinée à attirer de loin les regards des passants :

FRANÇOISE HOCHE, fruitière.

Par chaque ouverture des fenêtres, tenues ouvertes, on apercevait, posés sur un plan incliné, des paniers de tous genres et de toutes dimensions, les uns remplis à déborder de légumes appétissants et les autres de fruits arrangés avec goût en pyramides attrayantes. Tout un côté de la porte d'entrée était également encombré par une planche placée sur deux tréteaux, et sur laquelle étaient rangés des fromages, des mottes de beurre et de nombreux échantillons de vaisselle commune.

Des balais, petits et grands, ornaient la muraille extérieure dans l'intervalle laissé entre la première fenêtre et la porte, et celui resserré entre cette première fenêtre et la seconde était garni par une remarquable collection de sabots de toutes dimensions, soutenus en ligne haute par deux grands échalas. De l'autre côté de la porte étaient, également en montre, une foule d'ustensiles de ménage attestant que la propriétaire du magasin tenait à honneur d'avoir de nombreuses cordes à son arc.

L'intérieur de la boutique était tapissé de la même façon, et le plafond, à solives saillantes, disparaissait sous une myriade de vases, de verreries, de cruchons, de grappes d'éponges enfilées, artistement suspendus au-dessus de la tête des acheteurs. Un comptoir en chêne, encombré de marchandises et au centre duquel trônait une gigantesque paire de balances, coupait la pièce en deux parties inégales.

La seconde boutique, celle située de l'autre côté de la porte de la maison, était peinte de deux nuances bien tranchées. La partie du mur comprise entre le pavé de la rue et le soubassement des fenêtres resplendissait d'une teinte du rouge le plus vif, et la partie supérieure disparaissait sous une couche de jaune d'ocre dont l'artiste décorateur s'était montré peu économe. Si la première boutique était encombrée de marchandises de toute espèce, celle-ci, au contraire, n'offrait au regard rien qui pût tout d'abord indiquer ce que l'on y débitait, mais un examen rapide suffisait pour satisfaire promptement la curiosité de l'acheteur.

Les fenêtres entr'ouvertes étaient garnies de rideaux rouges montant à moitié du vitrage, et l'on pouvait apercevoir à l'intérieur une salle de belle dimension, propre et bien entretenue, dans laquelle se dressaient, sur deux files, une demi-douzaine de tables bien grattées, bien lavées et flanquées d'une double rangée de bancs reluisants attestant un loyal et actif service.

Une mince cloison vitrée séparait cette salle de la pièce sur laquelle s'ouvrait la porte d'entrée. Cette pièce, moins spacieuse que la suivante, dénotait, au premier regard, de la part de la maîtresse du logis, deux genres d'occupation bien différents l'un de l'autre.

Une haute cheminée, bâtie au centre de la muraille de gauche, était garnie de poêlons, de chaudrons, de crémaillères enfumées et d'un gigantesque tournebroche que devait mettre en mouvement quelque pauvre quadrupède appartenant à la race canine. A la suite de cette cheminée, on voyait un fourneau construit en briques, au-dessus duquel resplendissait, accrochée au mur, une batterie de cuisine au grand complet.

En tournant les yeux de ce côté de la pièce, on devait penser, à bon droit, que la propriétaire du lieu sacrifiait à l'art si bien mis en honneur alors par l'illustre Grimod de La Reynière, mais, en jetant les regards du côté opposé, la supposition première était promptement battue en brèche. En effet, le long de la cloison vitrée se dressaient trois énormes baquets à lessive, puis auprès d'eux s'étalaient tous les accessoires nécessaires au nettoyage du linge. Une seconde porte, s'ouvrant au fond et donnant sur une petite cour, laissait voir de longs cordages tendus sur lesquels se balançaient, au gré du vent, des draps, des serviettes, des bonnets, des chemises à demi mouillés et séchant au soleil. Une double inscription, placée sur la muraille extérieure, expliquait ce bizarre assemblage de deux professions si différentes. Au-dessus de la porte, on lisait en lettres bleues sur le fond jaune d'ocre :

MARIE LEFEBVRE, blanchisseuse.

Puis, au-dessus des deux fenêtres de la salle, on voyait également tracé en gros caractères :

ICI ON DONNE A MANGER ET A BOIRE

Mme Lefebvre, la blanchisseuse-cuisinière, ou plutôt la *mère Lefebvre*, comme la nommaient ses nombreux clients et clientes, était, en dépit de l'épithète accolée à son nom, une jeune et accorte brune de vingt-quatre

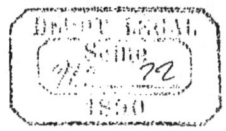

Oui, un ami de ce matin, comme tant d'autres. (P. 175.)

ans, au frais visage, aux yeux éveillés, au regard net et franc, aux dents blanches, au nez retroussé, à la taille svelte et cambrée, aux bras potelés, aux mains solides, et qui n'avait pas sa pareille dans tout le quartier pour chanter une joyeuse chanson, pour trouver une riposte moqueuse et pour dire son fait, sans hésiter et sans trembler, à quiconque se fût permis à son égard la plus légère inconvenance. Triviale dans son langage, commune dans ses gestes, mais franche, loyale, bonne, dévouée, généreuse, la mère

Lefebvre était redoutée des méchantes langues, adorée des pauvres gens et estimée de tous ceux qui la connaissaient.

Femme d'un simple soldat aux gardes-françaises, intelligente, travailleuse et économe, elle avait eu l'idée de joindre à son état de blanchisseuse celui de cantinière des gardes. Grâce à ses talents de cordon-bleu, l'établissement avait promptement prospéré, et non seulement les soldats dont la bourse était bien lestée, mais encore les clercs, les bourgeois, les gens de passage à Versailles accouraient fêter la cuisine de la jolie commère.

Au moment où nous pénétrons dans son logis, une animation des plus vives régnait dans la première pièce.

Un feu clair brillait dans l'âtre de la cheminée, le tournebroche était en mouvement, trois belles volailles et un quartier de mouton rôtissaient à l'envi, enfilés dans une longue broche. Un chaudron, suspendu à la crémaillère, laissait échapper une vapeur odoriférante, attestant la présence d'un mets savoureux en bonne voie de cuisson. Trois casseroles étaient posées sur le fourneau ardemment chauffé.

La mère Lefebvre, vêtue comme les petites bourgeoises de l'époque d'une jupe de cotonnade rayée bleu et blanc, d'un caraco de même étoffe et de même nuance, allait, venait, courait de la cheminée au fourneau, du tournebroche aux casseroles, activant le feu, arrosant le rôti, faisant sauter les ragoûts avec un entrain, une ardeur, une pétulance à faire croire qu'elle eût pu suffire à elle seule pour confectionner un repas de cent couverts.

Parfois, cependant, elle s'arrêtait au beau milieu de ses occupations, courait vers la porte, jetait à droite et à gauche un regard dans la rue déserte et revenait à son fourneau avec une impatience manifeste.

— Deux heures viennent de sonner, dit-elle en se baissant pour ramasser une brassée de bois qu'elle lança dans l'âtre. Mon dîner est en retard ! C'est la faute à cet imbécile de Lefebvre !... Qu'est-ce qu'il fait à baguenauder ainsi dans la ville ? Je vais joliment lui laver la tête à son retour ! Il n'est pas de garde aujourd'hui, où est-il allé flâner ?... Ah ! s'il se permettait de courir la prétantaine, je lui en ferais voir de grises !... Allons, bon ! s'interrompit-elle en secouant une casserole, je n'ai pas mis assez de champignons dans ma fricassée !

Et, quittant de nouveau son fourneau, elle courut vers la porte, sur le seuil de laquelle elle s'arrêta :

— Eh ! madame Hoche ! appela-t-elle à voix haute.

— Qu'est-ce qu'il y a ! répondit une voix partie de la boutique voisine.

— Avez-vous des champignons ?

— Oui.

— Apportez-m'en donc un maniveau, hein? vous serez joliment gentille !

— Voilà, ma petite, voilà, répondit la voix avec empressement.

— Maintenant, continua la mère Lefebvre en retournant à ses casseroles et à son tournebroche, il s'agit de mettre les couverts... Je vous demande un peu ce que fricote cette Jeanneton! La satanée lambine! Un quart d'heure pour aller lever un demi-quarteron d'œufs au poulailler! Jeanneton! Jeanneton!

Et, tout en secouant ses casseroles, en veillant à son feu et en arrosant ses rôtis, la jeune femme continua à appeler d'une voix glapissante et passant successivement par toutes les gradations de la colère jusqu'à l'expression furieuse :

— Jeanneton! Jeanneton! Jeanneton!

— Mé v'la, m'ame Lefebvre, mé v'là! répondit un organe nasillard et traînant, né vous effarouchez point, je ne suis point perdue!

Et une servante grosse, grasse, rouge de teint, rousse de cheveux, petite, carrée, trapue, les bras à l'air, les jupes écourtées, apparut sur le seuil de la porte donnant dans la petite cour où était étendu le linge en train de sécher.

— Allons donc! sainte-longine! cria la mère Lefebvre. Ah! on peut vous envoyer chercher la mort, vous, et on sera tranquille, elle n'arrivera jamais! Mère de Dieu, vous êtes donc nouée!

— Ah! que non! fit la servante avec un calme qui contrastait étrangement avec l'impétuosité de sa maîtresse.

— Et ce couvert?

— Ah! ben, on va le mettre, on ne peut pas tout faire à la fois!

— Allons, taisez-vous et remuez-vous un peu! Nous aurons du monde aujourd'hui. Petitjean m'a dit que le carrabas était arrivé plein comme un œuf. Allons, en deux temps et quatre mouvements! Haut la patte!

— C'est bon! c'est bon! grommela la servante en se dirigeant vers la salle. Ne dirait-on pas que le feu est à la maison!

— V'là vos champignons! dit une voix aigre, tandis qu'une grande femme, longue, maigre, sèche et jaune, surgissait brusquement dans la boutique.

— Merci, madame Hoche, répondit Mme Lefebvre.

— Où faut-il les mettre?

— Sur le bout de la table, sans vous commander.

— Voulez-vous que je les épluche?

— Bien volontiers, car cette Jeanneton a de la mélasse dans les veines, elle n'y arriverait pas; il faudrait que je fasse tout ici et que je serve ma servante! Ça gagne pourtant deux écus par mois.

— C'est bien payé, savez-vous! dit la fruitière en relevant un coin de son premier tablier qu'elle enfonça dans la ceinture de ses jupes, ce qui découvrit une écharpe de tablier à peu près propre.

Mme Hoche prit un couteau, un bol dans lequel elle mit de l'eau et elle commença sa délicate opération.

— Mon scélérat de mari qui ne revient pas! dit Mme Lefebvre en frappant du pied. Où est-il allé se fourrer?

— Oh! ces gueusards d'hommes! répondit la fruitière. Est-ce qu'on sait jamais où ça roule sa bosse? C'est comme mon neveu, ce brigand d'Hoche. Il devait être à Versailles à midi, et voilà deux heures et demie qui tintent.

— Où donc qu'il était, votre neveu?

— A Paris.

— Pour son plaisir?

— Non, pour son service, mais il flâne bien sûr! Je l'ai toujours dit : cet enfant-là sera un propre à rien. C'est une belle charge que je me suis plantée sur les bras, le jour où je l'ai pris! Vous ne savez pas ce qu'il veut faire à cette heure?

— Non... mettez donc un peu de bois au feu, hein, s'il vous plaît! pendant que vous y êtes...

— Voilà... eh bien! le gredin veut quitter les écuries de monseigneur.

— Pas possible!

— C'est la vérité du bon Dieu!

— Qu'est-ce qu'il veut faire?

— Un coup de sa fichue tête! il veut s'enrôler!

— Il veut être soldat?

— Soldat! oui, ma chère dame!

— Ah! le pauvre garçon!... s'écria la mère Lefebvre. Allons, bon! voilà mon beurre qui roussit... Ah! bah! ils ne s'en apercevront pas! ça donnera du goût... Comment! reprit-elle en changeant de ton, il veut être soldat. Mais c'est la misère des misères! Voilà douze ans que Lefebvre est au service du roi et il n'a pas tant seulement les galons de caporal!

— C'est *l'honteux*, dit la fruitière.

— Aussi, je lui dis souvent : T'es né soldat, tu crèveras pousse-cailloux! Et puis, il ne se remue pas, l'imbécile! C'est un bon à rien qui n'arrivera jamais faute de savoir courir.

— Ça c'est bien vrai, il y a longtemps que je le pense!

— Comment? dit Mme Lefebvre en s'arrêtant brusquement dans les soins qu'elle donnait à sa cuisine.

— Je dis que vous avez raison et que votre homme est un *feignant*.

— Eh! la voisine! fit la blanchisseuse en se redressant, mon mari est un brave homme, entendez-vous! au cœur d'or!... le courage en personne...

— Je ne dis pas, mais...

— Et je ne veux pas qu'on en dise du mal...

— Cependant...

— Et je le défends à tout un chacun!

— Écoutez donc...

— Lefebvre est la crème des hommes!

— Mais vous dites...

— Je dis ce que je veux, interrompit la mère Lefebvre, mais je ne veux pas que les autres se gaussent de lui, ni le mécanisent, entendez-vous!

— Oh! dit Mme Hoche d'une voix aigre, mettons que c'est un trésor, j'y consens. C'est un vrai dommage que le ministre ait déclaré que tous les militaires qui n'étaient pas nobles ne pouvaient être officiers, sans quoi votre Lefebvre serait un jour maréchal de France.

— Mon mari sera ce qu'il sera! ça ne vous regarde pas, voisine, répondit la blanchisseuse sur un ton non moins irrité. Mêlez-vous de votre neveu, qui finira mal, je vous le prédis.

— Mon neveu? mon Hoche? s'écria la fruitière. Je vous en souhaiterais encore un comme ça, mère Lefebvre! Un garçon magnifique, qu'a des idées auxquelles je ne comprends rien de rien, mais qu'est un malin et qu'est capable, je l'affirme, de devenir au moins cocher de Son Altesse!

— Pour conduire les chevaux d'un prince, faudrait qu'il commence par se conduire lui-même!

— Et qui est-ce qui vous dit qu'il se conduit mal?

— Tiens! cette malice! c'est vous.

— Moi!... moi!... dit la fruitière, j'aime mon neveu.

— Et moi, j'aime mon homme!

— Eh ben! gardez-le! on n'a pas envie de vous le manger!

— Mère de Dieu! je le pense bien!

« Il serait trop coriace! » ajouta la fruitière.

Mais Mme Lefebvre n'entendit pas cette dernière observation qui, sans aucun doute, eût rallumé la querelle survenue si brusquement. La chaîne du tourne broche étant dérangée dans ses fonctions, la cuisinière était en train de remettre les choses en état, et le pétillement de la graisse dans la lèchefrite avait absorbé heureusement le bruit des paroles prononcées par Mme Hoche.

— Voilà vos champignons, dit la fruitière en présentant le bol dans lequel nageaient les plantes dûment préparées pour être employées.

En ce moment un chant bizarre, singulièrement rhythmé, retentit au dehors, et une voix rude et enrouée fit entendre les paroles suivantes :

> Faut se lester la carène,
> Veille à la soute aux biscuits !
> Et quand les fayols sont cuits
> Faut mett' du lard à la traîne.
> Largue en double les bonnettes
> Porte bien la toile au vent,
> Navigue en grand et souvent
> T'auras tes patentes nettes !

— Qu'est-ce que c'est que ça ! dit la fruitière en se précipitant vers la porte. Tiens ! continua-t-elle après avoir regardé dans la rue, c'est votre homme, voisine, avec un particulier qui marche les jambes écartées comme s'il était en brindezingue.

— C'est Lefebvre ? répondit la blanchisseuse-cuisinière.

— Mais oui, que je vous dis.

— Eh bien ! je vas un peu lui laver la tête pour lui apprendre une autre fois à arriver à l'heure !

Deux hommes se tenant bras dessus bras dessous s'arrêtaient alors devant la porte de la boutique. Ces deux hommes étaient, l'un le soldat aux gardes-françaises, le mari de la propriétaire de l'établissement, et que nous avons déjà rencontré sur la place d'Armes, l'autre, Mahurec, le gabier, le protégé du bailli de Suffren et le matelot si loyalement dévoué à MM. d'Herbois et de Renneville, ses lieutenants.

— Caramba ! s'écria le matelot en se campant sur ses hanches, les deux mains dans les poches de sa vareuse et la tête renversée en arrière pour examiner dans son ensemble la maison en face de laquelle il venait de s'arrêter, caramba ! elle est un peu proprement astiquée ta cambuse ! Si l'aménagement de la cale est d'accord avec le gabarit de la coque, on peut y accrocher son hamac et s'y affaler pour y passer un quart de longueur.

— Allons, viens donc ! entre donc ! dit Lefebvre en se retournant au moment de pénétrer dans l'intérieur de sa maison.

— Présent à l'appel ! Une ! deux ! j'aborde en grand.

Puis, s'arrêtant brusquement à la vue de la pétulante hôtesse, laquelle s'occupait plus activement que jamais des apprêts du repas.

— Pssst!... fit Mahurec avec un sifflement admiratif. En voilà une petite corvette gentiment gréée, proprement suivée et espalmée dans le premier numéro, à qui qu'on appuierait volontiers une chasse! Plus que ça de nanan dans ta cambuse! Dis donc, Lefebvre, c'est à demander au bon Dieu d'envoyer son sac à la côte et de devenir terrien! Salut, la bourgeoise! Range à tribord! côté d'honneur!

Et Mahurec, portant la main à son bonnet de laine, fit une profonde révérence en s'inclinant devant la mère Lefebvre; mais celle-ci, sans se soucier de la politesse du matelot, se retourna brusquement vers le soldat, et les yeux animés, les joues écarlates :

— D'où viens-tu, toi? dit-elle brusquement.

— Je viens de me promener avec un ami, répondit Lefebvre.

— Ah! monsieur se paye deux heures de flânerie, tandis que sa femme trime à la maison !

— Mais... commença Lefebvre.

— C'est du propre! interrompit l'irascible blanchisseuse.

— Bah! fit Mahurec en se dandinant, nous avons couru quelques bordées, histoire de bourlinguer, voilà tout !

— Je ne vous parle pas ! s'écria la mère Lefebvre.

— Suffit! on tourne sa langue au taquet, mon amiral! Allons, Lefebvre, range à carguer, mon vieux ! File l'écoute !

— Qu'est-ce qu'il me chante, celui-là? cria la blanchisseuse. Est-ce que je comprends quelque chose à son galimatias?

— Écoute donc, la mère, dit Lefebvre en voulant interposer son autorité maritale; c'est un ami !

— Oui, un ami de ce matin, comme tant d'autres qui sont venus écumer ma marmite. Je la connais celle-là, et on ne m'y prend plus !

— De quoi? de quoi? fit Mahurec.

— Laisse faire! dit vivement le soldat.

Puis, se tournant vers sa femme :

— Madame Lefebvre, ajouta-t-il, faudrait tâcher de démêler le bon grain d'avec l'ivraie...

— Et de débrouiller un gabier d'artimon d'avec un gabier de poulaine, ajouta Mahurec.

— Le compère que voilà, continua Lefebvre en tapant sur l'épaule du matelot, est un brave gars, un vieil ami d'enfance, toujours le premier à l'ennemi, et vous le connaissez de nom, mère Lefebvre; c'est Mahurec!

— Mahurec! répéta Mme Lefebvre en changeant de ton brusquement.

— Oui, Mahurec!

— Celui que tu m'as raconté qui avait sauvé deux enfants qui se noyaient dans la rade de Toulon?

— Lui-même.

— Et qui s'est sauvé, lui, pour qu'on ne le remerciât pas?

— Oui.

— Eh! imbécile, fallait donc le dire tout de suite!

Et, se tournant vers Mahurec, les yeux humides, le visage ému et les mains tendues en avant :

— Depuis que mon mari m'a conté ça, continua-t-elle, j'ai toujours eu envie de vous embrasser. Puisque voilà l'occasion, voulez-vous?

— Si je veux! cria le matelot. Tonnerre! la bourgeoise! j'en repêcherais comme ça quatre tous les jours, pour toucher pareil arriéré!

Et le marin, saisissant la taille de la jeune femme entre ses mains épaisses, embrassa cordialement la mère Lefebvre sur les deux joues.

— Monsieur Mahurec, dit la blanchisseuse, je suis un peu vive, mais j'ai bon cœur, voyez-vous. Les belles actions, ça me fait pleurer tout de suite. Lefebvre m'en a tant dit sur votre compte que je suis contente comme tout de vous voir à cette heure chez moi! Restez-y tant que vous voudrez! Il y a bonne table, et nous trouverons bien une petite chambre avec un bon lit...

— Caramba! fit le matelot, voilà ce qui s'appelle avoir vent sous vergues. Quant à la boustifaille, pas de refus, j'ai la carène sur le lest depuis que le quart du matin est piqué; mais, pour ce qui est du cadre fixe, ne vous déralinguez pas le tempérament : un bout de toile et deux grelins, ça suffit!

— Allons, Jeanneton! cria la mère Lefebvre, ce couvert est-il mis, enfin?

— Mé v'là, m'ame Lefebvre! mé v'là, répondit la servante de sa voix désagréable.

— Je retourne à ma boutique, dit Mme Hoche, voir si mon brigand de neveu est enfin rentré.

— Et toi, Mahurec, viens que je te fasse visiter la maison, pendant que la bourgeoise va mettre la dernière main au fricot, dit Lefebvre, dont l'amour-propre était flatté d'avance de l'effet que devait produire, sur le marin, la bonne tenue de l'établissement dirigé par sa femme.

— Ça va! répondit Mahurec; ouvrons l'œil un peu et examinons en grand l'aménagement de la cambuse.

La fruitière disparut par la porte donnant sur la rue, et Lefebvre, suivi de Mahurec, ouvrit celle communiquant avec la cour.

Au moment où le matelot et son compagnon se baissaient pour passer

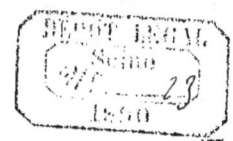

Mon Dieu! messieurs, dit-il de sa voix la plus insinuante... (P. 181.)

sous le linge étendu, MM. Gorain et Gervais, les deux bourgeois qu'avait si fort intrigués le langage pittoresque de Mahurec atteignaient la boutique de la mère Lefebvre et en franchissaient l'entrée, après s'être fait mutuellement une foule de politesses.

M. Gorain, que son ami avait contraint à prendre le pas, s'avança, le chapeau à la main.

— C'est bien ici la maison de Mme Lefebvre? demanda-t-il en s'adressant à l'hôtesse.

— Oui, messieurs, répondit celle-ci avec son sourire le plus aimable. Qu'y a-t-il pour votre service?

— On nous a assuré, madame, dit M. Gervais en s'avançant à son tour, que votre cuisine était excellente, et nous désirons y goûter.

— Les couverts sont mis, messieurs, entrez dans la salle et choisissez votre table. Jeanneton va vous servir.

— Oh! pas tout de suite, madame, répondit M. Gorain, nous attendons quelqu'un qui nous a donné rendez-vous ici et qui, sans doute, nous fera l'honneur de dîner avec nous.

— Et soignez votre cuisine, chère dame, ajouta M. Gervais, car celui que nous attendons est un personnage d'importance, c'est M. Danton, un célèbre avocat du barreau de Paris...

— Et mon locataire, ajouta M. Gorain en se redressant fièrement, car je suis propriétaire... à Paris... rue Saint-Honoré...

Mme Lefebvre fit un geste dénotant la considération profonde que lui inspirait le digne bourgeois.

— Veuillez prendre la peine d'entrer, messieurs, dit-elle. Vous attendrez mieux dans la salle.

Sur un signe de sa maîtresse, Jeanneton ouvrit la porte vitrée, et les deux bourgeois, après avoir recommencé l'interminable série de politesses qui avait présidé déjà à leur entrée dans la boutique, se décidèrent enfin à passer de front dans la seconde pièce.

Après mûres délibérations, ils choisirent une table située à l'ombre, près de l'une des deux fenêtres, et chacun ayant placé son tricorne sur la pomme de sa canne et appuyé solidement le tout dans l'angle de la muraille, MM. Gorain et Gervais prirent possession d'un banc.

— Comme cela, cher ami, commença M. Gervais, c'est bien ici définitivement que Me Danton...

— Mon locataire, interrompit M. Gorain.

— Votre locataire, répéta M. Gervais, vous a donné rendez-vous?

— C'est bien ici.

— Et à quelle heure?

— A trois heures.

— Bon! fit le bourgeois en interrogeant le cadran de l'une de ces gigantesques montres connues sous le nom de bassinoires, nous n'avons plus que vingt-deux minutes à attendre. Je règle le soleil, monsieur Gorain!

— Attendons donc, monsieur Gervais.

Si les deux bourgeois, fatigués par la chaleur et par la marche et se sentant gagner par le sommeil, ne se fussent pas penchés en arrière pour s'appuyer à la muraille, et donner ainsi un dossier absent à leur siège, et qu'ils se fussent, au contraire, penchés en avant vers la fenêtre entrebâillée, nul doute que leur curiosité, éveillée par ce qui se passait au dehors à ce moment même, n'eût chassé aussitôt toute envie de dormir.

En suivant le parcours de la rue du Plessis pour se rendre chez la mère Lefebvre, MM. Gorain et Gervais n'avaient point remarqué un personnage de moyenne taille, vêtu comme un clerc de procureur, portant une petite perruque rousse et des lunettes vertes dont les verres énormes cachaient la moitié du visage, lequel personnage, réglant sa marche sur la leur, les avait suivis pas à pas.

Quand les deux respectables amis s'étaient arrêtés devant la boutique de la mère Lefebvre, l'inconnu s'était aussitôt arrêté, lui, en face de celle de Mme Hoche, puis, craignant peut-être d'être enfin remarqué par les bourgeois, il était entré chez la fruitière marchander un panier de fruits. Tout en examinant la marchandise et en discutant le prix avec la tante du garçon d'écurie de Mgr le comte d'Artois, il n'avait pas perdu de l'œil les deux hommes, et il les avait vus se décider enfin à entrer dans la boutique voisine. Terminant alors son achat, il avait payé le panier de fruits qui paraissait lui convenir, et avait prié la fruitière de l'empaqueter avec un soin tout particulier, ajoutant que c'était pour l'expédier à Paris.

Mme Hoche avait aussitôt pris papier et ficelles et s'était mise en devoir de satisfaire son client, lequel lui avait annoncé qu'il allait revenir chercher le panier.

Bien certain que la fruitière, occupée, ne pouvait examiner sa manœuvre, le personnage avait quitté la boutique, et, se glissant le long de la muraille, il avait atteint la hauteur de la fenêtre près de laquelle étaient attablés les deux bourgeois. Tirant un carnet de sa poche et le feuilletant comme un homme en train de prendre une note ou de chercher un renseignement écrit, il s'était tenu si près de la fenêtre, qu'il n'avait pas perdu un mot de la conversation, si innocente au reste, des deux amis.

Mais, au moment où MM. Gorain et Gervais, se laissant aller au bien-être que leur procurait leur position relativement confortable, à l'ombre et au frais, commençaient à fermer doucement leurs paupières et à goûter les premières jouissances de la sieste, le personnage mystérieux, n'entendant plus parler et devinant sans doute ce qui se passait dans la salle, quitta le poste d'observation qu'il occupait, et marcha résolument vers la boutique de la mère Lefebvre, dans laquelle il pénétra en habitué du logis.

— Tiens! fit la cuisinière-blanchisseuse, en répondant au salut familier que lui adressait le nouvel arrivé, c'est vous, monsieur Roger. Comment va la santé?

— Très bien! grand merci, ma belle hôtesse, répondit M. Roger en s'inclinant encore.

— Vous venez dîner?

— Mais oui, s'il y a place pour moi.

— Oh! la place ne manque pas : mes pratiques sont en retard, aujourd'hui, et sauf deux bourgeois qui attendent un ami, la salle est vide.

— Eh bien! je vais m'installer là, en attendant, répondit l'homme aux lunettes vertes.

Et, ouvrant la porte de communication, il pénétra dans la salle; mais, aux premiers pas qu'il fit, soit hasard, soit préméditation, il se heurta si brusquement au banc, qu'il le renversa avec fracas sur le plancher. Ce bruit inattendu réveilla en sursaut les deux dormeurs.

— Mille pardons, messieurs, je vous fais un million d'excuses! dit M. Roger en s'adressant aux deux bourgeois que son entrée avait brusquement réveillés; le pied m'a tourné... j'ai failli tomber, et, en me retenant j'ai causé involontairement le vacarme qui vous a si impertinemment réveillés.

— Il n'y a pas de mal, monsieur, dit M. Gervais.

— Mieux vaut cela qu'une jambe cassée, ajouta M. Gorain.

— C'est l'ombre qui règne dans cette salle, reprit M. Roger, qui a causé l'accident, je ne voyais plus, en entrant. Au reste, Mme Lefebvre a raison de tenir ses rideaux fermés, c'est une bonne précaution qui empêche la chaleur d'entrer, et, par le temps qu'il fait aujourd'hui...

— Le fait est que la chaleur est plus forte qu'hier, dit M. Gervais; j'ai consulté mon thermomètre avant de sortir, ce matin, et j'ai constaté deux degrés de plus...

— On cuit dans sa peau! fit observer M. Gorain.

— On boirait la mer et les poissons! ajouta M. Gervais.

— Si nous nous rafraîchissions avant le dîner?... qu'en pensez-vous, compère?

— Ma foi! je pense que c'est une bonne idée.

— Une bouteille de bière?

— Va pour une bouteille; mais...

— Quoi?... demanda M. Gorain, lequel s'était déjà levé pour appeler la servante.

— Nous ne boirons pas une bouteille à nous deux avant le dîner, et ce serait regrettable d'en perdre : ça coûte au moins huit sols, savez-vous ?

— C'est vrai, dit M. Gorain ; cependant, j'ai grand chaud.

— Et moi aussi... mais huit sols ne se trouvent pas sous les pas d'un cheval, voisin.

— Bah ! fit M. Gorain d'un petit air décidé, pour une fois ! je ne le dirai pas à mon épouse.

M. Roger s'était installé, pendant la conversation des deux amis, à une table voisine de la leur, et n'avait pas perdu une parole échangée entre les deux bourgeois.

En voyant M. Gorain se soulever de nouveau sur son siège pour demander la bouteille de bière, M. Roger se pencha gracieusement dans leur direction :

— Mon Dieu ! messieurs, dit-il de sa voix la plus insinuante, je vous demande humblement un million de pardons pour la licence que je vais me permettre, mais il s'agit d'un service que je désirerais réclamer de vous...

A cette ouverture inattendue, MM. Gorain et Gervais se regardèrent avec une certaine inquiétude : le mot service les avait vivement effarouchés, et, par un même mouvement instinctif, chacun d'eux porta à la fois sa main droite à la poche de sa veste, comme pour la défendre contre une attaque.

M. Roger remarqua la pantomime expressive des deux amis, et un sourire légèrement ironique vint éclairer sa physionomie.

— Le service que j'ai à réclamer de vous, messieurs, a pour but d'alléger vos dépenses et la mienne.

— Comment ? dit M. Gervais en souriant.

— Comme vous, j'ai grand chaud, comme vous, j'ai grand soif, dit M. Roger, comme vous, j'aime la bière, mais je m'abstenais d'en demander pour moi seul, tandis que si vous voulez me permettre de prendre ma part de celle que vous allez faire venir, en payant mon écot, bien entendu, je satisferai ma soif sans trop faire gémir ma bourse, et j'aurai l'honneur de trinquer avec vous..

MM. Gorain et Gervais se regardèrent encore, mais cette fois l'épanouissement de leurs traits avait brusquement remplacé le sentiment d'inquiétude que nous avons signalé.

— Mais... cette proposition me paraît fort acceptable, dit M. Gorain, en faisant un signe à M. Gervais.

— Enchanté de trinquer avec monsieur ?...

— Roger, pour vous servir s'il en était capable, interrompit le solliciteur.

— Habitant de Versailles, peut-être? demanda M. Gorain.

— Employé chez M. le comte de Breteuil.

— Chez Mgr le ministre! dit M. Gervais avec admiration.

— Oh! se hâta d'ajouter M. Roger, employé bien infime, bien peu en faveur, mais cependant en état d'obliger parfois ses amis.

Les deux bourgeois se levèrent avec un empressement manifeste.

— Honoré de faire votre connaissance, cher monsieur, dit Gorain, en invitant du geste l'employé du ministère à prendre place en face de lui.

— Trop heureux, si je puis vous être jamais bon à quelque chose, répondit modestement Roger en s'asseyant.

— La fille!... la fille!... cria Gervais.

— Mé v'là! répondit la voix traînante de Jeanneton.

— Que désirent ces messieurs? demanda vivement Mme Lefebvre en ouvrant la porte vitrée.

— Une bouteille de bière, chère hôtesse, et trois verres.

— Holà! Jeanneton, cria la blanchisseuse en s'adressant à sa servante, vous avez entendu? Leste et preste, ma mie!... en deux temps, à la cave!

Quelques instants après, Jeanneton, tenant dans son bras une bouteille de bière, et à la main trois grands verres empilés les uns dans les autres, entra dans la salle et déposa le tout sur la table.

M. Gorain fit sauter le bouchon, et la mousse blanche déborda bientôt de chacun des verres.

— De sorte que vous voyez souvent monseigneur? demanda M. Gervais.

— Deux ou trois fois par jour, répondit l'employé.

M. Gorain joignit les mains avec admiration. Le digne bourgeois était intérieurement enchanté, en pensant qu'il pourrait raconter à ses amis et connaissances qu'il avait trinqué, à Versailles, avec le confident d'un ministre.

Quant à M. Gervais, il songeait sérieusement à payer la part de consommation de l'employé.

— Il y a des jours, reprit M. Roger, où je suis, comme aujourd'hui, tellement fatigué, harassé, épuisé, où j'ai eu à compulser tant d'affaires, à annoter un si grand nombre de pièces, à faire tant de courses, que je me sens rendu, découragé, et que, redoutant de ne pouvoir supporter une telle existence, je supplie M. le comte d'agréer ma démission;

mais monseigneur crie, tempête, se fâche, puis, quand il me voit résolu : « Eh! mon cher Roger, finit-il par me dire, si vous vous en allez, que voulez-vous que je devienne? Il ne me reste plus qu'à aller reporter au roi mon portefeuille. » Alors, que voulez-vous que je fasse, messieurs? Ces paroles me remuent, je cède : monseigneur me serre les mains, me nomme son ami, me dit de songer à la France... et je retourne à mon bureau.

— Pauvre monsieur Roger! dit M. Gorain.

— Quel courage! ajouta M. Gervais.

— Mais, reprit M. Gorain, est-ce que toutes les affaires du royaume vous passent par les mains?

— Oh! cher monsieur, répondit l'employé, je n'y suffirais pas. M. le comte de Breteuil est ministre de la maison du roi, vous le savez. Il a dans ses attributions seulement l'administration de la maison civile du roi, les affaires du clergé, celles de la noblesse, les honneurs de la cour, la direction des cours de justice, des gouvernements de province, des intendances, et enfin monseigneur a encore, dans son département, la ville et généralité de Paris.

— Peste! c'est déjà assez joli.

— Et cela vous vaut une belle position, hein? demanda curieusement M. Gervais.

— Je ne me plains pas... et ce qui me fait plaisir surtout, c'est de pouvoir faire du bien à ceux que j'aime. Je place leurs enfants, je les pousse, et dernièrement j'ai fait nommer, tel que vous me voyez, trois de mes amis échevins.

— Échevins! s'écria M. Gorain, le rêve de ma vie!

— Une seconde bouteille! dit vivement M. Gervais.

— Non, mille grâces! je n'ai plus soif! répondit l'employé en remerciant du geste.

— Je vous en prie! insista le bourgeois.

— Encore une fois, bien obligé! dit M. Roger; puis, changeant de ton : C'est surtout la ville de Paris qui me donne un tracas inouï, continua-t-il.

— Voyez-vous ça! dit M. Gorain.

— Il n'y a pas de semaine, pas de jour où je ne sois obligé de m'occuper de quelque important événement. Il faut que je sache tout, moi. Ainsi, tenez, en ce moment même, il existe une affaire qui préoccupe excessivement monseigneur et qu'il faut que je tire au clair.

— Quelle affaire? demanda M. Gervais.

— Mon Dieu... je ne devrais peut-être pas me laisser aller ainsi à causer... dit M. Roger en paraissant hésiter, mais c'est que vous m'avez plu tous deux au premier abord...

— Très flatté... murmura Gorain.

— Entre honnêtes gens, on se devine! ajouta Gervais.

— Moi, reprit Gorain, je suis propriétaire à Paris, rue Saint-Honoré.

M. Roger salua avec une considération évidente.

— Et, continua M. Gorain en se rengorgeant, bien que Gervais, que voici, ne soit pas propriétaire comme moi, je n'en réponds pas moins de sa moralité. Je m'appelle Gorain!

— Gorain! répéta l'employé, comme si ce nom eût éveillé subitement un souvenir dans son esprit.

— Oui, monsieur, Gorain, de père en fils!

— Et vous habitez rue Saint-Honoré?

— Oui, monsieur, dans ma maison, au-dessous de Me Danton, un avocat célèbre et mon locataire.

— Mais vous êtes voisin d'un teinturier?

— De Bernard.

— Ah! voilà qui est particulier!

— Comment? fit le bourgeois avec étonnement.

— Il n'y a pas huit jours que votre nom a été prononcé devant moi par M. de Boulainvilliers.

— Le prévôt de Paris?

— Lui-même.

— Il parlait de moi? s'écria M. Gorain avec une émotion extrême.

— Il en a même parlé longuement.

— A quel propos, mon Dieu?

— A propos de la dernière Saint-Roch![1]

M. Gorain devint subitement cramoisi.

— Pas possible! balbutia-t-il.

— C'est cependant comme j'ai l'honneur de vous le dire, continua froidement l'employé. Et M. le prévôt a ajouté qu'il espérait bien qu'à la saint Roch prochaine, il verrait votre nom figurer sur la liste des échevins.

— Je vous l'avais toujours dit, Gorain! fit observer M. Gervais avec assurance.

— C'est vrai, compère, c'est vrai... balbutia le bourgeois, remué dans

---

1. C'était le jour de la Saint Roch que les notables bourgeois étaient convoqués à l'Hôtel-de-Ville de Paris, pour nommer chaque année quatre échevins.

Tiens, c'est vous, les enfants! s'écria Lefebvre. (P. 188.)

sa vanité, mais je ne pensais pas... je ne savais pas... D'ailleurs, il me faudrait des protections...

— Oh! dit l'employé d'un air dédaigneux, s'il ne s'agit que de cela...

— Quoi! s'écria M. Gorain, vous daigneriez?...

— Pourquoi pas, monsieur Gorain? j'aime à faire plaisir et à obliger les braves gens.

— Monsieur... monsieur... commença Gorain.

— Ne parlons plus de cela! interrompit Roger, nous en recauserons quand il sera temps, je vous le promets. Votre nom, en me rappelant ma conversation avec M. de Boulainvilliers, m'a remis précisément sur la voie de l'événement dont j'allais vous faire part et que vous paraissiez désireux de connaître. J'en causais encore il y a une heure avec M. le comte de Breteuil.

— Quoi! fit M. Gorain émerveillé, monseigneur aussi a daigné parler de moi?

— Cette fois, je dois vous dire que vous vous trompez! dit l'employé. Entre M. le comte et moi, il ne s'agissait pas de vous, mais de votre voisin...

— De Bernard, le teinturier?

— Précisément. Nous nous occupions de l'étrange disparition de sa fille.

— Quoi! dit M. Gervais, monseigneur s'occupe de cette enfant?

— Sans doute, cher monsieur. Monseigneur a l'œil ouvert sur tout ce qui se passe à Paris. Le roi, la reine sont instruits de cette affaire, et Leurs Majestés ont donné les ordres les plus positifs pour que l'enfant soit retrouvé.

— Ah! dit M. Gorain, si l'on retrouvait la Jolie Mignonne, on rendrait la vie à ses pauvres parents.

— Ils sont bien désolés, n'est-ce pas?

— Plus qu'on ne peut le dire, cher monsieur.

— Au fait! dit Roger, comme si une pensée nouvelle surgissait tout à coup dans son cerveau, puisque vous demeurez à côté de maître Bernard, vous devez le connaître?

— Si je connais Bernard et sa femme? s'écria M⁰ Gorain; c'est-à-dire que je suis leur ami intime, leur conseiller, leur compère, et la preuve, c'est qu'à l'heure où je vous parle, je ne suis à Versailles que pour eux, pour connaître plus vite le résultat de la conférence que M. Danton, mon locataire, doit avoir en ce moment avec un avocat de ses amis, relativement à l'enlèvement de la Jolie Mignonne. N'est-ce pas, Gervais?

— Sans doute, sans doute, dit aussitôt le second bourgeois; nous attendons même M⁰ Danton, avec lequel nous devons dîner.

— Ici? demanda Roger.

— Ici, oui, monsieur; il a donné rendez-vous à Gorain.

L'employé se mordit brusquement les lèvres, comme un homme qui retient tout à coup une parole indiscrète prête à s'échapper.

— Ah! vous connaissez si intimement ces pauvres gens, reprit-il en rapprochant le banc sur lequel il était assis. Eh bien! vous pourrez leur dire, cher monsieur Gorain, que Leurs Majestés et monseigneur prennent à leur sort un profond et véritable intérêt.

— Je n'y manquerai pas, monsieur, répondit M. Gorain, et ce sera une grande consolation pour eux.

En ce moment, un bruit de voix jeunes et rieuses se fit entendre dans la rue. C'étaient Michel et Tallien qui, en compagnie d'Augereau, le maître d'armes, et du jeune abbé, faisaient leur entrée chez la mère Lefebvre. Derrière eux s'avançaient lentement et en causant à voix basse, le dentiste Talma et l'élève de l'École militaire.

M. Gorain, ayant entr'ouvert la fenêtre, regarda dans la rue.

— Ah! fit-il, voici mon locataire et son ami.

Effectivement, Danton et Saint-Just apparaissaient à l'angle de la rue du Plessis et passaient devant la boutique de la fruitière, dans laquelle était entré, depuis quelques instants, un grand et beau garçon, celui que nous avons vu, au Cours-la-Reine, conduisant la voiture aux armes de Mgr le comte d'Artois, Hoche, enfin, le neveu de la voisine de la mère Lefebvre, que sa tante était en beau train de chapitrer vertement, pour le retard qu'il avait mis à revenir à Versailles.

Comme Michel et ses amis pénétraient dans la salle en riant et en criant, la porte vitrée donnant sur la cour s'ouvrait brusquement, et Mahurec, accompagné de Lefebvre, faisait sa rentrée dans l'intérieur du logis.

— Caramba! cria le matelot de sa voix tonnante, la cambuse est proprement aménagée, j'ose le dire. Tout est paré dans le grand, pommadé au goudron, quoi! Quand j'aurai encore couru quelques bordées de longueur, je fais mon sac, je viens ici au mouillage, et je m'y affourche pour le restant de mes jours.

— Oh! fit M. Gorain en poussant le coude de son ami. Voilà encore l'échappé des galères!

— Pourvu qu'il ne se place pas à côté de nous! répondit M. Gervais.

En quelques secondes, la salle fut envahie, et quatre des tables furent prises.

Après avoir échangé un salut avec M. Gorain, Danton alla s'asseoir, avec Saint-Just, à une table voisine de celle occupée par les deux bourgeois, mais séparée d'elle par une distance si minime, que la conversation pouvait facilement s'échanger de l'une à l'autre.

Michel, Tallien, Augereau, le jeune abbé, Talma et l'élève de l'École militaire s'emparèrent de la troisième table.

Mahurec et Lefebvre s'installèrent devant la quatrième, placée près de la seconde fenêtre, et qui se trouvait à la hauteur de celle occupée par les deux bourgeois et l'employé, voisinage qui fit faire une laide grimace aux deux premiers.

Au moment où Jeanneton qui, appelée de tous côtés et ne sachant auquel répondre, prenait le parti d'apporter les potages, sans se préoccuper des interpellations qui lui étaient adressées, deux nouveaux convives firent leur entrée dans la salle, après avoir amicalement salué au passage la mère Lefebvre, tout occupée à son fourneau.

L'un de ces nouveaux arrivants était Hoche, qui s'était soustrait brusquement aux reproches de sa respectable parente, et l'autre était Jean, l'ouvrier de maître Bernard le teinturier.

— Tiens, c'est vous, les enfants! s'écria Lefebvre en leur voyant franchir le seuil de la porte. Par ici! il y a là deux couverts qui vous tendent les bras. Vous aurez le plaisir de trinquer avec le père Mahurec, un brave des braves! Un matelot fini! Allons, asseyez-vous en deux temps!

Les deux jeunes gens s'installèrent à la table déjà occupée par le matelot et par le soldat.

— Vous nous raconterez des batailles, hein, monsieur Lefebvre? dit Jean en serrant la main du soldat.

— Et monsieur nous parlera de l'Amérique et de son nouveau gouvernement? ajouta Hoche en se tournant vers le marin.

— Volontiers! dit Mahurec, mais, pour le quart d'heure d'à présent, mon estomac est à mi-mât, en berne, voyez-vous! j'ai des avaries plein la coque! Y a un crapaud dans la carène, comme dit cet autre, faut que je hale dedans, pour lester la cale! Tonnerre! j'avalerais un nègre tout cru.

— Alors, avale ça! c'est meilleur! dit Lefebvre en passant au matelot une assiette pleine à déborder d'un potage fumant.

— Tonnerre! reprit Mahurec en dégustant sa première cuillerée, en v'là du nanan! C'est-y bon! c'est-y gras! On jurerait qu'il y a là-dedans un paquet de chandelles!

Un silence général suivit l'exclamation étrangement laudative du matelot : Jeanneton avait servi les premiers plats, et chacun était occupé à fêter les talents de la célèbre mère Lefebvre.

XIV

LES DEUX VISITES

Tandis que les convives de la mère Lefebvre s'apprêtaient à fêter son dîner, une autre scène, toute différente, se passait, quelques instants plus tôt, dans l'habitation entourée de ces jardins élégants où nous avons laissé le comte après la sortie de Saint-Jean.

Le jeune homme était revenu vers l'intérieur des jardins qu'il avait déjà traversés; mais, cette fois, au lieu de se diriger en ligne à peu près droite, il tourna brusquement à gauche, atteignit une belle pelouse, au milieu de laquelle serpentait une petite rivière artificielle, et, foulant aux pieds le frais et moelleux tapis de verdure, il se dirigea vers un corps de bâtiment de fort belle apparence dont la façade devait être située, à en juger par la position, sur l'avenue de Sceaux.

Vaste hôtel, comme on entendait alors les édifices désignés par ce nom appliqué, aujourd'hui, aux petites boîtes dorées dans lesquelles s'enferme la mesquinerie pompeuse de notre siècle, le bâtiment, à la hauteur duquel arrivait Édouard, présentait fièrement son perron élevé de douze marches, et ses fenêtres énormes aux balustrades de fer ciselé.

Le jeune homme gravit le perron donnant sur le jardin, et pénétra dans une sorte de serre tempérée servant de vestibule à un magnifique salon meublé avec un luxe princier.

Après avoir traversé vestibule et salon, qu'il trouva complètement déserts, le comte, qui paraissait parfaitement à l'aise dans le bâtiment qu'il parcourait, ouvrit une porte, traversa encore un second salon plus petit que le précédent, mais plus somptueux peut-être, et pénétra dans une dernière pièce dont il referma sur lui la porte dorée.

Cette pièce, meublée tout en laque de Chine et tendue en étoffes orientales, était le plus charmant réduit qu'eût pu souhaiter un philosophe épicurien à l'heure de la sieste.

Un vaste et moelleux divan garnissait tout un pan de muraille et invitait au repos. Le comte se coucha à demi sur ce meuble soyeux, puis, levant le bras, il attira à lui un cordon de sonnette placé au-dessus des coussins sur lesquels il reposait sa tête.

Quelques secondes ne s'étaient pas écoulées qu'un jockey mignon comme une femme, poudré comme un abbé et frais comme une rose épanouie, se glissait dans la pièce après avoir discrètement gratté à l'huis.

— Ah! c'est toi, Bouton-d'Or? fit le comte en se redressant légèrement pour regarder le jockey.

— Oui, monsieur le comte, répondit l'enfant.

— Où donc est Champagne?

— Il n'est pas à l'hôtel; monsieur le comte lui avait permis de sortir.

— Ah! c'est vrai. Est-il venu quelqu'un en mon absence?

— Oui, monsieur le comte; un valet de pied de la part de M. le comte de Lauraguais.

— Ah! ah! fit Édouard en se levant vivement. Eh bien! fais entrer ce garçon, Bouton-d'Or.

Le jockey sortit aussitôt. Deux minutes après la porte se rouvrait, et un magnifique valet de pied, revêtu d'une livrée éclatante, s'inclinait humblement sur le seuil.

— Entrez! dit le comte.

Le valet de pied s'inclina encore, fit un pas en avant et referma la porte sur lui; puis il se tint immobile.

Édouard l'examinait avec l'attention la plus scrupuleuse, tournant autour de lui, le regardant des pieds à la tête, faisant subir enfin à toute sa personne un examen minutieux.

Enfin, se reculant pour mieux concentrer ses regards et levant les bras au ciel:

— Merveilleux! fit-il.

Le valet s'inclina une troisième fois.

— Monsieur le comte de Sommes est satisfait de son très respectueux serviteur? répondit-il d'une voix mielleuse.

— Enchanté, mon cher Pick, réellement enchanté! dit Édouard en ne se lassant pas d'admirer. Vous êtes très positivement méconnaissable, et M. Lenoir lui-même, votre illustre patron, hésiterait à mettre un nom sur votre physionomie nouvelle. Mais comment diable faites-vous? Vous étiez maigre, vous voici gras; vous aviez la mine allongée, vous l'avez pleine; vous étiez fort grand déjà, vous êtes devenu gigantesque! C'est magnifique une pareille transformation!

— Affaire de métier, monsieur le comte, dit modestement le valet de pied, ou plutôt M. Pick, puisque nous retrouvons chez le jeune ami du duc de Chartres, l'agent de police que nous avons déjà rencontré chez M. Lenoir.

— Et qui vous amène? demanda Édouard.

— Une affaire importante, monsieur le comte, qui résulte d'une conversation que je viens d'avoir avec M. le lieutenant de police, par rapport aux drames qui désolent en ce moment la famille de M. de Niorres.

— Eh bien! fit le comte avec impassibilité.

— Eh bien! continua l'agent, sachant par expérience tout l'intérêt que monsieur le comte veut bien prendre à cette déplorable affaire, j'ai eu la hardiesse de venir, en cette occasion nouvelle, me présenter encore à lui.

— Voyons, qu'est-ce que c'est?

— Monsieur le comte se rappelle sûrement, dit M. Pick d'une voix toujours mielleuse, qu'il y a quelques jours, alors que j'avais l'honneur d'entretenir monsieur le comte des crimes atroces dont la police ignore toujours les auteurs, il a eu la bonté de guider mon inexpérience et de m'amener à jeter les yeux dans la direction de la vérité. Bref, et pour être bien clair, monsieur le comte sait que mes soupçons personnels planent sur MM. d'Herbois et de Renneville...

— Je sais cela, dit Édouard; ensuite?

— Ces soupçons, mon devoir m'imposait l'obligation d'en faire part à M. le lieutenant de police, et ce devoir je l'ai accompli ce matin.

Édouard regarda son interlocuteur; celui-ci s'inclina respectueusement.

— Et, reprit le comte, que vous a répondu M. Lenoir?

— M. Lenoir a daigné, après m'avoir écouté, dire que je pouvais être dans la bonne voie; mais il a ajouté que, pour accuser hautement deux personnages de noblesse, deux officiers de la marine royale, il fallait que je m'appuyasse sur des preuves solides et matériellement irrécusables.

— Eh bien! M. Lenoir a parfaitement raison; si vous avez ces preuves, il faut les donner.

— C'est que, précisément, ces preuves... je ne les ai pas.

— Alors, monsieur Pick, que voulez-vous que j'y fasse; je ne puis rien dans cette affaire.

L'agent regarda fixement son interlocuteur.

— Monsieur le comte me pardonnera d'être d'une opinion contraire à la sienne, dit-il, car je crois que si monsieur le comte le voulait, il pourrait m'aider à trouver ces preuves que je cherche.

— Moi? s'écria Édouard. En vérité, vous êtes fou! Je ne connais pas seulement de vue MM. d'Herbois et de Renneville. Leurs noms sont venus jusqu'à moi, voilà tout.

— Mais monsieur le comte me faisait hier l'honneur de me dire...

— Ne me faites pas parler, monsieur Pick, dit le comte d'un ton sérieux. Vous savez que je suis l'ami de Son Altesse, que monseigneur est friand de nouvelles, et qu'en votre qualité d'attaché au lieutenant de police vous êtes au courant de tout. Donc vous venez me faire part des affaires mystérieuses que vous découvrez, je les transmets à Son Altesse, qui s'en amuse. Vous êtes largement rétribué pour cela, c'est très bien, mais ne me faites pas sortir de mon rôle. Si je suis narrateur près de Son Altesse, près de vous je suis un simple auditeur. Vous me confiez les événements criminels accomplis à l'hôtel de Niorres, vous me mettez au courant de tout ce qui se passe dans cette malheureuse famille, vous me parlez des mariages projetés entre les deux nièces du conseiller et MM. d'Herbois et de Renneville, je vous fais observer, à ce propos, que si ces unions avaient lieu, et si les crimes se continuaient, le vicomte et le marquis se trouveraient un jour héritiers d'une fortune princière; mais ceci n'a été qu'une simple réflexion de ma part, ne l'oubliez pas! Je ne sais rien que par vous; je regrette même d'avoir laissé échapper des paroles auxquelles je ne prêtais qu'une attention légère. Corbleu! auriez-vous eu la hardiesse de conclure de là que j'accusais deux bons et braves gentilshommes?

M. Pick avait écouté sans mot dire les paroles du comte. Quand celui-ci eut achevé, il demeura impassible; puis, après quelques instants de réflexion :

— Je demande humblement pardon à monsieur le comte si je l'ai offensé par une supposition erronée, dit-il en se courbant perpendiculairement; mais, je le répète, la sagace observation de monsieur le comte m'avait ouvert les yeux et j'avais cru...

— Vous avez eu tort de croire. Rappelez-vous, une fois pour toutes, monsieur Pick, que je ne veux être mêlé en rien aux choses de votre métier. Racontez-moi des histoires, et n'écoutez jamais aucune des observations qui peuvent m'échapper au sujet de vos récits.

M. Pick passa sa main derrière l'oreille avec un mouvement semblable à celui que fait, avec sa patte, un chat qui sent l'orage.

— Monsieur le comte daigne m'excuser? dit-il.

— Certainement, cher monsieur Pick, dit le comte en se radoucissant subitement. L'amour du devoir vous a seul entraîné, je le reconnais, et je ne puis vous en vouloir. Ne parlons plus de cela. Dites-moi, vous qui, par profession, connaissez tout le monde, n'auriez-vous pas à ma disposition un prêteur discret, aimant à obliger, en y trouvant un beau bénéfice?

Continuez! dit Édouard sans répondre à l'observation de Fouché. (P. 197.)

— Les gens de cette espèce foisonnent!...
— Oui, mais il y a prêteur et prêteur... J'en voudrais un sérieusement obligeant et peu connu... comme celui dont me parlait ce matin un de mes... amis.
— Monsieur le comte veut-il dire le nom?
— Il s'agissait d'un nommé... attendez donc!... ah! j'y suis! un nommé Roger!

— Roger! répéta Pick en paraissant chercher dans sa mémoire; un prêteur nommé Roger! je ne connais pas.

— Il existe cependant!

— Monsieur le comte en est sûr?

— Parbleu! Il a obligé plusieurs personnes bien posées... et tenez! entre autres MM. de Renneville et d'Herbois, dont nous parlions tout à l'heure.

M. Pick se redressa soudain.

— Ah! c'est lui qui prête au marquis et au vicomte! dit-il.

— Mais oui! C'est même leur principal créancier... à ce qu'on m'a dit. Vous voyez bien que ce Roger existe.

— Et ce serait à lui que monsieur voudrait avoir affaire?

— On m'a chanté ses louanges sur tous les tons, et j'avoue que je désire, pour une circonstance particulière et pressante, être en relation avec lui. C'est, il paraît, un homme parfait, discret comme le dieu du silence, et riche comme Plutus en personne.

— Monsieur le comte a-t-il quelques indications à son égard?

— Aucune.

— Alors ce sera difficile... mais on trouvera.

— Je compte sur vous, monsieur Pick; mais n'oubliez plus que je ne veux me trouver mêlé en rien dans toutes vos machinations.

— Je n'oublierai pas, et je m'incline profondément devant monsieur le comte. Dans vingt-quatre heures j'aurai des nouvelles de M. Roger.

Et le valet de pied, saluant jusqu'à terre, quittait la pièce, toujours à demi courbé, lorsque le comte le rappela du geste et de la voix.

— Eh! fit Édouard en souriant, prenez donc garde? en saluant vous laissez tomber votre bourse!

Le comte poussa du pied vers M. Pick une bourse de soie bien gonflée qui gisait sur le tapis. L'agent se précipita vivement, ramassa le précieux objet, et l'engouffrant dans la poche de son gilet :

— Monsieur le comte mérite de posséder une fortune royale, dit-il.

Puis, saluant encore, il disparut derrière la porte qu'il referma doucement.

Le comte, demeuré seul, parcourut rapidement la pièce dans toute son étendue.

— Cet homme est un trésor! murmura-t-il.

En ce moment on gratta de nouveau à la porte, et le jockey montra sa jolie tête par l'entre-bâillement du battant.

— Qu'est-ce? fit Édouard en s'arrêtant dans sa promenade.

— Une personne qui demande à parler à monsieur le comte.

— Son nom?
— M. Fouché.
— Fouché! répéta le comte, je ne connais pas.

Le jockey attendait la décision de son maître. Celui-ci réfléchit durant quelques instants, puis reprenant la parole :

— Faites entrer au salon, dit-il, je reçois!

Le comte, demeuré seul, donna un coup d'œil à sa toilette, chiffonna devant la glace les dentelles de son jabot et celles de sa cravate, puis, content de lui-même, ainsi que l'annonçait le sourire satisfait qu'il s'adressa, il ouvrit la porte du cabinet dans lequel il se trouvait et pénétra dans le salon.

Un homme était debout au milieu de la pièce. Grave, froid, sévère, le regard scrutateur, c'était bien le personnage que nous avons vu prendre place dans le carrabas en compagnie de l'avocat Danton et du jeune Saint-Just. En voyant le comte, il s'inclina légèrement et fit deux pas sur le tapis.

— C'est bien à monsieur le comte de Sommes que j'ai l'honneur de parler? demanda-t-il en se redressant.

— A lui-même, monsieur, répondit Édouard; mais j'avoue que je serais fort embarrassé pour deviner ce que vous pouvez me vouloir, car votre nom, que l'on m'a fait passer, m'est complètement inconnu.

— Et cependant monsieur le comte a daigné me recevoir, dit Fouché en souriant avec un peu d'ironie. Cela prouve en faveur des excellents procédés de monsieur le comte.

— Je ne pense pas, dit Édouard, que vous soyez venu chez moi uniquement pour m'adresser des compliments?

— Oh! rassurez-vous, monsieur, le motif qui m'amène est complètement opposé à celui-là.

— Plaît-il? fit le comte avec une extrême hauteur.

— Il s'agit, entre nous, continua Fouché avec un sang-froid imperturbable, d'une affaire importante...

— Pardon! dit Édouard d'un ton sec; vous m'avez dit que vous vous nommiez?

— Fouché, monsieur le comte; Joseph Fouché.

— Et vous êtes?

— Professeur au collège de Juilly.

— Vous êtes donc Oratorien?

— J'ai cet honneur [1].

---

[1]. Le collège de Juilly a été fondé et dirigé par les Pères de l'Oratoire.

— Comment se fait-il alors que vous soyez vêtu en laïque et non en religieux?

— Parce que n'étant point engagé dans les ordres, j'ai le droit de revêtir l'habit que je porte.

— Eh bien! monsieur Joseph Fouché, professeur au collège de Juilly, dit le comte de sa voix la plus dédaigneuse, et avec un geste d'une impertinence intraduisible, si vous avez à traiter, comme vous le prétendez, d'une affaire importante, vous vous adresserez à M. Durieu, mon intendant, ou à Champagne, mon premier valet de chambre. Quant à moi, je n'ai ni le loisir, ni le désir de vous écouter.

Ce disant, le jeune gentilhomme pirouetta sur les talons de ses souliers. Fouché demeura impassible : aucune animation ne se peignit sur sa physionomie. Son œil scrutateur se fixa seulement plus ardemment encore sur son interlocuteur.

— Vous refusez de m'entendre? dit-il d'une voix brève.

— Mais oui, répondit le comte.

— Alors... reprit Fouché en s'avançant.

— Alors... interrompit le comte en désignant la porte.

Fouché haussa les épaules.

— Si je suis venu déranger monsieur le comte, fit-il d'une voix sardonique, c'est qu'il s'agit, ainsi que j'ai eu l'honneur de le lui dire, d'une affaire extrêmement importante, et dès lors je ne me laisserai pas éconduire ainsi.

— Monsieur! s'écria le comte avec hauteur.

— Bah! continua froidement Fouché; écoutez-moi d'abord, vous me ferez jeter à la porte ensuite. En deux mots, voici ce qui m'amène : affaire d'Horbigny!

— Vous venez de la part de la marquise? s'écria Édouard avec un empressement inattendu.

— Non; mais je viens à propos d'elle.

Édouard regarda son impassible interlocuteur et chercha à lire sa pensée dans les yeux verdâtres de Fouché; mais il rencontra une barrière de glace que son regard, à lui, ne put faire fondre.

Alors, changeant brusquement de ton et de manières :

— Asseyez-vous, dit-il, et causons.

Fouché prit un large fauteuil, le poussa vers celui dans lequel s'installait le jeune homme, et prenant place en ayant soin, par une manœuvre habile, de tourner le dos au jour et de placer par conséquent le comte en pleine lumière.

— J'ai oublié de vous dire, monsieur le comte, commença-t-il, que mon père est armateur à Nantes, et que, en sa qualité d'armateur, il remplit souvent, comme beaucoup de ses confrères, l'office de banquier auprès de personnes recommandables. C'est en cette qualité qu'il est entré en relation avec Mme la marquise d'Horbigny; Mme d'Horbigny a en mon père une confiance absolue. Vous ignorez peut-être cet important détail?

— Je l'ignorais, répondit le comte.

— C'est ce qui m'explique l'accueil que monsieur le comte vient de me faire.

— Continuez! dit Édouard sans répondre à l'observation de Fouché.

— Mme la marquise d'Horbigny est veuve depuis trois années, vous ne l'ignorez pas, monsieur le comte?

Édouard fit un signe affirmatif.

— Elle avait près d'elle, alors qu'elle perdit son mari, une petite fille âgée d'un an à peine, son unique enfant, fruit de son mariage avec le vieux marquis d'Horbigny, lequel est mort à près de quatre-vingts ans en laissant une veuve qui aurait pu facilement être sa petite-fille, puisqu'elle n'avait point encore atteint les limites de la trentaine. L'une des singulières clauses de l'étrange testament du vieillard fut que sa fille serait son unique héritière au détriment de sa femme. Il laissait à celle-ci l'usufruit de ses propriétés, c'est-à-dire environ deux cent mille livres de rente, jusqu'à ce que la petite Berthe, sa fille, eût atteint l'âge de quinze ans, à la condition de n'en plus conserver que vingt mille à partir de cette époque. Le testament disait encore qu'à ses quinze ans accomplis, la jeune personne deviendrait maîtresse absolue de ses biens, pouvant en disposer comme bon lui semblerait; mais il ajoutait qu'en cas de mort de l'enfant avant qu'elle eût atteint l'âge prescrit, la fortune entière du marquis passerait à la fille aînée de son frère, car il n'y avait aucun rejeton mâle dans la famille. Savez-vous tout cela, monsieur le comte?

— Je n'ignorais aucun des détails que vous venez de me rappeler, monsieur Fouché.

— Alors, je continue. La situation de la jeune veuve était donc fort belle pour le présent, mais l'avenir était sombre. La marquise a vingt-sept ans, elle est grande dame jusqu'au bout des ongles, elle aime le luxe, les fêtes, les plaisirs; les deux cent mille livres de rentes du défunt, qui avait toujours vécu en Harpagon et contraint sa jeune femme à vivre de même au fond de son vieil hôtel de Nantes, arrivaient donc bien à point pour satisfaire ces goûts dispendieux de la charmante veuve, mais on devait songer que quatorze ans plus tard il faudrait dire adieu à cette fortune. Or, la marquise aurait eu quarante et un ans le jour où elle aurait dû rendre à sa fille la jouissance de ses revenus princiers. Quarante et un ans, l'âge où les charmes de la jeunesse fuient sans retour, et où la femme a le plus besoin de luxe et de bien-être, partant de richesses pour se procurer l'un et l'autre. Le ciel seul pouvait venir en aide à la marquise et lui assurer le bien-fonds de ce dont elle n'avait que momentanément l'usufruit. Je dis le *ciel*, continua Fouché en appuyant sur ce mot avec une intention évidente, parce qu'effectivement c'était le ciel qui en envoyant à Mlle Berthe ses saintes lumières, en la douant d'une vocation irrésistible pour la vie religieuse, pouvait conserver à la marquise l'héritage du défunt. A quinze ans, Mlle Berthe devenait, par l'effet même du testament, maîtresse absolue de ses biens. Supposez un instant cette jeune personne entraînée par une force invincible vers l'existence mystique du couvent; supposez qu'en dépit de sa richesse, de sa beauté, des prières de sa famille, elle veuille prendre le voile; sa dot payée, que lui deviennent les biens de la terre? qu'est pour elle la fortune? Vanité des vanités! Quoi de plus simple alors que, maîtresse absolue de ses biens, elle en dispose en faveur de sa mère? Ce serait là la chose du monde la plus naturelle. Qui donc pourrait y trouver à redire? Personne! Est-ce votre avis, monsieur le comte?

— Mais parfaitement, dit Édouard en se renversant sur son fauteuil avec une tranquillité apparente, sous laquelle Fouché s'efforçait, mais en vain, de trouver le trouble qu'il semblait espérer.

— La marquise, à laquelle ces pensées ne vinrent jamais, j'en suis convaincu, reprit Fouché, songea, en bonne et excellente mère, que la religion, étant la suprême force et conduisant invariablement au salut, devait être de bonne heure inculquée dans l'âme de l'enfant. Résolue à quitter Nantes pour se rendre à Paris, elle confia donc sa fille à deux femmes bien connues pour leur dévotion fervente, et réputées pour faire bon nombre de prosélytes. Puis, tranquille désormais sur Mlle Berthe, la marquise, son veuvage expiré, accourut à Paris, où elle est encore en ce moment, jouissant, en femme intelligente, de ses magnifiques revenus. Durant trois années, c'est-à-dire jusqu'au mois de juin dernier, tout alla bien. Mlle Berthe, écrivait-on à sa mère, grandissait à vue d'œil et devenait un véritable ange de grâce et de beauté; rien de plus délicieux que cette enfant. La marquise, enchantée des nouvelles qu'elle recevait, continuait à mener sa brillante existence, et bientôt même on parla de sa prochaine alliance avec l'un des plus élégants seigneurs de la cour. C'était d'autant plus beau pour Mme d'Horbigny, que la clause du testament qui la dépossédait lorsque sa fille aurait atteint sa quinzième année rendait toute union difficile. Le seul malheur réel suspendu sur la tête de la marquise était que sa fille vînt à mourir avant d'avoir ses quinze ans accomplis, puisque, dans ce cas, la fortune revenait immédiatement à la nièce de M. d'Horbigny.

— Eh bien? fit le comte en voyant Fouché s'arrêter dans son récit.

— Eh bien! monsieur le comte, reprit le professeur, ce malheur si redouté par la femme et par la mère, ce malheur qui devait à la fois frapper le cœur et la position sociale du plus rude des coups, ce malheur irréparable enfin, vient de s'accomplir au moment où personne ne pouvait s'y attendre.

— Comment? fit Édouard sans sourciller.

— Mlle Berthe est morte.

— En vérité?

— Elle est morte il y a quinze jours, à Saint-Nazaire, entre les bras des deux dévotes femmes qui l'élevaient avec un soin au-dessus de tous éloges.

— Elle a donc été malade?

— Elle était indisposée depuis le milieu de juin dernier, mais on ne pouvait supposer que cette indisposition, qui semblait légère, eût un résultat aussi fatal.

— Et quand avez-vous reçu cette nouvelle, monsieur Fouché?

— Il y a deux jours, monsieur le comte.

— Et pourquoi vous a-t-on écrit ce douleureux événement?

— Parce que, si mon père s'est occupé des affaires de Mme la marquise d'Horbigny, je suis en relation, moi, avec le frère du défunt, le baron d'Adore, et vous comprenez que la mort de Mlle Berthe, qui met en possession la fille aînée du baron d'une fortune magnifique, est un événement qui intéresse au plus haut point la famille.

— Sans doute, je comprends cela; mais ce que je ne comprends pas et que je vous prie en grâce de m'expliquer, c'est le motif qui vous a guidé pour venir me faire part de cette mort, à moi qui suis étranger à la famille d'Horbigny, au lieu de vous adresser directement à la marquise elle-même.

— Oh! monsieur le comte, dit Fouché en regardant fixement Édouard, est-il donc bien nécessaire de vous expliquer ce motif?

— Mais oui, monsieur.

— Alors je vais le faire...

— Je vous en serai obligé, répondit le comte en soutenant sans faiblir le feu qui jaillissait des prunelles ardentes de son interlocuteur.

— Je sais d'une manière toute positive, reprit Fouché, que monsieur le comte est le meilleur des amis de Mme la marquise d'Horbigny.

— Après? demanda Édouard.

— Le coup qui la frappe est tellement douloureux qu'il faut, selon moi, toute la délicatesse d'une main aimée pour le porter. C'est à ce titre que je me suis adressé à monsieur le comte.

Édouard s'inclina.

— Ensuite... continua Fouché.

— Ah! il y a un ensuite? dit le comte en souriant.

— Ensuite, comme Mlle d'Adore hérite de sa cousine en vertu de la clause du testament du marquis et que Mme la marquise est en possession de l'héritage, les gens d'affaires du baron ont pensé qu'il était indispensable d'avoir recours à la formalité des scellés.

— Ah! ah! fit Édouard en lançant à Fouché un regard ironique. Après?

— Mais, ajouta Fouché, comme la famille d'Adore, tout en voulant obéir à la loi, désire ne pas ajouter encore à la douloureuse situation de la marquise, l'on m'a prié de venir vers vous, monsieur le comte, de vous annoncer que cette désagréable opération de l'apposition des scellés devait avoir lieu après-demain, et de m'adresser à votre amitié pour la pauvre mère, afin de vous engager à l'éloigner de son hôtel durant cette pénible journée.

— Alors, monsieur Fouché, c'est bien là le double but de votre visite?

— Oui, monsieur le comte.

— Vous n'aviez pas autre chose à m'apprendre?

— Non, monsieur le comte.

— Et vous désirez naturellement connaître ma réponse?

— M. Fouché fit un signe affirmatif.

— Eh bien! fit tout à coup le comte après un moment de silence et en partant d'un joyeux éclat de rire contrastant étrangement avec le sujet de la conversation qui venait d'avoir lieu, eh bien! cher monsieur Fouché, ma réponse, la voici: je ne dirai rien à la marquise, je ne veux me mêler en rien de cette affaire, et si vous êtes chargé d'aller apposer les scellés dans son hôtel en vertu de droits que vous prétendez avoir, je vous engage à faire la démarche; mais je vous conseille, vous et vos procureurs, de vous faire dûment escorter, car il pourrait fort bien vous arriver, après être entrés par les portes, de déguerpir par les fenêtres.

— Vous dites? fit Fouché en se redressant.

— Ah! ah! vous ne comprenez pas à votre tour?

— Je l'avoue.

— Alors, cher monsieur Fouché, à moi de m'expliquer. Mais, avant tout, continua le comte avec l'accent le plus gai et le plus persifleur, per-

L'HÔTEL DE NIORRES

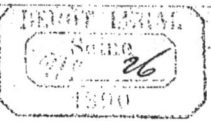

Mais la table la plus bruyante... (P. 207.)

LIV. 26. — L'HÔTEL DE NIORRES.   LIV. 26.

mettez-moi de vous donner encore un conseil. Vous m'avez dit que vous étiez professeur?

— Oui, monsieur.

— Eh bien! ayez grand soin d'enseigner à vos élèves ce que je vais vous enseigner à vous-même : dites-leur, et mettez-leur bien ceci dans la tête, cher monsieur Fouché, que le plus niais et le plus sot de tous les métiers est, sans contredit, celui de dupe.

— De dupe! fit Fouché en tressaillant violemment, tandis que son visage perdait son expression glaciale pour se couvrir subitement d'une rougeur légère. A quel propos cette expression, monsieur le comte?

— A propos de vous, monsieur Fouché, répondit Édouard en riant de plus belle.

— Monsieur le comte, dit Fouché en reprenant la gravité et l'impassibilité dont il s'était un moment départi, j'ai l'honneur de vous répéter que je ne comprends pas.

— Allons, cher monsieur Fouché! fit Édouard sur un ton de commisération moqueuse, ne vous roidissez pas ainsi contre l'événement. Une mystification n'est que chose commune.

— Une mystification! répéta Fouché.

— Eh oui! N'allez pas vous en fâcher, cher professeur; n'allez pas me donner un pensum, je n'y suis pour rien.

— J'attendrai qu'il plaise à monsieur le comte de parler sérieusement.

— Eh bien! il me plaît, dit Édouard. Venons au fait! Vous voulez que je prévienne la marquise, n'est-ce pas, qu'un grand malheur vient de la frapper!

— Oui, monsieur.

— Qu'elle a perdu sa fille et qu'elle va perdre sa fortune?

— C'est bien cela.

— Voilà ce que je refuse de faire.

— Peut-on demander pourquoi?

— J'autorise la demande et vais vous faire la réponse. Je refuse parce qu'aucun malheur n'a frappé Mme d'Horbigny.

— Comment?

— Parce que sa fille est en excellente santé.

— Mais...

— Et qu'elle n'est nullement menacée de se voir arracher sa fortune! continua le comte sans daigner faire attention à l'interruption de Fouché.

— Cependant cette lettre, dit celui-ci en tirant de sa poche un papier qu'il ouvrit et plaça sous les yeux du comte, cette lettre annonce bien la mort de Mlle Berthe! Elle porte la date du 4 juillet, et la signature du secrétaire du baron d'Adore.

— Lequel habite?
— A dix lieues de Saint-Nazaire.
— Très bien.

Le comte se dirigea vers un cordon de sonnette et l'agita d'une main indolente.

Un valet, couvert d'une livrée somptueuse, se présenta presque aussitôt sur le seuil du salon.

— Champagne, dit M. de Sommes, apporte-moi la lettre que j'ai reçue ce matin. Elle doit être sur le *bonheur-du-jour*.

Le valet s'inclina, sortit et revint, après quelques instants, tenant à la main un petit plateau d'argent finement travaillé sur lequel on voyait un papier plié en forme de lettre.

Le comte le prit, fit signe au valet de sortir, et se tournant vers Fouché demeuré immobile :

— Votre lettre est datée du 4 juillet, dit-il, elle est signée du secrétaire du baron d'Adore et elle a été écrite à dix lieues de la ville où est élevée Berthe. Celle-ci est datée du 8 juillet, elle est signée par l'une des deux gouvernantes de Mlle d'Horbigny et elle a été écrite dans la maison même habitée par la fille de la marquise.

— Eh bien? demanda Fouché.

Le comte tendit la missive tout ouverte à Fouché.

— Vous y verrez, dit-il, qu'après une indisposition assez vive, Berthe a enfin recouvré la santé, qu'elle est plus jolie, plus charmante, plus adorable que jamais, et que la chère enfant ne songe qu'à faire joujou avec les belles poupées que sa mère lui a envoyées de Paris la semaine dernière. Êtes-vous convaincu?

Fouché venait de parcourir des yeux la lettre que lui avait remise le comte. Après l'avoir examinée attentivement dans tous les sens avec une attention qui frisait de près l'insulte, il la rejeta sur le plateau que le valet avait déposé sur une table.

Puis, allant prendre son chapeau qu'il avait laissé sur un siège voisin de celui qu'il avait occupé, il s'inclina profondément devant Édouard.

— Monsieur le comte voudra-t-il bien agréer mes excuses? demanda-t-il d'une voix ferme.

— Comment donc, cher monsieur, répondit Édouard, mais je vous pardonne de grand cœur!

— Monsieur le comte est généreux, et je lui en suis on ne peut davantage reconnaissant.

— Une autre fois ne vous laissez plus mystifier, cher monsieur Foucher.
— J'y tâcherai, monsieur le comte.
— Vous reconnaissez donc l'avoir été cette fois?
— Hélas! monsieur le comte, l'évidence est là!... et après le ridicule d'avoir été dupe, je n'aurai pas celui plus grand de m'obstiner à ne l'être pas... Encore une fois, que monsieur le comte pardonne à son très humble serviteur le dérangement involontaire qu'il a pu lui causer.

Et Fouché, qui était arrivé sur le seuil de la porte du salon, s'inclina plus profondément que la première fois et sortit à reculons.

A peine se trouva-t-il seul que le jeune seigneur, perdant aussitôt la gaieté factice qui illuminait son visage, parcourut à grands pas la pièce dans laquelle il se trouvait.

— Cet homme est réellement extraordinaire? dit-il en s'arrêtant subitement. Jamais je n'avais rencontré jusqu'ici un pareil adversaire! Corbleu!

Le comte reprit sa promenade.

— Fouché! reprit-il en marchant plus lentement, Joseph Fouché! Je n'avais jamais entendu dire que le Fouché de Nantes eût un fils oratorien et professeur à Juilly. Sangbleu! il doit donner de belles leçons! Oh! si au lieu d'avoir cet homme contre moi, je l'avais pour moi!... Je donnerais, sans hésiter, vingt mille livres pour que cela fût!... En attendant il est battu, complètement battu!... Mais quel intérêt le guide dans cette affaire?... Voilà ce qu'il faudra que je sache.

Le comte, en parcourant le salon, était arrivé en face de la porte donnant dans son boudoir. Il l'ouvrit d'une main fébrile et pénétra dans la petite pièce.

Au centre, placée devant un magnifique fauteuil, était une petite table sur laquelle s'étalaient papiers, plumes et encrier. Le comte se laissa tomber dans le fauteuil, et prenant ce qu'il faut pour écrire, il traça rapidement quelques lignes sur le papier parfumé. Quand il eut achevé, il plia sa lettre, la cacheta, mit l'adresse, puis, sonnant :

— Bouton-d'Or! demanda-t-il au valet qui accourait.

Quelques minutes après, le petit jockey pénétrait à son tour dans la pièce.

— Monte à cheval, dit Édouard en lui tendant la lettre, ventre à terre jusqu'à Paris, et porte cette lettre à l'hôtel d'Horbigny, tu la remettras à la marquise en mains propres. Envoie-moi Champagne.

— Oui, monsieur le comte, répondit Bouton-d'Or, en disparaissant comme un sylphe.

— Maintenant, se dit Édouard, quand il fut seul de nouveau, maintenant que mes affaires sont faites ou en bonne voie de s'accomplir, il faut songer à celles de Son Altesse.

Puis, voyant Champagne entr'ouvrir le battant :
— Habille-moi, dit le comte.

XX

LE DINER

Après avoir quitté le salon du comte de Sommes, Fouché avait traversé la cour de l'hôtel d'un pas grave et régulier, et, ayant atteint l'avenue de Sceaux, il avait tourné à gauche, comme s'il se fût dirigé vers la place d'Armes.

— Cet homme est très fort! murmurait-il en marchant; depuis le commencement de notre entretien, il savait où je voulais en venir, et rien dans ses paroles n'a décelé ce qu'il pensait. Il est réellement très fort!... Il m'a battu, je le reconnais, mais aussi qui aurait pu prévoir que cette nouvelle que j'ai reçue était fausse? Comment le baron s'est-il laissé tromper à ce point? Dans son désir de voir sa fille hériter de plus de six millions en terres, il aura cru le premier niais qui lui a apporté, sur un faux bruit, la nouvelle de la mort de la petite Berthe. Il m'a fait faire une école avec son ridicule empressement. Maintenant la marquise et le comte vont se tenir sur leurs gardes. Sottises sur sottises! Il fallait attendre! C'était plus tard qu'il fallait circonvenir l'enfant, profiter habilement de l'éloignement dans lequel la tient sa mère, gagner les gouvernantes, faire entrer la petite au couvent, ainsi que le veut la marquise, qui la fait élever en conséquence, mais au lieu de lui laisser faire une donation en faveur de sa mère, la lui faire signer en faveur de sa cousine. Voilà comment l'affaire devait être menée!... Au lieu de cela nous allons bêtement les prévenir! C'est que ce comte est un homme d'une intelligence remarquable. La leçon ne sera pas perdue pour lui, j'en jurerais, et une fois qu'il sera l'époux de la marquise, au diable l'héritage!

Tout en monologuant ainsi, Fouché avait atteint la place d'Armes. La réception devait être alors dans tout son éclat. Les équipages, les chaises, les brouettes encombraient la cour Royale, la cour des Ministres et toute la partie de la place située en face des grilles du château. Trois heures un quart sonnèrent à Saint-Louis.

Fouché, pour éviter l'encombrement, suivit la façade des bâtiments des écuries, traversant ainsi la base de la place d'Armes. Comme il achevait de franchir l'avenue de Saint-Cloud, il se heurta contre un personnage, lequel sortait précisément des grandes écuries.

— Tiens! fit Fouché en s'arrêtant et en reconnaissant l'un de ses compagnons de voyage du matin, monsieur Marat, je crois?

— Lui-même, répondit le chirurgien.

— Pardonnez-moi, monsieur, de vous arrêter ainsi, continua Fouché, mais puisque vous habitez Versailles, vous allez, je l'espère, pouvoir me rendre un service.

— Qu'est-ce donc?

— J'avais donné rendez-vous à deux de mes amis, MM. Danton et Saint-Just, avec lesquels nous avons fait route dans le carrabas...

— Ah! celui qui allait voir Robespierre?

— Précisément. Je leur avais donné rendez-vous, dis-je, pour aller dîner avec eux, mais j'ai manqué l'heure, ils sont partis sans doute, et ne connaissant pas Versailles, je suis fort en peine pour trouver la maison que Danton m'a indiquée et dans laquelle il devait me conduire.

— Et cette maison est?...

— Celle de la mère Lefebvre.

— Oh! dit Marat, je la connais parfaitement. Je vais précisément de ce côté, et si vous le désirez, nous allons faire route ensemble.

— J'accepte avec empressement, dit Fouché.

Et les deux hommes se mirent aussitôt en route, se dirigeant d'un pas rapide vers la rue du Plessis.

Fouché faisait bien en se pressant, car à cette heure même où il rencontrait Marat, le dîner de la mère Lefebvre commençait à s'avancer.

Jeanneton venait d'apporter sur chaque table un plat de haricots d'un attrayant aspect, et les bouteilles de vin d'Argenteuil avaient presque toutes été renouvelées.

Aussi la conversation était-elle vive, bruyante, animée, et, bien que les convives fussent séparés en trois sociétés distinctes, bien qu'aucune parole ne fût échangée sur un ton par trop glapissant, il commençait à devenir difficile d'entendre clairement ce que disait son voisin, et surtout de se faire entendre soi-même.

Mais la table la plus bruyante, celle où les rires étaient les plus éclatants et où les bouteilles se succédaient le plus vite était, sans contredit, la table occupée par Michel, Tallien, Joachim, Augereau, Talma et l'élève de l'École militaire.

— Eh bien l'abbé, disait Augereau en tapant sur l'épaule de Joachim, jetons-nous le froc aux orties, endossons-nous l'uniforme.

— Vive la cavalerie! cria le petit abbé en vidant son verre d'un seul trait.

— Bravo! je vous prédis que vous irez loin.

— Je deviendrai capitaine!

— Alors, à vos épaulettes!

Et le maître d'armes choqua son verre contre celui de Joachim.

— V'la un petit particulier là-bas qui me caresse l'œil! dit Mahurec en désignant à ses compagnons le jeune abbé, dont le visage s'empourprait sous l'action du vin cependant peu généreux. Il a un air bon enfant qui fait plaisir à relever. Quel beau petit mousse ça ferait!

— A propos! dit tout à coup Michel, vous savez bien ce que nous a raconté Léonard dans le carrabas!

— L'histoire des empoisonnements? répondit Tallien.

— Oui.

— Est-ce que tu en as entendu parler?

— Mais oui. J'ai des nouvelles toutes fraîches.

— Dites-nous cela, monsieur Michel! dit Talma avec curiosité.

— Où donc en avez-vous eu des nouvelles? demanda Augereau.

— Chez la cliente du patron, Mme de Beauharnais.

— Elle vous a parlé de cette histoire!

— Oh non! pas elle; mais, tandis que j'attendais, pendant qu'elle était à sa toilette, j'en ai entendu causer dans son salon.

— Bah! cette aventure-là est donc bien répandue!

— Il paraît, et Léonard avait raison : il n'est bruit que de ces empoisonnements.

— Sait-on chez qui ils sont commis? demanda l'élève de l'École militaire.

— On disait que c'était chez M. de Niorres.

— Le conseiller au parlement! dit Tallien.

— Tiens! fit Danton, qui depuis quelques instants prêtait l'oreille à ce que l'on disait à la table voisine de la sienne, Robespierre aussi, m'a parlé de cette ténébreuse affaire et c'est effectivement l'hôtel de Niorres qui est le théâtre de ces horribles drames.

— Et qu'en pense-t-il? demanda Saint-Just.

— Ma foi! Robespierre est fort embarrassé. On cherche quel but veut atteindre le coupable.

— Oh! fit observer M. Roger d'une voix insinuante, ce but est facile à deviner : ce doit être l'intérêt.

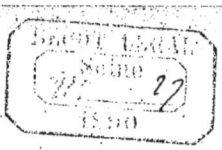

Ah! mon brave, fit-il en s'adressant au marin... (P. 212.)

— Alors, l'auteur des crimes serait donc un membre de la famille du conseiller qui aurait intérêt à faire le vide autour de lui? dit l'avocat en regardant l'employé.

Celui-ci détourna les yeux, sous le regard perçant que Danton dirigeait sur lui.

— Je l'ignore, dit-il; j'émets une opinion, voilà tout.

— Mais cette opinion me paraît bonne, monsieur.

— Mon Dieu ! je la donne pour ce qu'elle vaut.

Quant à MM. Gorain et Gervais, en dépit de leur loquacité ordinaire, ils avaient écouté jusqu'alors, depuis le commencement du repas, sans oser prononcer une parole.

Les deux bourgeois se sentaient légèrement intimidés, d'être placés ainsi en présence de tant de monde, et M. Gorain se trouvait encore sous l'influence des pensées vaniteuses que faisait surgir dans son esprit l'espérance brillante fugitivement suscitée par l'employé.

Cependant ce mutisme obstiné, tellement en dehors de leurs habitudes et combattu vigoureusement par le sentiment de bien-être que leur procurait le contentement de leur estomac satisfait, commençait à fatiguer étrangement les deux dîneurs.

M. Gorain fut le premier qui se hasarda à rompre le silence.

— De quelle affaire parle donc M. Danton, mon locataire? demanda-t-il à voix basse à M. Gervais.

— Je ne sais pas trop, reprit celui-ci.

— Quoi ! dit Roger avec étonnement, vous n'avez pas entendu parler des crimes commis à l'hôtel de Niorres?

— Non, cher monsieur...

— C'est pourtant une affaire des plus importantes et des plus ténébreuses.

— Qu'est-ce donc?

— Une succession d'empoisonnements qui désolent la famille de ce respectable magistrat.

— Oui, ajouta Danton, M. de Niorres a déjà vu mourir ses trois fils, sa sœur, l'une de ses brus et deux de ses petits-enfants

— Et le criminel n'est pas arrêté? dit M. Gorain.

— On ignore même encore qui il est.

— Comment ! la police ne sait pas cela?

— Ou si elle le sait, ajouta Danton, elle garde le secret pour elle.

Roger lança en dessous un profond regard qui darda ses rayons sur le locataire de M. Gorain.

— Mais, continua l'avocat en élevant la parole et en désignant Michel, voici un jeune homme qui prétend avoir des nouvelles à cet égard, n'est-ce pas, monsieur le clerc?

— Oui, maître, répondit Michel en s'inclinant ; j'ai, je le répète, des nouvelles toutes fraîches.

— Qu'avez-vous donc entendu dire?

— Que Mme de Niorres, la jeune veuve du troisième fils du conseiller avait failli être tuée, cette nuit, avec son enfant et le pauvre orphelin son neveu.

— Et elle a échappé à la mort?

— Heureusement. La machine préparée pour faire explosion dans son appartement n'a pas parti.

— Et que dit-on? L'opinion publique accuse-t-elle un coupable? reprit Danton.

— On en est aux probabilités, répondit Michel.

— Ces probabilités, alors, pèsent sur quelqu'un? ajouta M. Roger.

— On fait ce que vous disiez tout à l'heure, monsieur, on cherche où est l'intérêt qui peut faire accomplir ces crimes.

— Mais, dit Danton avec force, dire cela est accuser un membre de la famille, je le répète.

— Oh! fit M. Roger en secouant la tête, malheureusement, ce ne serait pas là le premier exemple que donneraient les annales du crime.

— Le conseiller a-t-il donc un autre enfant?

— Il a une fille mariée à M. de Nohan.

— Et puis?

— Deux nièces.

— Ah! dit Michel, on disait, chez Mme de Beauharnais, que ces deux jeunes filles étaient fiancées à deux gentilshommes de vieille noblesse.

— Sait-on leur nom?

— Oui, ce sont MM. le marquis d'Herbois et le vicomte de Renneville.

— Hein? fit brusquement un organe sonore, et Mahurec se dressa sur sa chaise. Quoi qu'y a?

— Chut!... tais-toi donc! dit vivement Lefebvre en tirant par le bras son ami, afin de le contraindre à se rasseoir.

Le soldat craignait de contrarier les pratiques de sa femme, en laissant Mahurec se mêler à la conversation.

— Mais, dit le matelot, c'est mes lieutenants...

— Eh bien! tais-toi!

— Mais, t'as donc pas entendu ce que dit cet autre, qu'ils vont se bourlinguer dans une maison d'empoisonneurs...

— Assieds-toi et écoute!

Mahurec obéit en grommelant; les paroles échangées entre lui et Lefebvre n'avaient point été entendues des autres personnages, lesquels avaient continué la conversation engagée d'une table à une autre.

— Mais, avait dit vivement Danton, MM. d'Herbois et de Renneville sont les deux jeunes gens avec lesquels nous avons fait route ce matin.

— Tiens! c'est vrai! ajouta Saint-Just. Vous les connaissez, puisque vous nous avez présentés à eux, M. Fouché et moi.

— Oui, certes, je les connais et je m'en fais honneur, répondit Danton, car ce sont non seulement deux excellents gentilshommes, mais encore, mais surtout, deux braves cœurs et deux intelligences supérieures.

— C'est ça parler! cria Mahurec incapable de se contenir, en entendant vanter les précieuses qualités de ses lieutenants. Vous êtes un brave terrien... vous, l'homme en noir...

— Tais-toi donc! dit Lefebvre.

— Je dis que celui-là est digne d'être matelot!

Cette fois, Danton avait entendu; il sourit en regardant Mahurec.

— Ah! mon brave, fit-il en s'adressant au marin, vous connaissez aussi MM. d'Herbois et de Renneville?

— Si je les connais?... En v'la une bêtise!... c'est-à-dire, ajouta le matelot en se reprenant vivement, je voulais dire en v'là une farce! Je les connais depuis qu'ils naviguent, voyez-vous, et le premier qui en dirait du mal...

— Allons! mange donc, interrompit Lefebvre, en tirant son ami par sa vareuse.

— Laisse donc, toi, dit Mahurec en repoussant le soldat; tu vois bien à cette heure qu'il s'agit de mes lieutenants, et Mahurec est là, prêt à déralinguer qui les rangerait trop bord à bord. Pour lors, et d'une, c'est pas tout ça, continua le matelot en quittant sa table pour venir se camper en face de Danton; vous m'avez largué de bonnes paroles, vous; vous me faites celui d'être solide comme un gabier d'artimon. Faut pas être fier avec un pauvre matelot qui aime ses chefs, et lui larguer la vérité dans le grand! Si j'ai bien relevé le point, mes lieutenants sont à la veille de s'affaler dans la vase, mais minute, que je dis : ouvre l'œil et défie de la marée qui porte au vent!... Faut jeter le plomb de sonde dans ce gâchis-là, et savoir un brin quel fond qu'il rapporte!

Et, sans plus de cérémonie, le matelot posa l'une de ses larges mains sur la table devant laquelle étaient assis Danton et Saint-Just, et de l'autre, attirant le banc dont il fit glisser l'extrémité entre ses jambes, il s'assit carrément.

M. Roger, glissant doucement sur son siège, se rapprocha du matelot.

— Mon ami, dit l'avocat du ton le plus bienveillant, je ne puis vous apprendre rien autre chose que ce que vous venez d'entendre vous-même; je n'en sais pas plus. Mais, puisque vos lieutenants sont fiancés tous deux aux nièces de M. de Niorres, je m'explique l'air chagrin que j'ai remarqué ce matin sur leur visage.

— Hum! fit Mahurec en secouant la tête d'un air mécontent, faudra que je relève le point moi-même.

— Comment! dit M. Roger qui causait à voix basse avec les deux bourgeois et avec Saint-Just, MM. d'Herbois et de Renneville sont fiancés à Mlles de Niorres!... C'est particulier! Ils ne m'ont pas dit un mot de ces mariages!

— Vous les connaissez aussi? demanda Danton.

— Mais beaucoup... beaucoup... Je me suis occupé de leurs affaires, durant leurs nombreux voyages, et j'avoue que ce n'était point une petite besogne. Ces marins! ils ne se doutent pas de la valeur de l'argent. Une fois à terre, ils jettent les louis par les fenêtres avec une facilité...

— C'est vrai! dit Tallien; je me rappelle, maintenant, avoir entendu parler de ces messieurs. Il paraît qu'ils ont mené l'existence la plus fastueuse...

— Hélas! fit l'employé en soupirant, ils n'ont jamais cessé de vivre ainsi.

— Ils sont donc riches? demanda Danton.

— Ils ne possèdent plus un sou de patrimoine; tout a été follement gaspillé avec l'insouciance de la jeunesse... Ce sont des jeunes gens charmants! Ils ont un avenir superbe, mais je dois avouer que leur présent est grevé de dettes énormes...

— Comment payeront-ils? dit M. Gorain, s'ils n'ont plus rien.

— Le roi ne les laissera pas dans l'embarras; puis, l'avenir répond d'eux... Je sais bien que tous leurs créanciers ne sont pas de mon avis, il y en a même d'intraitables, mais, pour moi, je suis tranquille...

— Ils vous doivent? demanda Danton.

— Oui, je les ai obligés, souvent, pour des sommes assez fortes, mais je ne crains rien... j'ai en eux une confiance absolue. Ainsi, il y a un remboursement prochain, et je suis certain qu'ils payeront.

— Avec les deniers du roi, dit Danton; mais si le roi ne paye pas?

— Oh! ils se tireront d'affaire. D'ailleurs, il le faut bien! Il y a, parmi leurs créanciers, deux gaillards qui ne badinent pas et qui, pour soixante mille écus qui leur sont dus, ne reculeraient pas devant le scandale le plus désastreux. Le vicomte et le marquis le savent bien, aussi, ils se mettent en mesure de rembourser, j'en réponds.

— Pauvres jeunes gens! dit l'avocat, je ne les croyais pas dans une situation aussi fâcheuse.

— Bah! fit M. Gervais, un bon mariage les tirera d'affaire, et puisqu'ils doivent épouser Mlles de Niorres.

— Mais, fit observer Danton, j'ai entendu dire que les nièces du conseiller ne vivaient que des bontés de leur oncle et ne possédaient aucune fortune.

— Pour le présent, oui, dit M. Roger; mais l'avenir peut être beau. Si les deux petits enfants du conseiller et sa fille mouraient à leur tour, comme sont morts ses trois fils, Mlles de Niorres seraient les seules héritières d'une fortune immense. Certes, je suis convaincu que le vicomte et le marquis sont incapables d'avoir songé à cela, mais, enfin...

M. Roger n'acheva pas sa pensée; Danton le regarda avec une fixité telle, qu'il détourna encore la tête.

— Tiens! tiens! tiens! fit Tallien à l'oreille de Michel, je n'avais pas pensé à cela, moi; il a raison, ce monsieur!

Quant à Mahurec, il avait écouté sans trop comprendre. Il regardait les dettes de ses lieutenants comme des peccadilles de jeunesse auxquelles il n'attachait pas la moindre attention, et il était si loin de supposer qu'une pensée mauvaise pût germer dans la tête d'autrui, à l'égard de ceux qu'il aimait, qu'il n'interpréta que comme une parole dite en l'air l'observation insidieuse de l'employé du ministère de la maison du roi.

Ce fut à ce moment que Fouché, accompagné du chirurgien Marat, entra dans la salle. Danton frappa sur la table en l'apercevant.

— Allons donc! dit-il. Je vous croyais perdu dans Versailles. Vous avez manqué notre rendez-vous.

— Ce n'est pas ma faute, répondit Fouché en prenant la place que Mahurec venait de quitter, pour regagner la sienne près du soldat aux gardes-françaises; j'ai été retenu plus longtemps que je ne le voulais.

— Eh bien! monsieur, dit Marat en s'asseyant près de Fouché et en s'adressant à l'avocat, tandis que Jeanneton s'empressait de servir un nouveau dîner; avez-vous vu Robespierre?

— Oui, monsieur, et nous avons eu ensemble une longue conférence.

— Relativement à l'enlèvement de l'enfant?

— Quel enfant? demanda Fouché, en s'efforçant de s'arracher à une préoccupation qui absorbait son esprit d'une façon évidente.

— Eh! l'enfant du teinturier, la Jolie Mignonne; la fille de Bernard, enfin, répondit Danton. Ne vous souvenez-vous donc plus de ce que je vous racontais, il y a à peine quelques heures?

Fouché, qui portait à ses lèvres pâles une cuillerée de potage puisée dans l'assiette qu'il avait devant lui, s'arrêta subitement et laissa retomber le liquide fumant.

— C'est vrai, dit-il ; j'avais complètement oublié...

— Eh ! fit Saint-Just en riant, on dirait, mon cher professeur, que vous tombez des nues !

— Quel âge a donc cette petite fille? demanda Fouché.

— Quatre ans, répondit Danton.

Fouché baissa la tête et parut réfléchir profondément.

Mahurec semblait ruminer un projet dans sa cervelle; il n'avait prêté aucune attention à ce qui venait de se dire, mais Jean, le garçon de maître Bernard, avait écouté avec un vif intérêt les paroles relatives à la petite fille de son patron.

A la table de Michel, tous les convives avaient cessé leurs conversations particulières, depuis qu'il avait été question de M. de Niorres, et maintenant ils semblaient s'occuper de l'enfant perdu ou volé.

Personne donc, M. Roger excepté, ne remarqua la préoccupation visible de Fouché, ni la tension d'esprit manifeste à laquelle se livrait Mahurec.

— Et que vous a dit Robespierre? demanda Marat de sa voix brève et sifflante.

— Il m'a fait raconter tous les détails de ce triste événement, répondit Danton; puis nous avons pesé chaque circonstance, enchaîné chaque déduction, commenté chaque probabilité.

— Et... vous avez conclu ?

— Que la Jolie Mignonne n'avait pu être enlevée à ses parents que par des mains puissantes; car si l'enfant eût été dérobé par quelque mendiante, les recherches rapides, actives et multipliées auxquelles on s'est livré, dès le premier instant de la disparition de la Jolie Mignonne, eussent certes porté leurs fruits.

— Cela est en effet probable, dit Marat.

MM. Gorain et Gervais se poussèrent mutuellement le genou. M. Roger demeurait impassible et examinait Fouché.

Celui-ci semblait s'occuper exclusivement de son repas; tout symptôme de préoccupation avait disparu.

— Et, reprit Marat, cela explique encore la nullité des efforts de la police. Elle n'a pas les ongles assez aigus pour fouiller dans les affaires de la noblesse.

— Espérons, pour la tranquillité de chacun, pour la liberté individuelle de tous, que ces ongles lui pousseront, dit Saint-Just en relevant la tête.

— Bah! répondit le chirurgien en haussant les épaules, les privilèges sont de puissants ciseaux pour rogner les griffes. Le jour dont vous parlez, jeune homme, n'est pas près de luire : à moins que...

— A moins que?... répéta Saint-Just en voyant Marat s'arrêter.

— A moins que la volonté du peuple ne lacère d'abord ces privilèges stupidement insolents.

— La volonté du peuple? dit M. Gorain en regardant M. Gervais; qu'est-ce que c'est que cela?

— Je ne sais pas, compère, répondit le second bourgeois.

— C'est quelque chose que la France connaîtra un jour, dit le chirurgien en lançant un coup d'œil à Danton.

— *Vox populi, vox Dei!* dit l'avocat avec un peu d'emphase.

— Qu'avez-vous donc, mon cher ami? demanda Talma à l'élève de l'École militaire qui venait de tressaillir brusquement.

— Rien, répondit celui-ci d'une voix grave : je pensais...

— A quoi donc?

— A l'avenir.

— Est-ce que c'est votre conversation avec votre professeur d'histoire, M. de l'Éguille, que nous avons rencontré en venant ici, qui vous a mis dans ces dispositions rêveuses? Vous aurait-il donné une mauvaise note pour les examens que vous allez passer?

— Lui? Oh! nous sommes au mieux ensemble; et tenez, mon cher Talma, voici un extrait de son rapport qui me concerne et qu'il vient de me donner.

Le jeune homme prit un papier dans sa poche et le tendit à son compagnon. Talma l'ouvrit, lut et se mit à rire.

— Napoléon Bonaparte, dit-il en reportant ses yeux sur le papier, Corse de nation et de caractère. Il ira loin si les circonstances le favorisent. Peste! quelle belle prédiction.

— Quatre heures et demie! dit tout à coup Tallien. Le carrabas part à cinq heures, nous n'avons que le temps d'aller jusqu'à la place d'Armes. Viens-tu, Michel?

— Nous vous accompagnons! ajouta Talma en se levant.

— Et vous, l'abbé? demanda Augereau en s'adressant à Joachim, demeurez-vous à Versailles à attendre votre M. de Talleyrand, que vous n'avez pas encore rencontré?

— Moi, répondit Joachim, je vais à Paris, je brûle ce soir ma soutane et dès demain je me fais soldat!

— Bravo! en route! je vous apprendrai à manier le sabre.

— Et vous ne perdrez pas votre temps!

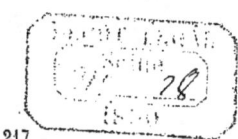

Les deux tiers de la population parisienne ne passaient pas une journée sans traverser le Palais-Royal... (P. 223.)

Toutes les pratiques de la mère Lefebvre s'étaient levées, et, après avoir soldé leur dépense, elles gagnèrent la rue, se dirigeant vers la place d'Armes.

— Nous partons aussi! dit M. Gorain en interrogeant du regard M. Roger.

— Je n'aurai pas l'honneur de faire route avec vous, répondit celui-ci.

Je reste à Versailles, mais j'aurais le plus vif plaisir à vous revoir, messieurs, et si vous le permettez...

— Comment donc! fit M. Gorain, enchanté...

— Vous allez voir ce pauvre Bernard, sans doute?

— Oui, nous irons chez lui ce soir. Pauvre homme! nous lui dirons que nous avons eu l'avantage de votre rencontre et que le roi et monseigneur s'intéressent à lui. Ce sera une grande consolation.

— C'est cela, dit M. Roger, et moi je vais m'occuper des affaires de MM. d'Herbois et de Renneville.

— Ah ça! ces pauvres gentilshommes sont donc dans de bien mauvais draps, décidément?

— Je ne sais pas comment ils pourront s'en tirer si un miracle ne leur vient en aide! dit M. Roger en baissant la voix. Je n'ai pas osé en parler nettement tout à l'heure devant tout le monde, entre nous... je les crois au bout du rouleau!

— Pauvres garçons! dit M. Gervais.

— Ils ont des dettes effroyables, et le roi ne payera rien, et, qui pis est... les soupçons les plus graves peuvent peser sur eux!

— Comment?

— Dame! si leurs futures femmes héritaient, on pourrait leur attribuer...

— Oh! fit M. Gorain en comprenant soudain.

— Au revoir! dit brusquement l'employé. Je me sauve!

Et, tournant à gauche, M. Roger disparut rapidement. Les deux bourgeois se regardèrent et se mirent en marche.

ouché s'était rapproché de Danton :

- Vous m'avez dit que Bernard, le père de l'enfant volé, demeurait rue Saint-Honoré? demanda-t-il.

— Oui, répondit Danton, à quelques pas de la maison que j'habite.

— Bon! merci!

— Est-ce que vous voulez voir ces pauvres parents?

— Oui.

— Eh bien! venez déjeuner demain avec moi, nous irons ensemble leur rendre visite.

— Demain, dit Fouché, serait bien tard. C'est aujourd'hui, en arrivant à Paris, que je désire les voir.

— Vous avez quelque chose à leur dire touchant leur fille?

— Peut-être.

— Oh! si c'est un secret ..

— Ce n'est pas le mien! dit vivement Fouché.

— C'est qu'en arrivant à Paris, je ne rentre pas chez moi, fit observer Danton.

— Eh bien! j'irai seul... cependant j'eusse préféré un introducteur qui les assurât de mes bonnes intentions.

L'avocat réfléchit.

— Eh! mais, fit-il tout à coup, j'ai votre affaire! Je ne puis vous conduire chez Bernard ce soir, mais M. Gorain, mon propriétaire, est l'intime ami du teinturier. C'est lui qui vous présentera. En arrivant à Paris, je le prierai de vous mener chez Bernard et il se fera un plaisir de vous être agréable.

— Merci, j'accepte! dit Fouché en serrant la main de l'avocat.

Tandis que le professeur et son ami échangeaient la rapide conversation que nous venons de rapporter, Mahurec qui avait fait ses adieux à Lefebvre et à sa femme, doublait le pas pour rattraper les autres voyageurs.

Le digne marin paraissait de plus en plus préoccupé, et son cerveau se livrait évidemment à un travail pénible, car son front était sombre, ses sourcils contractés et son regard vague errait sur les objets sans les voir. Après avoir fourni une course rapide, il atteignit le groupe formé par Michel, Tallien, Augereau et Joachim..

— Pardon, excuse, dit-il en s'adressant à Michel, qu'il tira par le pan de son habit, je voudrais, comme qui dirait vous larguer deux mots dans le pertuis de l'entendement.

— Qu'est-ce que c'est, mon brave? répondit le jeune clerc en souriant et en laissant prendre l'avance à ses compagnons pour obéir au désir manifesté par le matelot.

— C'est par rapport à M. de Chose, vous savez? le particulier aux deux nièces, de l'homme dans la case de qui qu'il y a un gâchis si numéro un.

— M. de Niorres, vous voulez dire?

— Oui, c'est cela. Je voudrais connaître son gisement.

— Son... quoi? demanda Michel, qui ne comprenait pas ce que voulait dire le gabier.

— Son gisement, que je dis, là où qu'il perche, quoi!

— Ah! très bien! M. de Niorres habite la rue du Chaume.

— La rue du Chaume? Dans quelle aire que c'est ça?

— Dans le Marais, près la rue du Temple, répondit Michel qui devina ce que lui demandait son interlocuteur.

— Bon! merci! bien obligé.

— C'est là tout ce que vous vouliez savoir, mon brave?

— Oui, c'est tout.

Michel fit un signe amical au marin et rejoignit ses amis.

Mahurec demeura seul, en arrière, longeant les maisons de la rue du Plessis.

— M. de Niorres, rue du Chaume, au Marais, se dit-il, comme pour bien graver ce nom dans sa mémoire? Maintenant que je connais le relèvement, je n'ai qu'à mettre le cap dessus et à nager un bon coup!

Mahurec se donna une énorme tape à poing fermé dans le creux de l'estomac.

— Le gabier est en vigie sur les hautes vergues! continua-t-il. Il ouvre l'œil, et c'est pas à lui qu'on fera jamais prendre des requins pour des dorades! Mes pauvres chers lieutenants, tout ce que j'aime sur la terre, quoi! tonnerre! Allons, matelot, te v'là en chasse! ouvre l'œil aux bossoirs! veille! veille!

En ce moment Mahurec atteignait la place d'Armes, et devant lui stationnait le carrabas dans lequel prenait place les personnages qui venaient de quitter avec lui le logis de la mère Lefebvre.

XXI

LE JARDIN

L'ancien jardin du Palais-Royal, beaucoup plus vaste que celui d'aujourd'hui, comprenait, sous le règne de Louis XV et au commencement de celui de Louis XVI, outre le terrain du jardin actuel, tout l'emplacement qu'occupent les corps de bâtiment et les galeries qui entourent les trois côtés de ce jardin, plus celui des rues de Valois, de Montpensier et de Beaujolais.

Les hautes maisons dont la façade se trouvait sur les rues de Richelieu, des Bons-Enfants et Neuve-des-Petits-Champs, avaient vue à découvert sur le petit parc du duc d'Orléans, dont le plus bel ornement était une allée de marronniers, vieux, touffus, magnifiques; allée vaste, large, toujours peuplée d'oisifs, de nouvellistes et de femmes en quête d'aventures.

Au 1er août 1781, on commença à porter la cognée sur les arbres antiques de cette promenade et la désolation dans le cœur de ses habitués.

Le duc de Chartres, doué d'une sorte d'activité fébrile, venait de faire bâtir sa fameuse Folie-de-Chartres, nouvel Élysée située aux portes de Paris, à quelque distance de Monceau. Or, les édifices ne s'érigent qu'à grands frais : le duc avait reçu de l'abbé Bourdeau, directeur de ses finances, l'avis assez triste que les fonds baissaient sensiblement dans les coffres de l'illustre entrepreneur. Mais, en même temps, Bourdeau, économiste ingénieux, avait proposé au prince l'adoption d'une spéculation qui pouvait offrir de grandes ressources et que Son Altesse s'était empressée d'accepter. Donc, les arbres du jardin étaient tombés, trois rues nouvelles, celles de Valois, de Montpensier et de Beaujolais avaient été tracées, et de grands corps de bâtiments destinés à être loués au commerce et aux particuliers, avaient jeté leur fondation autour du jardin singulièrement rétréci.

Les propriétaires des maisons situées rue de Richelieu, rue des Bons-Enfants et rue Neuve-des-Petits-Champs, dont les derrières donnaient sur ce jardin condamné, avaient aussitôt jeté les hauts cris, et bien qu'ils n'eussent aucun droit, qu'ils n'eussent joui jusqu'alors que d'une simple concession, ils mirent au projet du duc des oppositions souvent reproduites et toujours inutiles, mais incessamment tracassières. Paris entier se souleva contre le noble spéculateur. Les libelles, les épigrammes tombèrent, dru comme grêle, sur les constructions, les architectes et le propriétaire. Rien n'y fit. En janvier 1782, les fondations des nouveaux édifices furent jetées, et, malgré les clameurs publiques, les trois façades des bâtiments qui entourent le jardin furent achevés sur les dessins du sieur Louis.

La quatrième façade, du côté du palais, qui devait être la plus magnifique, demeura inachevée. Ce fut sur ce terrain, situé entre les constructions principales du Palais-Royal et les galeries de pierres latérales, que l'on construisit ces deux galeries de bois d'un si vilain aspect, où s'établit une foire perpétuelle qui traversa tous les orages de la Révolution, tous les triomphes de l'Empire, toutes les stérilités de la Restauration pour venir perdre tout son éclat en subissant la transformation qui fit des galeries de bois la magnifique galerie vitrée si peu fréquentée de nos jours.

Chose singulière! à une époque où l'on commençait à prêcher la liberté et l'égalité, chacun fit un crime au duc de Chartres de toucher à ses propres propriétés et de chercher à payer ses dettes nombreuses sans emprunter, sans spolier le trésor royal, en s'efforçant d'augmenter ses revenus par des moyens parfaitement légaux et qui donnaient du pain à de nombreux ouvriers. Certes, je n'entreprendrai pas la défense du duc de Chartres, devenu ensuite M. Égalité; mais au milieu de ces vices, il est une qualité qu'aucun écrivain n'a fait ressortir : le duc de Chartres n'a jamais eu recours au roi pour solder ses créanciers, et il a toujours fait honneur à ses affaires dans un temps où les plus grands seigneurs étaient les plus mauvais débiteurs.

Les constructions achevées, comme il fallait bien les accepter, on les critiqua avidement. On prétendit que l'architecture était mesquine et peu convenable à un aussi vaste édifice; que les cent quatre-vingts arcades qui communiquent de la galerie publique au jardin étaient trop étroites et mal exécutées; que le duc de Chartres aurait pu choisir un archite plus habile; mais la foule n'en accourut pas moins dans ce splendide bazar.

L'affluence se porta surtout, par une cause encore inexpliquée, vers les galeries de bois. Les commerçants forains se disputèrent les places, payèrent cher, vendirent beaucoup, et, en peu de temps, tout le monde fut satisfait, quoique chacun continuât à crier.

Le jardin, les galeries devinrent promptement le rendez-vous de tous les promeneurs, de tous les étrangers, le centre de beaucoup d'affaires, le foyer des jeux de hasard, des plaisirs et de la débauche. Ceux de mes lecteurs dont les jeunes années remontent à l'époque de la Restauration peuvent seuls se faire une idée exacte de ce qu'était ce lieu favori de la foule.

Depuis 1784 jusqu'aux premières années qui suivirent la Révolution de 1830, durant un demi-siècle entier, tant que vécurent les horribles galeries de bois enfin, le Palais-Royal fut l'endroit le plus renommé, le plus connu non seulement de Paris et de la France, mais de l'Europe entière, mais du monde civilisé! Étrangers, provinciaux, pauvres voyageurs, grands seigneurs, en débarquant dans la capitale affluaient immédiatement vers le Palais-Royal.

« Palais-Royal! Point unique sur le globe! s'écrie Mercier dans ce volumineux panorama nuageux que l'on nomme le *Tableau de Paris* et dans lequel jaillissent parfois des éclairs étincelants. Visitez Londres, Amsterdam, Madrid, Vienne, vous ne verrez rien de pareil : un prisonnier y pourrait vivre sans ennui et ne songer jamais à la liberté. On l'appelle la capitale de Paris. Tout s'y trouve. Mais mettez là un jeune homme ayant vingt ans et cinquante mille livres de rente, il ne voudra plus, il ne pourra plus sortir de ce lieu de féerie; il deviendra un Renaud dans ce palais d'Armide; et si ce héros y perdit son temps et presque sa gloire, notre jeune homme y perdra le sien et sa fortune.

« Ce séjour enchanté est une petite ville luxueuse renfermée dans une grande : c'est le temple de la volupté, d'où les vices brillants ont banni jusqu'au fantôme de la pudeur. Quelque chose que vous puissiez désirer, vous êtes sûr de l'y trouver : vous y aurez jusqu'à des cours de physique, de poésie, de chimie, d'anatomie, de langues, d'histoire. Là on peut tout voir, tout entendre, tout connaître. Il y a de quoi faire d'un ignorant un savant, mais c'est là aussi que le libertinage est éternel. Les Athéniens élevaient des temples à leurs Phrynés; les nôtres trouvent le leur dans cette enceinte. »

Ce que l'on nomme aujourd'hui la Bourse, c'est-à-dire la réunion des joueurs spéculant sur les fonds publics, avait lieu au Palais-Royal, dans les jardins, dans les cafés. Trois fois par jour, les agioteurs s'y donnaient rendez-vous et s'y réunissaient régulièrement.

« C'est une jolie boîte de Pandore, dit encore Mercier, elle est ciselée, travaillée; mais tout le monde sait ce que renfermait la boîte de cette statue animée par Vulcain. »

Tous les métiers les plus opposés y étalaient leurs montres : un restaurateur à côté d'un libraire, des collifichets de la mode à côté d'instruments de précision.

Quoique tout augmentât, triplât, quadruplât de prix dans ce lieu renommé, il semblait y régner une attraction qui attirait l'argent de toutes les poches. Le Palais-Royal (pour nous servir d'une expression qui rend parfaitement notre pensée) desséchait par son commerce les quartiers environnants, qui ne figuraient plus autour de lui que comme des provinces tributaires.

A une époque où le luxe des magasins était encore si peu connu, les yeux étaient fascinés par toutes les mille décorations extérieures que les marchands plaçaient devant leurs boutiques sous les arcades.

Le Camp-des-Tartares surtout regorgeait de tout ce que pouvaient désirer les promeneurs avides de satisfaire le spectacle des yeux. (On nommait Camp-des-Tartares les deux galeries adossées, ou galeries de bois, qui attendaient l'achèvement de la construction.)

De tous côtés, les cafés regorgeaient, pullulaient. Nouvellistes, discoureurs, auditeurs, lecteurs de gazettes y foisonnaient.

Les deux tiers de la population parisienne ne passaient pas une journée sans traverser le Palais-Royal, sans y venir soit par plaisir, soit par affaires.

Peu de mois avant l'époque où a commencé ce récit s'était établi, vers le milieu de la galerie Montpensier, un café où l'on courait à cause d'un ingénieux mécanisme qui, à l'exemple de la fameuse table de Choisy, apportait sur chaque guéridon ce que le consommateur avait demandé, sans l'assistance d'aucun agent visible. Cet établissement, désigné sous le nom de *Café mécanique*, était un joujou amusant fort les Parisiens et jouissant alors d'une vogue extraordinaire. Toutes les classes de la société y affluaient, et depuis le dernier commis de magasin y venant endimanché, jusqu'au grand seigneur s'y rendant incognito, chaque habitant de la capitale tenait à honneur de pouvoir dire :

— J'ai pris mon café à la *mécanique!*

De midi à minuit, tous les degrés de l'échelle sociale s'étaient déroulés dans l'établissement, à la plus grande joie de l'heureux propriétaire.

Le soir surtout (nous sommes au mois de juillet), le café ne désemplissait pas, et ses abords étaient presque constamment obstrués par la foule des curieux, non moins grande que celle des consommateurs.

Quelques heures après le départ de Versailles du carrabas qui avait ramené vers Paris une partie des voyageurs que nous avons vus partir le matin, le jardin du Palais-Royal resplendissait d'animation, de toilettes et de bruit. Il était sept heures et demie, le jour commençait à tomber, la chaleur était encore assez forte, et, comme il arrive souvent après l'une de ces brûlantes journées d'été, une sorte de brouillard violacé, vapeur se dégageant de la terre et se mélangeant à une poussière impalpable, formait comme un voile de gaze en se condensant au-dessus de la tête des nombreux promeneurs. Rien de plus extraordinairement animé, de plus émouvant, de plus varié, de plus gai, de plus entraînant que le coup d'œil que présentait le jardin à cette heure du crépuscule précédant l'instant du souper pour la classe bourgeoise et le peuple qui avaient conservé les anciens usages, et suivant celui du dîner pour l'aristocratie et les classes riches, lesquelles se modelaient naturellement sur les habitudes de la cour: Louis XIV dînait à cinq heures. Promenade apéritive pour les uns, promenade digestive pour les autres, chacun se pressait dans les allées, sous les arcades, causant, riant, méditant en regardant.

« Là, dit Mercier, que nous citons encore, car il parle *de visu*, on se regarde avec une intrépidité qui n'est en usage dans le monde entier qu'à Paris, et à Paris de même que dans le Palais-Royal, on parle haut, on se coudoie, on s'appelle, on nomme les femmes qui passent, leurs maris, leurs favoris, on les caractérise d'un mot, on se rit presque au nez, on roule dans le tourbillon, et cela sans s'offenser, sans vouloir insulter personne.

« Tantôt la poignée d'une épée s'engage dans les plis d'un falbala dont elle arrache un lambeau. Tantôt le bout du fourreau s'arrête dant une garniture de points et déchire une vingtaine de mailles. Les boutons des habits emportent les fils délicats de la blonde des mantelets, et l'on n'est occupé qu'à faire une profonde inclination aux femmes dont le pied presse involontairement la robe.

« Ici, un gros procureur foule pesamment la terre et brise la chaise sur laquelle il s'assied; là, un abbé, légèrement penché, sourit aux gens qui passent, et sa face rubiconde annonce la bonté de son riche bénéfice. Plus loin, une bande d'étourdis regarde impertinemment les femmes. Près des arcades, des courtisanes étalent le luxe insolent de leurs toilettes écla-

C'est qu'en 1669, l'ambassadeur turc, Soliman Aga, envoyé près de Louis XIV, et visité un soir par plusieurs dames distinguées de la Cour, leur fit servir du café... (P. 231.)

tantes. Tout un monde enfin bigarré, poudré, parfumé, qui se presse et circule dans ce labyrinthe de rubans, de gazes, de pompons, de fleurs, de robes, de boîtes de rouge, de paquets d'épingles longues de plus d'un demi-pied. »

Dans les galeries de bois, sous les arcades, des gens affairés vont, viennent, se précipitent en fredonnant dans les petits spectacles de tous genres qui pullulent, y entrent, en sortent en bousculant tout ce qui se trouve sur leur passage.

Parmi cette foule insouciante et animée, deux jeunes gens, causant à voix basse, longeaient les murs des galeries, paraissant désireux de se tenir à l'écart. Ces deux jeunes gens étaient le marquis d'Herbois et le vicomte de Renneville.

— Sept heures et demie! dit l'un en interrogeant le cadran de sa montre. Es-tu certain, Henri, de ne pas t'être trompé?

— J'en réponds; M. Roger m'a donné rendez-vous ici même, le long de la galerie de Valois, à sept heures.

— Comment se fait-il qu'il ne soit pas arrivé?

— Oh! il va venir. Attendons encore un peu.

— Il paraissait bien disposé pour nous?

— Comme de coutume. Son obligeance est toujours la même. C'est le bonheur qui l'a mis sur notre route. Sans lui, ce départ si brusque serait impossible.

— Et il faut partir demain dans la nuit.

— Nous partirons, Charles, si toutefois Blanche et Léonore veulent nous suivre.

— Dussions-nous les enlever de vive force, dit le marquis d'un ton décidé, il faut bien qu'elles partent. Pouvons-nous les laisser exposées au danger qui les menace? D'ailleurs, vivre ainsi est impossible! Je ne le pourrais davantage, Henri!

— Tandis que je voyais Roger, tu as pu trouver Saint-Jean? demanda le vicomte.

— Oui. Tout est convenu avec lui. Ce pauvre garçon qui nous est si dévoué, qui adore son maître tout en déplorant sa faiblesse relativement à une résolution à prendre, m'a promis de tenir demain, rue du Grand-Chantier, à une heure du matin, une voiture attelée. C'est Georges qui nous conduira au premier relais de poste. De cette façon, aucun étranger dont nous ne pourrions êtres sûrs ne sera dans la confidence.

— Elles auront nos lettres ce soir, et ce soir aussi nous aurons les réponses... Mais si elles refusaient!

— J'ai tout prévu. Saint-Jean m'a remis l'empreinte de la serrure de la porte du jardin, j'ai fait faire une clef, et...

— Voici M. Roger! interrompit le vicomte.

Les deux jeunes gens s'arrêtèrent. Un personnage, sortant brusquement par une arcade située à peu de distance, venait d'apparaître dans le jardin.

Ce personnage, qui n'était autre que celui que nous avons vu à Versailles, dînant chez la mère Lefebvre, regarda attentivement de tous côtés, puis apercevant à son tour les deux jeunes gens qui venaient de le reconnaître, il se dirigea vers eux.

— Bonsoir, mon cher Roger! dit le marquis d'un ton affectueux.

— Votre serviteur, messieurs, répondit l'employé de M. de Breteuil en s'inclinant. Je suis en retard. Je vous demande humblement pardon. Des affaires impérieuses m'ont retenu pour le service de monseigneur plus longtemps que je ne le croyais, mais me voici à votre entière disposition. Que voulez-vous de moi?

— Vous le savez bien! dit le marquis en souriant.

— Je vous ai expliqué en deux mots ce que nous vous demandions, ajouta le vicomte.

— Oui, oui, je sais, répondit M. Roger, mais c'est précisément ce que vous désirez, messieurs, qui est difficile à trouver. L'argent est rare, et l'ami qui me met ordinairement à même de vous obliger est absent en ce moment, car pour moi, vous savez que je n'ai aucune fortune. Je sers d'intermédiaire entre vous et mon ami, qui ne veut pas que son nom paraisse dans ces affaires...

— Mon bon Roger, dit le marquis, il s'agit pour nous de la chose la plus importante. Vous ne nous laisserez pas dans l'embarras pour deux cents misérables louis.

— Hélas! si je les avais...

— Mais à défaut de l'ami en question, n'en possédez-vous pas quelque autre?

— Je sais bien quelqu'un qui pourrait...

— Nous sommes sauvés! s'écria le vicomte.

— Mais, ajouta Roger, ce quelqu'un est un homme d'une avidité effroyable!

— Qu'importe les intérêts! dit M. d'Herbois. Nous payerons ce qu'on voudra.

— Il ne s'agit pas que des intérêts... C'est le temps abominablement court qui vous sera accordé pour rembourser.

— Combien? demanda le vicomte.

— Trente jours au plus, avec une délégation donnée d'avance sur vos appointements et une garantie...

— Une garantie s'écria le marquis. Laquelle pouvons-nous donner? nous n'avons plus de propriétés.

— Vous allez vous marier, dit M. Roger. Mlles de Niorres n'ont pas de fortune, il est vrai, mais leur oncle les dotera assurément, et vous pourriez engager...

— Ah! fi! dit M. de Renneville avec dégoût.

— Ce serait honteux, ajouta le marquis.

— Honteux, non! fit observer l'employé. Ce n'est pas le mot, car il n'y aurait aucune honte à acquitter cette dette, mais cependant je conçois que la chose vous répugne. Dans ce cas, n'en parlons plus. Attendez seulement huit jours, mon ami reviendra à cette époque, et dès lors, je pourrai...

— Attendre est impossible! dit le vicomte. Il nous faut cet argent ce soir.

— Alors je regrette de ne pouvoir cette fois vous être utile.

— Quoi! monsieur Roger, vous nous abandonnez!

— J'en suis réellement désolé, monsieur le marquis, mais je ne puis faire plus. Je vous dis les conditions qui vous seront imposées. Si elles vous conviennent, vous pouvez avoir ce soir les deux cents louis, si elles ne vous conviennent pas, il faut renoncer à l'affaire.

— Enfin, quelles sont ces conditions?

— Vous aurez deux cents louis dans une heure, vous vous engagerez à en rendre trois cents dans trente jours, ou, si vous ne pouvez payer à cette époque, quatre cents le lendemain de votre mariage avec chacune des demoiselles de Niorrès.

— Parler de cette union dans un tel acte! fit le marquis avec indignation.

— Cet acte ne sortira pas des mains du prêteur, et vous l'anéantirez après avoir payé! se hâta de dire M. Roger. D'ailleurs, je serais désolé d'émettre une opinion qui vous fût désagréable, messieurs. C'est mon désir de vous obliger qui m'entraîne...

— Nous en sommes convaincus, mon cher Roger, dit vivement le vicomte.

— Ah! si vous pouviez attendre quelques jours...

— Malheureusement, nous ne le pouvons pas.

— Quelque dette d'honneur à payer?

— C'est cela même.

— Alors je comprends votre impatience. Mais que voulez-vous! Il faut se résigner, nous n'obtiendrons rien de mieux que ce que je vous propose. Si nous manquons cela, je ne saurai où donner de la tête. Songez que vos créanciers sont déjà nombreux, et...

— C'est pour les sauver! dit le marquis à voix basse au vicomte.

— Puis, élevant la voix :

— Faites-nous avoir cet argent ce soir, mon cher Roger, dit-il; nous acceptons les conditions.

— Très bien ! fit Roger. Je vais préparer le prêteur. Dans dix minutes, si vous le voulez bien, au numéro 10 de la rue de Beaujolais.

— Nous y serons ! répondit le vicomte.

Roger salua et s'esquiva lestement en se glissant au milieu de la foule des promeneurs qui encombraient le jardin.

— Il faut bien agir ainsi? dit le marquis demeuré seul avec le vicomte. Sans cet argent, pas de fuite possible et la mort est suspendue sur leur tête. Ah! M. de Niorres! Par quelle étrange fatalité faut-il que vous vous obstiniez à nous éloigner de vous et à nous réduire à de telles extrémités.

Après avoir traversé la foule compacte au centre du jardin, M. Roger avait atteint les arcades communiquant avec la rue de Beaujolais.

Un personnage enveloppé dans les larges plis d'un manteau sombre, en dépit de la chaleur de la saison, et un chapeau à larges bords (dit chapeau à l'indépendant) enfoncé sur les yeux, se tenait à l'ombre d'un pilier. Roger en passant près de lui fit un signe : cet homme le suivit. Tous deux gagnèrent la rue de Beaujolais et, arrivés en face de l'allée étroite servant d'entrée à la maison portant le numéro 10, ils s'engagèrent tous les deux dans cet espace privé de lumière.

— Il me faut deux cents louis, dit Roger à voix basse.

— Pour le vicomte et le marquis? demanda l'inconnu.

— Oui.

— Ils consentent?

— Il le faut bien.

Le mystérieux personnage poussa un soupir de satisfaction.

— Les deux cents louis seront sur la petite table, dit-il, et vingt-cinq autres dans la chambre noire.

Roger murmura un remerciement.

— Je monte et j'attendrai! reprit l'inconnu.

— Dans un quart d'heure nous frapperons à la porte, répondit Roger. Et ensuite, quels ordres?

— A minuit, comme de coutume, à l'*Enfer*.

L'homme au manteau fit un geste impérieux et, laissant l'employé dans l'allée étroite et sombre, il gravit lestement les marches d'un escalier conduisant aux étages supérieurs.

Roger revint vers la rue. Il demeura quelques instants debout sur le seuil de la porte, puis il se mit à siffler d'une façon bizarrement cadencée.

Un sifflement semblable partit à quelque distance et provenant du côté de la rue Montpensier. Roger quitta le seuil de la maison sur lequel il se tenait et gagna rapidement l'angle formé par la réunion des deux rues.

Un homme vêtu en modeste artisan se dressa devant lui.

— Ah! c'est toi, Fouquier, dit Roger en reconnaissant malgré son déguisement le cocher du carrabas, l'employé du lieutenant de police. Qu'as-tu à m'apprendre?

— Gorain et Gervais doivent conduire ce soir M. Fouché, le professeur, chez le teinturier Bernard, répondit l'agent.

— Tu en es sûr? demanda Roger en tressaillant.

— Parfaitement. J'ai entendu de mon siège toute la conversation. C'est l'avocat Danton qui, ne pouvant aller ce soir chez Bernard, a prié les deux bourgeois d'y mener M. Fouché.

— Sais-tu à quel propos cette demande?

— Non, mais le professeur a l'air de prendre un intérêt tout particulier à cette affaire de la Jolie Mignonne.

M. Roger parut réfléchir mûrement.

— A quelle heure doivent-ils aller chez Bernard? demanda-t-il.

— Je l'ignore, mais ce que je sais, c'est que M. Fouché a donné rendez-vous aux deux bourgeois pour ce soir, huit heures et demie, au Palais-Royal.

— Dans une heure alors... Très bien! Sais-tu où sont en ce moment Gorain et Gervais?

— A deux pas d'ici, au Café Mécanique.

— Il est sept heures trois quarts, murmura Roger en interrogeant sa montre. Un quart d'heure pour terminer là-haut... puis... Très bien! j'ai le temps.

— Avez-vous besoin de moi, ici? demanda Fouquier.

— Peut-être.

— C'est que j'ai ordre d'être à huit heures et demie dans le voisinage de la rue du Chaume.

— Alors, va à ton poste; mais, à minuit, à l'*Enfer*.

Fouquier fit un signe affirmatif, tourna sur les talons et se dirigea vivement vers la rue de Valois.

M. Roger demeura un moment à la même place, réfléchissant profondément, puis il revint vers la maison de la rue de Beaujolais.

Comme il en atteignait le seuil, MM. de Renneville et d'Herbois, débouchant par la rue de Valois, se dirigèrent vers l'allée au-dessus de laquelle était peint en rouge le numéro indiqué.

— Êtes-vous toujours disposés, messieurs? demanda Roger.

— Toujours ! répondit le marquis.

— Alors, montons au quatrième et nous terminerons séance tenante.

— Mon cher Roger, dit vivement le vicomte, vous nous aurez rendu un service dont nous vous serons éternellement reconnaissants.

— Trop heureux de vous être bon à quelque chose, messieurs, répondit l'employé de M. Breteuil. Mais venez vite. Le bonhomme est disposé en ce moment. Je monte devant pour vous montrer le chemin.

Et M. Roger s'engagea dans l'escalier noir qu'avait gravi quelques instants auparavant le personnage au manteau et au chapeau rabattu. Les deux jeunes gens le suivirent.

Arrivés au palier du quatrième étage, tous trois s'arrêtèrent : une petite porte peinte en brun se trouvait en face d'eux.

M. Roger frappa discrètement.

— Entrez ! dit une voix cassée, partie de l'intérieur du logement.

L'employé tourna la clef dans la serrure et la porte s'ouvrit.

XXII

LE CAFÉ MÉCANIQUE

L'usage du café, si répandu de nos jours jusqu'au fond des plus humbles campagnes, ne date cependant, en France, que de la fin du XVIIe siècle. Il y a deux cents ans, le café était à peu près inconnu à Paris.

En 1615, le voyageur Pietro della Valle écrivait de Constantinople à un Romain, son ami, qu'il comptait à son retour importer en Occident l'usage d'une boisson qu'il nommait *cahouâ*. Tint-il parole ? on l'ignore. Ce que l'on sait seulement, c'est qu'en 1669, l'ambassadeur turc, Soliman Aga, envoyé près de Louis XIV, et visité un soir par plusieurs dames distinguées de la Cour, leur fit servir du café suivant l'habitude de son pays.

« Si pour plaire aux dames dit un écrivain contemporain de l'ambassadeur, un Français leur eût proposé cette liqueur noire, amère, désagréable à l'œil et au goût, il se fût certes rendu à jamais ridicule, mais comme ce vilain breuvage était servi par un Turc, c'en est assez pour lui donner un prix infini. D'ailleurs, les yeux étaient séduits par l'appareil d'élégance et de propreté qui l'accompagnait, par ces tasses de porcelaine dorée dans lesquelles il était versé, par ces serviettes ornées de frange d'or que les esclaves noirs présentaient aux dames. Joignez à cela des meubles, des habillements et des usages étranges, la singularité de parler au maître du logis par interprète, celle d'être assise par terre sur des coussins, et vous conviendrez qu'il y avait là plus qu'il ne fallait pour tourner la tête à des Françaises. Sorties de chez l'ambassadeur avec un enthousiasme qu'il est aisé d'imaginer, elles s'empressèrent de courir chez toutes leurs connaissances pour parler de ce café qu'elles avaient pris chez lui, et Dieu sait comme l'un et l'autre étaient ridiculement exaltés. »

« Le café, affaire de mode et d'engouement qui ne saurait demeurer dans nos habitudes, ajoute plus loin le même écrivain. »

Cependant, comme le café était alors fort cher (une livre se vendant quarante écus, c'est-à-dire plus de trois cents francs de notre monnaie actuelle) et qu'il était extrêmement difficile de s'en procurer, l'usage en fut immédiatement adopté par les gens de la meilleure compagnie.

En 1672 (il y a aujourd'hui cent quatre-vingt-huit ans seulement), un Arménien, nommé Pascal, ouvrit à la foire Saint-Germain, et ensuite sur le quai de l'École, sur le modèle de ceux qu'il avait vus à Constantinople et dans le Levant, le premier café public établi en France.

La foule, attirée par la curiosité, accourut aussitôt. D'autres Levantins, alléchés par l'exemple, établirent bientôt d'autres cafés. Quelques-uns même se mirent cafetiers ambulants.

« Ceints d'une serviette blanche, dit Legrand d'Aussy dans sa *Vie privée des Français*, ils portaient devant eux un éventaire de fer-blanc qui contenait les ustensiles nécessaires pour faire le café. Dans la main droite ils tenaient un petit réchaud avec une cafetière; dans la gauche une fontaine pleine d'eau pour remplir la cafetière quand il serait nécessaire. Il allaient avec cet appareil de rue en rue, annonçant leur café à grands cris. Tout d'abord, et quoiqu'ils ne le vendissent que deux sous la tasse, ils n'eurent aucun succès. Les cafetiers qui tenaient boutique ne réussirent pas mieux, parce qu'on ne trouvait dans leur établissement ni propreté, ni commodité. Cependant l'usage prévalut peu à peu, et lorsque l'Italien Procope eut orné avec goût son café établi d'abord rue de Tournon et ensuite rue des Fossés-Saint-Germain-des-Prés (aujourd'hui rue de l'Ancienne-Comédie), il obtint un succès rapide et tenace. Les imitateurs surgirent alors en si grand nombre, qu'en 1676, il fallut réunir en corporation les cafetiers-limonadiers. »

Dans l'origine, on tira exclusivement le café d'Arabie; et, en 1693, un arrêt du Conseil n'en permettait l'entrée en France que par le port de Marseille. Mais, en 1709, des armateurs de Saint-Malo équipèrent deux

Les portes de la Bastille ! murmurèrent les deux bourgeois en regardant M. Roger. (P. 239.)

vaisseaux qui allèrent directement chercher le café à Moka, et ce fut seulement vers 1730 que la culture du café commença à s'établir dans nos colonies.

L'établissement des cafés publics eut naturellement une grande influence sur les mœurs. Au XVIIe siècle, les grands seigneurs allaient au cabaret et ne rougissaient pas de s'y enivrer. Louis XIV n'avait pu détruire ce déplorable usage. Les cafés eurent longtemps un caractère plus décent, et reléguèrent l'ivresse aux classes inférieures. Le café Procope entre autres servit de rendez-vous aux beaux esprits, et les établissements du même genre se multiplièrent tellement que sous Louis XIV on en comptait six cents à Paris. Aujourd'hui nous n'oserions entreprendre d'en faire le compte.

Au siècle dernier, c'était dans les cafés que s'échangeaient les nouvelles, que se nouaient les relations, que s'ébauchaient les affaires. Aller au café était un acte de bonne compagnie pour la noblesse, un luxe enviable pour la bourgeoisie, une impossibilité pour le peuple. A peine construit, le nouveau Palais-Royal se vit envahi par ces cafés publics, et parmi eux le *Café mécanique*, dont nous avons déjà parlé, se distingua par sa célébrité. Chacun y accourait avec empressement.

Aussi, le soir où nous conduisons le lecteur dans les jardins du Palais-Royal, le *Café mécanique* regorgeait-il de clients assis en face de ses tables ingénieusement machinées.

Dans un coin, près d'une fenêtre donnant sur la rue de Montpensier, MM. Gorain et Gervais étaient installés, dégustant la boisson à la mode. Il y avait longtemps déjà que les deux bons bourgeois occupaient leur place, à l'heure où nous les trouvons causant ensemble, c'est-à-dire quelques instants après le moment où M. Roger s'entretenait dans l'allée de la maison de la rue de Beaujolais avec le personnage au manteau sombre.

— Croyez-vous que M. Fouché nous trouve au milieu de tout ce monde? disait M. Gervais avec une certaine inquiétude.

— Certainement, répondit M. Gorain, je suis très connu ici; c'est la troisième fois que j'y viens depuis un mois. D'ailleurs, M. Fouché nous a donné rendez-vous à huit heures et demie, et il est à peine sept heures trois quarts.

— Ce pauvre Bernard, si M. Fouché pouvait quelque chose pour lui; il a l'air fort intelligent, cet homme-là !

— C'est vrai, compère; et je serais bien heureux qu'il rendît service au teinturier. Aussi ai-je accepté avec empressement la proposition de conduire M. Fouché chez Bernard. D'ailleurs, il m'était recommandé par M. Danton, mon locataire.

— C'est égal, il se passe de bien singulières choses à Paris, dit M. Gervais en manière de réflexion; et quand je pense à ce que nous a laissé entendre ce M. Roger que nous avons rencontré à Versailles, les cheveux m'en dressent sur la tête.

— Touchant les empoisonnements de l'hôtel de Niorres? dit Gorain en baissant la voix.

— Oui... ces deux jeunes gentilshommes...

— Moi je les crois coupables, fit M. Gorain en secouant la tête.

— C'est aussi l'opinion de mon épouse, ajouta Gervais, et celle de dame Louison notre voisine, et de sa nièce Gertrude, et de son cousin Polycarpe, devant lesquels je racontais en soupant cette horrible histoire.

— Mme Gorain les soutenait pourtant, ces deux vauriens-là?

— Pas possible !

— Mais moi je les crois coupables, je le répète; et mon avis a été partagé par mon beau-frère Alexandre, ses trois fils et ses quatre filles avec leurs maris; ma maison était pleine ce soir, et chacun m'écoutait bouche béante. Il est vrai que je narre assez bien... Ceux que je plains, par exemple, ce sont les créanciers de ces deux gentilshommes, ils perdront tout, les malheureux!

— Aussi, ajouta Gervais, ai-je dit à mon épouse de prévenir tous nos amis afin qu'ils fassent attention si parfois ils avaient des créances sur ces deux messieurs.

— Vous avez sagement fait, compère; mon beau-frère a eu la même idée, et il est allé faire une tournée dès ce soir à cette intention.

— Oh ! oh ! messieurs, vous avez peut-être été un peu vite en besogne ! dit une voix enjouée en se mêlant tout à coup à la conversation.

MM. Gorain et Gervais levèrent brusquement la tête; un consommateur venait de s'asseoir à leur table.

— M. Roger! s'écria M. Gervais.

— Lui-même, messieurs, répondit l'employé avec un sourire aimable. Je vous ai aperçus en entrant dans le café, et j'ai pris la licence de venir m'installer près de vous...

— Trop honorés... balbutia M. Gervais.

— Vous parliez, il me semble, de l'affaire de MM. de Renneville et d'Herbois, continua M. Roger. J'ai entendu vos dernières paroles, et je comprends que vous avez agi dans la meilleure intention; mais cela fait mal de voir toutes les opinions accabler ces deux pauvres jeunes gens que j'aime, au fond, je l'avoue, auxquels j'ai bien souvent rendu service... Tenez ! cela me bouleverse... Tel que vous me voyez, je suis terrifié en ce moment.

— Pourquoi donc? demanda curieusement M. Gorain.

— Parce que je viens d'apprendre encore une nouvelle désastreuse pour MM. de Renneville et d'Herbois; je suis sous le coup...

— Quelle nouvelle? fit Gervais en se penchant en avant.

— Figurez-vous, dit confidentiellement l'employé, que ces deux insensés, car je ne puis les qualifier autrement, ont, pour emprunter une somme dont ils avaient un besoin absolu, engagé les biens qui devraient être leurs propriétés après leurs mariages avec Mlles de Niorres. Or, comme celles-ci n'ont rien, il est évident que ces biens engagés ne peuvent être que ceux provenant de l'héritage que va leur procurer une effroyable série de crimes !

— Quand je disais qu'ils étaient coupables ! fit M. Gorain d'un air triomphant.

— Il est certain que ce fait que je viens d'apprendre, ajouta M. Roger, peut devenir contre eux une preuve morale accablante ; aussi cette malheureuse nouvelle m'a-t-elle foudroyé ! Je suis sûr que je n'en dormirai pas de la nuit ! Pour moi, je vous dirai que je les crois encore plus malheureux que coupables.

— Enfin, ils sont l'un et l'autre, dit M. Gervais.

M. Roger ne répondit pas, mais il poussa un profond soupir.

— Tenez ! reprit-il, ne parlons plus de cette affaire-là ! Mon cœur saigne. Je suis enchanté de vous avoir rencontrés tous deux ce soir : ce sera une aimable distraction pour moi...

— Au fait ! dit M. Gorain, je croyais que vous deviez rester à Versailles ?

— Monseigneur m'a envoyé à Paris.

— Pour une affaire grave, sans doute ? fit M. Gervais en clignant de l'œil.

— Oh ! dit M. Roger avec une insouciance affectée, une affaire que vous connaissez presque aussi bien que moi. Il s'agit du teinturier Bernard et de sa fille.

— Bernard ! dit M. Gorain ; nous allons tout à l'heure chez lui avec M. Fouché, vous savez, celui qui a dîné avec nous ? un ami de M. Danton, mon locataire.

— Ah ! oui... je me rappelle...

— Est-ce que vous avez des nouvelles de la Jolie Mignonne ? demanda M. Gervais.

— Oui et non, répondit l'employé du ministère de la maison du roi. Ah ! cette affaire me préoccupe vivement !

— Cela se conçoit, dit M. Gorain.

— Vous comprenez, continua M. Roger après un moment de silence, tandis que ses deux auditeurs, dont la curiosité paraissait vivement excitée, s'accoudaient sur la table pour être à même de mieux entendre, vous comprenez que monseigneur, qui porte un si vif intérêt à tout ce qui touche les sujets de Sa Majesté, a été très affecté par cette lamentable histoire. De sorte que monseigneur m'a fait appeler ce soir après vous avoir quittés, et m'a demandé les renseignements les plus circonstanciés à l'égard de l'enlèvement de la Jolie Mignonne.

— Mais, fit observer M. Gorain, je pensais que monseigneur le ministre avait à ses ordres le lieutenant de police, et que, par conséquent...

— Sans doute, interrompit l'employé; seulement, il ne s'agit pas ici d'une calamité publique, il s'agit d'intérêts privés, et la police n'a pas la main assez délicate pour toucher, sans blesser, à ces sortes d'événements. C'est pourquoi monseigneur avait voulu qu'en dehors de ce que peut faire M. Lenoir, je m'occupasse de ce qui se passait chez le pauvre teinturier.

— Ah! très bien! fit M. Gorain en ayant l'air de comprendre.

— Donc, j'avais dû obéir, et je me suis immiscé jusqu'ici le plus complètement possible dans l'aventure.

— Et? dit M. Gervais en voyant Roger faire une pause.

— Et, ma foi! la chose m'a paru fort grave. Je crains que Bernard n'ait suivi jusqu'ici une mauvaise voie en faisant tant de bruit.

— Cependant, ce malheureux père avait bien le droit...

— Et, interrompit M. Roger, a-t-il réussi?

— Non!

— Eh bien! alors?

— Monsieur a parfaitement raison, fit observer M. Gervais.

— D'ailleurs, continua M. Roger en baissant la voix, tous les cris seraient désormais inutiles, car...

— L'enfant est mort? interrompit M. Gorain.

— Je ne dis pas cela, mais je crois... je suis certain même, que la Jolie Mignonne ne doit jamais revoir ses parents.

— Elle a donc bien décidément été enlevée?

— Oui!

— Et par qui, mon Dieu?

— Chut! dit vivement l'employé. Il s'agit d'un secret d'État : chercher à l'approfondir serait risquer la Bastille.

— La Bastille! fit M. Gorain en frissonnant.

— La Bastille! répéta M. Gervais sur le même ton.

— Qu'il vous suffise de savoir que cette affaire, poussée trop loin, pourrait occasionner la guerre avec la Prusse.

— La guerre avec la Prusse! s'écria M. Gorain en ouvrant des yeux énormes. Quoi! l'enlèvement de la Jolie Mignonne...

— Secret d'État, vous dis-je.

— Mon Dieu! que la politique est une chose extraordinaire, dit Gervais en levant les bras au ciel.

— Moi, je n'y comprends rien ! dit naïvement le propriétaire.

— C'est pourtant bien simple, répondit l'employé. La Jolie Mignonne a été enlevée par une espèce de Bohémienne.

— Je m'en doutais ! interrompit M. Gervais.

— Cette Bohémienne a agi pour le compte d'un grand seigneur étranger, lequel avait besoin d'un enfant du même âge et du même sexe que la fille du teinturier. Vous comprenez?

— Parfaitement.

— Or, ce grand seigneur est sujet de Sa Majesté le roi de Prusse.

— Du grand Frédéric?

— Oui, lequel n'a pas pour habitude de badiner quand il est question de ses droits. Or, la petite fille et le grand seigneur sont à cette heure dans les environs de Berlin, et la Bohémienne a quitté le royaume avant que l'on pût la prendre.

— C'est fort intéressant, tout cela, savez-vous? dit M. Gervais en secouant la tête avec un mouvement admiratif.

— Poursuivre le grand seigneur sur le territoire prussien est donc positivement impossible, continua M. Roger. Le roi, qui l'affectionne vivement, ne le souffrirait pas, et, d'autre part, il serait en sûreté en Russie et en Pologne avant qu'on pût l'atteindre.

— Mais la Jolie Mignonne?

— Oh ! elle est parfaitement heureuse...

— Quelle bonne nouvelle je vais rapporter là à Bernard ! s'écria M. Gorain. Et quand, tout à l'heure, M. Fouché, l'ami de M. Danton, mon locataire, apprendra tout cela, c'est lui qui sera étonné.

— Chut ! fit M. Roger.

— Comment? demanda M. Gorain avec étonnement.

— Il ne faut rien dire!

— Bah !

L'employé fit un geste décelant la contrariété la plus vive.

— Tenez ! messieurs, dit-il en faisant mine de se lever, je suis on ne peut plus désolé de ce qui vient de se passer!...

— Quoi donc? demanda M. Gervais.

— Je m'en veux beaucoup, croyez-le ! C'est bien mal reconnaître la gracieuse amabilité que vous m'avez témoignée...

— Comment cela? dit M. Gorain avec une vague inquiétude.

— J'ai eu tort, grand tort ! Serez-vous assez généreux pour me pardonner jamais?

— Mais quoi donc?

— Moi, à votre place, je n'aurais peut-être pas cette bonté.

— Quelle bonté? dit M. Gorain. Par la grâce de Dieu! parlez donc, cher monsieur! Qu'est-ce que vous avez fait?

— Une vilaine action, je le répète, répondit M. Roger dont les réticences inexplicables mettaient depuis un moment les deux auditeurs à la torture.

— Une vilaine action! répéta M. Gervais en pâlissant. Qu'est-ce que c'est?

— En me laissant aller à vous confier la vérité à propos de cette affaire, dit l'employé, je viens tout simplement d'ouvrir à deux battants devant vous les portes de la Bastille!

— Les portes de la Bastille! murmurèrent les deux bourgeois en regardant M. Roger avec des yeux effarés.

— Eh oui! les portes de la Bastille, qui se refermeraient à jamais sur vous!

— Mais, fit observer M. Gervais, qui, de pâle qu'il était, devenait vert, mais nous n'avons rien fait.

— Mais vous ferez quelque chose!

— Mon Dieu! mon Dieu! qu'est-ce que nous ferons donc?

— Comprenez-moi bien. Ce que je viens de vous dire n'était connu jusqu'ici que du roi, du comte de Breteuil et de votre serviteur. Or, Sa Majesté a ordonné le plus profond mystère. Monseigneur ne dira donc rien, moi non plus... Si la chose se divulguait aujourd'hui, on ne pourrait s'en prendre qu'à vous. A mon retour auprès de monseigneur, je vais être obligé de lui rendre compte de mon imprudence... vos noms seront pris, vous serez probablement surveillés, et à la moindre indiscrétion...

— Mais nous ne dirons rien, n'est-ce pas, Gervais? fit M. Gorain en tremblant de peur.

— Bouche close! ajouta l'autre bourgeois en frémissant.

— Alors, de cette façon vous pourrez éviter le danger suspendu sur vos têtes.

— Nous n'en parlerons même pas à nos femmes!...

— Surtout à vos femmes! insista M. Roger.

— Moi, dit M. Gervais, on me couperait plutôt en quatre que de me faire dire un mot.

— Moi de même, ajouta M. Gorain.

— N'importe! dit l'employé. Vous serez discrets, j'en suis sûr, mais je n'en suis pas moins désolé de vous avoir mis dans cette triste situation...

— Le fait est que j'aurais préféré ne rien savoir, fit M. Gorain en joignant les mains.

— C'est votre mine à tous deux qui m'a inspiré confiance... et puis votre nom, monsieur Gorain, si honorablement répandu dans la bourgeoisie, que le prévôt des marchands s'occupe de vous... Ah! c'est bien fâcheux. Je suis réellement désolé, je le répète, et je voudrais être à même de réparer... Une idée! fit tout à coup M. Roger en s'interrompant. Pour me prouver que vous ne me gardez pas rancune, laissez-moi vous être agréable.

— Comment cela? demanda le bourgeois avec un empressement qui n'était pas cependant exempt de défiance.

— C'est la saint Roch, le mois prochain...

— Le 16 août! interrompit M. Gorain, dont le cœur se mit à palpiter.

— Permettez-moi de vous faire nommer échevin.

— Moi! s'écria le bourgeois avec une émotion qu'il ne chercha pas à dissimuler.

— De cette façon, continua l'employé, vous serez agréable à M. le prévôt qui désire votre nomination, ainsi que je vous l'ai dit; vous me procurerez l'honneur de vous servir, et j'aurai, moi, la satisfaction d'avoir investi d'une charge importante[1] l'un des hommes les plus estimables de la capitale du royaume.

— Mon Dieu!... cher monsieur... balbutia M. Gorain, qui oubliait la Bastille pour ne plus songer qu'à l'honneur qui lui était offert, je... croyez bien... en vérité.

M. Gervais faisait la grimace. Il ne voyait rien luire, comme compensation du danger qu'il courait.

M. Roger s'aperçut de cette expression de dépit, peut-être même s'y attendait-il et voulait-il la provoquer, car il se tourna gracieusement vers le second bourgeois.

— La seconde charge d'échevin n'est plus disponible, dit-il de l'air le plus aimable. Monseigneur en a disposé d'avance; mais, cher monsieur Gervais, s'il me faut attendre jusqu'à l'année prochaine pour vous obliger, croyez que j'ai une mémoire excellente. En attendant, vous êtes dans le commerce?

— Bonnetier en gros, repartit M. Gervais.

---

1. A Paris, il y avait quatre échevins, deux choisis parmi les notables marchands, et deux parmi les *gradués* (maîtres ès arts). La charge des échevins durait deux ans, et, comme on en élisait deux chaque année, le jour de la saint Roch, il y en avait toujours deux anciens et deux nouveaux. A Paris, les quatre échevins avaient juridiction sur la Seine et les rivières qui s'y jettent, sur toutes les marchandises apportées par eau; ils connaissaient les procès relatifs aux rentes sur l'Hôtel-de-Ville, fixaient le prix de diverses marchandises, etc. Les appels de leurs jugements étaient portés devant le Parlement.

L'HÔTEL DE NIORRES

En franchissant le seuil du *Café Mécanique*, l'employé du ministère se croisa avec Fouché. (P. 245.)

— Si le titre de fournisseur du ministère de la maison du roi pouvait vous être utile?...

— Fournisseur du ministère de la maison du roi! s'écria le bonnetier. Je pourrais faire écrire cela sur ma boutique?

— Dès que je vous en aurai fait expédier le brevet... que vous aurez avant quinze jours.

— Ah! cher monsieur, vous me comblez!

— C'est le ciel qui vous a amené vers nous! ajouta le futur échevin.

— Ah! ah! fit M. Roger en riant, vous oubliez la Bastille!

— Bah! dit M. Gorain, puisque nous ne parlerons pas, nous ne risquons rien.

— Pourrai-je faire mettre un écusson au-dessus de ma porte, avec les armoiries de monséigneur? demanda M. Gervais.

— Mais je n'y vois nul inconvénient.

— Mes voisins en mourront de jalousie!

— Ma femme sera folle de joie! ajouta M. Gorain.

— Donc, c'est bien convenu, reprit M. Roger; vous serez échevin dans six semaines, monsieur Gorain; vous dans un an, monsieur Gervais, et avant quinze jours, vous aurez votre brevet de fournisseur... par conséquent, vous m'avez pardonné?

— C'est-à-dire que nous vous remercions de tout notre cœur! dit le bonnetier.

— Vous viendrez souper chez moi cette semaine? ajouta M. Gervais.

— Bien volontiers, un jour que mes occupations me le permettront. Seulement, rappelez-vous qu'à la moindre indiscrétion... la Bastille!...

— Brrr! fit M. Gervais, soyez tranquille!

— Dormez sur vos deux oreilles, ajouta M. Gorain.

— Et quand vous verrez Bernard...

— Ah! oui, interrompit M. Gorain; que faudra-t-il lui dire?

— Vous l'engagerez vivement, bien vivement, à oublier cette malheureuse affaire; vous lui direz de ne faire aucune démarche, que le ministre se charge de tout, que Leurs Majestés s'intéressent à lui, et que, pour le distraire de sa douleur et lui donner une sorte de consolation à ses peines, il sera nommé échevin à la saint Roch.

— Lui aussi? fit M. Gorain avec étonnement.

— Oui; la seconde charge lui est réservée, c'est pourquoi M. Gervais ne passera que l'année prochaine.

— Très bien! je comprends.

— Croyez-vous que ça lui fasse plaisir?

— Peste! il serait bien difficile, s'il en était autrement.

— Et, ajouta M. Roger en se penchant encore davantage vers les deux bourgeois, maintenant que vous êtes au courant d'un secret d'État, il ne tient plus qu'à vous d'être agréables à Sa Majesté, et qui sait ce qui pourrait résulter d'un service ?... De l'échevinage à la prévôté... il n'y a plus bien loin!

— Un service! Quel service? s'écria M. Gervais. Je suis prêt à me faire déchiqueter pour Sa Majesté.

— Moi aussi! dit non moins vivement M. Gorain.

— Eh bien! vous connaissez intimement les époux Bernard, vous êtes au courant de tout ce qui se passe chez eux, vous voyez tous les gens qui s'intéressent activement à l'affaire en question...

— Après? demanda le propriétaire de l'avocat Danton.

— Continuez à vous mêler de tout cela, et quand j'aurai le plaisir d'aller vous voir, vous me raconterez tout ce que vous saurez... Vous comprenez? ajouta vivement l'employé. Une démarche inconséquente pourrait faire surgir les plus graves difficultés entre le roi de France et le roi de Prusse... Il faut que nous soyons au courant de tout... et, en plaçant en vous deux la confiance de monseigneur, j'espère lui prouver, un jour, que j'ai sagement agi. Puis, en le servant bien, vous éloignerez toute pensée d'indiscrétion de votre part, et si jamais la chose s'ébruitait, votre conduite deviendrait une barrière entre vous et la Bastille...

— C'est juste! dit le bonnetier.

— Je comprends très bien, ajouta le futur échevin.

— Donc, quand M. Fouché va venir vous prendre pour aller chez Bernard...

— Ah! mon Dieu! s'écria M. Gorain, vous m'y faites penser! J'avais totalement oublié... Qu'est-ce qu'il faudra que nous fassions?

— Vous conduirez M. Fouché chez Bernard, et quand vous serez seuls avec le teinturier, vous l'engagerez à cesser toute poursuite, voilà tout... D'ailleurs, nous nous reverrons; mais je vous quitte. Voici huit heures et demie qui sonnent, j'ai un rendez-vous dans ce quartier... Au revoir, mon cher échevin! au revoir, monsieur le fournisseur breveté!

— Échevin! fit M. Gorain en se redressant.

— Fournisseur de monseigneur! dit le bonnetier en se caressant le menton.

M. Roger s'était levé et avait serré les mains que les deux bourgeois tendaient vers lui. Il fit un dernier geste, et, traversant le café, il gagna la porte donnant sous les arcades de la galerie, laissant MM. Gorain et Gervais partagés entre deux sentiments bien contraires : celui de la vanité chatouillée et celui de la crainte des cachots de la Bastille.

En franchissant le seuil du *Café mécanique,* l'employé du ministère se croisa avec Fouché, lequel entrait dans l'établissement à la mode.

XXIII

LA RUE DU CHAUME

En 1775, en face de ce magnifique hôtel de Soubise, devenu depuis l'hôtel des Archives, et occupant le centre du côté droit de la rue du Chaume, se dressait une demeure somptueuse, mais dont l'aspect général offrait à l'œil quelque chose de sévère et de triste. Deux pavillons, deux ailes donnant sur la rue, de chaque côté de la massive porte d'entrée, se reliaient, à l'extrémité d'une vaste cour, au corps de logis principal, fort beau bâtiment construit en pierres et en briques, dans le style des édifices entourant la place Royale et rappelant le règne de Louis XIII. Le temps avait rendu brunes les briques et noires les pierres. Deux étages de fenêtres énormes et décelant la hauteur majestueuse des pièces intérieures, couraient autour de ces deux ailes et de ce grand bâtiment. Un toit aigu, en ardoises, recouvrait le tout et ne contribuait pas peu à donner une apparence lugubre à cette habitation évidemment seigneuriale.

Il était neuf heures : la nuit (on était en juillet), la nuit avait à peine jeté ses voiles sur la capitale du royaume, mais le peu de largeur de la rue du Chaume refusant passage aux dernières lueurs de la lumière expirante, cette partie du quartier du Marais était déjà plongée dans une obscurité profonde.

L'hôtel situé en face de celui de Soubise paraissait, à en juger extérieurement, muet et désert. Aucun rayon lumineux ne s'échappait des fenêtres, dont les contrevents étaient hermétiquement fermés, en dépit de l'heure peu avancée et de la chaleur étouffante que la brise du soir commençait à peine à combattre.

La grande porte était close, et aucun valet ne projetait son ombre dans la cour silencieuse. On eût dit que cette maison si grandiose était veuve de tous ses habitants, et le contraste qu'elle présentait avec l'hôtel de Soubise, brillamment animé, faisait encore paraître plus morne le silence dans lequel elle était plongée, et plus épaisse l'obscurité qui régnait dans sa cour.

La rue du Chaume elle-même était noire et solitaire : l'entrée principale de l'hôtel de Soubise, donnant sur la rue du Paradis, ne lui communiquait que vaguement l'animation que nous venons de signaler. A peine, de temps à autre, quelques piétons faisaient-ils résonner, sous leurs pas, le pavé luisant de la rue. Cependant, si quelqu'un de ces rares promeneurs se fût avisé de revenir sur sa route, après avoir franchi les deux premiers tiers de la voie étroite, il eût remarqué, tout à coup, la présence de deux personnages devant lesquels il avait certainement dû passer, mais qu'il n'avait pu voir, à cause du soin avec lequel ils dissimulaient leur individu, et qui, la rue redevenue libre, reprenaient possession de la chaussée, après avoir quitté la partie de la muraille dont l'ombre protectrice les avait cachés momentanément à tous les regards.

L'un de ces deux personnages était vêtu de noir des pieds à la tête ; mais ses vêtements, évidemment de deuil, présentaient cette coupe particulière qui fait reconnaître l'habit de livrée, sans qu'il soit besoin de sa nuance ordinairement éclatante. L'autre paraissait être un pauvre ouvrier, tant son costume était délabré et son aspect misérable. Tous deux causaient à voix basse, se tenant en face l'un de l'autre, mais la tête légèrement penchée, l'une à droite, l'autre à gauche, ce qui leur permettait, à chacun, d'explorer chacune des deux extrémités de la rue.

Au moment où nous arrivons près d'eux, cette conversation, commencée probablement depuis quelques instants déjà, semblait toucher à son terme, car l'un et l'autre paraissaient sur le point de se faire leurs adieux.

— Donc, disait l'ouvrier à voix basse, c'est bien compris?

— Parfaitement! répondit l'homme vêtu de noir.

— Vous ne partirez pas cette nuit?

— Je trouverai un prétexte.

— Qu'il soit surtout ingénieux et naturel, car s'il faut retarder le départ jusqu'à après-demain, il ne faut pas qu'on puisse avoir le plus léger soupçon!

— Rapportez-vous-en à moi, je me charge de tout!

— Quant à ce qu'il y aura à faire demain soir, reprit l'ouvrier après un moment de silence, vous n'avez oublié aucun détail?

— Aucun.

— Demain, souvenez-vous que nous ne devons plus être l'esprit qui commande!...

— Non! interrompit l'homme en deuil, mais seulement le bras qui agit.

— Cela est bien essentiel pour l'avenir, en cas de danger.

— Aussi, est-ce compris.

— Donc... à demain, même heure...

— A demain; mais si j'avais à vour parler, cette nuit?

— Vous me trouveriez, après minuit, à *l'Enfer!*

Les deux causeurs se séparèrent, après avoir échangé un dernier signe mystérieux : l'ouvrier se mit à marcher dans la direction de la rue du Grand-Chantier, et son interlocuteur gagna lestement l'entrée de l'hôtel de sombre apparence. Poussant une petite porte bâtarde percée dans la muraille auprès de la grande, et qui était entr'ouverte, il entra dans la cour au moment où le second personnage tournait l'angle de la rue du Chaume.

La rue demeura déserte ; la conversation que nous venons de rapporter avait été échangée un peu au-dessus de la seconde aile du noir bâtiment, au pied d'une haute muraille, laquelle devait enclore le jardin de l'hôtel, car on voyait, au-dessus d'elle, se balancer les cimes de grands arbres dont les rameaux touffus se projetaient jusque sur la rue.

A peine les deux causeurs eurent-ils complètement disparu, qu'un faisceau d'énormes branches sous lequel ils s'étaient tenus, comme dans l'endroit où l'ombre s'offrait la plus protectrice, s'agita faiblement, bien qu'aucun souffle n'animât l'atmosphère. Cette animation étrange devint progressivement plus vive, précisément au-dessus de la crête du mur ; le feuillage s'écarta légèrement, deux prunelles brillèrent soudainement dans l'ombre, et une grosse tête, surgissant entre les rameaux verts, expliqua ce phénomène par sa présence inattendue.

La tête se pencha discrètement en avant, examina, avec un soin extrême, la rue à droite et à gauche, puis, comme celle-ci était absolument déserte et qu'aucun bruit lointain ne décelait la présence d'un passant, l'une des branches se courba davantage et un homme apparut, tout à coup, à califourchon sur le chaperon de la muraille. Sans hésiter, cet homme ramena, d'un mouvement rapide, ses deux jambes du côté de la rue, et, se suspendant à la force des poignets, descendit de sa position dangereuse avec une véritable agilité d'écureuil. En deux secondes, il fut, de la branche, sur le pavé de la rue du Chaume.

— Caramba ! fit-il en lançant autour de lui un nouveau coup d'œil investigateur. J'ai la boussole affalée dans la vase jusqu'au-dessus de la flottaison ! quel gâchis !... demain... après-demain... il faut... il faut pas... vous savez !... l'esprit... le bras... et tout le tremblement ! Je veux redevenir mousse si j'y comprends quelque chose ! Et dans tout ça, pas un mot de mes lieutenants, toujours ! C'est ce qui me donne une embellie !... Mais j'ai la cervelle chavirée, quoi ! Qu'est-ce qu'ils voulaient dire, ces deux caïmans-là ?... Rien de propre, à coup sûr, mais n'empêche ! j'aurais été flatté de savoir...

Et l'écouteur indiscret des deux causeurs qui venaient de disparaître fit quelques pas en avant dans la direction de la rue du Grand-Chantier par laquelle s'était élancé l'homme vêtu en ouvrier ; mais s'arrêtant tout à coup et se frappant rudement le front du plat de sa main droite :

— Minute ! reprit-il. Oriente un peu ! Mettre le cap sur l'olibrius qui vient de filer son nœud et chercher à lui donner la chasse dans ce gueusard de Paris, c'est comme qui dirait chercher un bout de grelin dans la soute aux cordages. Je courrai des bordées de ci et de là sans retrouver la route... Oriente, que je dis, oriente ! C'est sur l'autre qu'il vaut peut-être mieux jeter le grappin ! Allons, gabier ! un quart de nuit pour être le premier à crier : Voile !

Et, explorant encore la rue vers ses deux extrémités, le matelot se rapprocha de la muraille, enfonça ses doigts nerveux dans les interstices des pierres dégradées par le temps et, avec une facilité aussi grande que celle avec laquelle il était descendu l'instant auparavant, il regagna la crête du mur. Saisissant une branche noueuse, il s'élança sur le tronc d'un vieux chêne et se laissa glisser ensuite sur le sable du jardin.

Il était alors à peu de distance du corps de logis : s'avançant avec précaution, il atteignit les abords d'une vaste pelouse qu'éclairait en plein un rayon de lune. Suivant la ligne d'ombre que les massifs portaient énergiquement autour du terrain gazonné. Il fit le tour de la pelouse et se trouva bientôt sur le seuil d'un petit pavillon de verdure construit précisément en face de l'édifice.

De ce poste, Mahurec embrassait bien l'ensemble de cette partie de l'hôtel donnant sur les jardins, mais il en était évidemment trop éloigné pour surprendre ce qui s'y passait à l'intérieur. Le lieu qu'il désirait atteindre était une petite allée bordée de caisses d'orangers, laquelle allée courait au pied même du rez-de-chaussée de la maison ; mais pour y arriver, il fallait de toute nécessité traverser cette pelouse que l'astre des nuits inondait alors de sa lumière argentée. Néanmoins, après quelques instants d'hésitation, Mahurec allait tenter de franchir la distance qui le séparait de l'allée en question, lorsqu'un léger bruit lui fit brusquement dresser l'oreille. Le sable d'une avenue voisine craquait sous les pieds de promeneurs encore invisibles, dissimulés qu'ils étaient par une charmille épaisse. Mahurec se ramassa sur lui-même et se blottit dans l'angle le plus obscur du pavillon de verdure.

XXIV

LE CABINET DE M. DE NIORRES

Si la façade de l'hôtel, dont Mahurec avait si lestement franchi les murs, était silencieuse et sombre sur la cour, il n'en était pas tout à fait de

Ces deux charmantes jeunes filles, éclairées par la douce lueur de la lune... (P. 256.)

même de la partie donnant sur les jardins. Deux lumières brillaient à deux endroits différents de ce côté de l'édifice. L'une d'abord éclairant une pièce du rez-de-chaussée des constructions donnant sur la pelouse, puis une autre étincelant à travers les vitres d'une fenêtre située au premier étage. Cette fenêtre était celle donnant jour et lumière dans le cabinet du magistrat. Deux croisées placées à l'étage supérieur et situées immédiatement au-dessus de celle éclairée présentaient les traces d'un incendie récent qui avait dû dévorer les pièces intérieures. Ces croisées étaient effectivement celles de la chambre à coucher de Mme d'Orgerel, la malheureuse sœur de M. de Niorres, morte victime d'une odieuse machination.

Plus loin, au même étage, était l'appartement de la bru du conseiller, la veuve de son second fils, cette héroïque jeune femme qui avait refusé de fuir la maison de son beau-père, et qui avait juré de servir de mère à l'orphelin, son neveu.

Le cabinet de M. de Niorres était placé à l'extrême droite du corps de logis, en face, par conséquent, de l'endroit où s'élevait, dans le jardin, la salle de verdure servant d'asile au gabier. Cette pièce, consacrée au travail, avait l'aspect sévère qui convenait au genre d'occupations si graves auxquelles s'était toute sa vie livré le conseiller. De vastes corps de bibliothèques, richement garnies de toute la collection des ouvrages de jurisprudence, tapissaient les murailles. Au centre, près de la fenêtre, se dressait le bureau de M. de Niorres, surchargé de papiers et de livres ouverts. Des sièges en bois sculpté, recouverts de fine tapisserie, étaient placés en désordre çà et là dans la pièce.

A l'heure où nous pénétrons chez le magistrat, c'est-à-dire quelques instants après que Maburec fut rentré dans les jardins de l'hôtel et au moment où, caché sous le pavillon de verdure, il prêtait une oreille attentive au bruit de pas arrivant jusqu'à lui, M. de Niorres, assis devant son bureau, la tête penchée en avant, feuilletait un énorme in-folio, dont ses doigts fiévreusement agités froissaient convulsivement chaque page. Probablement il venait d'agiter un cordon de sonnette suspendu au-dessus du bureau, car un valet se présenta respectueusement dans le cabinet.

Ce valet, ainsi que celui que nous avons vu dans la rue du Chaume causant mystérieusement avec l'ouvrier, et ainsi que les autres domestiques de l'hôtel, portait une livrée de grand deuil.

— Monsieur a sonné? dit-il en rentrant.

— Oui, répondit le conseiller; Mme de Versac est-elle au salon?

— Non, monsieur; Mme de Versac est rentrée dans ses appartements.

— Et Mme la baronne?

— Elle est en bas. Madame attend, je crois, mesdemoiselles qui se promènent dans le jardin.

— Bien! dès que Mme la baronne sera rentrée chez elle avec ses nièces, vous viendrez me prévenir...

Le valet s'inclina et sortit.

(Il faut, pour éviter toute confusion dans l'esprit du lecteur, que nous disions que Mme de Versac était la bru du conseiller. Son mari, Jules de Niorres, comte de Versac, troisième fils de M. de Niorres, était, de son vivant, plus particulièrement désigné par le nom de Versac, pour le distinguer de son frère, lequel, après l'entrée dans les ordres de son aîné l'évêque, était devenu chef de la famille, et avait pris, par conséquent, le titre héréditaire. La baronne était la belle-sœur du conseiller, et, bien qu'elle s'appelât Mme Louis de Niorres, on avait coutume, dans sa nombreuse famille, de lui donner, en parlant à elle ou d'elle, toujours son titre et rarement son nom.)

Après la sortie du domestique, le magistrat avait repris sa lecture interrompue; mais bientôt, laissant son livre, il se leva et fit quelques tours dans la chambre avec une contraction des muscles du visage indiquant une préoccupation douloureuse et terrible.

— M. Lenoir avait raison! dit-il enfin et comme répondant à voix haute à ses propres pensées. L'intérêt doit être le seul mobile qui dirige le bras du meurtrier. Mais quel est ce meurtrier? Comment le découvrir? MM. d'Herbois et de Renneville m'ont-ils dit vrai? Cet enfant de cette créature infâme existerait-il encore? S'il existe, est-ce bien lui qui promène ainsi la mort dans les rangs de ma famille? Je ne puis le croire! En agissant ainsi, cet homme montrerait lui-même trop grossièrement le but vers lequel il marche. Tous les miens et moi-même morts, lorsqu'il viendrait réclamer l'héritage, la justice lui demanderait compte de ses actes... C'est impossible! Une telle audace ne se comprendrait que de la part de l'un de ces puissants de la terre contre lesquels les lois demeurent sans force!... Moi, mort! cela ne se peut pas... Et cependant ce blanc-seing dont il a été fait un si criminel usage! Cet acte par lequel j'annule d'avance tout ce que je pourrais faire faire pour en combattre l'effet, lui donnerait une situation formidable. Mais tout cela est-il bien vrai?... Pourquoi avoir attendu si longtemps lorsqu'à l'aide de ce papier on pouvait facilement m'extorquer ma fortune entière?... Un bandit vulgaire n'agit point ainsi...

Le conseiller, qui s'était arrêté près de son bureau, reprit sa marche saccadée à travers la chambre.

— Si cela n'est pas, dit-il encore, pourquoi MM. d'Herbois et de Renneville seraient-ils venus me faire cette confidence?... Le lieutenant de police aurait-il donc absolument raison, et ces deux jeunes gens, cachant avec une habileté infernale leurs vues criminelles, n'auraient-ils eu d'autres motifs, en se faisant aimer de mes nièces, que l'exécution du plus infâme, du plus odieux de tous les complots? Quoi qu'il en soit, continua le magistrat après un moment de réflexion, je dois faire ce que j'ai résolu : mettre les membres de ma famille, les héritiers les plus directs de mes biens, à l'abri de nouvelles tentatives. Ce soir, Saint-Jean partira, et il faut que Mme de Versac s'éloigne également, comme devront s'éloigner

M. de Nohan, mon gendre et sa femme. Je demeurerai seul ici avec la baronne et ses filles. Dans tous les cas, celles-là ne doivent rien avoir à craindre.

On frappa à la porte du cabinet de M. de Niorres.

— Entrez! dit-il.

La porte s'ouvrit, et un homme de trente-cinq à quarante ans, d'une distinction parfaite, d'une physionomie grave et douce, vêtu de deuil, s'avança vers le conseiller, qui lui tendit les mains.

— C'est vous, monsieur de Nohan! dit le magistrat, dont un pâle sourire éclaira le visage. Où donc est ma fille?

— Elle repose, répondit le gendre du conseiller, et j'ai profité de cet instant pour venir vous voir.

— Vous avez bien fait, Armand. J'ai besoin plus que jamais d'être entouré d'amis sincères et de cœurs dévoués...

M. de Nohan secoua la tête.

— Hélas! dit-il, je comprends plus que tout autre la douloureuse situation dans laquelle se trouve placée votre maison; mais cependant mon devoir exige que je vous abandonne dans la détresse.

— Ah! fit M. de Niorres d'une voix calme; vous êtes résolu à partir?

— Je viens vous demander ce que je dois faire, et j'agirai suivant vos conseils. D'une part vous connaissez toute la respectueuse amitié que je vous ai vouée; vous savez que mon cœur déborde de reconnaissance lorsque mon esprit se rappelle les nombreux témoignages d'affection que vous m'avez donnés, vous êtes mon père, enfin! Et s'il ne s'agissait que de vous seul, lors même que vous me défendriez de demeurer près de vous quand le danger menace, je trouverais dans mon profond attachement la force nécessaire pour vous désobéir. En ce moment je donnerais dix années de ma vie pour qu'il me fut permis de ne pas m'éloigner de vous. Mais, d'une autre part, je me dois à celle que j'ai juré aux pieds des autels d'aimer, de protéger et de rendre heureuse; mon devoir d'époux me consacre à ma femme, à votre fille. Je crois, dans la malheureuse situation présente, que je faillirais à mes serments si je ne cherchais à détourner d'Hélène le coup qui la menace, après avoir frappé vos autres enfants. Dites, mon père, suis-je dans le vrai?...

M. de Niorres prit les mains de son gendre et les pressa convulsivement, tandis que deux larmes roulaient sur ses joues amaigries.

— Armand, lui dit-il enfin, je vous plains, car je comprends l'embarras de votre position personnelle. Vous êtes placé entre les devoirs de l'époux et ceux du fils adoptif. Vous êtes dans la nécessité de choisir entre votre femme et votre beau-père... N'hésitez pas, mon enfant! suivez les préceptes de l'Évangile : votre femme d'abord et avant tout. Hélène ne fût-elle pas ma fille que je raisonnerais encore ainsi; mais il s'agit de mon enfant, et mon cœur est vivement touché des sentiments qui vous animent. Partez, Armand ! Emmenez Hélène, et recevez, avant de quitter cette maison maudite la bénédiction de votre vieux père !

M. de Nohan s'inclina : il était profondément ému.

— A ma place, vous partiriez donc? demanda-t-il.

— Oui, répondit nettement le conseiller, car ce serait mon devoir, comme c'est le vôtre. Je vous ai confié ma fille, vous devez la protéger contre tout péril. Au reste, ce départ était nécessaire et j'avais arrêté qu'il serait exécuté avant que vous ne vinssiez m'en parler. Où voulez-vous aller?

— Dans mes terres de Bourgogne.

— Ce n'est point assez loin; il faut aller en Italie.

— J'y conduirai Hélène si telle est votre volonté.

— Merci, mon ami.

— Mais, reprit M. de Nohan, il faudra décider ma femme, car, jusqu'ici, elle a refusé d'abandonner l'hôtel.

— Demain, Armand, je parlerai à Hélène, je lui exprimerai mon désir, ma volonté, s'il le faut, et après-demain vous quitterez Paris.

— Et, reprit M. de Nohan après un silence, et Mme de Versac?

— Elle partira également, dit le magistrat d'une voix ferme.

— Avec nous?

— Non ; votre réunion appellerait peut-être le danger sur vos têtes. Elle partira, mais seule, ou du moins avec son fils.

— Et son neveu...

— Non !

— Quoi ! vous lui retirez la garde de l'enfant qu'elle a adopté?

— Je le séparerai d'elle, Armand.

— Vous le garderez près de vous?...

Le conseiller hésita.

— Je ne puis vous répondre à cet égard, dit-il; je ne sais encore ce que je déciderai, mais ce que je veux, c'est que tous les membres de ma famille soient séparés les uns des autres par des distances considérables : c'est là, je crois, le seul moyen de détourner la mort qui nous menace tous... Oh! continua le magistrat en levant les mains vers le ciel, que n'ai-je pris plus promptement cette résolution!... je n'aurais peut-être pas à pleurer aujourd'hui sur tant de tombes à peine fermées!... Mais qui pouvait prévoir, qui pouvait me faire supposer...

M. de Niorres n'acheva pas sa pensée; sa tête retomba lourdement entre ses mains moites de sueur.

— Mᵐᵉ de Versac consentira-t-elle à partir ? dit M. de Nohan.
— Il faudra qu'elle s'éloigne, répondit le conseiller, je lui ferai comprendre la nécessité de cet éloignement. Quant à vous, Armand, ne dites à personne, à personne, entendez-vous ? le lieu vers lequel vous vous dirigerez ; que votre femme elle-même l'ignore, que Mᵐᵉ de Versac, que la baronne, que Blanche, que Léonore ne puissent le deviner... Moi seul saurai la route que vous devrez suivre. En quittant Paris, vous vous dirigerez vers la Picardie, puis, au-dessus de Chantilly, alors que tout le monde supposera que vous courez vers les Flandres, vous ferez un brusque crochet, et, tournant l'Ile-de-France, vous reviendrez vers la Bourgogne, pour de là traverser le Lyonnais, atteindre le Dauphiné et passer la frontière. Vous m'avez bien compris ?
— Parfaitement.
— N'emmenez aucun domestique : vous en prendrez de nouveaux à Lyon ou à Grenoble.
— Tout sera fait ainsi que vous le désirez.
— De cette manière, nous arriverons, je l'espère, à dérouter tous les espions que nous avons probablement attachés à nos pas.
— C'est là tout ce que vous avez à me recommander ?
— C'est là tout, mon ami, car je sais qu'il est inutile que je vous recommande ma fille, si la mort vient me frapper à mon tour. Cette mort, je l'attendrai ici, Armand, dans l'hôtel de mes pères, et elle me trouvera prêt à la recevoir ; je ne la craindrai plus lorsque je saurai mes enfants éloignés de ses atteintes. Venez m'embrasser, mon fils, et que la résolution que nous venons de prendre soit définitivement arrêtée. Demain je parlerai à Hélène, et après-demain, vous me ferez vos adieux...

Les deux hommes, très émus tous deux, s'embrassèrent dans une affectueuse étreinte, puis M. de Nohan, sans ajouter une parole, quitta le cabinet du conseiller au parlement de Paris.

XXV

LES DEUX SŒURS

L'allée d'où était parti le bruit léger qui avait éveillé l'attention du matelot conduisait de la pelouse se déroulant devant les bâtiments jusqu'à un petit quinconce formant le centre du jardin. Elle était bordée, à droite et à gauche, de frais acacias dont les cimes se rejoignant formaient une arcade verdoyante au-dessus du sentier, et, l'abritant dans le jour contre les atteintes des rayons du soleil, contribuaient, la nuit, à augmenter l'obscurité qui y régnait.

Aussi ne distinguait-on, au moment où Mahurec s'était blotti dans son coin, que deux formes blanches dont l'apparition au milieu des ténèbres eût peut-être effrayé une âme moins forte que celle du matelot; mais Mahurec n'était pas précisément un esprit timide, et lorsqu'à travers un jour ménagé entre les feuilles et qui se trouvait placé à la hauteur de son œil, il avait aperçu les deux fantômes, il n'avait pas manifesté la plus légère émotion. Au reste, en arrivant au bout de l'allée et en atteignant la zone éclairée, la double apparition perdit tout à coup son caractère fantastique que lui avaient prêté les ombres de la nuit et n'offrit rien de bien effrayant.

Jamais, peut-être, au contraire, la lumière n'avait éclairé spectacle plus poétique que celui qui se présentait alors aux regards du matelot immobile.

Deux jeunes filles, deux frêles et ravissantes créatures, aux formes élégantes, à la démarche gracieuse, s'avançaient lentement vers le pavillon de verdure devant lequel était placé un banc fait en bois rustique. De même taille et presque de même âge, vêtues toutes deux d'une façon identiquement semblable, chacune de ces charmantes promeneuses paraissait être la reproduction vivante de l'autre. Leurs cheveux poudrés ne montrant pas leur nuance naturelle qui pouvait être dissemblable, contribuaient encore à établir cette ressemblance qu'un examen attentif pouvait seul faire disparaître. En effet, l'une des deux jeunes filles, celle qui semblait être de quelques mois seulement plus âgée que l'autre, avait la peau d'une blancheur plus éblouissante que celle de sa compagne, dont le ton mat et pâle était d'une distinction tout aristocratique.

La première avait les yeux bleus, le regard langoureux, les sourcils châtains clairs, la bouche rosée et la coupe du visage d'un ovale un peu allongé qui seyait à ravir à l'ensemble de sa physionomie.

La seconde, au contraire, avait l'œil noir, le regard vif et brillant, les sourcils noirs et arqués comme ceux d'une juive algérienne, les lèvres d'un incarnat si vif qu'on eût dit qu'elle tenait une grenade entre ses dents, le visage rond et l'expression générale rieuse, mutine et vive, tandis que celle de sa compagne offrait un cachet tout particulier de mélancolie rêveuse et de gracieuse nonchalance.

L'une avait la démarche lente, onduleuse : elle glissait plutôt qu'elle ne marchait sur le sable fin qui recouvrait le sol; son corps paraissait toujours légèrement affaissé sur lui-même, comme si la force physique eût manqué à tout son être, il se ployait comme une tige de jacinthe ondulant sous la brise. L'autre, bien assise sur ses hanches, la taille cambrée, droite, ferme, légère et pétulante dans tous ses mouvements. Elle avançait son petit pied, chaussé d'une étroite mule de satin noir, et le posait hardiment sur la terre, marchant avec la délicatesse énergique de ces mignons oiseaux gravissant sur une branche.

Entre ces deux jeunes filles, comme on le voit, le contraste était frappant, et certes si leur chevelure n'eût pas été poudrée, la différence eût été plus grande encore, mais cependant, ainsi que nous le répétons, à première vue ce contraste, cette différence ne s'offraient pas au regard, et grâce à la similitude de leur taille, de leur âge, de leur costume, grâce surtout à ce je ne sais quoi d'indéfinissable que l'on nomme *un air de famille*, et qui existait entre elles d'une façon incontestable et frappante, on était tenté, au premier abord, de les prendre l'une pour l'autre et on devinait aisément deux jeunes sœurs au printemps de la vie. Une chose surtout qui devait frapper tous ceux qui connaissaient les habitants de l'hôtel du Conseiller au Parlement, c'était que, dans chacune de ces deux jeunes filles, on reconnaissait une grande ressemblance avec M. de Niorres. Pour la seconde surtout, cette ressemblance, après examen, devenait merveilleuse : c'était le portrait vivant, rajeuni, mais embelli, du Conseiller.

Leurs robes blanches, peu amples, taillées en fourreaux à l'Agnès, comme le voulait et s'exprimait la mode, garnies de flots de rubans noirs; leurs petits chapeaux noirs et sans fond, nommés chapeaux à la caisse d'escompte, surchargés également de rubans noirs; leurs bas de soie gris-perle à coins noirs; leurs mules de satin de même nuance que les rubans, leurs colliers de jais suspendant, sur le satin rosé de la peau, une croix d'or émaillée noir, attestaient un grand deuil récent à propos duquel la chaleur extrême de la saison avait permis, dans l'intérieur de l'hôtel, de substituer le blanc au noir pour la partie principale du vêtement.

Ces deux charmantes jeunes filles, éclairées par la douce lueur de la lune, et marchant lentement au milieu de ces arbres touffus, de cette nature luxuriante, présentaient le tableau le plus suave et le plus empreint de poésie.

— Es-tu fatigué, Blanche? demanda celle qui paraissait être l'aînée, et dont la démarche languissante avait tous les charmes de l'indolente allure créole.

— Fatiguée! répondit la jeune sœur dont la ressemblance avec M. de Niorres était si saisissante; tu sais bien que je ne le suis jamais. On ne

Léonore! Blanche! appela en ce moment une voix douce. (P. 258.)

marche pas dans ce vilain Paris, il faut être toujours en carrosse. Oh! mes belles allées du cours d'Ajot, à Brest, où êtes-vous?

— Bien loin d'ici, hélas!... ma pauvre Blanche!

— Mais, reprit Blanche, tu es fatiguée, toi, Léonore. Tiens, asseyons-nous là sur ce banc, nous causerons encore un peu avant de rentrer...

La jeune fille désignait le banc près duquel elles se trouvaient toutes deux, et qui était placé devant le petit pavillon de verdure.

Léonore et sa sœur y prirent place.

— Léonore, reprit Blanche après un léger silence, qu'as-tu fait de la lettre du vicomte?

— Elle est là, dit Léonore en désignant les plis du corsage de sa robe.

— Eh bien ! ma sœur, il faut répondre...

— Ma réponse est prête, Blanche; nous devons refuser.

— Quoi! s'écria Blanche, nous ne leur donnerons même pas la consolation qu'ils nous supplient de leur accorder avant leur départ? Nous refuserons de les voir, ne fût-ce que l'espace de quelques minutes.

— Nous le devons, ma pauvre Blanche.

— Mais songe donc que s'ils savent, ainsi que nous le savons nous-mêmes, quoi qu'on ait fait pour nous cacher la vérité, que des crimes se commettent dans cette maison, leur désespoir doit être affreux, car Henri et Charles nous aiment, Léonore; ils nous aiment comme nous les aimons

— Raison de plus pour les tenir éloignés de cette maison.

— Pourquoi? ils sont forts, ils sont braves; j'ai en eux une confiance absolue; ils nous défendraient, nous et notre mère.

— Mais notre oncle refuse de les recevoir, bien qu'ils aient tout tenté pour arriver jusqu'à nous...

Léonore tressaillit brusquement.

— Qu'as-tu donc? demanda Blanche.

— Rien, répondit la sœur aînée; il me semble avoir entendu remuer derrière nous, mais je me serai trompée...

Blanche regarda attentivement.

— Je ne vois rien, dit-elle.

— C'est ma robe qui aura agité le feuillage.

— Depuis que nous nous aimons, reprit Blanche, notre mère a laissé croître cet amour réciproque avec une indulgence approbatrice. Elle désirait ces unions, elle les voyait se préparer avec joie. Elle n'a aucun motif personnel pour repousser aujourd'hui ceux qu'elle accueillait si bien il y a deux mois encore. D'ailleurs, réfléchis. Que nous demandent-ils dans ces lettres que Saint-Jean nous a remises ce soir? la permission de causer avec nous demain dans le jardin. Ils vont partir... disent-ils, ils vont quitter Paris demain dans la nuit... Ils jurent que, si nous refusons, ils resteront, quoi qu'il puisse en résulter; devons-nous refuser?

— Ma sœur... fit Léonore en hésitant.

— Léonore! Blanche! appela en ce moment une voix douce, qui, partant du rez-de-chaussée de l'habitation, vint interrompre soudainement la conversation des deux sœurs.

— Ma mère? répondirent à la fois les deux jeunes filles.

— Rentrez! reprit la voix; il est tard.

— Nous rentrons, ma mère, répondit Blanche.

Puis baissant la voix :

— Il faut voir Henri et Charles demain soir; il le faut, ajouta-t-elle en se penchant vers sa sœur.

Toutes deux quittèrent la place où elles se trouvaient, et se dirigèrent vers la pelouse, dont elles foulèrent sous leurs petits pieds le frais tapis de verdure.

— Nous allons écrire, reprit Blanche en ralentissant sa marche. J'ai fait à Saint-Jean le signe convenu; il viendra tout à l'heure chercher nos lettres! Du courage, Léonore! Il faut que nous les voyons; puis ensuite nous avouerons tout à notre mère. Elle nous comprendra et elle nous pardonnera. Viens, ma sœur; viens et aie confiance en moi, comme moi j'ai confiance en eux!...

Les deux jeunes filles atteignaient les marches du perron communiquant avec une porte vitrée sur le seuil de laquelle les attendait la belle-sœur du conseiller au Parlement.

— Que je sois croché au bout de la grande vergue si c'est pas là deux amours du bon Dieu en chair et en os! murmura Mahurec sans oser bouger de sa cachette. N'y a pas à la Jamaïque, depuis Santiago de la Vega jusqu'au morne des montagnes Bleues, une négresse pour leur être comparée que je dis, et pourtant qu'il y en a des soignées que j'en ai souvenance! Caramba! le plomb de sonde de leur cœur rapporte fier fond d'amourette pour mes lieutenants! Braves petites filles! Oui, s'il y a du danger que Mahurec est là, et, quant à l'empoisonneur, que je le croche, je l'élingue en grand et je lui fais tour mort et demi-clef sur le pertuis aux légumes qu'il en crachera sa langue!...

Et Mahurec serra les poings avec une énergie telle que ses os en craquèrent.

XXVI

LE TEINTURIER

Parmi les rues nombreuses adoptées, dès leur création, par le commerce de la capitale pour y établir son siège, l'une de celles les plus renommées a été et est encore la rue Saint-Honoré. En 1785 surtout, les boutiques de cette voie animée étaient le rendez-vous des plus élégants acheteurs.

Non loin de la rue de la Sourdière, et avoisinant par conséquent l'église Saint-Roch, s'élevait l'une de ces étroites et hautes maisons qui firent si fort crier l'auteur du *Tableau de Paris*, alors qu'il attaquait, à juste titre, les constructions de la fin du dernier siècle. Cette maison, n'ayant que deux fenêtres de façade, paraissait enclavée dans les bâtiments formant le côté droit de la rue, comme un long coin enfoncé dans une ouverture qu'il doit combler. Le rez-de-chaussée était occupé par l'une de ces boutiques étroites, petites, mesquines, à plafond bas, à devanture garnie de petits carreaux de vitre, et dans laquelle le jour et l'air pénétraient moins que le brouillard de la rue et les exhalaisons du ruisseau. A côté de cette boutique, une porte bâtarde, que n'eût pu certes franchir, faute de largeur nécessaire, une grande dame avec ses paniers, donnait accès dans un couloir obscur au bout duquel commençaient à grimper les marches hautes d'un escalier aussi roide qu'une échelle de meunier et conduisant aux étages supérieurs. Au-dessus de la boutique on lisait, en lettres multicolores sur un cartouche de nuance claire :

BERNARD, TEINTURIER-DÉGRAISSEUR

Derrière les vitrines on apercevait des piles de franges de toutes couleurs, des pièces d'étoffes de tous genres, puis des bas de soie, des mantes de taffetas, des jupes décousues, des habits de satin ou de velours, des culottes de calmande, le tout brillant d'un lustre décelant l'habileté du propriétaire de l'établissement.

A cette époque où la soie et les nuances les plus claires jouaient un si grand rôle dans le costume des deux sexes, l'état de teinturier-dégraisseur avait une importance que le bon marché progressif des étoffes lui a peu à peu fait perdre, et auquel surtout l'habitude de mœurs plus simples, l'usage des vêtements de drap de couleur sombre et le rejet, par la mode, des culottes courtes, partant des bas de soie, ont porté un rude coup. Mais sous Louis XVI, comme sous le règne de son prédécesseur, le dégraisseur-teinturier avait ses clients jusque dans la plus haute classe de la société; aussi, la boutique de maître Bernard, bien connue dans le quartier où elle était située, possédait-elle une clientèle dont pouvait s'enorgueillir à bon droit son propriétaire.

Le soir de ce même jour où se sont accomplis les premiers faits de l'histoire que nous racontons et à l'heure où, dans les jardins de l'hôtel de Niorres, avait lieu entre les deux jeunes filles a conversation surprise par

Mahurec, la boutique du teinturier, éclairée par deux lampes, suspendues au plafond, projetait une lueur vague sur le pavé de la rue.

Un jeune homme, occupé à ranger les diverses marchandises qui encombraient les comptoirs, se trouvait seul dans la boutique. Il venait de compter avec soin une douzaine de magnifiques paires de bas de soie qui, à en juger par l'exiguité du pied et l'extrême finesse de leur tissu, devaient appartenir à quelque femme élégante, et il les empaquetait avec précaution à l'aide d'un papier blanc déployé sur le comptoir, lorsqu'un judas, perçant le plafond au-dessus de l'endroit où il se trouvait, s'ouvrit soudain.

— Jean! dit une voix sonore partie de l'étage supérieur.

— Monsieur Bernard! répondit l'employé en levant immédiatement le nez et les yeux vers le plafond.

— Les bas de soie de Mme la marquise d'Horbigny sont-ils prêts?

— Je suis en train de ficeler le paquet.

— Bon! vous allez les porter tout de suite à l'hôtel de Mme la marquise. Vous savez qu'on les lui a promis pour ce soir.

— Oui, monsieur.

— Et l'habit de cheval de M. le comte de Sommes?

— Il est prêt également; son premier valet de chambre l'enverra prendre demain par le jockey.

— Très bien. Maintenant, fermez la boutique et allez chez Mme la marquise...

Le judas se ferma, et Jean, le garçon teinturier que nous connaissons déjà pour l'avoir rencontré sur la route de Versailles, acheva d'attacher son paquet et alla chercher les volets pour procéder à la clôture de la boutique. Comme il poussait la dernière clavette au volet de la porte d'entrée qu'il maintenait ouverte, deux jeunes gens parurent sur le seuil et pénétrèrent dans l'intérieur. L'un était vêtu en bourgeois aisé, l'autre portait l'uniforme du régiment de Royal-Infanterie.

— Ah! monsieur Brune, dit Jean en saluant le premier des deux jeunes gens; puis, tendant familièrement la main à l'autre : Tiens, ajouta-t-il, c'est toi, Soult!

— Bonsoir, mon garçon, répondit l'étudiant en droit qui, ainsi que nous le savons, avait pris un si vif intérêt à la douleur de Mme Bernard, alors que celle-ci pleurait sa chère petite fille sur le lieu même où elle lui avait été enlevée.

— Bonsoir, Lannes, dit le soldat en secouant la main qui lui était offerte.

— Maître Bernard et sa femme sont en haut? demanda Brune en désignant un petit escalier qui s'élevait en colimaçon dans le fond de l'arrière-boutique et faisait communiquer celle-ci avec le premier étage.

— Oui, répondit le garçon teinturier. Vous pouvez monter.

— Ils sont seuls?

— Oh! non, il y a avec eux le père Gorain et son ami Gervais, et puis un monsieur de leur connaissance qu'ils ont amené ce soir.

— Quel est ce monsieur?

— Je ne sais pas trop, quoique j'aie fait aujourd'hui la route de Versailles dans le carrabas, aller et retour, avec lui. Mais vous pouvez monter tout de même, vous savez bien que vous n'êtes jamais de trop dans la maison, surtout si vous apportez des nouvelles de la Jolie Mignonne.

— Hélas! je n'en apporte aucune! dit Brune en secouant tristement la tête.

— Pauvre Mme Bernard! fit le garçon teinturier en prenant le paquet qu'il avait laissé sur le comptoir.

— Tu sors? demanda le soldat.

— Oui, je vais chaussée Gaillon, à l'hôtel d'Horbigny. Viens-tu avec moi, Nicolas?

— Vous retrouverai-je ici? demanda-t-il.

— Oui, répondit l'étudiant, je vous attendrai.

— Alors je t'accompagne! dit Nicolas en s'adressant au garçon teinturier.

Celui-ci mit son paquet sous son bras et s'élança dans la rue. Nicolas Soult le suivit, et Brune, ayant refermé sur eux la porte, traversa la boutique pour gagner l'escalier placé au fond, et dont il escalada lestement les degrés, une porte vitrée se trouva alors en face de lui. Il frappa discrètement, la porte s'ouvrit aussitôt.

La chambre dans laquelle pénétra l'étudiant était une pièce de médiocre dimension, très basse de plafond, et prenant jour sur la rue par des espèces de lucarnes indignes de tout autre nom, et que fermaient ces sortes de châssis vitrés glissant de haut en bas et de bas en haut dans des coulisses adaptées à la muraille, châssis qui n'avaient pas à cette époque de dénomination particulière, mais qui, quelques années plus tard, alors que l'usage en devint plus général dans les constructions, devaient être baptisés du nom de fenêtres à guillotine. Un vaste bahut lui faisait face. Quelques chaises et une table constituaient le reste du mobilier.

Au moment où Brune franchit le seuil de la porte située en haut du petit escalier, le lit était occupé par une femme dont le visage amaigri, les yeux enfoncés, les traits tirés, décelaient une violente souffrance physique jointe à une grande douleur morale.

Un homme vêtu de noir était assis à son chevet : cet homme était

Fouché, le professeur du collège de Juilly. Près de lui, mais placés en face de la malade, MM. Gorain et Gervais se tenaient roides sur leurs chaises, et paraissaient tous les deux fort mal à leur aise.

Maître Bernard, le teinturier, mari de la malade, le père de la Jolie Mignonne, était appuyé sur le pied du lit, et c'était lui qui, en étendant la main lorsque Brune avait frappé à la porte, avait donné accès au jeune étudiant.

A l'entrée de celui-ci, Fouché, qui causait avec Mme Bernard, garda aussitôt le silence.

Brune salua les personnes en présence desquelles il se trouvait, et il fut accueilli par un serrement de main du teinturier, par un sourire de la malade et par un geste amical de MM. Gorain et Gervais. Fouché se souleva sur son siège pour répondre au salut de l'étudiant; mais comme en se rasseyant son visage se trouva éclairé en plein par une chandelle placée sur la table, Brune fit un geste de surprise.

— Monsieur Fouché! dit-il avec étonnement.

— Monsieur Brune, je crois? répondit le professeur.

— Lui-même, monsieur, qui a eu l'honneur de vous rencontrer plusieurs fois au cours de l'École de droit. Je suis heureux de vous retrouver chez Bernard, car l'aide de vos lumières ne peut que nous être de la plus grande utilité pour diriger nos recherches.

— Oui, ajouta le teinturier; monsieur a la bonté de s'intéresser à notre malheur. C'est cet excellent Gorain qui nous l'a amené ce soir.

— Certainement... certainement... balbutia M. Gorain. Vous savez que tout ce que je puis faire, je le ferai... mais je crains bien que...

— Ne dites pas cela! interrompit vivement Mme Bernard en se dressant sur son lit. Ne dites pas que je ne retrouverai pas ma fille, je mourrais à l'instant!

Certes, je ne dis pas... continua Gorain avec un embarras croissant; mais je crois... j'imagine qu'il serait sage...

— De cesser nos recherches? s'écria encore la pauvre mère dont le visage s'empourpra.

— Avez-vous des nouvelles? demanda le teinturier en s'adressant à l'étudiant.

— Aucune! répondit celui-ci.

— Maître Bernard baissa la tête, et deux larmes perlèrent au bord de ses cils.

— Je retrouverai ma fille, mon enfant! dit avec énergie la malheureuse femme. Je n'ai jamais fait de mal à personne, moi. Dieu est trop juste pour me priver de mon enfant! Oui, oui, je retrouverai Rose! Cet

espoir est dans mon cœur; c'est lui seul qui me donne la force de vivre...
s'il s'éteignait, mon âme partirait avec lui.

— Calmez-vous! calmez-vous! dit Fouché en saisissant l'une des mains de la malade et en la forçant à se recoucher complètement. Veuillez seulement répondre d'une façon bien précise aux questions que je vous adresse.

— Je retrouverai ma fille, n'est-ce pas? Elle me sera rendue? dit encore Mme Bernard avec une exaltation fébrile.

— Je l'espère; mais écoutez-moi et répondez à mes questions. Vous m'avez dit, commença Fouché en appuyant sur son genou un carnet qu'il tenait de la main gauche, que votre fille avait quatre ans. Est-elle grande ou petite?

— De taille moyenne, répondit la mère; mais si bien prise, si grasse, si mignonne; des mains de duchesse et des petits pieds de reine...

— Elle est blonde!

— D'un blond adorable! Tenez, monsieur, voici une boucle de ses cheveux. Je la lui avais coupée il y a trois mois pour en faire faire un médaillon. Oh! ils ne me quittent plus ces beaux cheveux soyeux que je frisais moi-même chaque soir.

Et la pauvre mère tira de son sein une boucle des cheveux de sa fille, qu'elle portait constamment sur sa poitrine.

— Oh! continua-t-elle en caressant cette boucle avant de la donner à Fouché, quand je pense que c'est là tout ce qui me reste de mon enfant, il me semble que je vais devenir folle! Ces beaux cheveux (elle les baisa), comme elle en était fière, la jolie enfant! Te souviens-tu, Bernard? Elle passait ses petits doigts dans ses boucles dorées, et, quand je refusais de l'embrasser pour la punir de quelque faute, elle me menaçait de défriser sa chevelure! Je la vois encore... là... car c'était là qu'elle couchait... voici son berceau!

Mme Bernard désigna de la main une petite couchette d'enfant placée derrière Fouché. Chacun des assistants obéit involontairement à ce geste, et tous les yeux se fixèrent sur le berceau vide. Le teinturier ne put étouffer un soupir douloureux qui déchira sa gorge. Mme Bernard regarda son mari; puis tout à coup sa bouche se contracta, ses épaules frissonnèrent convulsivement, et, se rejetant en arrière, elle éclata en sanglots.

Le teinturier voila son visage de ses mains épaisses noircies par le travail. M. Gorain se tourna vers M. Gervais: les deux bourgeois paraissaient très émus.

— Ah! murmura le propriétaire de l'avocat Danton, s'il ne s'agissait pas du roi de Prusse...

M. Gervais lui poussa rudement le coude.

L'HOTEL DE NIORRES

Elle parla longuement, interrompant son récit par des larmes. (P. 266.)

Brune s'essuyait les yeux, tandis que Fouché, froidement impassible au milieu de cette scène de désolation, prenait rapidement des notes sur son carnet.

— Je crois, sauf meilleur avis, hasarda M. Gervais en regardant son voisin, qu'il vaudrait peut-être mieux remettre à demain pour la suite des renseignements, car il est tard, savez-vous.

— Vous avez raison, compère, dit vivement M. Gorain; d'ailleurs, la prudence...

— Ah ça! fit Bernard en s'adressant aux deux bourgeois, je ne comprends rien à ce que vous êtes, ce soir.

— Nous?... dit Gervais en rougissant.

— Eh! oui! Vous nous amenez M. Fouché qui veut bien s'occuper de notre malheur, qui nous promet de nous mettre sur la voie de notre enfant, et on dirait, à vous entendre, que vous ne cherchez qu'à nous détourner de suivre les excellents avis qu'il donne...

— Bernard!... pouvez-vous supposer... balbutia Gorain.

— Nous qui vous aimons tant, ajouta Gervais.

— Vous nous conseillez de renoncer à nos recherches, dit la malade en séchant tout à coup ses larmes; car, au milieu de ses plus grands accès de douleur, le moindre mot relatif à sa fille attirait immédiatement son attention.

— Mais vous vous trompez... continua Gorain en changeant de couleur; jamais, au grand jamais, nous n'avons eu l'intention... Tenez! je parlais encore de vous ce matin avec mon épouse, et nous pleurions tous deux comme deux éponges...

— Oui, oui, M. Gorain vous est fort dévoué, cela est évident, interrompit Fouché avec impatience; laissez-moi donc continuer, je vous en prie. Madame Bernard, il faut, dussé-je rouvrir toutes les plaies de votre cœur, que vous me donniez un signalement exact de votre fille.

La malade joignit les mains.

— Rose est jolie comme un ange, dit-elle. Elle ne peut être comparée à aucun autre enfant! Oh! elle est facile à reconnaître, monsieur.

Et la pauvre mère se mit à donner avec l'exaltation la plus vive et les détails les plus minutieux, les renseignements que réclamait le professeur.

Elle parla longuement, interrompant son récit par des larmes abondantes; mais la lucidité avec laquelle elle s'exprima fut si grande que Fouché crut voir, devant lui, l'enfant dont on lui décrivait la charmante personne.

Quand la mère eut achevé, Fouché referma son carnet après avoir pris la dernière note, et s'adressant à Bernard et à sa femme :

— Je vous demande douze jours, dit-il, pour vous donner une réponse. Si ce que je pense est la vérité, dans douze jours vous embrasserez votre fille...

— Pourquoi si longtemps? s'écria la mère.

— Parce que ce temps est nécessaire, madame, à l'absence qu'il faut que je fasse.
— Quoi! dit le teinturier, vous croyez donc que ma fille n'est plus à Paris!
— Je n'affirme rien, mais je le crois.
MM. Gervais et Gorain échangèrent un regard rempli d'inquiétude.
— M. Fouché a raison, dit Brune en prenant la parole à son tour. Si la Jolie Mignonne était encore à Paris, la police l'eût certes découverte.
Le professeur haussa les épaules.
— La police est si mal faite, répondit-il, que cela ne serait point une raison; mais c'est d'après d'autres indices que j'espère être sur les traces de votre enfant.
— La police mal faite! La police de M. Lenoir! dit Gorain en ouvrant de grands yeux et en manifestant un étonnement aussi profond que si le professeur eût énoncé quelque monstruosité inacceptable.
— M. Lenoir sait tout! ajouta Gervais d'un air doctoral.
Fouché haussa encore les épaules et lança un coup d'œil à Brune.
— Tout est à refaire là comme dans toutes les institutions de nos jours, dit-il en s'adressant à l'étudiant, mais là surtout la reconstruction de l'édifice est nécessaire. Qu'est-ce que votre police, avec ses agents ayant peur des grands seigneurs, son lieutenant soumis aux caprices de la cour, ses misérables menées pour descendre à connaître des cancans de vieilles femmes, ses rapports erronés... La police est aveugle ou du moins elle a la cataracte! il faut l'opérer.
— Chargez-vous de l'opération! dit Brune en souriant.
— Moi! s'écria Fouché. Oh! si j'étais lieutenant de police seulement durant une année!
— Que feriez-vous donc?
Les yeux de l'oratorien lancèrent un éclair rapide.
— Je ferais de cette institution l'un des grands rouages de l'État. Je voudrais ne rien ignorer de ce que je devrais savoir, sans en venir à des tracasseries incessantes pour les habitants paisibles de la France. Je voudrais que pas un crime ne se commît dans les ténèbres, que pas un complot ne s'ourdît dans l'ombre, sans que je ne jetasse sur eux un foyer de lumière. Je voudrais enfin que chaque bon citoyen pût dormir tranquille et que les rues de Paris fussent aussi sûres à minuit qu'à midi. Et cela sera un jour, monsieur, vous le verrez! Non pas que je devienne lieutenant de police, ajouta Fouché en souriant, cela est bien peu probable, mais nous sommes à la veille d'événements graves. Toute la vieille machine sur laquelle s'étaye la monarchie croulera dans peu, cela est certain, pour faire place

à des institutions nouvelles. Eh bien! il se produira à la tête de la police un homme intelligent, et alors...

— En 1800, dit Brune d'un air incrédule.

— Pourquoi pas? quinze années sont plus que suffisantes pour accomplir ce que je prophétise. Ne riez pas! Attendez! nous sommes jeunes, et nous verrons tous deux ces institutions qui dirigeront le xixe siècle...

— Mais, ma fille... mon enfant? interrompit Mme Bernard qui n'avait pas entendu seulement ce que Fouché venait de dire à Brune, absorbée qu'elle était par une unique pensée.

— Demain je serai sur ses traces, je vous le promets! dit l'oratorien.

— Mon Dieu! mon Dieu! dit la pauvre mère, que n'ai-je assez de force pour vous accompagner! Oh! j'essaierai, je pourrai vous suivre... Oui! oui! dussé-je fouiller la terre jusque dans ses entrailles, je retrouverai ma fille.

— Tu te tuerais, dit vivement le teinturier. Ta santé est déjà épuisée. Conserve-toi pour embrasser notre fille. C'est moi qui accompagnerai monsieur.

— Non, répondit Fouché, votre présence là où je veux aller serait inutile et peut-être nuisible, car votre émotion entraverait sans doute mes projets, mais cependant un témoin me serait nécessaire...

Le professeur regarda MM. Gorain et Gervais. Ceux-ci détournèrent les yeux avec un embarras manifeste.

— Si j'allais avec vous? dit vivement Brune.

— Oh! vous êtes le meilleur des hommes! s'écria Mme Bernard.

— Vous avez vu la Jolie Mignonne? demanda Fouché.

— Plusieurs fois! répondit l'étudiant.

— Et vous pourriez non seulement la reconnaître, mais vous faire reconnaître par elle? c'est là le point essentiel.

— Je le crois.

— Et, moi, j'en suis sûre! dit la mère avec vivacité. Ma fille aimait beaucoup M. Brune, qui ne venait pas une fois chez nous sans donner des bonbons à la pauvre enfant.

— Alors, dit Fouché, j'accepte.

— Quand partons-nous et où allons-nous? demanda l'étudiant.

— Soyez demain matin chez moi à huit heures, et vous saurez tout ce que nous devons faire.

En achevant ces mots, Fouché se leva.

— Ne nous reverrons-nous pas? dit Mme Bernard avec anxiété.

— Avant mon départ? Peut-être... Cependant je n'ose pas vous promettre d'une manière positive.

Puis, se tournant vers les deux bourgeois :

— A vos ordres, messieurs, dit-il.

Gorain et Gervais souhaitèrent le bonsoir à la malade et, après avoir échangé une poignée de mains avec le teinturier, se dirigèrent vers la porte vitrée avec une satisfaction évidente.

— Ne vous dérangez pas, Bernard, dit le futur échevin en s'opposant à ce que le teinturier passât devant pour les reconduire, nous connaissons les êtres et la boutique est encore éclairée. Je viendrai vous voir demain matin.

Les deux bourgeois étaient déjà engagés dans l'escalier en colimaçon. Fouché avait pris son chapeau et se disposait à les suivre, mais se retournant tout à coup vers l'intérieur de la chambre :

— Défiez-vous de MM. Gorain et Gervais! dit-il à voix extrêmement basse. Devant eux, ne parlez plus de votre fille et redoutez les conseils qu'ils pourraient vous donner!

— Pourquoi? fit Mme Bernard avec stupéfaction.

— Chut! vous le saurez! Adieu, madame. Bon courage. Monsieur Brune! je vous attends demain à l'heure dite, et vous, maître Bernard, souvenez-vous de ma recommandation.

Et Fouché, laissant dans un étonnement profond le teinturier et sa femme, descendit lestement les marches et rejoignit les deux bourgeois dans la boutique. Bientôt on entendit la porte se refermer sur eux.

— Cet homme me fait peur! murmura la malade.

— Qui cela? Fouché, demanda Brune.

— Oui. Son regard a quelque chose qui glace... et cependant il a l'air de s'intéresser bien sincèrement à notre cruelle situation.

— Mais, fit observer Bernard, pourquoi donc nous a-t-il recommandé de nous défier de nos amis?...

— S'il nous trompait...

— Oh! dit Brune, s'il voulait vous tromper, il agirait seul et ne demanderait pas que je l'accompagnasse.

— C'est vrai! murmura le teinturier.

— N'importe, ajouta la pauvre mère de l'enfant volé, ce qu'il nous a dit à propos de M. Gorain et de M. Gervais est bien étrange.

— Il connaît parfaitement M. Danton, fit l'étudiant en se levant, puisque c'est à la recommandation de celui-ci que vos amis l'ont amené chez vous. Eh bien! voyez Danton demain de bonne heure, et, avant de me rendre au rendez-vous, je viendrai savoir ce que vous aurez appris.

— Vous partez? demanda Bernard en voyant Brune se tenir debout.

— Non, répondit l'étudiant. J'attends Nicolas qui est sorti avec votre garçon.

— Ah! ils sont allés ensemble à l'hôtel d'Horbigny.

Tandis que ces quelques phrases s'échangeaient dans la chambre de Mme Bernard, Fouché et les deux bourgeois, s'arrêtant sur le seuil de la boutique dont ils venaient de refermer la porte, se faisaient réciproquement leurs adieux.

MM. Gorain et Gervais tournèrent à gauche, se dirigeant vers l'église Saint-Roch : Fouché remonta la rue dans la direction du faubourg.

M. Gervais, qui avait le bras de M. Gorain passé sous le sien, sentit son compagnon frissonner.

— Qu'avez-vous donc? compère, demanda-t-il.

— J'ai... j'ai... balbutia Gorain, que je sens l'humidité des cachots de la Bastille qui me glace les épaules.

— La Bastille!... quoi! vous croyez...

— Est-ce que je sais, moi! dit le malheureux propriétaire avec un accent désolé. Pensez donc à ce que nous a dit M. Roger! Si on retrouve la fille de Bernard, nous aurons la guerre avec la Prusse! Ça me fait frémir!...

— C'est vrai!... je tremble aussi, moi...

— Il y a de quoi! murmura M. Gorain. Et nous sommes mêlés là-dedans! Ah! monsieur Gervais? moi qui n'avais jamais fait de politique! Eh bien! nous voilà propres!...

— Comment?

— Quoi! vous ne comprenez pas, monsieur Gervais? Tenez! vous me feriez bondir si mes jambes en avaient la force? Mais souvenez-vous donc de ce nous a dit M. Roger. Il faut que Bernard renonce à ses recherches... Et M. Fouché que nous avons conduit chez Bernard...

— Comment! vous croiriez qu'on nous suspecterait...

— Je vous dis que je sens la Bastille!

— Brrr! fit Gervais en frissonnant, j'en ai la mort dans le dos!

— Tenez! je suis sûr et certain que notre rencontre avec l'échappé des galères de Brest nous aura porté malheur!... D'abord, je ne vis plus!...

— Ni m...

M. Gervais s'interrompit pour pousser un grand cri, et M. Gorain, quittant brusquement le bras de son ami, se colla contre le mur de la maison devant laquelle tous deux se trouvaient.

— Là! là! dit une voix enjouée, n'ayez pas peur, messieurs, je ne suis point un voleur.

Les deux bourgeois venaient d'atteindre l'angle formé par la rue Saint-Honoré et la rue Saint-Roch, et un homme de taille moyenne, débouchant brusquement par cette dernière rue, s'était subitement trouvé face à face avec eux. C'était cette rencontre imprévue qui, dans la triste situation morale où se trouvaient les deux amis, avait arraché un cri de frayeur à M. Gervais et avait failli faire évanouir M. Gorain.

— Ah! mon Dieu! fit M. Gervais en se remettant et en examinant le nouveau personnage. Je ne me trompe pas! c'est encore M. Roger!

— M. Roger! s'écria le propriétaire en s'avançant avec un élan de joie.

— Moi-même, messieurs, moi-même, dit le promeneur nocturne, lequel n'était autre, en effet, que l'employé de M. de Breteuil. Eh! mais, continua-t-il en regardant à son tour les deux bourgeois qu'éclairait vaguement la pâle clarté d'un réverbère, Dieu me pardonne! c'est M. Gorain! c'est M. Gervais! mes deux nouveaux amis! Quelle heureuse rencontre!

— Ah! cher monsieur Roger! c'est le ciel qui vous envoie!

— Comment?

— Nous sommes dans une horrible perplexité! dit M. Gervais.

— Bah! Qu'avez-vous donc?

— Un malheur plane sur nos têtes, et vous seul, cher monsieur Roger, pouvez le conjurer.

— Mais expliquez-vous, je ne vous comprends pas, dit l'employé avec un étonnement merveilleusement joué. D'abord, d'où venez-vous?

— De chez Bernard...

— Ah oui! c'est vrai... j'oubliais. Et vous aurez commis quelque indiscrétion.

— Jamais! s'écrièrent à la fois les deux amis.

— Je me couperais plutôt la langue! ajouta M. Gorain; mais, si vous n'y prenez garde, tout est perdu! On est sur la piste de la Jolie Mignonne.

— Qui cela?

— Ce M. Fouché, l'ami de M. Danton, mon locataire.

— Ah! M. Fouché... celui que vous venez de conduire chez Bernard?...

— Précisément.

— Eh bien?

— Eh bien! cher monsieur Roger, il sait où se trouve la petite fille, et il va partir demain pour aller la chercher.

— Cher monsieur Gorain, et vous cher monsieur Gervais, dit l'employé de sa voix la plus aimable, tel que vous me voyez je n'habite pas d'ordinaire Paris; mais comme les affaires de Monseigneur m'y appellent quelquefois, j'y possède un petit pied-à-terre, là, à côté, au coin de la rue d'Argenteuil, à deux pas d'ici. Je rentrais chez moi en ce moment, car je n'ai pas soupé, et mon repas m'attend; faites-moi tous deux l'honneur de m'accompagner. Nous souperons ensemble, et vous me raconterez tout ce que vous avez à me dire.

— Mais, fit M. Gorain, c'est que mon épouse m'attend.

— Et la mienne aussi, ajouta M. Gervais.

— Je me fais une fête de causer avec vous. Ces dames attendront un peu, que diable! les affaires d'État avant tout!

— C'est vrai, dit Gorain en se rengorgeant. Les affaires d'État n'attendent pas, elles!

— Songez qu'un futur échevin doit montrer du zèle pour le service du roi.

— Oh! j'en suis rempli, monsieur Roger!

— Et vous, monsieur Gervais, vous qui allez être fournisseur de Monseigneur, pensez qu'il faut le satisfaire avant tout.

— Vous avez raison, monsieur Roger. Nous sommes à vos ordres.

— Alors, venez, messieurs; je possède un petit crû de Bourgogne que je serai heureux de vous faire goûter.

— Il s'agit de M. Fouché!... commença M. Gorain.

— Nous causerons d'affaires en soupant, interrompit M. Roger. Vive Dieu! voici une charmante journée qui se termine par une soirée plus charmante encore! Vous ne sauriez croire, messieurs, combien votre compagnie m'est agréable!

— Trop bon!... Trop bon!... balbutia M. Gervais.

Pendant que l'employé du ministère de la maison du roi passait sous chacun de ses bras ceux de ses deux amis et les entraînait du côté de sa demeure, Fouché avait atteint la nouvelle rue Royale.

— MM. Gorain et Gervais, pensait-il tout en marchant, ont un intérêt que j'ignore à ce que Bernard ne poursuive pas ses recherches. Quel est cet intérêt? Je ne puis le savoir encore, mais, à coup sûr, il existe. Avant d'agir, il faut que j'éclaircisse ce côté de cette mystérieuse intrigue... Ah! M. le comte, vous pensez me mystifier!... mais je vous apprendrai, à vos dépens, qu'il faut compter avec moi!

XXVII

SAINT-JEAN

M. de Niorres était seul depuis quelques instants à peine après le départ de son gendre, que la porte de son cabinet s'était rouverte de nouveau, et que le valet, que nous avons déjà vu pénétrer dans la pièce, s'était montré dans l'encadrement du chambranle.

L'HOTEL DE NIORRES

— Dans une heure, dit-il, le marquis et le vicomte les auront entre les mains. (P. 277.)

— Mme la baronne et mesdemoiselles viennent de rentrer dans leurs appartements, dit-il.

Le conseiller tressaillit comme si cette annonce si simple eût caché quelque avertissement secret.

— Bien! fit-il en se remettant promptement. Je n'ai plus besoin ce soir de vos services...

— Monsieur se couchera seul? demanda le valet de chambre.

— Oui, je vais travailler.

— Le domestique salua et fit un pas à reculons pour sortir.

— Ah! fit M. de Niorres avec un ton indifférent, Saint-Jean est-il couché?

— Pas encore, monsieur, je viens de le voir dans les cuisines...

— Alors envoyez-le-moi; j'ai à lui donner des ordres pour demain matin.

Ce que disait M. de Niorres paraissait tellement naturel, que le valet de chambre, ne manifestant aucun étonnement, se retira pour aller exécuter le désir exprimé par son maître. M. de Niorres alla s'asseoir devant son bureau; mais sa préoccupation augmentait visiblement de minute en minute. Enfin Saint-Jean parut. Le magistrat lui fit signe de refermer la porte et de venir près de lui. Saint-Jean obéit en silence.

— Saint-Jean, dit le conseiller à voix presque basse, j'ai réfléchi et je suis décidé.

— Le valet se précipita aux genoux de M. de Niorres avec tous les gestes du plus respectueux attachement.

— Oh! mon bon maître! murmura-t-il d'une voix larmoyante, vous avez donc enfin confiance en votre humble serviteur?

— Oui, répondit le magistrat, j'ai confiance en vous, Saint-Jean, car je vais vous confier mon plus précieux trésor : l'enfant qui, après moi, doit être chef de ma famille!

Saint-Jean leva les yeux au ciel comme pour le prendre à témoin de la fidélité dont il faisait tacitement serment.

— Dans quelques instants, continua M. de Niorres, lorsque personne ne veillera plus dans l'hôtel, je vais monter moi-même chez Mme de Versac, je prendrai Louis dans mes bras et je vous l'apporterai, Saint-Jean, puis vous partirez tous deux par la petite porte du jardin... En attendant, prenez ceci pour parer aux premiers frais du voyage.

En achevant ces mots, le conseiller tendit au valet une bourse gonflée d'or. Saint-Jean repoussa la main de M. de Niorres.

— Quoi! dit celui-ci avec stupéfaction, vous refusez? Vous ne voulez plus me servir, Saint-Jean?... Vous renoncez au dessein arrêté?

— Non, non! mon bon maître, dit le valet, je ne renonce à rien; mais c'est pour mieux vous servir que je refuse de partir cette nuit.

— Vous ne partez plus?

— Non, pas cette nuit du moins.

— Mais pourquoi;

— Parce que je ne puis me mettre en route qu'avec la sécurité la plus parfaite; songez à la responsabilité que je prends en emmenant M. Louis.

— Eh bien?

— Eh bien! mon bon maître, je suis sorti ce soir pour explorer les environs, et bien m'en a pris, car j'ai remarqué que j'étais suivi.

— Suivi! répéta M. de Niorres qui songea immédiatement aux espions que le lieutenant de police devait aposter aux abords de son hôtel pour s'élancer sur la piste du valet et le tenir sous la plus rigoureuse surveillance. Êtes-vous certain que ceux qui vous suivaient voulaient vous espionner?

— J'en suis sûr.

— Comment cela?

— J'ai fait plusieurs détours habiles pour m'assurer que c'était bien à moi qu'on en voulait, et je n'ai pu douter.

— Et c'est pour cette cause que vous refusez de partir?

— Je crois que nous n'avons pas prévu suffisamment tous les dangers de mon départ.

— Comment cela?

— Tous les gens de l'hôtel me connaissent et savent quel est mon attachement à la famille de monsieur, non seulement tous les gens de l'hôtel, mais encore ceux de l'hôtel de Soubise, et les habitants du quartier sont au courant de ma position après monsieur. Or, si je disparais soudainement la nuit, sans que personne ne puisse savoir ce que je suis devenu, mon absence deviendra la source de tous les bavardages; puis, si l'on s'aperçoit, et il sera impossible de cacher cela aux yeux des gens de monsieur, si l'on s'aperçoit que M. Louis a disparu en même temps que moi, on fera un rapprochement facile et on concluera que c'est moi qui ai emporté le pauvre cher petit...

— Cela est vrai, dit M. de Niorres en réfléchissant.

— Monsieur comprend, continua le valet, que laisser dire cela, c'est mettre sur la piste de Saint-Jean tous ceux qui ont intérêt à s'opposer à son dévouement.

— Nous n'avions pas songé à cela! dit encore le conseiller frappé de l'observation du domestique.

— Pour plus de sécurité, il serait indispensable que ma sortie de l'hôtel eût une cause connue, que mon absence fût bien expliquée, et surtout que l'on ne pût supposer que M. Louis fût parti avec moi.

— Je puis vous envoyer ostensiblement, reprit M. de Niorres, soit à Brest pour le compte de ma belle-sœur, qui habitait cette ville, soit à Vannes, où résidait l'évêque, mon pauvre enfant.

— C'est cela ! dit Saint-Jean. L'une de ces causes est excellente.

— Mais, continua le conseiller, comment vous remettre mon petit-fils sans que les autres domestiques s'aperçoivent de son absence et n'établissent une corrélation entre elle et la vôtre?

— Il y aurait cependant un moyen, fit le valet d'une voix insinuante.

— Lequel?

— Monsieur me donnerait ses ordres dès demain de grand matin, et je partirais aussitôt; après-demain, Mme de Versac peut prétexter une promenade à la campagne... elle quitterait l'hôtel, emmenant les deux enfants...

— Et vous remettrait Louis en route? interrompit le conseiller.

— Non, dit vivement Saint-Jean. Le cocher et le valet de pied seraient forcément dans la confidence. Mais madame peut s'arrêter chez l'une de ses amies ; monsieur s'y trouverait, prendrait avec lui M. Louis et reviendrait à l'hôtel. La nuit venue, je me serais introduit, déguisé, dans le jardin par la petite porte dont monsieur m'aurait donné une clef. J'attendrais monsieur qui prendrait le même chemin et je quitterais aussitôt Paris. Mme de Versac annoncerait en rentrant qu'elle a laissé son neveu chez son amie, et ainsi on ne se douterait de rien; on ne pourrait que supposer, mais on n'aurait aucune certitude.

— Oui, murmura intérieurement le magistrat; mais, de cette façon, aucun témoin ne pourra affirmer que j'ai remis mon petit-fils à cet homme, et, s'il me trahissait, aucune preuve ne s'élèverait contre lui !

Cependant la proposition faite par Saint-Jean était tellement raisonnable, elle avait si évidemment pour but d'éloigner le danger de l'enfant dont il se chargeait, la contenance du valet était si peu embarrassée, son regard était si clair, l'expression de son visage si naturelle, que le magistrat sentit faiblir les soupçons nés tout à coup dans son âme.

— Je préviendrai demain M. Lenoir, pensa-t-il, et des espions seront de même placés sur son chemin.

Saint-Jean attendait une réponse.

— Ce que vous me dites me paraît sage, dit M. de Niorres à voix haute; cependant j'ai besoin de réfléchir. Soyez dans mon cabinet à quatre heures ce matin, je vous dirai ce que j'aurai résolu.

Saint-Jean fit un signe affirmatif et quitta le cabinet de M. de Niorres.

A peine fut-il dans la pièce précédant ce cabinet que l'expression de son visage changea subitement. De touchante et sympathique qu'elle était, elle devint soudain joyeuse et triomphante.

— Il fera ce que je lui ai dit, murmura-t-il en gagnant un long corridor sur lequel s'ouvraient plusieurs appartements. Maintenant il ne s'agit plus que de deux choses : aller bien ostensiblement chez les deux amoureux et demain...

Saint-Jean n'acheva pas de formuler sa pensée, mais son œil sombre lança un jet de flamme.

En ce moment l'une des portes devant lesquelles il passait s'entr'ouvrit discrètement, et une main fine et potelée se posa sur le chambranle, tandis qu'une tête ravissante apparaissait dans l'entre-bâillement de l'huis :

— Saint-Jean ! murmura une voix douce.

— Mademoiselle Blanche ! dit le valet en s'arrêtant subitement.

Et sa physionomie reprit son apparence placide et bienveillante.

— Mon bon Saint-Jean, continua la jeune fille d'une voix câline.

Et sa main droite s'avançant fit voir deux petits billets que tenaient ses doigts mignons et effilés. Probablement le valet comprit cette pantomime, sans qu'il fût besoin d'une phrase explicative, car il saisit les deux lettres, les glissa dans sa poche, et baissant la voix :

— Dans une heure, dit-il, le marquis et le vicomte les auront entre les mains.

La porte se referma, et un remerciement plein de charme arriva jusqu'aux oreilles du domestique.

Saint-Jean atteignit l'escalier, et, bien que cette partie de l'hôtel fût plongée dans une obscurité profonde, il descendit rapidement les degrés. Parcourant le rez-de-chaussée de la demeure du conseiller en homme depuis longtemps au courant des êtres de la maison, il gagna les cuisines.

Elles étaient désertes ; tout le domestique de l'hôtel était couché. Saint-Jean prit un briquet, fit du feu et alluma une lanterne sourde qu'il prit sur une planche.

A la lueur de cette lanterne, il examina les deux lettres que venait de lui confier Blanche. Sans perdre un instant, il prit un canif dans sa poche et en fit chauffer la lame à la flamme de la bougie.

Alors, avec une dextérité attestant une pratique suivie, il découpa successivement et très nettement les deux cachets de cire noire qui refermaient les deux billets. Cela fait, il déplia les papiers et prit connaissance des épîtres. Durant cette double lecture, son visage s'illumina d'une joie farouche.

— Demain soir, dit-il ; très bien ! Décidément M. le comte est un grand homme, ajouta-t-il en souriant d'un air railleur. Il a la prescience de l'avenir ! Les correspondances de la Guimard et de la Duthé feront le reste...

Saint-Jean remit les deux lettres sous enveloppes, et, toujours à l'aide de son canif, il fit disparaître toute trace d'effraction. Les cachets semblaient être demeurés intacts.

— Maintenant, ajouta-t-il, il ne s'agit que de porter ces billets à leur adresse, et de me faire suivre par l'un des espions de M. Lenoir; puis ensuite à l'*Enfer !*

Et Saint-Jean, quittant les cuisines et traversant lestement la cour, ouvrit la petite porte qu'il entre-bâilla avec précaution et se glissa dans la rue du Chaume, marchant rapidement vers la rue du Grand-Chantier.

En atteignant l'angle formé par la rencontre de ces deux voies de communication, le valet se retourna à demi et lança un rapide coup d'œil derrière lui. Il eut le temps de remarquer une ombre se détachant du mur de l'hôtel Soubise et se glissant à sa suite.

— Bon ! murmura-t-il, Fouquier peut me suivre à son aise, du diable si je l'en empêche.

Et il continua sa marche rapide en se dirigeant vers le Temple. Mais ce que le valet n'avait pu remarquer, c'est qu'au moment où il s'engageait dans la rue du Grand-Chantier, au moment où l'ombre qu'il semblait guetter quittait le mur de l'hôtel Soubise pour s'élancer à sa poursuite, une autre ombre apparaissait subitement au-dessus du mur du jardin de l'hôtel de Niorres, et s'élançait d'un bond dans la rue par une manœuvre semblable à celle que nous avons déjà vu pratiquer une fois durant cette soirée et au même endroit.

Saint-Jean n'avait rien entendu ; mais la première ombre qui était encore dans la rue du Chaume se retourna brusquement au bruit léger causé par la chute de la seconde.

— Qui va là ? dit à voix basse l'espion qui paraissait vouloir s'attacher aux traces du valet, et qui craignait sans doute d'être assailli par un compagnon de celui-ci.

La seconde ombre ne prononça pas une parole ; mais elle leva dans l'air un poing formidable, lequel s'abattit soudain sur le visage de l'espion qui, étourdi du coup, alla rouler dans le ruisseau sans proférer un cri.

L'assaillant, sans se préoccuper de sa victime, s'élança à son tour vers la rue du Grand-Chantier, qu'il atteignit assez à temps pour apercevoir Saint-Jean à une courte distance en avant.

Il avançait sans faire aucun bruit ; ses pieds étaient nus, et il paraissait avoir une parfaite habitude de cette manière de marcher particulière aux habitants de quelques campagnes et à presque tous les matelots.

Saint-Jean continua sa route se sachant suivi, mais ignorant que l'espion n'était plus le même que celui qu'il croyait avoir à ses trousses.

XXVIII

L'ENFER

> Le désir de gagner, qui nuit et jour occupe,
> Est un dangereux aiguillon.
> Souvent quoique l'esprit, quoique le cœur soit bon.
> On commence par être dupe,
> On finit par être fripon.

a dit Mme Deshoulières à propos de la passion du jeu, et il est difficile de mieux peindre en moins de mots ce vice social de toutes les époques.

S'il est vrai de dire que risquer de plein gré, honnêtement, à chances égales, sa propriété, que jouer enfin n'ait rigoureusement rien de contraire au droit naturel, il faut ajouter que le goût du jeu est plein de dangers, car ce goût dégénère rapidement en habitude, cette habitude en passion, et cette passion corrosive est éminemment funeste à la santé et à la fortune, à la morale privée et à la morale publique. Sans repos le jour, sans sommeil la nuit, passant sa vie au milieu d'une atmosphère impure, plongé dans l'oisiveté physique, en proie aux plus violentes excitations morales, le joueur perd à la fois son temps, les ressources de son corps, les facultés de son esprit.

L'origine de la passion du jeu n'est pas la même chez tous les hommes : ceux-ci sont entraînés par l'appât du gain, ceux-là par un besoin maladif d'émotions. On connaît cet axiome du célèbre Fox :

« Le premier bonheur de la vie est de jouer et de gagner, et le second de jouer et de perdre. »

Il est impossible de confesser avec moins de honte un culte pour un vice dont le résultat est ordinairement la plus abjecte dégradation.

Dans un de nos précédents écrits, nous avons dit ce qu'était à Paris le jeu, sous Henri IV. La malheureuse passion de ce roi pour cet amusement immoral n'avait pas peu contribué à donner un funeste exemple. Louis XIV et Louis XV ne furent pas plus sages. On jouait donc, on jouait fort gros jeu à la cour, et malheureusement on trichait.

« Personne, dit Saint-Simon, n'était plus au goût du roi que le duc de C..., et n'avait usurpé plus d'autorité dans le monde. Il était très splendide en tout : grand joueur et ne s'y piquait pas d'une fidélité bien exacte.

« Plusieurs grands seigneurs en usaient de même. »

Les femmes surtout, les dames de la Cour, s'abandonnaient au jeu avec une frénésie extraordinaire.

« Elles veulent ruiner leurs maris, dit Montesquieu, et pour y parvenir, elles ont des moyens pour tous les âges, depuis la tendre jeunesse jusqu'à la vieillesse la plus décrépite : les habits et les équipages commencent le dérangement; la coquetterie l'augmente : le jeu l'achève. J'ai vu souvent neuf ou dix femmes, ou plutôt neuf ou dix siècles rangés autour d'une table : je les ai vues dans leurs espérances, dans leurs craintes, dans leurs joies, surtout dans leurs fureurs : tu aurais été en doute si ceux qu'elles payaient étaient leurs créanciers ou leurs légataires. »

La régularité parfaite des mœurs de Louis XVI et les soins qu'il apportait à réprimer les désordres de sa Cour n'en excluent pas les vices. On jouait des sommes folles à Versailles et aux Trianons et on avait, pour cet objet, établi des banquiers à la cour.

Les sieurs de Chalabre et Poinçot remplissaient ces fonctions. En 1778, pendant le jeu de Marly, un homme de qualité substitua un rouleau de louis faux à un rouleau de louis véritables. Les dames de la cour, à ces jeux, ne se montraient guère plus honnêtes, il paraîtrait, que celles du temps de Louis XIV et de celui de Louis XV.

« On vous friponne bien, messieurs! » disait à haute voix aux banquiers, Madame, comtesse de Provence et belle-sœur du roi [1].

Ces banquiers, pour obvier aux escroqueries dont ils étaient les dupes, imaginèrent de border la table de jeu d'un ruban et de déclarer que l'on ne regarderait, comme engagé pour chaque coup, que l'argent mis sur les cartes au delà du ruban.

Sous prétexte de surveiller les nombreux tripots qui pullulaient dans Paris, et sous celui plus spécieux de rassembler tous les chevaliers d'industrie et de les reconnaître, M. de Sartines fut le premier qui fit ouvrir, avec autorisation spéciale, ces cavernes séduisantes où la seule loi était, en se demandant la bourse, de ne point s'arracher la vie.

Ce fut en 1775 que le lieutenant de police autorisa l'ouverture de ces maisons de jeux, nommées tout d'abord salons. Elles s'élevèrent, au commencement, à douze dans Paris; comme pour diminuer l'odieux de ces établissements, on ordonna que le produit qui en résulterait serait employé à des œuvres de bienfaisance, et à la fondation de quelques hôpitaux. C'était promettre des aumônes à ceux dont on préparait la ruine. En outre de ces douze salons ouverts tous les jours et toutes les nuits, des femmes obtinrent la permission de donner à jouer deux jours de chaque semaine.

---

1. *Mémoires secrets*, au 18 novembre 1778.

L'HOTEL DE NIORRES

Et la troupe joyeuse était partie, bras dessus, bras dessous, fredonnant les chansons les plus en vogue. (P. 288.)

Ces repaires privilégiés, qui furent d'abord au nombre de quinze, en firent naître immédiatement une foule d'autres qui ne l'étaient pas.

Prohibés en 1778, par arrêt du parlement, ces établissements trouvèrent un refuge dans certaines maisons nobles et même dans les hôtels privilégiés des ambassadeurs, où la police ne pouvait exercer son ministère [1].

En 1781, le parlement, de plus en plus ému des désordres occasionnés par ces maisons clandestines, manda à sa barre le lieutenant de police. De beaux discours furent prononcés, mais comme il s'agissait de grands personnages, le parlement décida qu'il convoquerait les pairs. Il en résulta, le 20 février 1781, un arrêt réglementaire sur lequel le roi, se réservant de statuer, rendit, le 1er mars, une déclaration. Les maisons de jeux autorisées spécialement et précédemment par le lieutenant de police furent seules maintenues, et on menaça, du carcan et du fouet, quiconque violerait les règlements.

Le Palais-Royal, où tout Paris se promenait, devint naturellement le point central de toutes les maisons de jeux privilégiées.

La plus célèbre, celle qui s'installa dans la maison de la galerie portant le n° 113, inspira ce quatrain à un poète critique :

> Il est trois portes à cet antre :
> L'espoir, l'infamie et la mort.
> C'est par la première qu'on entre,
> Et par les deux autres qu'on sort !

Chose remarquable : cette maison fut vouée dès sa construction au vice qui a fait sa réputation honteuse. En 1783, alors qu'elle venait seulement d'être achevée, un salon scandaleux ouvrait ses portes à tous ceux que la passion du jeu poussait vers le gouffre.

Ce salon, hanté par toutes les classes de la société, mais surtout par la plus basse, avait, dès son ouverture, dignement procédé à la réputation que sous une autre administration il devait acquérir plus tard. A la tournure, à la mise de la presque totalité des joueurs qui le fréquentaient, on n'eût jamais cru que ces gens eussent quelque chose à perdre. La livrée du lieu était celle de la misère, de la débauche, presque du crime. L'aspect général était repoussant, et cependant, telle est la force de l'engouement, que des hommes de bonnes maisons prenaient un ignoble déguisement pour y venir passer les heures fiévreuses qu'ils consacraient au démon, roi du sanctuaire.

---

1. L'ambassadeur de Venise, à la faveur de son titre, de l'inviolabilité de son hôtel, tenait un tripot très productif où les gens de *toutes les classes* étaient admis.

Ce salon, que l'on ne connaissait pas encore sous la simple dénomination du numéro de la maison où il était situé, s'appelait l'*Enfer*. Là les jeux favoris étaient le creps, le cavagnole et le biribi.

Les banquiers, par un raffinement de précaution, indiquant leur savoir-faire en fait de ruine publique, avaient eu l'ingénieuse idée de faire établir spécialement, le samedi soir, deux tables de biribi et de creps. Les ouvriers, touchant leurs salaires ce jour-là, pouvaient plus aisément venir le jeter dans le gouffre.

Le creps et le biribi surtout étaient à la mode sous le règne d'un roi qui cependant ne jouait jamais.

Le creps, aujourd'hui heureusement inconnu, se jouait avec trois dés et un cornet; et l'absence à peu près complète de combinaisons qu'il présentait le mettait facilement à la portée de tout le monde. Le biribi, digne prédécesseur de la roulette qui allait bientôt le détrôner, se jouait au moyen d'un grand tableau divisé en soixante-dix cases avec leurs numéros et un sac qui contenait soixante-quatre petites boules portant des billets numérotés. Chaque joueur tirait à son tour une boule du sac, et, si le numéro répondait à celui de la case sur laquelle il avait mis son argent, le banquier lui payait soixante-quatre fois sa mise.

Le nombre des cases diminué, quelques combinaisons (telles que rouge et noir, pair et impair) rajoutées, et le sac métamorphosé en roue tournante, devaient facilement transformer le biribi en roulette.

Quant au cavagnole, apporté de Gênes vers le milieu du XVIIIe siècle, il se jouait avec de petits tableaux à cinq cases qui contenaient des figures et des numéros, et se rapprochait beaucoup de l'innocent loto. Il n'y avait point de banquier et chaque joueur tirait les boules à son tour.

Voltaire dit à propos de ce jeu :

> On croirait que le jeu console :
> Mais l'ennui vient à pas comptés,
> A la table d'un cavagnole
> S'asseoir entre deux majestés.

Mais le jeu qui convenait le mieux aux habitués de l'*Enfer* était l'infernal biribi. La table supportant les cases, incessamment entourée d'un quadruple rang de têtes avides, et de centaines de mains fiévreuses s'agitant convulsivement sur les rebords graisseux du tapis vert, ruisselait d'or, d'argent, de billets de caisse sous les regards dévorants des intéressés.

A l'heure où nous pénétrons dans l'*Enfer*, les salons étaient remplis d'une foule tumultueuse sacrifiant au démon du jeu. Les deux salles du biribi surtout étaient encombrées à ne pouvoir y pénétrer qu'après les plus grands efforts.

Il était alors minuit moins quelques minutes, le jardin était à peu près désert et les arcades peu fréquentées, si ce n'est aux portes des maisons de jeux. Deux hommes, traversant le jardin en ligne droite, gagnèrent rapidement l'entrée de l'*Enfer* et gravirent l'escalier conduisant aux salons situés au second étage.

— Je vous ai promis de vous faire voir ce qu'il y a de curieux à Paris, dit le plus âgé des deux hommes en s'arrêtant sur le palier. Ouvrez les yeux et les oreilles, mon cher Saint-Just, vous allez contempler un singulier spectacle. Entrons !

Les deux hommes pénétrèrent dans le sanctuaire, mais le second s'arrêta soudain.

— Peste ! fit-il en portant précipitamment un flacon à ses narines, où diable sommes-nous, monsieur Danton ?

— Dans l'*Enfer !*

— Et vous dites que nous trouverons là quelques-uns de vos amis ?

— Sans doute. Ne vous effrayez pas de la livrée du lieu, elle est de mode !

Et comme Saint-Just ouvrait de grands yeux en regardant Danton et que sa physionomie exprimait un étonnement manifeste, l'avocat se mit à rire et fit signe à un jeune homme, qu'il venait d'apercevoir dans la foule, de venir vers lui.

Ce jeune homme, âgé d'environ trente ans et doué d'un extérieur assez agréable, avait dans ses allures, dans ses manières, un mélange de distinction et de laisser-aller, d'élégance et de négligence, qui sentait le mauvais sujet de médiocre compagnie. Son costume débraillé, mais recherché cependant dans sa coupe et dans son étoffe, avait quelque chose dénotant les habitudes militaires de celui qui les portait.

Sur le signe de Danton, le jeune homme s'avança le poing sur la hanche, le nez au vent et fredonnant à mi-voix ce couplet alors dans toute sa vogue :

> De Louvois suivant les leçons,
> Je fais des chansons et des dettes;
> Et les secondes sont bien faites.
> Les premières sont sans façons.
> C'est pour échapper à l'ennui
> Qu'un homme prudent se dérange
> Quel bien est solide aujourd'hui ?
> Le plus sûr est celui qu'on mange.

— Bravo! dit Danton. Voilà un véritable échantillon de la morale de l'époque.

Puis, se tournant vers Saint-Just :

— M. Barras, ajouta-t-il, capitaine au régiment de Pondichéry et qui a servi sur l'escadre de M. de Suffren. Mon cher Barras, dites donc à M. Saint-Just que la compagnie n'est pas ici aussi mauvaise qu'elle en a l'air.

— Ah! fit Barras en riant aux éclats, votre jeune ami vient dans l'*Enfer* pour la première fois sans doute? Morbleu! il faut lui faire faire connaissance avec les princes des démons. Justement la nuit promet d'être charmante. On s'est déjà battu deux fois. Et tenez! regardez! voyez-vous ce gaillard qui passe là-bas et qui quitte cette table de creps pour aller s'installer à celle du biribi? C'est un capucin déguisé, c'est Chabot qui, il y a six mois, édifiait Rodez par ses vertus.

Et Barras se mit à rire de plus belle.

— Plus loin, reprit-il, j'aperçois Tallien, le clerc de notaire, un garçon qui arrivera. Il est avec Augereau, le maître d'armes, et un petit diable blanc et rose qui promet de devenir un héros du lieu. Augereau prétend que c'est un abbé qu'il est en train de défroquer. Il joue, il crie, il jure avec un entrain superbe. Mais entrez donc, messieurs, continua Barras en engageant du geste Saint-Just et Danton à passer devant lui. Venez dans la seconde salle du biribi. C'est là où l'assemblée est la plus nombreuse et la plus choisie. Et tout à l'heure, vous verrez quel fracas! On attend Bamboula!

— Bamboula! répéta Saint-Just avec étonnement. Quel singulier nom!

— Est-ce donc un nègre qui le porte? demanda Danton.

— Non! répondit Barras. C'est un blanc, l'adversaire le plus heureux et le plus acharné de la banque. Il l'a déjà fait sauter deux fois depuis trois jours.

En ce moment un tumulte effroyable éclata dans le salon dont parlait Barras quelques instants auparavant. C'étaient des cris, des hurlements, des jurons sonores, un bruit enfin à justifier le titre que portait le lieu dans lequel il retentissait.

— Allons voir! s'écria Barras, en entraînant Danton et Saint-Just.

XXIX

LES SALLES DE JEU

Le salon du biribi, dans lequel s'efforçaient de pénétrer Barras et ses deux compagnons, était à regorger d'une foule bruyante, animée, fiévreuse.

En ce moment surtout le tumulte était à son comble : une formidable querelle venait d'éclater subitement à la table de jeu, et le héros de cette scène orageuse n'était autre que le compagnon d'Augereau que venait de désigner Barras, le petit abbé irascible du carrabas de Versailles, qui, ayant mis de côté le costume ecclésiastique, était vêtu en jeune bourgeois de l'époque.

Au dîner qui avait eu lieu chez la mère Lefebvre, Joachim, vivement surexcité par le maître d'armes, avait manifesté nettement le désir de jeter le froc aux orties. Lors de l'arrivée à Paris du carrabas, Joachim, toujours entraîné par Augereau, avait été conduit au Palais-Royal en compagnie de Michel et de Tallien. Ces messieurs, après quelques tours de promenade dans le jardin, s'étaient mis à courir les cafés.

Tout ce que voyait Joachim étant nouveau pour lui, récemment débarqué dans la capitale, l'émerveillait, l'étonnait, l'éblouissait.

Chaque station dans un établissement étant forcément accompagnée d'une consommation nouvelle, les trois jeunes têtes, et celle même plus solide du professeur d'escrime, n'avaient pas tardé à subir l'influence des libations répétées, et, sans atteindre les limites de l'ivresse, les quatre compagnons en étaient arrivés à ce sentiment de contentement intérieur qui fait que l'esprit ne connaît plus d'obstacles.

— Allons jouer! avait dit Tallien.

— Allons jouer! avait répété Joachim, sans se rendre compte de ce qu'il allait faire.

— Mais, fit observer Michel, nous ne pouvons emmener à l'*Enfer* un jeune homme vêtu en abbé.

— Bah! dit Augereau avec insouciance.

— Non, reprit Michel, il faut qu'il change de costume.

Et Joachim adoptant cet avis, on était entré chez un fripier voisin.

Joachim avait quitté gaiement ses vêtements sévères, et, un échange ayant été conclu avec le marchand, il avait endossé des habits de nuance vive qui lui seyaient à merveille.

— L'enfant ira loin! avait dit Augereau en admirant la bonne mine de son jeune ami.

— Maintenant, à l'*Enfer*! s'était écrié Tallien.

Et la troupe joyeuse était partie, bras dessus, bras dessous, fredonnant les chansons les plus en vogue.

Il était onze heures et demie environ quand ils avaient atteint l'entrée du célèbre établissement. Sur le seuil, ils rencontrèrent Jean et Nicolas. Le garçon teinturier, après avoir été à l'hôtel d'Horbigny avec le jeune soldat, était revenu chez son patron, puis tous deux, ayant pris congé de Brune, s'étaient rendus au Palais-Royal, et comme l'*Enfer* exerçait sur toute la jeunesse bourgeoise de l'époque un attrait invincible, Jean et Nicolas avaient voulu probablement, avant de rentrer définitivement au logis, venir assister à quelque fiévreuse partie de biribi ou de creps. Les voyageurs du carrabas se reconnurent au premier coup d'œil, et Nicolas ayant été solennellement présenté par son compagnon, tous avaient franchi le seuil du salon renommé.

Parlant haut, criant, gesticulant, les jeunes fous s'étaient frayé un passage au milieu de la foule et avaient fini par atteindre, en dépit de l'encombrement, la grande salle du biribi.

Le jeu était alors à l'apogée de son ardeur. Pontes et spectateurs se pressaient à s'étouffer autour du tapis vert. Au moment où les nouveaux arrivants prenaient rang parmi les curieux relégués sur le troisième plan, un joueur se retourna et quitta sa place près de la table. Ce mouvement le mit en présence d'Augereau et de Tallien.

— Tiens! dit le maître d'armes, notre cocher du carrabas! Eh bien! mon brave, la chance a-t-elle été bonne?

— Mauvaise, répondit Fouquier, car c'était lui effectivement. J'ai perdu.

— Eh! ajouta Augereau, qu'est-ce qu'il vous est donc arrivé? Vous avez le visage détérioré complètement.

Fouquier devint blême, de pâle qu'il était, et un horrible sourire grimaça sur ses lèvres.

— Je me suis laissé tomber de mon siège, dit-il.

Effectivement, le cocher portait sur le haut du visage les traces d'un coup violemment appliqué; la joue gauche était tuméfiée et le sourcil fendu au-dessus de l'œil.

— Hum! fit Augereau en riant, voilà une chute qui ressemble furieusement à un coup de poing donné de main de maître.

— Vous vous trompez, dit le cocher, et il se glissa dans la foule.

L'HOTEL DE NIORRES 289

— A la porte! crièrent plusieurs voix.
— Et qui donc se charge de m'y mettre? (P. 296.)

— Vilaine face de chat-tigre! murmura Augereau en se retournant pour le suivre des yeux.

Fouquier entrait dans la salle de creps.

Là encore la foule était nombreuse et les joueurs avides et empressés. Fouquier contourna le gros de la foule en suivant la paroi des murailles, et atteignit une fenêtre ouverte donnant sur le jardin. Dans l'embrasure de cette fenêtre causaient à voix basse deux personnages qui paraissaient désireux de s'isoler au milieu de cette cohue envahissante. A peine l'un aperçut-il l'agent de M. Lenoir, qu'il fit un signe à son interlocuteur, puis tourna sur ses talons et s'éloigna.

L'autre demeura le coude appuyé sur la grille de la fenêtre, plongeant ses regards dans le jardin, lequel commençait à devenir presque désert. Fouquier vint se placer près de cet homme. Tous deux tournaient le dos à l'intérieur de la salle.

— Eh bien! dit le premier personnage.

— Rien.

— Quoi! tu ne l'as pas suivi?

— Je n'ai pas pu.

— Je t'ai cependant laissé à ton poste, rue du Chaume.

— Oui, monsieur Pick; mais il est arrivé quelque chose que nous n'avions pu prévoir.

— Qu'est-ce donc?

— Au moment où, l'œil au guet, je venais de voir sortir par la petite porte de l'hôtel celui que je devais suivre, au moment où j'allais m'élancer sur ses traces, un homme, embusqué d'avance sans doute dans quelque coin obscur, s'est élancé sur moi et m'a terrassé.

— Cet homme, l'as-tu vu?

— Non; j'ai senti un choc violent sur la tête, je suis revenu à moi, la rue était déserte.

— Imbécile! murmura M. Pick.

Puis, reprenant à haute voix, mais de façon cependant à ce que ses paroles ne pussent être entendues d'un autre que son interlocuteur :

— Alors, dit-il, tu as perdu ton temps?

— Ce n'est pas ma faute, répondit l'agent en sous-ordre.

M. Pick fit un geste d'impatience.

— Qu'as-tu fait ensuite? reprit-il après un léger silence.

— Bien certain que j'avais perdu la piste, je suis venu ici vous avertir. En vous attendant, j'ai joué, j'ai perdu, mais en quittant le biribi, j'ai aperçu le garçon de Bernard et le jeune soldat qui, avec l'étudiant, a juré au teinturier de l'aider à retrouver sa fille.

— Ah! fit M. Pick avec un intérêt marqué, les deux jeunes gens sont ici?

— Dans le salon voisin.

— Très bien. As-tu vu Jacquet?

— Oui, ce soir, avant d'aller rue du Chaume.

M. Pick prit dans la poche de son habit un petit carton de forme oblongue, assez semblable à ces cachets de leçon dont se servaient jadis les professeurs.

Ce carton, de couleur jaunâtre, ne portait aucune trace de caractère, soit imprimé, soit écrit à la main. M. Pick le déchira avec précaution en formant une découpure bizarre, puis, le glissant dans la main de son compagnon :

— Rue d'Argenteuil, numéro 3, dit-il : une porte verte ; il y a une fente au-dessus du marteau. Tu glisseras ce carton dans la fente ; va vite !

Fouquier-Tinville, faisant signe qu'il avait compris, s'esquiva rapidement, et lorsque M. Pick fut certain que l'agent avait quitté la maison de jeu, il reprit, à la fenêtre, la place qu'il avait occupée.

Le personnage, qui avait disparu quand Fouquier était entré dans la salle du creps, revenait à pas lents vers la fenêtre toujours demeurée ouverte.

Ce personnage, c'était Saint-Jean, le valet de chambre de M. de Niorres. Quand il eut repris position auprès de M. Pick :

— Vous aviez raison, dit celui-ci à voix basse, ce n'est pas Fouquier qui vous a suivi.

« Un homme embusqué l'a terrassé au moment où, suivant mes instructions, il allait s'élancer sur vos traces, et c'est probablement cet homme qui s'est acharné à vos pas.

— Mais celui-là, qui est-il ?

— Je ne sais ; Fouquier n'a pu le voir. Avez-vous quelques indices ?

— Aucun. Convaincu que c'était Fouquier qui m'espionnait, je n'ai même pas tourné la tête pour ne point l'inquiéter. Ce n'est qu'une fois arrivé à la demeure des deux jeunes gens, et après leur avoir remis les deux lettres (il y a de cela une demi-heure à peine), qu'en redescendant dans la rue j'ai compris, par l'ombre que projetait le corps de celui qui m'attendait, que celui-là ne devait pas être Fouquier. J'ai voulu ruser pour savoir à qui j'avais affaire, mais j'ai perdu mon temps. En quittant la rue Louis-le-Grand, je n'étais plus suivi. Qu'était devenu l'homme ? je n'ai pu le deviner. Des recherches trop minutieuses pouvaient offrir un danger ; mais il faut absolument savoir quel il est. Est-ce un espion du conseiller ?

— Peut-être.

— Tant mieux, Pick, si cela est. La partie n'en est que plus belle. En attendant, ouvre l'œil !

Pick fit un geste d'assentiment.

— Jean et Nicolas sont là, reprit-il après un silence et en désignant la salle du biribi.

— Ah! ah! fit Saint-Jean en réfléchissant; cela est bon à savoir.

— Et Jacquet? reprit M. Pick en baissant encore la voix.

— Jacquet joue double jeu, répondit Saint-Jean. Il est pour nous et contre nous.

— Que faut-il faire, alors?

— S'en servir adroitement; puis le moment venu...

Saint-Jean ne compléta pas sa pensée par la parole; mais le regard qu'il adressa à l'agent de police acheva clairement sa phrase.

— Bamboula n'est pas arrivé? dit-il ensuite en se retournant un peu vers le salon.

— Pas encore.

— Je vais l'attendre; je n'ai plus besoin de vous, Pick. Songez seulement à l'homme en question. Georges est à l'hôtel; il pourra vous renseigner, si c'est un espion du conseiller. Cette nuit, à l'heure et au lieu ordinaire.

Et Saint-Jean, sans attendre une réponse, quitta l'agent de police et passa dans le salon du biribi. Ce moment correspondait avec celui où Danton, appelant Barras, présentait Saint-Just au jeune officier.

Depuis qu'il se trouvait en présence de la foule des joueurs qui faisaient rouler l'or et l'argent sur le tapis vert, Joachim jetait autour de lui des regards effarés, et une émotion fiévreuse faisait circuler rapidement le sang dans ses artères.

— Si nous jouions? dit-il tout à coup.

— Bah! dit Augereau en riant; votre caractère sacré, monsieur l'abbé...

— Morbleu! interrompit violemment Joachim, combien de fois faut-il vous répéter que je ne suis pas abbé, que je ne l'ai jamais été et que je ne le serai jamais!

— C'est donc décidé, bien décidé? plus de soutane?

— J'endosse l'uniforme.

— Topez là; c'est dit!

— C'est dit; demain je m'enrôle!

Et Joachim serra énergiquement la main de son interlocuteur.

— Bravo! ajouta Nicolas en riant; et toi, Jean, n'es-tu pas tenté?

Jean secoua doucement la tête.

— Je me ferai bientôt soldat, répondit-il, car j'aime le métier, je le sens; mais je sens aussi que je ne pourrais jamais quitter maître Bernard et sa femme dans l'état de désolation où ils se trouvent.

— J'ai remué tout Paris sans rien trouver! dit Nicolas avec un soupir.

— Faut-il donc que les pauvres gens désespèrent? demanda Augereau avec intérêt.

— Je n'en sais rien, fit Jean; je les ai laissés, en quittant la maison, avec un homme qui paraissait vouloir se mêler activement de toute cette malheureuse affaire.

— Qui donc? demanda Michel.

— Un monsieur qui a voyagé avec nous aujourd'hui; un ami de M° Danton, M. Fouché.

Deux joueurs, qui venaient de quitter la table, passaient alors près du petit groupe. L'un d'eux, en entendant prononcer le nom de Fouché, tressaillit visiblement.

C'était celui que Barras avait désigné à Danton et à Saint-Just pour un capucin à demi défroqué. Il l'avait appelé Chabot.

— Fouché, répéta Chabot, à voix basse, en se penchant vers son compagnon; n'est-ce pas un oratorien comme vous, mon cher Joseph Lebon?

— Oui, répondit le second personnage; il est professeur à Juilly.

— Vous le connaissez?

— Assez pour vous présenter à lui, si vous le désirez

— Cela me ferait grand plaisir. J'ai à lui parler au sujet d'une certaine affaire dont, m'écrit-on, il s'est chargé.

— Demain nous irons chez lui.

Les deux hommes passèrent, heurtant du coude Saint-Jean qui paraissait être fort absorbé par la contemplation du jeu.

— Ainsi, avait repris Michel en s'adressant à Nicolas, vous renoncez à l'espoir de retrouver la pauvre enfant?

— Je n'y renonce pas plus que Brune, répondit le jeune soldat; et, d'après ce qui s'est passé ce soir, je crois, au contraire, que nous réussirons enfin dans nos recherches.

— Comment? demanda Augereau.

— Brune a assisté ce soir à la conversation qui a eu lieu chez Bernard. M. Fouché prétend que la Jolie Mignonne existe encore et qu'il sait où elle est. Il veut l'aller chercher, et comme il faut avec lui quelqu'un ayant connu l'enfant et pouvant se faire reconnaître de lui, il a proposé à Brune de l'accompagner.

— Bravo! dit Michel.

— Seulement, continua Nicolas, il y a un obstacle à l'exécution de ce projet.

— Lequel? demanda Joachim avec vivacité.

— Manque d'argent.

Les différents personnages composant le petit groupe se regardèrent mutuellement. Chacun d'eux comprenait parfaitement la situation, car tous étaient pauvres.

— Brune n'a rien, ni moi non plus, continua le jeune soldat. Ce pauvre Bernard a si fort dépensé pour les recherches qu'il a fait faire depuis quinze jours, qu'il doit de tous les côtés. Le peu qu'il possède est même engagé.

— C'est vrai, dit Jean avec un soupir.

— Et, comme il s'agit d'un voyage long et dispendieux, l'argent est d'abord nécessaire.

— Mais M. Fouché peut vous aider, dit Michel.

— Cela est difficile à demander, répondit Nicolas; et qui sait si une pareille confidence ne refroidirait pas la bienveillance qu'il témoigne? Et cependant il faut partir demain, et il faut bien cinq cents livres.

— Comment ferez-vous?

— Voilà l'embarrassant. Pour ne pas affliger maître Bernard et sa femme, Brune ne leur a rien dit. Tout à l'heure, lorsque nous nous creusions la tête pour chercher un moyen, une idée m'est venue. Est-elle bonne? voilà toute la question.

— Qu'est-ce que c'est? demanda Augereau.

— Brune possédait trois écus, moi un, cela faisait quatre; Jean en a donné deux, tout son bien, cela fait six. Il a été convenu que je risquerais au biribi ces six écus, notre avoir à tous trois, jusqu'à ce que j'aie gagné la somme nécessaire.

— Bonne idée! s'écria Augereau; vous gagnerez!

— Eh! mais, ajouta vivement Michel, si nous vidions tous nos poches pour augmenter la mise.

— Cela va, dit Joachim; voilà sept livres, c'est ce qui me reste.

— En voici douze, reprit Michel.

— En voilà deux, dit piteusement Augereau.

— Et toi, Tallien?

— Trois écus, répondit celui-ci.

— Total général : seize écus! Une fortune! proclama Michel. Nous ferons sauter la banque.

— Autre idée et plus lumineuse encore! s'écria le maître d'armes: pour nous assurer la chance, que l'enfant joue pour nous tous.

Et il désigna Joachim.

— Moi? dit celui-ci.

— Eh! sans doute? vous n'avez jamais joué. Aux innocents les mains pleines. D'ailleurs, on gagne toujours la première fois que l'on joue; c'est connu, cela!

— Oui! oui! jouez pour nous, dirent à la fois Jean, Nicolas et Tallien.

Joachim prit l'argent, et, rougissant d'émotion, il s'approcha de la table.

Saint-Jean s'effaça poliment pour le laisser passer, ainsi que ses compagnons.

— Je ne connais pas les règles, dit Joachim en hésitant.

— Raison de plus : jouez au hasard, répondit Michel.

Joachim prit un écu et le jeta sur la table! il perdit.

— Bah! dit Augereau, le premier coup ne signifie rien! Continuez! Hardi! n'ayez pas peur!

Joachim mit deux écus sur un numéro. Le numéro ne sortit pas. Les jeunes gens se regardèrent avec découragement. Saint-Jean souriait.

— Mettez-en quatre! dit Michel avec impatience.

Joachim obéit. Il perdit encore. La moitié de la petite fortune était déjà engloutie dans l'abîme. Joachim devint rouge comme un coquelicot, et, saisissant huit écus sur les neuf qui lui restaient, les lança sur la table. Le banquier appela le numéro gagnant; le fatal rateau ramassa les huit écus.

De rouge qu'il était, Joachim était devenu pâle comme une statue de marbre. Ses compagnons baissaient la tête avec stupeur.

Le jeune homme, la main frémissante, plaça son dernier écu sur le numéro 32. Tous ces jeunes cœurs palpitaient violemment; l'angoisse de l'attente se peignait dans tous les regards, les mains s'étreignaient fiévreusement...

Le banquier remua le sac et y plongea sa main. Saint-Jean souriait toujours.

— Trente-deux! proclama le banquier.

Joachim était muet de saisissement. L'un des croupiers placés près du banquier prit soixante-quatre écus et les poussa devant le joueur gagnant.

— Est-ce assez? demanda Joachim.

— Non! dit Nicolas. Il en faut presque encore autant. Jouez toujours; la chance nous vient!

Saint-Jean ne souriait plus. Quittant son poste d'observation près des jeunes gens, il se glissa doucement jusque derrière la chaise du banquier. Joachim continuait à jouer : le banquier remuait le sac.

Saint-Jean se baissa rapidement, tandis que les croupiers faisaient faire le jeu, et parla vivement à l'oreille du banquier. Celui-ci tourna légèrement la tête, fixa ses regards sur Joachim, cligna ses petits yeux et appela le numéro sortant.

Joachim perdit; mais, comme il possédait soixante-cinq écus et qu'il n'en avait risqué que cinq, la perte était insignifiante.

Pressé par ses compagnons, il continua; mais la bonne chance paraissait l'avoir complètement abandonné. A chaque coup qu'il risquait, il voyait sa mise aller s'enfuir dans les sébiles de la banque.

Une nouvelle émotion assaillait de nouveau les jeunes gens; cependant ils ne désespéraient pas encore. Peu à peu l'influence pernicieuse du jeu s'emparait de l'esprit de Joachim. Son front devenait brûlant, ses regards se fixaient, sans changer de direction, sur ce tapis vert qu'il contemplait ce soir-là pour la première fois, ses mains tremblaient, sa raison s'égarait.

A chaque coup qu'il perdait, la respiration devenait plus embarrassée. Bientôt il n'eut plus devant lui que dix écus.

Avant que ses compagnons ne pussent s'opposer à son dessein, il saisit les dix pièces et les jeta sur la case portant le numéro 32, sur laquelle il s'acharnait depuis un moment.

— Les jeux sont faits! dirent les croupiers.

Joachim se pencha avidement vers le banquier. Celui-ci retirait du sac un numéro.

— Vingt-cinq! proclama-t-il.

— Voleur! hurla Joachim avec rage. Il a rejeté un second numéro, et c'était le mien.

— Vous vous trompez, monsieur, dit froidement un croupier.

Mais Joachim était certain d'avoir vu une manœuvre frauduleuse. Sa colère était effrayante.

— Voleur! répéta-t-il d'une voix stridente, mon argent!

— Silence! cria le banquier.

— Brigand! canaille! mon argent! Tu m'as volé! dit Joachim avec une véhémence extrême.

— Je vous dis, moi, que le coup a été bon! répondit le banquier interpellé par Joachim.

— Tu en as menti, drôle! J'avais gagné! tu as changé les boules!

— Vous vous trompez!

— Ah! tu soutiens ton infamie. Eh bien! tiens!

Et Joachim, arrachant le sac contenant les numéros, le lança à la tête du banquier. Celui-ci fut frappé en plein visage, tant l'action avait été vive et le coup bien dirigé, et les boules, s'échappant de tous côtés, roulèrent au loin.

— A la porte! crièrent plusieurs voix.

— Et qui donc se charge de m'y mettre? s'écria fièrement Joachim en se redressant comme un jeune coq.

L'HOTEL DE NIORRES

Minute! fit Augereau, en s'interposant bravement entre son jeune compagnon
et les agresseurs. (P. 298.)

— L'enfant est superbe! dit Augereau. Hardi, mon fils! On nous a
trompés, et l'on mettra flamberge au vent s'il le faut!
— Chaumette est blessé! dit un homme en désignant le banquier,
dont la figure avait été meurtrie assez rudement par les boules.
— A moi, Hébert! à moi, Maillard! cria Chaumette en se levant pour
s'élancer sur Joachim. A moi, Henriot!

— Minute! fit Augereau en s'interposant bravement entre son jeune compagnon et les agresseurs.

— Laissez-les! laissez-les! cria Joachim en gesticulant de plus belle et en bondissant sur Chaumette qu'il étreignit à la gorge.

— Le jeu! le jeu! hurlait la foule impatientée par cette interruption forcée dans la partie.

— Voulez-vous demeurer en repos, canailles! cria le maître d'armes en écartant, à l'aide de deux coups de poing vigoureusement appliqués, Hébert et Henriot, qui s'efforçaient de secourir Chaumette.

— A la porte! à la porte! continuaient les spectateurs.

La scène que nous venons de décrire s'était accomplie si rapidement, l'action de Joachim et celle des croupiers avaient été si vives que personne, pas même les compagnons du jeune joueur et du maître d'armes, n'avait encore pu y prendre part. Michel, Jean et Nicolas, revenus de leur étonnement et de la douleur que leur avait causé le coup perdu, s'élancèrent en même temps.

— Cassons tout! criait Michel dont les yeux flamboyaient, et dont la physionomie mobile prenait l'expression de la face du lion en présence du danger. On nous a volés! Notre argent?

— Assommons les croupiers! hurla Jean en s'emparant d'un tabouret.

Nicolas ne dit rien, mais, arrachant le râteau que tenait encore Henriot, il le lui cassa sur le crâne. Ce fut le signal : Michel, Jean, Joachim et Augereau se mirent en avant; mais, soit résultat d'un plan combiné, soit par suite d'un mouvement naturel de la foule excitée, un flot de joueurs, poussé brusquement, sépara complètement les assaillants.

Augereau et Joachim, pris entre ce flot et la table, demeurèrent seuls en présence de Chaumette et de ses acolytes. Jean, Michel et Nicolas, entraînés, poussés, emportés, furent rejetés au loin sans que cependant ils pussent accuser d'une attaque préméditée aucun de ceux qui les bousculaient ainsi, et qui ne paraissaient eux-mêmes qu'obéir aux lois d'une pression plus forte dont ils étaient victimes.

Le tumulte était à son comble. Chaumette, Maillard, Henriot, Hébert et plusieurs autres estimables employés de l'*Enfer* s'épuisaient en cris, en menaces et en blasphèmes, injuriant les deux hommes et essayant de faire un mauvais partie à Augereau et à son jeune ami, mais ils avaient en face d'eux des adversaires sur lesquels l'intimidation n'avait aucune prise.

Joachim, emporté par la fureur, ressemblait à un jeune tigre à son premier combat, et le maître d'armes, calme encore et confiant dans sa force, lui prêtait l'appui le plus énergique.

Les tabourets, les chaises et les râteaux avaient été pris par chacun pour armes offensives, et la bataille menaçait de s'engager sérieusement.

Tallien, faisant un pas en arrière, s'était tenu prudemment à l'écart; la foule faisait cercle; les clameurs retentissaient de toutes parts. Augereau et Joachim présentaient toujours la contenance la plus décidée, mais cependant le nombre devait certes l'emporter sur la valeur, lorsqu'une trouée se fit dans les rangs serrés des spectateurs, et un secours arriva aux deux joueurs.

Jean, Michel et Nicolas, furieux de se voir entraînés, étaient parvenus enfin à résister à l'élan de la foule, et écartant violemment tout ce qui s'opposait à leur passage, ils s'étaient de nouveau élancés, avec une rage décuplant leurs forces, à l'aide de leurs amis menacés. Aussitôt les choses changèrent d'aspect : les employés du *biribi*, intimidés par ce renfort survenant si fort à propos, opérèrent un mouvement de recul.

En ce moment, un bruit nouveau, mais d'un caractère tout différent, éclatant dans le précédent salon, puis un nom courut sur toutes les lèvres.

— Bamboula! Bamboula! répétait-on.

— La Banque! au jeu! cria-t-on autour des combattants demeurés un instant indécis.

— Bamboula! répéta Chaumette. Vite, les boules! ramassez les boules!

Puis, se retournant vers Joachim :

— Je te retrouverai! ajouta-t-il d'un ton menaçant.

— Quand vous voudrez! répondit le compagnon d'Augereau sans baisser son regard étincelant.

Hébert, Henriot et Maillard s'étaient précipités pour recueillir les boules numérotées, éparpillées si rudement par l'adversaire de Chaumette, et ils procédèrent immédiatement et minutieusement au comptage.

Chaumette avait repris sa place au centre de la table, entre deux autres banquiers, lesquels ayant en face d'eux les sébiles pleines d'or, d'écus, de rouleaux et de billets de caisse formant la fortune de la banque, n'avaient point quitté leurs sièges, et, ne prenant aucune part à la scène qui venait d'avoir lieu, avaient continué à veiller sur leur précieux dépôt. Séparés de leurs ennemis par une barrière composée d'un quadruple rang de spectateurs, peu soucieux de voir troubler encore leurs plaisirs, Augereau, Joachim et leurs compagnons étaient loin, cependant, de sentir diminuer la colère qui les animait.

A la douleur de perdre un argent destiné à une bonne action, se joignait la rage d'avoir été si impudemment volés. La soif de la vengeance faisait fermenter vigoureusement ces jeunes cerveaux, et à voir l'animation extrême de tous ces visages rouges d'émotion, il était facile de penser que la chose n'était pas terminée pour MM. les croupiers.

— Allons chercher des armes! proposa Joachim.

— Massacrons ces brigands! cria Nicolas.

— Mettons le feu à la boutique! hurla Augereau.

— Nous laisserons-nous donc voler ainsi sans tordre le cou à ces canailles? ajouta Jean en frappant violemment le parquet.

Depuis le commencement du tumulte, Saint-Jean s'était tenu à l'écart, mais il n'en avait pas moins veillé sur les jeunes gens trompés avec une sollicitude des plus vives.

Lorsque l'annonce de l'arrivée du célèbre joueur Bamboula avait interrompu la scène, et que les croupiers avaient repris leurs places, Saint-Jean, laissant la galerie se reformer autour de la table de jeu, s'était rapproché du groupe furieux. Il n'avait pas perdu un mot de ce qui s'était dit. Jugeant sans doute, à l'animation des jeunes gens, qu'ils allaient se laisser emporter par la violence des sentiments qui les agitaient, il vint se placer entre eux et la foule des joueurs.

— Messieurs, dit-il en saluant fort poliment, voulez-vous me permettre de vous donner un bon conseil?

— Hein? fit Michel en se retournant.

— Qu'est-ce que vous voulez? De quoi vous mêlez-vous? cria Augereau en s'avançant. Est-ce que vous allez prendre la défense de ces canailles-là?

— Bien au contraire, monsieur, répondit Saint-Jean, car je sais que vous avez parfaitement raison. J'ai vu, comme vous, que le banquier faisait filer une boule!

— Quand je l'affirmais! s'écria Joachim.

— Monsieur nous servira de témoin! ajouta Nicolas.

— Bien volontiers, dit Saint-Jean de sa voix la plus insinuante, mais permettez-moi de vous faire observer que mon témoignage ne pourra vous être bien utile, car il sera seul. J'étais placé derrière le fauteuil du banquier, j'ai donc pu voir la fausse manœuvre, mais les autres joueurs ne l'ont pas vue. Si le coup vous a fait perdre, il en a fait gagner d'autres : ceux-ci jugeront que le banquier a agi loyalement. La majorité sera du même avis, donc...

— Ainsi, interrompit Joachim avec emportement, il faut se laisser voler et se taire?

Saint-Jean fit un geste affirmatif.

— Que voulez-vous, ajouta-t-il. J'en ai vu plus d'un dans votre situation, volé et voulant se plaindre. Qu'en est-il résulté? Aucune preuve n'existait contre la banque, et l'on a dit au joueur trompé : Pourquoi allez-vous dans ces sortes de maisons? C'est là l'argument sans réplique qui fait la force de ces terribles tripots. Personne n'ose se plaindre, parce que pour se plaindre il faut avouer d'abord que l'on hante de mauvais lieux. Voyez par vous-mêmes! Quel est celui de vous qui voudra aller en justice? Ce soir la colère vous aveugle, mais demain quel regret auriez-vous d'une action qui révélerait à vos familles, à vos amis, à ceux dont dépend enfin votre avenir, que vous avez passé la nuit à l'*Enfer* et que vous y avez eu maille à partir avec les croupiers?

Les jeunes gens s'entre-regardèrent. Saint-Jean avait parfaitement raison : tous le comprenaient. La crainte de la honte faisait taire le sentiment de la colère dans ces cœurs honnêtes.

— Ah! dit Jean avec une expression de physionomie profondément chagrine, s'il ne s'agissait que d'une perte ordinaire.

— Que dira Brune? murmura Nicolas.

— M. Brune vous dira merci quand vous m'aurez écouté et que vous lui aurez répété mes paroles, dit Saint-Jean en souriant.

— Plaît-il? fit Nicolas, tandis que les regards étonnés de ses amis s'attachaient sur Saint-Jean.

Celui-ci sourit encore, mais de l'air le plus bienveillant.

— Pardonnez à un vieux curieux en raison de sa bonne intention, reprit-il. Tout à l'heure, avant que vous jouiez, j'étais près de vous, et, comme vous parliez à haute voix, j'ai involontairement entendu le sujet de votre conversation. Les généreuses intentions qui vous poussaient à jouer m'ont d'autant plus ému que l'histoire de la Jolie Mignonne ne m'est pas indifférente.

— Vous connaissez maître Bernard? demanda Jean.

— Pas personnellement, mais j'en ai beaucoup entendu parler. M. le comte de Sommes daigne avoir pour moi quelques bontés. Or, M. le comte est fiancé à la belle marquise d'Horbigny...

— Une cliente du patron, interrompit Jean. J'ai été chez elle ce soir.

— Eh bien! continua Saint-Jean, la marquise s'intéresse prodigieusement à maître Bernard, et, comme le comte adore la marquise qui va bientôt devenir sa femme, il s'occupe fort de la recherche de la Jolie Mignonne. Cela se comprend facilement.

— Tiens! tiens! tiens! dit Augereau en souriant. Voyez comme on se rencontre!

— Savez-vous ce que vous allez faire? reprit Saint-Jean en s'adressant à Nicolas et à Jean. Vous allez oublier cette vilaine tromperie de la banque, et si vous y consentez, demain matin, M. le comte de Sommes vous prêtera obligeamment l'argent dont M. Brune a besoin pour voyager.

Les jeunes gens se regardèrent encore. Ils hésitaient à répondre, tant cette proposition inattendue les surprenait.

— Vous n'avez pas le droit de refuser, dit Saint-Jean d'une voix grave. Je suis de beaucoup plus âgé que vous tous, mes cheveux sont blancs sous la poudre qui les couvre et mon expérience du monde m'autorise à vous parler comme je le fais. Le comte, je m'en porte garant, sera très heureux de vous rendre ce service et d'être pour quelque chose dans la réussite de cette aventure. D'ailleurs il est puissant, c'est l'ami de Son Altesse monseigneur le duc de Chartres; il peut donner des recommandations influentes. Puis, songez-y! vous n'aurez pas l'humiliation de demander... je vous offre en son nom... Allons, est-ce dit!

— Ma foi! dit Jean en se grattant l'oreille, qu'en pensez-vous, Nicolas?
— Mais il me semble...
— Acceptez! interrompit Saint-Jean. Venez demain matin à l'hôtel d'Horbigny. Vous y trouverez M. le comte à l'heure de la toilette de la marquise. Je lui aurai parlé, il sera prévenu et il vous accueillera comme vous le méritez...

— Au fait! dit Michel, si le comte de Sommes veut prendre sa part d'une bonne action, on n'a pas le droit de le repousser.

— Refuser serait offenser la Providence qui nous vient si évidemment en aide, ajouta Jean. Pour moi, j'accepte!

— C'est dit! fit Nicolas en frappant dans la main de Saint-Jean.

Celui-ci laissa échapper de ses lèvres un soupir de satisfaction, comme s'il venait d'accomplir une tâche difficile.

XXX

BAMBOULA

Tandis que Saint-Jean parvenait à calmer la colère des deux jeunes gens et leur faisait oublier le chagrin causé par la perte de l'argent destiné à venir en aide aux malheureux parents de l'enfant perdu, le jeu avait repris avec une ardeur nouvelle.

— Bamboula! Bamboula! avait-on crié de toutes parts, au moment où les croupiers avaient regagné leurs sièges.

Et la foule, agitée par un sentiment qui paraissait l'impressionner au plus haut point, répétait toujours le nom étrange que quelques voix avaient prononcé.

— Venez! dit, à Danton et à Saint-Just, Barras qui s'était fait le cicerone de l'*Enfer* au profit de l'avocat et de son jeune compagnon. Vous allez voir jouer le plus heureux et le plus hardi des adversaires de la banque. C'est en ce moment le héros de l'*Enfer!* Le drôle a effectivement une manière de jouer qui n'appartient qu'à lui.

Barras, entraînant ses compagnons, s'approcha de la table du biribi. Chaumette frappa le tapis vert avec le manche du râteau qu'il venait de saisir et qu'il tenait aussi majestueusement qu'un roi eût tenu son sceptre.

— Messieurs! faites vos jeux! proclama-t-il d'une voix sonore.

Un mouvement se fit en face du principal banquier; les rangs s'écartèrent et un personnage s'avança. Un léger silence se fit et tous les regards se portèrent sur le nouveau venu.

Ce personnage si évidemment important parmi les habitués de l'*Enfer*, était un homme pouvant avoir vingt-sept à vingt-huit ans, de taille au-dessus de la moyenne et d'une corpulence ordinaire. Ses cheveux, sans poudre, étaient roux; ses sourcils et ses cils de nuance plus pâle. Une longue cicatrice, provenant sans doute d'une blessure, jadis reçue au visage, partait de la racine des cheveux, séparait le front en deux jusqu'à la naissance du nez, et descendait sur la joue gauche jusqu'à la hauteur des lèvres. Cette épouvantable balafre devait défigurer presque complètement celui qui la portait. Aussi, soit par coquetterie et dans l'intention de dissimuler le plus possible cette cicatrice désagréable, soit par négligence et par insouciance des habitudes de l'époque, le nouveau venu avait, en dépit de la mode, sa chevelure inculte rabattue sur le front et d'énormes moustaches rousses, se profilant au-dessus de sa lèvre supérieure, menaçaient d'aller rejoindre chacune de ses oreilles.

Ce personnage n'était autre que le fameux Bamboula, dont le nom était devenu célèbre depuis quelque temps parmi les joueurs. Bamboula, effectivement, était non seulement l'un des plus assidus habitués du tripot, mais encore l'adversaire le plus hardi et le plus heureux de la banque, ainsi que l'avait dit Barras.

Il risquait chaque soir des sommes folles et chaque soir le hasard lui était favorable.

Quel était cet homme? D'où venait-il? Voilà ce que chacun ignorait, et, il faut le dire, ce qui n'importait à personne. Bamboula était un grand joueur; à ce seul titre il était connu de tout le public de l'*Enfer*, mais une fois hors de la maison de jeu, aucun de ceux dont il venait d'accaparer l'attention durant plusieurs heures ne songeait à s'enquérir de ce qu'il était dans la vie privée.

Une fois arrivé devant la table du biribi, Bamboula prit un siège, s'installa le plus convenablement possible et, tirant de sa poche une pincée de billets de caisse, il plaça le tout sur le tapis vert. Chacun se pressait autour de lui. Chaumette et ses acolytes suivaient d'un œil attentif tous les mouvements de l'ennemi.

— Messieurs! faites vos jeux! dit une seconde fois le banquier.

Bamboula, qui n'avait pas encore prononcé une parole, jeta négligemment, au hasard, un double louis sur la table. La pièce d'or roula sur elle-même, décrivit deux ou trois cercles et s'abattit à plat sur la case portant le numéro 27.

— Les jeux sont faits! continua le banquier en secouant le sac contenant les numéros.

Les autres pontes s'empressèrent de couvrir d'or et d'argent le tapis vert. Le banquier plongea la main dans le sac, le secoua encore et retira une boule. Le silence de l'attente régnait dans le salon, on n'entendait plus que le bruit de toutes ces respirations s'échappant des poitrines oppressées.

— Vingt-sept! proclama le banquier.

Un frémissement parcourut l'assemblée, puis un même cri s'échappa de toutes les bouches : Bamboula avait gagné.

Chaumette prit une poignée de louis dans une sébile placée devant lui, en fit deux piles de soixante-quatre louis chaque et, les poussant toutes deux avec son râteau, il les conduisit en face de l'heureux joueur. Les piles s'abattirent doucement. Le visage de Bamboula n'exprimait pas la plus légère émotion.

— Faites vos jeux, messieurs! reprit le banquier de ce ton nasillard particulier à tous les croupiers de toutes les époques.

La partie recommença. Bamboula, toujours conservant son mutisme absolu, continua à tenter la chance et celle-ci fut encore favorable. Bientôt un véritable monceau d'or s'éleva devant le singulier personnage, sans qu'aucun muscle de sa figure n'eût éprouvé le plus léger tressaillement. On eût dit un automate, habilement machiné.

La fortune de la banque, bien qu'alimentée par les pertes des autres joueurs, s'amoindrissait cependant à vue d'œil.

— Il fera encore sauter la banque! murmurait-on de tous côtés.

En ce moment, le quart après minuit sonna à l'horloge du palais. Bamboula leva les yeux avec une indifférence affectée et parcourut du regard les rangs de la foule amassée en face de lui, derrière les sièges des

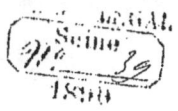

— Voilà la part de Maillard! dit-il. (P. 308.)

banquiers. Au-dessus de la tête de Chaumette apparaissait le buste d'un homme qui, les deux mains appuyées sur le dossier du fauteuil du banquier, le corps légèrement penché en avant, dardait ses prunelles pâles sur l'heureux Bamboula. A peine celui-ci rencontra-t-il ce regard rivé sur lui, qu'il porta l'index de sa main gauche à son œil droit et se frotta doucement la paupière.

L'homme placé derrière Chaumette n'était autre que Saint-Jean, qui venait de quitter Jean et ses compagnons avec promesse de se trouver, le lendemain, à l'hôtel d'Horbigny, pour recevoir Nicolas et Brune, lesquels devaient s'y rendre afin de voir le comte.

Bamboula prit un louis, et au lieu de le laisser rouler au hasard sur les cases, comme il avait fait pour ses enjeux précédents, il le plaça nettement sur le numéro 5. Saint-Jean jeta immédiatement un écu de trois livres sur le même numéro.

Le banquier amena le numéro 7. C'était la première fois de la soirée, depuis qu'il jouait au biribi, que Bamboula perdait.

Cet abandon de la chance favorable causa une vive émotion parmi les autres pontes et parmi les spectateurs. Bamboula ramassa l'or et les billets amoncelés devant lui, mit dans ses poches les louis et les billets et se leva pour quitter la table.

— Il a peur ! dirent les uns.
— Il veut se reposer, dirent les autres.
— Il va jouer à l'autre table ! ajoutèrent quelques voix.

Bamboula demeurait debout, devant le tapis vert, et faisant sauter deux doubles-louis dans sa main. Hébert et Henriot étaient assis aux deux extrémités opposées de la table, leur râteau à la main, faisant l'office de croupiers. Chaumette remua le sac; Bamboula jeta une pièce à droite et l'autre à gauche. Chacune alla rouler devant chacun des deux croupiers.

— Faut-il placer? demanda Henriot.

Le joueur fit signe que oui.

Les croupiers placèrent les doubles-louis, chacun sur une case portant un numéro différent, mais posés immédiatement devant eux. Bamboula fit un clignement d'yeux décelant sa satisfaction et se recula d'un pas.

Chaumette tira la boule : Bamboula avait perdu cette fois encore.

Quant à Saint-Jean, il s'était éclipsé derrière la foule entourant la table.

Un grand mouvement, pareil à celui qui avait accueilli son entrée, accompagna la sortie de l'heureux adversaire de la banque. La foule, pensant que Bamboula allait s'asseoir à l'autre table, reflua vers le second salon, et le trop-plein de celui-ci se répandit dans le premier.

— Tiens! dit tout à coup Augereau en se retournant, voilà encore un de nos compagnons du carrabas; celui qui a dîné avec nous chez la mère Lefebvre : le matelot qui scandalisait si fort les deux bourgeois, vous savez?

— Eh! par ici, mon brave! cria Jean en faisant un signe de la main.

Augereau ne se trompait pas. C'était effectivement Mahurec qui faisait alors son entrée dans l'*Enfer*.

Le digne gabier paraissait au milieu de cette foule compacte aussi à l'aise que sur le pont de son navire. Son bonnet de laine rejeté en arrière, les épaules effacées, les deux mains dans les poches de sa vareuse, il s'avançait tranquillement sans se soucier des coups de coudes qu'il distribuait généreusement à droite et à gauche, marchant sur les pieds de celui-ci, sur les talons de celui-là, bousculant un troisième et fixant sur tous son regard naïf, empreint d'une préoccupation profonde.

Bon nombre de joueurs, froissés rudement au passage, s'étaient retournés en grommelant, mais l'apparence athlétique du matelot, et ses bras énormes, ses épaules carrées, sa démarche ferme et assurée faisaient aussitôt baisser les regards les plus furibonds.

Au moment où Augereau l'apercevait, le gabier, se tournant sur la pointe de ses souliers, plongeait ses regards dans la direction de l'endroit où se tenait encore l'homme qui avait échangé, avec Bamboula, les signes mystérieux après lesquels l'heureux joueur avait quitté le biribi.

Mahurec se dirigea vivement vers Saint-Jean, mais, surpris par l'appel fait par Jean, il se retourna brusquement, et lorsque, après avoir adressé au garçon teinturier un clignement d'œil amical, il voulut continuer sa marche, il ne vit plus celui de la présence duquel il paraissait se préoccuper activement.

— Caramba! fit-il avec colère.

— Venez donc! cria Jean.

— Espère un brin! répondit le gabier.

Et, arrachant une chaise des mains d'un joueur qui se préparait à prendre place, Mahurec s'élança sur le meuble pour être mieux à même de dominer la foule. Probablement il ne découvrit pas ce qu'il cherchait, car un juron plus sonore que le premier, roula sur ses lèvres et il retomba lourdement sur le plancher avec un geste de désappointement complet.

Celui qui avait si fort attiré l'attention du marin venait en effet de quitter le salon. Se courbant en deux pour mieux se dissimuler au milieu des joueurs, il s'était glissé comme un serpent dans les rangs serrés de la foule et avait rapidement atteint la porte de sortie.

Dans le second salon, il se trouva face à face avec Bamboula.

— Où? fit-il à voix basse et sans s'arrêter.

— Chez Rosine! répondit Bamboula en tournant lestement sur ses talons.

Saint-Jean continua sa marche. Bamboula circula un moment dans la seconde salle du biribi; puis, passant dans celle du creps, il joua quelques coups insignifiants et comme, en raison du peu d'émotion qu'il donnait ce soir-là aux habitants de l'*Enfer*, les regards ne s'attachaient plus sur lui, il atteignit presque inaperçu la porte donnant sur l'escalier.

Là il s'arrêta un moment, lança autour de lui un coup d'œil rapide, et, bien convaincu que personne n'espionnait sa démarche, au lieu de descendre les degrés, il s'élança vers l'étage supérieur.

En deux bonds, il atteignit le palier. Une petite porte était entr'ouverte en face de lui, il la poussa et entra dans une pièce faiblement éclairée. Une femme se tenait presque sur le seuil. Cette femme était jeune et jolie, mais ses traits fatigués, son teint flétri, dénotaient une vieillesse anticipée.

— Vous avez gagné? dit-elle en refermant la porte.

— Naturellement, répondit Bamboula.

— Beaucoup?

— Mille louis.

La jeune femme avança sa petite main, Bamboula y plaça deux rouleaux d'or.

— Voilà la part de Maillard! dit-il.

— Avez-vous besoin de moi? demanda la jeune femme.

— Non. Il est là?

— Oui.

— Eh bien! va-t-en!

La jeune femme fit glisser les rouleaux dans la poche de sa robe, et, ouvrant de nouveau la porte, se faufila lestement par l'entrebâillement du battant.

Bamboula, après son départ, fit jouer deux verrous dans leurs gâches, et, traversant ensuite la petite pièce, il pénétra dans une sorte de boudoir dont les fenêtres donnaient sur le jardin. Un homme était dans ce boudoir : c'était le même personnage qui avait échappé aux recherches de Mahurec, c'était Saint-Jean.

— Tout va bien de mon côté! dit Bamboula en se jetant sur un siège.

— Et tout va bien du mien, monsieur le comte! répondit Saint-Jean en s'inclinant respectueusement.

Celui qui, en dépit de son extérieur vulgaire et du singulier nom par lequel les joueurs le désignaient, venait de recevoir le titre aristocratique décelant un homme de condition, se leva brusquement et fit un tour dans la petite pièce.

— Il fait une chaleur étouffante, cette nuit, dit-il en s'approchant de la fenêtre ouverte. N'y a-t-il rien à boire, ici?

Saint-Jean ouvrit un meuble et y prit un plateau qu'il déposa sur la table.

— Voici un sorbet qui attendait monsieur le comte, dit-il en présentant la boisson rafraîchissante.

Bamboula saisit le verre, mais une réflexion subite le retint sans doute, car reculant ses lèvres qui effleuraient déjà le breuvage glacé, il le tendit à Saint-Jean :

— Bois d'abord, dit-il, et bois-en la moitié.

— Précaution est mère de sûreté! dit-il en offrant au comte le verre à demi vidé.

Bamboula avala le restant du breuvage, replaça le vase de cristal sur le plateau, et, se campant en face de son compagnon qu'il regarda avec une fixité fatigante :

— Nous disons donc, dit-il d'une voix brève, que les lettres du marquis et du vicomte ont été remises aux deux demoiselles?

— Ce soir, répondit Saint-Jean.

— Et elles ont répondu?

— Cette nuit; je viens de porter les missives.

— Elles consentent à recevoir les amoureux?

— Demain à onze heures.

— Parfait! Quant aux épîtres de la Guimard et à celles de la Duthé?

— Elles seront demain, dans la journée, sur la table de travail des deux jeunes filles.

— Preuves flagrantes d'infidélité, continua Bamboula en frappant légèrement sur la table, grande émotion, spasmes, vapeurs, colère et tout ce qui s'ensuit. Résultat : refus absolu de suivre les gentilshommes, et comme ceux-ci veulent absolument enlever les demoiselles, ils emploieront nécessairement la violence. Par conséquent : cris, gémissements... On survient; on constate le fait; premières preuves matérielles. Cela marchera comme sur des roulettes.

Saint-Jean fit un signe de tête affirmatif.

— Des hommes apostés aux environs, afin de devenir des témoins bien authentiques, reprit Bamboula. Je me charge de ce soin... Henriot, Hébert et Maillard sont libres, la nuit prochaine. Je viens de les prévenir, avant de quitter le jeu, que j'aurais besoin d'eux, et ils m'ont fait le signe convenu. Donc, tout va bien, jusqu'ici. Reste le plus important.

Bamboula se tut, fit un nouveau tour dans le boudoir, se rapprocha encore de la fenêtre, respira fortement l'air extérieur, puis, le visage pâli et contracté, revenant soudain vers Saint-Jean et lui saisissant le bras, il lui dit quelques mots à voix basse; mais, à en juger par l'expression de la physionomie, ces quelques mots devaient avoir une signification terrible.

— Tout est prêt! répondit froidement Saint-Jean.
— Et en ce qui concerne le vicomte et le marquis?
— J'ai suivi vos ordres!
— Il ne faut pas qu'il puisse y avoir un doute.
— Il n'y en aura pas.
— Pick doit avoir les preuves.
— Elles seront indiscutables.

Bamboula se rapprocha davantage de Saint-Jean et darda sur lui ses prunelles flamboyantes.

Les yeux ternes du valet soutinrent, sans se détourner, ce regard de feu.

— Donc, tout va bien? reprit Bamboula après un assez long moment de silence.
— Je le crois, répondit Saint-Jean sans sourciller.
— Demain, tout sera fini, et nous recueillerons enfin le fruit de nos peines. Bel héritage, de par tous les diables! Belle succession à partager, mons Saint-Jean! Que dirais-tu de deux cent mille livres comptant, pour ta récompense?
— Je dirais que c'est peu! fit le valet avec un geste de dédain.
— Cependant, dit Bamboula dont les sourcils se rapprochèrent, il était convenu...

Puis, s'arrêtant brusquement et changeant de ton :

— C'est quatre cent mille livres que je voulais dire, reprit-il. Es-tu content?
— Oui, dit Saint-Jean avec une sorte d'indifférence affectée. Cela peut suffire, pour le présent, d'autant plus que l'avenir doit être beau.
— Plaît-il? fit Bamboula. Tu dis?
— Je dis que quatre cent mille livres comptant peuvent me convenir, relativement à l'héritage. Maintenant, il reste deux autres questions à vider!...
— Lesquelles? demanda Bamboula avec une vivacité extrême.
— Qu'est-ce que le comte de Sommes donnera à son fidèle serviteur, le jour de son mariage avec la belle marquise d'Horbigny?
— Ah! ah! fit Bamboula en souriant; le vent souffle de ce côté? La marquise t'affectionne, Saint-Jean! il pourrait se faire qu'elle te gratifiât d'une vingtaine de mille livres, le jour où elle voudra enfin renoncer au veuvage.

Saint-Jean fit une moue dédaigneuse.

— Je croyais la marquise plus généreuse! dit-il en ricanant.

Le regard de Bamboula étincela dans l'ombre.

— Drôle! dit-il avec un geste de menace, cesse cette comédie qui me déplaît! Oserais-tu m'imposer des conditions?

— Pourquoi pas? répondit froidement le valet. Ces conditions, je les impose parce que j'en ai le droit, et cette comédie, je la joue parce qu'il me plaît de la jouer.

Bamboula saisit les mains de Saint-Jean et les secoua avec une violence extrême.

— Misérable! dit-il d'une voix étranglée par la colère; que prétends-tu donc?

Saint-Jean se dégagea par un geste rapide, sans effort apparent, mais avec une vigueur telle que son interlocuteur, repoussé en arrière, faillit tomber à la renverse.

— Quatre cent mille livres pour l'héritage, dit-il d'une voix impassible, cinq cent mille pour le mariage et un million pour l'enfant de Saint-Nazaire. Cela vous va-t-il?

Bamboula ouvrait des yeux énormes : la rage et l'étonnement se peignaient dans ses regards furibonds.

— Ah! fit Saint-Jean avec un sourire ironique, monsieur le comte pensait que j'ignorais l'affaire de la Jolie Mignonne? C'est effectivement une dette de plus pour laquelle je suis son créancier.

Bamboula ne répondit pas : le front sombre, les bras croisés sur la poitrine, il semblait frappé de stupeur. Tout à coup il se redressa, bondit en avant, et décroisant ses bras, il fit briller au-dessus de Saint-Jean la lame aiguë d'un poignard; mais, en se précipitant, sa poitrine se heurta contre la gueule menaçante d'un pistolet.

— Précaution est mère de sûreté, j'ai déjà eu l'honneur de le faire observer à monsieur le comte! dit Saint-Jean d'une voix mielleuse.

Bamboula jeta loin de lui le poignard qu'il brandissait. Saint-Jean, toujours impassible, remit dans sa poche le pistolet qu'il en avait tiré par un mouvement rapide. Puis, revenant auprès de la petite table, il prit un verre, le remplit d'eau, et, le présentant à son adversaire qui, les poings serrés, s'était laissé retomber sur un siège :

— Les émotions violentes sont souvent dangereuses, monsieur le comte, fit-il avec un accent de plus en plus railleur. Que monsieur le comte prenne garde de s'y laisser aller et daigne se remettre.

Bamboula écarta la main qui lui présentait le verre, et, se redressant vivement :

— Assez! dit-il d'un ton impératif. Ça, maître Saint-Jean, expliquons-nous catégoriquement. Depuis deux ans que je vous connais, je vous ai toujours vu empressé envers moi, soumis à mes moindres ordres. Il s'est opéré en vous un changement absolu! La cause de ce changement?

— C'est que l'heure de la métamorphose est venue, seigneur Bamboula! dit Saint-Jean d'une voix grave.

— De quelle métamorphose parlez-vous, s'il vous plaît?

— De celle qui doit remettre chacun de nous dans l'état qui lui convient : c'est-à-dire moi en haut, toi en bas!

— Hein? fit Bamboula avec stupéfaction.

Saint-Jean haussa les épaules, et, passant dans une pièce voisine, il en revint presque aussitôt portant de chaque main un candélabre garni de bougies allumées. La demi-obscurité qui régnait dans le petit boudoir fit place alors à une éblouissante clarté.

Saint-Jean poussa la fenêtre, afin de n'être pas vu du dehors, et revenant en face de Bamboula, dont la stupéfaction se transformait en stupeur, il se posa de façon à recevoir en plein visage le feu des lumières.

Alors, avec un double geste plus rapide que la pensée, il passa ses deux mains sur sa tête : Bamboula poussa un cri...

Le valet venait de subir une transformation complète, opérée instantanément. Sa chevelure poudrée avait disparu, et à la place de la perruque qui encadrait le front en le rétrécissant, on voyait une chevelure noire extrêmement serrée, mais coupée ras sur le crâne, dont la forme remarquable, indice certain d'une intelligence peu commune, se dessinait nettement. Les sourcils avaient également changé de nuance et apparaissaient noirs comme l'ébène, finement arqués au-dessus des deux yeux, tout à l'heure ternes et voilés, et maintenant resplendissants d'éclairs. La bouche, aux coins abaissés, avait changé d'aspect elle-même, et l'expression qu'elle donnait au visage était celle de l'audace, de l'énergie et de la domination.

Bamboula paraissait complètement foudroyé.

— Me reconnais-tu? dit Saint-Jean.

— Le Roi du bagne! murmura Bamboula.

— Allons! à ton tour! reprit l'étrange personnage. Que je te voie à visage découvert.

Et comme Bamboula n'obéissait pas assez vite, au gré de son interlocuteur, celui-ci s'approcha et arracha la perruque rousse. Moustaches, sourcils et cicatrice disparurent avec elle, et la physionomie fatiguée du comte de Sommes apparut, décomposée par l'émotion et horriblement pâlie.

— Tu ne t'attendais pas à me voir, dit en riant celui que Bamboula venait de qualifier du titre effrayant de Roi du bagne. Tu me croyais

Le financier mourut sans proférer un cri. (P. 316.)

mort depuis sept années, depuis la nuit où nous avons quitté Brest ensemble. Bien d'autres aussi ne savent plus que j'existe, et cependant, depuis sept ans, Bamboula, depuis ce jour où je t'ai fait révéler le secret de ta naissance, je n'ai pas cessé un instant de te suivre pas à pas. Je t'ai fait ce que tu es, sans que tu pusses te douter que je fusse pour quelque chose dans ton élévation; je t'ai servi humblement, sans que tu pusses te douter que le valet qui se courbait devant toi fût ton maître, que l'instrument dont tu te servais, avec l'intention de le renier un jour, fût non pas la stupide machine agissante, mais bien l'esprit qui vivifiait l'œuvre entière. Ah! tu ne comprends pas, Bamboula? Mais patience! tu vas comprendre, car il faut que je t'explique tout, afin que tu exécutes fidèlement mes volontés.

Saint-Jean s'arrêta, en fixant sur son compagnon un œil dominateur. Le comte demeurait muet et l'expression stupide de sa physionomie, ses traits bouleversés, ses regards anxieux, dénotaient le trouble effrayant dans lequel était son esprit.

Saint-Jean attira à lui un vaste fauteuil et s'y installa avec une aisance parfaite. Ses manières, comme son visage, avaient subi une complète métamorphose.

— Monsieur le comte, reprit-il d'un ton ironiquement respectueux, permettez-moi, avant d'entamer le grave sujet de notre entretien, de vous rappeler en quelques mots qui vous êtes et ce que vous êtes. Quoique vous soyez le très noble comte de Sommes pour les uns, et le très heureux joueur Bamboula pour les autres, vous n'avez droit, vous ne l'ignorez pas, à aucune de ces dénominations. La pompe de la première et l'originalité de la seconde ne vous appartiennent pas plus que la corde appartient au pendu. Vous êtes accroché; ces noms vous supportent, et voilà tout. Vous vous nommez Jean-Juste-Charles, votre mère s'appela Madone, et vous possédez par devers vous, ou, pour mieux dire, je possède pour vous, par devers moi, un acte signé de M. de Niorres et qui peut vous rendre un jour possesseur d'une immense fortune : voilà vos plus beaux titres à la gloire.

— Hein? s'écria le comte en bondissant sur son siège. Vous possédez cet acte, vous!

— Ne gesticulez pas ainsi, cher comte, dit Saint-Jean avec un geste amical; vous vous ferez mal, très certainement. J'ai dit que je possédais cet acte en bonne forme, et le fait est exact.

— Mais on m'a donc volé?

— En aucune façon.

— Mais alors, cet acte, je le possède seul...

— C'est-à-dire que vous en avez une copie fort habilement faite, mais que j'ai, moi, le véritable original.

— Vous! vous avez...

— Parbleu! interrompit Saint-Jean; vous m'avez confié une fois ce précieux papier. Ce soir-là, vous buviez beaucoup, c'était même là une de vos mauvaises habitudes... Pensez-vous que j'eusse été assez niais pour mė dessaisir de cet acte qui vaut à lui seul une fortune? Allons donc! vous ne me connaissez pas!

Le comte jeta sur son interlocuteur des regards effarés.

— Laissez-moi continuer, reprit Saint-Jean. Tout à l'heure vous aurez une explication complète. Je vous ai dit qui vous étiez. Reste maintenant à vous rappeler ce que vous êtes. Oh! vous avez une belle position, monsieur le comte! Vous êtes le favori d'une Altesse Sérénissime, vous avez su vous faire l'adroit complaisant d'un puissant prince. Le comte de Sommes est, enfin, le compagnon d'orgies de Mgr le duc de Chartres, et, comme tel, il a droit à beaucoup d'égards et il use largement de ce droit acquis par la faveur. Ce n'est pas tout! monsieur le comte est amoureux, et il a jeté son dévolu sur la belle marquise d'Horbigny. Deux cent mille livres de rente à épouser! belle affaire, morbleu! La marquise se laisse séduire : tout va bien, puis, crac! au moment où l'on s'y attend le moins, voilà une petite sotte de fille qui se laisse mourir bêtement à Saint-Nazaire et qui emporte avec elle, dans la tombe, les plus solides attraits de sa belle maman. Mordieu! il y avait lieu de désespérer, hein, monsieur le comte? Heureusement Bamboula était là! Quel gaillard que ce Bamboula! Belle position aussi, mais dans un autre monde cependant. Lié avec bon nombre de gentilshommes de grands chemins de son espèce, Bamboula est une puissance, savez-vous? Son bonheur au jeu est véritablement insolent! Il gagne chaque nuit des sommes folles. Et voyez comme le drôle est bon garçon! Son argent, il le donne tout entier au comte de Sommes; ses amis, il les met à la disposition du noble seigneur. Il faut remplacer l'enfant qui se meurt! Vite! on cherche, on s'ingénie et l'on trouve, à Paris, une petite fille précisément du même âge que l'autre, lui ressemblant suffisamment et pouvant parfaitement doubler celle qui fait défaut pour l'exécution de la grande intrigue. Bamboula enlève la Jolie Mignonne et le comte de Sommes resserre les liens de l'union projetée. Très bien joué, par ma foi! Le comte de Sommes est fort habile, maître Bamboula! Bamboula est un hardi compagnon, monsieur le comte! Mes compliments, très cher, vous allez bien!

Et Saint-Jean adressa à son auditeur un petit signe de satisfaction d'une impertinence tout à fait aristocratique.

— Ah çà, drôle! continua-t-il en changeant brusquement de ton, tandis que tu te gobergeais dans les bras de la fortune; tandis que tu faisais les rêves les plus dorés sur ta couche soyeuse, sais-tu ce que je faisais, moi, ton maître? Je me réduisais au rôle avilissant de laquais! Je demeurais dans l'ombre, mais j'étais comme le joueur de marionnettes : je tenais les fils et tu n'étais que le pantin qui dansait devant le public! Je m'étais tracé un plan, Bamboula! Et ce plan je le suivais avec patience et ténacité, bien certain qu'il réussirait un jour. A ton insu, tu exécutais mes moindres volontés !

— Moi ! s'écria le comte.

— Toi-même, mon fils ! Tu ne me crois pas ? Veux-tu des preuves ? Cela est facile. Il y a six ans et demi, à pareille époque, tu errais seul et sans asile, sur la route de Lyon.

— La route de Lyon ! répéta Bamboula en pâlissant.

— Oui, reprit Saint-Jean. Tu mourais de faim et de misère, tu songeais au moyen de te tirer d'embarras. Heureusement pour toi, tu rencontras sur ton chemin un gaillard énergique.

— Taisez-vous ! murmura le comte.

— Bah ! personne ne peut nous entendre. Ce gaillard t'apprit qu'un riche financier allait passer dans sa chaise, escorté par un seul valet et portant, dans le coffre de sa voiture, trois cent mille livres en or et en billets de caisse...

— Plus bas ! plus bas !... fit le comte en courbant la tête.

— L'homme te sonda et, quand il comprit que tu étais résolu à agir, il te proposa un coup de fortune...

— Comment savez-vous ? s'écria le comte d'une voix étouffée

Saint-Jean haussa les épaules.

— Le compagnon de hasard, dit-il, c'était moi !

— Vous ! fit Bamboula avec stupéfaction.

— Moi-même, bien déguisé déjà, car tu ne me reconnus pas. C'était toujours la suite de mon plan formellement arrêté. Je t'avais suivi, épié, et je parlai quand le moment fut venu. Bref, ton coup d'essai fut un coup de maître ; je t'en fais mes félicitations. Le financier mourut sans proférer un cri. Tu emportais deux cent mille livres pour ta part et tu courais vers Paris. Quant à moi, j'étais enchanté. Nous avions commis un double crime ensemble. Désormais tu étais mon complice. J'avais engagé ton avenir : la menace d'une dénonciation te mettait à ma merci ; c'était tout ce que je voulais.

Saint-Jean se retourna à demi et regarda le comte. Celui-ci, le visage atterré, semblait en proie à la plus abominable torture morale.

— Tes deux cent mille livres en poche, continua Saint-Jean, tu fis ton entrée dans la capitale du royaume, sous le nom de comte de Sommes. Ici, cher ami, je dois rendre une justice pleine et entière à vos admirables qualités. Vous vous conduisîtes merveilleusement bien. En peu de temps, Bamboula disparut, et il ne resta plus qu'un jeune et élégant gentilhomme, parfait de langage, admirable d'allures, grand seigneur jusqu'au bout des ongles. J'avais deviné les dons que la nature s'était plu à vous octroyer, et ce changement complet ne m'étonnait que médiocrement, je dois le dire. Pendant ce temps, moi, j'entrais au service de l'un des fils du conseiller de Niorres et j'obtenais la confiance de mon excellent maître. C'était toujours la suite du plan arrêté par moi. Les années se passèrent et vous prîtes rang parmi nos plus renommés débauchés, j'étais ravi et j'attendais. Un jour, vous vous aperçûtes que votre caisse se vidait, monsieur le comte; et ce jour-là vous fîtes une laide grimace. Il s'agissait d'emprunter, et la chose était d'autant moins facile que vous ne possédiez aucun patrimoine, naturellement. Vous aviez alors près de vous un valet fort intelligent. C'était moi qui l'avais mis à votre service.

— Jérôme? dit le comte.

— Mon filleul! répondit Saint-Jean. Jérôme vous proposa de vous mettre en relations avec un usurier traitable. Vous n'eûtes garde de refuser, et Jérôme vous conduisit chez un vieux juif des plus accommodants. N'est-ce pas à la suite de vos fréquentes visites à cet estimable négociant que vous vint la pensée de supprimer les obstacles existant entre le fils de la Madone et l'héritage des Niorres?

— Oui! dit le comte en se frappant le front comme s'il commençait enfin à comprendre.

— Cet usurier, lorsqu'il eût toute votre confiance, vous traça même un plan de conduite fort habile. Il vous parla vivement de Saint-Jean, le valet de chambre de l'un des fils du conseiller, et vous poussa à vous mettre en relations avec lui. Vous deviez partager avec l'usurier, mais un beau matin vous apprîtes la mort de votre complice.

— C'est vrai! dit encore le comte.

— Cette nouvelle vous combla de joie, car vous deveniez seul maître de l'affaire, et vous la gardiez pour vous seul. Malheureusement pour vous, l'usurier n'était pas mort, car cet usurier c'était moi, encore moi, toujours moi!...

Cette fois, le comte ne fit aucun signe d'étonnement.

— Vous voyez, continua Saint-Jean, que j'avais habilement mené ma barque. Le reste, vous le savez aussi bien que moi. Vous vous mîtes en relations avec Saint-Jean, et bientôt je devins votre très humble et très obéissant serviteur et complice. Vous étiez, ou du moins vous paraissiez être l'esprit qui commandait, et je n'étais, moi, que la main bonne à exécuter les ordres. Et cependant je tenais les fils et tu étais le pantin! Tout s'est fait par moi, Bamboula! depuis la cause première de ta fortune sur la route de Lyon jusqu'à la continuité de ton bonheur dans la maison de jeu d'où tu sors. En se faisant tes complices, Hébert, Maillard et Henriot n'ont obéi qu'à mes ordres. Comprends-tu maintenant que tu es tout entier dans ma main?

— Je comprends, dit Bamboula qui paraissait avoir repris tout son calme, que le Roi du bagne n'a pas démérité du titre que lui ont décerné ses compagnons de chaîne, mais je ne comprends pas pourquoi il a pris tant de précautions pour arriver à ce résultat si simple : se découvrir à moi, pour tenter l'œuvre ensemble...

Saint-Jean sourit dédaigneusement.

— Savais-je ce que tu étais capable de faire! dit-il. Tu pouvais être un sot ou un poltron, et, en te parlant clairement, je me faisais ostensiblement ton complice; en te faisant agir au contraire, en te laissant croire que tu étais le chef de l'intrigue, je te laissais seul exposé. Si tu eusses creusé un abîme sous tes pas, tu tombais seul dans cet abîme. Saint-Jean en eût été quitte pour disparaître et le Roi du bagne échappait à toute pensée de complicité, puisque toi-même ne l'avais pas reconnu sous la livrée. Aujourd'hui, il en est autrement. Tu as marché droit et ferme dans la route sur laquelle te poussait une main invisible. Je suis content de toi, Bamboula, mais voici le but, nous allons l'atteindre, il est temps que chacun reprenne sa place.

— Que veux-tu faire de moi? demanda le comte avec une certaine inquiétude.

— Ce que je veux faire? répondit Saint-Jean; je veux que tu hérites de toute la famille de Niorres, je veux que tu épouses la marquise d'Horbigny, je veux que la fille de celle-ci lui abandonne toute sa fortune et je veux enfin que, dans dix ans, quand tu seras veuf, tu deviennes possesseur de tous ces millions que je t'aurai aidé à gagner.

— Mais, pour toi, que voudras-tu?

— Je te le dirai tout à l'heure. En ce moment, ne nous occupons que de la réussite de nos projets. Assieds-toi, Bamboula, et quitte cet air décontenancé qui ne sied point au hardi compagnon d'une Altesse Sérénissime. Je vais te donner tes dernières instructions...

Dominé par l'accent impérieux de celui qui lui parlait, le comte se laissa tomber sur un siège et attendit.

— Cela t'étonne, reprit en riant le Roi du bagne, de dégringoler ainsi subitement du premier rang au second. Ton esprit reçoit, dans la chute de ton orgueil, une commotion qui le prive momentanément de ses brillantes qualités. Je comprends cela d'autant mieux, mon très cher, que moi-même, quoique obéissant à une cause diamétralement opposée à celle qui t'étourdit, j'ai besoin de faire appel à mes facultés endormies pour ne pas faillir à la situation. Que veux-tu? Pendant que tu prenais l'habitude de commander, je prenais celle d'obéir. Depuis si longtemps que je me suis fait valet, j'ai dépouillé le vieil homme : je m'étais si parfaitement identifié avec mon rôle qu'en vous trompant tous j'étais parvenu à me tromper moi-même. Oui! durant l'espace que j'ai mis à jouer ce rôle je n'ai pas une faute à me reprocher et j'en suis fier. Ah! c'est que j'avais tracé un habile plan de conduite et ce plan a été la règle de mes moindres actions, de mes plus intimes pensées. Il fallait que le Roi du bagne, pour réussir, devînt le valet, et il avait atteint ce but avec une telle perfection, que pas une de ses paroles, lors même qu'il se parlait à lui seul, n'eût pu faire supposer qu'il n'était pas ce qu'il paraissait être. Pas une de mes pensées, Bamboula, n'a été formulée intérieurement de façon à être en désaccord avec la livrée que je portais. Mon esprit avait pris le même travestissement que mon corps! Ah! tu me regardes avec étonnement, tu m'admires?... Eh bien! morbleu! tu as raison, car il faut être l'homme que je suis pour avoir fait ce que j'ai fait, et le Roi du bagne, sous son vêtement de laquais, a toujours été digne de brandir le sceptre de sa royauté! Mais, je l'avoue, ce rôle me pesait à la longue, ce manteau étriqué ne convenait pas à mes larges épaules. Le jour est venu enfin où je puis abdiquer l'un et détruire l'autre. Vive Satan! Bamboula! je vais recueillir les fruits de mes peines et vivre de cette existence, qui, seule, peut être la mienne. Écoute! Voici en deux mots ma situation présente. Cette situation t'intéresse, car c'est la tienne. D'une part l'héritage des Niorres, de l'autre la fortune de la marquise. Coulons d'abord la première affaire, ensuite la seconde ira d'elle-même. Entre toi, possesseur de l'acte en question, et l'héritage du conseiller et des siens, il y avait primitivement douze personnes : les trois fils du conseiller, sa fille, ses quatre petits-enfants, ses deux nièces et ses deux brus. De ces douze personnes, six ne sont plus. Il en reste six encore : Mme de Versac, son fils et son neveu, Mme de Nohan et les deux nièces, car leur mère, à celles-ci, n'hérite pas parce qu'elle n'est que la belle-sœur de M. de Niorres. Il faut que, sur ces six personnes, quatre disparaissent d'un seul coup. Nous avons marché assez lentement jusqu'ici : il y aurait danger à ne pas procéder plus vite. Demain soir... le conseiller doit demeurer seul avec sa belle-sœur, son gendre, sa fille et ses deux petits-enfants. Tout est prêt... cela sera!

— Mais tout ne sera pas terminé, dit Bamboula qui suivait avec une attention extrême les moindres paroles de son interlocuteur. Il restera encore les deux jeunes filles.

— Il faut qu'elles vivent encore trois mois. Le temps d'entendre condamner leurs deux amoureux. Ensuite elles mourront de chagrin. Rien de plus simple, de plus naturel, ni de plus poétique.

— Ah! fit Bamboula, rien n'est changé à notre plan, alors! Demain le vicomte et le marquis seront les auteurs de tous les crimes.

— Parbleu! cela va sans dire. Pour que le comte de Sommes, c'est-à-dire le fils de la Madone en faveur duquel a été dressé l'acte passé par le conseiller, hérite, il faut que tout soupçon soit écarté de lui. Cela est facile. Personne au monde, à l'exception du conseiller, de la Madone, de toi et de moi, ne connaît cet acte si important. Or, le conseiller n'ira pas s'en vanter, et d'ailleurs il n'y songe plus. La Madone, ta mère, est morte... donc elle n'est plus à redouter. Quant à toi et à moi... nous sommes bien tranquilles mutuellement sur nos actions réciproques. Il n'y aura donc pas, il ne pourra donc pas y avoir un seul mot prononcé qui éveille l'ombre d'un soupçon à l'égard d'un héritier étranger, ayant intérêt à la succession, tandis que tout se trouvera, naturellement, à la charge des deux marins. Comprends-tu bien la situation, Bamboula? Tout Paris connaît les dettes énormes du marquis et du vicomte, et, ce soir même, ils ont engagé leur avenir relativement au mariage projeté. Premières preuves morales qui disposeront tous les esprits contre eux. Le conseiller a obstinément refusé de les recevoir : seconde preuve à interpréter à leur désavantage. Les crimes n'ont eu leur commencement d'exécution qu'après l'époque où les unions ont été arrêtées. Preuve très grave, celle-là! Enfin, demain, des preuves matérielles, indiscutables, seront établies contre les marins. Ces preuves, je me charge de les fournir.

— Quelles sont-elles? demanda le comte.

— Inutile que tu les connaisses d'avance, répondit Saint-Jean. Le moment venu elles apparaîtront lumineuses pour tous : que cela te suffise! Donc, le marquis et le vicomte arrêtés, le procès sera mené rapidement. Quelques manifestations populaires que nous organiserons facilement en presseront le dénouement, à une époque où la cour commence à avoir peur du peuple. Le conseiller et ses deux nièces auront à subir toutes les tortures de ce procès. Les marins condamnés, les deux jeunes filles sont au désespoir et leur mort n'étonne personne! car chacun s'y attend.

— Restera le conseiller! dit Bamboula.

— Bah! celui-là ne restera pas longtemps. Alors, le fils de la Madone survient un beau jour, son acte à la main.

— Mais, dit Bamboula, il est une chose à laquelle j'ai toujours songé et qui m'inquiète.

— Quelle chose?

— Comment le comte de Sommes se fera-t-il reconnaître pour être le fils de la Madone?...

Saint-Jean haussa les épaules.

L'HOTEL DE NIORRES

Tous deux furent frappés de la beauté réellement angélique de ces deux gracieuses jeunes filles. (P. 328.)

LIVR. 41. — L'HOTEL DE NIORRES. LIVR. 41.

— Le comte de Sommes, dit-il, ne paraîtra pas dans l'affaire. Il sera parti en voyage, en Italie, où il voudra... Pendant ce temps, le fils de la Madone, qu'un procureur, qui aura été dépositaire de l'acte, aura été rechercher au fond de quelque province où il végétait misérablement, apparaîtra à la lumière. Mis en possession de son héritage, le bâtard voudra courir le monde. Il partira à son tour. Paris, qui s'en sera occupé, n'y pensera plus au bout de six semaines, et le comte de Sommes fera alors sa brillante rentrée dans les salons de l'aristocratie. Comprends-tu?

— Parfaitement! dit Bamboula.

— Alors, reprit Saint-Jean, nous nous occuperons du mariage.

— Et l'enfant?

— Il demeurera à Saint-Nazaire.

— Mais si l'on faisait des recherches... J'ai vu aujourd'hui à Versailles, chez moi, un certain Fouché...

— Il part demain pour Saint-Nazaire, interrompit Saint-Jean.

— Quoi! vous savez...

— Je sais tout!... dit le Roi du bagne.

Le comte baissa la tête; il reconnaissait la supériorité de celui qui lui parlait.

— Fouché part demain, reprit Saint-Jean, il quitte Paris en compagnie d'un certain Brune, lequel a promis à Bernard de lui ramener sa fille. Or, comme ce Brune n'a pas d'argent pour faire le voyage, il ira demain chez la marquise d'Horbigny avec son ami Nicolas. Le comte de Sommes, prévenu par Saint-Jean et s'intéressant, ainsi que la marquise, très vivement à la réussite de cette affaire, prêtera généreusement cinquante louis à Brune pour faciliter son voyage de découverte.

— Mais... dit vivement Bamboula.

— De cette façon, interrompit Saint-Jean, il sera prouvé que le comte et la marquise, si quelquefois la substitution d'enfant était établie un jour, n'étaient pour rien dans ce crime, puisqu'ils ont participé aux moyens de le découvrir.

— Mais, dit encore Bamboula, si Fouché et Brune partent...

— Ils n'arriveront pas, voilà tout... répondit froidement Saint-Jean.

Le comte regarda le Roi du bagne avec un sentiment d'admiration profonde.

— Décidément, dit-il en s'inclinant, tu es bien notre maître à tous.

— Donc, continua Saint-Jean sans daigner répondre à l'acte d'humilité de son compagnon, tout est prévu, tout est préparé. Demain à pareille heure, il n'y aura plus, entre la fortune et le fils de la Madone, que deux frêles jeunes filles qu'une rude émotion doit prochainement briser.

— Et maintenant, dit le comte de Sommes qui avait repris entièrement toute sa liberté d'esprit, il ne me reste plus qu'à te répéter la question que je t'ai posée au commencement de notre entretien : Quelle sera ma part? Quelle sera la tienne?

— Fort belles toutes deux, car elles seront égales, répondit Saint-Jean.

— Ainsi, nous partagerons...

— En frères! Et de plus je t'abandonne, sans y prétendre jamais, la haute position que s'est faite le comte de Sommes et à laquelle j'ai, cependant, largement contribué...

Bamboula réfléchit durant quelques minutes, puis relevant la tête :

— J'accepte! dit-il.

— Bien entendu, reprit Saint-Jean, que le tout sera divisé en trois parts égales : l'une pour les enfants des galères, suivant la coutume établie, l'autre pour toi, la troisième pour moi.

— Ah! fit le comte, mais alors ce n'est plus qu'un tiers.

— Qui formera encore plus de deux millions pour ta part. Songe que, sans moi, tu n'aurais rien. D'ailleurs la discussion est impossible : je suis le chef, je commande. Dorénavant, n'oublie plus cela...

Le comte se pinça les lèvres, courba son front devenu plus pâle.

En cet instant deux heures sonnèrent à l'horloge du Palais-Royal, le comte se leva vivement et repoussa le siège qu'il venait de quitter.

— Son Altesse m'attend, dit-il. Il faut que je parte.

— Tu vas?... demanda Saint-Jean.

— A la petite maison de la rue Blanche.

— Eh bien! puisque tu vois Son Altesse cette nuit, préviens-la que demain soir tu lui présenteras un compagnon d'orgie.

— Hein? fit le comte avec stupéfaction.

— N'y a-t-il pas demain soir souper à la petite maison?

— Si fait?

— Tu es du nombre des convives?

— Naturellement.

— Eh bien! nous irons ensemble.

— Toi! s'écria le comte. Tu veux que je te présente au duc?

— Je le veux! répondit nettement Saint-Jean.

— Tu n'y songes pas!

— Pourquoi donc? demanda Saint-Jean avec son sang-froid imperturbable.

— Sous quel nom veux-tu que je te présente?

— Belle affaire! Le marquis Camparini, riche seigneur florentin. Je parle italien comme un Toscan; je resplendirai de broderies et de diamants, et, s'il le faut, j'aurai mes titres de noblesse dans ma poche. Son Altesse n'est pas, que je sache, fort susceptible à l'endroit des convenances. Tu me présenteras en aimable compagnon.

— Mais…

— Je le veux! dit Saint-Jean plus nettement encore que la première fois.

— Impossible! impossible!… répéta le comte en examinant l'extérieur vulgaire de son interlocuteur.

Celui-ci sourit dédaigneusement.

— Sois sans crainte, dit-il. Le comte de Sommes n'aura pas à rougir du convive qu'il amènera. D'ailleurs, il faut que cela soit. Tu entends? Il faut que j'assiste à l'orgie qui aura lieu; il le faut pour établir les preuves matérielles qui doivent condamner, aux yeux de tous, le vicomte de Renneville et le marquis d'Herbois. J'ai compté sur toi pour me présenter dans la société du duc. A l'heure où nous arriverons, tous seront ivres et la première présentation venue sera bonne. D'ailleurs, je le répète : il le faut, je le veux. Cherche un prétexte.

Et Saint-Jean, adressant au comte un geste impératif, se leva à son tour.

Bamboula parut accepter ce nouvel ordre avec une résignation parfaite.

— Un mot encore, dit-il. Parmi tous les créanciers du vicomte et du marquis, dont les témoignages auront dans l'affaire une importance énorme, il en est un que la police ne connaît pas encore. J'ai sondé Pick à cet égard. Celui-là, c'est Roger. Quel est-il? Faut-il qu'on le connaisse?

— On le connaît, répondit Saint-Jean.

— Mais Pick m'avait affirmé…

— Pick obéissait à mes ordres.

— Ainsi les agents de M. Lenoir?

— Sont à ma dévotion.

— Mais Jacquet, cependant…

— Jacquet est joué, dupé : il passe pour être à moi sans même le savoir, sans même soupçonner que je me sers de son nom et qu'il joue un rôle dans toute cette affaire. Tu sauras tout plus tard.

Le comte fit un nouveau signe d'étonnement admiratif : Saint-Jean sortit sans ajouter un mot.

Demeuré seul, le comte laissa ses regards errer autour de lui, puis, s'approchant de la fenêtre, il s'accouda sur la balustrade et baigna son front brûlant dans l'air pur que rafraîchissait encore la brise de la nuit.

— Un tiers! pensait-il; un tiers seulement de ces millions que j'avais rêvés pour moi seul, et la perspective de dépendre éternellement de cet homme! Oui, sans doute, sa complicité m'est précieuse! oui, sans doute, j'ai besoin de lui pour réussir, mais ne pourrais-je reconquérir mon indépendance et garder pour moi la part entière?...

Bamboula secoua doucement la tête et parut se plonger dans un recueillement profond.

— Si Blanche ou Léonore, l'une des deux enfin survivait seule, reprit-il, celle-là possèderait entièrement ce magnifique héritage... et celui qui deviendrait son époux serait en même temps maître de toutes ces richesses, et cela, sans aucun nouveau danger à courir!... .

Bamboula se frappa le front.

— La fortune des Niorres vaut mieux, à elle seule, continua-t-il, que le tiers de cette fortune réunie à celle de la marquise, et comme il ne serait plus question de l'enfant de la Madone, ce que sait cet homme ne serait plus à redouter. D'ailleurs, le comte de Sommes est assez puissant pour braver de tels périls... L'avenir peut être plus riant encore qu'il n'apparaît... mais, pour le présent, il a raison! Il faut que demain les deux officiers soient arrêtés sur des preuves positives... Quoi que je fasse plus tard, il faut que cela ait lieu d'abord. Donc... qu'il agisse, qu'il commande, j'obéirai, quitte ensuite...

Le comte n'acheva pas sa pensée.

— Pick, Roquefort, tous ceux-là que je croyais être à moi, rien qu'à moi, se dit-il après un nouveau moment de réflexion, étaient donc à lui, et je marchais entouré d'un réseau dont les mailles m'étaient invisibles. Et Jacquet... cet agent incorruptible... il passe cependant pour être à lui aussi! Oh! cet homme est réellement fort: il est réellement grand! Serait-il prudent de lutter contre lui? Nous verrons!

Et Bamboula, abandonnant la fenêtre, revint prendre son chapeau jeté sur un meuble et se disposa à sortir à son tour.

En quittant la pièce où il avait laissé son complice, Saint-Jean avait regagné la chambre servant de salle d'entrée à l'appartement.

Une petite porte était pratiquée à gauche dans la cloison. Saint-Jean ouvrit cette porte, en franchit le seuil, et, la refermant sur lui, fit jouer deux verrous dans leurs gâches. Il se trouvait alors dans un corridor complètement obscur, mais sans ralentir sa marche, en homme connaissant parfaitement les êtres du logis, il gagna l'autre extrémité de ce corridor, ouvrit une seconde porte, et pénétra dans une vaste pièce qui devait être située dans la maison voisine de celle où était établi l'*Enfer*, car un gros mur la séparait du corridor.

Cette pièce était, comme le corridor, plongée dans une obscurité profonde. Saint-Jean s'avança vers la muraille de droite et, étendant la main, saisit un cordon de sonnette; mais, au moment de l'agiter, il s'arrêta soudain.

— Bamboula doit, à cet instant même, chercher le moyen de me tromper et d'accaparer pour lui seul la fortune, murmura-t-il. J'ai lu dans ses regards qu'il avait une arrière-pensée en me promettant obéissance. Que pourrait-il tenter?...

Puis, après un moment de silence qu'aucun bruit extérieur ne vint troubler :

— Bah! ajouta-t-il. L'existence de l'enfant me répondra de l'avenir.

Et il tira le cordon de sonnette. Aussitôt une porte s'ouvrit, un flot de lumière pénétra dans la pièce obscure et la jeune femme, qui avait introduit Bamboula dans l'autre appartement, apparut tenant un candélabre à la main.

— Je m'habille! dit Saint-Jean.

— Comment? demanda laconiquement la jeune femme.

— En grand seigneur!

XXXI

LE LANCEMENT

MM. d'Herbois et de Renneville habitaient un modeste appartement situé au troisième étage d'une maison meublée de la rue Louis-le-Grand. Depuis leur arrivée de Brest, ne comptant faire à Paris qu'un séjour de courte durée, puisqu'ils étaient tous deux à la veille d'embarquer de nouveau, ils avaient cru ne pas devoir se montrer difficiles sur le choix de leur logis provisoire.

Qui eût connu jadis les deux gentilshommes, alors que, dévorés par cette fièvre de luxe et de plaisirs qui faisait tourner toutes les nobles têtes de l'époque, ils jetaient à pleines mains, par les fenêtres, l'argent de leur patrimoine, eût été bien surpris de les retrouver modestement installés dans cette maison de mesquine apparence. C'est que le marquis et le vicomte n'étaient plus les deux fous insatiables de fêtes, de soupers et de débauches, que le monde avait autrefois recherchés avec empressement. Depuis leur dernier séjour à Paris, depuis leur dernier embarquement à Brest, les deux gentilshommes avaient subi une métamorphose complète.

De prodigues, de déréglés, d'insouciants gaspilleurs, de hardis coureurs de bonnes fortunes qu'ils s'étaient montrés, ils étaient devenus brusquement rangés dans leur existence intime, simples dans leurs habitudes, presque ennemis du bruit et du scandale, et enfin, au dire de leurs anciens compagnons de plaisirs, timorés et ridicules.

Quelques minutes avaient suffi, durant un beau soir, pour opérer cette transformation radicale.

Le marquis et le vicomte se promenaient à Brest sur le cours d'Ajot. Ils étaient arrivés depuis quinze jours d'un long voyage transatlantique. Ayant en poche leur permis de débarquement et un congé suffisant, ils avaient fait leurs adieux à tous leurs amis, et, après avoir opéré une large saignée aux caisses d'une demi-douzaine d'usuriers avec lesquels ils étaient en relations suivies, ils s'apprêtaient à courir la poste vers la capitale du royaume. Le lendemain devait être le jour de leur départ.

Ce soir-là, ils se promenaient donc sur le cours, au milieu d'une foule empressée d'officiers et d'habitants de la ville, lorsqu'un mouvement brusque se fit dans la masse des promeneurs. L'évêque diocésain, alors de passage à Brest pour la bénédiction d'un navire que l'on devait lancer, traversait le cours en sortant d'une petite église voisine où il avait été entendre célébrer l'office du soir.

Près de lui marchait sa tante, Mme de Niorres, veuve d'un officier distingué et l'une des femmes les plus justement estimées de toute la haute société de la ville. Ses deux filles, Léonore et Blanche, cousines germaines de l'évêque, les suivaient, accompagnées de deux vénérables ecclésiastiques. Toute cette famille, qui fréquentait peu le monde, était bien connue du peuple de Brest, et pas un malheureux n'ignorait le nom de la veuve ni ceux de ses filles. Chacun s'inclinait respectueusement sur le passage du prélat, et toutes les têtes se découvraient par un même mouvement.

MM. d'Herbois et de Renneville, placés par hasard au premier rang, s'inclinèrent comme les autres. C'était la première fois que les deux jeunes gens se trouvaient en présence des demoiselles de Niorres. Tous deux furent frappés de la beauté réellement angélique de ces deux gracieuses jeunes filles, surnommées par le peuple de la ville les *anges de la miséricorde*.

Un véritable cortège de pauvres indigents accompagnait l'évêque et sa famille, et pas une main tendue ne s'était retirée vide.

Au moment où les deux jeunes filles passaient devant les deux marins, une vieille femme chargée d'années, le visage amaigri, le front pâle, les traits exprimant la souffrance, s'avança brusquement.

— Mes bons anges du Seigneur, dit-elle d'une voix lamentable, mon

Le navire entra dans la mer au milieu d'un flot d'écume. (P. 336.)

mari se meurt et je n'ai pas de quoi acheter les médicaments nécessaires pour le soigner.

Léonore et Blanche se détournèrent aussitôt et fouillèrent dans leur sac par un même mouvement, et un même sentiment de déception se peignit sur leur frais visage. Elles avaient tant donné déjà que les deux sacs de soie étaient vides. La mendiante continuait ses supplications. Blanche s'adressa à sa mère.

— Tu m'as pris tout ce que j'avais, dit celle-ci avec un sourire mêlé de regret.

L'évêque et les deux abbés avaient eux-mêmes vidé leurs bourses.

— Venez avec nous, dit le prélat en s'adressant à la pauvre femme. Vous le voyez, nos mains sont vides, mais à la maison, nous vous secourrons.

— Monseigneur, dit vivement le marquis d'Herbois en s'avançant, permettez-moi de faire en votre nom une bonne action; mais, pour que l'aumône soit plus douce et plus agréable à Dieu, elle doit passer par la main des anges.

Et, avec un geste charmant de respectueuse galanterie, le marquis fléchit le genou en présentant à Blanche une bourse pleine d'or, tandis que le vicomte, imitant son ami, s'adressait à Léonore.

Les deux jeunes filles interrogèrent leur cousin du regard; puis elles prirent l'aumône en remerciant par un gracieux sourire, et transmirent les deux bourses à la mendiante.

— Oh! fit celle-ci avec une émotion sincère, je vous unirai tous les quatre dans mes prières.

Ce remerciement fit rougir les deux jeunes filles. Les gentilshommes saluèrent, et le prélat reprit sa marche.

Cette petite scène avait eu pour témoins les nombreux promeneurs accumulés sur cette partie du cours, et chacun félicita le marquis et le vicomte de leur bonne action.

— Qu'est-ce donc que ces deux jeunes gens? demanda l'évêque en entrant dans sa demeure.

— Deux pécheurs endurcis, monseigneur, répondit l'un des abbés de sa suite. Le marquis d'Herbois et le vicomte de Renneville, deux jeunes fous qui donnent les plus mauvais exemples.

— Pas toujours, cependant, fit l'évêque en souriant; et, parmi leurs défauts, ils ont une qualité précieuse : la charité chrétienne. Après ce qu'ils viennent de faire et quoi qu'ils aient fait, je ne désespère pas de leur salut.

Ce fut dans cette touchante circonstance que Léonore et Blanche entendirent prononcer pour la première fois les noms de ceux qu'elles devaient aimer bientôt.

Le lendemain, le marquis et le vicomte, qui devaient partir pour Paris, demeurèrent à Brest. Bien plus (et ceci fut le sujet des conversations de toute la société de la ville durant la soirée entière), les deux officiers de marine allèrent le même jour à la messe, à vêpres, et ils entendirent sans sourciller, sans manifester la moindre impatience, un sermon qui dura deux grandes heures, et qui, pour donner à l'auditoire, composé de paysans des campagnes environnantes, plus de facilité à être compris, fut prêché en dialecte breton. On s'égaya sur le compte des deux amis, et comme les plaisanteries devinrent piquantes, deux duels s'ensuivirent; duels dans lesquels le marquis et le vicomte blessèrent grièvement leurs adversaires.

Trois jours après on lançait à la mer la frégate que l'évêque devait bénir.

On sait qu'à cette époque, et avant qu'un ingénieur habile n'eût simplifié de beaucoup les opérations du lancement, cette manœuvre offrait les plus grands périls. L'enlèvement du poulin (le dernier arc-boutant retenant seul la masse énorme du vaisseau), était regardé avec raison comme tellement dangereux, que l'on assurait au forçat de bonne volonté qui se chargeait de ce travail, sa libération complète s'il survivait à l'opération. En effet, le malheureux était obligé de se placer sur le plan incliné, au pied même du navire, sous l'étambot. D'un coup de hache il devait enlever le poulin, et le navire commençait aussitôt, obéissant à son propre poids, sa descente rapide.

Le forçat n'avait pas le temps de se jeter en arrière ou de bondir en avant. Un trou était creusé dans le sol devant le poulin, en contre-bas de la cale de construction. Le forçat, le coup de hache donné, devait se précipiter dans ce trou, s'y blottir, et le vaisseau passait au-dessus de lui pour accomplir son trajet jusqu'à la mer. Malheur au pauvre diable s'il manquait d'agilité ou de présence d'esprit, il était broyé par l'énorme masse qui l'écrasait sur son passage!

Il fallait donc être jeune, alerte, vigoureux, déterminé, pour se tirer de cette périlleuse opération.

Le jour du lancement de la frégate que devait bénir l'évêque, le soleil était radieux, et la foule, toujours empressée de venir savourer cet émouvant spectacle, emplissait les abords du chantier de construction.

Sur le terre-plein qui dominait l'un des côtés de l'avant-cale, des ouvriers voiliers avaient décoré, avec de l'étamine et des pavillons, une estrade couverte et garnie de gradins, estrade destinée à recevoir le prélat, les dames de la ville et les personnes invitées. Une seconde estrade, découverte et élevée sur le côté opposé, était réservée, suivant l'usage, pour les corps de musique de la marine.

Au centre de l'espace se dressait, sur son berceau, et encore soutenu solidement par tout un échafaudage, le navire dont la masse gigantesque dominait tout ce qui l'entourait.

La frégate devait être lancée à midi. Dès neuf heures, un détachement de la garnison était venu faire une double haie autour du berceau, afin d'en éloigner les curieux imprudents; puis, peu à peu, la foule avait envahi les estrades et le terrain environnant.

L'amiral, le directeur du port, l'état-major, les constructeurs-ingénieurs, les chefs des divers services, les officiers de la garnison et ceux des navires en rade, étaient venus successivement occuper l'enceinte réservée. Le prélat et son clergé avaient fait leur entrée, et Mme de Niorres et ses deux charmantes filles avaient pris place au premier rang de l'estrade. Le marquis d'Herbois et le vicomte de Renneville s'étaient mêlés au groupe composant l'état-major de l'amiral.

Puis les matelots, les contremaîtres et les maîtres s'étaient avancés, à leur tour, pour procéder aux premières opérations du lancement. C'était un va-et-vient confus de marins, d'ouvriers, de manœuvres, se heurtant, se nuisant les uns aux autres par leur empressement même, d'où il résultait presque toujours alors de graves accidents et de nombreuses blessures; pêle-mêle bruyant, bien loin du majestueux silence et du sentiment d'ordre qui président aujourd'hui à cette opération difficile.

En ce moment, suivant l'usage qui s'est religieusement conservé, les ouvriers charpentiers vinrent au son de la musique, apporter dans d'immenses corbeilles une collection de bouquets de fleurs qu'ils distribuèrent galamment aux dames de l'estrade, en témoignage de la fin de leurs travaux. Car, en effet, la coque construite, les charpentiers-constructeurs n'ont plus rien à faire : le navire appartient désormais à la mer qui va s'entr'ouvrir pour le recevoir et aux mâteurs et aux voiliers qui précèdent, par le gréement, le soin de l'aménagement que les matelots viennent donner ensuite comme dernière toilette.

Au signal de l'ingénieur-constructeur, reconnaissable au porte-voix qu'il tenait à la main en signe de commandement, les accores de l'étrave et de l'étambot tombèrent.

Aussitôt un silence se fit; le chef commanda l'attention à la manœuvre : les tambours battirent un roulement. Puis, au premier coup sec, comme un appel, les taquets et les coins furent enlevés.

Alors le prélat quitta sa place : il s'avança suivi du clergé et il commença à faire processionnellement le tour de la frégate complètement dégagée, aspergeant la coque d'eau bénite et récitant des prières pour appeler, sur le navire, la bénédiction du ciel. Tous ceux qui ont assisté au grandiose spectacle d'un lancement, se rappelleront l'émotion profonde dont le cœur est agité à ce moment solennel.

Ce jour-là surtout, à Brest, ce sentiment qui dominait la foule était plus puissant encore que de coutume. Depuis quatre années, trois lancements avaient eu lieu et, chaque fois, le forçat, chargé de couper le poulin, avait péri victime de son dangereux travail.

Chaque navire lancé avait causé la mort d'un homme et avait passé sur un cadavre, pour quitter la terre et aller prendre possession de l'océan. Le souvenir de ces morts affreuses était encore tellement présent, qu'aucun forçat n'avait voulu courir la chance de l'entreprise, et tous avaient refusé de jouer leur vie contre la liberté.

Grand, on le conçoit, avait été l'embarras des autorités maritimes, car il était inutile de chercher, parmi les autres classes, un homme voulant engager cette terrible partie, puisqu'aucun n'avait à trouver un enjeu suffisant au risque qu'il allait courir.

Déjà il était question de condamner un forçat à se dévouer, mais, outre que cette manière de procéder était en dehors des usages reçus, elle présentait encore les plus grands dangers pouvant résulter d'une telle opération mal faite, lorsqu'un vieux matelot se présenta de bonne volonté pour risquer l'entreprise.

C'était un pauvre diable ayant perdu un œil dans la guerre d'Amérique et ne pouvant se servir qu'à peine de sa main gauche, affreusement mutilée. Cette blessure l'avait contraint à abandonner le service du roi. Rentré dans ses foyers, il avait vécu avec son fils et sa bru, entouré de cinq petits enfants. Le fils était pêcheur, et il avait gagné à peine la nourriture de sa nombreuse famille. Un mois plus tôt, le malheureux avait péri avec sa barque de pêche.

Cette mort avait apporté la plus horrible misère parmi les pauvres gens. Les petits enfants mouraient d'inanition et la jeune femme d'épuisement. C'était pour soulager sa bru et ses petits-fils, que le vieux matelot avait résolu de se dévouer. Seulement, il avait demandé à ce que la condition de la liberté, accordée au forçat en pareille circonstance, fut transformée, pour lui, en une somme qu'il léguerait à sa famille.

Ces conditions avaient été acceptées par les autorités, et le dévouement de ce pauvre grand-père ayant ému tous les cœurs, les deux filles de Mme de Niorres avaient fait une quête à son profit, quête dont le résultat avait été de doubler la somme promise.

Cependant, on le comprend maintenant, cette circonstance toute particulière avait redoublé les angoisses de la foule, et chacun attendait ce moment fatal avec une anxiété poignante.

Tandis que l'évêque bénissait la frégate, le vieux matelot, sa hache à la main, avait pris, au pied de l'étambot, son poste périlleux. Quand le prélat passa devant lui, il s'agenouilla dévotement et il récita à haute voix la prière des agonisants.

La foule demeurait haletante et silencieuse : des sanglots étouffés retentissaient de tous côtés. L'évêque s'arrêta, bénit le matelot, et il lui adressa quelques phrases de consolation destinées à soutenir son courage.

— Pauvre vieillard! dit Léonore dont le visage était inondé de larmes. Il va mourir pour donner du pain à ses enfants et un navire au roi.

— Oh! s'écria Blanche, je voudrais être homme!

— Pourquoi? demanda sa sœur avec étonnement.

— Parce que je prendrais la hache des mains de ce vieillard, et que j'accomplirais son œuvre en lui en laissant la récompense...

Le marquis et le vicomte étaient au pied de l'estrade : ils avaient entendu. Un même éclair jaillit de leurs prunelles.

— Vous avez raison, mademoiselle, dit M. d'Herbois en se retournant vers Blanche. Pour laisser ce vieillard aller ainsi à une mort certaine, il faudrait qu'il n'y eût ici, parmi les hommes jeunes, que des cœurs sans courage, et, grâce à Dieu ! il n'en est point ainsi.

— Viens, Charles !... s'écria le vicomte en entraînant son compagnon et en lançant à Léonore un regard étincelant d'amour.

Les deux jeunes filles demeurèrent un moment comme foudroyées. A cet instant, l'évêque achevait de bénir la frégate. Un roulement de tambour retentit : les derniers grands accores tombèrent, les derniers cordages furent largués. La frégate, à cet instant vraiment suprême, ne portant plus que sur son berceau, montrait sa masse énorme suspendue en équilibre sur le plan incliné. Le dernier poulin, celui placé en arc-boutant devant l'étambot, retenait seul le navire.

L'ingénieur-constructeur venait d'examiner la règle graduée placée au bas de l'avant-cale, et ayant jugé que la quantité d'eau produite par la hauteur de la marée était suffisante pour recevoir le navire, il avait été, suivant l'usage, donner cet avis au directeur général du port, lequel l'avait à son tour transmis à l'amiral. Celui-ci fit un geste : les tambours battirent un second coup. Le vieux matelot fit le signe de la croix et il s'approcha du poulin.

Un frémissement parcourut les rangs pressés de la foule... tous les visages pâlirent...

Les tambours battirent un troisième coup... le vieux matelot leva sa hache, mais sa main gauche mutilée manqua de force, et il ne put se servir du bras droit : un même cri d'angoisse s'échappa de toutes les poitrines...

Le matelot fit un pas en avant et rappela son courage par un effort suprême; mais, au moment où il allait affronter une mort que ses infirmités rendaient inévitable, deux bras nerveux l'enlevèrent de terre, le jetèrent de côté, et deux jeunes officiers, chacun une hache à la main, sautèrent de chaque côté de l'étambot. Ces deux officiers étaient MM. d'Herbois et de Renneville.

Un même sentiment de stupéfaction, provoqué par cet événement inattendu, avait galvanisé la foule. Un même cri était prêt à s'échapper de toutes les poitrines, mais ce cri n'eut le temps de jaillir d'aucune bouche.

D'un double coup frappé simultanément, les deux officiers venaient de briser le poulin : la frégate fit un mouvement en avant... le vicomte et le marquis se précipitèrent à la fois dans l'excavation préservatrice, heureusement creusée assez large pour les recevoir tous deux.

La foule, haletante, gardait le plus profond silence... Tout à coup, l'impulsion descendante, prise par la coque du navire, cessa d'avoir lieu. La frégate, glissant jusqu'au-dessus du trou, venait de s'arrêter dans sa course...

La moitié du poulin abattu, chassée par le pied de l'étambot, avait rencontré un coin de fer laissé par mégarde sur le plan incliné, et, formant subitement un nouvel arc-boutant, ce morceau de charpente avait, par un miracle d'équilibre, fait demeurer stationnaire la frégate au commencement de sa course. La masse énorme recouvrait le trou dans lequel étaient ensevelis les deux courageux jeunes gens; ils devaient étouffer, si la quille n'avait pas atteint l'un ou l'autre. Le moment était horriblement critique.

Donner un second coup de hache sur le morceau de poulin était provoquer une mort certaine, et le débris de charpente craquait déjà sous le poids qu'il supportait. Une même crainte dominait tous les esprits : si le poulin brisé n'était pas brusquement chassé, le navire allait s'abattre sur le flanc, et c'en était fait, alors, et du vaisseau du roi et de la vie des deux officiers, car les dégager devenait chose impossible avant de nombreuses heures de travail.

La foule n'osait tenter un mouvement... la douleur était peinte sur tous les visages... les autorités maritimes étaient foudroyées par cet accident si peu commun, et les marins, ouvriers, charpentiers présents comprenaient toute l'horreur de la situation, sans trouver moyen de la combattre. Le navire chancela... Une clameur effroyable s'éleva dans les airs... Une seconde encore et la catastrophe était accomplie.

Un homme surgit dans l'espace demeuré libre autour de la frégate. Cet homme, vêtu en simple matelot, paraissait être en proie à une surexcitation d'autant plus formidable, que son visage était d'une pâleur livide. D'un bond il fut au milieu des charpentiers, d'un geste il saisit une lourde masse de fer, puis, se retournant brusquement, il s'élança en face de l'étambot.

La masse se leva et s'abaissa plus rapide que la pensée; le coin de fer fut enlevé, le morceau du poulin vola en éclats, et le navire descendit brusquement. La foule entière ferma les yeux : le matelot, broyé, devait être sous la quille.

Le navire entra dans la mer au milieu d'un flot d'écume, tangua fortement de l'arrière à l'avant, se redressa et montra, accroché à un grelin qui pendait heureusement de son couronnement, l'intrépide marin qui avait saisi ce bout de corde à l'instant du péril et s'y était suspendu, plongeant dans la mer avec la frégate et reparaissant avec elle, aux acclamations délirantes des spectateurs.

MM. d'Herbois et de Renneville étaient sauvés : ils n'avaient rien pu voir de ce qui s'était passé durant leur ensevelissement; ils ignoraient le danger qu'ils avaient couru et le dévouement de leur sauveur. Quand on amena celui-ci, les vêtements imbibés d'eau et ruisselant des pieds à la tête, il ne paraissait pas comprendre la cause de l'ovation véritable dont il était l'objet.

— Mahurec! s'écrièrent à la fois le marquis et le vicomte, mis enfin au courant de l'événement accompli.

— As pas peur! répondit le gabier, en cherchant à se soustraire à tous ces regards ardemment fixés sur lui, la coque est parée!... pas d'avaries!...

On conduisit le marquis et le vicomte devant l'amiral et devant l'évêque. Le vieux matelot blessé, pour lequel s'étaient dévoués les deux jeunes gens, vint fléchir les genoux devant eux. Blanche et Léonore présentèrent à Charles et à Henri l'une la récompense accordée par l'autorité maritime, l'autre le produit de la quête faite par leurs soins.

— C'est à vous, messieurs, dit l'amiral, qu'appartient toute la reconnaissance de ce brave homme...

Et, du geste, il fit signe aux deux officiers de prendre ce que leur présentaient les jeunes filles, afin que le double prix de leur dévouement fût transmis par eux-mêmes aux mains de leur protégé. Mais le marquis et le vicomte firent un geste de refus.

— C'est à la noble inspiration de Mlles de Niorres, dit M. de Renneville, que nous devons le bonheur d'avoir accompli un acte honorable, c'est donc à elles seules qu'il appartient de récompenser.

— Et à notre tour, nous solliciterons une bonne parole pour notre

Ce sera ton poste, matelot! (P. 344.)

sauveur!... ajouta le marquis en saisissant le poignet de Mahurec et en le forçant à s'avancer.

Le gabier, très ému, jetait des regards ébaubis autour de lui, et roulait entre ses doigts les bords de son chapeau de paille.

— Le nom de Mahurec sera affiché, demain, au pied du grand mât de chaque navire en rade, dit l'amiral, et en son honneur, je lève toutes les punitions imposées depuis quarante-huit heures...

Mahurec voulut remercier, mais il ne put faire sortir un son de son gosier, et il se contenta, suivant sa coutume, de se donner un énorme coup de poing dans le creux de l'estomac.

— Ne pouvons-nous donc rien, pour vous témoigner les sentiments qui nous agitent, messieurs? demanda l'évêque en s'adressant aux deux jeunes gens.

— Vous pouvez, répondit le marquis en hésitant, nous accorder une faveur insigne et dont nous vous serons profondément reconnaissants.

— Laquelle, messieurs?

— Nous permettre de solliciter, de chacune de Mlles de Niorres, le bouquet qu'elles portent toutes deux à la main, et que viennent de leur offrir les ouvriers charpentiers...

Le prélat sourit et regarda sa tante. Celle-ci fit un signe affirmatif, et Blanche et Léonore, plus rouges que deux fraises de mai, laissèrent effleurer leurs jolis doigts, en abandonnant les bouquets aux deux marins.

Le soir, il y avait réunion chez l'amiral. Les deux cousines de l'évêque brillaient de tout l'éclat de leur angélique beauté.

— Si la mort nous eût frappés? dit le vicomte à l'oreille de Léonore, en faisant allusion au danger terrible qu'avaient couru les deux jeunes gens durant l'espace de quelques secondes.

— Oh! répondit Léonore avec une vivacité qu'elle ne put maîtriser; si la mort vous eût frappés, le couvent devenait notre seul refuge! N'est-ce pas, Blanche?

— Dieu a sauvé notre vie, que ses anges sauvent notre âme!

Le marquis disait vrai. Les deux gentilshommes ressentaient, au fond de leur cœur, avec les germes de l'une de ces passions sincères que rien ne pouvait détruire et que le temps devait augmenter, une transformation subite qui s'opérait en eux.

Ils devinrent de véritables modèles de sagesse, de simplicité et de mœurs édifiantes. Plus de soupers joyeux, plus de parties de débauches, plus d'entraînements scandaleux. Leur unique bonheur était de passer quelques instants auprès de celles qu'ils aimaient, leur seul espoir était un prompt mariage venant sanctifier cet amour, né d'une bonne action et d'un grand acte de courage.

L'évêque, en constatant la passion des deux jeunes gens, avait fait prendre sur eux des renseignements qui, tout d'abord, avaient péniblement épouvanté son âme pure et son cœur innocent; mais le prélat était un bon et véritable prêtre, toujours disposé à faire la part aux faiblesses humaines, et trop sincèrement vertueux lui-même pour manquer d'indulgence.

— Les derniers seront les premiers, dit l'Écriture, répondit-il un jour à Mme de Niorres. Le marquis et le vicomte sont entrés dans la voie du salut et ils y marchent d'un pas ferme. Je crois, en toute conscience, que, revenus de leurs erreurs, ils ont abjuré leur folle existence d'autrefois. Tous deux sont issus de familles honorables, vos filles les aiment tous deux, je veux bénir moi-même cette double union, dès qu'elle sera sanctionnée par mon père, qui est le chef de notre maison...

C'était quelques jours après cette conversation, dans laquelle les deux mariages avaient été décidés, que l'évêque, sa tante et les deux jeunes filles étaient partis pour Paris. Le vicomte et le marquis les suivirent. Malheureusement, le bonheur que ressentaient les deux jeunes gens, en se voyant à la veille de la réalisation de leurs vœux les plus chers (car le consentement du conseiller n'était pas mis en doute), malheureusement, ce bonheur n'était pas exempt de tracas intimes, venant troubler une existence devenue tranquille.

Leurs folies d'autrefois leur avaient créé un avenir difficile. Après avoir dévoré leur patrimoine, ils avaient contracté des dettes nombreuses. La passion née tout à coup dans leur cœur avait absorbé à ce point leurs sentiments qu'ils avaient tout oublié, en présence de leur amour. Mais leurs créanciers, n'ayant point le même motif pour perdre la mémoire, s'étaient montrés d'autant plus récalcitrants qu'ils espéraient voir l'évêque venir, à un jour prochain, au secours de ses deux futurs cousins.

Le marquis et le vicomte, pour échapper à des poursuites désagréables, s'étaient jetés dans les griffes d'usuriers plus âpres encore, et (suivant un vieux dicton populaire) découvrant Pierre pour couvrir Paul, ils avaient contracté des dettes nouvelles à des intérêts effrayants, pour donner quelques acomptes et empêcher de crier trop hautement la meute aboyant après leurs chausses.

Aussi la société de Brest était-elle divisée en deux camps bien tranchés à l'égard des deux marins. Les uns soutenaient le vicomte et le marquis, chantaient leurs louanges et approuvaient les unions projetées; les autres jetaient la pierre à l'évêque, disant que le prélat était coupable de marier ainsi ses deux cousines. Ils le rendaient responsable des malheurs qu'ils prévoyaient dans cette double union, ils prophétisaient la ruine et la misère et ils allaient même jusqu'à accuser les deux jeunes gens d'une spéculation honteuse, en s'appuyant sur ce que le conseiller, dont on connaissait la fortune, devait infailliblement doter ses deux nièces.

Le départ de la famille de l'évêque et des deux futurs époux mit à peine un terme à ces cancans qui alimentaient, depuis plusieurs mois, les conversations de la haute société de Brest. On voulut être au courant des nouvelles.

Ceux qui avaient des amis à Paris et à Versailles écrivirent en donnant et en demandant force détails. Grâce à ces correspondances acharnées, les salons de la cour et ceux de la ville s'occupèrent bientôt du marquis, du vicomte et des nièces du conseiller, et les crimes mystérieux, accomplis presque au même instant à l'hôtel de Niorres, vinrent, par une coïncidence fatalement étrange, augmenter encore la curiosité publique déjà excitée.

Comme il arrive toujours en pareille circonstance, les intéressés demeurèrent ignorants des bruits divers dont ils étaient l'objet. MM. d'Herbois et de Renneville, vivant retirés du monde, ne se doutaient pas qu'ils occupaient si fort les conversations de tous : à peine connaissaient-ils les crimes accomplis dans la maison du conseiller, et, ainsi que nous l'avons vu au commencement de ce récit, il avait fallu que le hasard les mit en présence du coiffeur de la reine pour qu'ils acquissent la douloureuse certitude des dangers que couraient celles qu'ils aimaient.

Quant à Mahurec, il s'était embarqué le surlendemain du lancement de la frégate, et il n'était revenu à Brest que depuis le départ pour Paris de ses deux lieutenants.

M. de Suffren, qui aimait sincèrement le marquis et le vicomte et voulait mettre un terme à la fâcheuse situation que leur faisaient ces mariages presque rompus, avait, à leur insu, sollicité leur embarquement à bord des navires confiés par le roi à M. de La Peyrouse.

Mahurec, ignorant les mariages arrêtés à Brest et ayant absolument oublié les deux jeunes filles qu'il n'avait fait qu'entrevoir un seul instant, lors de la circonstance que nous avons rapportée, Mahurec qui ne connaissait pas même le nom des demoiselles de Niorres, Mahurec, en débarquant, ne s'était enquis que d'une seule chose : ses lieutenants étaient-ils toujours à terre?

En apprenant que MM. d'Herbois et de Renneville avaient reçu leur commission pour partir sous les ordres de La Peyrouse, il avait sollicité aussitôt un ordre d'embarquement pour accompagner les deux jeunes gens, mais ayant échoué dans son entreprise auprès des autorités du port, il avait sollicité un congé et était venu à pied poursuivre sa requête auprès du bailli de Suffren. Nous avons vu quelle réception il avait reçue de l'illustre amiral. C'était donc à Versailles seulement que le gabier avait entendu parler des amours de ses lieutenants et des crimes accomplis dans la famille dans laquelle voulaient entrer le marquis et le vicomte.

Nous sommes au lendemain de cette première journée, et vingt-quatre heures se sont écoulées depuis les diverses scènes qui ont eu lieu à Versailles, dans l'hôtel de Niorres, dans la rue du Chaume, au jardin du Palais-Royal, chez le teinturier Bernard et dans la maison de jeu.

XXXII

LES PROJETS

Neuf heures et demie du soir venaient de sonner à une petite horloge rocaille accrochée le long du mur, entre les deux fenêtres de la chambre à coucher du marquis d'Herbois, Charles et Henri, assis tous deux de chaque côté d'un guéridon sur lequel on voyait papier, plumes et encrier, étaient laborieusement occupés, l'un à consulter une carte étendue devant lui, l'autre à prendre des notes sur un portefeuille de voyage. Une légère vapeur blanchâtre se condensait dans la pièce et une forte odeur de tabac attestait là la présence d'un fumeur. Effectivement, un personnage placé près des deux jeunes gens, assis à califourchon sur une chaise et tenant une courte pipe entre les lèvres, s'entourait, à intervalles réguliers, d'un véritable nuage odoriférant.

Ce personnage n'était autre que notre ami Mahurec, lequel avait fait le matin même son entrée dans l'appartement de ses lieutenants. Grand avait été l'étonnement des deux jeunes gens en apercevant le gabier qu'ils croyaient encore à Brest; et lorsque le matelot, dans son pittoresque langage, avait dit la cause de sa présence à Paris et avait annoncé que le bailli de Suffren lui avait accordé la faveur qu'il sollicitait, MM. d'Herbois et de Renneville s'étaient sentis profondément émus de ce témoignage irrécusable d'attachement à leurs personnes. Le marquis et le vicomte, confiants dans le dévouement du gabier, venaient de reprendre, en sa présence, le tracé du plan de conduite qu'ils étaient résolus à suivre.

— Les lettres de Blanche et de Léonore, que Saint-Jean nous a apportées hier soir sont précises, disait le marquis en désignant les deux épîtres placées sur le guéridon. Elles consentent à nous voir. Elles nous attendront dans les jardins de l'hôtel, ce soir, à onze heures, alors que tout le monde sera couché. Grâce à la clef que nous possédons de la petite porte donnant sur la rue Sainte-Avoye, nous nous introduirons dans les jardins; nous dirons à Blanche et à Léonore qu'il faut partir sur l'heure avec nous; nous les déciderons; au besoin nous les enlèverons, il le faut pour leur sécurité. Saint-Jean et Georges tiendront une voiture prête rue des Quatre-Fils, à l'angle de celle de la rue du Grand-Chantier. La voiture est payée, les chevaux sont excellents et capables de nous conduire tout d'une traite jusqu'à Maintenon...

— Mme de Salvetat, ma tante, nous attend dans son château, interrompit le vicomte. Elle consent à tout, tu le sais. Son chapelain sera prévenu, et demain même nous serons unis. Alors la marquise d'Herbois et la vicomtesse de Renneville échappent à toute autre tutelle que celle de leur mari, et avant de prendre la mer, nous pouvons les conduire au couvent de Rosporden, où ta vénérable cousine, l'abbesse, les prendra sous sa protection. Là, tout danger sera éloigné d'elles.

— Puis, la campagne faite, nous nous réunirons pour ne plus être séparés, car le bailli de Suffren nous a formellement promis un établissement aux colonies.

— Oh! s'écria le vicomte, je voudrais être plus âgé de deux ans, car l'expédition ne durera pas moins.

— Oui, mais nous servirons dignement le roi, et qui sait si, à notre retour, nous n'aurons pas conquis une position digne de celles que nous aimons?

— S'il ne faut que du dévouement, du courage et de l'ardeur, nous réussirons.

— Donc, tout est bien convenu. Cette nuit nous partons, dit le marquis en se levant.

— Il nous reste encore cent louis en caisse, repartit le vicomte. C'est plus qu'il n'en faut pour atteindre le couvent de Rosporden.

— Dieu est pour nous, Henri! il nous protégera!

— Hum! fit une voix sonore. Défie de la bouline de revers!...

Le vicomte et le marquis se retournèrent vers Mahurec.

— Que dis-tu donc, garçon? demanda le premier.

— Je dis, répondit le matelot en se levant de son siège pour se rapprocher des deux jeunes gens, je dis qu'il faut veiller au grain et se défier de la marée qui porte au vent.

— Encore! fit le marquis avec un peu d'impatience. Je ne t'ai jamais vu si craintif, Mahurec. Voyons! suivant toi, qu'avons-nous donc à redouter?

— Je ne sais pas, répondit le gabier, et voilà précisément ce qui me détraque la boussole quand on sent venir la brise, on sait de quel bord faut amurer; mais j'ai peur d'un grain blanc, voyez-vous...

Le vicomte haussa les épaules.

— Tu es encore sous l'impression de ton expédition de la nuit dernière, dit-il, et ton dévouement pour nous te fait redouter une tempête là où il y a calme plat, tout ce que tu as vu cependant n'a fait que nous confirmer dans l'excellence de nos dispositions.

— Les deux hommes que tu as entendu causer dans la rue du Chaume, alors que tu étais blotti dans le branchage d'un arbre, reprit le marquis, se donnaient rendez-vous pour cette nuit, n'est-ce pas?

— Oui, répondit le gabier. Ils disaient comme ça que c'était le lendemain que la chose devait être faite.

— D'après la description que tu nous en as tracée, l'un de ces deux hommes était Saint-Jean, un garçon qui nous est tout dévoué, et il donnait, sans aucun doute, des ordres relatifs à l'événement de ce soir.

— C'est possible, mon lieutenant. J'en ai pas relevé assez long pour être sûr et certain de la chose.

— Ensuite, continua Charles, tu es entré dans les jardins et tu as pu voir les demoiselles de Niorres.

— Deux anges du bon Dieu, dignes d'être femmes, filles et mères de matelots finis, et qui vous aiment crânement, mes lieutenants! Oh! c'est pas celles-là qui m'inquiètent.

— Qui est-ce donc, alors?

— C'est l'olibrius en question.

— Celui que tu as suivi jusqu'ici? Mais c'est ce même Saint-Jean, lequel nous apportait les lettres de Blanche et de Léonore.

— Possible! mais il a plus le gabarit d'un corsairien que l'apparence d'un honnête homme.

— Enfin, dit le vicomte, qu'as-tu vu, qu'as-tu entendu, qui te donne cette mauvaise opinion de Saint-Jean?

— Eh! fit Mahurec avec un mouvement d'épaule, j'ai rien vu ni rien entendu, puisqu'il paraîtrait voire que tout ce que l'olibrius a largué était exact comme un journal de bord.

— Eh bien! alors?

— Suffit, mon lieutenant. Vous fâchez pas; j'ai mal relevé le point, c'est possible... Enfin, ne nous laissons pas coiffer, c'est tout ce que je demande, moi...

Et le gabier, secouant le fourneau de sa pipe sur l'ongle de son pouce gauche, fit, en grommelant, quelques pas dans la chambre. Le vicomte et le marquis s'interrogèrent un moment des yeux, puis, avec un double geste décelant le peu d'attention qu'ils croyaient avoir à accorder aux appréhensions manifestées par Mahurec, ils regardèrent en même temps l'horloge placée entre les deux fenêtres..

— Dix heures? fit M. d'Herbois : il est temps de partir.

— Le vicomte prit son chapeau placé sur un meuble voisin

— Avez-vous des armes? demanda brusquement Mahurec.

— Non, répondit le marquis; nous n'en avons pas besoin.

— Qui sait? dit le matelot.

— Nous avons nos épées, fit observer M. de Renneville

Mahurec alla ouvrir un petit coffret placé sur une table, en tira successivement deux paires de ces pistolets à la crosse puissante et au canon court dont on se servait jadis dans la marine, et bien connus sous le nom de pistolets d'abordage.

— Je les ai chargés, dit-il en présentant chaque paire à chacun des deux jeunes gens. Prenez-les, mes lieutenants.

— Soit! répondit en souriant le marquis. S'il ne faut que cela pour te rassurer, sois tranquille.

Les deux officiers mirent les armes dans les poches de leurs habits.

— Maintenant, dit le vicomte, partons!...

MM. d'Herbois et de Renneville quittèrent leur logis, suivis par Mahurec, lequel marchait en secouant la tête et en paraissant augurer fort mal de l'expédition entreprise par ses chefs.

Il était alors dix heures et quelques minutes du soir. Paris était silencieux et presque désert, car à cette époque et bien que le régime du couvre-feu ne forçât plus les particuliers à éteindre à heures fixes leurs lumières, les boutiques se fermaient une fois la nuit venue, et peu de bourgeois quittaient leurs demeures après le moment du souper. Les trois hommes atteignirent, sans échanger une parole, le haut de la rue Sainte-Avoye qu'ils descendirent jusqu'à celle des Vieilles-Haudriettes. Ils étaient alors à quelques pas seulement des jardins de l'hôtel de Niorres.

— La voiture doit stationner à l'angle de la rue du Grand-Chantier, dit le marquis en s'arrêtant.

— Oui, répondit le vicomte; et il me semble la distinguer dans l'ombre...

— Voulez-vous que j'aille relever le point? demanda Mahurec en s'avançant.

— Non, demeure ici avec le vicomte et attendez-moi tous deux...

En achevant ces mots, le marquis s'éloigna. M. de Renneville et le gabier demeurèrent à la place où les avait laissés M. d'Herbois. Le plus profond silence régnait autour d'eux.

— Quand le marquis sera revenu, dit le vicomte à voix basse, nous tournerons le mur de clôture du jardin, et nous gagnerons la petite porte que nous laisserons ouverte derrière nous. Ce sera ton poste, matelot! Quoi qu'il arrive, quoi que tu entendes, tu ne l'abandonneras pas. Le

Mme de Versac emmena son fils, sans lequel elle ne sortait jamais; et prenant dans ses bras son neveu. (P. 347.)

moment arrivé, nous partirons ensemble; mais rappelle-toi que ton devoir est de nous conserver libre le seuil de la porte sur lequel tu veilleras.

— As pas peur, mon lieutenant, répondit Mahurec, on tiendra bon...
M. d'Herbois revenait vers ses deux compagnons.

— Eh bien? demanda le vicomte.

— La voiture est prête; Georges conduit les chevaux; je lui ai parlé; Saint-Jean a tenu sa parole.

— Alors, au jardin; voici l'heure...

Le vicomte et le marquis regagnèrent la rue Sainte-Avoye; Mahurec les suivit pas à pas.

La petite porte était située à peu de distance de la rue des Vieilles-Haudriettes. La rue était absolument déserte. Aucun regard indiscret ne pouvait espionner les jeunes gens.

Le marquis tenant à la main la clef qu'il avait fait faire d'après l'empreinte remise par Saint-Jean, s'approcha de la porte pratiquée dans la muraille et l'ouvrit. Le vicomte s'élança rapidement. Cette partie du jardin dans laquelle le jeune homme venait de pénétrer était boisée; mais une allée, tournant d'abord à gauche, et se dessinant ensuite en ligne droite, permettait à l'œil de découvrir la pelouse s'étendant devant la façade intérieure des bâtiments.

C'était dans cette allée que s'étaient promenées, la veille au soir, Blanche et Léonore, et le salon de verdure, dans lequel Mahurec s'était tenu blotti, était situé précisément à son extrémité.

M. de Renneville s'était avancé avec précaution. Tout à coup, il fit un mouvement rétrograde.

— Je ne vois rien, dit-il à voix basse au marquis. Elles nous attendent sans doute sous les charmilles; viens!...

Le marquis fit un signe à Mahurec; et, prenant le bras du vicomte, marcha avec lui sous la voûte sombre formée par l'entrelacement des branches des arbres qui bordaient l'allée. Mahurec, demeuré dans la rue, retira sur lui la porte qu'il laissa cependant entr'ouverte; puis s'appuyant contre la muraille, il resta immobile.

— Nous v'la dans la vase! murmura-t-il à part lui. Autant vaudrait naviguer dans le goulet de Brest avec une brise carabinée! Enfin... on verra!...

Et, avec un geste empreint d'une résignation profonde, le matelot enfonça ses deux mains dans les poches de sa vareuse, se tenant prêt à tout événement.

Pendant ce temps, les deux jeunes gens avançaient toujours.

XXXIII

LA CORRESPONDANCE

Ce soir-là, l'exécution du plan, arrêté la veille entre M. de Niorres et Saint-Jean, devait avoir lieu.

Le matin même, ainsi que cela avait été convenu, Saint-Jean avait été appelé par son maître, lequel lui avait donné, devant son gendre et sa bru, l'ordre de quitter Paris sur l'heure et de se rendre à Brest, afin de surveiller l'exécution des volontés suprêmes manifestées dans son testament par l'évêque, volontés relatives aux intérêts de son diocèse. Ce prétexte était tellement naturel, tellement plausible, que M. de Nohan et Mme de Versac le prirent pour vrai, et que pas un des gens de l'hôtel ne s'étonna du départ précipité du valet de chambre.

Saint-Jean fit ses malles bien ostensiblement : il alla prendre congé de ses maîtres, il pleura en quittant M. de Niorres et sa famille, il sollicita de Mme de Niorres la permission de saluer, avant de partir, les deux nièces du magistrat, et, après avoir passé quelques courts instants dans l'appartement de Blanche et de Léonore, il se mit en route, conduit jusqu'au premier relai par les chevaux et le cocher du conseiller. Une heure après, il n'était plus question, à l'hôtel de la rue du Chaume, de l'absence du fidèle valet.

Vers deux heures de l'après-midi, après avoir rendu sa visite quotidienne à son beau-père, Mme de Versac demanda sa voiture. Elle était inquiète à propos de la santé de son neveu, dont les fraîches couleurs pâlissaient depuis plusieurs jours, et elle voulait aller consulter le célèbre docteur Louis, lequel habitait Versailles. Elle annonça à ses parents qu'elle ne reviendrait qu'assez tard dans la soirée, attendu qu'elle irait visiter probablement sa cousine, Mme de Noailles.

Mme de Versac emmena son fils, sans lequel elle ne sortait jamais; et prenant dans ses bras son neveu, le pauvre orphelin à peine âgé de neuf semaines, elle monta en voiture. Mme de Nohan, légèrement indisposée, ne pouvait accompagner sa belle-sœur; Mme de Versac partit donc en compagnie seulement des deux enfants et de la nourrice du petit Louis.

A quatre heures, M. de Niorres sortit, seul et à pied. Le conseiller, sans confier à personne le but de sa promenade, se rendait chez M. Lenoir auquel il était résolu à confier, dans ses moindres détails, le plan arrêté entre lui et Saint-Jean, afin que le lieutenant de police put aposter des hommes pour espionner le valet lors de son véritable départ avec l'enfant.

M. et Mme de Nohan, Mme de Niorres et ses deux filles demeurèrent à l'hôtel.

Le gendre, la fille et la belle-sœur du magistrat s'étaient réunis dans le petit salon de verdure que nous connaissons, et qui, la nuit précédente, avait servi d'asile à Mahurec.

Les deux jeunes filles étaient enfermées dans leur appartement depuis le départ de Saint-Jean; elles travaillaient chaque jour jusqu'à l'heure du souper, et Mme de Niorres ne venait même jamais les troubler durant le moment consacré aux études. Dans le petit salon de verdure, la conversation, triste et sévère, roulait naturellement sur les causes de cette désolation qui plongeait toute la famille dans un deuil affreux.

La légère indisposition de sa femme, qui, dans toute autre circonstance, eût à peine excité l'attention, provoquait l'inquiétude de M. de Nohan. Depuis cette effrayante série de catastrophes qui avaient décimé les parents du conseiller, le moindre événement soulevait les craintes les plus poignantes. Devinant ce qui se passait dans l'âme de son mari, Mme de Nohan s'efforçait de le rassurer en lui affirmant qu'elle ne ressentait aucun symptôme alarmant; mais M. de Nohan paraissait en proie à la surexcitation morale la plus vive.

Voulant décider sa femme à quitter Paris, ainsi que cela avait été convenu entre lui et son beau-père, il exagérait ses craintes afin de la contraindre à céder à ses prières pour ramener le calme dans son esprit, Mme de Nohan avait si formellement exprimé sa volonté de ne pas abandonner son père dans ce moment de crise, que son mari n'avait pas osé aborder encore la proposition de départ.

A cinq heures et demie, M. de Niorres rentra. Son front était plus pâle encore que de coutume, ses traits plus tirés, l'expression de sa physionomie plus sombre et plus inquiète. Parfois, des tressaillements fébriles agitaient convulsivement tout son être.

— Mon Dieu! mon père, s'écria Mme de Nohan en remarquant l'altération du visage du conseiller, qu'avez-vous? Est-ce un nouveau malheur que vous venez nous annoncer?

— Non, rassurez-vous, répondit M. de Niorres, je n'ai rien appris qui puisse augmenter notre affliction...

Puis se tournant vers sa belle-sœur :

— Où sont donc vos filles? demanda-t-il.

— Dans leur appartement, mon frère. Elles travaillent, répondit Mme de Niorres; mais, si vous le désirez, je vais les faire appeler.

— Non, cela est inutile, dit le conseiller, répondant évidemment davantage à ses propres pensées qu'aux paroles de Mme de Niorres, je les verrai plus tard... Mais... je voudrais... D'ailleurs, continua-t-il brusquement en changeant de ton, il vaut mieux qu'elles n'entendent pas ce que j'ai à dire.

— Il s'agit donc d'elles? dit Mme de Niorres.

— Oui...

M. de Nohan se leva discrètement.

— Restez! dit vivement le conseiller. Vous et ma fille pouvez tout entendre : c'est une affaire de famille. Je veux parler, ma sœur, des mariages de vos filles...

— Avez-vous donc vu MM. d'Herbois et de Renneville? demanda la mère de Blanche et de Léonore.

— Je les ai vus hier...

— Où cela? Ici?

— Je les ai rencontrés, dit le conseiller sans vouloir s'expliquer davantage.

— Et que vous ont-ils dit?...

— Ils m'ont pressé de laisser accomplir les unions projetées, mais ce n'est pas de leurs désirs qu'il s'agit, c'est d'eux-mêmes. Je m'étonne que feu mon fils, dont Dieu ait l'âme, et dont le sens juste et droit m'était si connu, et que vous, ma sœur, femme de cœur et d'esprit comme vous l'êtes, vous ayez tous deux accueilli les propositions du marquis d'Herbois et du vicomte de Renneville. Le passé de ces jeunes gens devait cependant vous éclairer sur leur avenir.

— Comment? dit Mme de Niorres. Que voulez-vous dire?

— Je veux dire que MM. d'Herbois et de Renneville sont indignes de l'uniforme qu'ils portent, du titre de gentilhomme que leur vaut leur naissance! s'écria le conseiller avec emportement.

— Qu'ont-ils fait? demanda M. de Nohan en s'avançant.

— Vous allez le savoir. MM. d'Herbois et de Renneville aiment mes nièces, prétendent-ils; ils respectent ma famille et brûlent du désir d'y prendre rang. Les effroyables malheurs qui nous accablent devraient donc les trouver compatissants à nos douleurs...

— Oh! dit Mme de Niorres, je suis certaine que leur affliction est profonde et sincère...

Le conseiller haussa les épaules :

— Savez-vous comment ils se consolent du retard apporté à leur union? Eux qui, hier encore, ont joué devant moi une comédie honteuse; eux dont je rougis aujourd'hui d'avoir écouté les phrases mensongères, passent, depuis leur arrivée à Paris avec vous, leurs heures d'oisiveté dans les boudoirs de courtisanes impures. La Guimard et la Duthé, dont les réputations scandaleuses sont peut-être venues jusqu'à vous, ma sœur, remplacent momentanément vos filles dans le cœur de ces messieurs!

— Quelle horreur! s'écria Mme de Niorres, dont l'orgueil maternel se trouva cruellement et subitement ulcéré par l'annonce de cette déloyauté de ceux qu'elle s'était plu à regarder comme ses futurs gendres.

— Ce n'est pas tout, continua le conseiller avec une véhémence nouvelle. Pour se faire aimer par de pareilles créatures, il faut jeter l'or à pleines mains sous leurs pas. Eh bien! comme ces messieurs sont pauvres, comme ils ont dévoré leurs patrimoines et qu'ils n'ont plus rien, personnellement, à offrir en garantie aux usuriers qui leur ferment leurs caisses, ils ont osé, pour emprunter, salir, au contact du leur, les noms de vos filles, madame, votre nom enfin, le mien!

— Ils ont fait cela! s'écria Mme de Niorres en bondissant sur son siège.

— Monsieur, dit M. de Nohan avec force, expliquez-vous nettement; car votre nom, mon père, est désormais allié au mien, et quiconque le souille entache mon propre honneur!

— Mon père! dit Mme de Nohan en joignant les mains, êtes-vous bien certain de ce que vous avancez là? Comment êtes-vous arrivé à la connaissance de ces abominables méfaits?

— Je quitte à l'instant M. Lenoir! répondit le magistrat en baissant la voix.

— Le lieutenant de police!...

— Et c'est lui, ajouta M. de Nohan, qui vous a révélé...

— C'est lui, interrompit le conseiller, qui, à l'aide de ses habiles agents, est parvenu à acquérir une double preuve de l'infamie de ces deux hommes.

— Oh! fit Mme de Niorres en voilant de ses mains son visage décomposé.

— Mais, dit M. de Nohan, ces preuves dont vous parlez, mon père, quelles sont-elles?

— Indiscutables! irrécusables! Voici deux lettres : l'une du vicomte adressée à Mlle Duthé, l'autre du marquis adressée à Mlle Guimard. La correspondance entière, paraît-il, était des plus volumineuses. On n'a pu s'en procurer que ces deux échantillons; le reste a été fait racheter en sous-main, il y a quelques jours, par le marquis et le vicomte, sans doute afin d'anéantir les preuves de leur infamie. Par bonheur, ces deux missives ont pu être soustraites par un agent adroit et elles sont concluantes : elles sont toutes deux datées du 28 juin dernier. Elles n'ont pas quinze jours!...

Et le conseiller tendit les deux lettres qu'il froissait dans sa main; Mme de Niorres les saisit avidement, les parcourut, et, avec un geste de mépris, les rejeta loin d'elle. M. de Nohan les ramassa toutes deux et il les lut. Il haussa les épaules avec une expression de blâme.

— Ils sont bien fous ou bien coupables! dit-il.

— Des fous ne font pas de pareils actes! répondit le conseiller en représentant un autre papier tout ouvert. Ceci est une copie faite par moi sur l'original d'un engagement pris par MM. d'Herbois et de Renneville. Il s'agit d'un emprunt fait par eux à un juif nommé Isaac Weiller, par l'entremise d'un certain Roger, dont le nom cependant n'est pas dans l'acte. Le marquis et le vicomte, pour continuer, sans aucun doute, leur existence débauchée, ont emprunté je ne sais quelle somme, pour quatre cents louis reconnus dus par eux, et qu'ils s'engagent à rendre à l'usurier le lendemain de leur mariage avec Mlles Blanche et Léonore de Niorres. Voyez, ma sœur! voyez, mon gendre! Les noms y sont en toutes lettres!

— Mes filles! mes pauvres enfants! s'écria Mme de Niorres. Oh! ces hommes sont des monstres, et je veux, moi-même...

— Madame, interrompit M. de Nohan avec une extrême noblesse, ma respectable tante, le soin de l'honneur de vos filles regarde seuls M. de Niorres et moi. Puisqu'un destin impitoyable a fait de moi le plus jeune chef de la famille, je ne faillirai pas à mon devoir? Le marquis d'Herbois et le vicomte de Renneville me rendront raison de l'affront fait au nom de mon père!

— Mon ami! s'écria Mme de Nohan, effrayée de ce que venait de dire son époux.

— Ne craignez rien, Hélène! Dieu sera pour moi.

— Vous ne vous battrez pas! dit vivement M. de Niorres. Un duel rendrait public un scandale qu'il faut étouffer. Je me charge, seul, de terminer cette affaire. Si j'en ai parlé devant vous tous, cela a été pour prouver à ma sœur que ce n'était pas sans raison que je m'opposais aux mariages arrêtés sans mon consentement. Désormais ces unions sont rompues...

— Mon Dieu! fit Mme de Nohan, Blanche et Léonore vont cruellement souffrir. Pauvres enfants... comment leur apprendre cette rupture définitive?...

— Je me charge encore de ce soin, répondit M. de Niorres. Je parlerai à mes nièces.

— Quand cela? demanda la mère avec une vive anxiété.

— Sur l'heure même, ma sœur!

— Mais elles les aiment toutes deux! s'écria Mme de Niorres en songeant au coup douloureux qu'allaient recevoir ses filles bien-aimées.

— Raison de plus pour détruire cet amour avant qu'il prenne de nouvelles forces.

— Ne vaudrait-il pas mieux attendre, mon père? dit Mme de Nohan.

La jeune et charmante femme, comprenant la situation de ses deux cousines, cherchait, dans son excellent cœur, un moyen d'adoucir le chagrin des jeunes filles, et comme elle ne trouvait pas ce moyen qu'elle cherchait si avidement, elle espérait que le temps le lui pourrait suggérer.

— Pourquoi attendre? pourquoi reculer? dit le conseiller d'une voix ferme. Si Léonore et Blanche doivent souffrir, souffriraient-elles moins demain qu'aujourd'hui? D'ailleurs, qu'est-ce que ces douleurs comparées à celles qui nous ont assaillis tous depuis deux mois? Laisser mes nièces dans l'ignorance de ce qui est, leur permettre de se bercer de vaines illusions, serait rendre plus terribles la connaissance forcée de la vérité, le réveil qui suivrait le songe. Il faut que Léonore et Blanche sachent qu'elles doivent arracher cet amour de leur cœur, et je vais le leur apprendre...

Mme de Niorres et Mme de Nohan se levèrent avec un même mouvement et dans l'intention évidente d'accompagner le conseiller chez les deux jeunes filles.

— Restez! leur dit M. de Niorres. Je préfère causer seul avec elles...

En achevant ces mots, il quitta le petit salon de verdure et traversa la pelouse pour gagner l'entrée de l'habitation donnant sur le jardin.

L'appartement de Blanche et de Léonore était situé au même étage de l'hôtel que le cabinet de travail du conseiller. Une longue galerie servant de dégagement aux pièces, suivant le mode de construction de l'époque, courait dans toute l'étendue de l'étage.

M. de Niorres atteignit cette galerie et la parcourut jusqu'à la hauteur de l'appartement des jeunes filles. Arrivé là, il s'arrêta, réfléchissant à la manière dont il devait aborder ce pénible entretien. On n'entendait aucun bruit provenant de l'intérieur et décelant la présence des deux jeunes personnes. Un silence profond régnait dans cette partie de l'hôtel.

Le conseiller porta la main sur la clef demeurée à la serrure, mais il hésita comme s'il eût pensé, d'après le silence qui régnait, que ses nièces eussent quitté leur chambre. Un faible gémissement parvint cependant jusqu'à lui. M. de Niorres ouvrit violemment la porte et il entra.

Cette pièce dans laquelle il pénétrait et transformée, depuis l'arrivée des deux jeunes filles à l'hôtel de Niorres, en salon de travail, était de proportions assez vastes et s'éclairait sur la grande cour. Une table chargée de papiers et de livres, deux corps de bibliothèques, un clavecin dans un angle, des métiers à tapisserie devant les fenêtres indiquaient suffisamment les habitudes studieuses et laborieuses de Blanche et de Léonore.

Au moment où le conseiller pénétrait dans ce petit salon, il était absolument désert et rien ne décelait qu'il eût même été visité dans la journée par ses propriétaires. Le clavecin était fermé, les métiers à tapisserie étaient vides et la table de travail, symétriquement rangée, n'avait dû

Les deux jeunes filles formaient un groupe qu'un peintre eût été heureux de saisir. (P. 353.)

voir personne s'asseoir devant elle depuis l'instant où les domestiques avaient quitté l'appartement.

Étonné de ne pas rencontrer là celles qu'il croyait y trouver, le conseiller traversa vivement la pièce et ouvrit une autre porte donnant sur la chambre à coucher : un douloureux spectacle frappa aussitôt sa vue.

Les deux jeunes filles formaient un groupe qu'un peintre eût été heureux de saisir pour modèle s'il eût voulu représenter la désolation dans sa souffrance la plus poignante. Léonore, à demi renversée dans un fauteuil bas de forme, les mains pendantes, la tête appuyée sur le dossier du siège, le visage pâle comme un marbre, les yeux à demi fermés, les joues sillonnées par des larmes abondantes qui s'échappaient de ses paupières rougies et tremblotaient à l'extrémité de ses longs cils, demeurait immobile comme si elle eût été évanouie. Des papiers froissés et trempés par les pleurs gisaient sur ses genoux.

Blanche, debout près de sa sœur, le coude appuyé sur le dossier du fauteuil, étreignant son front brûlant de ses deux mains crispées, sanglotait sourdement. Un tressaillement convulsif agitait son corps ployé et sans force, et soulevant sa poitrine faisait frémir ses épaules. Ses cheveux dénoués tombaient autour d'elle. Ses petits pieds foulaient, avec une sorte de rage douloureuse, des lettres ouvertes et lacérées qui jonchaient le tapis.

Toutes deux étaient tellement absorbées par les sensations qui les torturaient, qu'aucune d'elles ne s'aperçut de la présence d'un témoin de leur souffrance.

M. de Niorres, demeuré sur le seuil de la porte, contemplait cet attendrissant tableau. Depuis deux mois le spectacle de la désolation était si fréquent dans sa maison, que le magistrat ne pouvait plus trouver de larmes pour soulager son cœur. Son œil sec, profondément bistré, allait de l'une à l'autre des deux jeunes filles, mais le regard ne témoignait aucun étonnement.

— Pauvres enfants! murmura-t-il en reportant vers le ciel ce regard qui se détacha lentement du groupe formé par Blanche et Léonore, pauvres enfants!... tant d'afflictions à leur âge!... Oh! pourquoi la colère de Dieu s'appesantit-elle ainsi sur moi et sur les miens?

Et il s'avança doucement. Le bruit de ses pas fit tourner la tête à Blanche, et un cri étouffé s'échappa de sa gorge.

— Mon oncle! dit-elle.

— Mon oncle! répéta faiblement Léonore en tressaillant à son tour.

Sans se rendre compte de ce qu'elles faisaient, les deux jeunes filles, par un mouvement instinctif, se précipitèrent sur les papiers épars sur elles et autour d'elles et les réunirent avec l'empressement d'un avare qui ramasse son trésor ou d'un coupable qui veut cacher les preuves du larcin qu'il vient de commettre.

M. de Niorres vit ce mouvement, fronça le sourcil, s'avança plus vivement, et saisissant quelques-uns des papiers que n'avaient pu encore enlever les jeunes filles il les parcourut d'un œil attentif. Son étonnement se manifesta par une sourde exclamation.

— Qui vous a remis ces lettres? dit-il avec une vivacité extrême.

Les deux jeunes filles baissèrent la tête et aucune parole ne sortit de leurs lèvres.

— Qui vous a remis ces lettres? répéta le conseiller d'un ton de commandement. Comment avez-vous entre les mains ces correspondances?... d'où viennent-elles?... qui les a apportées ici?... Parlez!... répondez!... je le veux!

— Nous ne savons rien! balbutia Blanche.

— Quoi! vous ignorez comment vous possédez ces papiers?

— Oui, mon oncle!

— Impossible!

— Nous ne mentons pas, dit Léonore avec un accent de sincérité tel qu'il ne permettait pas le moindre doute.

— Mais enfin, reprit le conseiller après un moment de silence, comment et où les avez-vous trouvés?

— Ce matin, dit Blanche en faisant un effort pour arrêter les larmes qui inondaient son frais et gracieux visage, et alors que nous étions encore dans cette chambre, Saint-Jean est venu prendre congé de nous et nous demander si nous n'avions aucun ordre à lui donner relatif au voyage qu'il allait entreprendre. Nous voulions, Léonore et moi, lui remettre deux souvenirs que nous désirions envoyer à deux de nos jeunes amies de Brest : c'étaient des ouvrages de tapisserie auxquels nous avions travaillé depuis un mois. Ces tapisseries, je les avais placées hier soir dans le coffre qui se trouve sur le clavecin. Quand je les y avais mises, le coffre était absolument vide, j'en suis certaine. Eh bien! lorsque, ce matin, j'allai ouvrir le coffre, je trouvai sur les tapisseries deux paquets de lettres. Dans la précipitation que je mettais à préparer notre envoi, je rejetai ces papiers sans y apporter grande attention; puis, Saint-Jean une fois parti, et comme je revenais vers Léonore demeurée toujours dans cette chambre, ces paquets de lettres frappèrent de nouveau mes regards. Je les pris, je les ouvris,... les lettres n'étaient point fermées... j'en parcourus une presque involontairement, et... et...

La jeune fille s'arrêta; un sanglot, en déchirant sa gorge, ne permit plus aux paroles de s'échapper de ses lèvres. M. de Niorres avait compris. Les lettres qu'il avait saisies et qu'il avait lues, les visages bouleversés de ses deux nièces rendaient superflue toute explication nouvelle.

Les jeunes filles étaient en possession de cette correspondance amoureuse des deux jeunes gens avec les deux courtisanes, correspondance dont le lieutenant de police avait remis des extraits au magistrat. Qui avait remis ces paquets dans l'appartement des nièces du conseiller? Dans quel intérêt avait-on agi et comment s'y était-on pris pour faire parvenir ces papiers à la portée des fiancées du marquis et du vicomte? Ces questions préoccupèrent vivement l'esprit de M. de Niorres, mais cependant il les considérait comme secondaires : le but principal était atteint.

Blanche et Léonore connaissaient maintenant la conduite méprisable de MM. d'Herbois et de Renneville, et le conseiller avait pu éviter le douloureux embarras de leur révéler la triste vérité. M. de Niorres, profondément touché par le spectacle de l'affliction des deux pauvres enfants, attira à lui les deux sœurs, et les entourant de ses bras avec un geste paternel :

— Chères et douces créatures, dit-il d'une voix émue, je comprends tout ce que doit souffrir votre cœur si cruellement ulcéré, mais vous êtes toutes deux filles de mon frère ; le noble sang de mes ancêtres circule dans vos veines, et, en face de l'insulte, vous ne vous laisserez pas abattre : vous serez fortes !

— Oh! dit Blanche avec l'accent d'une énergie au-dessus de sa constitution délicate, oh! je vous jure, mon oncle, que, dussé-je mourir de chagrin, je ne pardonnerai jamais!

— Et vous, Léonore? demanda le conseiller.

— Moi! répondit la jeune fille en s'affaissant sur elle-même comme une pauvre fleur brisée par la tempête, je voudrais mourir !

— Léonore! s'écria Blanche, ma sœur!... tu ne m'aimes donc plus?...

— Oh! fit Léonore avec un accent déchirant, je souffre tant!

— Et moi! dit la jeune sœur, crois-tu donc que ma douleur soit moindre?

Et les pauvres petites, s'étreignant mutuellement, éclatèrent en sanglots. La torture morale qu'elles subissaient brisait leurs forces physiques.

M. de Niorres se recula et les contempla en silence. Il n'osait prononcer une parole de crainte d'amener une crise plus violente. Enfin Blanche, dont le caractère était plus énergique que celui de sa sœur parvint la première à comprimer les élans de son désespoir.

Se retournant vers le conseiller, qui demeurait muet et immobile à la même place :

— Mon oncle, dit-elle, puisque vous connaissez maintenant la cause de nos chagrins, nous n'avons plus qu'à vous faire part de la résolution que nous avons prise. Nous vous remercions d'avoir écarté de nous un malheur irréparable en vous opposant à l'accomplissement d'un projet que notre crédulité nous faisait envisager au travers d'un prisme menteur.

Vous vous demandons humblement pardon pour l'accusation que nous osions porter contre vous de vouloir vous opposer à notre bonheur. Quant à ces hommes...

Ici, la voix de Blanche s'éteignit dans sa gorge et un frémissement convulsif agita tout son corps, mais elle fit un effort et surmonta ce moment de faiblesse.

— Quant à ces hommes, reprit-elle avec une sorte de violence, quant à ceux qui se sont indignement joués de nous et qui ne reculaient pas devant la perte de deux jeunes filles qui les aimaient avec tout le dévouement de leur cœur, ils n'existent plus pour nous. La honte plus encore que la douleur fait en ce moment couler nos larmes... Ces hommes ont mérité notre mépris... Dieu nous accordera la grâce d'effacer de nos souvenirs jusqu'à leurs noms que nous unissions dans nos prières à ceux de notre mère et au vôtre. Soyez sans crainte, monsieur, vos nièces sauront se montrer dignes de vous; n'est-ce pas, Léonore?

Léonore secoua doucement la tête.

— Le couvent sera notre refuge! murmura-t-elle.

M. de Niorres s'avança vers ses nièces, les pressa toutes deux contre sa poitrine, les baisa tendrement au front, puis levant au-dessus de leur tête ses mains amaigries, comme s'il les eût bénies toutes deux mentalement, il adressa au ciel un regard empreint de souffrance et quitta la chambre sans proférer une parole.

Léonore était tombée à genoux et paraissait prier. Blanche, debout, les mains appuyées sur le dossier d'un siège qu'elle étreignait de ses doigts crispés, le front contracté, l'œil fixe, les joues fiévreusement rougies, contemplait sa sœur dont les sanglots soulevaient les blanches épaules.

Tout à coup, la jeune fille quitta sa place, elle fit un pas en avant, et levant ses deux bras comme pour implorer la puissance divine :

— Ah! s'écria-t-elle avec explosion, hier encore ils osaient nous supplier de les recevoir dans le jardin de l'hôtel. Ce soir, ils vont venir.

— Je ne veux pas les voir! dit Léonore avec un geste d'effroi.

— Les voir!... répéta Blanche; oh! non, certes!... leur présence seule me ferait trop de mal! Ce soir même, il faut que notre mère nous conduise au couvent. Viens, Léonore, allons solliciter cette consolation qu'elle ne refusera pas à notre douleur!

XXXIV

MADAME DE VERSAC

M. de Niorres, sacrifiant peu aux lois de la mode, avait conservé dans sa maison une partie des anciens usages. En dépit des récentes innovations qui avaient reculé jusqu'à cinq heures l'instant du dîner, ce repas, chez l'honorable conseiller au parlement, avait lieu encore à deux heures de l'après-midi chaque jour : aussi le soir soupait-on à neuf heures.

Depuis que le conseiller s'était vu si douloureusement frappé dans ses affections les plus chères, ceux qui restaient de sa famille avaient compris qu'il fallait resserrer, autour du vieillard, les liens qui l'unissaient à ses parents.

Autrefois, ainsi que nous l'avons expliqué, chacun des enfants vivait séparément avec sa petite famille, et ce n'était qu'à des jours déterminés que tous se rassemblaient à la table du chef de la maison de Niorres. Mais espérant, par un surcroît de sollicitude, combler les vides qui s'étaient faits autour du magistrat, sa fille, son gendre et sa belle-sœur avaient résolu de passer chaque soirée auprès de lui, et, l'heure du souper étant devenue l'instant de la réunion, le repas était pris en commun par tous les membres de la famille.

La grande salle à manger de l'hôtel voyait donc chaque soir, à neuf heures, M. de Niorres prendre place à table au milieu de tous ceux des siens que la mort avait épargnés. Ce moment avait toujours quelque chose de solennel ; cette famille en grand deuil, ce vieillard le front chargé de lugubres pensées, ces valets habillés de noir circulant sans bruit dans cette salle immense, dont le point central était seul éclairé, offraient un spectacle dont l'aspect eût suffi pour glacer le cœur le plus joyeux.

La tristesse de chacun était grande, et jamais un sourire, jamais un mot joyeux n'égayaient le repas. Tout ce que l'on pouvait faire était d'éviter une allusion pénible qui eût rouvert les plaies encore saignantes que chacun portait au cœur ; mais à défaut des lèvres, qui demeuraient muettes, les yeux parlaient un funèbre langage.

Bien souvent, un regard sombre parcourait la table, et, en comptant ceux qui étaient assis, ce regard comptait ceux qui manquaient ! Alors un soupir s'exhalait d'une poitrine oppressée et une tête se détournait pour cacher les larmes qui mouillaient le visage.

Après le souper, on passait dans la chambre du magistrat. Le conseiller ouvrait quelque livre saint et cherchait, dans une pieuse lecture faite à voix haute, non pas une consolation à ses chagrins, mais une force nouvelle pour résister au désespoir qui déchirait son âme.

Quelquefois, durant ce moment, M. de Niorres permettait à ses nièces de quitter la chambre, et, dans sa bonté pour les pauvres jeunes filles, les engageait à une promenade dans le jardin. Il comprenait tout ce que cette existence lugubre devait avoir de pénible pour deux enfants dont la jeunesse était ainsi voilée de deuil.

Le soir qui suivait les diverses scènes que nous venons de rapporter, et tandis que MM. de Renneville et d'Herbois combinaient, en présence de Mahurec, le plan d'enlèvement qu'ils avaient pris la résolution d'exécuter, attendant avec impatience que sonnât l'heure du rendez-vous accordé par Blanche et sa sœur, M. de Niorres, sa belle-sœur, M. et Mme de Nohan étaient assemblés dans le salon précédant la salle à manger.

Neuf heures venaient de sonner, et le conseiller avait ordonné que le moment du souper fut retardé. Blanche, Léonore et Mme de Versac manquaient à la table du magistrat.

— Ainsi, ma tante, disait Mme de Nohan à Mme de Niorres, Léonore et Blanche veulent entrer au couvent?

— Elles m'ont suppliée de leur laisser passer quelque temps dans une sainte retraite, répondit la belle-sœur du conseiller, et j'ai accédé à ce désir, qui me semble dicté par la raison.

— C'est effectivement ce qu'il y a de plus simple et de mieux à faire dans la situation actuelle, dit M. de Niorres.

— Aussi, ajouta Mme de Niorres, les conduirai-je dès demain dans la pieuse maison dont elles ont fait choix.

Le conseiller s'était levé et parcourait la pièce à pas lents, mais avec une anxiété manifeste.

— Mme de Versac tarde bien à rentrer à l'hôtel, dit-il en formulant à voix haute la pensée qui le préoccupait si vivement.

— Elle m'a dit cependant, en partant, qu'elle serait ici pour souper, répondit Mme de Nohan en regardant son père.

— Ah! fit Mme de Niorres, j'entends une voiture rouler dans la rue.

— C'est Mme de Versac! ajouta M. de Nohan.

La physionomie du conseiller avait pris une expression d'anxiété plus grande. Quelques instants après, sa bru entrait dans le salon : chacun s'empressa autour d'elle.

— Que vous a dit le docteur, à propos de notre pauvre petit? demanda Mme de Nohan.

— Que nous avions tort de nous effrayer, répondit Mme de Versac, qu'il avait une constitution excellente, et qu'il se portait à ravir.

— Je vais l'embrasser, dit Mme de Nohan.

— Il dort! fit vivement sa belle-sœur en la retenant par le bras. Brigitte vient de le monter chez moi avec mon fils.

Puis se retournant vers le conseiller, auquel elle adressa un rapide coup d'œil d'intelligence :

— Mon père, continua-t-elle, j'ai fait votre commission auprès de M. le premier président, et il m'a dit que si vous vouliez le voir ce soir même, il était tout à votre disposition.

M. de Niorres tressaillit brusquement et un éclair joyeux illumina momentanément son visage sombre.

— Je souperai chez M. d'Ormesson, dit-il vivement. Mettez-vous à table sans moi.

— Quoi! mon père, vous allez sortir? s'écria Mme de Nohan.

— Oui, ma fille, il le faut.

— Demandez vos chevaux! dit Mme de Niorres.

— Inutile. M. d'Ormesson n'habite-t-il pas rue Vieille-du-Temple, à côté?

— Mais il est tard...

— Je vais vous accompagner! dit M. de Nohan.

— C'est cela, mon ami, ajouta sa femme. Ne quitte pas mon père.

— Restez, mon gendre! répondit le conseiller. Je ne cours aucun danger pour me rendre de mon hôtel à celui de M. le président.

— Mais... commença M. de Nohan.

— N'insistez pas! lui dit vivement et à voix basse le magistrat.

Puis ouvrant la porte du salon :

— Soupez sans moi, ajouta-t-il, je le veux. Dans moins d'une heure, je serai de retour.

— Savez-vous pourquoi mon père va à pareille heure chez M. d'Ormesson? demanda Mme de Nohan à sa belle-sœur, aussitôt que le conseiller eut disparu.

— Je l'ignore, répondit Mme de Versac; j'ai rempli une simple commission dont je ne connais pas la portée. Mais où donc sont Léonore et Blanche?

— Dans leur appartement, répondit Mme de Niorres. Les pauvres enfants ont vu augmenter aujourd'hui encore leur part de douleur, elles m'ont suppliée de les laisser seules implorer la miséricorde divine.

— Mon Dieu! qu'y a-t-il donc encore?

— Je vais vous le dire, répondit Mme de Nohan, et elle s'approcha de

L'HOTEL DE NIORRES

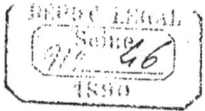

Qu'est-ce donc? fit le marquis à voix basse. (P. 868.)

sa belle-sœur pour lui confier ce qu'avait rapporté M. de Niorres au sujet des deux gentilshommes fiancés aux jeunes filles.

En quittant sa demeure, M. de Niorres avait descendu la rue du Chaume, et, longeant les bâtiments de l'hôtel de Soubise, il s'était dirigé vers la rue Vieille-du-Temple. Jusqu'alors, il avait marché d'un pas régulier et sans tourner une seule fois la tête derrière lui; mais quand il eut dépassé les bâtiments de l'hôtel de Soubise, il s'arrêta brusquement, tourna sur lui-même et, d'un regard rapide, il explora le chemin qu'il venait de parcourir. La rue était absolument déserte.

Bien certain qu'aucun œil indiscret n'espionnait sa démarche, il revint rapidement dans une direction diamétralement opposée à celle qu'il avait suivie jusqu'alors. Remontant la rue du Chaume, il s'engagea dans la rue de Bracque et il atteignit la rue Saint-Avoye au moment où dix heures sonnaient à l'horloge de l'hôtel Saint-Aignan. Se glissant le long de la muraille de son propre jardin, il se dirigea vers la petite porte près de laquelle se tenait, immobile et dissimulé dans l'ombre, un personnage de haute taille et revêtu d'un uniforme militaire.

M. de Niorres parut hésiter un moment, puis, après avoir examiné l'homme qui semblait placé en sentinelle, il fit un geste de la main. L'homme se recula vivement contre la porte : le battant s'ouvrit sur lui et il entra à reculons dans le jardin. M. de Niorres le suivit. Tout cela s'était accompli avec la rapidité que l'éclair met à illuminer l'horizon.

— L'enfant? dit laconiquement l'homme en repoussant la porte.

— Viens! répondit le conseiller.

Et, tournant à gauche, il s'engagea dans une allée sombre conduisant à un petit kiosque chinois. Le mystérieux personnage le suivait pas à pas. Tout à coup, le conseiller s'arrêta :

— Saint-Jean, dit-il brusquement, jure-moi, sur ton salut éternel, que cet enfant n'aura rien à redouter si je le place sous ta garde.

— Je le jure! répondit nettement Saint-Jean.

M. de Niorres le regarda fixement, comme pour s'efforcer de lire dans le cœur du valet si ce serment était bien sincère, puis prenant le bras de Saint-Jean et l'étreignant avec force :

— Si tu me trompais, dit-il avec des regards flamboyants, je consacrerais ma vie entière à la punition de ton crime, et si je mourais avant de t'avoir puni, Dieu permettrait un miracle, et mon fantôme surgirait sur ta route! Viens, maintenant, je vais te remettre mon petit-fils, mais souviens-toi de ce que tu viens d'entendre.

Saint-Jean ne bougea pas en écoutant cette étrange et terrible menace.

— Toutes les précautions ont-elles été prises? demanda-t-il d'une voix parfaitement calme.
— Toutes! répondit le conseiller.
— Personne ne s'est aperçu de la substitution?
— Personne.
— Mme de Versac est rentrée avec l'autre enfant?
— La nourrice elle-même a été trompée, tant la ressemblance est grande : tu ne m'avais pas menti.
— A l'âge de l'enfant, la chose était facile, dit Saint-Jean.

Les deux hommes avaient atteint le kiosque. M. de Niorres y pénétra seul et ressortit aussitôt, tenant entre ses bras un enfant endormi et enveloppé dans ses langes. Il couvrit de baisers la pauvre innocente créature, et, la remettant ensuite aux mains de Saint-Jean :

— Tu as juré! dit-il d'une voix extrêmement émue.
— Je tiendrai mon serment! répondit le valet. Maintenant, je pars.
— Où t'attend la voiture? demanda M. de Niorres.
— A la tête du pont Notre-Dame.
— Tu n'as oublié aucune de mes instructions?
— Aucune. Dans vingt-quatre heures l'enfant sera en sûreté au lieu convenu. Avez-vous fait, sur l'avant-bras, la marque avec la liqueur que je vous ai remise?
— Je l'ai faite.
— Bien. Voici les deux papiers que vous m'avez demandés. L'un est la déclaration que je fais d'avoir reçu de vos mains le jeune Louis-Auguste-Charles de Niorres, votre petit-fils, et l'autre l'attestation, signée de moi, que cet enfant porte, à l'endroit indiqué, le signe qui doit servir à le faire reconnaître un jour.

M. de Niorres prit les deux papiers, Saint-Jean et le conseiller, revenant sur leurs pas, étaient arrivés tous deux en face de la petite porte donnant sur la rue Sainte-Avoye. Saint-Jean l'ouvrit et regarda dans la rue :

— Personne! dit-il.
— Va! fit M. de Niorres, et que Dieu soit avec toi!

Saint-Jean fit un dernier geste, pressa contre sa poitrine l'enfant qu'il tenait dans son bras gauche et il s'élança au dehors.

M. de Niorres porta les deux mains à son front, puis, revenant à la situation par un énergique effort de son esprit, il se pencha en avant : Saint-Jean était loin déjà.

La lune, se dégageant alors d'un voile nuageux qui l'entourait, brilla de tout son éclat argenté. Sa lumière inondant subitement la rue du Chaume permit au conseiller d'apercevoir l'ombre de Saint-Jean au moment où celui-ci traversait la chaussée pour s'engager dans la rue Geoffroy-l'Angevin.

Le conseiller fit un brusque mouvement comme s'il eût voulu s'élancer, mais il s'arrêta aussitôt : il venait de distinguer l'ombre d'un second personnage suivant la même route qu'avait prise Saint-Jean.

— M. Lenoir m'a tenu parole, murmura le magistrat; Saint-Jean est surveillé.

Alors, refermant sur lui la porte du jardin, M. de Niorres reprit le chemin de son hôtel.

— Mon Dieu ! Seigneur ! dit-il en levant vers le ciel ses yeux humides de larmes; j'ai agi, je le crois, suivant vos volontés. N'abandonnez pas l'espoir de ma race et cessez d'accabler un malheureux vieillard qui se repent de ses fautes passées et qui implore votre miséricordieuse clémence !

Dix heures et demie sonnaient à l'instant où le conseiller, remontant la rue du Chaume, atteignait la porte de son hôtel.

C'était à ce moment précis que le marquis d'Herbois et le vicomte de Renneville, laissant Mahurec veiller à la petite porte, s'étaient élancés dans le jardin de l'hôtel de Niorres.

XXXV

L'HEURE

Après avoir fait quelques pas en avant dans le jardin, MM. d'Herbois et de Renneville demeurèrent un moment indécis sur la route qu'ils avaient à suivre. La lune, qui brillait tout à l'heure, s'était de nouveau voilée sous les nuages : le jardin était plongé dans une obscurité profonde, et aucun des deux jeunes gens n'en connaissait le plan.

Se rendant à peu près compte cependant de la situation topographique intérieure, d'après l'examen minutieux de l'extérieur de l'hôtel auquel ils s'étaient nombre de fois livrés, ils suivirent une allée de tilleuls qui conduisait à la pelouse, et les bâtiments de l'hôtel se dressèrent en face d'eux.

— Où sont-elles ? murmura le marquis en demeurant dans la zone des ténèbres, sous le feuillage épais de l'allée couverte.

— Elles devaient se trouver dans cette allée même, répondit le vicomte sans élever la voix.

— Peut-être nous serons-nous trompés, peut-être se sont-elles trompées elles-mêmes; parcourons le jardin.

Les deux jeunes gens entreprirent aussitôt leurs recherches. Avec des précautions infinies pour ne pas éveiller l'attention des gens de l'hôtel, ils explorèrent tous les massifs, tous les parterres, toutes les allées, jusqu'au moindre sentier. Le jardin n'était pas grand, et cependant cette promenade, faite lentement, ne fut pas accomplie en moins d'une heure. La fièvre de l'impatience les dévorait tous deux.

— Qui les retient? s'écria le marquis.

— Auraient-elles changé d'avis? ajouta le vicomte.

— Ne nous aimeraient-elles pas comme nous les aimons?

— Le temps se passe, les moments s'écoulent, la voiture attend, et à peine nous reste-t-il quelques heures de nuit.

Les deux jeunes gens étaient revenus sur les limites de la pelouse et regardaient la façade de l'habitation.

— Le jardin est absolument désert, dit le vicomte; toutes les lumières sont éteintes dans l'hôtel... le calme le plus parfait règne autour de nous... pourquoi ne viennent-elles pas?...

— Grand Dieu! s'écria tout à coup le marquis, s'il leur était arrivé malheur, si nous arrivions trop tard!

Les deux officiers se regardèrent mutuellement avec une expression d'angoisse effrayante; un frémissement convulsif fit trembler tout leur être. Une même pensée, pensée terrifiante, effroyable, leur traversait en même temps l'esprit.

— Il faut à tout prix sortir de cette situation impossible, dit le marquis.

— Que faire? demanda le vicomte.

— Pénétrer dans l'hôtel...

— Y songes-tu, Charles? c'est jouer la réputation de celles que nous aimons.

— Attendre est peut-être jouer leur existence, Henri! Rappelle-toi les termes de leurs lettres, ils sont clairs, précis! A dix heures et demie elles nous attendraient dans le jardin... voici minuit, et le jardin est encore désert.

— Mais si Blanche et Léonore couraient un danger, l'hôtel ne serait point ainsi calme et silencieux.

— Qui sait? Chaque fois qu'un crime a été découvert jusqu'ici, c'est lorsqu'il était entièrement accompli. La nuit où Mme d'Orgerel est morte, tout était aussi calme et silencieux, et quand l'éveil a été donné, quand le bruit s'est fait entendre, il n'était plus temps!

— Grand Dieu ! s'écria le vicomte ; tu me fais frémir.

— Henri, dit M. d'Herbois en pressant les mains de son ami, depuis ce matin, je t'ai caché l'état de mon âme ; les plus sinistres pressentiments m'agitent. Je ne t'ai rien confié pour ne pas alarmer ton cœur ; j'ai repoussé ces cruelles pensées qui m'obsédaient... je m'accusais de faiblesse ; mais ce qui se passe en ce moment redouble ces craintes que je m'efforçais de traiter de chimériques... Tiens, Henri, je tremble... j'ai peur... Il me semble que quelque catastrophe épouvantable va nous frapper, elles et nous ! J'ai la fièvre, je suis fou ; mais je sens que je ne puis supporter ce supplice ! Il faut que je voie à l'instant Blanche !

Et le gentilhomme, en proie à une surexitation des plus vives, pétrissait dans les siennes les mains de son compagnon. Le vicomte n'était pas lui-même beaucoup plus calme. Les deux jeunes gens aimaient profondément, sincèrement, les deux nièces de M. de Niorres. Ils les aimaient comme on aime lorsque, après avoir vidé, jusqu'à la lie, la coupe des plaisirs, l'on s'aperçoit un jour que ce cœur que l'on croyait séché est demeuré susceptible d'éprouver les sentiments les plus purs ; que ce que l'on avait pris pour la mort n'était qu'un engourdissement, et que la tendresse que chaque créature noblement douée porte en elle-même, loin d'être tarie à sa source, est prête à déborder avec force.

Seuls tous deux sur la terre, sans parents, ils avaient greffé tout le bonheur de leur avenir sur cet amour qui faisait leur seule joie et leur seule espérance. On comprend donc tout ce que la mortelle inquiétude qui les torturait devait avoir de poignant, et combien elle devait décupler l'énergie de ces natures puissantes, fortement trempées par les dangers de la vie aventureuse de l'homme de mer.

— Pénétrons dans l'hôtel, avait repris le marquis après un moment de silence.

Le vicomte fit signe qu'il était prêt à accompagner son ami. Tous deux suivirent la ligne des massifs pour éviter de traverser la partie découverte du parterre s'étendant devant les bâtiments.

En quelques instants ils gagnèrent les communs après lesquels se prolongeait le mur bâti sur la rue du Chaume. C'était du sommet de ce mur que nous avons vu, la veille, s'élancer Mahurec. Les portes étaient fermées. Un bouquet de lilas, se dressant en face de l'une des fenêtres, offrait aux jeunes gens l'abri mystérieux de son feuillage ; car le vent, qui venait de s'élever, avait nettoyé le ciel, et les nuages, fuyant à l'ouest, laissaient libres les rayons de la lune.

Sans hésiter, le marquis brisa une vitre, il passa son bras dans l'ouverture pratiquée, il fit jouer le mécanisme de la croisée, et, poussant les deux battants en dedans, il s'élança lestement par dessus la barre d'appui; puis, se retournant, il tendit la main au vicomte.

— Attends! dit celui-ci en s'arrêtant brusquement au moment d'escalader le mur.

— Qu'est-ce donc? fit le marquis à voix basse.

— Il m'avait semblé entendre remuer...

— Où cela?

— Dans les branchages... là-bas, près du mur de clôture.

— C'est le vent...

— Écoute encore, dit vivement M. de Renneville.

Les deux jeunes gens prêtèrent une oreille attentive.

— Tu te seras trompé, reprit le marquis; je n'entends rien

— C'est possible, répondit son compagnon; cependant j'avais cru distinguer...

Et s'arrêtant de nouveau tout aussi brusquement que la première fois :

— Oh! je ne me trompe pas, ajouta-t-il, j'entends parler, et le bruit de ces paroles vient des branches de ce vieux chêne.

Le vicomte désignait du geste un arbre magnifique dont le front noueux soutenait presque une partie de la muraille, et dont les rameaux venaient se plonger jusqu'au-dessus de la rue. C'était ce chêne précisément qui avait été d'une utilité si grande à Mahurec pour entrer dans le jardin d'abord, et pour s'élancer ensuite au dehors. Le marquis et le vicomte redoublaient d'attention.

— Effectivement, dit le premier à l'oreille de M. de Renneville, il me semble entendre un murmure causé par des phrases prononcées à voix basse.

— Ne bouge pas et attends-moi! dit le vicomte.

Et, se glissant le long du mur des communs, il s'avança dans l'ombre. Le marquis fit d'abord un geste comme pour sauter dans le jardin; mais une pensée fortuite assaillit sans doute son esprit, car, se retournant vivement, il traversa, au milieu de l'obscurité, la pièce dans laquelle il avait pénétré, et qui était une office attenant aux cuisines : il ouvrit une porte pratiquée en face de la fenêtre et il franchit le seuil d'une seconde pièce plus spacieuse que la première.

Celle-ci, située à la suite de l'autre, donnait sur la rue, mais comme le terrain du jardin était en contre-bas, cette pièce se trouvait presque à la hauteur du sol de la rue du Chaume, tandis que celle qui la précédait était élevée, d'une toise environ, au-dessus du jardin. Les fenêtres qui éclairaient cette salle étaient, selon l'usage, garnies de fortes grilles, et, à cause de la chaleur sans doute, les contrevents intérieurs n'avaient point été fermés,

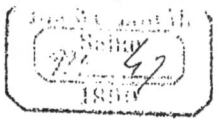

Oh! oh! fit-il en s'adressant à Danton; il me semble que vous oubliez un nom. (P. 376.)

non plus que les châssis des croisées. Le marquis se dirigea avec précaution, mais précipitamment, vers l'une des fenêtres et il avança doucement la tête. En se penchant un peu, il pouvait découvrir la rue du Chaume dans toute son étendue. A peine eût-il jeté un regard dans la direction du mur faisant suite aux communs, qu'il se recula vivement.

Il venait d'apercevoir deux hommes, dont l'un aidait l'autre à franchir la muraille. Revenant sur ses pas, il regagna rapidement la fenêtre de l'office donnant sur le jardin.

La tête du vicomte apparaissait au même instant à la hauteur de la barre d'appui.

— Un homme est grimpé dans cet arbre, murmura le vicomte.
— Et deux autres sont dans la rue, ajouta le marquis.
— Qu'est-ce que cela signifie ?
— Oh ! fit M. d'Herbois en étreignant le bras de son ami, si Dieu nous avait permis de surprendre les infâmes auteurs de tous les crimes commis dans cet hôtel !

Le vicomte saisit la barre d'appui et s'élança d'un bond dans l'office.
— Tous trois sont descendus, murmura-t-il ; j'entends le bruit de leurs pas faisant craquer le sable de l'allée.
— Ton pistolet ! dit le marquis en armant celui que le gabier lui avait remis au moment de partir pour se rendre rue Sainte-Avoye.

Le vicomte prit l'arme, et les deux jeunes gens se reculèrent un peu pour demeurer dans une couche d'ombre plus épaisse. Un murmure confus de voix parlant en sourdine arrivait jusqu'à eux. Ils distinguaient parfaitement le son sans pouvoir entendre nettement les paroles.

Trois hommes s'avançaient dans une petite allée voisine, et séparée seulement des communs par le massif des lilas en face duquel s'ouvrait la fenêtre qu'avait forcée le marquis. Les ténèbres qui régnaient dans cette partie très boisée du jardin empêchaient de distinguer les formes précises de ces personnages, dont l'ensemble se détachait à peine au milieu des fourrés épais qui les entouraient.

Cependant, lorsque ces hommes passèrent dans une étroite éclaircie, le vicomte et le marquis remarquèrent un chapeau galonné d'or, et des boutons garnis de pierres précieuses, sans doute, reluirent fugitivement dans l'ombre. Ces indices de riches costumes frappèrent d'étonnement les deux marins.

Il se regardèrent, s'interrogeant des yeux sur ce qu'ils avaient à faire.
— Suivons-les ! murmura le marquis à l'oreille du vicomte.

Celui-ci sauta légèrement dans le jardin ; le marquis enjamba à son tour la barre d'appui de la fenêtre, mais, au même instant, un cri déchirant se fit entendre.

Les deux jeunes gens s'arrêtèrent, glacés de crainte par ce cri parti de l'intérieur de l'hôtel. Presque aussitôt une explosion violente ébranla la maison, et un jet de flamme éclaira brusquement le jardin. Des cris affreux éclatèrent, plus déchirants encore que n'avait été le premier.

Stupéfiés, le marquis et le vicomte étaient comme foudroyés, sans pouvoir faire un mouvement; mais la révélation d'un danger, qui devait menacer les deux jeunes filles, leur rendit subitement leur énergie et la conscience de la situation.

Ils s'élancèrent.

En ce moment deux coups de feu retentirent presque simultanément, et un hurlement furieux déchira l'air dans la direction de la petite porte du jardin où les deux jeunes gens avaient laissé Mahurec.

XXXVI

UNE FOLIE

Au point central de la rue Blanche actuelle, non loin de la rue Saint-Lazare, se dressait, en 1785, au milieu de terrains, les uns vagues, les autres cultivés par des maraîchers, une vieille habitation qui semblait prête à crouler.

Un côté de la porte d'entrée était étayé; l'autre côté était vermoulu sans clous et sans soutien. En face de cette porte se dressait, tout ventru, un mur de terre recouvert de tuiles brisées. Tout était sale, délabré, misérable en apparence; mais ceux qui savaient le secret du passage mystérieux pratiqué dans la muraille crevassée, trouvaient, derrière le mur, un éblouissant tableau.

Une charmille vivace, taillée en colonnes et en portiques, faisait le fond. A droite, une fontaine élégante : et sur un massif deux naïades caressant une chimère. D'un côté un groupe formé d'une nymphe et d'un satyre; de l'autre, un sylphe et une sylphide. En bordure, une colonnade de marbre appuyée contre une muraille également de marbre blanc, chargée de délicieux bas-reliefs de Clodion. Puis, à la suite de cette muraille formant une espèce d'enceinte à une cour spacieuse, s'élevait un corps de logis, simple de façade, composé d'un seul étage exhaussé de cinq pieds environ au-dessus du sol. On y montait par une rampe double et circulaire, garnie de piédestaux supportant des vases de bronze remplis de fleurs charmantes. Le parfum de cette végétation ajoutait encore à la sérénité de cet aspect si calme, et faisait paraître davantage l'opposition étrange existant entre la masure donnant sur la rue et la coquette habitation qui se tapissait derrière ses murs lézardés.

Cet aspect enchanteur avait quelque chose de saisissant, de voluptueux qui faisait rêver au premier coup d'œil de délices inconnues au commun des mortels. Cette habitation mignonne et coquette, si mystérieusement cachée aux regards des profanes, était, ce qu'on nommait alors une petite maison, ou, pour mieux nous servir du style de l'époque, une Folie; et certes, Folie était bien le mot propre pour désigner ces sortes d'écrin d'un luxe inimaginable, dont les propriétaires avaient presque tous vendu, aliéné, engagé leurs plus belles terres de rapport pour ériger un sanctuaire de débauche.

Vers dix heures, au moment où M. de Niorres avait retrouvé Saint-Jean qui l'attendait à la petite porte du jardin, deux voitures sans armoiries et conduites par des grisons s'étaient arrêtées rue Blanche, en face de la masure lézardée. Cinq hommes, élégamment vêtus, étaient successivement descendus de ces deux voitures et avaient pénétré dans le bâtiment délabré, pour de là gagner l'entrée du charmant sanctuaire dont nous venons de retracer l'aspect général.

La cour était brillamment illuminée. Les cinq personnages la franchirent sans daigner donner un coup d'œil aux sculptures du célèbre artiste et atteignirent une première antichambre à laquelle aboutissait la rampe.

Cette antichambre était parée d'une mosaïque italienne dont le dessin principal représentait un riche trophée des armes de l'Amour : arc, flèches et carquois. A l'entour on voyait des groupes de cœurs de toutes les dimensions et toutes les formes possibles, par allusion à la pièce détachée des poésies fugitives du chevalier de Boufflers, intitulée : *Les Cœurs*. Les murailles étaient en marbre vert et parsemées de trophées amoureux. La seconde antichambre, celle des grisons, l'endroit où l'on recevait les brocanteurs privilégiés, les fournisseurs, les gens enfin qui ne devaient pas franchir les dernières limites du sanctuaire, était toute blanche, boisée, avec des filets d'or, des arabesques or et bleu représentant les sujets les plus gais du *Roland furieux*. Les gentilshommes s'arrêtèrent un moment dans cette pièce : deux valets étaient debout et attendaient les ordres.

— De Sommes est-il arrivé? demanda l'un des personnages, celui qui paraissait diriger les autres et qui jusqu'alors, avait toujours eu le pas sur ses compagnons.

— M. le comte n'est pas encore arrivé, monseigneur, répondit l'un des valets en s'inclinant profondément.

— Votre Altesse ne nous a-t-elle pas dit qu'Édouard ne serait ici qu'à onze heures et demie? dit un jeune homme en s'approchant du premier personnage.

— Tu as raison, Lauzun, je l'avais, par ma foi! oublié. A propos, messieurs, de Sommes doit nous amener ce soir un nouveau convive.

— Une femme! demanda Lauzun.

— Non, un homme.

— Qui donc?

— Un Italien, un Napolitain je crois. Il paraît que c'est le plus joyeux et le plus extraordinaire des soupeurs passés, présents et futurs. De Sommes en dit merveilles et pardieu! comme je craignais que nous ne nous ennuyassions, à force de nous trouver toujours ensemble, je lui ai permis de nous présenter son homme.

— Bonne idée, monseigneur! Ces Italiens sont riches, nous jouerons.

En ce moment, un maître d'hôtel, en habit noir et l'épée au côté, entra dans l'antichambre, et, après avoir salué profondément, il se tint debout et immobile en face du personnage principal, auquel nous avons entendu donner successivement les qualifications de monseigneur et d'altesse, et qui n'était autre, en effet, que le duc de Chartres, le fils du duc d'Orléans, le futur prince Égalité.

— Qu'y a-t-il, monsieur Durand? demanda le prince au maître d'hôtel.

— Les ordres de Son Altesse relativement à l'heure du souper, répondit M. Durand.

— Onze heures.

Puis, se tournant vers ses compagnons, le prince ajouta :

— Entrez au salon, messieurs, et faites un creps pour passer le temps.

Les jeunes gentilshommes s'inclinèrent et traversèrent l'antichambre pour gagner la pièce principale de la petite maison. Quand le duc fut seul avec Durand, il se rapprocha de lui, et baissant la voix :

— J'attends encore le comte de Sommes, l'un de ses amis, la Duthé et quatre femmes...

— Hormis ces personnes, Son Altesse ne reçoit pas? ajouta M. Durand en voyant le prince s'arrêter.

— Oui et non... c'est-à-dire que ceux-là sont les seuls convives que j'attends; mais, écoutez-moi bien, monsieur Durand : vous allez demeurer vous-même dans l'antichambre des grisons; tout à l'heure, trois hommes se présenteront, peut-être ensemble, peut-être séparément; vous les introduirez, sans prévenir, dans le cabinet des glaces...

— Puis-je demander à monseigneur comment je reconnaîtrai ces trois hommes?

Le duc tira une carte de sa poche et la remit au maître d'hôtel.

— Chacun d'eux vous dira l'un de ces noms, dit-il.

— John, James, Jack, lut M. Durand.

— C'est bien cela.
— Faudra-t-il avertir monseigneur?
— Inutile. Faites seulement ce que je vous ai ordonné et arrangez-vous de manière à ce que personne autre que vous ne puisse voir ces hommes à leur entrée et à leur sortie. Ils partiront avant l'heure du souper.

M. Durand s'inclina en signe qu'il avait parfaitement compris.

— Quand le comte de Sommes arrivera, continua le duc, vous tinterez deux coups pour me prévenir, et avant de faire entrer le comte au salon, vous le prierez d'attendre mes ordres ici. Vous n'oublierez rien, monsieur Durand!

— Rien absolument, monseigneur.

— Alors je m'en rapporte à votre intelligence.

Le duc, en achevant ces mots, ouvrit une porte opposée à celle par laquelle étaient sortis les gentilshommes qui l'avaient accompagné et il quitta à son tour l'antichambre.

Traversant une pièce servant de salle de concert, le duc pénétra dans le boudoir. Aucun lustre, aucun candélabre, aucune lampe ne se voyait dans ce boudoir cependant parfaitement éclairé. La lumière y arrivait à travers des nuages de diverses couleurs. Elle descendait chargée de nuances calculées savamment et toujours favorables à l'abandon de la coquetterie. Les murailles étaient recouvertes de lés de velours cramoisi tellement foncé qu'il semblait presque noir. Des franges, des galons d'or les bordaient sans en égayer le sombre appareil. Tout autour de la pièce régnait un divan. Des statues, des bronzes, des tableaux étaient accrochés sur chaque panneau.

Dans ce boudoir, dont les draperies voilaient une glace qu'un ressort caché faisait subitement apparaître, on foulait aux pieds un tapis formé de fourrures de renards bleus et de martres-zibelines. Plus de deux cent mille livres avaient dû être le prix de cette pièce, la plus petite de la Folie.

Le duc, en y pénétrant, se plaça sur le divan et parut attendre; mais il n'attendit pas longtemps. Un coup sec fut frappé à la porte.

— Qui? demanda le duc.

— Jack! répondit une voix.

— Entrez!

La porte tourna sur ses gonds, et un homme s'arrêta sur le seuil.

— Bonsoir, monsieur Danton, fit le duc de Chartres en faisant un geste amical au nouveau venu.

Danton s'avança vers le prince; mais, il avait à peine fait quelques pas sur le moelleux tapis, qu'un second coup, suivi aussitôt d'un troisième, résonna extérieurement.

— James! John! fut-il répondu aux interrogations du duc.

Et les deux nouveaux personnages pénétrèrent à leur tour dans le boudoir.

Monsieur de Mirabeau, monsieur de Saint-Fargeau, je vous sais gré de votre exactitude, dit le prince, en se soulevant pour rendre les saluts qui lui étaient adressés.

Puis, lorsque les trois hommes eurent pris place :

— Eh bien! monsieur de Mirabeau, continua le prince, vous arrivez d'Angleterre. Avez-vous étudié la question qui nous préoccupe?

— Oui, monseigneur, répondit le comte de Mirabeau en s'inclinant, et j'apporte tous les renseignements nécessaires pour l'organisation des clubs politiques appelés, j'en suis certain, à jouer en France un rôle devenu nécessaire.

— Oui, s'écria Danton avec violence. Il est temps que la nation puisse enfin formuler publiquement ses plaintes et ses exigences.

— Et soutenir les vœux du Parlement, ajouta Lepelletier de Saint-Fargeau.

— Honneur à vous, monseigneur! reprit Danton en se levant. La pensée de ces assemblées populaires est un grand pas fait en avant.

— Oui, dit Mirabeau; mais, pour accomplir l'enjambée, il faut deux choses importantes.

— Lesquelles?

— Des hommes et de l'argent.

— L'argent est à votre disposition, dit le duc.

— Alors, nous aurons les hommes; mais il en faut beaucoup. Il les faut surtout jeunes, ardents, convaincus, intelligents et entraînants.

— Avez-vous des listes? demanda le duc.

— En voici une première, dit Danton.

— Et en voilà une seconde, ajouta Mirabeau.

Le duc de Chartres prit les deux papiers que lui tendaient les deux hommes et il les parcourut avidement. Ces listes contenaient les noms d'une grande partie de ceux qui devaient, quelques années plus tard, jouer un rôle si important dans le prologue de la Révolution. Comme le duc achevait sa lecture, une cloche tinta deux fois.

— Le comte de Sommes! dit le prince. Il est tout à nous, il peut venir.

Et comme aucune opposition ne se manifesta chez ceux auxquels il s'adressait, le duc se pencha et tira un cordon de sonnette. Quelques instants après, le gentilhomme entrait dans le boudoir. Sans doute il était au courant de ce qui devait s'y passer, car quelques mots du duc suffirent pour le mettre sur la voie du sujet que l'on traitait. Se penchant au-dessus de l'épaule du duc, il parcourut les listes que celui-ci tenait encore.

— Oh! oh! fit-il en s'adressant à Danton, il me semble que vous oubliez un nom, et c'est cependant celui de l'un de vos amis.

— Lequel? demanda l'avocat.

— Celui de Fouché, l'oratorien. C'est un homme éminemment intelligent, et dont le concours ne peut que nous être utile.

— Cela est vrai, répondit Danton; mais Fouché ne se mêle pas de politique.

— Eh bien! il s'en mêlera.

— Je le connais; il est profondément égoïste. Il ne se mettra jamais en avant, si un mobile puissant n'agit pas sur lui.

— Alors, qu'on le pousse.

— Qu'est-ce que ce Fouché? demanda Mirabeau.

— Un professeur à Juilly, répondit Danton. Un homme d'une valeur incontestable, et qui, lorsqu'il le voudra, aura une énorme influence sur ses compatriotes de Nantes.

— Précisément, il nous manque des hommes dans l'Ouest.

— C'est pardieu bien pour cela que je dis qu'il nous faut Fouché dans nos rangs! fit le comte avec une vivacité extrême.

— Oh! dit Danton en secouant la tête, Fouché est habile, et s'il venait à nous, il entraînerait une suite nombreuse.

— En parlant comme je le fais, reprit le comte, je sacrifie mes inimitiés au bien de la cause commune, car M. Fouché ne m'aime pas, et il ne m'est nullement sympathique; mais j'ai deviné l'étoffe qu'il y a en lui, et s'il veut...

— La question est là, interrompit Danton. Voudra-t-il?

— J'ai un moyen infaillible de l'amener à vouloir.

— Alors, employez ce moyen, car, en formant des clubs, il ne faut pas échouer. Chaque assemblée doit avoir, au milieu d'elle, des intelligences d'élite.

— La police fera fermer ces clubs, fit observer le duc, s'ils sont trop violents.

— Tant mieux! s'écria Mirabeau. S'il y a fermeture, il y aura scandale, et le scandale est le plus puissant de tous les leviers pour remuer les masses, lorsqu'elles hésitent à agir.

La conversation continua. Il s'agissait de la fondation de l'œuvre

Gentilshommes et courtisanes firent au nouveau présenté l'accueil le plus sympathique. (P. 384.)

importante qui devait servir si énergiquement à révolutionner le royaume. L'introduction en France des clubs devait être, tout d'abord, une nouveauté qui charmerait tous les esprits. On ne prévoyait encore que vaguement l'assemblée des Notables et celle des États-Généraux, et cependant il y avait dans le peuple, et surtout dans la bourgeoisie, un tel besoin d'agitation, qu'il était aisé de deviner la faveur dont jouiraient des assemblées populaires partielles.

Le duc de Chartres, avec sa manie des imitations anglaises, avait, cette fois, pensé juste dans son désir d'inquiéter la cour qui le repoussait. Ceux avec lesquels il s'était mis en relations, obéissant à un autre mobile, n'en avaient pas moins accueilli avec ardeur la pensée de l'établissement des clubs. Ces hommes n'étaient point des conspirateurs, et le titre d'agitateurs pouvait seul leur être appliqué.

La discussion entre Mirabeau, Danton, Lepelletier de Saint-Fargeau et le duc de Chartres fut courte, car tous étaient d'accord sur le but, et le prince s'en remettait à ses interlocuteurs pour les moyens à employer afin de l'atteindre.

A onze heures, les trois hommes introduits sous trois prénoms anglais, afin que les valets ne pussent même pas deviner leur personnalité véritable, se retirèrent, laissant seuls le duc de Chartres et le comte de Sommes.

— Allons souper! dit le duc, comme s'il avait eu hâte de quitter les affaires pour courir au plaisir.

— Un mot, monseigneur! fit le comte en s'arrêtant respectueusement. Vous avez entendu ce que nous avons dit de Fouché. Il faut que cet homme soit à nous.

— Eh bien! prends-le! répondit le duc en riant.

— Aidez-moi à le prendre, alors.

— Comment?

— Fouché a quitté Paris il y a une heure à peine, dit le comte en s'approchant du prince. Il va à Nantes pour une affaire à laquelle il s'intéresse vivement. Empêchez-le d'arriver à destination, et je vous réponds qu'il deviendra des nôtres.

— Je ne comprends pas, dit le duc.

— C'est bien simple. Fouché est vindicatif et haineux, je le sais. J'ai des renseignements à cet égard qui ne peuvent me tromper. Si Fouché voit ses desseins entravés et que ces entraves proviennent de la police du royaume, il englobera dans un même sentiment de haine l'écheveau entier d'où seront partis les fils qui l'auront arrêté. De plus, il faut qu'il soit forcément et malgré lui jeté dans le parti dont vous êtes le chef.

— Explique-toi nettement, fit le duc en prenant place sur le divan.

M. de Sommes regarda le prince en souriant finement, et s'asseyant près de lui avec une aisance dénotant une familiarité qui n'avait rien à redouter :

— Fouché n'est pas parti seul, reprit-il. Il emmène avec lui trois hommes : un étudiant nommé Brune, un soldat appelé Nicolas Soult et un garçon de magasin, Jean Lannes. L'argent manquait à ces trois derniers pour faire le voyage; je leur ai donné cent louis ostensiblement... seulement, j'ai fait attendre pour retarder leur départ jusqu'à ce que je vous aie vu....

— Pourquoi cela?

— Tout le monde sait que je suis profondément dévoué à Votre Altesse et que je suis l'ennemi de la cour. Donc, en obligeant des amis de Fouché, moi, l'un des familiers de la maison du duc de Chartres, je fais passer forcément ces obligés pour des protégés de monseigneur. Donc encore, Fouché voyage avec des gens appartenant à votre parti.

— Très bien! dit le duc, je comprends. Ensuite?

— Ensuite, je viens d'insister, vous en avez été témoin, et d'insister de la façon la plus vive, la plus formelle pour que Fouché entre dans les rangs que nous formons. Mirabeau, Saint-Fargeau, Danton, ont dû trouver mes instances singulières. Ils s'en préoccuperont, ils en parleront, et comme il est bien certain que chacun de ces hommes a, autour de lui, des espions ou des traîtres, nos ennemis sauront que Fouché est un personnage à l'acquisition duquel vous tenez beaucoup. Par cela même, il devient suspect, il est tracassé, surveillé et forcément mécontent. Ce n'est pas tout, il faut le compromettre sérieusement et de façon à ce qu'il ne puisse même pas se justifier.

— As tu un moyen?

— Excellent! La voiture, dans laquelle Fouché et ses amis sont partis, éprouvera un accident à Arpajon. Un essieu se rompra...

Le comte souligna cette dernière phrase avec une intention à laquelle il n'y avait pas à se méprendre.

— Le relai sera désert, continua-t-il, et le seul charron qui existe à Arpajon en sera parti deux heures avant l'arrivée de la voiture pour aller à un château du voisinage. Il faudra sept heures environ pour le trouver, deux heures de travail pour réparer la voiture, en tout : neuf heures. Fouché et les siens seront à Arpajon à trois heures du matin cette nuit, et, comme les chevaux manqueront jusqu'à l'arrivée du charron, ils ne pourront repartir que demain dans la matinée; donc, nous avons à nous une nuit entière!

— Très bien! répondit le duc; mais pourquoi cet acharnement de ta part après ce Fouché dont je n'ai jamais entendu parler jusqu'ici?

Le comte regarda autour de lui comme s'il craignait d'être entendu, et s'approchant du duc :

— Il s'agit de l'affaire de la comtesse de La Mothe! murmura-t-il à voix basse.

— Le collier de la reine! dit le prince en tressaillant.

— Oui. Fouché est aux gages du cardinal de Rohan!
— Tu en es sûr?
— Chut! monseigneur! Prenez garde. Je réponds de ce que je vous dis. Moi seul sais que Fouché doit jouer un rôle important dans cette affaire.
— Quel rôle? demanda le duc de Chartres avec une vivacité prouvant l'intérêt qu'il prenait à cette révélation de son confident.
— Le cardinal, sans être convaincu de toute l'étendue de la sottise qu'il a faite, commence à en redouter les suites cependant. L'abbé Georgel, l'intime conseiller de Son Éminence, y voit plus loin que le cardinal, et il veut se tenir sur ses gardes. Il a fait venir Fouché, un oratorien comme lui, et l'a chargé de se rendre à Nantes pour avoir les preuves (je ne sais lesquelles), que la comtesse de La Mothe est une intrigante et que le pauvre cardinal a été dupé.
— Mais, fit observer le duc en réfléchissant, si le cardinal a été dupé dans cette intrigue, la reine en sortira blanche comme neige et même on ne pourra pas parler d'elle.
— Oui, monseigneur. Ce procès, au lieu de lui créer des ennemis, lui ramènera les esprits, car on la plaindra.
— Il ne faut pas cela, Édouard, il ne faut pas cela, dit le duc avec une énergie étrangement contraire à ses habitudes. Cette femme m'a fait trop de mal pour que je ne cherche pas à me venger. Elle a tout fait pour me nuire dans l'esprit public; je lui rendrai calomnie pour calomnie!
— Voilà précisément pourquoi, monseigneur, je veux empêcher Fouché d'atteindre son but.
— Mais les moyens?
— Rien de plus aisé. L'abbé Georgel a agi en secret : donc personne ne sait que Fouché est parti pour le compte du cardinal. Bien au contraire, le motif de son voyage, motif avoué, est de chercher à retrouver la fille de ce teinturier de la rue Saint-Honoré, dont je vous ai raconté l'histoire.
— Ah! la Jolie Mignonne?
— Oui.
— C'est pour cela qu'il a emmené avec lui Nicolas, Jean et Brune; mais le motif véritable de cette expédition est celui que je viens de vous révéler.
— Mais comment l'empêcher d'arriver à Nantes? demanda le duc de Chartres avec impatience.
— Le comte de Sommes sourit fièrement et prit une lettre ouverte dans sa poche :
« Cher monsieur Fouché, lut-il à haute voix, je prends le plus vif

intérêt à la réussite de vos projets. J'ai appris, par des amis indiscrets, dans quelle intention vous entreprenez un voyage difficile. Je vous en remercie profondément, car je comprends ce que vous voulez faire. Croyez que je mettrai tout en œuvre pour vous donner le concours qui vous est absolument nécessaire, et soyez convaincu que vous trouverez toujours en moi, un protecteur fidèle et aimant. »

— Puis en note, au bas de la lettre, continua le comte :
« Songez à la R... Le prétexte de l'enfant à trouver est parfait! »

— Que Votre Altesse signe cette lettre, reprit le comte, qu'elle la cachette de ses armes, qu'elle fasse monter Picard à cheval sur l'heure, et qu'elle l'expédie à Arpajon avec ordre de rejoindre M. Fouché à quelque prix que ce soit.

— Corbleu! fit le duc, quelle charade joues-tu devant moi? Donne le mot, au moins!

— Quoi! monseigneur, vous ne comprenez pas? Rien pourtant de plus facile! Picard, votre courrier, est un espion vendu au lieutenant de police, vous le savez...

— Eh! certes! je le sais! Et tu veux que je me serve d'un pareil drôle?

— Sans doute. Ces gens-là sont quelquefois précieux. Picard n'aura pas plutôt enfourché sa monture, qu'avant de quitter Paris il courra chez M. Lenoir et lui remettra la missive dont il est chargé. Le lieutenant de police en prendra connaissance, et se livrera aussitôt aux suppositions les plus extraordinaires; il verra dans Fouché un émissaire, il rêvera conspiration, et, lançant sur le voyageur et ses compagnons tous les argousins de son administration, il s'efforcera de se mettre entre l'homme et le but ignoré qu'il doit atteindre. Bref, il élèvera obstacles sur obstacles, j'en suis sûr, et Fouché manquera son expédition.

— Mais si Fouché est entravé par la police, dit vivement le prince, les parents croiront à un plan ourdi contre eux, car ils doivent penser que Fouché agit uniquement dans leur intérêt.

— Sans doute, monseigneur.

— Mais la bourgeoisie criera.

— Eh! tant mieux, monseigneur! Je n'avais pas pensé à cela, moi! C'est parfait. Du même coup nous attachons à nous un homme précieux pour l'avenir, nous augmentons le nombre des mécontents que fait la cour, et nous entravons les intentions du cardinal.

— Il faudrait tâcher de mêler personnellement la reine à tout cela, dit le duc après un moment de silence.

— Ce sera facile. Nous verrons. Pour le présent, que Votre Altesse expédie cette missive.

— Donne-moi ce qu'il faut.

Le comte alla prendre un petit bureau portatif placé dans un angle du boudoir, et il l'apporta devant le duc. Celui-ci signa la lettre si peu compromettante pour celui qui l'écrivait, et permettant cependant toutes les suppositions les plus malveillantes contre celui auquel elle était adressée. Il la cacheta de ses armes, et tira un cordon de sonnette. Le maître d'hôtel entra. Lui seul pouvait pénétrer dans l'intérieur de la petite maison.

— Monsieur Durand, dit le duc, envoyez au palais chercher Picard; qu'il vienne tout botté et tout monté. Monsieur le Comte lui transmettra mes ordres.

Le maître d'hôtel s'inclina et sortit.

— Maintenant, allons souper, continua le prince, et au diable la politique! Voilà deux heures entières que je m'ennuie à rendre l'âme! La Duthé et ses compagnes doivent être au salon. A propos, et ton Italien?

— Il est avec Lauzun et les autres; il attend Votre Altesse.

— Eh bien! dès que Picard sera arrivé, donne les ordres en mon nom et viens ensuite nous retrouver.

Et le duc, adressant un signe amical à son compagnon, quitta le boudoir.

Demeuré seul, le comte de Sommes parcourut la pièce dans toute sa longueur, et prit un siège sur lequel il se laissa aller avec un geste empreint d'un sentiment d'orgueil satisfait.

— Et cet homme veut conspirer! murmura-t-il en haussant les épaules avec une expression de mépris indicible. Il se croit profond politique! Pauvre niais! Quand ses secrets vaudront un million, on pourra faire affaire avec le lieutenant de police... A moins, continua mentalement le comte en réfléchissant, que la somme soit plus forte d'un autre côté... Allons! décidément, le roi du bagne est un grand génie. Tout ce qu'il prédit arrive! Vive Dieu! ce Fouché me gênait, je l'avoue, et ce moyen de m'en débarrasser est d'une adresse au-dessus de tout éloge... Oui, cet homme est puissant... trop puissant même... Me mettre entièrement dans ses griffes serait me jeter à sa discrétion... Le roi du bagne!...

Et le comte réfléchit encore.

— Si l'une des deux survivait seule! reprit-il après un instant. Cette pensée me poursuit sans cesse... On verra!

Le bruit d'un timbre retentit au dehors.

— Ah! fit le comte, c'est Picard!

Et il sortit rapidement du boudoir.

XXXVII

LE SOUPER

Les quatre gentilshommes qui avaient accompagné le duc de Chartres étaient MM. de Lauzun, de Cadore, de Laval et d'Ogny.

Le salon dans lequel ils entrèrent, alors que le prince les avait invités à quitter l'antichambre, était en tous points, par sa richesse de bon goût, une des pièces les plus fastueuses de cette luxueuse Folie.

Ces messieurs avaient tout aussitôt entamé une partie de creps interrompue, de temps en temps, par le récit de quelque aventure scandaleuse, ou par des interrogations sur les principaux événements du jour.

— A propos, dit Lauzun en ramassant une pile de louis d'or qu'il venait de gagner au marquis de Laval, quelqu'un de vous a-t-il des détails nouveaux sur les empoisonnements de l'hôtel de Niorres?

— On dit qu'on est sur la voie des coupables; mais cela m'occupe peu, répondit le baron de Cadore. Ce qu'il y a de plus intéressant, c'est le portrait que l'on m'a fait des deux jeunes filles...

— Les nièces du conseiller? demanda d'Ogny.

— Oui; il paraît qu'elles sont ravissantes. De Sommes les a vues, et il m'a juré qu'il était tombé amoureux des deux jeunes filles, au premier coup d'œil. Or, de Sommes a bon goût...

— Témoin la marquise d'Horbigny, dit en riant le duc de Lauzun.

— Pour en revenir aux nièces, reprit le baron, vous savez qu'elles sont fiancées à d'Herbois et à de Renneville?

— Oui, mais ils vont partir avec M. de La Pérouse.

— Deux futures veuves à consoler, Lauzun!

Et les jeunes seigneurs, jouant, babillant et médisant d'autrui, continuèrent à attendre patiemment que le duc de Chartres vînt les rejoindre.

Quelques instants avant que le prince ne parût, un froufrou soyeux accompagné d'éclats de rires sonores retentit dans la salle à manger.

— Voici ces demoiselles! s'écria Lauzun.

M{}^{lle} Duthé fit son entrée dans le salon. Tout un essaim des nymphes de l'Opéra l'accompagnait.

Les gentilshommes reçurent ces demoiselles avec cette familiarité insolente qu'ils trouvaient de bon goût à cette époque éhontée où on affichait la dépravation, et, quelques instants après cette entrée, le comte de Sommes fit son apparition dans le salon.

— Messieurs et mesdemoiselles, dit-il en saluant lentement la joyeuse réunion, j'ai l'honneur de vous présenter un mien ami que je certifie digne, en tous points, de s'asseoir à la table de Son Altesse : M. le marquis Diégo Camparini!

Et le comte, s'effaçant, fit place à un personnage qui s'était glissé doucement à sa suite dans le salon. Ce personnage, vêtu avec un luxe inouï, resplendissait de broderies d'or et de pierreries. Sa physionomie expressive, ne manquait pas d'une certaine noblesse, et son regard, fier et assuré, avait quelque chose d'incisif qui en rendait l'éclat presque insoutenable. Sa chevelure, poudrée à blanc, faisait paraître plus foncé le ton chaud d'un visage évidemment bruni par le soleil du Midi. Sa main était soignée, et ses doigts surchargés de bagues admirables.

Le pommeau de son épée était enrichi de diamants, et des pierres de la plus belle eau brillaient sur le jabot en point d'Alençon qui s'échappait par l'ouverture de son gilet de satin blanc brodé d'or et de perles fines. Une jambe, nettement et nerveusement modelée, se dessinait dans un bas de soie blanc à coins dorés, et ses boucles de jarretières, ainsi que celles de ses souliers, éblouissaient par les feux éclatants qui s'en échappaient.

Gentilshommes et courtisanes firent au nouveau présenté l'accueil le plus sympathique, et le comte laissa son ami au milieu d'un cercle empressé pour aller rejoindre le duc de Chartres dans le boudoir.

A onze heures, le duc entra dans le salon, et le maître d'hôtel vint annoncer que Son Altesse était servie. La troupe joyeuse passa dans la salle à manger.

Cette salle à manger représentait un bosquet de marronniers avec leurs aigrettes de fleurs et leurs vastes éventails de verdure. La lumière y tombait en pluie d'or par un vitrage supérieur, et aidait au prestige de cette nature artificielle. Les rameaux entremêlés formaient la voûte par où s'infiltrait, au travers de quelques éclaircies, un jour doux et agréable. Sur diverses branches étaient perchés des oiseaux au plus riche plumage. Du pied de chaque tronc s'élevaient, alternativement, un buisson de roses trémières, des lierres et des campanules roses et bleues.

Derrière les marronniers, on voyait une charmille de jasmins, de chèvrefeuilles, de belles-de-nuit. Les perspectives étaient terminées par des points de vue variés, et diverses ouvertures, pratiquées en arcades, étaient remplies par des glaces qui répétaient les différents aspects de cette salle délicieuse.

Dans un angle, un rocher bizarre, servant de buffet, cachait les mu-

L'HOTEL DE NIORRES

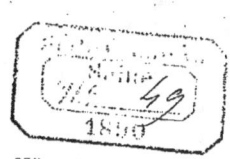

Chaque convive avait les yeux tournés vers le singulier ami du comte. (P. 388.)

siciens qui instrumentaient sans pouvoir lancer dans la salle le plus léger coup d'œil. En face de ce rocher, une coquille de jaune antique, posée sur un riche piédestal, était garnie d'un gazon semé de violettes, de roses pompon, et au centre duquel s'élevait un gerbe d'eau vive. Çà et là étaient appendus aux branches, par des chaînes de fleurs et des écharpes de gaze d'or et d'argent, des lustres en bronze doré enrichis de cristaux de roche admirables de netteté et d'éclat.

LIVR. 49. — L'HOTEL DE NIORRES.   LIVR. 49.

Lorsque le moment de se mettre à table approchait, à l'instant où les convives apparaissaient, un mécanisme ingénieux faisait fendre le tronc de chaque arbre, dont il sortait aussitôt un satyre et une nymphe tenant à la main une girandole d'or.

Le plancher, en bois des Indes, était incrusté de nacre, de perles, d'ivoire et d'ébène.

Les sièges étaient des fauteuils garnis aux bras, aux soubassements et aux dossiers de guirlandes de fleurs finement sculptées et admirablement peintes.

Des servantes nombreuses, des jeux mécaniques habilement distribués rendaient inutile la présence de valets dont on pouvait avoir à redouter la curiosité et l'indiscrétion.

Au moment où tous entraient, le comte de Sommes passa par une porte opposée.

— Picard est parti, dit-il en passant derrière le duc de Chartres.

Le prince fit un signe de satisfaction. Le comte était près du seigneur Camparini.

— C'est fait! murmura-t-il à son oreille.

— *Va bene*, répondit Camparini en italien.

Puis il ajouta en français, mais sans presque remuer les lèvres :

— Je me charge du reste; pense à la réplique.

Tous les convives avaient pris place, chacun s'asseyant à sa guise et choisissant, suivant ses goûts, son voisin ou sa voisine.

Le service était dressé; aucun valet ne circulait derrière les convives; seulement, à la droite de chacun d'eux, une feuille du parquet glissa, et, par l'ouverture, s'éleva une servante chargée de mets. Aussitôt une musique douce se fit entendre, les troncs des arbres se fendirent, et des flots de lumière se répandirent dans la salle à manger.

— Eh! signor Camparini, cria le duc avec ce laisser-aller de ton et de manières qui scandalisait si fort la cour de Versailles, vous êtes Napolitain, Toscan ou Romain?

— Ce qu'il vous plaira, monseigneur, répondit l'ami du comte de Sommes. Je suis né à Naples, le jour d'une éruption du Vésuve; mon père était Romain et ma mère Florentine. J'ai été baptisé dans la ville sainte et élevé dans la cité des Médicis, et jusqu'à cette heure j'ai passé un tiers de ma vie dans chacune de ces villes.

— Bien répondu! s'écria en frappant des mains le duc de Lauzun.

— Qui sait? ajouta Mlle Duthé en montrant ses dents blanches; le signor marquis a peut-être même été marié dans chacune de ces capitales?

— Cela est vrai, mademoiselle, répondit froidement Camparini.

— Hein? fit le duc en riant; vous vous seriez marié trois fois?
— Tout autant, monseigneur.
— Vous avez eu trois femmes?
— Hélas! oui.
— Le marquis les a peut-être même encore! cria le comte d'Ogny.
— Je crois qu'il ne m'en reste plus que deux, répondit Camparini d'un ton piteusement amusant.
— Comment, plus que deux! fit le baron de Cadore; est-ce que vous auriez été marié trois fois en même temps, par hasard?
— Mon Dieu, oui!
— Ah! fit-on de toutes parts en se récriant.
— Le marquis italien ne sourcilla pas; il paraissait même ne pas comprendre le sentiment de surprise manifesté par ses auditeurs.
— Mais, dit le duc de Chartres en reprenant son sérieux, si vous avez été marié trois fois du vivant de vos trois femmes, vous avez été doublement bigame, et, dès lors, vous auriez dû être au moins pendu une fois.
— Je l'ai été deux fois...
— Pendu?
— Oui, monseigneur.

Un hourra accueillit cette déclaration inattendue, faite de la voix le plus calme, et du ton d'une personne traitant un sujet fort sérieux.
— Comment! seigneur marquis, reprit Mlle Duthé en ne sachant pas trop si elle devait rire ou s'effrayer; comment! vraiment, vous avez été pendu deux fois?
— Une fois à Florence et l'autre fois à Rome, répondit Camparini avec un gracieux sourire.
— Et cela ne vous a pas guéri du mariage? dit le duc en riant aux éclats.
— Si peu guéri, monseigneur, que je suis prêt à me marier une quatrième et même une cinquième fois; car, tel que vous me voyez, je suis amoureux fou.
— Et de qui?
— De deux jeunes filles charmantes!
— Peste! vous autres Italiens, vous allez bien, quand vous vous y mettez. Allons, signor Camparini, je bois à vos amours! Faites-moi raison, morbleu! et confiez-nous les noms de vos futures femmes!
— La connaissance de ces noms se lie intimement à l'histoire de mes précédentes pendaisons, répondit l'Italien avec un sang-froid inaltérable.
— Eh bien! contez-nous cela.
— Monseigneur le désire?

— Nous écoutons.

Et le duc frappa sur un timbre placé à sa portée. Aussitôt la musique cessa de se faire entendre et le silence régna dans la salle.

Chaque convive avait les yeux tournés vers le singulier ami du comte, et tous ces regards sceptiques et railleurs eussent certes intimidé un narrateur ordinaire ; mais le signor Camparini parut flatté plutôt que gêné par l'attention générale concentrée sur lui.

C'était à ce moment que le marquis d'Herbois et le vicomte de Renneville, après avoir vainement exploré l'allée couverte, commençaient à sentir naître leur inquiétude, et se décidaient à fouiller le jardin jusque dans ses moindres massifs.

— Monseigneur et messieurs, commença l'Italien, il n'est peut-être personne d'entre vous qui ait entendu parler de la Madone de Brest?...

XXXVIII

UN SOSIE

Tandis qu'à deux des extrémités de la capitale se passaient deux scènes aussi différentes et cependant convergeant toutes deux vers un même but, l'intérêt des mêmes hommes : une troisième, toute aussi importante que celles que nous venons de rapporter, s'accomplissait au centre de Paris, dans le cabinet de M. le lieutenant de police. Revenu de Versailles à neuf heures du soir, M. Lenoir avait fait appeler, dans son cabinet, deux de ses agents subalternes : Fouquier et Henriot, puis il avait demandé Jacquet.

Les trois personnages étaient successivement arrivés, se rendant avec empressement aux ordres du magistrat suprême. M. Lenoir avait entraîné Jacquet dans l'embrasure de la fenêtre, lui avait parlé longuement, puis ensuite il avait quitté la pièce, laissant l'agent principal seul avec les deux employés en sous-ordre. Un quart d'heure après, M. Lenoir était rentré. Fouquier et Henriot n'étaient plus là.

— Les ordres sont transmis? demanda le lieutenant de police.

— Oui, monseigneur, répondit Jacquet. Ces deux hommes vont s'embusquer, l'un rue du Chaume, à l'entrée de l'hôtel de Niorres, l'autre rue Sainte-Avoye, à la petite porte du jardin.

— Il ne faut pas que Saint-Jean leur échappe!

— Il ne leur échappera pas, monseigneur; les ordres sont donnés en conséquence. Ils le suivront partout où il ira.

— Et rien de nouveau ne s'est passé chez le conseiller depuis le dernier attentat que nous connaissons?

— Absolument rien, monseigneur.

Le lieutenant de police paraissait vivement préoccupé : il fit quelques tours dans la pièce sans proférer une parole; puis, revenant vers Jacquet :

— Le roi m'a encore parlé aujourd'hui de ces crimes commis chez M. de Niorres, dit-il. Sa Majesté ne m'a pas caché son mécontentement. Il nous faut absolument une solution, monsieur Jacquet; je l'ai promise au roi. Ces crimes et cette ténébreuse affaire de ce collier de diamants que Bœhmer prétend avoir vendu à la reine mettent en jeu mon influence à la cour. Je ne vous le cache pas, Jacquet, je suis sur le bord d'un abîme, et si je tombe, mes principaux agents ne resteront pas debout!

— Mon attachement pour monseigneur n'a pas besoin d'être doublé d'un intérêt personnel pour être inaltérable, dit l'agent en s'inclinant.

— Il faut, à tout prix, donner satisfaction au roi; la réussite de nos combinaisons, dans l'une de ces affaires, doit nous servir dans le cas où nous viendrions à échouer dans l'autre. Celle du collier de diamants est grave, mais elle est encore tellement obscure, tellement embrouillée, que nous ne pouvons espérer en tenir promptement les fils; d'ailleurs nous ne pouvons marcher sur un prince de Rohan qu'avec des précautions infinies. L'affaire de Niorres est plus facile à couler; là nous sommes moins gênés. Enfin nous avons des indices.

Jacquet ne répondit pas.

— MM. d'Herbois et de Renneville assument sur leur tête toutes les preuves d'une culpabilité effrayante. Ces lettres, ce reçu, que j'ai communiqués au conseiller, semblent m'avoir apporté les témoignages les plus irrécusables...

— Cela est vrai, monseigneur, dit Jacquet. Cependant...

— Cependant quoi? fit brusquement M. Lenoir en voyant l'agent hésiter à parler.

— Je ne crois pas coupables ces deux gentilshommes.

— Hein? dit le lieutenant de police avec stupéfaction. Les rapports que j'ai reçus seraient-ils donc faux?

— Non, monseigneur. Je ne prétends pas cela.

— Alors, que prétendez-vous?

— Rien malheureusement de positif; seulement ma conviction intime est que le marquis d'Herbois et le vicomte de Renneville sont innocents des crimes dont l'esprit public les accuse.

— Mais toutes les preuves sont contre eux, et vous-même m'en avez apporté.

— Je le sais, monseigneur; mais que voulez-vous, je doute!

— Pourquoi?

— Leur conduite privée, conduite que j'étudie avec une attention extrême, n'est pas celle de deux assassins.

— Seraient-ce les premiers criminels habiles que vous eussiez rencontrés, monsieur Jacquet?

— Sans doute, monseigneur, je fais la part de l'habileté, et cependant...

— Hier, vous ne parliez pas ainsi!

— Hier, j'étais convaincu comme vous, monseigneur, de la culpabilité des deux jeunes gens.

— Et aujourd'hui votre conviction est changée?

— Absolument.

— Encore une fois, sur quoi vous basez-vous?

— Sur aucun fait positif, j'ai la douleur de le répéter.

M. Lenoir examina son agent avec une attention extrême. Plongeant ses regards dans les yeux de M. Jacquet, il parut essayer de percer à jour l'impassibilité de glace dont se couvrait ordinairement le visage de cet homme comme d'un voile impénétrable.

— Que s'est-il donc passé? demanda le lieutenant de police d'une voix grave. Je vous connais trop, monsieur Jacquet, pour m'en rapporter à vos convictions présumées. Ces convictions, si elles existent réellement dans votre esprit, doivent avoir un motif sérieux, une cause que vous tenez cachée. Depuis deux mois que vous vous occupez tout spécialement de l'affaire de Niorres, jamais je ne vous ai vu hésiter : les coupables, selon vous, comme selon beaucoup d'autres, étaient le marquis d'Herbois et le vicomte de Renneville. Vos derniers rapports sont précis à cet égard, et voilà que tout à coup, sans motif apparent, vous changez d'opinion, et vous ne vous appuyez sur aucune autre raison, pour motiver ce changement si brusque et si étrange, que sur des pensées qui paraissent vous être propres. Allons donc! monsieur Jacquet! Ou vous jouez devant moi une singulière comédie, ou vous cachez à la police une vérité que votre devoir ne vous permet pas de céler. Donc, expliquez-vous nettement, je le veux!

Jacquet, en dépit de sa froideur ordinaire, paraissait vivement ému, et ses yeux, baissés vers le tapis, semblaient indiquer un sentiment de honte auquel son âme était en proie.

— Monseigneur, balbutia-t-il, épargnez-moi!

— Vous épargner! s'écria M. Lenoir. Comment? pourquoi? à quel propos? Qu'avez-vous donc fait?

— Monseigneur, je suis... déshonoré!

M. Lenoir haussa les épaules.

— Pas de phrases! dit-il. Au fait! Qu'y a-t-il?

Jacquet parut faire un effort sur lui-même.

— Monseigneur, reprit-il après un moment, depuis vingt-quatre heures je ne vis plus; je suis dans un état de surexcitation morale que rien ne saurait rendre; je crois que si cela continuait, je deviendrais fou...

— Mais, morbleu! interrompit le lieutenant de police avec impatience, qu'y a-t-il donc?

— Il y a que moi, Jacquet, l'un de vos agents les plus actifs et les plus intelligents, j'ose le dire, j'ai été joué, trompé, dupé, bafoué comme un véritable imbécile! Oui, monseigneur, j'en rougis de honte, j'en tremble d'indignation et de colère, mais cela est! Il existe à Paris, dans le sein de la capitale du royaume, une bande redoutable, admirablement organisée, qui se moque de l'administration dont j'ai l'honneur de faire partie.

M. Lenoir regarda Jacquet avec stupéfaction.

— Continuez, dit-il d'une voix brève. Les preuves?

— Monseigneur, reprit Jacquet, il y a un homme qui a poussé l'audace et l'impudence jusqu'à se faire mon sosie!

— Votre sosie?

— Oui! Il existe à cette heure deux Jacquet, deux Jacquet employés par monseigneur et agissant tous deux cependant en sens diamétralement opposé. L'un, celui qui vous parle, et dont vous connaissez le dévouement à son devoir. L'autre, affilié à une bande jusqu'ici inconnue, et faisant croire aux intéressés que la police est d'accord avec certains criminels. Oh! je comprends votre étonnement, monseigneur! Celui que j'ai ressenti en découvrant cette trame ourdie avec une si infernale habileté a failli me faire perdre la raison.

— Quelle est cette bande dont vous me révélez l'existence? Quelle est cette trame ourdie contre vous? demanda M. Lenoir. Comment avez-vous découvert ce que vous m'apprenez, et comment un homme peut-il vous ressembler au point de se faire passer pour vous-même?

— Cet homme, répondit Jacquet, n'a d'autre ressemblance avec moi que celle de la taille et celle de la voix, mais cela suffit. Le drôle m'a étudié. Pour parvenir à mieux tromper les regards, il ne se montre jamais qu'affublé de l'un de mes déguisements favoris. Il a mes perruques, il possède ma façon de me grimer, enfin déguisé, c'est un autre moi-même, et cela, monseigneur, à tel point qu'il a pu donner le change à ceux qui me connaissent le mieux, qui me voient chaque jour, aux agents qui sont sous mes ordres!

— Vous êtes fou, monsieur Jacquet! s'écria le lieutenant de police avec colère. Que me contez-vous là!

— L'exacte vérité, monseigneur.

— Quoi! vous, Jacquet, vous l'agent le plus adroit, le plus rusé de mon administration, vous vous laisseriez jouer ainsi en plein Paris, quand vous avez deux cents hommes sous vos ordres, quand vous tenez dans vos mains une partie de la puissance dont je dispose? Allons donc! Ou vous êtes fou, je le répète, ou vous voulez m'en imposer!

— Monseigneur, reprit vivement Jacquet avec une véhémence prouvant jusqu'à quel point le blessait l'opinion émise par son chef, cet homme dont je vous parle a trompé Fouquier, Henriot et tous les croupiers de l'*Enfer!* Maintenant vous savez quel rôle joue dans l'affaire du marquis d'Herbois et du vicomte de Renneville, ce Roger, sorte d'usurier dont la caisse est toujours ouverte aux deux gentilshommes?

— Celui qui leur a fait faire cet emprunt dont j'ai là la minute?

— Oui, monseigneur, celui-là même. Vous savez aussi quel est ce soi-disant ami de Cagliostro qui, suivant la comtesse de La Mothe, aurait servi d'intermédiaire entre elle et la reine pour l'affaire du collier de Bœhmer?

— Un nommé Michel?

— Précisément.

— Eh bien! êtes-vous enfin sur ses traces? avez-vous découvert...

— Rien, monseigneur, si ce n'est que ce Roger, que nous ne pouvons connaître, que ce Michel, que toute la police n'a pu encore saisir, n'est qu'un seul et même homme qui, aux yeux de beaucoup de gens, passe pour le très humble serviteur de monseigneur.

— C'est celui-là que vous accusez de s'être fait votre sosie?

— Je l'accuse parce que je suis certain du fait!

— Voilà qui est étrange! murmura le lieutenant de police en témoignant l'agitation la plus vive. Quoi! cette affaire de Niorres, cette affaire du collier de la reine auraient un lien mystérieux! Un même individu tramerait dans l'ombre ces crimes, et nous ne pourrions arriver à faire la lumière?... Oh! la police en France est donc bien mal organisée!...

— Bien plus! continua Jacquet en se rapprochant de son chef, monseigneur se rappelle qu'en ce qui concerne l'histoire de la petite fille de Bernard le teinturier, l'affaire de la Jolie Mignonne, il m'avait ordonné d'arrêter le cours des choses et, au besoin, de payer le silence du teinturier

Un secrétaire parut sur le seuil de la pièce.
— Picard demande à parler à monseigneur. (P. 397.)

et celui de sa femme d'une promesse du titre d'échevin aux premières élections?

— Sans doute.

— Comment le faux Jacquet est-il parvenu à savoir ce que vous aviez confié à cet égard au véritable? voilà ce que j'ignore, mais voilà ce qui est!

— Quoi! l'homme dont vous parlez a su ce que je vous avais dit à

Versailles, dans mon cabinet, seul à seul avec vous, au sujet de Bernard?

— S'il ne l'a pas su, il l'a deviné, monseigneur. Pour arriver à Bernard, j'avais résolu d'employer un artifice : l'intermédiaire de deux de ses amis m'était absolument utile. Ces deux amis sont deux bons bourgeois, MM. Gorain et Gervais. Eh bien! quand j'ai voulu nouer cette intrigue, j'ai trouvé nos lignes déjà coupées, sur ce terrain, avant qu'elles ne fussent même établies. Ce Roger s'est fait l'ami, le compagnon, le protecteur de ces deux imbéciles. Il leur a promis monts et merveilles. Quand j'ai découvert cela, j'ignorais encore que ce Roger se fît passer pour moi-même. Voulant avoir des renseignements précis sur son individualité, par rapport au rôle qu'il jouait près des deux bourgeois, j'ai choisi mes meilleurs hommes, mes plus fins limiers, et je les ai lancés sur la piste. Voici leurs rapports!...

Jacquet prit une liasse de papiers qu'il déposa sur le bureau du lieutenant de police.

— Tous concluent de même, continua-t-il d'une voix légèrement altérée. Tous ont été trompés, tous ont cru que j'avais voulu surveiller leur conduite, leur tendre un piège pour m'assurer de leur adresse et de leur fidélité, et tous terminent en prétendant que ce n'est pas à eux qu'il appartient de juger les actes de M. Jacquet! Tous ont pris pour moi ce Roger! Voyez! voici huit rapports différents et huit conclusions identiques! Ce Roger serait le diable en personne que cela ne m'étonnerait pas. En se faisant passer pour moi, il a su échapper à la plus active surveillance. Et ce n'est pas tout encore! Avant-hier, au Palais-Royal, dans le jardin, Fouquier l'a vu, ce Roger, lui a parlé et s'est retiré convaincu qu'il avait eu affaire à moi!

— Mais cet acte d'emprunt que vous m'avez remis et dans lequel ce Roger a été spécifié pour avoir joué le rôle de courtier? s'écria M. Lenoir qui écoutait, sans savoir s'il devait croire ou non, le rapport de M. Jacquet.

— Cet acte m'a été remis aujourd'hui à dix heures du matin, par Henriot.

— Qui le lui avait donné?

— Le juif Weiller, ou celui passant pour tel.

— Mais il fallait voir ce juif?

— Je le quitte à l'instant.

— Eh bien?

— Eh bien! monseigneur, ou cet homme est dupe ou c'est le plus rusé coquin, le plus dangereux bandit en présence duquel je me sois jamais trouvé.

— Mais il existe donc une infernale machination organisée avec une habileté surhumaine? s'écria M. Lenoir en frappant du poing son bureau avec un geste furieux.

— Ce Weiller, continua Jacquet, m'a parfaitement reçu, et bien que je ne me fusse pas nommé, il m'a appelé, tout d'abord, son cher M. Roger. Quand j'ai voulu le faire parler, il a souri et a cligné les yeux en me faisant un signe de cordiale entente. Je lui ai dit qu'il se trompait, que je ne m'appelais pas Roger. Il a souri encore. « Je me nomme Jacquet, ai-je dit brusquement, et je suis employé de M. le lieutenant de police. — Bien! bien! a-t-il répondu, je comprends. » C'est en vain que je lui ai fait observer qu'il ne comprenait pas du tout, il a conservé son air entendu. Alors, quoi que j'aie pu faire ou dire, il a obstinément déclaré qu'il savait parfaitement à qui il avait affaire, qu'il me connaissait et que bien que je ne fusse pas, cette fois, déguisé en M. Roger, il était impossible de se méprendre. Il a ajouté que j'avais tort de me méfier de lui, qu'il était entièrement dévoué à ma personne et à celle de monseigneur le lieutenant de police, qu'il avait toujours su que l'homme avec lequel il avait de si fréquentes relations était moi-même, et que ce n'était que dans l'espoir d'être agréable à monseigneur, en accédant à mes volontés, qu'il s'était décidé à prêter plusieurs fois au marquis d'Herbois et au vicomte de Renneville. Enfin, il a remis l'acte en question à Henriot, a-t-il dit encore, parce que je lui avais, la veille, donné l'ordre de me le faire adresser par cet agent!

— Ce que vous me racontez là est tellement étrange, monsieur Jacquet, dit le lieutenant de police, que je ne puis ajouter foi à la véracité de vos paroles.

— Je dis vrai, monseigneur! pourquoi mentirais-je?

Il y eut un moment de silence; puis M. Lenoir dit :

— Si l'on faisait arrêter ce Weiller?

— C'est fait, répondit vivement Jacquet.

— Ah! fit M. Lenoir avec étonnement.

— J'ai cru pouvoir prendre sur moi, ajouta vivement Jacquet, d'agir dans une telle circonstance sans les ordres de monseigneur. Il ne fallait pas que Weiller eût le temps de prévenir ses complices, s'il en a, ou ses mystificateurs s'il est innocent.

— Et où est-il?

— A la prison de la Force, depuis une heure.

— Nous le verrons cette nuit. Et quelle est cette bande à laquelle vous pensez qu'est affilié ce M. Roger?

— Je n'ai aucun indice sérieux à cet égard; mais cette bande existe, je la sens, je la devine : mon instinct ne me trompe pas.

— Et vous m'affirmez, Jacquet, que ce Roger de l'affaire d'Herbois et de Renneville, et ce Michel de l'affaire La Mothe, ne font qu'un seul et même personnage?

— Je l'affirme, monseigneur.

— Quelles preuves avez-vous?

— Toujours les mêmes, monseigneur, et ces preuves sont irrécusables. Des agents chargés de poursuivre Michel m'ont fait les mêmes rapports que ceux auxquels j'avais ordonné de surveiller M. Roger. Aux mêmes lieux, aux mêmes heures : c'était le même homme.

— Comment! il va ainsi sous deux noms différents sans transformer son personnage?

— Oui, monseigneur, et cette certitude m'a confondu. Un homme aussi habile ne peut commettre une pareille balourdise sans intention; il faut que Michel ait intérêt à être pris pour Roger et Roger à se laisser prendre à jouer un double rôle. Pourquoi? Je suis obligé de laisser encore cette question sans réponse!

— Mais, dit le lieutenant de police en revenant au début de la confession de Jacquet, est-ce donc parce qu'un homme s'est fait fort habilement passer pour vous que vous considérez MM. d'Herbois et de Renneville comme dégagés de l'accusation qui pèse sur eux?

— Oui, monseigneur.

— Cela cependant, monsieur Jacquet, ne prouve absolument rien en leur faveur.

— Permettez, monseigneur. Ce Roger les pousse évidemment dans un piège. Cet acte d'emprunt, sa remise entre vos mains en se servant de mon intermédiaire forcé, le prouve clairement!

M. Lenoir n'écoutait plus l'agent. Se promenant dans son cabinet avec une agitation qu'il ne parvenait à comprimer qu'à grand'peine, il essayait de faire jaillir la lumière au milieu de ces ténèbres épaisses qui entouraient l'affaire dont il s'occupait si activement. Il comprenait parfaitement que quelque malfaiteur habile se fût mis à l'abri en se faisant passer pour l'un des principaux agents de l'administration de la police. Il avait des preuves de ce fait et il ne le mettait plus en doute; mais rien ne lui démontrait aussi clairement que les deux jeunes gentilshommes ne fussent pas les auteurs présumés des crimes accomplis.

Ensuite une autre affaire, bien plus grave pour le magistrat, le préoccupait depuis plusieurs semaines avec une insistance ne lui accordant aucun repos. Cette affaire était celle qui devait, quelques mois plus tard, occasionner un si effroyable scandale sous le titre de : Procès du collier.

Ce vol de diamants commençait à faire un bruit redoutable autour du trône. Les ministres, les conseillers du roi voulaient voir, à toute force, dans cette déplorable affaire, une trame ourdie contre le respect dû au souverain. C'était pour eux une question politique. M. Lenoir était de cet avis, et les libelles sortis chaque matin du Palais-Royal lui faisaient supposer, dans ce tumulte calomnieux fait autour du nom de la reine, la complicité du duc de Chartres, l'un des ennemis les plus acharnés de Marie-Antoinette.

Revenant donc insensiblement aux pensées qui le préoccupaient le plus vivement, il chercha à trouver un point de contact entre la politique et le rapport étrange qu'il venait d'entendre. Ce Roger, ce Michel, en se faisant l'ami de MM. Gorain et Gervais, en se faisant passer pour l'un des employés du gouvernement, en se mêlant aux intrigues de la comtesse de La Mothe, n'avait-il pas en vue la réussite d'un projet révolutionnaire à laquelle il contribuerait comme l'un des membres d'une conspiration sourdement et habilement organisée?

Mais dans quel but cet homme agissait-il contre MM. d'Herbois et de Renneville? Quel intérêt pouvait-il avoir à la perte de deux gentilshommes?

Bientôt M. Lenoir en arriva à écarter cette supposition et ce fut vers les ennemis de la reine que se reportèrent son attention et ses pensées.

Jacquet, n'osant troubler les rêveries de son chef, attendait en silence. En ce moment on gratta à la porte du cabinet du lieutenant de police. M. Lenoir fit signe d'ouvrir : Jacquet se précipita. Un secrétaire parut sur le seuil de la pièce.

— Picard demande à parler à monseigneur.

— Le courrier du duc de Chartres! fit M. Lenoir en tressaillant brusquement, car l'arrivée inattendue de cet homme, concordant avec les pensées qui dominaient son esprit, lui parut de l'augure le plus favorable pour ce qu'il désirait si avidement apprendre.

— Faut-il introduire? demanda le secrétaire.

— Oui, oui! dit vivement le lieutenant de police, qu'il entre. Jacquet, attendez mes ordres dans le parloir; je vous ferai prévenir dès que j'aurai besoin de vous.

Jacquet sortit aussitôt, M. Lenoir ouvrit un tiroir de son bureau, prit un rouleau d'or et le plaça sur la cheminée. Le courrier entrait : il était en tenue de route. Il s'avança vers le lieutenant de police, salua, et, sans prononcer une parole, lui tendit une lettre. C'était celle que le comte de Sommes venait de faire signer au prince.

M. Lenoir prit d'une main la missive et de l'autre jeta au courrier le rouleau d'or. Picard empocha lestement le rouleau, salua, se recula et sortit.

Dès qu'il fut seul, M. Lenoir ferma rapidement les verrous des portes et revint vers son bureau devant lequel il s'assit. Une bougie parfumée brûlait dans un élégant bougeoir. M. Lenoir fouilla dans un tiroir et y prit un instrument étroit, long et plat de forme, monté sur un manche d'ébène et dont il présenta la lame à la flamme.

Alors, procédant de la même façon que nous avons vu faire Saint-Jean la nuit précédente, dans les cuisines de l'hôtel de Niorres, le lieutenant de police coupa nettement la cire du cachet et enleva ce cachet avec une habileté qui devait permettre de refermer la lettre sans laisser la moindre trace de violation. Cette opération délicate achevée, M. Lenoir prit le papier renfermé dans l'enveloppe, l'ouvrit et le lut avec une attention extrême.

— Le duc de Chartres mêlé à tout cela! s'écria-t-il en se frappant le front. J'en étais certain! Partout d'où part un trait lancé contre la reine, on trouve une main habituée à toucher celle de Son Altesse! Quel rapport peut-il exister entre le duc et ce Fouché?... Fouché!... répéta-t-il après un moment de silence et comme s'il cherchait dans ses souvenirs. Qu'est-ce donc que cet homme?... Un oratorien, je crois... oui, un professeur au collège de Juilly, je me le rappelle!... Une âme ardente, un partisan des nouvelles maximes... un ami de Danton, l'avocat populaire!... c'est bien cela!... Le duc de Chartres vise à s'entourer de ces gens, ennemis déclarés de la noblesse... Ce Fouché est l'un des agents du duc!... Mais que va-t-il faire là où il se rend?... « Prétexte de l'enfant!... continua le lieutenant de police en relisant la lettre. Songer à la R***!... » Que veulent-ils donc tenter encore contre Sa Majesté? Oh! il faut à tout prix que je sache...

M. Lenoir s'arrêta, et, appuyant son front brûlant dans ses mains, il parut chercher à combiner tout un plan de conduite.

— Je saurai la vérité! dit le lieutenant en se redressant, et cette machination nouvelle échouera, je le jure!

Et, reprenant la lettre, il se mit à la relire avec une attention plus vive encore.

Quand M. Lenoir eut terminé sa lecture, il réfléchit, puis, avant de refermer la missive, il prit un papier extrêmement mince, l'appliqua sur celui de la lettre et décalqua soigneusement l'écriture.

Serrant ce papier dans un tiroir et remettant toutes choses en état, il tira l'un des six cordons de sonnette placés au-dessus du bureau et appendus le long de la muraille. Chacune des torsades avait sa destination particulière, car chaque cordon était de nuance différente et correspondait à un mouvement différent.

— Jacquet! dit laconiquement M. Lenoir à un valet qui entra par une porte opposée à celle qui avait servi à l'introduction du courrier.

Le valet disparut et M. Lenoir, se penchant sur son bureau, se mit à écrire rapidement.

Jacquet entra presque aussitôt.

— Vous allez monter à cheval et partir sur l'heure, sans tarder d'une minute, dit le lieutenant de police sans interrompre son travail.

— Et je vais?... demanda Jacquet.

— A Arpajon d'abord, ensuite... peut-être plus loin. Je vais vous donner les instructions utiles en chiffres. Prenez la grille n° 30.

— Bien, monseigneur. Serai-je longtemps absent?

— Je l'ignore ; cela dépend de la mission importante que je vais vous confier.

— Monseigneur veut-il me permettre de lui faire observer que, si je quitte Paris, je ne pourrai poursuivre l'affaire...

— Je la ferai poursuivre pour vous, interrompit le lieutenant de police ; ce départ rentre admirablement dans mes vues. Un autre a pris votre identité, dites-vous ? Eh bien ! votre absence fera forcément découvrir celui-là ; car personne ne vous croyant parti, votre sosie continuera à jouer votre rôle, et, dès cette nuit, je vais donner l'ordre de vous arrêter à Paris.

— Oh ! je comprends, dit vivement Jacquet, le coup est immanquable.

M. Lenoir se leva et remit à Jacquet le papier sur lequel il venait d'écrire. Ce papier était fermé avec un cachet de cire.

— Vous ouvrirez ce paquet avant d'entrer à Arpajon, dit-il. Il faut que vous soyez en vue de la ville avant trois heures du matin. Exécutez alors les ordres dont vous aurez pris connaissance avec la plus scrupuleuse exactitude. Allez ; il faut, dans cette affaire, du zèle, de la ruse, de l'esprit d'intrigue ; je crois pouvoir compter sur vous.

— Je justifierai la confiance de monseigneur, dit Jacquet en s'inclinant.

L'agent sortit ; le lieutenant de police sonna une seconde fois.

— Picard, dit-il au secrétaire qui ouvrait l'autre porte.

Le secrétaire fit un signe adressé à l'extérieur, s'effaça et laissa passer le courrier.

— Personne ne t'a vu entrer par la porte secrète ? demanda M. Lenoir.

— Personne, répondit Picard.

— Alors, reprends ta missive et continue ta route. Rien à faire ; va !

Le courrier s'élança et disparut à son tour.

Onze heures un quart sonnaient à la pendule rocaille placée au-dessus de la cheminée.

En ce moment, une troisième porte dissimulée dans la tenture tourna discrètement sur ses gonds, et une tête passa par l'entre-bâillement.

— Pick, dit vivement le lieutenant de police.

L'agent se glissa dans le cabinet.

— Monseigneur, dit-il vivement, le marquis d'Herbois et le vicomte de Renneville sont en cet instant dans les jardins de l'hôtel de Niorres. Ils se sont introduits à l'aide d'une fausse clef que le marquis a fait faire après avoir pris l'empreinte de la serrure de la petite porte du jardin.

— Vous êtes certain de cela? s'écria M. Lenoir.

— Voici la déposition du serrurier qui a exécuté cette commande; voici l'empreinte en cire que lui avait remise le marquis, et qu'il a dit avoir perdue afin de me la conserver.

Pick présenta au lieutenant de police les deux objets.

— Et ils sont dans les jardins de l'hôtel? reprit M. Lenoir.

— Ils s'y sont introduits furtivement un peu avant onze heures. Un homme, que je crois être attaché à leur service, veille à la porte du jardin, prêt à protéger leur sortie. Une voiture tout attelée attend rue du Grand-Chantier. Il s'agit, très certainement, d'une violation de domicile et d'un rapt. J'ai laissé, apostés, des agents avec les ordres les plus détaillés et les plus précis. L'hôtel, les jardins sont placés sous une surveillance des plus actives...

— Très bien, fit M. Lenoir en voyant que Pick attendait une approbation pour ce qu'il avait fait.

— Que décide maintenant monseigneur?

— Prenez des agents supplémentaires avec vous; retournez à l'hôtel de Niorres, et, s'il y a délit ou crime..., arrêtez les coupables. Voici des ordres en blanc. Allez, monsieur. Il faut enfin que cette horrible affaire ait un terme... Demain Sa Majesté doit connaître l'arrestation des vrais coupables.

Pick fit un mouvement pour sortir : M. Lenoir l'arrêta du geste.

— Demain, dans la matinée, dit-il, vous arrêterez M. Jacquet.

— Jacquet? s'écria l'agent de police en tressaillant brusquement.

— Jacquet! répéta fermement M. Lenoir; vous me l'amènerez vous-même demain; voici l'ordre.

XXXIX

PENDU

L'heure à laquelle M. Pick pénétrait dans le cabinet de M. Lenoir et lui annonçait ce qui se passait dans le jardin de la rue du Chaume, était

L'HOTEL DE NIORRES

Un navire partait pour la France, nous nous embrassâmes et deux heures après nous ne pensions plus l'un à l'autre. (P. 403.)

précisément celle où le signor Camparini, dans tout le feu d'une narration bizarre, tenait cependant en haleine les convives tant soit peu blasés du duc de Chartres.

— Monseigneur et messieurs, avait dit le marquis, il n'est peut-être personne d'entre vous qui ait entendu parler de la Madone de Brest?

— La Madone de Brest, avait répondu le duc de Lauzun, qu'est-ce que cela?

— C'était, dit l'Italien, une femme charmante, adorable, et que je regrette amèrement. Ce fut ma première compagne...

— Ah! c'est pour elle que vous avez peut-être été pendu une fois? fit le duc de Chartres en riant.

— Précisément, monseigneur. Et quand je songe à cette pauvre chère belle, je ne regrette pas ces moments difficiles que j'ai passés cependant par sa faute. La Madone était Florentine, et, avant de venir s'installer à Brest, elle avait passé sa première jeunesse en Italie. Per dio! messieurs, jamais plus beaux yeux n'avaient allumé plus d'incendies dans les cœurs des promeneurs des Caccines alors qu'elle passait le soir enveloppée dans sa mante. Je la vis deux fois, c'est vous dire que j'en devins fou à lier.

— Peste! monsieur le marquis, interrompit Mlle Duthé en riant, vous avez le cœur plus ardent que votre Vésuve.

— Peuh! fit l'Italien, le Vésuve est cendre et je suis tout lave. Donc je devins fou de la Madone, et sans consulter ma famille (car j'étais libre de ma personne et de mes biens) je résolus de l'épouser.

— Vous étiez jeune? demanda le prince.

— J'avais dix-huit ans. C'est ce qui explique ma sottise, car je l'accomplis et je devins l'heureux époux de la Madone...

— Vous fûtes heureux?

— Hélas! mon bonheur dura peu. Au bout de trois mois, je m'aperçus, avec une désolation profonde, que la Madone et moi étions nés pour vivre loin l'un de l'autre. Cette révélation ne m'abattit point; je pensai à mettre entre nous une distance raisonnable... voilà tout.

— Très bien pensé! dit le baron de Cadore en riant.

— Et que répondit la Madone alors que vous lui fîtes cette gracieuse proposition? demanda le duc de Lauzun.

— Elle me dit qu'une femme ne devait pas avoir d'autre volonté que celle de son mari; et, pour la première fois depuis notre union, nous fûmes d'accord. Elle ajouta même que c'était à elle de partir, qu'elle avait fort envie de voyager... et une foule d'autres excellentes raisons. Loin de contrarier ses projets, je la conduisis moi-même à Civita-Vecchia. Un navire partait pour la France, nous nous embrassâmes et deux heures après nous ne pensions plus l'un à l'autre, ce dont nous nous confessâmes plus tard.

— Vous la revîtes donc? demanda l'un des convives.

— Oui. D'abord, peu de temps avant ma première pendaison et, ensuite, après la seconde. Demeuré seul, je voyageai dans le midi de la Péninsule. Les années s'écoulèrent. J'étais fixé à Rome. Un soir (le soir m'a toujours porté malheur) je rencontrai une femme... extraordinairement belle : le type romain dans toute sa pureté...

— C'est nous dire que vous en devîntes fou à lier, interrompit la Duthé.

— Justement, belle dame. J'ai la mémoire courte, je l'avoue. Il y avait trois années que je n'avais vu ma femme, j'oubliai que j'avais été marié jadis... et j'épousai ma nouvelle conquête.

— Et cette fois, vous fûtes heureux?

— Parfaitement heureux, monseigneur, mais lorsque la mauvaise chance s'acharne après un homme, elle le poursuit sans se lasser. J'avais parlé à ma seconde femme des beautés de Florence, ma ville natale; elle voulut y aller passer un printemps; j'eus la faiblesse d'y consentir. Par une fatalité étrange, la Madone voyageait alors en Toscane. Nous nous rencontrâmes! Des indiscrets parlèrent de la scène qui eut lieu entre nous. Je fus arrêté, jugé, convaincu de bigamie et condamné à être pendu! La Madone, par excès de sensibilité sans doute, était repartie la veille du jour où devait avoir lieu mon exécution. L'heure fatale sonna... Je passe les détails de l'exécution. Bref! je fus pendu en dépit de ma qualité de gentilhomme.

— Pendu! répétèrent les femmes avec effroi.

— Pendu! dirent les hommes en riant.

— Pendu! reprit le signor Camparini avec le sérieux le plus complet. Quand je fus mort...

— Oh! s'écria-t-on sur des tons différents.

— Quand je fus mort, continua le marquis sans se dérider, le bourreau me vendit, ou du moins vendit mon corps à un médecin, lequel faisait des expériences sur les suppliciés. Il en fit de telles sur moi et de si heureuses, que je revins à la vie. J'ai toujours soupçonné le bourreau d'avoir été d'accord avec le médecin, et d'avoir laissé croire à tout le monde et à moi-même que j'avais rendu le dernier soupir accroché au gibet. Toujours est-il que ce miracle accompli par le digne docteur fit un tel bruit que la fortune accourut et qu'il sut la fixer dans sa demeure. Ma résurrection avait battu la caisse à son profit.

— Et votre femme? demanda le prince.

— Elle était au couvent et avait prononcé des vœux. Je quittai la Toscane sans ennui, sans embarras, car la justice s'obstinait à me tenir pour mort et je ne cherchai nullement à la faire revenir à un autre avis.

« Trois années nouvelles s'écoulèrent. J'habitais Naples, un pays adorable... Un soir, en me promenant du côté du Pausilippe... »

— Vous rencontrâtes une femme... commença la Duthé.
— Charmante, ravissante... ajouta Lauzun.
— Précisément! dit le marquis.
— Et vous en devîntes fou à lier.
— Comme vous me faites l'honneur de le dire, mademoiselle.
— Et vous l'épousâtes?
— Je l'épousai.
— Je demande une variante! dit le duc de Chartres en riant.
— Elle va venir, monseigneur. Ma troisième femme était excessivement volontaire et avait un désir immodéré de visiter la France. J'accédai volontiers à ce désir. Aucun navire en partance n'était à Naples, il fallait aller nous embarquer à Civita. Dans le premier moment, je pensai, à tort, hélas! que les autorités romaines m'avaient parfaitement oublié, mais je comptais sans cette chance néfaste qui s'acharnait après moi. Je n'avais pas fait dix lieues dans les États Pontificaux, qu'un parent de ma seconde femme me reconnut, me dénonça... et je fus pris, jugé et condamné comme la première fois. Mais j'étais parfaitement tranquille. J'écrivis à Florence à mon sauveur, mon illustre médecin, et j'attendis patiemment. L'avant-veille de mon supplice, l'excellent docteur arrivait à Rome, et sans que je sache comment il s'y prit, il me sauvait cette seconde fois comme la première.

— Ah! s'écria le duc, voilà un médecin habile, et je voudrais pardieu bien le connaître.
— Rien de plus facile, monseigneur.
— Serait-il en France?
— Il est à Paris.
— Et il exerce la médecine?
— Non, il vit paisiblement, heureux et calme, cachant son nom italien, devenu illustre dans son pays, sous un pseudonyme modeste et éminemment français.
— Bref, il se nomme?
— M. Roger.
— Et je pourrai le voir?
— Dès demain, si votre Altesse le désire.
— Et il m'affirmera que vous avez été pendu deux fois?

Le marquis se leva sans répondre, défit sa cravate, rabattit le col de sa fine chemise de batiste, et se baissant devant le prince :

— Voici deux témoignages de la véracité de mes paroles, dit-il, regardez, monseigneur !

Effectivement un double collier entourait le cou de l'Italien. La chair était meurtrie, rongée, usée pour ainsi dire, et deux traces indélébiles attestaient bien la pression de la corde.

Chacun regarda avec étonnement. Jusqu'alors on avait pris le récit du signor Camparini pour une plaisanterie joyeuse, et personne n'y avait ajouté foi ; mais en présence de ces stigmates du supplice, le doute n'était plus permis.

— Ah ça ! dit le duc de Chartres, vous avez donc été réellement pendu ?

— Deux fois, oui, monseigneur, répondit l'Italien.

— Et à la suite de votre seconde pendaison, que devîntes-vous ?

— Je quittai l'Italie et je m'embarquai pour l'Espagne. De là je gagnai la France, toujours par mer, et en débarquant à Brest, la première personne que je rencontrai fut la Madone, ma première femme, la cause de tous mes maux. Elle était plus jolie que jamais ; je n'ai jamais eu de rancune, je lui racontai mes histoires ; elle rit beaucoup d'abord, me plaignit un peu ensuite et... que vous dirai-je ? j'oubliai son mauvais caractère. Nous pensâmes que l'avenir devait réparer le passé... nous renouâmes les chaînes de l'hymen un moment brisées.

— Ah ! bravo ! voilà une jolie fin ! s'écria Lauzun en riant aux éclats.

— Le ciel lui-même sembla vouloir nous protéger, reprit le marquis, en nous envoyant un témoignage de sa bénédiction. Un enfant vint resserrer des liens que désormais rien ne pouvait plus anéantir.

— Hein ? fit le comte de Sommes qui n'avait encore rien dit.

— Vous ignoriez que j'avais un fils ? demanda le marquis sans paraître remarquer la stupéfaction qui se peignait sur le visage de son ami. Hélas ! bien d'autres que vous l'ignorent, mon cher comte. Les peines infamantes subies par moi en Italie m'interdisaient de donner mon nom à mon fils, et j'eus la douleur de ne pouvoir le reconnaître suivant les lois françaises ; mais des actes, dûment dressés et parfaitement en règle, m'autorisent à dire que cet enfant de la Madone est bien mon fils.

Le comte baissa la tête sous le regard ardent que lui lança le marquis en achevant ces mots.

— Plus tard, reprit celui-ci, je fus assez heureux encore pour assurer, un jour à venir, la fortune de cet enfant. Il y avait alors à Brest un jeune magistrat auquel j'avais sauvé la vie jadis, et qui, ne pouvant me faire accepter la moindre marque de sa gratitude, voulut assurer par un acte... mais, s'interrompit le narrateur, ceci est en dehors de ce que j'ai à vous conter, messieurs... Peut-être, un jour, aurai-je à vous rappeler le fait auquel je fais ici allusion... Pour le moment, il n'est question que de moi.

— Quoi! dit Lauzun, voudriez-vous vous remarier encore?
— Hélas! je suis veuf!
— De vos trois femmes?
— Oui, messieurs.
— Et vous êtes amoureux? demanda Mlle Duthé.
— Comme je ne l'ai pas encore été. Cela m'a pris ce soir, en visitant l'hôtel de Soubise.
— Bah! firent les convives en riant de plus belle, car le marquis les amusait tous au point que le souper, contre son ordinaire, n'avait point tourné à l'orgie.
— Le nom de la beauté? demanda-t-on.
— Je l'ignore, répondit le marquis; mais quelqu'un de vous, messieurs, pourra peut-être me renseigner. J'étais à l'hôtel Soubise, et en regardant par une fenêtre, j'aperçus, dans le jardin d'un autre hôtel situé en face dans la même rue, deux créatures enchanteresses.
— Ah! mon Dieu! fit Mlle Duthé.
— Quoi donc?
— En face l'hôtel Soubise, de l'autre côté de la rue du Chaume?
— Précisément.
— Mais c'est le jardin de l'hôtel de Niorres! Ce sont les nièces du conseiller que vous avez vues.
— Elles sont ravissantes!
— C'est possible; mais je ne vous conseille pas d'épouser l'une d'elles, à moins que vous ne teniez à être veuf une quatrième fois.
— Comment?
— Il y a mortalité dans la famille de Niorres.

Le marquis regarda la Duthé, comme s'il ne comprenait pas.

— Au creps, messieurs, dit le prince en se levant de table pour passer dans le salon, le jeu nous attend!

Chacun quitta la table. Il y eut un petit instant de tumulte. Le marquis Camparini s'était rapproché du comte de Sommes, et tous deux demeurèrent les derniers dans la salle à manger.

— Attention! dit vivement l'Italien à voix extrêmement basse; j'ai ouvert le feu, soutiens-moi! Rappelle-toi ce qui a été convenu entre nous. Il est bientôt minuit, il est temps de partir, et il faut que l'un de ces jeunes seigneurs nous accompagne à l'hôtel de Niorres; son témoignage est essentiel. Donc, aux premiers coups du creps, souviens-toi de mes recommandations.

Le comte avait écouté silencieusement. Il regardait son interlocuteur avec une expression étrange.

— Qu'est-ce que cette histoire de la Madone que tu viens de raconter? demanda-t-il.

— Une histoire parfaitement vraie.

— Ainsi... tu serais?...

— Ton père! dit froidement le marquis.

Le comte recula d'un pas. L'Italien lui saisit le bras.

— Si je t'avais révélé cela plus tôt, dit-il, tu aurais gêné mes desseins. J'ai dit la vérité ici, ce soir, attendu que cette conversation, recueillie par le duc de Chartres et ses compagnons, deviendra d'une énorme importance pour l'avenir, lors du procès que le fils de la Madone aura à soutenir pour l'héritage des Niorres. Tu n'as pas besoin de comprendre, ne cherche pas. J'ai mon plan fait; obéis seulement.

— Mais, reprit le comte, pourquoi avoir fait le récit de ces trois mariages? Pourquoi commettre ce mensonge?

— Ce n'en est point un.

— Quoi! tout ce que vous avez raconté?

— M'est arrivé. Tout ce que j'ai dit est vrai, à l'exception de deux faits : la Madone est bien morte; mais mes deux autres femmes vivent encore.

— Elles sont en Italie?

— L'une est effectivement à Palerme, dans un couvent; mais l'autre, la dernière...

— Où est-elle?

— A Paris!

— A Paris! répéta le comte avec une stupéfaction croissante.

— Oui, et tu la connais.

— Moi?

— Au creps! cria une voix partie de l'intérieur du salon.

— Nous voici, monseigneur! répondit le marquis en faisant un pas en avant.

Puis, se penchant vers le comte qu'il poussa doucement devant lui :

— A l'œuvre! murmura-t-il. Il faut qu'à minuit nous soyons dans les jardins de l'hôtel de Niorres; songe que la barrière la plus solide qui nous sépare encore de la fortune doit tomber cette nuit, sous nos yeux!

Les deux hommes entrèrent dans le salon.

M. de Renneville saisit dans ses bras le corps de son ami. (P.414.)

Le marquis ne paraissait nullement ému, et il s'approcha de la table de jeu, qu'entouraient déjà les convives du duc, avec cette aisance d'un seigneur qui se soucie peu de risquer, sur le tapis vert, des sommes suffisantes au revenu de dix familles.

Le comte fit un tour dans la pièce, pour se remettre de la sensation terrible qu'il venait évidemment d'éprouver.

— Le fils du Roi du bagne! murmura-t-il involontairement, en lançant un regard dans la direction du signor Camparini.

XL

LES CADAVRES

Aux cris d'alarme, qui avaient retenti si violemment dans l'intérieur de l'hôtel de Niorres, avait succédé une clarté subite, inondant le jardin de a lumière la plus vive, et un jet de flammes s'était fait jour à travers les vitres brisées de l'une des fenêtres du premier étage. C'était alors que le marquis d'Herbois et le vicomte de Renneville s'étaient élancés, au moment où une double détonation, suivie d'un hurlement furieux, s'était fait entendre dans la direction de la petite porte du jardin, près de laquelle veillait Mahurec.

MM. d'Herbois et de Renneville s'étaient arrêtés brusquement; une même pensée leur traversait l'esprit. Se comprenant mutuellement, sans avoir besoin du secours de la parole, tous deux avaient fait un même bond en arrière, et, escaladant de nouveau la fenêtre du bâtiment des communs, ils s'étaient élancés dans l'intérieur de l'habitation.

Une même réflexion leur avait fait comprendre que, pour arriver à celles qu'ils voulaient arracher au danger, la voie la plus courte et la plus sûre était l'intérieur des appartements. Devinant les êtres de l'hôtel, avec cette prescience que donnent, à ceux qui aiment, le dévouement et la passion, ils ont traversé les cuisines, les vestibules, et ils avaient atteint les premières marches du grand escalier.

Haletants, épouvantés, et cependant énergiquement résolus, les deux jeunes gens avaient franchi rapidement les degrés qui les séparaient du premier étage.

Les cris avaient cessé dans l'intérieur de l'hôtel, mais un grand tumulte se faisait entendre dans le jardin. Les flammes, s'élançant avec violence, éclairaient la marche du marquis et celle du vicomte. Sur le palier du premier étage, trois portes s'offrirent à eux : ils hésitèrent un moment.

— Où sont-elles? s'écria le vicomte.
— Blanche! Léonore! appela le marquis.

Un craquement sinistre répondit seul à cet appel : une cloison s'écroulait à l'intérieur. Le marquis se précipita sur une porte, et, par un effort désespéré, l'enfonça plutôt qu'il ne l'ouvrit.

Un rideau de flammes s'étendit brusquement devant les deux jeunes gens. Quand la flamme se courbait sous l'action du vent produit par le courant d'air, on apercevait les profondeurs d'une vaste galerie sur laquelle donnaient plusieurs portes.

Le vicomte et son compagnon, sans hésiter, sans échanger une seule parole, franchirent ce rideau enflammé et pénétrèrent dans la galerie, criant, appelant avec des accents d'angoisses indicibles. Pas une voix ne répondait à leurs cris.

— Elles sont mortes! dit le marquis en devenant pâle comme une statue de marbre.

— Fouillons ces chambres! répondit le vicomte en forçant l'une des portes.

Un tourbillon de fumée s'échappa par l'ouverture et renversa le jeune homme; là encore l'incendie avait un ardent foyer. M. de Renneville se releva, la chevelure brûlée, et pénétra dans l'intérieur.

A peine avait-il fait quelques pas, qu'il poussa un rugissement furieux. Le marquis était près de lui.

En face d'eux, sur un lit déjà à demi consumé, gisait un corps inanimé; les preuves évidentes d'un crime horrible étaient sous les yeux des deux marins.

Ce corps était celui de M. de Nohan, le gendre du conseiller... Une large plaie déchirait sa poitrine, et un ruisseau de sang coulait sur le tapis.

Sans doute, le malheureux avait été surpris dans son sommeil par le meurtrier qui l'avait frappé, car la pose était calme, et la mort avait dû être presque instantanée. Ce cadavre ne portait aucune trace des convulsions d'une longue agonie.

Le vicomte et le marquis se regardèrent, et un même cri d'horreur s'échappa de leurs lèvres. Tous deux s'étaient penchés avidement sur le cadavre pour interroger les battements du cœur, mais ces battements avaient cessé.

MM. d'Herbois et de Renneville bondirent hors de cette chambre que l'incendie envahissait rapidement, et dont le foyer paraissait être le lit lui-même.

Bravant la fumée qui s'engouffrait dans la galerie, sentant leurs forces physiques se décupler par l'effroyable sentiment qui torturait leur âme, les jeunes gens, dont la respiration sifflante déchirait la gorge, se ruèrent sur une autre porte et pénétrèrent dans une seconde pièce. Là aussi, la fumée les aveugla, les asphyxia un moment, mais elle ne put les arrêter. Cette pièce était la chambre de Mme de Nohan.

Le lit était désert et intact ; la jeune femme n'avait même pas dû y prendre place ; mais, près d'une commode à demi consumée, une forme humaine se détachait sur le tapis, dont la laine, brûlant lentement, avait retardé les progrès de la flamme.

Mme de Nohan, la tête violemment renversée en arrière, les traits horriblement contractés, la face tuméfiée, les yeux sortis de leur orbite, demeurait étendue sans donner signe d'existence. Un lacet de soie, passé autour du cou et serré avec une telle violence que les chairs s'étaient déchirées et que le sang avait jailli, décelait le genre de mort auquel avait succombé la jeune femme. Là encore, les deux marins retrouvaient, sous leurs yeux hagards, les preuves irrécusables d'un nouveau crime.

M. de Renneville porta les mains à son front. Il sentait sa raison vaciller et le délire s'emparer de son cerveau. Le marquis, terrifié, demeurait immobile et comme frappé d'insensibilité.

Les flammes les enveloppaient de tous côtés, et aucun d'eux ne songeait au danger qu'il allait être bientôt impossible de braver. Les meubles craquaient, les cloisons s'abîmaient, les murailles se lézardaient ; l'incendie, dévorant sa proie, se ruait, en mugissant, dans la galerie, dans les chambres, léchant les plafonds de ses langues ardentes, rongeant les parquets, dont les feuilles volaient en éclats.

Des cris affreux retentissaient au dehors. Sans doute, une foule immense avait envahi les jardins de l'hôtel et les rues avoisinantes, sans doute les secours arrivaient de toutes parts, et l'on cherchait à combattre le fléau dévastateur ; mais ni le marquis ni le vicomte n'entendaient plus ces cris montant vers eux, à travers le tumulte horrible que causaient les flammes courant, dans cette partie des bâtiments, avec leur effroyable puissance.

Le feu rongeait leurs habits, et tous deux, cependant, demeuraient immobiles, en présence du cadavre de cette femme qu'ils contemplaient d'un œil sec et pour ainsi dire privé de regards. Tout à coup, une réaction subite s'opéra dans leur cerveau frappé de vertige.

— Blanche ! cria le marquis.

— Léonore ! cria le vicomte.

Et tous deux s'étreignirent étroitement.

— Mourons avec elles ! dirent-ils d'une même voix.

Tous deux s'élancèrent au dehors... Il était temps. Les deux cloisons de la chambre de Mme de Nohan, séparant cette chambre de deux salons voisins, s'écroulèrent à la fois, et les décombres, donnant à l'incendie un aliment nouveau, les flammes, un moment étouffées, surgirent plus menaçantes.

La galerie était en feu... Les deux jeunes gens la parcoururent néanmoins dans toute son étendue, ouvrant chaque porte, interrogeant chaque pièce; mais toutes étaient vides.

Arrivés au bout de ce long corridor, un gros mur dressa devant eux une barrière infranchissable. Il fallait retourner sur ses pas et suivre la galerie en sens opposé; mais l'incendie avait fait des progrès énormes : partout des murs de flammes surgissaient sur leur passage, et la fumée faisait passer devant leurs yeux des nuages de sang. Mais, en présence de ce péril menaçant, le marquis et le vicomte avaient senti redevenir lucide leur raison un moment troublée. A la fièvre du désespoir, succédait le calme de la résignation.

Tous deux supposaient que Blanche et Léonore avaient été immolées durant cette nuit de carnage, et ils n'avaient plus qu'une pensée : mourir à leur tour, mais mourir auprès des cadavres de celles qu'ils aimaient de toutes les forces de leur cœur. Il fallait donc, luttant avec le feu, découvrir dans cette habitation croulante, dont ils ignoraient les détours, la chambre où devaient être les jeunes filles, et éviter la mort jusqu'à l'anéantissement complet du faible espoir que conservait encore leur âme... Mais la mort était là, imminente, inévitable! Le marquis et le vicomte échangèrent un regard.

— Nous sommes perdus! dit froidement le premier. Jamais nous ne pourrons atteindre l'escalier. Nos vêtements prendront feu, en traversant ces flammes qui nous séparent du palier.

— Attends! dit le vicomte.

Et, laissant son compagnon dans la galerie, il se précipita dans la chambre de Mme de Nohan. Détournant ses yeux du cadavre déjà presque entièrement consumé de la pauvre femme, il arracha du lit les couvertures de laine, ramassa un lambeau de tapis que le feu n'avait point encore atteint, et revenant vers le marquis, il lui jeta ces douteux remparts contre la puissance du fléau.

Les deux jeunes gens s'enveloppèrent hermétiquement dans les étoffes de laine, puis, d'un même élan, s'élancèrent au milieu des flammes...

Le parquet s'effondrait sous leurs pieds... le feu les enveloppait... la flamme brûlait leurs sourcils et leurs cils... la chaleur les étouffait... Le marquis, le corps couvert de brûlures affreuses, poussa un cri douloureux et s'affaissa sur lui-même...

— Charles! s'écria le vicomte avec l'accent du plus horrible désespoir.

Et réunissant ses forces, oubliant son propre danger, M. de Renneville saisit dans ses bras le corps de son ami, et, par un élan suprême, traversa la muraille de feu.

L'escalier, construit en marbre, avait résisté à l'action dévastatrice des flammes, et, par une fenêtre ouverte, un courant d'air plus pur vint ranimer le gentilhomme évanoui. Les cris du dehors arrivaient alors plus éclatants : on entendait les appels des travailleurs, les ordres donnés par les chefs des travaux...

Mais si le corps de l'escalier avait échappé au feu, le vestibule dans lequel il aboutissait était devenu la proie des flammes. Aucune communication avec le dehors n'existait plus.

Les deux jeunes gens ne songèrent pas à descendre les marches brûlantes qui s'offraient à eux. Ils voulaient explorer l'étage supérieur. C'était là, effectivement, qu'était situé l'appartement des deux jeunes filles; mais là encore se dressait une barrière de flammes.

XLI

LA TOILETTE D'UNE FEMME DE QUALITÉ

L'hôtel de Mme la marquise d'Horbigny était situé dans le nouveau quartier avoisinant cette Chaussée d'Antin dont les récentes constructions émerveillaient les Parisiens de l'époque.

Une heure venait de sonner, et la jeune et jolie marquise, quittant sa chambre, souleva la portière de soie rose pour pénétrer dans son cabinet de toilette.

Ce cabinet de toilette était une belle pièce située au premier étage de l'hôtel et ouvrant par quatre grandes fenêtres au levant sur la cour, et au couchant sur un jardin, dans lequel la nature s'arrangeait comme elle pouvait, car l'art lui avait tout ôté, excepté les rayons dorés du soleil, qui se glissaient, tant bien que mal, jusque dans l'appartement. Décoré des mille fantaisies architecturales alors de mode, ce jardin offrait cependant un charmant coup d'œil s'harmonisant parfaitement avec les décorations du cabinet de toilette-boudoir, tout enjolivé par les mignards caprices d'un élève de Watteau.

C'étaient ces innombrables sujets favoris du temps : des Amours qui jouaient avec des fleurs dans un bassin doré placé au-dessus du trumeau de la cheminée; des oiseaux qui chantaient et battaient de l'aile sur les guirlandes et les arabesques du plafond; des bouquets en guise de fresques, qui s'étalaient en mille charmants contours et avec des délicatesses infinies de dessin, sur les grands panneaux, jusqu'à la corniche.

Tout était art et coquetterie dans cette pièce délicieuse, depuis les tableaux de Boucher avec leurs bergères aux jambes nues, leurs moutons enchaînés de rubans roses, leurs bergers poudrés, jusqu'aux plus petits objets composant le mobilier de la grande dame; le fauteuil de jonc sur lequel elle allait s'asseoir, les sièges à dossier de velours bleu et rouge encadré de dorures, l'écran à tentures de soie, la commode à dessus de marbre gris veiné de rose, les tiroirs en bois d'acajou incrusté d'arabesques en écaille, le guéridon à tige torse et sculptée, la servante à triple table, la pendule à cadran cerclé d'anneaux verts dans un cadre à feuillages d'or, tout enfin, jusqu'à la niche du chien de la marquise, élégante petite hutte recouverte d'un velours rose et dans laquelle sommeillait un griffon blanc au poil soyeux.

Mme d'Horbigny était une ravissante jeune femme dans tout l'éclat de sa beauté, et portant à ravir le costume de l'époque. Elle n'était point cependant en grande toilette, mais son élégant déshabillé lui prêtait un charme d'une exquise distinction.

Un riche peignoir garni de dentelles plissé autour des épaules, laissant au corps toute liberté de poses, flottait autour d'elle.

La marquise vint, sans prononcer une parole, s'asseoir sur le fauteuil de jonc placé devant une espèce de baldaquin recouvert d'une garniture de dentelles qui retombait jusqu'à terre et se reliait en haut, attachée par un gros nœud de rubans roses.

Une camériste, véritable Marton à l'œil éveillé, au nez retroussé et au minois effronté, jupée court et finement prise dans sa taille, tira la garniture du baldaquin qui, se séparant au sommet en guise de rideau travaillé de charmants dessins, découvrit une table de toilette surmontée d'une glace de Venise et surchargée de tout l'attirail nécessaire à augmenter la beauté.

La marquise jeta un coup d'œil dans la glace, sourit au miroir, et, s'adressant à la camériste :

— Léonard est là? dit-elle d'une voix languissante.

— Oui, madame! répondit la soubrette.

— Faites-le entrer.

La femme de chambre courut à une porte dérobée, l'ouvrit, et presque aussitôt notre ancienne connaissance, le coiffeur que nous avons vu dans le carrabas de Versailles, fit irruption plutôt qu'il n'entra dans le cabinet de toilette.

— D'honneur! dit-il, de ce ton impertinent qu'il avait pris et que lui passaient toutes ses clientes parce que la reine s'en amusait et était la première à en rire, d'honneur! madame la marquise, il faut que ce soit l'amour de vos beaux cheveux qui m'ait fait venir à pareille heure ; mais je n'ai pas voulu vous faire le chagrin de vous envoyer Frémond, mon premier ministre.

— Vous savez bien, Léonard, que je ne veux être coiffée que par vous! répondit la marquise.

— Toutes ces dames, à Versailles et à Paris, en disent autant, et cependant il m'est impossible de les contenter. Sa Majesté absorbe tous mes instants. Elle ne peut pas se passer de moi... Mais quelle coiffure allons-nous faire ce soir?...

— Celle que vous voudrez, Léonard.

— Où madame la marquise va-t-elle? Soupe-t-elle chez elle ou en ville?

— Chez moi, Léonard.

— Est-ce un souper triste? un souper de gens de finance ou d'hommes d'épée? Qui madame reçoit-elle?

— Le comte de Sommes, l'abbé de Talleyrand, Mme de Langeac...

— Bien! bien! interrompit le coiffeur avec un aplomb imperturbable; coiffure aimable, alors. Il faut que madame la marquise soit belle à faire damner ses rivales et mourir ses soupirants. Je sais ce qu'il faut!

Puis, se tournant vers la camériste qui attendait discrètement :

— Armande! continua-t-il avec un accent impérieux, des gazes, des fleurs, des rubans, des chiffons!

— Pas de diamants? demanda la marquise.

— Pas le moindre; je les interdis. Des fleurs, et beaucoup! des roses, des œillets, des chèvrefeuilles. Un buisson, Armande, un véritable buisson, mon enfant! Dévaste les parterres!

Et tandis que la camériste s'élançait au dehors pour aller chercher ce que demandait le coiffeur à la mode, celui-ci retroussa les manchettes de dentelles qui lui tombaient sur les mains, et, prenant un peigne, il détacha lestement les cheveux de la marquise.

— Qu'y a-t-il de nouveau à la cour? demanda Mme d'Horbigny en souriant.

— Peuh! rien de bien digne d'être rapporté.

— Et à la ville?

— Oh! oh! beaucoup de choses, madame!

Aussi l'entrée du comte n'avait-elle nullement interrompu l'œuvre commencée par Léonard. (P. 421.)

— Est-il toujours question de ces empoisonnements chez le conseiller?
— S'il en est question! s'écria Léonard en demeurant le bras levé et le peigne en l'air, avec une expression d'étonnement comique. Quoi! est-ce que madame la marquise ne sait pas ce qui s'est passé?
— Où cela?
— La nuit dernière, à l'hôtel de Niorres?

— Mais non; je ne sais rien. Je n'ai vu encore personne de la matinée... Que s'est-il donc passé?

— Des choses horribles, madame! Il n'est bruit que de cela dans tout Paris. M. de Nohan, sa femme, Mme de Versac, son fils et son neveu, ont été assassinés!

— Ah! mon Dieu! s'écria la marquise avec un calme dénotant une indifférence parfaite à propos de cette terrible nouvelle; que me dites-vous là?

— Ce que tout le monde sait, excepté madame. Une partie de l'hôtel a été brûlée. Les meurtriers avaient allumé l'incendie dans l'espoir, sans doute, d'anéantir dans les flammes les preuves de leurs crimes abominables.

— Les meurtriers? Ils sont donc plusieurs?

— Ils étaient deux, madame.

— Et ils sont arrêtés?

— Cette nuit, au milieu de l'incendie, au milieu du tumulte, on s'est emparé des assassins dans l'appartement de Mme de Versac, au moment même où les monstres venaient d'accomplir leur dernier forfait!

La marquise, se penchant en avant, fit basculer la glace de sa toilette en posant sur la bordure son doigt blanc et effilé, et elle s'examina attentivement, en passant sa petite main sur son frais visage :

— Il me semble que j'ai mauvaise mine ce matin, dit-elle d'une voix languissante.

— Madame la marquise n'a jamais été plus charmante! répondit Léonard en homme habitué à débiter régulièrement la même phrase à chacune de ses clientes.

— Vous croyez, Léonard?

— J'en suis sûr, madame.

— Alors, reprit la marquise, du même ton qu'elle aurait pris pour s'enquérir de la chose la plus insignifiante, les assassins sont enfin arrêtés. C'est bien heureux! Et vous dites que ces gens-là ont brûlé l'hôtel?

— Une partie, madame.

— C'est affreux à penser, car enfin il y avait, à l'hôtel de Niorres, des choses magnifiques. Entre autres, des sculptures admirables. Savez-vous si elles ont été détruites, Léonard?

— Je l'ignore, madame, mais ce que je sais, c'est que deux femmes, un homme et deux pauvres enfants ont péri!

— Ne me donnez pas trop de détails, Léonard, sur cette horrible catastrophe. Cela pourrait me faire mal, et la moindre émotion m'altère les traits et me rend affreuse! dit la marquise en fermant à demi ses beaux yeux et en se renversant en arrière sur son fauteuil.

— Oh! fit le coiffeur d'un ton légèrement ironique, que madame fasse provision de courage et de sang-froid alors, car chaque personne qu'elle verra lui parlera de cet événement désolant, attendu que tout Paris s'en occupe.

— Alors, Paris est triste, ce matin?
— Naturellement, madame.
— C'est affreux, ce que vous me dites là! Je m'étais levée avec les idées les plus riantes... Ah! mon Dieu! fit la marquise en changeant brusquement de ton, mais j'y pense! vous allez me coiffer avec des fleurs, cela n'ira pas si le vent est à la tristesse! Il faudrait plutôt des plumes...

Oh! dit Léonard en souriant, rassurez-vous, madame; si Paris est affecté ce matin, il sera joyeux ce soir. D'ailleurs, nous pourrons écarter les fleurs trop gaies.

— C'est cela, Léonard. Faites-moi une coiffure sentimentale. Je mettrai une robe de couleur sombre. Je voulais mettre un robe lamée d'argent, mais j'ai changé d'avis. Vous avez très bien fait de me prévenir. Vous comprenez, Léonard, si tout le monde me parle de ces malheurs, je suis si extraordinairement sensible! je pleurerai... et je ne sais rien de plus laid qu'une femme qui pleure en robe claire et avec des roses dans les cheveux. Il faut que la toilette s'harmonise toujours avec l'air du visage.

Tout cela fut débité d'un ton si parfaitement calme que le coiffeur, bien qu'il connût sa belle cliente depuis longtemps, fit un geste de stupéfaction.

Mme d'Horbigny parut ne pas comprendre la pantomime, cependant fort expressive, de Léonard. D'ailleurs, l'eût-elle comprise, qu'elle eût à peine daigné s'en offenser, tant sa manière d'être lui semblait naturelle.

La belle marquise ne supposait pas qu'un événement arrivé à autrui, quelque terrible que fût cet événement, pût émouvoir son cœur qui n'avait jamais battu que mû par les fonctions de circulation du sang. Quant à l'esprit de la marquise, ils n'obéissait qu'à trois sentiments : celui d'une coquetterie effrénée, un égoïsme absolu, profond, desséchant, et une indifférence pour tout ce qui ne la touchait pas personnellement poussée jusqu'aux dernières limites.

La marquise n'avait que trois préoccupations constantes auxquelles elle sacrifiait impitoyablement tout et toujours : être plus belle que ses rivales en beauté, voir satisfaire ses plus légères fantaisies, ses moindres désirs, ses plus insensés caprices, et pouvoir jeter à pleines mains, sous ses pieds, l'or qu'elle aimait à contempler dans ses coffres. Avarice et dissipation se rencontrent ensemble plus souvent qu'on ne le pense, lorsque l'égoïsme sert de trait d'union entre eux : la marquise présentait la preuve de cette alliance si peu rare.

Léonard connaissait parfaitement la marquise : aussi se remit-il rapidement du premier mouvement de stupéfaction qu'il avait ressenti en présence de cette indifférence de glace.

Au reste, peu lui importait à lui-même que la marquise d'Horbigny prît, ou non, intérêt aux malheurs de la famille de Niorres. Il était trop vain de sa position près de la reine, trop entiché de sa valeur personnelle, pour accorder une attention suivie à d'autres affaires qu'aux siennes propres. Puis, courtisan dans l'âme, flatteur par métier, adulateur par intérêt, le coiffeur renommé savait être, tour à tour, suivant le caractère, les dispositions morales, les habitudes de ses clientes, sentimental ou gaiement badin, grave ou léger, poétiquement mélancolique ou sceptique renforcé. Aussi, quittant brusquement le ton lugubre qu'il avait pris depuis quelques instants, croyant qu'il allait entamer la narration des événements accomplis à l'hôtel de Niorres, il se mit, tout en s'occupant de son œuvre importante, à complimenter la marquise sur ses attraits chaque jour plus puissants.

Mme d'Horbigny accueillit ce changement de conversation avec l'indifférence dont elle ne se départait jamais; mais un sourire, qui éclaira son charmant visage, prouva que Léonard était un habile diplomate.

En ce moment la camériste rentra dans le cabinet de toilette, les bras chargés de fleurs fraîchement cueillies.

— Madame, dit-elle, M. le comte de Sommes demande à être introduit.

La marquise jeta un rapide coup d'œil à son miroir.

— Faites entrer! dit-elle ensuite.

Le visiteur annoncé se glissa dans le cabinet de toilette et salua la marquise avec cette aisance aristocratique dont le secret est à jamais perdu.

Mme d'Horbigny, sans tourner la tête, envoya un sourire par l'intermédiaire du miroir de Venise.

Rien de moins étrange alors qu'une visite faite et reçue dans de telles circonstances. Au XVIIIe siècle, l'usage adopté par les femmes de qualité, était de laisser libre l'accès de leur boudoir à cette heure de la toilette qui est ordinairement, par un sentiment de pudeur, plus que toute autre, celle de la solitude. Mais, sous Louis XV et sous le règne de son successeur, les femmes aimaient à occuper, à la fois, leur esprit et leurs yeux et à prêter l'oreille à leurs admirateurs dans le même moment qu'elles livraient au coiffeur leur chevelure. Au reste, cette idée, de se faire courtiser en se faisant habiller, avait peut-être son explication dans la coquetterie naturelle des femmes plus encore que dans l'ennui que leur apportait le désœuvrement. C'était le seul instant de la journée où elles pussent faire montre de quelque simplicité, de leur beauté vraie, si elles en avaient; c'était une heure donnée presque à la nature, un moment d'abandon et de liberté enlevé au despotisme de la mode et à la tyrannie des corps de baleines et des paniers qui allaient s'emparer d'elles pour le reste de la journée ou de la soirée et ne les quitter qu'à leur retour de la cour, du concert, du bal ou de l'Opéra, avec tout l'embarrassant artifice de leur toilette. Puis, les intimes avaient seuls le privilège d'être admis dans le boudoir, et là, on pouvait babiller à l'aise, échanger une confidence, médire du prochain, enfin être soi-même au moral et au physique.

Aussi l'entrée du comte n'avait-elle nullement interrompu l'œuvre commencée par Léonard, lequel, tout en débitant les terribles nouvelles qu'il apportait, avait innové une mode de coiffure contrastant étrangement avec celle régnant précédemment.

En 1775 avaient commencé les coiffures élevées, dites les grecques à boucles badines, lesquelles, allant en s'élevant toujours, atteignirent, trois ans plus tard, à une hauteur de deux pieds au-dessus de la tête. Mais ce n'était point assez : la folie de la mode voulait plus encore et bientôt Léonard inventa le fameux pouff au sentiment, qui est demeuré, à bon droit, comme le monument le plus étrange des goûts incompréhensibles de cette époque de décadence.

Le pouff au sentiment s'était ainsi nommé : pouff, à raison de la confusion d'objets qui entraient dans sa composition, et au sentiment, parce qu'on y faisait figurer tout ce que la dame qui le portait affectionnait.

C'était quelque chose d'inouï, d'incroyable, de fabuleux dont aucune description ne saurait aujourd'hui donner une idée précise. Qu'on se figure un immense échafaudage de cheveux crêpés, bouclés, chamarrés de plumes, de rubans, de gaze, de guirlandes, de perles et de diamants, une montagne de neige chargée de fleurs, d'arbustes, de joujoux, de statues, de jardins, de panaches, de flottes, d'armées.

Mme la duchesse d'Orléans, Louise-Marie-Adélaïde de Bourbon-Penthièvre, mère du roi Louis-Philippe, parut à la cour portant un pouff dont les Mémoires du temps nous ont conservé la description exacte. Au milieu de la tête, on voyait une femme assise sur un fauteuil et tenant un nourrisson, ce qui désignait M. le duc de Chartres et sa nourrice. A droite, était un énorme perroquet becquetant une cerise, oiseau précieux à la princesse. A gauche, se tenait un petit nègre, image de celui que Son Altesse aimait particulièrement. Dans le surplus de la coiffure, s'agençaient, en dessins bizarres, les cheveux des ducs d'Orléans, de Chartres et de Penthièvre.

On croira difficilement, aujourd'hui, qu'on ait osé se placer sur la tête une telle macédoine, une telle ménagerie, un tel salmigondis, en un mot, de choses aussi extraordinaires. C'était un véritable dévergondage de la mode que la folie du temps finit par consacrer.

On vit, dans les pouffs au sentiment, tout ce que le caprice a de plus étrange, et peu à peu cette coiffure devint une espèce d'enseigne destinée, non seulement à indiquer ce que l'on aimait, mais encore quel était le genre d'esprit et d'humeur de celles qui la portaient.

Les femmes légères se jonchèrent la tête de papillons et de zéphyrs; les femmes tendres nichèrent dans leurs cheveux des essaims d'amours; celles aux idées champêtres se décorèrent de la représentation des différentes phases de la culture : c'étaient des moissonneurs, des semeurs, des vignerons, des faucheurs, tous dans l'exercice de leurs fonctions. Enfin, chose plus incroyable encore, que nous affirmons cependant d'après les témoignages les plus authentiques, et qui peint un excès de frénésie qui faisait alors divaguer tous les esprits, on vit, à la cour, des femmes ayant des prétentions à la mélancolie, venir en plein bal avec des pouffs aux sarcophages, les cheveux couverts d'urnes funéraires, et un cimetière représenté dans leur coiffure!

Bientôt, avec la guerre, étaient venues des images belliqueuses. Les femmes portaient dans leurs cheveux des bastions, des citadelles, des armées d'assiégés et des colonnes d'assiégeants, des batteries d'artillerie; et, après les glorieux faits d'armes de d'Estaing et du bailli de Suffren, des vaisseaux, avec leurs agrès, se balancèrent sur les vagues formées par les boucles de cheveux ondulés.

Ensuite régna la mode des bonnets au parc anglais. Les cheveux, irrégulièrement disposés, formaient des collines sur lesquelles des moulins à vent tournaient, puis des bosquets et des taillis que battaient des compagnies de chasseurs, des plaines arrosées par des ruisseaux au bord desquels les moutons paissaient sous l'œil des bergères.

« On inventa, dit Mercier, un ressort qui élevait et abaissait ces machines. »

Ces coiffures exorbitantes atteignirent jusqu'à quarante-six pouces de haut (près d'un mètre trente centimètres!). Or, si l'on songe que, après la loi de la mode, la hauteur complète, du tapis au sommet de la coiffure, d'une dame, chaussée de ses mules à talons hauts, devait égaler le diamètre de la circonférence, on aura une idée du développement réellement gigantesque des paniers.

Les choses allèrent enfin si loin en hauteur et en largeur « que, dit Mme Campan, on ne pouvait plus trouver de voitures assez élevées pour s'y placer, bien que l'on eût ôté la banquette et que les femmes se tinssent à genoux dans leurs carrosses. Souvent elles étaient obligées de tenir leur tête penchée de façon à ce que le sommet de la coiffure sortît par la portière. » Et Montesquieu nous raconte, dans une de ses lettres, que les architectes du temps furent obligés d'élargir et d'exhausser, dans tous les hôtels, les baies des portes des appartements, afin de permettre l'entrée des robes et celle des cheveux.

Mais au printemps de 1785, au beau milieu de cette mode furieuse que n'avaient pu combattre les remontrances du roi, la reine se vit menacée de perdre ses cheveux dont elle était si fière. Une fièvre de lait, survenue après la dernière couche de Sa Majesté, ordonna impérativement que les ciseaux vinssent porter un remède énergique au mal.

Les cheveux de Marie-Antoinette tombèrent sous la main de Léonard, et, avec eux, dégringolèrent du même coup tous les ridicules édifices que nous venons de décrire. La coiffure à l'Enfant, à la Paysanne, les Baigneuses à la frivolité, les Cornettes à la Laitière, à la Candeur, au Mirliton, commençaient, à l'époque où nous assistons à la toilette de la marquise d'Horbigny, à détrôner complètement les coiffures à l'Oiseau-Royal, au Hérisson, aux Parterres galants, aux Calèches retroussées, et les fameux Pouffs à la reine, sortes de panaches de plumes de deux pieds et demi de haut.

Le coiffeur de la reine était dans tout le feu de sa composition ; il venait de préparer savamment la simple coiffure extrêmement compliquée qu'il dressait sur la tête de sa belle cliente, et, après s'être reculé de quelques pas pour donner un coup d'œil à l'ensemble, il prit sur la table de la toilette un petit cornet, sorte de masque conique, percé de deux trous pour les yeux, et il le présenta à la marquise.

Celle-ci se l'appliqua sur le visage, et Léonard, s'emparant d'une énorme boîte circulaire, en tira une houppe tout enfarinée de poudre blanche à la maréchale, qu'il secoua à profusion sur les cheveux de Mme d'Horbigny.

Un véritable nuage enveloppa la marquise et le coiffeur.

— Superbe! dit le comte en riant; ce Léonard a des gestes d'empereur, quand il lance un œil de poudre. Il est inimitable! D'honneur, s'il venait à mourir, on ne le remplacerait pas!

— Ces dames le savent bien, répondit le coiffeur ; et c'est ce qui les désole !

— C'est vrai, ce qu'il dit, fit la marquise en rejetant le cornet et en examinant dans la glace l'effet de sa coiffure ; Armande ! le rouge.

La femme de chambre présenta à sa maîtresse un pot de rouge.

— Quelques fleurs ? dit Léonard en prenant une brassée de plantes odoriférantes.

— Comte, reprit la marquise en étalant lentement la couche de rouge qu'elle venait de se placer sur le visage, savez-vous ce que me disait Léonard ?

— Qu'est-ce donc ? demanda M. de Sommes en venant s'accouder sur la table de la toilette.

— Il prétendait qu'il était arrivé un événement épouvantable la nuit dernière ?

— Ah ! fit le comte, il vous racontait en détail ce qui s'est passé nuit dernière à l'hôtel de Niorres ?

— J'allais entamer ce récit, dit Léonard en plantant un véritable parterre sur la tête de la marquise, mais monsieur le comte le fera assurément bien mieux que son très humble serviteur, car le lieutenant de police citait, ce matin, à la reine, monsieur le comte de Sommes parmi les témoins oculaires.

— Comment ! dit la marquise en se tournant un peu, vous avez vu toutes ces horreurs, comte ?

— J'étais effectivement cette nuit dans les jardins de l'hôtel de Niorres, répondit le comte.

— Eh ! mon Dieu, qu'alliez-vous donc faire là ?

— Je m'y trouvais comme juge d'un pari engagé devant moi.

— Et ce que Léonard m'a dit est vrai ? On a tué le gendre, la fille, la bru et les deux petits-fils du magistrat ? on a brûlé l'hôtel ?

— Cela n'est malheureusement que trop vrai, madame.

— Et les coupables sont arrêtés ?

— On a arrêté deux hommes, madame la marquise ; mais ces deux hommes ne sont pas encore convaincus d'être les auteurs de ces crimes affreux. Ils nient avec acharnement toute participation à cette machination épouvantable, et j'avoue que je me sens porté à les croire innocents.

— Cependant, dit Léonard, toutes les preuves sont contre eux, et M. Lenoir affirmait à la reine que le doute à cet égard ne pouvait être permis.

— Et quels sont ces meurtriers ? demanda la marquise ; d'horribles types, sans doute ?

Il attacha le corps de la femme évanouie et il le descendit lentement. (P. 432.)

— Ce sont des hommes fort bien nés, madame, répondit Léonard.
— Quoi! s'agirait-il de gentilshommes?
— Mon Dieu, oui!
— C'est horrible! Comment les nomme-t-on?
— Le marquis d'Herbois et le vicomte de Renneville.
— Ah! fit la marquise, j'ai failli souper avec eux!

Et, prenant un flacon sur la table de toilette, elle le porta à ses narines rosées comme si elle eût craint de s'évanouir en succombant à l'émotion.

XLII

LE PARI

— Et vous dites, mon cher comte, reprit la marquise après un moment de silence et en quittant le flacon pour puiser de nouveau dans le pot au rouge, que vous étiez la nuit dernière dans les jardins de l'hôtel de Niorres?

— J'y étais effectivement, j'ai l'honneur de vous le répéter, marquise, répondit le comte en se renversant sur le dossier de son siège, et j'en veux beaucoup au hasard du mauvais tour qu'il m'a joué. Figurez-vous qu'hier soir je soupais avec Son Altesse le duc de Chartres... Ah! il faut vous dire, madame, que je devais présenter à monseigneur l'original le plus curieux que je connaisse; un Italien, le marquis Diégo Camparini...

— Qui a été cité également comme témoin par M. Lenoir, ainsi que le duc de Lauzun, interrompit Léonard.

— Eh oui! nous étions tous trois ensemble. Pour en revenir à mon gentilhomme italien, dont l'existence passée est un véritable tissu d'aventures merveilleusement bizarres qu'il vous racontera quelque jour, marquise, si vous daignez l'entendre, il n'était pas assis depuis un quart d'heure à la table de Son Altesse, qu'il captivait déjà l'attention générale. Camparini, quoiqu'il ne soit plus jeune, possède bien le cœur le plus facile à enflammer que j'aie jamais connu, et quand il aime ou qu'il croit aimer, rien ne l'arrête dans ses entreprises. Notez qu'avec cela il est superstitieux à l'excès. Avant de se rendre chez le duc de Chartres, il avait été à l'hôtel Soubise, et, en se mettant à la fenêtre, il avait aperçu dans un jardin voisin deux jeunes filles qui lui avaient paru si belles qu'il en était tombé amoureux à l'instant même.

— Des deux? demanda Mme d'Horbigny.

— Il ne sait pas au juste laquelle il préfère. Bref, il vint souper, la tête encore pleine de l'image des deux ravissantes personnes, mais ignorant absolument leur nom et leur position sociale. Ce fut l'un de nous qui, devinant qu'il était question des nièces de M. de Niorres, lui apprit la vérité. Mais à peine eut-on prononcé le nom du conseiller, que chacun se souvint des lugubres histoires auxquelles ce nom est mêlé, et bientôt Camparini fut mis au courant de la funeste situation. Vous pensez peut-être que la révélation des crimes abominables qui jetaient cette famille entière dans le deuil empêcha le marquis de songer aux deux jeunes filles? Point du tout! Plus on lui en disait et plus il sentait, prétendait-il, croître la passion allumée dans son cœur. Nous jouions au creps alors, et le marquis tenait les dés, perdant des sommes folles avec l'insouciance d'un véritable grand seigneur qu'il est bien réellement. Quand on vit que Camparini s'entêtait dans son idée, chacun, et moi le premier, je l'avoue, se mit à lui prédire les choses les plus affreuses. Nous riions, sans supposer un seul instant ce qui devait arriver. A chaque trait lancé pour lui prouver l'impossibilité de la réussite de ses amours nouvelles, Camparini ripostait par une excellente raison dite du ton le plus calme.

— « Mais ces deux jeunes filles sont fiancées au marquis d'Herbois et au vicomte de Renneville, lui dit Lauzun.

— « Tant mieux! répondit-il, j'aime les obstacles.

— « Mais elles ne vous connaissent même pas de nom.

— « Elles connaîtront ma personne.

— « Mais, lui dis-je encore, elles ne savent même pas que vous les aimez.

— « Elles le sauront.

— « Et qui le leur dira?

— « Moi.

— « Quand?

— « Pardieu! la première fois que je les verrai. »

Nous éclatâmes tous d'un fou rire, tant le sérieux du marquis nous paraissait amusant.

— « La première fois que vous les verrez ne signifie rien, dit Son Altesse; car vous pouvez les voir aussi bien, pour la première fois, dans dix ans que demain.

— « Avant vingt-quatre heures j'aurai parlé, répondit le marquis.

— « Allons donc! m'écriai-je; personne ne peut pénétrer dans l'hôtel de Niorres, et chacun sait que d'Herbois et de Renneville se sont vus, depuis un mois, obstinément refuser la porte.

« Le marquis se retourna vers moi.

— « Vous doutez? dit-il.

— « Ma foi! je l'avoue; et ces messieurs doutent comme moi. »

« Camparini tenait les dés contre le duc de Lauzun; deux cents louis étaient engagés; il gagna

« Le marquis ramassa l'or, et, le faisant sauter dans sa main :

— « Je parie ces deux cents louis, dit-il, qu'avant deux heures d'ici j'aurai vu les demoiselles de Niorres, que j'aurai fait mon choix et ma déclaration.

— « Je tiens! dis-je vivement.

— « Ah! comte, s'écria Lauzun, vous pariez à coup sûr. Il est près de minuit et...

— « Je double le pari, si vous voulez tenir également, » interrompit Camparini.

« Cette assurance augmenta notre gaieté.

— « Eh bien?... fit le marquis.

— « Tenu! répondit Lauzun en riant. Mais comment saurons-nous si vous avez perdu ou gagné?

— « Rien de plus simple. Ma voiture attend : de Sommes et vous, monsieur le duc, allez m'accompagner jusque dans les jardins de l'hôtel de Niorres, et vous assisterez à mon entretien avec les jeunes filles.

« Cette proposition était insensée, je le reconnais à cette heure ; mais quand elle fut faite, nous venions de souper joyeusement, et cela explique tout.

— Enfin vous partîtes, dit la marquise.

Puis, se tournant à demi vers Léonard :

— Découvrez donc davantage l'oreille, ajouta-t-elle.

La jolie créature écoutait bien le comte, mais elle s'occupait avant tout de sa parure.

— Nous partîmes, reprit M. de Sommes. Le marquis fit arrêter rue du Chaume et se mit à escalader le mur en nous invitant à le suivre. La chose devenait amusante : Lauzun et moi, nous nous élançâmes gaillardement. Les branches d'un superbe marronnier nous aidèrent dans notre ascension, que nous commençâmes en montant sur le siège du cocher du marquis, et nous sautâmes dans le jardin. Nous avions déjà parcouru une partie du jardin, ignorant comment le marquis allait s'y prendre pour pénétrer dans l'intérieur de l'hôtel; nous venions d'atteindre une magnifique pelouse située devant les bâtiments, lorsque tout à coup un cri déchirant se fit entendre et une clarté subite illumina le jardin.

— Oh! fit la marquise, vous me faites peur. Armande! mes girandoles de diamants !

La femme de chambre présenta un écrin tout ouvert et contenant une admirable paire de boucles d'oreilles du plus grand prix.

— Un incendie épouvantable, reprit le comte, venait d'éclater subitement au rez-de-chaussée et au premier étage de l'hôtel. Lauzun et moi, nous nous arrêtâmes stupéfiés. Camparini était à quelques pas en avant de nous...

— « Grand Dieu! s'écria Lauzun, serions-nous venus ici pour être témoins de nouveaux crimes!

— « Êtes-vous armés? fis-je en portant la main à la garde de mon épée par un mouvement instinctif.

— « J'ai une paire d'excellents pistolets qui ne me quittent jamais la nuit, dit le marquis.

« Il n'achevait pas qu'un homme, surgissant je ne sais d'où, s'élançait sur nous. Lauzun, convaincu avec raison qu'il voyait un meurtrier, bondit sur lui, mais il n'eut pas le temps de le rencontrer. Camparini venait de faire feu des deux mains, et le misérable roulait sur le sable d'une allée.

— « Ses complices doivent être encore là! s'écria le marquis : fouillons le jardin et appelons du secours. » Nous nous élançâmes, mais nous n'avions pas fait trois pas en avant qu'une escouade de police envahissait le jardin...

— Oui, oui! dit vivement le coiffeur en mettant la dernière main à son œuvre, M. Lenoir a dit à la reine qu'il avait envoyé des hommes de police aussitôt qu'il avait appris que MM. d'Herbois et de Renneville avaient pénétré dans l'hôtel à l'aide d'une fausse clef.

— C'est cela même, dit le comte en reprenant son récit. Tout d'abord ces hommes se jetèrent sur nous et voulurent nous arrêter, mais en reconnaissant le duc de Lauzun, en me reconnaissant moi-même, en nous entendant tous deux répondre, corps pour corps, du marquis Camparini, ils reculèrent, ne sachant que faire.

« L'incendie éclatait alors dans toute sa violence, et des cris affreux partaient du second étage de l'hôtel.

— C'est fort émouvant, ce que vous me racontez là, monsieur le comte, dit la marquise d'une voix languissante, tandis qu'Armande lui attachait aux oreilles les girandoles de diamants.

— Le feu, continua M. de Sommes, avait envahi tout le premier étage et les flammes s'élançaient par les fenêtres brisées. C'était horrible à voir. En moins de temps que je n'en mets à vous le dire, marquise, le jardin et la cour avaient été envahis par une foule accourue sur le lieu du désastre... mais, comme il arrive toujours en pareille circonstance, un tumulte épouvantable régnait là où l'ordre et le calme eussent été absolument nécessaires pour combattre le fléau dévastateur. Chacun allait, venait, criait, se donnait du mouvement, faisait preuve de bonne volonté, mais on perdait un temps précieux en agitation inutile et en débit d'avis contraires. Cependant le péril devenait de plus en plus imminent : l'hôtel entier menaçait de s'embraser. J'avoue que Lauzun et moi ressentions encore une émotion causée par la vue du désastre qui, au premier instant, paralysa nos facultés. Cependant nous nous remîmes vite.

— Oui, dit encore Léonard, M. le lieutenant de police, en rendant compte de cet événement à la reine, a cité dans les termes les plus chaleureux la belle conduite de monsieur le comte et celle de M. le duc de Lauzun ; mais il paraît que M. le marquis de Camparini a été réellement sublime et a agi en véritable héros.

— Ah! ah! fit le comte, comment M. Lenoir a-t-il raconté cela? je suis curieux de le savoir.

— M. Lenoir a dit, reprit le coiffeur, que lorsqu'il arriva sur les lieux du sinistre, il trouva tous les secours organisés avec une habileté merveilleuse par les soins du gentilhomme italien, qui prodiguait ses forces, risquait sa vie et courait les plus grands dangers, avec un sang-froid inaltérable et un courage presque surhumain.

— Le fait est que Camparini était magnifique, dit le comte en secouant la tête.

— Et vous-même, monsieur le comte, n'avez-vous pas exposé généreusement vos jours pour sauver Mlles de Niorres, tandis que le marquis arrachait leur mère à une mort certaine?

— Vraiment? dit la marquise en étudiant dans le miroir ses mines les plus séduisantes, vous avez sauvé ces enfants, comte? C'est très bien, cela!... Léonard, voici une mèche un peu trop chargée de poudre... regardez donc!... Et comment avez-vous fait pour sauver ces pauvres petites? continua la belle indifférente, en regardant dans la glace son interlocuteur.

— Ma foi! je ne sais pas trop, marquise; je ne me rappelle plus les détails.

— Oh! mais je les sais, moi, monsieur le comte, dit vivement Léonard. Sa Majesté a porté le plus vif intérêt à votre belle action et à celle du marquis Camparini.

— La reine est trop bonne!

— Elle était fort émue en écoutant M. Lenoir. Il paraît, madame, continua le coiffeur en se penchant au-dessus de la tête de Mme d'Horbigny pour donner un dernier coup de peigne, il paraît qu'au plus fort de l'incendie, alors que les flammes avaient coupé toutes les issues et que la mort menaçait ceux qui étaient demeurés aux étages supérieurs de l'hôtel, une femme, ouvrant une fenêtre que le feu n'avait pas encore gagnée, se pencha en avant en poussant des cris déchirants. C'était Mme de Niorres, la belle-sœur du conseiller, qui, après avoir vainement essayé de parvenir jusqu'à la chambre de ses filles, était revenue dans la sienne, et, à demi folle de terreur et de désespoir, menaçait de s'élancer dans le vide. Aucun moyen praticable d'arriver jusqu'à elle n'existait plus. Le grand escalier était bouché par une mer de feu alimentée par les boiseries du vestibule, et l'escalier de dégagement venait de s'écrouler. Cette pauvre femme appelait au secours, et, aux tourbillons de fumée qui l'enveloppaient et s'élançaient par l'ouverture de la fenêtre, il était facile de deviner que l'incendie avait envahi sa chambre. Elle était perdue, perdue sans ressources, ainsi que les autres habitants de l'hôtel qui n'avaient pu encore réussir à se sauver, et jusqu'alors les valets seuls et les femmes de chambre logés dans les communs avaient été arrachés à la mort. On proposait mille moyens pour essayer de venir au secours de Mme de Niorres... mais tous ces moyens étaient impossibles à exécuter et le péril augmentait avec une vitesse effrayante... En ce moment on vint dire à ceux qui travaillaient dans le jardin que les deux jeunes filles, dont les appartements donnaient sur la cour, étaient dans une situation identique à celle où se trouvait leur mère, et qu'elles aussi, se croyant perdues, paraissaient affolées d'horreur. Mme de Niorres disparut en cet instant derrière un nuage rougeâtre... la foule entière poussa un même cri d'effroi. Le marquis Camparini, ses vêtements en lambeaux, sa chevelure à demi brûlée était au milieu des décombres fumants, donnant des ordres, dirigeant une partie des travaux et se faisant obéir de la masse des travailleurs avec une autorité admirable. En voyant l'effrayant péril que courait Mme de Niorres, il poussa un cri de colère.

— « Morbleu! dit-il, il ne sera pas dit que j'aurai vu une femme périr sous mes yeux sans avoir rien fait pour la sauver.

« Et saisissant une échelle, en dépit des efforts que faisaient ceux qui le retenaient en l'assurant qu'il allait au devant d'une mort inutile, il l'appliqua contre la muraille embrasée et croulante et il s'élança.

— « Le feu a gagné la chambre des jeunes filles! s'écria un valet en se précipitant vers le lieutenant de police.

— « Mille louis à qui les sauvera! cria M. Lenoir.

« Mais, quoique la récompense fût belle, personne n'osa tenter l'entreprise, et le silence répondit à la voix du lieutenant de police. Ce fut alors qu'en voyant l'hésitation générale, M. le comte de Sommes s'élança généreusement, comme s'était élancé son ami. L'un du côté du jardin, l'autre du côté de la cour tentèrent, avec un dévouement admirable, l'œuvre de sauvetage. Le premier qui réussit fut le marquis Camparini. Son échelle était embrasée au moment où il avait atteint la fenêtre à laquelle se cramponnait Mme de Niorres. Saisissant alors une corde dont il avait eu la précaution de se munir, il attacha le corps de la femme évanouie et il le descendit lentement. Puis, quand il eut vu en sûreté celle qu'il venait d'arracher à la mort, il songea seulement à sa propre conservation. Aussi, quand il sortit sain et sauf du milieu des décombres, la foule entière l'acclama avec frénésie. Mme de Niorres avait rouvert les yeux, et avec le sentiment de l'existence lui était revenu le souvenir du danger que couraient ses filles.

— « Blanche ! Léonore ! mes enfants, criait-elle avec une expression impossible à rendre. Laissez-moi !... je veux les sauver ou mourir avec elles !

« Et, se débattant entre les mains de ceux qui s'efforçaient de la calmer, elle voulait se précipiter de nouveau au milieu du foyer ardent.

— « Mes filles ! mes enfants !... répétait-elle avec les cris les plus déchirants, se tordant les bras, s'arrachant les cheveux.

« C'était affreux, épouvantable ! Tous ceux qui étaient là se sentaient défaillir en présence de cette expression de désespoir de la pauvre mère...

— Ah ! dit la marquise, grâce à votre récit, j'aurai ce soir une mine épouvantable.

Et elle respirait son flacon, bien que ses traits ne fussent pas le moindrement altérés.

— Ce que dit Léonard est parfaitement exact, ajouta le comte de Sommes, et je vois que le rapport de M. Lenoir était de la plus scrupuleuse véracité. Mme de Niorres était dans un état d'exaltation désespérée qui avait atteint son paroxysme, lorsque je lui ramenai ses deux filles que j'avais heureusement pu sauver. Alors ce fut une scène d'un pathétique indescriptible entre cette femme et ces deux jeunes filles...

— Mais, interrompit Mme d'Horbigny, tandis qu'Armande la chaussait ; dans tout cela je ne vois pas MM. d'Herbois et de Renneville, que cependant vous m'avez dit être arrêtés.

— Ce fut quelques instants après qu'ils furent pris, répondit Léonard.

— Quand Mme de Niorres fut revenue à la raison, continua le comte, quand elle fut certaine que ses enfants n'avaient aucune blessure, et qu'aucun nouveau danger ne les menaçait plus, toute son anxiété se reporta sur son beau-frère, le conseiller, et sur les autres membres de la famille. On les croyait sauvés. Ceux qui travaillaient dans le jardin pensaient que les habitants de l'hôtel avaient dû fuir par les croisées donnant sur la cour. Ceux qui combattaient l'incendie du côté de la rue supposaient que M. de Niorres et les siens avaient été recueillis par la foule luttant avec le fléau

— « Justice ! justice ! s'écria-t-il d'une voix tremblante d'émotion, de colère et de désespoir. »
(P. 436.)

du côté du jardin. Malheureusement il n'en était rien, et on s'aperçut que, des personnes renfermées dans les bâtiments, Mme de Niorres et ses deux filles étaient les seules retirées saines et sauves de la fournaise ardente. Et cependant aucun cri ne se faisait entendre, aucun autre appel que celui de la mère et ceux des jeunes filles n'était arrivé jusqu'à nous.

— « Il faut retourner au milieu de ce foyer, s'écria le marquis Camparini, et essayer de sauver encore quelques-uns des membres de cette famille. Allons, messieurs, continua-t-il en s'adressant à Lauzun, à moi et à M. Lenoir, voulez-vous tenter l'aventure ? »

« Pour toute réponse, nous demandâmes des échelles. »

M. de Sommes s'était levé dans l'animation que lui causait le récit qu'il faisait, et, placé en face de la marquise, il demeurait debout, appuyé contre la glace de la toilette.

Mme d'Horbigny, les pieds sur un coussin, le dos renversé sur le fauteuil, jouant d'une main avec un flacon dont elle ouvrait et refermait tour à tour le bouchon armorié, écoutait d'un air nonchalamment distrait son interlocuteur.

Léonard avait terminé la coiffure ; mais, curieux sans doute d'assister à la fin du récit entamé par le comte, il prolongeait son séjour dans le cabinet de toilette en relevant une boucle, en ajoutant çà et là une fleur au volumineux parterre qu'il avait fait épanouir sur la tête poudrée à blanc de sa belle cliente.

— Eh bien ! comte, vous vous arrêtez ? Continuez donc... tout cela m'intéresse au plus haut point, dit la marquise, du ton dont elle eût demandé à Armande si sa perruche favorite avait bien mangé ses cerises... Vous racontez d'une façon si charmante qu'il me semble, en vérité, avoir assisté au spectacle de ce que vous décrivez.

— La partie sud des bâtiments, continua le comte de Sommes, était celle qui, jusqu'alors, avait le moins souffert des atteintes du feu ; de son côté il n'existait aucune fenêtre au rez-de-chaussée. Quant aux deux escaliers, il était inutile de penser à s'en servir ; les flammes les dévoraient du vestibule aux marches les plus élevées. Le premier étage n'offrait plus que le spectacle d'un immense embrasement : le second seul était encore abordable du côté que je viens d'indiquer, mais encore n'était-ce qu'à travers une suite de périls imminents et tous mortels que l'escalier était praticable. Camparini s'élança le premier, et nous le suivîmes. Par les ordres de M. Lenoir, on amassa au pied des murailles des matelas, des couvertures, pour amortir la chute de ceux de nous qui tomberaient, puis on réunit sur ce même point une partie des travailleurs, afin d'empêcher les progrès du feu d'arrêter forcément notre entreprise. La fenêtre, par laquelle nous entrâmes, donnait dans une petite pièce attenant au cabinet de M. de Niorres, lequel cabinet communiquait avec l'appartement particulier du conseiller. Camparini, toujours calme et intrépide, était en tête, M. Lenoir le suivait : puis venait Lauzun, et moi qui fermais la marche. La petite pièce était remplie de fumée, mais encore intacte.

— Comment, vraiment ? dit la marquise en ouvrant ses grands yeux étonnés ; vous avez été tous quatre risquer une mort horrible pour sauver des gens que vous connaissez à peine? Mais c'était de la folie, cela!

— C'était tout ce que vous voudrez, marquise, mais nous ne réfléchissions probablement pas.

— Oh! certes, fit Mme d'Horbigny avec le plus beau sang-froid; car si vous eussiez réfléchi...

— Ces messieurs ont déployé, il paraît, un courage réellement héroïque, dit le coiffeur. Le témoignage de M. Lenoir à cet égard était formel. « M. de Lauzun, disait à Sa Majesté le lieutenant de police, a été parfait de calme et de sang-froid au milieu du péril; mais MM. de Sommes et Camparini méritent les plus beaux éloges. » Je répète les propres paroles de M. Lenoir, ajouta Léonard.

— Eh bien! reprit la marquise, c'est très joli, cher comte. Mais où en étiez-vous donc?

— M. le comte, répondit Léonard, disait qu'il venait de pénétrer, ainsi que le marquis, le duc et M. Lenoir, dans la petite pièce attenant au cabinet du conseiller.

— Nous fûmes quelques instants à pouvoir nous habituer à respirer au milieu de cette atmosphère empestée d'une fumée âcre et nauséabonde, reprit M. de Sommes. Puis, quand nous pûmes nous diriger, nous entrâmes dans le cabinet du conseiller. Ce cabinet était également désert. Le marquis marchait toujours en tête et nous dirigeait comme s'il eût eu une parfaite connaissance des lieux. Le lieutenant de police en fit même la remarque.

— « C'est, répondit Camparini, qu'avant de me lancer avec vous dans cette entreprise hasardeuse, j'ai voulu, autant que possible, atténuer les chances mauvaises en nous évitant des pertes irréparables de temps en recherches infructueuses. J'ai demandé à un valet les détails les plus précis sur la distribution intérieure du second étage. Ainsi, cette autre porte doit nous conduire dans la chambre à coucher du magistrat.

« Effectivement, Camparini avait raison; mais la chambre était également vide. De là nous passâmes dans un salon, puis dans un autre; mais nulle part nous ne trouvions M. de Niorres, et les flammes augmentaient de fureur, et nous marchions sur des parquets qui éclataient sous nos pieds... Le second étage était inhabité.

— « M. de Niorres est mort ou il est parvenu à se sauver tandis que nous arrivions à son aide, dit le lieutenant de police.

— « Cherchons encore! répondit Camparini.

— « Notre dévouement nous sera fatal, fit observer Lauzun. Voyez, les flammes nous entourent!

— « Messieurs, ajouta M. Lenoir, vous avez fait humainement tout ce qui pouvait être tenté. Persévérer serait une coupable imprudence. Redescendons. »

« Mais Camparini s'avançait toujours en dépit du péril effroyable. Son exemple nous électrisait et nous faisait oublier le danger...

— Oui, certes, dit Léonard. Le lieutenant de police disait à la reine qu'il manquait d'expressions pour peindre comme elle méritait de l'être l'admirable conduite du gentilhomme italien.

— Le courage est une belle chose! fit la marquise en regardant ses dents dans un petit miroir à main.

— Tout à coup, continua le comte de Sommes, et au moment où, persuadés enfin de l'inutilité de notre généreuse tentative, nous nous unissions pour décider le marquis à profiter de la dernière chance de salut qui nous restât peut-être, un cri se fit entendre à peu de distance, au commencement d'une galerie sur laquelle s'ouvraient les appartements du second étage. C'était le premier accent humain que nous entendions sortir de cette épouvantable fournaise. Camparini bondit en avant : nous nous précipitâmes, et traversant un véritable mur de flammes, nous atteignîmes une porte brisée et par l'ouverture de laquelle roulait vers nous un torrent de fumée noirâtre. Comme nous l'apprîmes ensuite, cette porte était celle donnant accès dans l'appartement de Mme de Versac, la belle-fille du conseiller au parlement. C'était de cet appartement qu'était parti le cri qui avait arrêté notre retraite au moment où elle allait s'effectuer. En cet instant, un pan de mur entier s'écroula sur notre gauche, et les cris de la foule se mêlèrent au vacarme assourdissant produit par cette chute de la muraille minée par le feu. Heureusement le pan de mur s'était renversé sur la cour; aucun de nous n'avait été atteint, et un courant d'air, produit par la destruction de cette partie des bâtiments, chassa la fumée qui nous empêchait d'entrer dans la chambre de Mme de Versac. Cette fois, ce fut M. Lenoir qui se précipita à notre tête. A peine eût-il pénétré dans la pièce inondée d'une lumière jaunâtre, qu'un cri, dont il est impossible de rendre l'expression, retentit de nouveau. Nous étions tous entrés, et en face de nous, nous apercevions M. de Niorres, les vêtements en lambeaux, les yeux hagards, du sang aux mains et au visage, les traits décomposés, dans un état effrayant enfin. Lui aussi nous avait vus, ou plutôt il n'avait vu que M. Lenoir. Se précipitant vers lui, il l'étreignit avec une violence extrême.

— « Justice! justice! s'écria-t-il d'une voix tremblante d'émotion, de colère et de désespoir. A l'aide! à moi! je tiens les coupables! les voici! et voici encore les cadavres de ceux qui crient vengeance. »

« Étonnés, stupéfaits, nous suivions du regard la direction que nous indiquait le geste du conseiller au parlement, et une même exclamation s'échappa de nos lèvres. Nous avions sous les yeux un horrible spectacle, dont la contemplation effaça de nos esprits toute la pensée des périls de la situation présente. Cinq cadavres gisaient étendus dans un angle de la chambre. M. de Nohan, sa femme, Mme de Versac, son fils et son neveu étaient là sans mouvement et sans vie. Les deux premiers avaient le corps à demi consumé comme s'il eût été en partie dévoré par le feu. Mme de Versac avait le crâne fracturé; ses mains, roidies par les convulsions suprêmes, attestaient les efforts d'une lutte impuissante. Les deux enfants étaient étendus sur la poitrine de la jeune femme; celle-ci les étreignait fortement de son bras gauche. On devinait facilement, à la disposition des trois cadavres, que la jeune et courageuse belle-fille du conseiller avait voulu défendre, jusqu'à son dernier soupir, les deux pauvres petites créatures que son dévouement n'avait pu cependant préserver d'un abominable meurtre. Quant à M. de Nohan et à sa femme, il était impossible de s'expliquer dans quelle circonstance ils avaient été frappés tous deux. On eût dit, à examiner la façon dont les deux corps étaient placés, qu'il eussent été jetés dans la chambre de Mme de Versac après avoir reçu le coup fatal...

— C'est bien cela, en effet, monsieur le comte, dit vivement Léonard; M. Lenoir expliquait ce matin à Sa Majesté...

— Mais taisez-vous donc, Léonard! interrompit Mme d'Horbigny avec impatience; vous ne vous occupez que de choses qui ne vous concernent pas, et vous me coiffez, ce matin, avec une maladresse sans égale! Qu'est-ce que cela vous fait, je vous le demande, ce qui s'est passé cette nuit à l'hôtel de Niorres? Soyez sensible à vos heures, mon cher, et celle où nous sommes n'appartient pas à votre délicatesse d'âme, mais bien à votre talent de coiffeur!...

Léonard se redressa, et l'une de ces impertinences qu'il se permettait si souvent à l'égard de ses clientes allait sans doute s'échapper de ses lèvres; mais le désir d'écouter la fin du récit du comte de Sommes arrêta la réplique prête à s'élancer. Sa curiosité surexcitée domina le désir de se venger d'une humiliation.

— Le cadavre de cet homme, reprit le comte, ceux de ces deux femmes et de ces jeunes enfants, dont l'un entrait à peine dans la vie, formaient un tableau d'une désolation saisissante. Puis, debout devant nous, les cheveux blancs en désordre, l'œil ardent et la main frémissante, ce vieillard demandant justice au nom de sa famille immolée. Enfin, à quelques pas plus loin, immobiles et comme terrifiés, ceux que M. de Niorres désignait comme coupables.

— Les meurtriers ! dit la marquise en paraissant cette fois sortir de son état d'insensibilité ordinaire ; vous les avez vus ?

— A peu près aussi bien que je vous vois, marquise ; car à défaut des rayons du soleil, nous avions les reflets de l'incendie, et jamais plus ardente illumination n'a éclairé aussi splendidement un plus saisissant spectacle. Il me semble l'avoir encore là devant les yeux.

— Et ces deux assassins désignés par M. de Niorres, c'étaient ?...

— M. le marquis d'Herbois et M. le vicomte de Renneville.

— Le marquis et le vicomte, reprit M. de Sommes après une légère pause, paraissaient, je le répète, accablés tous deux sous le poids de l'horrible accusation que lançait sur leur tête le conseiller au parlement. Que s'était-il passé entre ces trois hommes avant notre arrivée ? Pourquoi, si le marquis et le vicomte avaient l'intention criminelle d'anéantir tous les membres de la famille de Niorres, avaient-ils laissé seul vivant ce vieillard ? Que signifiait, enfin, l'attitude dans laquelle nous les surprenions, et comment, les forfaits accomplis, n'avaient-ils point cherché à fuir, à se frayer un passage au milieu de l'incendie que nous venions de traverser nous-mêmes ? Voilà toute une série de questions fort importantes, marquise ; questions auxquelles je déclare être dans l'incapacité de répondre, et la torture elle-même, je l'avoue, ne pourrait m'arracher une supposition à cet égard. Il y avait là évidemment, devant nous, un mystère que ni le marquis ni le duc, ni moi, ni le lieutenant de police ne paraissaient deviner. Qu'a dit M. Lenoir à ce propos, Léonard ?

— Rien de positif, monsieur le comte, répondit le coiffeur. La reine, après avoir écouté le récit du lieutenant de police, a fait les mêmes observations que vient de s'adresser monsieur le comte ; mais M. Lenoir a déclaré également ne pouvoir y répondre. Tout ce qu'il a su, après avoir interrogé M. de Niorres ce matin, c'est que le conseiller avait transporté dans ses bras les cadavres de sa fille et de son gendre jusque chez Mme de Versac. Quand M. de Niorres a pu s'élancer au secours de Mme de Nohan, il était déjà trop tard. Le conseiller était dans son cabinet alors que l'incendie a éclaté. A la révélation du péril, le vieillard s'était élancé. Les flammes partaient du premier étage, précisément de l'appartement de M. de Nohan. M. de Niorres, à l'aide d'un escalier dérobé, s'était précipité pour voler vers sa fille ; mais sans doute les incendiaires avaient pris toutes leurs mesures, car l'incendie éclatait à la fois sur quatre points différents de l'hôtel avec une violence attestant qu'il avait été allumé par une main criminelle. Le conseiller s'était vu tout à coup entouré par les flammes. Pensant que M. de Nohan était près de sa femme, et sachant bien que le digne gentilhomme ferait tout au monde pour la sauver, M. de Niorres songea à

Mme de Versac, seule avec ses deux enfants. Remontant rapidement le petit escalier qu'il venait de descendre, il courut vers l'appartement de sa bru : là aussi l'incendie commençait. M. de Niorres se rua sur la porte ; mais cette porte, qu'il croyait fermée, s'ouvrit sans peine au premier choc... Mme de Versac, assassinée, gisait sur le parquet avec son fils et son neveu. En apercevant ce spectacle, M. de Niorres poussa un cri effrayant qui déchira les airs...

— C'est ce cri que nous avons entendu au début de l'incendie, fit observer le comte.

— Épouvanté, à demi fou de douleur, le vieillard, reprit Léonard, se précipita vers le premier étage de son hôtel. Comment parvint-il, au milieu des flammes, jusqu'à l'appartement de sa fille et de son gendre ? Il ne pouvait le dire, il ne se souvenait plus... M. de Niorres ne se rappelait qu'une seule chose, c'était le désir immodéré qu'il ressentit tout à coup de mourir au milieu de ceux qu'il avait tant aimés... C'était en rentrant dans la chambre de la pauvre veuve qu'il avait rencontré les coupables...

— Eh bien ! fit le comte de Sommes en voyant Léonard s'arrêter ; ensuite ?

— Ensuite ? répondit le coiffeur, je n'en sais pas plus long que monsieur le comte.

— Quoi ! le lieutenant de police n'a rien ajouté ? Il n'a pas poussé plus loin l'interrogatoire du conseiller ?

— M. Lenoir a fait ce qu'il a pu pour obtenir des éclaircissements du conseiller ; mais il n'a jusqu'ici rien appris sur ce qui s'était passé entre M. de Niorres et le marquis et le vicomte jusqu'au moment de votre arrivée. M. de Niorres ne se souvenait pas... C'était en vain qu'il interrogeait sa mémoire rebelle, il ne pouvait en faire jaillir un souvenir. Le meurtre de Mme de Versac, celui de ses deux petits-fils, l'assassinat de Mme de Nohan et la mort de son gendre, ces cinq crimes, commis presque instantanément et découverts par le conseiller en l'espace de quelques secondes, à la lueur d'un incendie dévorant la demeure de ses pères avaient causé à son cerveau un choc tellement violent qu'une perturbation bien explicable avait troublé ses organes. M. de Niorres pensait avoir subi un accès de folie. Ce qu'il y avait de certain, c'est qu'il ne se rappelait rien entre le moment où il était rentré dans la chambre de sa bru, transportant dans ses bras les cadavres de sa fille et de son gendre, et l'instant où M. Lenoir avait pu procéder à l'arrestation de ces abominables assassins...

— Léonard ! dit le comte de Sommes avec un accent de mécontentement prononcé, vous parlez d'hommes de naissance...

— Monsieur le comte, la noblesse de France ne peut être responsable des crimes de ces gens dont nous parlons.

— Mais ces crimes ne sont pas suffisamment prouvés pour que vous puissiez vous exprimer ainsi sur le compte du marquis d'Herbois et du vicomte de Renneville.

— Comment! dit la marquise avec étonnement, vous défendez ces messieurs?

— Pardonnez-moi, marquise, je ne défends pas; seulement j'attends pour juger. J'ai souvent entendu parler de ces deux jeunes gens; ce sont, il paraît, deux braves et excellents officiers de la marine royale.

— Sans aucun patrimoine, monsieur le comte, et possédant chacun des dettes énormes, dit Léonard.

— Ces dettes ont été contractées par leur situation dans le monde et à la cour! répondit vivement le comte. D'ailleurs, qui n'a pas de dettes?

— Cependant, monsieur le comte, eux seuls avaient intérêt à commettre ces crimes! M. Lenoir affirmait à Sa Majesté qu'il avait entre les mains les preuves écrites que ces deux gentilshommes avaient engagé l'avenir, relativement au futur héritage de leurs futures femmes, pour solder une partie de leurs dettes, et pour que les demoiselles de Niorres pussent hériter de leur oncle, il fallait bien que la ligne directe fût entièrement supprimée, ce qui a eu lieu cette nuit.

— C'est possible, dit le comte avec impatience; mais j'espère encore que la justice éclaircira cette affaire, car, je le répète, je m'intéresse vivement, pour ma part, à ces deux pauvres jeunes gens...

— Mais, interrompit la marquise, vous ne m'avez pas dit, comte, comment vous étiez sorti de cette fournaise?

— Les secours, habilement dirigés, répondit M. de Sommes, étaient parvenus à lutter avec avantage contre l'incendie, tandis que nous explorions une partie des bâtiments à la recherche du conseiller. A peine un chemin jusqu'à nous fût-il jugé praticable que des soldats du guet, des agents de M. Lenoir, d'intrépides travailleurs s'étaient précipités à notre secours. On nous croyait perdus... Quand on nous trouva, nous étions encore dans l'appartement de Mme de Versac...

— Et MM. d'Herbois et de Renneville se sont laissé arrêter sans résistance?

— Ils n'ont pas prononcé une parole.

— Et on les a conduits?...

— A la Bastille, je suppose.

— Et M. de Niorres et sa belle-sœur, et ses nièces? demanda la marquise, dont la curiosité paraissait avoir fini par s'éveiller.

L'HOTEL DE NIORRES

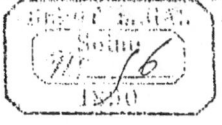

Eh! *per Dio!* dit le nouveau venu avec un accent joyeux. (P. 443.)

LIVR. 56. — L'HOTEL DE NIORRES.   LIVR. 56.

— Ma foi! répondit le comte, je n'ai aucune nouvelle à vous donner d'eux. Camparini, Lauzun et moi, étions exténués, à moitié rôtis, et comme il n'y avait plus personne de vivant dans l'hôtel à retirer des flammes, nous nous empressâmes de nous dérober aux félicitations, aux éloges, à l'enthousiasme même que chacun croyait devoir nous témoigner, et nous évitâmes prudemment les dangers d'une ovation populaire.

— Eh bien! mais, et celui que votre marquis italien a blessé ou tué avec ses pistolets? qu'est-ce qu'il est devenu, celui-là?

— Tiens! s'écria le comte en se frappant le front; vous m'y faites songer, marquise! J'avais tout à fait oublié ce malheureux-là... Ma foi! je ne sais ni qui il est, ni où il est, s'il vit encore ou si Camparini l'a tué.

— M. Lenoir n'en a pas parlé, dit Léonard, que la marquise interrogeait du regard; il n'a pas dit un mot de cet homme.

— Eh bien! belle marquise, dit le comte en saisissant dans les siennes une main blanche et fine qu'il porta galamment à ses lèvres, vous ne direz pas que votre matinée n'a pas eu sa série d'émotions! Je suis sûr que Léonard en est au moins à sa dixième édition depuis que M. Lenoir lui a communiqué le sujet de la première?

— Je suis venu de Versailles chez Mme la marquise, répondit Léonard en essuyant ses doigts blancs de poudre à une fine serviette que lui offrait la camériste.

— A propos, fit Mme d'Horbigny comme si elle se souvenait tout à coup de quelque communication importante à faire, à propos, le marquis Camparini aura perdu son pari! C'est très malheureux pour lui, car ce n'est certes pas par sa faute!

C'était la seule réflexion que le récit, fait par le comte et par Léonard, avait suggéré à l'esprit de la belle marquise.

XLIII

LE MARQUIS

La coiffure de Mme d'Horbigny était enfin complètement achevée.

Léonard, après avoir donné un dernier coup d'œil à l'ensemble de la tête de la marquise, rabattit délicatement ses manchettes, secoua son jabot, prit son chapeau qu'il avait déposé sur un meuble voisin, salua et sortit.

Armande, la femme de chambre, rangeait sur la toilette de sa maîtresse les mille petits accessoires qu'avait inventés la coquetterie de nos grand'mères, et dont l'usage venait d'être sanctionné par les soins qu'avait pris la marquise d'utiliser toutes ces nombreuses inutilités.

Le comte fit un signe imperceptible à Mme d'Horbigny. Celle-ci, sans bouger de son siège, répondit par un coup d'œil rapide; puis s'adressant à Armande :

— Mes odeurs, demanda-t-elle.

La cameriste fouilla au milieu des boîtes placées sur la table de toilette, et, ne trouvant pas le coffret qu'elle cherchait, elle s'élança hors de la pièce.

— Avez-vous des nouvelles de Saint-Nazaire ? demanda vivement le comte en baissant la voix.

— Non, répondit la marquise sur le même ton. Pas depuis la lettre que je vous ai remise avant-hier matin; pourquoi cette question?

— Parce que j'ai reçu, avant-hier dans la journée, une visite importante.

— De quelle part?

— De la part d'un homme qui pourrait devenir un ennemi fort dangereux.

— Et qui se nomme?...

Armande, en rentrant dans le boudoir, ne permit pas au comte de répondre.

— Madame, dit la camériste, on envoie de la part de Bernard, le teinturier; madame a-t-elle des ordres à donner?

En ce moment, un valet de pied apparut sur le seuil de la pièce.

— Une lettre pour monsieur le comte, dit-il en présentant un billet sur un plateau.

Édouard prit la lettre, la décacheta, et après l'avoir rapidement parcourue :

— Cette personne est là? demanda-t-il?

— Oui, monsieur le comte, répondit le valet.

Édouard se tourna vers la marquise.

— Vous permettez?... dit-il.

— Vous n'avez pas besoin de permission, comte! répondit Mme d'Horbigny.

M. de Sommes salua gracieusement et quitta aussitôt le boudoir. Son front était plus pâle et ses lèvres plus pincées encore que de coutume.

— Où est la personne qui vous a remis ce billet? demanda-t-il au valet de pied en traversant un salon d'attente.

— Dans le grand vestibule; je ne savais s'il fallait introduire,... dit le domestique.

— Eh bien! je descends au jardin, priez ce gentilhomme de venir me trouver.

Et le comte, qui venait d'atteindre le rez-de-chaussée de l'hôtel, se dirigea vers une porte vitrée s'ouvrant sur une magnifique pelouse.

Il n'y avait pas deux minutes qu'il faisait craquer sous ses pieds le sable de l'allée, qu'un personnage, vêtu avec l'extrême recherche d'un grand seigneur, s'élança vers lui...

— Eh! *per Dio!* dit le nouveau venu avec un accent joyeux : vous faites donc faire antichambre à vos amis, cher comte?

— Je ne pensais pas que Monsieur le marquis Camparini, n'ayant jamais été présenté à la marquise, pût venir ainsi chez elle? répondit sèchement le comte de Sommes.

— Eh! fit le marquis sans cesser de sourire de la façon la plus gracieuse, c'est précisément parce que je n'ai jamais été présenté à la ravissante maîtresse du cœur de mon meilleur ami, que je me suis permis de forcer sa porte. Diavolo! cher comte, je prétends que vous sollicitiez sur l'heure l'honneur que je réclame!

— La marquise est à sa toilette.

— Alors, faisons un tour de jardin, en attendant le lever de cet astre éclatant.

Et Camparini, sans paraître se soucier, le moins du monde, de l'air plus que froid avec lequel l'accueillait le comte de Sommes, passa son bras sous celui de son ami, et il l'entraîna rapidement dans une allée couverte.

— Il avait été convenu, dit le comte à voix basse, que tu ne mettrais jamais les pieds dans cet hôtel, et que personne ne viendrait m'y demander.

— C'est possible, répondit Camparini; mais les temps sont changés. Saint-Jean, le valet de chambre du conseiller de Niorres, ne pouvait effectivement, sans éveiller les soupçons, venir ici parler au comte de Sommes; mais l'illustre marquis Camparini est du meilleur monde, lui, et, à ce titre, il a ses grandes entrées partout. D'ailleurs, ne deviendra-t-elle pas ma bru, un jour, cette chère belle? et...

— Plus bas! interrompit brusquement le comte, en regardant autour de lui avec effroi.

— Allons! fit Camparini en riant, ne vas-tu pas rougir de ton père, maintenant? Morbleu! que te faut-il donc? J'ai une généalogie superbe! Les Camparini figurent agréablement sur tous les livres d'or de la Péninsule...

— Est-ce pour me dire cela que tu es venu? demanda le comte.

— Cela et autre chose; qu'est devenu le matelot?

— Quel matelot?

— Eh! pardieu, celui qui accompagnait d'Herbois et de Renneville.

— Celui sur lequel tu as tiré?

— Oui.

— Il n'est donc pas mort?

— C'est probable, puisque l'on n'a retrouvé nulle part son cadavre, et cependant les recherches ont été bien faites, je t'en réponds.

— Il a disparu?

— Complètement, depuis le moment où je l'ai vu tomber.

— Mais tes deux balles l'avaient atteint!

— Mais, s'il était mort, il serait resté sur place!

— Eh bien! après tout, que nous importe cet homme?

Camparini regarda le comte, et, haussant les épaules avec une expression de pitié :

— Presque rien, dit-il; absolument rien, même, si tu le crois. Seulement, ce matelot connaît, comme nous, le fils de la Madone!

— Hein? fit le comte en tressaillant.

— Et avant-hier, à Versailles, quand M. le comte de Sommes est descendu, dans la cour des Ministres, de la voiture de S. A. monseigneur le duc de Chartres, ce matelot, qui nous importe si peu, a tressailli en voyant le noble gentilhomme, et s'est frappé le front, comme pour éveiller dans son esprit un souvenir à demi effacé.

— Tu es certain de cela?

— Je te prie de croire que j'ai une police autrement bien faite que celle de M. Lenoir.

— Mais tu ne m'avais rien dit...

— Je n'avais rien à te dire; je voulais me débarrasser de l'homme à un moment venu. Cette nuit, j'ai cru réussir, et cependant il n'est pas mort, je le répète; je ne l'ai pas tué, quoique j'aie bien visé, car son cadavre n'a nullement été retrouvé.

— Mais, alors, où est-il?

— Voilà ce que je me demande, et ce qu'il serait assez important de savoir; puis, ce n'est pas tout...

— Quoi encore?

— Tu viens de voir Léonard?

— Sans doute, puisque j'étais venu à cette intention, à l'heure de la toilette de la marquise.

— Il a entendu le rapport que M. Lenoir a fait à la reine?

— Oui.

— Eh bien? que s'est-il passé entre M. de Niorres et les deux marins, avant que nous n'arrivassions dans la chambre de la bru?

— On l'ignore; le conseiller n'a rien dit.

— Rien, absolument?

— Léonard l'a affirmé, d'après le récit du lieutenant de police.

— Corbleu! dit Camparini avec impatience, cela est grave! Comment ces deux hommes se sont-ils laissé arrêter sans protester de leur innocence? Ils n'ont pas dit un mot! Toutes mes précautions étaient admirablement prises, ainsi que tu l'as vu... ils ne peuvent, aux yeux de la justice, démontrer leur innocence, mais ils auraient dû la crier sur les toits! Au lieu de cela, ils se laissent arrêter sans même paraître émus de cette arrestation!... Je n'aime pas cela, Bamboula... Que diable! ils eussent dû se défendre, au moins!...

— Que crains-tu donc? demanda le comte.

— Eh! voilà ce qui me chagrine, très cher, c'est que je ne sais pas ce que j'ai à craindre... Enfin, nous verrons. M. Lenoir nous appellera tous deux ce soir dans son cabinet, pour signer nos dépositions relativement à l'incendie... Nous tâcherons de nous trouver en même temps que le conseiller, et... j'ai un plan!...

— Et l'affaire de Saint-Nazaire? dit le comte après un moment de silence; tu sais que Picard n'est pas encore revenu...

— Misère que cela! répondit Camparini en secouant la tête. Fouché et ses compagnons seront mystifiés jusqu'au bout, et, pour apprendre à ce petit oratorien à se mêler de ce qui ne le concerne pas, je me charge de le fourrer jusqu'au cou dans les tripotages du duc de Chartres.

— Mais cet homme me paraît à craindre?

— Bah! il n'atteindra pas Nantes seulement. J'ai donné des ordres en conséquence, et s'il le faut, pour l'arrêter, lui, le soldat, l'étudiant et le garçon de magasin, on emploiera les grands moyens.

Le marquis accompagna ces derniers mots d'un geste atrocement expressif.

— Ne te préoccupe pas de cela, Bamboula. Pense plutôt à savoir ce qu'est devenu le matelot blessé par moi, et ce qui s'est passé cette nuit entre le conseiller et les deux marins. Maintenant, tu vas me présenter à la belle marquise d'Horbigny. J'ai besoin de causer un peu avec elle! Morbleu! ne me regarde pas avec cet air étonné!... Je n'en suis pas amoureux, de ta marquise, et, d'ailleurs, ne doit-elle pas bientôt me nommer son père? Vive Dieu ! le beau jour pour elle!

Et Camparini, faisant pirouetter le comte, revint avec lui vers l'entrée de l'hôtel.

XLIV

LA VISITE INATTENDUE

Entraînés malgré nous par les événements, il est un côté de notre récit que nous avons laissé forcément dans l'ombre, durant les derniers chapitres, et qu'il faut maintenant que nous remettions en lumière. Nous allons donc prier le lecteur de rétrograder de quinze heures environ, et de revenir à la veille du jour où nous venons de le conduire chez la marquise d'Horbigny.

Deux personnages, que nous avons vus déjà jouer un rôle actif dans l'aventure de la Jolie Mignonne, étaient réunis dans une modeste chambre d'une rue étroite du faubourg Saint-Germain et s'occupaient, chacun de son côté, à entasser, dans deux valises, dont l'intérieur sali et déchiré attestait l'âge respectable et les loyaux services, du linge, des habits et des chaussures.

L'un de ces hommes était le professeur Fouché, et l'autre, Jean, le garçon de maître Bernard.

— Nous devions partir ce matin à neuf heures, disait le premier avec impatience; il est dix heures du soir, et nous ne sommes pas en route. Treize heures de retard !

— Il n'y a de la faute de personne, monsieur Fouché, répondait Jean en bouclant une courroie. Vous seul aviez assez d'argent pour entreprendre le voyage, et cet argent ne pouvait vous permettre d'emmener un compagnon. Il y a treize heures de retard, cela est vrai, mais aussi, au lieu de partir deux, nous allons pouvoir partir quatre. Nicolas et moi serons de l'aventure, et que le diable m'emporte, si nous ne la menons pas à bonne fin !

— Ainsi, Nicolas et Brune ont pu réellement emprunter quinze cents livres?

— J'ai vu l'argent.

— Et c'est le comte de Sommes qui les a obligés?

— Tiens! fit le garçon de maître Bernard en reconnaissant les amis de son patron, MM. Gervais et Gorain? (P. 451.)

— Avec une bonne grâce touchante.

— Le comte de Sommes! répéta Fouché en fronçant les sourcils. Cela est bien étrange!

— Pourquoi? demanda Jean.

Fouché ne répondit pas. Abandonnant sa valise, il se promena à grands pas dans la petite chambre, puis, s'arrêtant brusquement devant le garçon teinturier :

— Vous avez vu ce comte de Sommes, vous?
— Certes, répondit Jean, je le connais même parfaitement
— Comment est-il?

Jean recueillit un instant ses souvenirs, puis il fit un portrait détaillé du futur époux de la belle marquise d'Horbigny.

— C'est bien cela! murmura Fouché, en frappant avec impatience le carreau recouvrant le plancher de la chambre.

— Nicolas et Brune disent qu'il a été charmant pour eux, ajouta Jean.

— Et qui les a conduits auprès du comte?

— Le personnage que nous avions rencontré, hier soir, à la maison de jeu du Palais-Royal.

Fouché recommença sa promenade. Après un assez long moment de silence, il se frappa avec un geste sec qui paraissait lui être familier.

Un éclair brilla dans ses yeux, sa physionomie, tout à l'heure assombrie et inquiète, s'éclaira soudain, et un sourire d'une finesse indéfinissable plissa l'extrémité de ses lèvres minces et pâles.

— Morbleu! murmura-t-il en redressant sa tête intelligente, le comte et la marquise sauront ce qu'il en coûte de jouer au plus fin contre moi! Allons, je devine tout! Cet homme de la maison de jeu était aposté là, c'est parfaitement clair... Le comte veut tout prévoir et mettre l'avenir à l'abri. En prêtant cet argent, il dépose en sa faveur, si j'arrive à mon but et si je prouve que la fille de la marquise d'Horbigny est bien réellement morte. C'est fort adroit, mais pas encore assez, cependant... Il a retardé, grâce à ce prêt obligeant, notre départ de plus de douze heures, et ces douze heures lui auront donné le temps d'agir... J'ai fait une école : j'aurais dû partir seul; les autres m'eussent rejoint en route. Enfin! la faute est faite. Il est certain qu'il lit à livre ouvert dans mon jeu, mais patience! J'ai le coup d'œil juste et pénétrant, et je tiens le premier fil de l'intrigue... Nous verrons bien qui saura dérouler l'écheveau! Oh! nous trouverons des obstacles, sur la route... mais nous sommes quatre maintenant! Le comte n'a pas réfléchi que sa générosité, si habilement calculée cependant, nous permettrait de doubler nos forces!

Comme Fouché achevait ces réflexions dont nous sommes à même d'apprécier toute la sagacité, des pas accentués résonnèrent sur les marches de l'escalier de la maison.

— Ah! dit Jean, voici sans doute Brune et Nicolas. Ils doivent amener la voiture, nous allons partir.

Et le jeune homme courut ouvrir la porte de la chambre, laquelle porte donnait sur un carré commun à plusieurs logements.

Le gaz étant inconnu alors et l'huile étant fort chère, les propriétaires n'avaient point pour habitude d'éclairer l'intérieur de leur propriété. La nuit venue, l'escalier était plongé dans une obscurité complète, et ceux qui voulaient se prémunir contre le danger de se casser le cou en faisant un faux pas ou en manquant la corde qui courait le long de la muraille, allumaient le rat-de-cave que chaque bourgeois portait d'ordinaire dans la poche de son habit.

Jean, en avançant la tête au-dessus de la rampe massive taillée à pilastres, ne distingua donc absolument rien. Seulement le bruit des pas, faisant crier les marches, arrivait plus distinct jusqu'à lui.

— Est-ce vous, monsieur Brune? Est-ce toi, Nicolas? demanda le garçon teinturier en se penchant davantage.

Un énorme soupir lui répondit, mais ce soupir n'avait ni l'accent d'une plainte, ni celui d'un regret. C'était l'exhalation de l'air s'échappant d'une poitrine oppressée et cherchant à reprendre une respiration qu'interrompait momentanément le travail de l'ascension.

Celui qui soupirait ainsi bruyamment devait bien certainement éprouver une fatigue réelle.

— Mon cher monsieur qui parlez là-haut, dit une voix dolente, ne pourriez-vous pas nous prêter un petit bout de chandelle? Moi et mon compère n'avons pas le moindre rat dans nos poches, et nous ne savons plus où nous en sommes.

— Attendez! répondit Jean, je vais vous éclairer.

Et, rentrant dans la chambre, il prit une lumière qu'il apporta sur le carré.

— Ouf! reprit la même voix, grand merci!... Ce diable d'escalier est plus pénible que celui des tours Notre-Dame, où mon épouse m'a forcé, une fois, de monter avec elle. Cela vous arrache l'âme, n'est-ce pas, monsieur Gervais?

— Certainement, monsieur Gorain, répondit une autre voix partant de quelques degrés plus bas.

Les deux bourgeois arrivaient alors dans la zone éclairée par la chandelle que Jean tenait obligeamment au-dessus de la rampe.

— Tiens! fit le garçon de maître Bernard en reconnaissant les amis de son patron, MM. Gervais et Gorain?

Nous-mêmes, mon cher... Eh! fit M. Gorain en s'interrompant brusquement, je ne me trompe pas, c'est Jean!

— Pour vous servir, messieurs.

— Ce n'est pas de refus, mon garçon. Puisque vous voilà, dites-nous donc un peu à quel étage nous sommes?

— Au quatrième.

— Bah! j'aurais juré que nous étions sous les toits.

— Au quatrième, répéta M. Gervais; mais n'est-ce point à cet étage qu'habite M. Fouché?

— Précisément! répondit Jean avec étonnement, car il savait que Fouché n'attendait pas la visite des deux bourgeois, et cette visite fortuite, faite à pareille heure, au moment où le départ allait avoir lieu, paraissait extraordinaire au garçon de maître Bernard.

— Et laquelle de ces portes est celle du logis de M. Fouché? demanda M. Gorain en désignant du geste les différentes entrées des logements donnant sur le même palier.

— Celle-ci, répondit Jean en s'effaçant pour indiquer la porte demeurée ouverte.

— Et M. Fouché est là? demanda à son tour M. Gervais.

Jean répondit affirmativement. Les deux bourgeois se regardèrent avec un embarras manifeste; ils semblaient hésiter sur ce qu'ils avaient à faire. Enfin M. Gorain fit un pas en avant, son compagnon le suivit comme un soldat suit son chef de file; mais arrivé sur le seuil de la porte, le digne propriétaire de l'avocat Danton s'arrêta et passa prestement derrière M. Gervais.

— A vous, compère, dit-il.

— Après vous, répondit M. Gervais en voulant opérer une manœuvre semblable à celle habilement exécutée par son ami; mais M. Gorain, profitant de son avantage, poussa Gervais en avant et, bon gré, mal gré, le futur fournisseur du ministre pénétra le premier dans la chambre.

Fouché, tout entier aux réflexions qui l'absorbaient, n'avait rien entendu, ni rien vu. Le dos tourné à la porte, le front appuyé contre l'une des vitres de la fenêtre, il laissait errer son regard dans les ténèbres régnant au dehors. Il fallut que Jean l'appelât pour le tirer de sa rêverie.

— Monsieur Fouché, dit le garçon teinturier, voici MM. Gorain et Gervais qui vous demandent.

Fouché se retourna brusquement, et en apercevant devant lui les deux bourgeois dont, la veille au soir, chez Bernard, les réticences, les embarras et les demi-mots lui avaient paru singulièrement équivoques, il rapprocha ses sourcils par un froncement menaçant.

— Que désirent ces messieurs? demanda-t-il d'un ton sec et en attirant à lui la lampe placée sur la table afin de mettre les deux visiteurs en pleine lumière.

— Mon Dieu!... dit M. Gorain en mâchant ses paroles, c'est M. Gervais, mon compère, qui désirait... qui voulait...

— Du tout! interrompit Gervais; c'est vous, monsieur Gorain, qui aviez l'intention de venir...

— Oui, dit le propriétaire en paraissant se décider à parler nettement; nous venions chez vous de la part de M. Bernard, notre ami, notre pauvre et excellent ami, afin de vous faire ses recommandations suprêmes avant votre départ...

— Ah! fit Fouché d'un ton qui indiquait qu'il ne croyait pas un mot de ce que lui disait le bon bourgeois.

— Bah! ajouta vivement Gervais. Dites la vérité à M. Fouché, Gorain! Il ne se fâchera pas. Nous venions vous trouver dans la meilleure intention du monde... Au moment d'un départ précipité, souvent la bourse est légère, et nous avions pensé que, Bernard ne pouvant vous aider dans cette circonstance, il était de notre devoir d'amis de... parce que... enfin, vous comprenez.

M. Gervais, qui avait d'abord lancé un coup d'œil triomphant à son compagnon, comme s'il eût voulu lui dire : « Voilà comment on s'y prend pour arranger les choses! » M. Gervais avait perdu, peu à peu, son assurance en sentant peser sur lui le regard calme et froid de Fouché, et il avait même fini par s'embrouiller complètement dans sa phrase.

— Que diable veulent ces gens? pensait Fouché. Qui les envoie? Quel rôle jouent-ils donc dans cette affaire? Quel est le ressort qui fait mouvoir ces machines?... Il faut que je sache la vérité.

Et sa physionomie, changeant subitement d'expression, devint aimable et gracieuse, presque enjouée.

— Je reconnais bien là votre excellent cœur, messieurs, dit-il de sa voix la plus caressante, et je vois que je ne m'étais pas trompé en vous regardant tous deux comme les meilleurs et les plus dévoués amis de ce pauvre Bernard et de sa pauvre femme. Asseyez-vous donc, je vous en prie! que je puisse avoir le loisir de vous exprimer tout l'honneur que je ressens de votre visite inattendue...

Et, se précipitant vers deux chaises garnies de crin noir, il les offrit poliment aux deux bourgeois.

— Mon cher Jean, reprit-il en s'adressant au garçon de maître Bernard, voici l'heure où MM. Brune et Nicolas vont arriver avec la voiture. Je crois qu'il serait bon que vous descendissiez les attendre sur le seuil de la porte de la maison, afin d'éviter toute erreur, car la nuit est noire et ces messieurs connaissent à peine ma demeure.

— J'y vais! répondit Jean en sortant.

— Mais asseyez-vous donc, messieurs, continua Fouché en voyant l'hésitation nouvelle qui s'était emparée de ses deux visiteurs, et parlons de ce qui vous amène. Croyez que je serais le premier à accepter l'offre généreuse que vous me faites. Heureusement pour nous, elle est maintenant inutile. M. le comte de Sommes a daigné venir en aide à mes compagnons. Cependant soyez persuadés que leur reconnaissance envers vous ne sera pas moins grande.

Fouché, l'un des plus sombres génies de cette merveilleuse époque qui a produit tant de héros, Fouché dont l'histoire n'a pas encore démêlé clairement la véritable conduite, avait eu toute sa vie un principe duquel il se départait rarement : il pensait que l'arme la plus puissante que puisse employer la ruse est souvent la plus brusque et la plus entière franchise. Son regard scrutateur avait percé à jour les deux bourgeois qu'une main invisible poussait vers lui; il devinait ce qui se passait dans leur âme, il lisait clairement dans leur pensée.

Il comprenait parfaitement que le sentiment qui faisait agir Gorain et Gervais n'était ni leur amitié pour Bernard ni l'intérêt qu'ils prenaient au voyage que lui, Fouché, allait entreprendre. Il démêlait, dans leur conduite présente, dans leurs paroles de la veille, un côté mystérieux qu'il était résolu à pénétrer. L'instinct de Fouché lui disait qu'il devait y avoir, derrière ces deux hommes, un ennemi puissant, et cet instinct ne lui permettait pas de prendre le change. Tromper des esprits comme ceux de MM. Gorain et Gervais ne devait pas être chose bien difficile; mais il fallait voir l'air d'être trompé par eux pour atteindre le but plus sûrement.

Les deux bourgeois parurent complètement mis à l'aise par ce que venait de leur dire l'oratorien, et leur visage exprima une satisfaction manifeste. Fouché surprit, sans le laisser voir, le coup d'œil échangé par ses visiteurs, coup d'œil empreint de cette bonne grosse malice de gens d'esprit médiocre qui se croient supérieurs.

— Comme cela, reprit M. Gorain après un moment de silence, nous ne pouvons pas vous être utiles?

— Dans l'intention que vous aviez, non! reprit Fouché.

— C'est fâcheux! reprit Gervais.

Les deux bourgeois se regardèrent encore, comme s'ils eussent voulu s'engager mutuellement à aborder un entretien difficile.

— Voyons! dit Fouché du ton le plus insinuant, je vous vois embarrassés, messieurs; vous semblez hésiter à me confier quelque chose d'important? Ce que vous venez de me dire n'est que le prétexte à votre visite, je le sais bien. Quel motif réel vous a conduits chez moi? Dites-le sans crainte de me déplaire.

— Mon Dieu! fit M. Gervais en balbutiant un peu, il est vrai que... N'est-ce pas, mon compère?

— Dame! ajouta M. Gorain, je ne vous cacherai pas, mon cher M. Fouché, que nous avions effectivement pensé... N'est-ce pas, Gervais?

— Pensé quoi? demanda nettement Fouché.

— C'est relativement à Bernard et à sa chère petite fille, la Jolie Mignonne, que...

— Et vous vouliez me proposer? interrompit Fouché en ramenant au sujet son interlocuteur.

— C'est à propos de votre voyage... ajouta de son côté M. Gervais.

— Eh bien?

— Eh bien! cher monsieur Fouché, Gorain et moi pensions... parce que... nous nous disions comme ça... que si nous pouvions être utiles...

— J'ai déjà eu l'honneur de vous remercier de vos bonnes intentions, dit Fouché que les réticences des deux bourgeois commençaient à impatienter singulièrement.

— Oh! il ne s'agit plus d'argent! répondit vivement M. Gorain.

— De quoi s'agit-il donc alors?

— Des dangers du voyage, dit Gervais.

— Et, ajouta l'autre bourgeois, nous nous imaginions que si vous aviez besoin de nous...

— Ah! dit Fouché en comprenant enfin, vous venez me demander de partir avec moi?

— C'est cela même! dit Gorain en poussant un profond soupir de soulagement.

— Vous voulez que nous voyagions ensemble?

— Dame! vous savez? fit Gorain en se dandinant sur sa chaise, plus on est de fous, plus...

— Mais, interrompit Fouché, vous ne savez pas où nous allons...

— Raison de plus! nous aurions le plaisir de la surprise, et puis, ce pauvre Bernard, sa chère enfant...

— Et cette pensée-là vous est venue ce soir subitement?

— Mon Dieu! oui... après souper...

— Et c'est vous, monsieur Gorain, qui avez voulu....

— Oh! fit Gorain, c'est moi et puis Gervais...

Fouché regardait les deux bourgeois avec une attention profonde. Leur visite inattendue l'avait tout d'abord surpris, et il s'était demandé quel pouvait être le but de cette démarche extraordinaire. Maintenant qu'il connaissait ce but, sa stupéfaction augmentait de minute en minute.

Le bourgeois de Paris n'a jamais eu la réputation d'être ami du déplacement, et à cette époque surtout, où les moyens de locomotion étaient si pénibles et souvent si dangereux pour les masses, un voyage de quinze lieues seulement était toute une affaire. Avant de partir, on faisait son testament, on bénissait ses enfants, et on disait adieu à tous ses voisins.

Des gens d'un caractère paisible, comme l'étaient les deux dignes amis, se décidaient bien rarement à perdre de vue les tours Notre-Dame ou la coupole des Invalides. Pour que Gorain et Gervais vinssent inopinément, à dix heures du soir, solliciter de Fouché, qu'ils connaissaient à peine, la permission de s'embarquer avec lui pour un voyage dont ils ignoraient le but, il fallait qu'un motif bien puissant les poussât en avant.

Fouché se creusait la tête pour parvenir à démêler la main qui tenait le fil auquel obéissaient les deux estimables pantins. M. Gorain et M. Gervais attendaient en silence la réponse de l'oratorien.

Tout à coup celui-ci se mordit les lèvres et ferma à demi ses paupières; il venait de rencontrer la solution qu'il cherchait si ardemment.

— Ce sont là évidemment des espions lancés à mes trousses! pensa-t-il. Seulement, comment se fait-il que le choix soit tombé sur deux niais de cette espèce? Le comte de Sommes a l'esprit trop subtil pour que je puisse supposer un instant qu'il se soit trompé à ce point! Non! non!... Là encore, il doit y avoir un piège!...

En ce moment, le roulement d'une voiture se fit entendre dans la rue. Fouché redressa la tête : sa détermination était prise.

— Messieurs, dit-il aux deux bourgeois qui attendaient toujours sa réponse avec une anxiété de plus en plus manifeste, messieurs, je comprends parfaitement l'intention très honorable qui vous guide, et je ne m'oppose en aucune façon, pour ma part, à l'exécution de votre dessein... Veuillez m'attendre ici quelques instants, je vais prévenir mes compagnons de route, et je puis d'avance vous promettre leur adhésion pleine et entière.

En achevant ces mots, Fouché s'était dirigé vers la porte, et sans donner le temps à M. Gorain non plus qu'à M. Gervais de prononcer une parole de remerciement, il quitta la chambre et s'élança sur l'escalier. Il atteignait le rez-de-chaussée à l'instant où une voiture, attelée de deux chevaux vigoureux, s'arrêtait devant la porte.

De cette voiture sautèrent légèrement, sur le pavé de la rue, deux hommes jeunes et alertes, l'un portant un uniforme militaire, l'autre vêtu en bourgeois aisé.

Jean, qui attendait sur le seuil de la maison, alla au devant des deux nouveaux arrivants, mais Fouché le précéda par un mouvement rapide.

— Monsieur Brune, dit-il vivement et à voix basse, longez les maisons à gauche, dans l'ombre, et interrogez les deux rues qui croisent celle-ci. Je crois que l'on nous espionne.

L'HOTEL DE NIORRES

Après avoir traversé le pont, sans ralentir son allure, il continua sa course rapide vers le nouveau quartier d'Antin. (P. 460.)

Brune s'élança dans la direction indiquée, et Fouché, faisant signe de la main, à Jean et à Nicolas, de demeurer là où ils étaient, se glissa dans la rue du côté opposé à celui que venait de prendre l'étudiant.

Quelques minutes après, ils revenaient tous deux :

— Eh bien? demanda Fouché.

— Rien ! répondit Brune. Cette rue et les deux autres sont absolument désertes.

— Je n'ai rien vu non plus.
— Alors vous vous serez trompé.
Fouché ne répondit pas : il secoua doucement la tête.
— Que pouvez-vous craindre? demanda Brune.
— Tout ! dit Fouché ; nous avons affaire à des ennemis puissants qui ne reculeront devant aucun moyen pour nous empêcher de parvenir à notre but. Enfin ! nous agirons suivant les circonstances. En attendant, je vous préviens que nous avons deux nouveaux compagnons de voyage.
Les trois jeunes gens firent un geste d'étonnement.
— Qui donc? demanda Nicolas.
— Deux amis de Bernard : MM. Gorain et Gervais.
Et Fouché se mit à raconter rapidement le sujet de la visite qu'il venait de recevoir. Pendant ce temps, les deux bourgeois attendaient le retour de l'oratorien.
Lorsque Fouché avait quitté la chambre, MM. Gorain et Gervais étaient demeurés, tout d'abord, silencieux, se regardant sans mot dire ; mais ce que ce regard renfermait de pensées éloquentes, on n'aurait pas pu essayer de l'analyser. Bien certains d'être seuls, les deux bourgeois avaient poussé, à la fois, un même soupir empreint de cette satisfaction joyeuse que tout homme ressent après avoir accompli une tâche qui lui paraissait tout d'abord être au-dessus de ses forces, et un sourire de triomphe illumina orgueilleusement leur physionomie ordinairement insignifiante.
— Ouf! dit M. Gorain, nous en sommes venus à bout.
— Ouf ! fit également M. Gervais, nous avons été fièrement malins, mon compère !
— Ah ! dit Gorain avec un petit air modeste, on sait bien que nous ne sommes pas des imbéciles, monsieur Gervais. M. Danton, mon locataire, me disait encore, ces jours passés, que j'avais une tête fort bien organisée. Mais, franchement, je ne vous croyais pas aussi fort, vous !
— Habitude des affaires ! répondit Gervais en souriant.
— Enfin nous avons réussi !
— Oui, compère, nous allons partir avec eux !
— Avec tout cela, où allons-nous?
— Ah ! voilà le *hic* ! ce diable d'homme n'a rien dit !
— Hum ! monsieur Gervais ! Savez-vous qu'à bien prendre j'aimerais mieux ne pas quitter Paris, moi !
— Parbleu ! et moi aussi ! Mon épouse va bien s'ennuyer sans moi ! Pauvre petite ! Je vous avoue, compère, continua M. Gervais en se rapprochant et en baissant la voix, que je ne comprends pas bien pourquoi il

faut que nous voyagions, vous pour être nommé échevin, et moi pour avoir mon brevet de fournisseur du ministre.

— Affaire diplomatique, Gervais! répondit Gorain d'un air entendu.
— Alors, nous allons décidément rendre un grand service au roi?
— Et empêcher la guerre avec la Prusse.
— Quelle drôle de chose que la diplomatie!
— Oui, mais que voulez-vous? Cet excellent M. Roger, notre protecteur, a une façon de présenter les choses tout à fait irrésistible : si on dit oui, il est charmant, il promet tout; mais si on fait mine de dire non, quand il propose quelque chose, il parle tout de suite de la Bastille!
— Bon! fit Gervais en frissonnant, ne prononcez pas ce mot-là! Il me donne le vertige. Quand je songe que les portes sont toujours ouvertes sur nous, voyez-vous, je me sens froid dans le dos!
— Le fait est que M. Roger nous a dit, très clairement, que si nous commettions la moindre faute ou que si nous ne partions pas avec...
— Chut! interrompit Gervais, on monte l'escalier. C'est M. Fouché qui revient!

Effectivement Fouché rentrait en cet instant dans son logement. Il invita les deux bourgeois à le suivre, leur disant que ses compagnons seraient enchantés d'avoir le plaisir de faire route avec eux, puisque tous n'avaient qu'un seul et même but : retrouver la pauvre petite fille du malheureux teinturier.

Les deux bourgeois descendirent l'escalier. Fouché demeura seul, un moment, dans la chambre :

— Ah! fit-il, en lançant dans l'ombre un regard étincelant, M. de Sommes connaîtrait-il donc le véritable motif qui me pousse, pour qu'il agisse ainsi qu'il le fait?... Eh bien! si cela est, tant mieux! J'aime les grandes luttes, et l'on verra qui, de l'oratorien ou de l'homme de cour, sait le mieux attacher les fils d'une intrigue de cette importance!

XLV

LE FEU DE PAILLE

La voiture, contenant les six voyageurs, s'élança vers le sud de la capitale. A l'angle de la rue Vaugirard et de la rue d'Assas, une grande clarté brilla subitement, clarté produite par un immense feu de paille que les enfants du voisinage, sans doute, avaient allumé au centre du petit carrefour.

La lumière étincelante éclairait splendidement les maisons, et, pénétrant au passage dans l'intérieur de la voiture, illumina furtivement le visage de ceux qu'elle contenait.

Parmi le cercle de badauds qui entouraient le feu de joie, regardant les gamins franchir les flammes avec des cris d'allégresse, se tenait un homme simplement vêtu. Lorsque la voiture passa, enlevée au grand trot des deux chevaux effrayés par cette clarté subite, cet homme se pencha en avant et interrogea, d'un coup d'œil rapide et sûr, l'intérieur de la berline.

En apercevant la physionomie ébaubie de MM. Gorain et Gervais, le personnage laissa échapper un geste de satisfaction. Mais, s'il avait vu les deux bourgeois, ceux-ci l'avaient remarqué également, et MM. Gorain et Gervais étouffèrent en même temps un double cri de surprise.

— M. Roger! murmurèrent-ils.

Fouché, qui, enfoncé dans un angle de la berline, ne quittait pas de l'œil les deux bourgeois, remarqua leur mouvement, entendit, sans distinguer nettement, l'exclamation qui leur était à demi échappée, et, se penchant vivement par la portière, suivit la direction de leurs regards. Lui aussi vit l'homme éclairé alors en plein par la lumière rougeâtre, et une exclamation s'arrêta sur les lèvres du professeur.

En l'espace de quelques secondes, sa physionomie venait de refléter les sentiments les plus opposés. Mais la voiture avait franchi le petit carrefour et roulait alors dans la rue de Vaugirard; Fouché se pencha encore et put à peine distinguer les formes du personnage qui venait de si fort éveiller l'attention de ses compagnons de route et de lui causer, à lui, une sensation profonde.

A peine la berline eut-elle disparu, que M. Roger, quittant le cercle au milieu duquel il se trouvait, descendit rapidement la rue d'Assas jusqu'à la rue du Cherche-Midi.

La grand'porte de la seconde maison, à droite dans cette rue, était poussée seulement sans être fermée. M. Roger l'ouvrit, entra dans la cour et détacha la bride d'un cheval tout sellé que retenait un anneau de fer planté dans la muraille. M. Roger s'élança sur la monture avec la dextérité d'un écuyer consommé; puis il franchit le seuil de la porte et il partit au galop, se dirigeant vers le Pont-Neuf.

Après avoir traversé le pont, sans ralentir son allure, il continua sa course rapide vers le nouveau quartier d'Antin, et il atteignit le bas de la rue Blanche au moment où onze heures et demie venaient de sonner.

C'était à cet instant que le marquis d'Herbois et le vicomte de Renneville fouillaient vainement les jardins de l'hôtel de Niorres, cherchant anxieusement les deux jeunes nièces du conseiller, et que le marquis Camparini excitait la gaieté des convives du duc de Chartres en racontant l'histoire de ses mariages.

M. Roger gravit, au pas de son cheval, la montée de la rue Blanche, et mit pied à terre en apercevant la masure en ruine qui dérobait la splendide *folie* aux yeux des passants. Un magnifique équipage stationnait un peu plus loin. M. Roger siffla doucement. Aussitôt un homme se détacha de la muraille crevassée et s'avança vers lui.

M. Roger jeta aux mains de cet homme la bride de sa monture, et, se dépouillant rapidement d'une vaste houppelande qui l'enveloppait des pieds à la tête, il apparut revêtu d'une livrée éclatante. L'homme lui tendit un chapeau galonné et s'éloigna en emmenant le cheval. M. Roger, costumé ainsi en valet de pied de grande maison, vint se placer à la hauteur de la portière du carrosse, sur le siège duquel trônait un cocher d'une énorme corpulence, et qui eût certes pu lutter, pour l'embonpoint, avec celui du prince de Soubise auquel il fallait appliquer les efforts d'une machine, ingénieusement combinée, pour le hisser à son poste.

Le cocher ne bougea pas, soit qu'il n'eût pas vu le valet, soit qu'il ne fût pas étonné de sa venue. M. Roger s'appuya contre le panneau du carrosse et attendit.

Cette attente fut courte : un bruit de voix se fit entendre, et un laquais portant une torche surgit tout à coup de la masure, éclairant un groupe de gentilshommes qui marchaient derrière lui.

Le marquis Camparini, le comte de Sommes et le duc de Lauzun étaient là, escortés de quelques-uns des convives qui les accompagnaient jusqu'au carrosse du seigneur italien. Ces messieurs se rendaient alors à l'hôtel de Niorres, afin de mettre à exécution le pari engagé entre eux.

Le valet de pied ouvrit avec empressement la portière, il abaissa le marchepied, et il s'effaça respectueusement. Le duc de Lauzun et le comte de Sommes s'élancèrent sur les degrés mobiles garnis de velours bleu.

— Bonne chance ! leur crièrent le baron de Cadore et le comte d'Ogny en retournant sur leurs pas et en regagnant l'entrée de la *folie*.

Le marquis allait monter à son tour dans le carrosse, lorsqu'il sembla se raviser tout à coup.

— Mille pardons, messieurs, dit-il en s'adressant au duc et au comte ; mais pour la réussite de mes projets, il faut que je donne quelques ordres essentiels à Roméo : vous permettez ?

Et, sans même attendre la réponse affirmative que lui adressaient les deux jeunes gens, il fit signe à M. Roger de le suivre à l'écart.

Celui-ci obéit avec empressement.

— Les deux bourgeois? dit vivement le marquis à voix entièrement basse.

— Sont en route avec Fouché, l'étudiant, le soldat et le garçon teinturier, répondit M. Roger.

— Ils ont bien compris tes recommandations?

— A merveille.

— Crois-tu qu'ils soient capables de les exécuter?

— Pour cela, j'en doute. Tout ce que je pourrai faire, ce sera de savoir par eux, jour par jour, presque heure par heure, ce que diront, feront et décideront Fouché et ses amis.

— C'est quelque chose...

— Mais ce n'est pas suffisant, interrompit M. Roger. Si tu m'avais écouté, ce n'eût pas été ces deux niais qui fussent partis avec l'oratorien.

— Et le moyen de faire accepter par Fouché d'autres compagnons de route que ces deux bourgeois?

— Quelle nécessité y avait-il à les faire voyager ensemble? On pouvait suivre; d'ailleurs, ne vais-je pas le faire, et crois-tu que Fouché ne se défiera pas des amis que tu lui imposes?

— Eh! j'y compte bien!

— Comment! tu veux que Fouché...

— Se croie espionné? Certes, oui, je le veux! Et c'est précisément là le beau de mon plan! Tu ne comprends pas? Allons donc! Roquefort, qu'as-tu fait de ton intelligence habituelle? Écoute! Fouché est un homme peu ordinaire, c'est un ennemi puissant, redoutable, car s'il n'a pas pour lui la force du rang, ni celle de l'argent, il a la puissance, bien autrement redoutable, de l'adresse, de l'audace et de la ruse. Quand j'ai su à qui nous avions affaire, je me suis donné la peine d'étudier l'homme. Il sait trop quel intérêt puissant l'on a à l'empêcher d'exécuter ses desseins pour ne pas supposer que ses moindres actions seront espionnées attentivement. Le plus sûr moyen de tromper les gens est de leur faire croire qu'ils lisent dans votre jeu; retiens bien cela, Roquefort, cette maxime n'est pas trompeuse. Eh bien! en forçant les deux niais à se présenter à Fouché, ce qu'ils auront fait de la façon gauche et stupide qui leur est habituelle, ils auront immédiatement éveillé les soupçons de l'oratorien à leur endroit. Sans savoir qui poussait ces gens à se faire ses espions, Fouché aura deviné immédiatement le rôle que voulaient jouer, près de lui, le Gorain et son compagnon, et il se sera mis sur ses gardes.

— Mais alors ils ne sauront rien ! interrompit M. Roger.

— Oui, reprit le marquis, Fouché, se croyant sûr d'avoir deviné le piège tendu sous ses pas, fera un détour pour éviter la chute, et c'est ce détour-là qui le jettera dans nos filets.

— Je comprends ! Gorain et Gervais ne sont que des trompe-l'œil.

— Précisément. Ils serviront à cacher ceux qui doivent agir. La défiance de Fouché s'épuisera sur eux et se trouvera en défaut pour porter son attention sur ce qui ne doit pas l'éveiller.

— Parfait ! dit le valet de pied avec admiration.

— Maintenant, ajouta le marquis, tu sais ce que tu as à faire ? L'incendie allumé, tu t'élanceras à la poursuite des voyageurs, et n'oublie pas que Fouché ne doit pas arriver à temps à Saint-Nazaire.

— Pourquoi n'avoir pas fait ce que j'avais proposé ? dit M. Roger en haussant les épaules. Lui donner un cocher à nous et aposter quelques hommes sur la route... Tout serait dit avant une heure.

— Malheureusement cela ne se peut pas. Si les compagnons de Fouché te gênent, fais-en ce que tu voudras ; qu'ils disparaissent complètement, eux, j'y consens : cela vaudra même mieux. Mais lui, Fouché, c'est autre chose : il faut qu'il vive, non pour lui, mais pour moi. Ah ! s'il pouvait savoir le besoin que j'ai de lui !... Heureusement il ne se doute de rien, et, en dépit de son astuce, il ne devinera rien.

— Allons donc, marquis ! cria le duc de Lauzun en avançant le haut de son corps par l'ouverture de la portière, vos instructions diplomatiques sont-elles achevées ?

— Me voici, duc, ne vous impatientez pas, répondit Camparini.

Puis se tournant vers M. Roger :

— N'oublie rien, ajouta-t-il, et sois à Arpajon en même temps qu'eux !

Le marquis regagna rapidement le carrosse et prit place en face des deux gentilshommes qui l'attendaient. Le valet de pied replia le marche-pied, ferma la portière, et grimpa lestement derrière la voiture qui partit au grand trot.

Pendant ce temps, la berline de voyage avait franchi les barrières de la capitale et s'élançait sur la route de Longjumeau. Elle atteignait la chaussée de Bourg-la-Reine au moment où le carrosse du marquis redescendait la rue Blanche.

La berline était large, et les six voyageurs qu'elle emportait pouvaient y tenir à l'aise. Fouché, Brune et Jean occupaient la banquette du fond ; Fouché était placé près de la portière de droite et Jean près de celle de gauche. Nicolas était assis dans l'angle opposé, en face du garçon de maître Bernard, ayant près de lui MM. Gorain et Gervais, lesquels se trouvaient donc placés, par conséquent, le premier vis-à-vis de Fouché, le second vis-à-vis de Brune.

Depuis que la berline avait quitté Paris, un profond silence régnait parmi les voyageurs. Nicolas, Jean et Brune, paraissant succomber à une fatigue invincible, dormaient paisiblement, avec un calme attestant la quiétude dans laquelle était leur conscience.

Fouché, immobile, mais les yeux ouverts, laissait errer son regard sur la campagne à demi brûlée par le soleil de juillet et qu'éclairaient doucement alors les rayons argentés de la lune.

M. Gorain et M. Gervais ne dormaient ni l'un ni l'autre, mais ils se tenaient cois et silencieux, sans oser faire un geste ni prononcer une parole. Peut-être les deux bourgeois se repentaient-ils déjà de s'être ainsi engagés dans une aventure dont il leur était impossible de deviner la portée. Peut-être pensaient-ils qu'à cette heure où ils roulaient, cahotés sur les pavés de la route royale, ils eussent dû être bien douillettement étendus dans leur couche moelleuse. Peut-être aussi songeaient-ils à cet épouvantable avenir hérissé de Bastilles béantes que M. Roger faisait luire à tout propos à leurs yeux terrifiés. Peut-être enfin étaient-ce les splendeurs des dignités promises qui doraient leur rêve et caressaient leurs pensées.

Toutes ces suppositions pouvaient être possibles, car chaque soupir qui s'exhalait presque régulièrement de la poitrine des deux amis avait chaque fois un caractère bien différent et dénotait tantôt le chagrin ou le regret, tantôt la terreur ou la satisfaction.

La berline longeait les premières murailles du parc de Sceaux : Jean, Nicolas et Brune dormaient ou semblaient dormir plus profondément que jamais.

Fouché n'avait pas changé de position, non plus que les deux personnages placés en face de lui. Tout à coup, il fit un mouvement brusque en avant, et passa sa tête par l'ouverture de la portière. D'un coup d'œil rapide il interrogea la route que venait de parcourir la berline, puis, rentrant presque aussitôt dans la voiture, il se rejeta dans son coin et se penchant, par un mouvement naturel, de façon à ce que ses lèvres se trouvassent à la hauteur de l'oreille de Brune :

— Nous sommes suivis ! murmura-t-il.

En recevant l'avertissement que venait de lui transmettre Fouché, Brune n'avait manifesté, par aucun signe extérieur, avoir compris ni même entendu. Fouché parut, au reste, n'attacher aucune importance à ce qu'il venait de dire, et rompant le silence qui régnait dans la berline,

Laure aimait, ou plutôt croyait aimer les fleurs. (P 471.)

il fit, vis-à-vis de MM. Gorain et Gervais, les frais d'une conversation qu'il s'efforçait évidemment de rendre agréable aux deux bourgeois.

Ceux-ci, que le mutisme qu'ils avaient cru devoir observer jusqu'alors gênait visiblement, répondirent avec empressement aux avances de leur interlocuteur et ne tardèrent pas à se laisser aller à leur loquacité habituelle.

— Voyons, cher monsieur Fouché, dit, après quelques minutes d'un entretien insignifiant, M. Gorain qui commençait à se familiariser avec la situation et avec son compagnon de route, voyons, mon cher ami, puisque nous sommes du voyage, vous pouvez bien nous dire, il me semble, où nous allons!

— Ah! fit Fouché en souriant, est-ce qu'en vérité vous ne vous en doutez pas?

— Non! ma parole d'honneur!

— Et vous, monsieur Gervais?

— Pas le moins du monde.

— Eh bien! messieurs, je ne vois pas pourquoi je ne satisferais pas votre curiosité...

— Ni moi non plus, dit Gorain en souriant agréablement. Vous dites donc que nous allons?...

— A Arpajon d'abord.

— A Arpajon? répéta M. Gervais. Où prenez-vous cela, Arpajon? Est-ce plus loin qu'Orléans?

— Voit-on la mer, à Arpajon? demanda en hésitant M. Gorain, lequel avait toute sa vie caressé la pensée d'aller se mettre face à face avec l'Océan, mais qui n'avait jamais osé, même au sein de sa famille, exposer ce désir d'un voyage aussi effrayant à accomplir que celui de Paris au Havre.

— Arpajon est avant Orléans et la mer est beaucoup plus loin, répondit Fouché en tirant de sa poche une mignonne tabatière qu'il présenta tout ouverte à ses interlocuteurs.

Ceux-ci répondirent à cette offre polie en plongeant successivement leurs doigts dans la boîte. Fouché referma la tabatière sans prendre lui-même une pincée du tabac qu'elle contenait.

— Arpajon! répéta M. Gorain d'un air entendu; il me semblait cependant que la mer venait jusque-là?

— Vous avez donc envie de voir la mer?

— Une envie démesurée, cher monsieur; mais, hélas! je ne satisferai jamais ce désir.

— Bah! qui sait?

— Oh! c'est bien peu probable!

— Eh! eh! vous pourriez bien vous tromper. Il est possible que le voyage que nous entreprenons nous conduise jusqu'à l'Océan.

— Vous croyez? s'écria Gorain en bondissant sur sa banquette.

— Je dis que cela est possible.

— Ah! jour de Dieu! j'en serais enchanté, savez-vous?

— Moi aussi! ajouta Gervais.

Et les deux bourgeois, alléchés par cette perspective brillante, acceptèrent de nouveau le tabac que leur offrait encore Fouché, sans remarquer que celui-ci s'abstenait de les imiter.

— En attendant, nous allons à Arpajon, reprit M. Gervais. Est-ce bien loin?

— A une dizaine de lieues environ.

— Et c'est une grande ville?

— Pas précisément.

— Arpajon! Arpajon! répétait encore M. Gorain. Quel drôle de nom!... Cela ne veut rien dire, Arpajon!... Pourquoi appelle-t-on cette ville-là ainsi?

— Parce qu'Arpajon est le nom du marquisat dans lequel était comprise la ville. Il y a seulement soixante-cinq ans, avant 1720, Arpajon ne s'appelait pas ainsi et se nommait Châtres, et il est vrai de dire que ce changement de dénomination ne se fit pas sans quelque difficulté, mais le marquis usa à l'égard des récalcitrants, qui s'obstinaient à dire Châtres, d'un procédé tout particulier et fort ingénieux.

— Lequel, cher monsieur Fouché? dit vivement Gorain. Racontez-nous cela!... moi, je ne puis dormir en voiture.

— Volontiers, messieurs. Prenez donc une prise.

— Avec plaisir.

Et la manœuvre de la tabatière recommença : M. Gervais se frottait les paupières comme un homme que le sommeil commence à gagner.

— En 1720, commença Fouché, la terre dans laquelle était comprise Châtres fut, comme je vous l'ai dit, érigée en marquisat d'Arpajon en faveur de Louis de Séverac...

M. Gorain se frotta les yeux à son tour.

— C'est drôle, dit-il, les paupières me piquent. Après?

— Les habitants, continua Fouché, ne pouvant ou ne voulant s'habituer au changement de nom, que fit le marquis? Chaque matin, il se rendit sur les routes qui avoisinaient sa seigneurie, et, dès qu'il apercevait un paysan, il l'abordait en lui demandant : « Eh! l'ami, quel est le nom de ce lieu? » Et il désignait la petite ville. « Châtres, mon bon gentilhomme, » répondait le manant. — « Ah! coquin! ah! maraud! s'écriait alors le marquis en rouant le malheureux de coups de canne. Apprends que ce n'est pas Châtres, mais bien Arpajon! »

— Très joli! balbutia Gorain en s'efforçant de rouvrir ses petits yeux qui se fermaient. C'est singulier! moi qui ne dors jamais en voiture, je me sens tout, je ne sais comment...

— Prenez encore une prise, dit Fouché, cela vous réveillera.

Gorain plongea ses doigts dans la tabatière. Gervais, qui était dans un état de somnolence visible, fit cependant un effort pour imiter son ami, mais il se laissa retomber lourdement en arrière.

— Vous comprenez, reprit Fouché, que le paysan maltraité fuyait, en gardant, avec le souvenir des coups de canne, celui du nouveau nom de la ville.

— Bien entendu, dit Gorain d'une voix à peine intelligible.

— Mais quelque villageois avisé répondait-il favorablement au désir du marquis, celui-ci le complimentait, faisait l'aimable, et lui donnait quelques pièces de monnaie pour boire à sa santé. Vous sentez la force de ce système, messieurs?

Ni Gorain ni Gervais ne répondirent. Tous deux dormaient du plus profond sommeil. Fouché prit dans sa poche un petit pistolet et en appuya successivement le canon sur la gorge de chacun des deux dormeurs. Les deux bourgeois ne firent pas un seul mouvement.

Fouché sourit, remit l'arme dans sa poche, tira sa tabatière et en sema le contenu sur la route, en avançant son bras par la portière. Puis, se retournant vers Brune, Jean et Nicolas :

— Vous pouvez vous réveiller, dit-il.

Les trois jeunes gens se redressèrent avec un empressement dénotant l'impatience que chacun d'eux avait dû éprouver en se livrant, depuis plus d'une heure, à un sommeil simulé.

— Maintenant, nous pouvons causer, reprit Fouché. Ces deux hommes sont incapables, avant deux ou trois heures, d'entendre une seule de nos paroles. Je réponds de la puissance du narcotique que j'avais mélangé au tabac.

— Ainsi, dit Brune, vous pensez que ces deux hommes sont des espions attachés à nos pas?

— J'en suis sûr!

— Alors, dit Nicolas, profitons de leur sommeil, faisons arrêter la voiture et déposons-les sur la route.

— Non pas! fit vivement Fouché; agir ainsi serait faire voir à ceux avec lesquels nous luttons que nous avons deviné leur ruse. Ayons l'air d'être dupes, au contraire!

— Comment! dit Jean; maître Bernard a donc des ennemis très puissants, pour que la recherche à laquelle nous nous livrons se complique d'une façon aussi extraordinaire?

— Il ne s'agit pas de Bernard, dit Fouché.

— Cependant, c'est après la Jolie Mignonne que nous courons.

— Sans doute, mais en rendant à Bernard l'enfant qui lui a été volé nous n'accomplirons pas seulement une bonne action, nous entraverons bel et bien l'exécution d'un crime ourdi avec une adresse infernale.

— Bah! fit Nicolas avec étonnement. Qu'est-ce que vous nous dites donc là?

— Je dis, répondit Fouché, qu'il faut, messieurs, que je vous révèle un secret que j'avais cru pouvoir et devoir jusqu'ici garder pour moi seul, mais que les circonstances me contraignent impérativement à vous communiquer, bien que ce secret ne soit pas le mien. Vous croyez et j'ai cru, comme vous, que notre entreprise se bornerait à retrouver une pauvre petite fille, que l'intérêt d'un ambitieux vulgaire avait arrachée à ses parents. Il y a une heure et demie à peine, quand nous avons quitté ma demeure, la visite fortuite de ces deux hommes, leur gauche insistance pour nous accompagner, m'avaient fait soupçonner une partie de la vérité, bien que je ne la comprisse pas encore complètement. Mais, en traversant la rue de Vaugirard, vous vous souvenez, sans doute, que nous passâmes près d'un feu de paille dans lequel des enfants s'amusaient à sauter?

— Oui, dirent les trois jeunes gens.

— Eh bien! poursuivit Fouché, parmi les spectateurs de cet amusement était un homme que vous n'avez pu remarquer, mais que j'ai vu, moi. Cet homme attendait évidemment le passage de notre voiture pour s'assurer que MM. Gorain et Gervais étaient bien avec nous. Sa physionomie était en pleine lumière, et certes, s'il avait pu supposer que je connusse ce qu'un hasard m'a révélé autrefois, au lieu de se placer en face de ce foyer lumineux, il se fût tenu dans l'ombre la plus obscure.

— Quel est donc cet homme? demanda Brune.

— Un ancien forçat évadé du bagne de Brest!

Les trois jeunes gens tressaillirent.

— Oui, reprit Fouché. Il se nomme Roquefort. C'est le principal agent d'un pouvoir formidable, dont cependant vous ignorez sans doute l'existence. Ce pouvoir est absolu, gigantesque; il s'étend d'un bout à l'autre du royaume, en dépit des lois et des magistrats, de la police et des exempts; c'est une dictature indiscutable, c'est une royauté établie par l'écume de la société, car celui qui seul concentre entre ses mains ce pouvoir, cette dictature, cette royauté, se nomme, pour ses sujets : le Roi du bagne.

Les trois jeunes gens se regardèrent avec un étonnement croissant.

— Et l'homme du feu de paille est l'agent de ce Roi du bagne? demanda Brune.

— Oui, répondit Fouché.

Brune, Jean et Nicolas paraissaient stupéfaits de ce qu'ils entendaient.

— Vous allez tout comprendre, reprit celui-ci. Je n'ai endormi ces deux hommes que pour pouvoir vous donner une explication nécessaire. L'entreprise que nous voulons poursuivre est hérissée de dangers. Nous trouverons, sur notre route, des embûches et des périls constants. Nous partons quatre, jeunes, vigoureux, actifs, déterminés, et il est possible qu'un seul d'entre nous atteigne le but. C'est en raison de cette possibilité surtout, que je veux vous apprendre tout ce que je sais, car celui qui demeurera seul ne doit rien ignorer pour réussir. Prêtez-moi donc chacun l'attention la plus grande, car, ainsi que vous allez le voir, la recherche de la Jolie Mignonne n'est plus que l'un des côtés de l'aventure dans laquelle nous nous lançons. Vous allez connaître, messieurs, les ennemis redoutables avec lesquels nous sommes aux prises, et souvenez-vous que le secret que je vais vous confier n'est pas le mien, et que les circonstances seules me contraignent à vous en faire part. Un jour, peut-être, il faudra tout oublier.

— Ne pouvons-nous agir sans recevoir votre confidence? demanda Brune.

— Non; il faut que vous sachiez tout.

La berline atteignait en ce moment Longjumeau, et elle s'arrêta pour relayer. Le nouveau postillon, ses chevaux attelés, vint demander la route.

— Arpajon! répondit Fouché.

La voiture s'ébranla et s'élança dans la direction de Boulainvilliers : Gorain et Gervais continuaient à dormir d'un sommeil que rien ne semblait pouvoir interrompre.

— Quel est cet homme que vous nommez le Roi du bagne? demanda Brune à Fouché, et quel rôle peut-il jouer, dans l'enlèvement de la fille de maître Bernard?

— Un rôle très actif, répondit Fouché, et vous allez vous en convaincre; mais, avant, il faut que vous connaissiez les causes de cet enlèvement, dont j'ai aujourd'hui la certitude de n'ignorer aucun détail. Ces causes sont précisément les maillons qui servent à souder les événements que je vais vous rapporter. Songez, en m'écoutant, que depuis Bourg-la-Reine, notre voiture est suivie (je viens encore de m'assurer de cette poursuite au dernier relais), et que ceux qui marchent à cinq cents pas par derrière nous sont probablement les mêmes dont il va être question dans mon récit. Oh! ils doivent connaître ce pays que nous traversons, car l'un d'eux y a passé sa première jeunesse. Tenez, messieurs, voyez-vous se détacher, dans l'ombre de la nuit, là, sur notre droite, à côté de ce petit bois, un joli château à tourelles aiguës?

— Oui, dit Jean, je le vois. Et toi, Nicolas?

— Moi aussi, répondit le soldat.

— Eh bien! il y a trente ans, ce château, si coquet aujourd'hui, menaçait de tomber en ruines. Il était inhabité : la famille à laquelle il appartenait l'avait fui, après avoir assisté à une effrayante catastrophe!

« Cette famille, continua Fouché, était celle des barons de Morandes. Elle se composait de la mère, demeurée veuve depuis plusieurs années, de deux fils, dont l'aîné portait le nom et le titre de la famille, et dont le second était connu sous ceux de chevalier de Bassat, et enfin d'une jeune fille de dix-huit ans, belle comme l'aurore, et fort désireuse de faire constater, par le plus grand nombre d'adorateurs possible, l'éclat de cette beauté. La coquetterie de Mlle Laure était bien connue à dix lieues à la ronde; mais, comme il y avait, dans la famille, absence complète de fortune, et, qui plus était, absence absolue de position à la Cour, Mlle Laure, en dépit de sa beauté et de ses coquetteries, ne pouvait entrevoir dans l'avenir que le voile des nonnes, à moins qu'elle ne se décidât à devenir la compagne d'un modeste hobereau de province, ou celle de quelque financier de troisième rang. L'une ou l'autre de ces perspectives désolait également la jeune fille. Douée d'une imagination exaltée, elle s'ennuyait à périr, dans ce petit domaine de famille, où les distractions ne venaient que bien rarement égayer sa solitude presque absolue.

« A l'exception de rares visites reçues de mois en mois, et rendues plus rarement encore, les seuls plaisirs offerts à Laure étaient d'aller, le dimanche, recevoir le tribut d'admiration que chacun payait à ses charmes, alors qu'elle se rendait à l'église voisine, et, le soir, de passer une heure chez un vieux gentilhomme habitant à peu de distance du château. Pour une jeune fille de l'âge et du caractère de Laure, cette existence était effectivement maussade, et il n'était pas étonnant qu'elle recherchât avec soin les plus légères distractions à son ennui quotidien.

« Depuis quelques mois, Mme de Morandes avait remplacé son vieux jardinier, devenu infirme, par un jeune homme de seize à dix-sept ans, vigoureux, intelligent, et doué de l'une de ces mâles beautés qui impressionnent au premier abord. Il se nommait Noël. Laure aimait, ou plutôt croyait aimer les fleurs, et, sous prétexte de satisfaire son goût, elle dépensait, envers un petit carré de jardin qu'elle cultivait elle-même, le trop-plein de cette tendresse dont la nature a pourvu si abondamment le cœur de la femme. Des rapprochements constants avaient donc lieu entre Laure et le beau jardinier.

« Celui-ci avait tout d'abord été frappé de la merveilleuse beauté de sa jeune maîtresse, et Laure avait elle-même remarqué la bonne grâce de son serviteur. Noël n'avait jamais senti battre son cœur, et il ne sut quel nom donner au sentiment étrange que lui inspirait Mlle de Morandes. Celle-ci devina aisément ce qui se passait dans l'âme du jardinier, et son amour-propre fut flatté de ce nouveau triomphe remporté par ses charmes. Laure, je le répète, éprouvait l'impérieux besoin d'être adorée. Obéissant à sa nature, elle excita encore la passion qu'elle avait inspirée à Noël par ces mille coquetteries dont elle savait si bien s'entourer.

« Plusieurs mois se passèrent, et Noël avait senti l'amour qui le dévorait faire de tels progrès dans son cœur, qu'il ne vivait plus que par lui et pour lui. Laure exerçait, sur le jeune homme, un empire despotique et absolu, et Noël obéissait aux moindres ordres de sa maîtresse, heureux, si sa complaisance et son empressement étaient payés d'un doux sourire ou d'une parole aimable.

« Deux années environ après le jour où Noël avait pris, au château, la place du vieux jardinier, le fils aîné, le baron de Morandes, revint près de sa mère et de sa sœur, après un long séjour à Paris. Il amenait avec lui un homme dont il avait fait son intime ami. Cet homme, âgé d'une cinquantaine d'années, fort laid mais fort riche, s'installa au château. C'était un époux que le baron avait enfin découvert pour sa jeune sœur.

« Laure, en voyant arriver à elle la fortune et la possibilité de faire bientôt, dans le monde, une entrée que sa beauté lui faisait espérer devoir être éclatante, oublia la laideur et l'âge du fiancé qu'on lui proposait, et l'amour et la tendresse du pauvre jardinier, dont elle allait briser le cœur. A partir de ce moment, Noël n'exista plus pour Mlle de Morandes. A peine le jardinier apercevait-il la jeune fille de loin en loin, et jamais elle ne lui parlait. Noël souffrait en silence toutes les horribles tortures qu'impose un premier amour malheureux.

« Le jour du mariage fut arrêté. Le pauvre délaissé, qui avait voulu douter jusqu'alors, se berçant d'une folle et suprême espérance, vit son dernier espoir s'anéantir. Fou de douleur, de rage et d'amour, il alla trouver le baron de Morandes et le chevalier de Bassat.

« En présence des deux frères de Laure, il retrouva toute son énergie, et il osa parler de la passion qu'il ressentait pour sa jeune maîtresse. Les deux gentilshommes écoutèrent Noël, puis, quand il eut achevé sa confidence, ils se contentèrent de hausser les épaules, et ils le renvoyèrent à ses plates-bandes et à son potager.

« Noël voulut recommencer ses plaintes, le baron le menaça de sa canne.

L'HOTEL DE NIORRES

— « Ah! grand Dieu! s'écria la jeune fille; un enfant mort! (P. 477.)

Ce geste, loin d'intimider le jardinier, fit briller dans ses yeux deux éclairs rapides, et, redressant sa tête avec un geste superbe :
— « Monsieur le baron et monsieur le chevalier, s'écria-t-il, je suis venu à vous, je vous ai dit mes douleurs, mon amour, mon désespoir; je vous ai priés, suppliés, implorés, et vous me menacez! Eh bien! ce que vous refusez d'entendre, d'autres l'entendront à votre place. Je dirai que Mlle de Morandes me rendait amour pour amour, et, pour prouver la véra-

cité de mes paroles, je confesserai, s'il le faut, un crime dont je suis coupable, mais dont votre sœur est la complice !

— Un crime ! s'écria le baron en étreignant le bras de Noël. Que dis-tu, misérable ?

— « Je dis, répondit le jardinier d'une voix ferme, qu'il y a un an bientôt, Mlle Laure de Morandes, votre sœur, touchée de cet amour qu'elle m'avait inspiré, et que, loin de repousser, elle partageait elle-même, consentit à devenir ma femme ! Un mariage secret eut lieu entre nous, et c'est le vieux curé du village qui a béni notre union. Si vous doutez encore, messieurs, j'ajouterai qu'en fouillant la terre au pied du grand tilleul de la pelouse, on peut y découvrir le gage de cette union, le gage de cet amour ! »

« A cette révélation foudroyante, le baron fit un geste menaçant, mais le chevalier le retint.

— « Les preuves ! dit-il d'une voix brève. Avant tout, il faut les preuves de ce qu'avance ce misérable !

« Il était nuit depuis longtemps, et cette scène avait lieu dans un pavillon isolé du château servant de demeure ordinaire aux deux frères, alors qu'ils venaient visiter leur mère et leur sœur. Mme de Morandes, Mlle Laure, son fiancé et les quelques valets composant tout le domestique du château reposaient depuis longtemps.

« Le baron et le chevalier entraînèrent Noël dans le jardin, et, lui ordonnant de prendre ses outils, le conduisirent à la place qu'il avait indiquée lui-même.

« Noël fouilla la terre au pied du tilleul, et, après quelques instants d'un travail qu'il accomplissait d'une main fiévreuse, il s'arrêta. Prenant une lanterne sourde, que le chevalier avait déposée sur le gazon, il s'agenouilla auprès du trou qu'il venait de creuser, se baissa en avant, et la lumière de la lanterne, en se projetant dans l'intérieur de la fosse, éclaira les restes encore reconnaissables d'un enfant nouveau-né. Un médaillon était attaché au cou du squelette, et le baron reconnut ce bijou pour l'avoir vu bien souvent porté par sa sœur.

« Le baron et le chevalier lancèrent un regard sombre sur le funèbre spectacle qu'ils avaient sous les yeux.

— « Et tu prétends que cet enfant... dit le chevalier.

— « Est le mien et celui de Mlle Laure, » répondit Noël sans hésiter.

« Les deux jeunes gens se regardaient avec une stupéfaction douloureuse. Tous deux avaient le cœur loyal et bien placé, et la preuve du déshonneur les faisait frémir devant les preuves accablantes gisant en face d'eux.

« Lorsque, quelques instants auparavant, Noël leur avait fait la confidence de son amour et de sa douleur, un même sentiment de pitié dédaigneuse avait dicté leur réponse. L'orgueil de caste ne leur avait pas permis de supposer un seul moment que leur sœur eût eu même connaissance de cet amour qu'elle avait inspiré, et ils avaient vu, dans la démarche du jardinier, l'un de ces accès de folie qu'inspirent quelquefois les grandes passions et les grands désespoirs. La révélation de Noël, en leur apprenant le honte de Mlle de Morandes, les avait encore trouvés presque incrédules ; mais maintenant la preuve de cette honte était là, devant eux, irrécusable.

« Quel parti devaient-ils prendre ? Il s'en présentait un terrible, mais sûr. Ils étaient tous deux seuls avec Noël, et la mort du jardinier pouvait laisser à jamais dans l'ombre le déshonneur de la famille. Mais, je me hâte de le dire, cette pensée d'un crime, devant détruire les preuves de la mésalliance, ne vint à l'esprit des deux jeunes gens que pour être repoussée avec indignation.

« Voulant connaître dans tous ses détails l'histoire dont le dénouement venait de leur être si fatalement révélé, ils interrogèrent Noël. Celui-ci, avec un calme qui ne se démentait pas et qui contrastait étrangement avec l'agitation qui l'animait quelques instants plus tôt raconta les phases diverses qu'avait subies son amour. Il dit que cela avait été pendant une absence de Mme de Morandes qu'il avait épousé Laure, et que, durant les premiers mois, cette union avait été heureuse. Puis Laure était devenue mère... et pendant une nouvelle absence de Mme de Morandes elle avait mis au monde un enfant mort. Une vieille femme de charge avait soigné sa jeune maîtresse.

« En écoutant le récit du jardinier, les deux frères faisaient des rapprochements de dates qui servaient à les convaincre de la vérité de ce qu'ils entendaient. Trois mois plus tôt effectivement (et c'était l'époque que précisait Noël pour la naissance de l'enfant), ils se rappelaient que leur mère était venue les visiter à Paris, laissant sa fille aux soins d'une vieille gouvernante. A l'époque de ce voyage, Laure avait été malade. Mme de Morandes n'avait eu connaissance de cette maladie que trois semaines après, à son retour au château. Sa fille, à laquelle elle avait reproché de ne pas l'avoir fait prévenir, avait rejeté la faute de son silence sur la crainte qu'elle aurait eu d'inquiéter sa mère. Quelques semaines plus tard, la vieille femme de confiance était morte à la suite d'une chute, et Mme de Morandes n'avait jamais rien su. Au reste, d'après ce que disait Noël, lui seul et Laure savaient ce qui avait eu lieu, et aucun des domestiques du château n'avait rien pu soupçonner. Quant au vieux curé qui avait célébré ce mariage secret (si ce qu'affirmait le jardinier était vrai), il était mort depuis plus d'une année, et sa mort avait dû, par conséquent, suivre de quelques jours seulement l'union clandestine bénie par lui.

« En achevant sa confession, Noël supplia les deux gentilshommes de rompre le mariage qui allait avoir lieu, déclarant que, si ses prières étaient encore repoussées, il saurait bien empêcher cette union de s'accomplir, dût-il aller, au pied des autels, jeter la feuille du registre sur laquelle était inscrit le mariage secret entre celle qui était sa femme et celui qui voulait lui ravir son bien. Au reste, Noël ne prétendait pas exiger la publicité de cette union. Tout ce qu'il demandait, c'était que Laure demeurât libre en apparence et maîtresse d'elle-même, qu'elle restât au château, et qu'il pût continuer, lui, à la voir et à la servir. A cette condition, il promettait un secret absolu sur tout ce qui concernait le mariage qu'il venait de révéler.

« Le baron et le chevalier écoutaient à peine ces propositions insensées ; tous deux cherchaient ce qu'ils avaient à faire, et imploraient un conseil de la miséricorde divine. Enfin le baron parut avoir pris un parti décisif.

— « Cette feuille du registre, dit-il à Noël, tu l'as donc en ta possession ?

— « Oui, reprit le jardinier. Je l'ai arrachée du registre de la paroisse quelques jours après le mariage, la nuit même de la mort du curé ; car Mlle Laure paraissait tellement redouter les suites que pourrait avoir la découverte de notre union, qu'emporté par mon amour pour elle je n'ai pas hésité à m'introduire dans le presbytère et à arracher du registre la feuille sur laquelle était inscrit le mariage.

— « Mais cette feuille, dit vivement le chevalier, Laure a dû te la demander pour l'anéantir.

— « Je lui ai dit que je l'avais brûlée.

— « Tu as menti, alors ?

— « Oui ! Dans le premier moment, je vous le jure, je voulais la détruire ; mais la réflexion m'a arrêté. Pourquoi anéantir ces preuves d'une union ? Un enfant ne pouvait-il pas naître, et avais-je le droit de le faire bâtard, moi, son père ? Non ! J'ai dit à Mlle Laure que j'avais brûlé la feuille, mais je l'ai gardée précieusement. Moi seul la possédais ; qu'avait-elle à craindre ?

— « Mais cette feuille... cette feuille ! s'écria le baron, cette preuve... où est-elle ?

— « Dans une cachette que moi seul connais.
— « Tu vas nous donner cette feuille !
— « Oui, si vous vous engagez, par serment, à rompre le mariage de Mlle Laure.
— « Cette feuille, dit le baron en portant la main à son épée, où est-elle ?
— « Je ne le dirai pas ! répondit Noël d'une voix ferme ; et si vous me tuez... un autre héritera de mon secret et me vengera ! »
« Le baron fit un geste menaçant. Le chevalier l'arrêta.
— « Attends ! » dit-il.
« Et il s'élança hors du jardin. Vingt minutes après, il revint près de son frère. Ces vingt minutes, le baron et Noël les avaient passées au milieu d'un silence profond, l'un dans une angoisse effrayante, l'autre, impassible comme un homme qui n'a rien à redouter.
— « Cet homme a dit vrai, dit le chevalier d'une voix rauque. Je viens du presbytère. A la date qu'il indique, une feuille a été enlevée du registre de la paroisse. »
« Le baron poussa un cri de rage.
— « Eh bien ! dit-il, il nous faut maintenant l'aveu entier des deux coupables ! Veille sur cet homme ! je vais interroger Laure. »
« Et il s'élança vers l'appartement de la jeune fille.
« Réveillée brusquement, sur l'ordre de son frère, Laure, en voyant le baron entrer chez elle, pâle, les traits bouleversés, les yeux animés, les mains frémissantes, en proie à une émotion extrême, Laure crut à quelque malheur subitement arrivé. Elle allait interroger, mais le baron ne lui en laissa pas le temps. Se dressant devant son lit, lui saisissant les mains et la regardant fixement :
— « Laure, dit-il, le chevalier et moi venons de faire une étrange découverte. Au pied du grand tilleul de la pelouse, nous avons trouvé le cadavre d'un enfant nouveau-né !
— « Ah ! grand Dieu ! s'écria la jeune fille ; un enfant mort !
— « Oui, continua le baron en regardant plus attentivement et plus profondément encore sa sœur ; cette mort doit remonter à plusieurs mois, à l'époque où notre mère était à Paris, où tu étais seule ici avec Gertrude, ta vieille gouvernante. Comprends-tu, Laure ? »
« Laure ouvrit des yeux énormes et regarda son frère avec un étonnement tellement sincère, que celui-ci sentit le doute rentrer dans son cœur en même temps qu'une lueur d'espérance brillait dans son esprit.
— « Ne comprends-tu donc pas, Laure ? répéta-t-il avec un accent moins dur.

— « Comment voulez-vous que je comprenne? répondit la jeune fille avec une expression qui dénotait, si elle était coupable, la perversité la plus profonde et la plus criminelle.

— « Quoi! s'écria le baron, tu ignorais qu'un enfant nouveau-né eût été enterré dans notre jardin, au pied du grand tilleul?

— « Je l'ignorais, mon frère.

— « Laure, te rappelles-tu au moins avoir été malade, durant l'absence de notre mère?

— « Sans doute, mon frère, répondit Laure du ton le plus calme; ne vous ai-je pas écrit lors de ma convalescence?

— « Quel est le médecin que tu as appelé?

— « Aucun. Gertrude a suffi pour me guérir.

— « Et cette maladie, quelle était-elle?

— « Une affection nerveuse, vous le savez bien.

— « Tu mens, malheureuse! s'écria le baron avec violence.

— « Moi! dit Laure en se dressant brusquement.

— « Tu as déshonoré le nom que je porte, continua le baron, et tu ne trembles même pas lorsque je t'apprends que j'ai découvert les preuves de ton infamie! »

« Laure se renversa en arrière: elle poussa une plainte sourde et s'évanouit. Mais, obéissant presque aussitôt à une réaction subite, elle rouvrit les yeux, avant que le baron eût eu le temps de faire un pas vers elle. Puis, prenant un peignoir, elle s'en enveloppa à la hâte, s'élança hors du lit, passa ses pieds nus dans des mules et, saisissant le bras de son frère:

— « Vous avez parlé de déshonneur, dit-elle d'une voix tremblante; vous avez dit avoir les preuves de mon infamie! Quelle est cette infamie dont vous m'accusez? je veux le savoir! Quelles sont ces preuves que vous prétendez avoir découvertes? je veux les voir! »

« Le baron, surpris de l'action rapide de la jeune fille et impressionné par les paroles véhémentes qu'elle venait de prononcer, recula d'un pas.

— « Je veux savoir! je veux savoir! répéta Laure.

— « Viens donc! » répondit le baron en entraînant sa sœur.

« Tous deux descendirent au jardin et se dirigèrent vers le tilleul. Le chevalier et Noël étaient toujours à la même place où les avait laissés le baron : l'un debout, la physionomie décomposée, les sourcils contractés et l'expression menaçante; l'autre, agenouillé à demi sur le bord de la fosse encore ouverte et paraissant en proie aux réflexions les plus sombres.

Le baron poussa Laure en avant et désignant successivement la fosse creusée au pied de l'arbre et le jardinier immobile :

— « Voici les preuves de ton crime, dit-il, et voilà ton complice ! »

« Laure se pencha instinctivement au-dessus de la fosse, plongea ses regards dans l'intérieur, demeura un moment comme frappée de stupeur, puis, poussant un cri déchirant, elle chancela, trébucha et roula inanimée sur le gazon.

« Le baron sentit s'anéantir cette espérance qui avait fugitivement ranimé son cœur. Le chevalier, avec un geste violent, avait tiré son épée hors du fourreau. Noël, se redressant rapidement :

— « Frappez, dit-il, mais épargnez-la ! »

« Le chevalier brisa la lame.

— « Viens ! s'écria-t-il en s'adressant à son frère ; viens, partons ! emmenons notre mère et quittons cette demeure à jamais souillée. »

Fouché, en achevant ces mots, s'arrêta pour prendre un instant de repos, et son regard interrogea ses auditeurs.

Tous trois étaient profondément attentifs. Un léger silence régna dans l'intérieur de la voiture, silence que troublaient le bruit des roues écrasant les cailloux de la route, le pas des chevaux et les ronflements réguliers et sonores qui s'échappaient de la gorge de M. Gorain et de celle de M. Gervais. Les deux bourgeois n'avaient pas changé de position.

— Mais, demanda Brune avec une certaine anxiété, cette jeune fille était-elle donc réellement coupable ?

— Voilà ce que l'on n'a jamais su, répondit Fouché.

— Comment ! dit Nicolas avec étonnement, elle serait donc peut-être innocente, alors ?

— Et ce Noël ? demanda Jean. Qu'est-il devenu ?

— Celui de nos ennemis que nous avons probablement le plus à redouter.

— Quoi ! Noël est un de ceux qui ont participé à l'enlèvement de la fille de maître Bernard et qui ont si fort intérêt à nous empêcher de retrouver la Jolie Mignonne ?

— Permettez, interrompit Fouché, laissez-moi poursuivre mon récit qui vous expliquera tout ce qui paraît maintenant difficile à comprendre. Avant une demi-heure, nous serons à Arpajon et l'effet du narcotique, qui nous débarrasse provisoirement de ces messieurs, ne tardera pas à cesser ; mais j'aurai, d'ici-là, le temps d'achever.

« Le baron, continua-t-il, hésitait à abandonner sa sœur que, dans l'indignation qu'il ressentait, le chevalier ne voulait plus connaître. Tous deux firent un pas pour s'éloigner et Noël se précipitait vers la jeune fille afin de lui prodiguer ses secours, lorsque celle-ci revint brusquement à elle.

« Repoussant violemment le jardinier, elle s'élança vers ses deux frères, et, leur prenant les mains, elle les contraignit à revenir au pied du tilleul.

— « Cet enfant? dit-elle. Quel est cet enfant ?
— « Oses-tu le demander? répondit le baron.
— « Cet enfant est le tien, malheureuse! dit le chevalier.
— « Le mien? fit Laure en s'avançant vers la fosse. Cet enfant est le mien? répéta-t-elle en passant ses mains sur son front, moins pour écarter les longues mèches de ses cheveux dénoués qui retombaient sur son visage, que par un geste semblable à celui si familier aux gens dont la raison s'égare. Un enfant, à moi? J'ai donc un enfant? »

« Cette comédie, si c'en était une, était si habilement jouée, que le baron et le chevalier échangèrent un regard dont une lueur de doute ternissait l'éclat menaçant.

— « Mon Dieu! dit Noël, elle devient folle. »

« Et se précipitant aux genoux de Laure :
— « Mademoiselle, s'écria-t-il avec les gestes les plus pathétiques, pardonnez-moi! Je suis un misérable, mais mon plus grand crime est d'avoir osé vous aimer, vous qu'une si grande distance séparait de moi! Ayez pitié, ne m'accablez pas! Si vous saviez tout ce que j'ai souffert avant d'en arriver à confesser la vérité! Si vous saviez...
— « Assez! » interrompit le chevalier avec un geste de dégoût.

« Mais Laure s'était rapprochée de Noël.
— « Que dites-vous là? fit-elle d'une voix frémissante. Que signifient vos paroles?
— « Cet homme vous rappelle la passion honteuse que vous avez partagée! s'écria le baron.
— « Moi! dit Laure. Moi! aimer cet homme! C'est donc lui qui m'accuse?
— « Eh! s'écria le chevalier avec colère, cessez cette comédie indigne! Voici votre époux, et voilà le cadavre de votre enfant! »

« Laure jeta les mains en avant, regarda lentement Noël d'abord, puis le baron et le chevalier :
— « Oh! vous m'insultez! » dit-elle.

« Les deux gentilshommes tressaillirent. Les simples paroles prononcées par Laure avaient été dites avec un accent tellement puissant, tellement empreint d'un triple sentiment de hauteur, de colère et d'humiliation, elles avaient été accompagnées d'un geste si superbe, d'un regard si fou-

L'HOTEL DE NIORRES

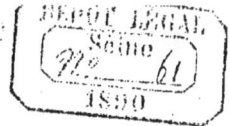

— Toi et tes chevaux vous allez demeurer ici sans bouger ! dit Fouché d'un ton impératif. (P. 486.)

LIVR. 61. — L'HOTEL DE NIORRES. LIVR. 61.

droyant, que le baron et le marquis se précipitèrent à la fois vers la jeune fille.

— « La vérité! s'écrièrent-ils ensemble. La vérité! Laure! par grâce! ne nous cache rien!

— « Oui! ajouta Noël d'une voix suppliante. Avouez tout, mademoiselle, comme j'ai tout avoué moi-même...

— « Toi, misérable! s'écria Laure en repoussant ses frères pour dominer Noël agenouillé devant elle, est-ce donc toi qui oserais... »

Un formidable juron énergiquement accentué interrompit Fouché : un choc violent ébranla la berline dont la caisse vacilla sur ses ressorts, un craquement se fit entendre et la voiture s'abattit lourdement sur le côté... Un essieu venait de se rompre. Tout cela s'était accompli avec une rapidité telle, qu'aucun des voyageurs ne put se douter de l'accident avant qu'il fût arrivé, et que tous roulèrent les uns sur les autres en poussant un même cri de surprise et d'émotion.

Les premières maisons d'Arpagon se dessinaient nettement en avant sur la route, éclairées par les derniers rayons de la lune.

Les deux chevaux s'étaient abattus, renversés par le choc, et le postillon, devinant sans doute ce qui allait arriver, avait eu le temps de s'élancer de son siège; mais avant de s'occuper des voyageurs enfouis dans la caisse renversée, il venait naturellement en aide à ses chevaux, qui se débattaient et ruaient de leur mieux au milieu de leurs traits brisés.

En cet instant, un cavalier se dirigeant également vers Arpajon, passa au galop devant la voiture versée.

— Je vais vous envoyer du secours! cria-t-il aux voyageurs encore tout étourdis de leur chute.

Le postillon s'était retourné et avait tendu la main : le cavalier, sans ralentir son allure, laissa tomber une bourse.

XLVI

LA MAISON DE POSTE

Trois heures du matin sonnaient au moment où était arrivé l'accident qui avait si brusquement interrompu le récit de Fouché. Déjà les premières vapeurs du crépuscule se dessinaient à l'orient en bandes nuageuses, et le ciel révélait cette teinte d'opale irisée qui accompagne, dans les beaux jours d'été, le lever de l'aurore. Sur la terre la nuit était cependant encore presque complète, et la lueur fugitive de la lune luttait avantageusement avec les premiers feux du jour.

La campagne était absolument déserte et personne ne pouvait venir en aide aux voyageurs dans l'embarras.

Après avoir dégagé ses chevaux de ceux dont les traits les gênaient encore et avoir aidé les bêtes à se remettre sur leurs jambes, le postillon se rapprocha de la caisse renversée et il se mit en devoir de secourir ses voyageurs. Escaladant la voiture, il monta sur le panneau formant alors le dôme, et se penchant vers la portière.

— Y a-t-il quelqu'un de blessé? demanda-t-il.

Un murmure confus et inintelligible lui répondit seul. Le postillon baissa la tête davantage et essaya de distinguer ce qui se passait dans la berline.

Il lui paraissait extraordinaire qu'aucun de ses voyageurs n'eût encore donné signe de vie, car, en mettant les choses au pis, tous ne pouvaient certes avoir été tués ou étourdis, et il ne s'expliquait pas comment les cris qui, en pareille circonstance, dominent toujours l'événement, faisaient absolument défaut. Le murmure qui arrivait jusqu'à lui, paraissait être étouffé sous un obstacle matériel ; et cependant la glace de la portière avait été brisée complètement dans la chute de la caisse.

Le postillon s'agenouilla sur le panneau et enfonça son bras par la portière. La main qui, tout d'abord, ne rencontra que le vide, heurta tout à coup un obstacle solide : on eût dit qu'une cloison, surgissant brusquement, s'était établie entre les voyageurs et le panneau de la caisse demeuré en l'air.

— Qu'est-ce que c'est que cela? s'écria le postillon en sautant précipitamment à terre.

Et il courut vers les lanternes de la berline. L'une s'était éteinte, mais l'autre, heureusement, brûlait encore. Le postillon la ranima et, remontant sur le panneau, il en projeta les rayons dans l'intérieur.

— Ah ! jarnidieu ! fit-il, les malheureux doivent étouffer là-dedans!

Effectivement l'accident, causé par la rupture de l'essieu, s'était compliqué d'une façon qui menaçait de devenir désastreuse pour Fouché et ses amis.

La berline, vieille voiture sortie jadis des remises de quelque grand seigneur, avait dû appartenir à un propriétaire soigneusement attentif à la conservation de sa personne.

Les routes étant fort peu sûres alors et les périls d'un voyage étant considérablement augmentés par la chance des attaques de bandits embusqués à chaque carrefour, la berline avait été mise à l'épreuve de la balle par une excellente doublure de fer dont les feuilles étaient elles-mêmes revêtues de crin et garnies d'un drap de nuance grisâtre soigneusement capitonné. Par suite de la violence du choc, sans doute, toute cette lourde garniture ferrée et ouatée s'était détachée à la fois du panneau de bois et était tombée sur les voyageurs entassés pêle-mêle, les ensevelissant ainsi sous sa masse étouffante, comme un traquenard s'abattant sur le gibier. Le postillon avait raison : les malheureux devaient être fort mal à l'aise dans leur critique situation.

Se remettant à plat ventre sur la caisse et s'escrimant énergiquement des deux bras à la fois, il entreprit aussitôt de dégager les voyageurs. Ceux-ci, de leur côté, tentaient, autant que le leur permettait leur position difficile, de repousser la doublure interposée violemment entre eux et l'air extérieur.

Enfin Jean fut le premier qui parvint à passer la tête et à se dégager de sa prison. Jurant, criant, mais travaillant énergiquement, Jean réussit ensuite à attirer Nicolas au dehors, et tous deux, se réunissant au postillon, détruisirent par fragments l'obstacle solide qui s'opposait à la délivrance de leurs compagnons.

Brune fut, à son tour, hissé par la portière. Fouché examinait attentivement l'intérieur de la berline et cherchait évidemment, à l'accident survenu, une autre cause que celle qui paraissait être naturelle.

Quant à MM. Gorain et Gervais, du côté desquels la voiture avait versé, et qui, par conséquent, s'étaient trouvés engagés non seulement sous le poids de la doublure de fer, mais encore sous celui de tous leurs compagnons, dont leur corps avait amorti la chute, ils ne faisaient pas un mouvement.

— Seraient-ils tués ? dit Brune en essayant de plonger la main jusqu'à eux.

Un double grognement plaintif lui répondit. Fouché sauta sur la caisse et de là à terre. Il se baissa et continua son examen commencé sur l'essieu brisé.

— Monsieur Brune ! dit-il en faisant signe à l'étudiant de venir près de lui.

Celui-ci obéit avec empressement. Fouché lui montra l'essieu :

— Regardez ! continua-t-il à voix basse, cet essieu a été scié par la moitié et sa rupture avait été préméditée : c'est visible. Quant à la doublure de fer qui a failli nous étouffer tous, les têtes de vis, qui la retenaient primitivement dans le bois, avaient été toutes enlevées. Comprenez-vous

— Ce double accident est donc l'œuvre de nos ennemis? dit Brune en regardant l'oratorien.

— Il n'y a pas à en douter. Maintenant je suis certain que nous ne trouverons aucun charron à Arpajon et que le relais sera dégarni de chevaux. Je vous disais bien que nous jouions là une rude partie! mais ayez confiance en moi, et laissez-moi faire!

Nicolas était descendu près de Fouché et de Brune, tandis que Jean continuait à s'occuper du sauvetage des deux bourgeois et que le postillon se préparait à emmener ses chevaux.

— Nicolas, dit Fouché au jeune soldat, il faut que vous couriez à la ville. Allez d'abord à la poste et assurez-vous des chevaux frais. Que vous en trouviez ou non, cherchez ensuite un charron, et si aucun ne peut venir par une cause que j'ignore, mettez en réquisition la première guimbarde qui vous tombera sous la main. Nous payerons la location, mais agissez promptement!

Nicolas allait s'élancer...

— Inutile! cria le postillon qui avait entendu. Je vais emmener mes chevaux à l'écurie et je vous enverrai ce qu'il vous faut.

— Toi et tes chevaux vous allez demeurer ici sans bouger! dit Fouché d'un ton impératif.

— Mais... commença le postillon.

— Nous vous gardons.

— Pourquoi faire?

— Pour nous conduire à l'autre relais si celui-ci est vide, comme je le crois.

— A l'autre relais! s'écria le postillon. Mes bêtes ont fait quatre lieues, savez-vous?

— Eh bien! elles en feront huit!

— C'est vouloir les crever!

— Elles crèveront s'il le faut; mais si le relais d'Arpajon est vide, elles nous conduiront très certainement jusqu'à Étampes!

— Jusqu'à Étampes! crever mes bêtes! hurla le postillon.

Fouché saisit l'homme d'un bras vigoureux, et l'entraînant devant la roue détachée:

— Cet essieu a été scié! dit-il d'une voix ferme qui n'admettait aucune réplique. Il y a dans l'accident survenu autre chose que le hasard seul. Je te préviens que si tu fais mine de nous quitter avant que d'autres chevaux ne soient attelés à cette voiture réparée ou à une autre dans laquelle nous puissions continuer notre route, je te rends responsable de l'événement arrivé et j'agis en conséquence.

Le cocher grommela une réponse vague que Fouché n'entendit pas; mais il était évident que l'attitude résolue du voyageur, et que ses paroles accentuées d'un ton énergique, intimidaient celui auquel il s'adressait.

— Jean, continua Fouché, veillez aux chevaux, je vous prie. M. Brune et moi allons venir au secours de nos compagnons.

Le garçon teinturier, qui avait entendu la conversation échangée entre Fouché et le postillon, s'empressa de sauter à la bride des chevaux qu'il attacha solidement à un arbre voisin.

Le lever de l'aurore faisait de rapides progrès, et les dernières ombres de la nuit disparaissaient pour faire place aux premiers feux du jour. La campagne prenait une teinte grisâtre et un brouillard léger courait à la surface de la terre, voilant le feuillage des arbres et se condensant au-dessus des prairies. Dans la caisse renversée, MM. Gorain et Gervais continuaient à pousser de sourdes lamentations.

Tandis que Jean veillait sur les chevaux et que le postillon maugréait contre Fouché, celui-ci et Brune escaladaient la caisse.

— Si nous les laissions là, dit l'étudiant en s'arrêtant dans son ascension.

— Non pas! reprit vivement Fouché dont l'active intelligence semblait se développer encore en raison des obstacles; emmenons-les, au contraire. Ils nous serviront; vous verrez! Retirons-les de là le plus vite possible, et assurons-nous qu'aucun d'eux n'est blessé! C'est là le point important.

— Pour moi, je n'y verrais pas grand inconvénient, fit Brune en haussant les épaules.

— Il y en aurait un énorme à ce qu'ils ne pussent nous accompagner maintenant. Vous verrez, vous dis-je!

Quand la rupture de l'essieu avait eu lieu, les deux bourgeois dormaient du plus profond sommeil. La violence du choc les avait subitement réveillés; mais leur cerveau, troublé encore par l'influence du narcotique que leur avait fait respirer Fouché, ne leur avait pas permis de comprendre tout d'abord ce qui venait d'arriver. Les yeux à demi clos, étouffés et aplatis sous le poids des quatre autres voyageurs sur lesquels pesait encore la garniture ferrée, ils suffoquaient, et M. Gorain surtout, grâce à sa constitution apoplectique, râlait comme s'il eût été prêt à rendre le dernier soupir.

Les efforts de Fouché, de Jean, de Brune et de Nicolas, pour se débarrasser de l'obstacle qui les empêchait de sortir par la portière, avaient augmenté ce que la situation des deux malheureuses victimes avait de difficile et de gênant.

Piétinés, car leur corps servait de point d'appui à leurs compagnons, meurtris, écrasés et incapables de tenter un mouvement, plongés dans une obscurité profonde, ils n'avaient su ni où ils étaient, ni ce qui leur advenait.

Gorain, placé dans l'angle, était tombé sur le dos, les jambes en l'air et la tête en bas. Gervais avait d'abord roulé sur lui et sur Fouché, assis vis-à-vis de Gorain; mais ce dernier, se débarrassant vivement du bourgeois, l'avait fait rapidement passer sous ses pieds. Gervais était donc tombé sur Gorain, à plat ventre, la figure plaquée sur sa poitrine et l'une de ses mains sur son visage.

A demi évanouis, les deux bourgeois n'avaient donné aucun signe d'existence, jusqu'au moment où le postillon, ayant aidé à l'enlèvement de la doublure de fer, les autres voyageurs s'étaient hissés par la portière ouverte et dégagée. Encore cette sortie violente n'avait-elle pas eu lieu sans redoubler le critique de la position précaire des deux infortunés. Débarrassés enfin du poids qui les meurtrissait et empêchait l'air libre d'arriver jusqu'à eux, Gorain et Gervais avaient poussé, à la fois, un soupir ressemblant fort à un gémissement.

— Ouf! avait dit Gervais, en demeurant toujours couché sur son ami, quel cauchemar!

— Ma bonne amie... avait balbutié Gorain, croyant sans doute être étendu dans son propre lit, auprès de sa digne épouse; ma bonne amie... je me sens bien mal...

— Hein? fit Gervais en se frottant les yeux.

— Quoi? s'écria Gorain avec stupeur; car il commençait à revenir à lui, et l'effroi le prenait à la gorge. Qu'est-ce qu'il y a?

— Ah! c'est vous, compère?

— C'est vous, Gervais?... mais vous m'écrasez!...

— Moi!... mais c'est vous qui... Ah! mon pauvre ami, où sommes-nous?

C'était alors que Brune avait manifesté la crainte que les deux amis ne fussent morts. En entendant ces mots terribles : « Seraient-ils tués? » Gorain et Gervais s'étaient sentis frémir, et chacun s'était demandé, instinctivement, s'il vivait effectivement encore.

— Mon Dieu! Seigneur! ma bonne sainte Vierge! avait balbutié Gorain, qu'est-ce qui nous est donc arrivé?

— Je ne sais pas, repartit Gervais, mais nous devons être dans une

L'HOTEL DE NIORRES

Et bientôt une berline élégante fit irruption dans la cour de la maison de poste. (P. 493.)

situation affreuse; je me sens brisé comme si je venais de dégringoler du haut d'une montagne.

— J'ai le corps moulu, compère.

— Eh! morbleu! nous venons de verser! dit une voix sonore venant d'en haut.

Gorain leva les yeux.

— Monsieur Fouché! dit-il d'une voix lamentable.

— Eh oui! moi-même! Ne vous désolez pas, c'est un petit accident de voyage. Nous en verrons bien d'autres!

— Tirez-nous de là, mon cher ami, s'écria Gervais; nous ne pouvons pas bouger...

— Ils sont peut-être blessés, murmura Brune. Je vais descendre, je les pousserai et vous les hisserez.

Le jeune homme descendit effectivement dans l'intérieur du carrosse, et, prenant à tour de rôle les deux bourgeois, il aida Fouché à les sortir de la voiture. En se voyant debout, sans blessures, sur la terre ferme, en apercevant surtout le soleil qui se levait en face d'eux, MM. Gorain et Gervais avaient commencé à comprendre qu'ils étaient bien réellement encore de ce monde, et cette pensée consolante leur avait arraché un soupir de soulagement.

— Là! dit Brune, maintenant nous sommes prêts à nous remettre en route.

— Mais Nicolas ne revient pas! dit Fouché en frappant le sol avec impatience.

Plus d'une heure, en effet, s'était écoulée depuis le départ du jeune soldat.

— Si j'allais à sa recherche? dit Brune.

— Non, demeurez! répondit vivement Fouché. Attendons encore.

Une demi-heure, puis une autre heure se passèrent, et Nicolas n'était pas revenu. Fouché serrait les poings à s'enfoncer les ongles dans les chairs.

— Corbleu! fit-il enfin, il faut aviser.

— Ah! voilà Nicolas! s'écria Jean qui regardait la route avec une attention soutenue.

Effectivement, on apercevait, à la hauteur des premières maisons d'Arpajon, un homme courant à toutes jambes et se dirigeant vers la voiture versée. C'était le jeune soldat qui arrivait, haletant et le front trempé de sueur.

— Eh bien? demanda Fouché en allant au devant de lui.

Nicolas poussa un juron énergique en s'arrêtant.

— Je crois, dit-il, que tous ceux que j'ai rencontrés se sont entendus pour me mystifier. On m'a fait faire trois fois le tour de la ville pour parvenir à trouver la poste.

— Y a-t-il des chevaux?

— Trois.

— Bravo! Et un charron?

— Pas un, les deux seuls que possède Arpajon venaient de partir pour un château voisin; mais j'ai trouvé, sous la remise du maître de poste, une vieille guimbarde qui fera notre affaire.

— Très bien! Et vous avez ordonné qu'on l'attelât?
— Oui.
— Alors, venez, messieurs; courons jusqu'à la poste. Jean! vous pouvez laisser partir le postillon avec ses chevaux.

Le postillon courut à ses bêtes, en enfourcha une et s'éloigna au grand trot. Fouché fit un geste de regret.

— Je viens de faire une école! murmura-t-il à l'oreille de Brune. Qui sait maintenant si nous retrouverons, à la poste, les chevaux que Nicolas y a laissés. J'aurais dû garder ceux-là!

— Pressons le pas! répondit Brune.

— Allons, monsieur Gorain! Allons, monsieur Gervais! cria Fouché, dépêchez-vous, ou nous vous laissons en route!

Les deux bourgeois, tirant la jambe et grognant à qui mieux mieux, s'efforcèrent à suivre leurs compagnons dans leur marche rapide; mais, à chaque faux pas qu'ils faisaient, à chaque pierre que leurs pieds heurtaient, à chaque mouvement un peu brusque, réveillant une douleur que les meurtrissures qu'ils avaient reçues rendaient vive, ils poussaient des soupirs, des cris, des exclamations, des lamentations à croire qu'ils allaient trépasser sur la route. Les plaintes amères, surtout, ne discontinuaient pas.

— Ah! disait Gorain, je n'aurai pas volé l'échevinage! Aïe! j'ai la jambe gauche brisée!

— Monsieur Gorain, répondit Gervais, je commence à regretter notre voyage. Aïe! j'ai le bras droit tout disloqué!

— J'ai une côte enfoncée, mon compère, sans compter que vous m'avez griffé le visage! Quelle diablesse d'idée a eue M. Roger!

— Et dire que j'ai failli me faire tuer pour un brevet de fournisseur de monseigneur!

— Ah! tout n'est pas rose, dans le chemin des honneurs! Bon! ces pierres sont aiguës comme des clous. Ah! si ce n'était pas pour empêcher la guerre avec le roi de Prusse! le grand Fréd...

— Allons donc! allons donc! cria Fouché, vous restez en arrière!

Les deux bourgeois firent un effort suprême, et ruisselant, soufflant, exténués, ils rejoignirent leurs compagnons, engagés alors dans une rue étroite et que l'heure matinale rendait absolument déserte.

— Voilà la maison de poste! dit Nicolas, en désignant une vaste porte cochère donnant sur une sorte de cour plantée d'arbres et encombrée de meules de foin.

Fouché et Brune pénétrèrent les premiers dans cette cour. En face d'eux étaient les remises, occupées par une seule voiture, dont la construction devait remonter au règne de Henri IV.

— Eh bien! on n'attelle pas? cria Fouché en s'adressant à un homme vêtu en paysan, qui traversait la cour.

— Tout de suite! tout de suite! notre maître, répondit l'homme, sans presser sa marche lente; mais faut bien, avant, que je donne à boire aux moutons.

— Morbleu! s'écria Fouché en s'avançant...

Mais il ne put continuer la phrase si énergiquement commencée. L'homme venait d'ouvrir la porte d'une étable, et un troupeau de moutons se précipitait au dehors, bêlant, bondissant et envahissant la cour.

— Tiens! fit M. Gorain avec un accent de stupéfaction profonde, et comme s'il se fût trouvé, tout à coup, en présence de quelque animal phénoménal : des moutons!

— Et un berger! ajouta Gervais sur un ton non moins admiratif.

— Les chevaux! les chevaux! criaient à la fois Fouché, Nicolas, Jean et Brune.

— Un brin de patience, donc! on y va! répondit le paysan, en se frayant un passage à travers les rangs serrés de ses moutons.

— Arrivé en présence des voyageurs, il s'arrêta, les regarda bêtement, et, se dandinant :

— Comme ça, dit-il, vous voulez qu'on attelle le carrosse?

— Oui! cria Fouché, et vivement.

— C'est qu'à cette heure les chevaux mangent.

— Eh bien! ils mangeront au prochain relais!

— Tiens! c'est que le relais n'est qu'à Étampes, donc!

— Veux-tu atteler? s'écria Brune avec un geste menaçant.

— Faites venir le maître de poste, dit Fouché avec une colère croissante, car il devinait un parti pris dans toutes ces lenteurs.

— Le maître de poste, répondit le paysan, il est à Avrainville, donc! Je suis tout seul avec Pierre, Jean et Joseph!...

— Mettez-vous tous quatre et attelez! On payera ce qu'il faudra.

— Attendez un brin que les moutons aient bu! Je vas les rentrer, et puis après...

— Drôle! s'écria Jean en saisissant un manche de fourche qu'il fit tournoyer sur la tête du paysan. Si tu n'as pas attelé dans dix minutes, je te brise les reins!

Le paysan lança un regard en dessous au jeune homme, comme pour mesurer ses forces; mais, en présence de sa contenance résolue et du feu qui brillait dans ses regards, il tourna sur les talons de ses sabots et se dirigea vers l'écurie.

— Je vais le presser! dit Nicolas en le suivant.

Cependant, au vacarme qu'avaient fait les voyageurs impatients, plusieurs fenêtres du voisinage s'étaient ouvertes. Celles d'une auberge, donnant sur la cour de la poste, s'étaient garnies de quelques curieux. Au second étage de cette auberge, un homme, accoudé sur la barre d'appui, avait assisté à la scène que nous venons de décrire, et il avait paru y prêter une attention soutenue.

— Bravo! bravo! s'était-il écrié, en voyant la manœuvre du garçon teinturier. Effaçons un peu le corps! Très bien! mon ami. Ployons sur la jambe gauche! Du moelleux! Du moelleux! La garde est parfaite!

En s'entendant louer ainsi, Jean avait levé les yeux vers la fenêtre de l'auberge.

— Tiens! fit-il avec étonnement.

— Eh! dit aussitôt le personnage, en envoyant un salut de la main, je ne me trompe pas, j'ai eu le plaisir d'aller et de venir avec vous, de Paris à Versailles et *vice versa*, dans le carrabas du cours de la Reine!

— Monsieur Augereau! dit Jean.

— Lui-même, mon ami, lui-même, en promenade à Arpajon, patrie de son oncle!

— Le maître d'armes! dit Fouché en se retournant vivement.

Augereau avait quitté la fenêtre et se préparait évidemment à descendre.

En ce moment, le son d'une trompe de postillon retentit au loin. Le paysan, qui tirait dans la cour un premier cheval tout harnaché, s'arrêta soudain.

— Allons, bon! dit-il; encore des voyageurs, et nous n'avons plus de chevaux.

— En attendant, dit Fouché qui avait entendu cette réflexion, tu vas atteler ceux-ci, et vivement.

Le roulement d'une voiture entraînée rapidement résonna sur le pavé de la petite ville. La trompe sonnait toujours sa fanfare d'arrivée, et bientôt une berline élégante fit irruption dans la cour de la maison de poste. Cette berline contenait deux hommes : l'un de physionomie placide et insignifiante, l'autre, le visage bruni, les sourcils épais, les moustaches relevées en crocs avec une expression formidable.

La voiture s'arrêta à quelques pas de l'écurie; le postillon sauta à terre, et un valet de pied, assis sur le siège, s'élança pour ouvrir la portière.

Le premier qui descendit fut le matamore à l'aspect de Tranche-Montagne. Il appuya les talons de ses fortes bottes sur le sol, qu'il foula rudement, caressa ses longues moustaches de la main droite, et posa martialement le poing gauche sur la garde de la longue épée qui lui battait les mollets.

Tandis qu'il promenait autour de lui un regard conquérant, son compagnon descendait lentement, soigneusement de la berline.

Celui-ci, vêtu simplement, semblait afficher dans tous ses gestes, dans l'expression de sa physionomie, une sorte d'humilité, doublée d'hypocrisie, qui allait fort bien à l'air de son visage. Tout était cauteleux, dans cet homme, depuis son regard oblique jusqu'à sa façon de s'avancer; il marchait de côté, le corps légèrement courbé, comme pour tenir le moins de place possible et se dissimuler habilement. Une immense perruque blonde ombrageait sa tête, et, lui tombant jusque sur les yeux, dissimulait une partie de son visage.

— Pierre! Jean! vite, les chevaux! avait crié le postillon.

— Ah! ben oui, des chevaux, répondit le paysan qui s'était arrêté, tenant toujours par la bride le cheval qu'il venait de tirer de l'écurie, et où donc que tu veux que j'en trouve, des chevaux?

— Ah! fit le postillon avec un accent d'indifférence parfaite, il n'y a plus de chevaux, ce matin?

— Pas plus que sur ma main.

Le postillon se retourna vers les deux voyageurs :

— Mes gentilshommes, dit-il, il va vous falloir attendre.

— Attendre qui? attendre quoi? demanda le matamore d'une voix de tonnerre.

— Attendre que les chevaux reviennent, pour partir.

— A moins, dit le paysan d'un air narquois, que Petit-Jean ne veuille continuer sa route avec ses bêtes et doubler le relais jusqu'à Étampes.

— Doubler le relais! cria Petit-Jean, pour que mes chevaux soient fourbus!

Le martial personnage s'avança entre les deux interlocuteurs.

— Quelles sornettes chantez-vous l'un et l'autre, marauds? fit-il en fronçant ses épais sourcils. Mort de ma vie! croyez-vous, drôles, que mon compagnon et moi soyons faits pour attendre? Çà! qu'on se dépêche de mettre les chevaux à ma chaise!

— Mais, mon bon seigneur, puisqu'il n'y en a plus, de chevaux! répondit le paysan.

— Plus de chevaux? Et celui que tu tiens par la tête? et ces deux que j'aperçois au râtelier? Allons, bélître, dépêche!

— Ces chevaux sont à ces messieurs, répondit le paysan en désignant Fouché et ses amis.

— Attelleras-tu aujourd'hui? cria Nicolas en poussant le paysan.

Pendant ce temps, le postillon avait dételé de la chaise les trois chevaux qui venaient d'arriver avec elle. Le matamore s'interposa brusquement entre Nicolas et le valet d'écurie.

— S'il n'y a que ces trois chevaux, dit-il d'une voix impérative, je les prends!

— Et nous! monsieur? demanda Fouché en se mordant les lèvres, car il devinait un incident nouveau, et il ne voulait pas perdre l'avantage que lui donnerait son sang-froid.

— Vous? fit le matamore en toisant insolemment Fouché des pieds à la tête.

— Oui, que ferons-nous?

— Pardieu! ce que vous pourrez; vous attendrez!

— Mais ces chevaux nous appartiennent par droit de priorité.

— Eh bien! je les prends, moi, par droit de conquête!

— Ces chevaux sont à nous et nous les garderons! s'écria Brune dont les prunelles flamboyaient.

Jean n'avait pas dit un mot; mais il avait repris le manche de fourche dont il menaçait tout à l'heure le paysan, et il l'étreignait d'une main nerveuse.

Fouché se jeta vivement au devant de Brune et de Jean. Sa rapidité merveilleuse d'intuition lui révélait que le matamore cherchait à provoquer un scandale, à la suite duquel une arrestation générale pouvait provisoirement entraver de nouveau le voyage commencé.

— Permettez, dit-il; monsieur, évidemment, ne se rend pas compte de nos droits.

— Qu'y a-t-il donc? demanda le second voyageur, qui s'était jusqu'alors tenu prudemment à l'écart et assez éloigné même du lieu de la scène.

— C'est votre compagnon, monsieur, répondit Fouché en se tournant vers lui, qui prétend s'emparer de vive force des chevaux qui nous appartiennent.

— Eh bien! dit le cauteleux personnage d'une voix insinuante, est-ce qu'il n'y aurait pas moyen d'arranger cela? Nous sommes effectivement très pressés, M. le baron de Broussac et moi, et si vous vouliez avoir un peu de complaisance...

— Pardon, interrompit Fouché, nous sommes également fort pressés, et un accident nous a déjà causé un retard qui peut nous devenir très préjudiciable.

— Cependant...

— D'ailleurs, nous sommes dans notre droit.

— Et nous y demeurerons, ajouta Brune.

Le paysan, indécis, attendait sans se presser de prendre un parti.

— Attelle à cette voiture, lui dit Jean.

— Attelle à ma chaise! cria le baron de Broussac d'une voix menaçante.

— Obéis, ou je t'assomme! hurla le garçon teinturier.

— Ici, ou je t'éventre! cria le matamore en faisant mine de tirer son épée.

— Corbleu! dit Brune incapable de se contenir plus longtemps; est-ce donc une querelle que vous cherchez, monsieur?

— Alors je ne l'aurais pas trouvée, répondit le baron en haussant les épaules avec mépris.

— Monsieur, dit Fouché, je vous rends responsable de ce qui peut arriver, si vous insistez pour demeurer dans votre tort.

— Attelle! dit le baron au paysan sans daigner répondre à Fouché.

Le valet d'écurie, dominé par le ton de commandement que prenait le matamore, se disposa à atteler, à la chaise, le cheval qu'il tenait par la bride.

Jean, le bâton haut, se précipita sur lui; mais le baron, saisissant le jeune homme d'une main vigoureuse, l'envoya rouler sur une meule à moitié versée. Brune et Nicolas poussèrent un cri de rage et s'élancèrent à la fois; mais le baron avait mis l'épée à la main; Nicolas tira son sabre.

— Ah! ah! fit le baron en riant, il faut donc donner une leçon aux enfants? Et qui payera cette leçon?

— Moi! dit tout à coup une voix brusque.

Et une longue flamberge menaçante brilla soudain aux premiers rayons du soleil. Chacun s'écarta avec surprise, et Augereau demeura face à face avec le baron de Broussac.

Le maître d'armes avait achevé sa toilette à la hâte, et s'était empressé de descendre pour venir saluer ses anciennes connaissances du carrabas de Versailles.

En arrivant dans la cour (c'était au commencement de l'altercation

Les quatre ou cinq secondes durant lesquelles les deux hommes demeurèrent immobiles, se tâtant du regard et du fer. (P. 501.)

qui s'élevait entre le baron et les voyageurs), Augereau avait assisté à la scène qui venait d'avoir lieu. En apercevant M. de Broussac, il l'avait regardé attentivement, tout en paraissant chercher dans ses souvenirs, comme si la physionomie du matamore ne lui était pas inconnue.

Augereau, comme tous les hommes réellement braves, était généreux et toujours disposé à prendre le parti du faible contre le fort. En voyant la contenance insolemment provocante du baron, il lui vint tout à coup le désir de rabaisser le ton de ce matamore.

Augereau était un enfant des faubourgs de Paris ; il avait la tête chaude, la main leste et l'esprit prompt à prendre une décision. Mettant brusquement flamberge au vent, il s'était tout à coup immiscé dans la querelle qui menaçait de tourner rapidement au tragique, bien résolu à y prendre une large part. Son intervention inattendue avait également surpris tous les assistants, et le compagnon du baron avait laissé échapper un geste de vive impatience.

Jean, qui s'était relevé tout meurtri de sa chute, Nicolas et Brune, la colère au front, firent un même mouvement pour sauter sur le baron ; mais Augereau les arrêta en étendant son épée nue au devant d'eux.

— Minute, mes enfants ! dit-il d'une voix railleuse ; si la main démange à monsieur, voilà son affaire. Aussi bien, y a-t-il longtemps que je n'ai boutonné un quidam dont la frimousse me déplaise autant que celle du particulier.

— Qu'est-ce que c'est ? fit le baron en toisant Augereau avec un dédain superbe.

— C'est moi, repartit le maître d'armes d'un air de plus en plus goguenard, Pierre-François-Charles Augereau, prêt à vous servir un coup de pointe si la chose peut vous être agréable ! Je sais ce qu'il en est. Vous voulez empêcher ces messieurs de faire atteler les chevaux qui leur appartiennent. Eh bien ! avec ou sans votre permission, on les attellera à leur voiture, et, cela, tout de suite, devant moi... et, si vous n'êtes pas content, vous en serez quitte pour faire la grimace !

— Morbleu ! cria le baron, vous abusez, drôle, de ce que votre fer ne peut croiser celui d'un gentilhomme !

— Toi, gentilhomme ! dit Augereau en haussant les épaules ; ta défroque dorée ne te cache pas si bien que je ne puisse reconnaître la peau de Thomas Nicaud, l'ancien prévôt de salle des gardes-suisses. J'ai toujours eu envie de savoir si tu avais la parade aussi solide que tu as la langue bien pendue ! Fantaisie de maître d'armes ! Allons ! en garde, voilà le moment ! Vous autres, faites atteler vos chevaux ; moi, je me charge de l'olibrius !

L'intervention d'Augereau, ses gestes menaçants ; les paroles qu'il venait d'adresser au superbe baron, avaient complètement changé la face de la scène.

Fouché, d'abord étonné, avait vu avec une évidente satisfaction se produire le maître d'armes. Retenant ses trois compagnons, il les avait empêchés de se mêler à la nouvelle querelle.

— C'est encore un piège, dit-il à voix basse en s'adressant à Brune. Seulement personne n'avait songé à ce qui arrive. Profitons-en habilement. Occupez-vous de faire mettre les chevaux à la voiture.

Brune avait un moment hésité; mais en voyant la belle contenance d'Augereau, il avait entraîné Nicolas et Jean, et tous trois contraignaient le vieux paysan à atteler au plus vite.

Le voyageur à la mine paterne, à la grande perruque, s'était reculé prudemment et avait laissé son ami, seul, en face du maître d'armes. Seulement sa physionomie impassible s'était subitement illuminée d'une lueur passagère, un éclair avait brillé dans ses petits yeux gris, et il s'était mordu les lèvres avec une violente expression de dépit en entendant Augereau dépouiller le matamore de son apparence de grand seigneur.

— Augereau murmura-t-il comme s'il eût voulu se graver ce nom dans la mémoire. Je lui apprendrai à se mêler de ce qui ne le regarde pas!

Quant à MM. Gorain et Gervais, les premiers mots de la dispute les avaient profondément émus, et ils avaient pâli tous deux, en voyant les épées nues reluire au soleil.

— Ah! mon Dieu! ils vont se massacrer! avait murmuré le propriétaire de l'avocat Danton.

Étourdis qu'ils étaient par la course rapide qu'ils venaient d'accomplir, par les événements qui se succédaient si brusquement, par la perspective de ce qui semblait se préparer encore, Gorain et Gervais n'avaient pas même aperçu le personnage à la perruque blonde qui, au reste, s'était toujours tenu hors de portée de leurs regards.

Le baron de Broussac faisait toujours bonne contenance, et la présence d'Augereau ne paraissait nullement l'intimider. En s'entendant nier le titre qu'il s'était donné, il avait violemment relevé son épée et en avait fouetté l'air avec un geste menaçant.

— Çà! çà! s'était-il écrié, je vais t'apprendre, maraud, à respecter un gentilhomme de mon rang! là, ici! à cette place!

Et, gesticulant d'une main, tandis que de l'autre il retroussait sa longue moustache, il désignait un endroit de la cour dont le terrain un paraissait propre à un combat. Augereau y fut d'un seul bond et se retrouva en garde.

— Tue-le! murmura le personnage à l'aspect cauteleux, lorsque le baron passa près de lui.

— Combien sa peau? répondit rapidement le baron.

— Vingt louis!

— Comptez-les, alors!

— Fais vite! Il faut revenir aux autres et les empêcher de partir.

Le baron fit signe qu'il comprenait parfaitement, et il alla se placer en face d'Augereau.

Fouché s'était rapproché des deux adversaires. Gorain et Gervais, tremblant comme la feuille, se collaient contre la muraille. Ils semblaient sur le point de s'évanouir. Brune, Jean et Nicolas aidaient le paysan à mettre les chevaux. D'autres domestiques de la poste étaient survenus dans la cour.

Le personnage à la perruque blonde s'approcha du postillon qui venait de dételer les chevaux de la berline, et lui parla bas en se dissimulant derrière une meule de foin.

— En garde! cria Augereau en fouettant le fer du baron.

Un magnifique soleil levant éclairait cette scène émouvante, et, en dépit de l'heure matinale, une foule de curieux, arrivés au bruit et aux cris, envahissait la cour et l'entrée de la maison de poste.

XLVII

FLAMBERGES AU VENT!

Les fers engagés, les deux adversaires demeurèrent un moment immobiles. Leurs regards acérés se heurtaient comme leurs épées venaient de se heurter elles-mêmes.

A la garde sûre, à l'engagement sec et décidé, chacun d'eux avait deviné, dans son adversaire, un ennemi sérieux, et ils comprenaient tous deux que le duel, qui commençait, devait se terminer par une catastrophe grave et sanglante.

La physionomie d'Augereau, ordinairement commune, revêtait un caractère d'énergie et de bravoure qui en transformait l'expression vulgaire : le maître d'armes était beau à voir, le corps bien assis sur les hanches, le bras gauche arrondi, le droit plié à la saignée, la main haute, couvrant entièrement la poitrine, et la pointe de l'épée basse, le buste droit et dont le poids reposait entièrement sur la jambe gauche, la tête rejetée en arrière, les cheveux au vent, les narines dilatées, les lèvres entr'ouvertes et l'œil fixé ardemment sur son adversaire.

Le baron, bien campé, ramassé sur lui-même, le regard aux aguets, le poing gauche sur la hanche, attendait évidemment l'attaque pour lancer une riposte prompte.

— Bon! murmura Augereau, je connais la feinte italienne, mon bonhomme. Si tu n'as que cela dans ton jeu, nous rirons!

Le baron fit un battement, Augereau demeura ferme et son fer ne devia pas.

Les quatre ou cinq secondes durant lesquelles les deux hommes demeurèrent immobiles, se *tâtant* du regard et du fer, parurent autant de siècles à ceux qui les contemplaient.

Tout à coup, les deux adversaires ployèrent en même temps sur leurs jambes, les fers se froissèrent, une double étincelle jaillit, le baron rompit d'une semelle. Augereau demeura ferme à la même place. Aucun d'eux n'avait été touché.

Un frémissement parcourut la foule des spectateurs. Gorain poussa un gémissement. Gervais se cramponna au bras de son ami.

Augereau releva son épée :

— Minute! fit-il en saluant son adversaire. La partie est belle, mais il ne faut pas risquer à détériorer ses effets. Habits bas, s'il vous plaît!

Et piquant son épée, la pointe dans le sol, il se dépouilla successivement de son habit et de sa veste, qu'il plia soigneusement, et il alla les déposer sur un appui de fenêtre. Le baron avait arraché ses vêtements et les avait jetés négligemment sur la terre.

— Et puis, reprit Augereau en retroussant la manche de sa chemise et en mettant à l'air un bras musculeux enjolivé de tatouages de fantaisie, et puis, nous avons oublié une petite formalité. Deux hommes comme nous ne peuvent se battre sans témoins. Ceux qui nous regardent ne sont que des spectateurs. Allons, voici les miens!

Du geste, il désigna Fouché et Jean qui étaient à ses côtés.

Les deux hommes firent signe qu'ils acceptaient l'honneur qui leur était fait. Le baron regardait autour de lui.

— Eh! eh! continua Augereau de sa voix la plus calme, votre ami a filé prudemment, on dirait! mais qu'à cela ne tienne! nous trouverons ici des gaillards de bonne volonté pour vous venir en aide. Et, tenez! voilà votre affaire!

Augereau, en achevant ces mots, fit un geste engageant à MM. Gorain et Gervais.

Les deux bourgeois que le maître d'armes avait choisis de préférence, par la seule raison que son regard les avait rencontrés en premier, les deux bourgeois n'avaient ni entendu ni compris.

— Allons! continua Augereau en s'avançant vers eux et en les saluant gracieusement, vous êtes les seconds de mon adversaire! Quand je l'aurai descendu, ce sera votre tour, si la chose peut vous être agréable, et, si le cœur vous en disait plus tôt, ces messieurs sont là, prêts à la riposte!

Gorain et Gervais ouvraient des yeux énormes.

— Quoi? quoi? quoi? fit Gorain en tournant la tête de tous les côtés.

— Messieurs, je vous attends! dit le baron.

— Hein? fit Gervais qui n'osait pas croire qu'il commençait à comprendre, tant l'horreur d'une pareille proposition le glaçait.

Le baron lui tendit son épée :

— Mesurez les fers! dit-il.

Gervais prit machinalement l'arme qui lui était offerte et il la maintint comme s'il eût tenu un cierge, sans oser en serrer la poignée.

— Go...rain... balbutia-t-il, Go...rain... vous avez... entendu...

— Je... ne sais... pas, répondit Gorain sur le même ton.

Fouché avait pris l'épée d'Augereau et, suivi de Jean, il s'était avancé vers les bourgeois.

— Allons, messieurs, remplissons notre devoir, dit l'oratorien avec une joie secrète, car cette nouvelle tribulation apportée à ceux qu'il croyait attachés à ses trousses comme espions cadrait merveilleusement avec le plan qu'il avait formé et dont nous connaîtrons bientôt l'exécution.

Gorain et Gervais, pâles, tremblants, défaillants, ne pouvaient prononcer une parole.

— Monsieur Fouché, balbutia enfin Gervais, je vous prie de croire que jamais... au grand jamais...

— Allons donc, les témoins! cria Augereau avec impatience.

— Témoins! dit Gorain en comprenant enfin la position dans laquelle on venait de le mettre. Ah! mon doux Jésus! Qu'est-ce qu'on veut nous faire faire?

— Vous allez assister monsieur! dit Fouché.

— Assister qui? comment?

— Assister l'adversaire de M. Augereau, et, s'il est vaincu, prendre sa place, c'est-à-dire vous battre à votre tour!

— Nous battre! dit Gorain en chancelant.

— Les épées! dirent les deux adversaires.

— Elles sont d'égale longueur, répondit Fouché en présentant les deux fers par la poignée.

Puis, se retournant vers les deux bourgeois :

— A votre poste! à côté de monsieur! ajouta-t-il en les poussant rudement.

Gorain et Gervais voulurent faire entendre quelques mots de réprobation, mais leur gorge sèche se refusa à laisser articuler un son. D'ailleurs, Fouché et Jean venaient de passer lestement de l'autre côté, et les deux adversaires retombaient en garde.

Les deux bourgeois demeurèrent à la place où on les avait poussés, comme s'ils eussent été transformés en statues. L'émotion violente à laquelle ils étaient en proie avait produit, sur leurs natures différentes, deux effets diamétralement opposés. Gervais était bilieux : il était devenu jaune. Gorain était sanguin, et son visage avait revêtu une teinte du plus beau violet. Gervais, dont les nerfs s'étaient contractés, se tenait droit, le corps renversé en arrière. Gorain, brisé par la terreur, penchait la tête en avant, affaissé par la force du sentiment qui l'anéantissait.

Mais personne ne songeait à examiner les pauvres victimes : tous les regards étaient anxieusement concentrés sur Augereau et sur le baron.

Le duel était effectivement terrible. Les deux adversaires faisaient jeu égal, même force des deux côtés, même adresse, même sang-froid. Plusieurs passes brillantes avaient eu lieu déjà, et si les ripostes avaient été vives et savantes, les parades avaient excité l'admiration de la foule.

Pendant ce temps, la voiture avait été tirée de la remise et deux chevaux avaient été mis. On était en train d'atteler le troisième. Brune et Nicolas, se contraignant pour ne pas se rapprocher des combattants, veillaient aux manœuvres des valets d'écurie. L'homme à la perruque blonde avait disparu.

Le combat, deux fois interrompu par les adversaires pour prendre un instant de repos, recommençait avec une ardeur nouvelle.

— A moi ! dit Augereau en accusant un coup d'épée qui avait effleuré l'épiderme de son bras. Mais cela n'est rien.

Et, retombant en garde, il fit une feinte brillante, trompa le fer et se fendit à fond, mais son épée ne rencontra que le vide. Le baron, se baissant brusquement en se fendant de la jambe gauche, avait appuyé la main gauche contre terre et envoyé un coup terrible de bas en haut.

Augereau devait être transpercé, et on croyait le voir tomber, mais il demeura debout. L'épée du baron, qui devait trouer la poitrine de son adversaire, n'avait rencontré que la chemise flottant sur les hanches et l'avait déchirée.

Augereau, par une brusque retraite de corps, avait évité le coup mortel, mais la fureur lui avait fait perdre son sang-froid.

— Chien ! cria-t-il en jurant abominablement. Je t'avais bien dit que je connaissais la feinte italienne.

Et, enlevant d'un coup de prime l'épée du baron, il glissa sous la lame... Le baron ouvrit les bras... Son épée lui échappa, il battit l'air, tourna sur lui-même et tomba lourdement.

Augereau essuya froidement son épée dont le sang rougissait la lame.

— J'en suis fâché, dit-il; mais il m'y a forcé.

La foule, retenue jusqu'alors par la fascination que produisait sur elle le combat engagé, se rua dans la cour avec un murmure confus.

Gorain et Gervais étaient toujours immobiles; le corps du baron avait roulé à leurs pieds. L'adversaire d'Augereau se roidissait dans les convulsions de l'agonie.

Les deux bourgeois, pétrifiés, anéantis, n'avaient plus ni voix ni regard, et, au moment où le baron expirait, tous deux, succombant à la violence de l'émotion qu'ils ressentaient, tombèrent évanouis à côté du cadavre.

— En voiture! dit vivement Fouché.

Et saisissant Augereau par le bras :

— Venez avec nous, ajouta-t-il.

— Où allez-vous? demanda le maître d'armes.

— Vous le saurez; venez!

Augereau hésita un moment.

— Bah! fit-il, je veux bien; en route!

Un postillon était près de la voiture.

— A tes chevaux! lui commanda Fouché d'une voix impérative.

— Et les bourgeois, dit Brune, les emmènerons-nous?

Fouché réfléchit.

— Laissons-les! dit-il.

Nicolas et Jean étaient déjà dans la voiture. Brune s'élança sur le marchepied.

En ce moment un tumulte éclata à l'extrémité de la cour, et trois hommes, se précipitant à la fois par une autre porte de la maison de poste donnant sur la rue, se jetèrent au milieu des assistants, s'ouvrant un chemin jusqu'au cadavre du baron. L'homme à la perruque se glissait à leur suite. Les trois personnages, d'aspect tout aussi martial qu'était le défunt adversaire d'Augereau, paraissaient en proie à une grande colère et à une poignante douleur.

Tous trois poussaient de profonds gémissements entremêlés de violentes menaces. La foule s'écartait devant eux et semblait attendre, de leur présence, de nouveaux événements.

Un silence se fit à l'instant où les trois hommes s'arrêtèrent en face du corps du baron.

La cour de la maison de poste présentait alors un coup d'œil étrangement émouvant. (P. 509.)

— Mon ami, mon frère! ô toi que je regardais comme un autre moi-même! Se peut-il qu'une main criminelle m'ait privé de toi à jamais! s'écria en poussant des sanglots, en levant les bras au ciel, en se tordant en contorsions, le premier des trois personnages accourus sur le théâtre du duel.

— Pauvre baron de Broussac! un si digne gentilhomme! ajouta le second d'un voix lamentable.

— Il est mort! dit lugubrement le troisième en interrogeant la poitrine de l'adversaire d'Augereau.

— Mort! répéta le premier. Quel est l'infâme qui l'a tué? Il me faut tout son sang!

— On l'a tué sans doute par trahison!

— Et son adversaire a fui lâchement!

— Hein? fit Augereau en s'arrêtant brusquement sur le marchepied de la berline. Qu'est-ce qu'ils veulent, ces trois olibrius-là?

— Montez! montez! dit vivement Fouché en le poussant.

— Permettez; je n'ai pas envie qu'une fois parti on médise sur mon coup d'épée.

— Eh! qu'est-ce que cela vous fait?

— Eh bien! et ma réputation?

— Votre coup d'épée était loyal : montez vite!

— Il faut que ces gaillards-là rétractent ce qu'ils viennent de dire, alors! fit Augereau en repoussant Fouché.

— Au diable! s'écria celui-ci dont l'impatience fiévreuse n'avait plus de bornes; car il comprenait que l'arrivée des trois personnages était un nouvel incident destiné à retarder encore le départ. Au diable! ils ne rétracteront rien, et vous allez vous faire une autre affaire!

— Mais ces drôles m'insultent! dit Augereau dont la colère augmentait de minute en minute. Vous ne les entendez donc pas?

— Partons!

— Non!

— Alors, nous partons sans vous!

— Comme vous voudrez!

Et Augereau, écartant la foule à son tour, s'avança vers les amis du défunt qui continuaient leur lamentations à l'égard du mort, et leurs récriminations insultantes et menaçantes envers l'heureux adversaire du baron.

Brune, Jean et Nicolas voulurent sauter à terre.

— Restez! dit Fouché en les contenant.

— Mais nous ne pouvons pas le laisser seul en face de ces hommes! s'écria Brune en désignant Augereau.

— Il faut partir, vous dis-je!

Et Fouché, s'élançant dans la voiture, referma violemment la portière.

— En route! cria-t-il au postillon.

Celui-ci se disposa à obéir. En ce moment un courrier, portant la livrée princière de la famille d'Orléans, surgit, à cheval, sur le seuil de la grande porte et il cria, à tue-tête, en faisant claquer son fouet :

— Place au courrier de S. A. S. Mgr le duc de Chartres!

Et, poussant son cheval dans la cour, où la foule s'écarta :

— M. Fouché! cria-t-il en regardant de tous les côtés.

Il était près de la berline où était Fouché.

— C'est moi, répondit l'oratorien avec étonnement, que voulez-vous?

— De la part de S. A. S. Mgr le duc de Chartres, dit le courrier en tendant une missive cachetée aux armes de la maison d'Orléans.

— Une lettre du duc de Chartres! fit Fouché; vous vous trompez sans doute; elle ne peut m'être adressée.

— La suscription porte bien, cependant, à monsieur Fouché, et monsieur Fouché c'est vous?

— Certes; mais je n'ai pas l'insigne honneur d'être en correspondance avec Son Altesse.

Le courrier ne répondit pas, et il continua à tendre sa dépêche que Fouché prit, avec une sensation d'étonnement de plus en plus vive.

— Qu'est-ce encore que cela? murmura-t-il en décachetant l'enveloppe.

Pendant ce temps Augereau s'était rapproché du cadavre et il se trouvait face à face avec les trois nouveaux personnages. MM. Gorain et Gervais, toujours évanouis, paraissaient tout aussi privés d'existence que le baron de Broussac. Jacquet se tenait derrière les trois hommes, se dissimulant au milieu de la foule.

— Çà! dit Augereau d'une voix tonnante, qu'est-ce que vous chantez tous les trois depuis un quart d'heure? L'adversaire de votre ami, c'est moi; et par la morbleu! je me suis battu loyalement, entendez-vous?

— Le meurtrier! cria l'un des trois hommes avec un accent indigné.

— Il ose venir ici! ajouta l'autre.

— C'est pour que nous vengions le baron! hurla le troisième en portant la main à la garde de son épée.

— Voyons, dit Augereau en dominant le tumulte, qui êtes-vous et que voulez-vous, à la fin?

— Je suis, moi, le marquis de Grandfleur! répondit le premier personnage en se redressant.

— Et moi le comte d'Espignol! dit le second.

— Et moi le chevalier de Nérestan! ajouta le troisième.

— Et nous sommes tous trois les parents et les meilleurs amis du baron de Broussac, que vous venez de tuer lâchement! reprit le marquis.

En entendant l'énumération pompeuse, Augereau avait souri. Au dernier mot prononcé par le marquis, il devint cramoisi de colère; mais se contenant, en faisant un énergique effort :

— Messieurs de Grandfleur, d'Espignol et de Nérestan, dit-il en retroussant sa moustache, vous êtes trois insignes menteurs; car, si vous êtes véritablement les parents de celui que je viens de tuer loyalement, vous n'êtes ni marquis, ni comte, ni chevalier, car lui-même n'était pas plus baron de Broussac que je ne suis, moi, maréchal de France! Est-ce clair?

— Il insulte la mémoire du défunt! cria le comte d'Espignol.

— Je vous dis, fit Augereau sans sourciller, que celui-là était prévôt d'armes aux gardes-suisses, et je suis sûr de ce que j'affirme! Il s'appelait Nicaud, et, en fait d'ancêtres, il n'a jamais connu son père!

— Je vais te faire rentrer tes insolences dans la gorge! hurla le chevalier en tirant son épée.

— Vengeance! ajouta le marquis en imitant M. de Nérestan.

— A moi! à moi! fit le comte en s'efforçant d'écarter ses amis pour attaquer seul Augereau.

Celui-ci, faisant un appel, s'était mis en garde avec autant de sang-froid que s'il eût été dans sa salle.

Les trois hommes, l'épée haute, se précipitèrent d'un même élan vers leur audacieux adversaire. La foule, indignée de cette disproportion de l'attaque avec la défense, poussa un cri d'horreur; mais la vue des lames menaçantes empêcha que personne intervînt efficacement.

Ce nouveau combat avait lieu sur le même terrain qu'avait ensanglanté le premier. Le cadavre du baron de Broussac gisait aux pieds des combattants, flanqué des deux corps inanimés des deux bourgeois qui n'avaient point encore repris connaissance.

En se précipitant, le marquis de Grandfleur posa le pied sur la main étendue du propriétaire de l'avocat Danton. La douleur arracha un cri au pauvre Gorain et lui rendit le sentiment de l'existence. Roulant sur lui-même comme une boule, il alla s'abattre sur Gervais, lequel, tiré à son tour de l'engourdissement qui le rendait immobile, fit entendre un gémissement.

Les deux bourgeois ouvrirent en même temps les yeux. Au-dessus de leur tête brillaient les quatre épées nues des quatre nouveaux combattants. La présence du danger rendit aux deux malheureux voyageurs leurs forces anéanties, et le sentiment de la conservation parlant plus haut que celui de la terreur, tous deux se relevèrent sous cette toiture de lames qui s'agitaient au-dessus de leur tête et cherchèrent à se sauver en poussant des cris aigus.

Cet incident arrêta brusquement le combat qui allait s'engager.

Mais tandis que Gorain et Gervais, à demi fous de frayeur se précipitaient vers la berline, les trois adversaires d'Augereau revenaient sur lui. Le maître d'armes ramassa les trois fers menaçants dans un demi-cercle habilement tracé...

— J'en tuerai toujours un ! murmura-t-il avec rage, en comprenant que l'inégalité du combat devait forcément entraîner sa perte.

Et, faisant un bond en arrière, Augereau s'appuya contre une meule de foin pour forcer ses ennemis à ne l'attaquer qu'en face. Ceux-ci s'élancèrent à la fois ; mais au moment où le marquis touchait terre, un coup violent appliqué sur son épaule le fit trébucher. Se retournant avec un geste furieux, il heurta son épée contre une fourche d'écurie, et Jean, les yeux étincelants, se dressa devant lui.

— Lâche ! cria le garçon teinturier, trois contre un !

— Part à trois ! fit en même temps une voix claire.

Et Nicolas, saisissant le chevalier par le collet, le fit brusquement tourner sur ses talons. Le comte demeurait seul en face d'Augereau.

L'homme à la perruque, qui s'était d'abord porté en avant, se recula vivement en voyant les deux jeunes gens venir au secours du maître d'armes ; mais, comme il essayait de nouveau à se dissimuler dans la foule, une main vigoureuse s'appesantit sur sa nuque.

— Monsieur, dit Brune en le secouant rudement, c'est vous qui avez été chercher ces hommes, c'est vous qui avez excité ce combat, il faut que vous y preniez part ! A nous deux, s'il vous plaît !

Le compagnon du feu baron de Broussac écarquilla ses petits yeux, et, tout surpris de cette agression inattendue, il balbutia quelques paroles.

— Ah ! reprit l'étudiant, il y a un complot contre nous, il paraîtrait. Eh bien ! mordieu ! tant pis pour les conspirateurs ; vous n'avez pas d'épée, mais j'ai une canne et un bras solide, cela suffit !

— Au secours ! à l'aide ! cria l'homme à la perruque ; mais sa voix fut étouffée dans le tumulte.

La cour de la maison de poste présentait alors un coup d'œil étrangement émouvant.

Au centre, au pied de la meule, à l'endroit même où le corps du baron inondait la terre d'un sang noir, Augereau et le comte se battaient avec un acharnement égal. A côté d'eux, sur la gauche, Nicolas s'escrimait de son sabre d'infanterie contre la longue épée du chevalier. A droite, Jean, maniant avec une habileté remarquable l'arme singulière dont il s'était emparé, donnait une rude besogne à son adversaire. Plus loin, Brune, furieux du rôle muet qu'avait joué celui dont il ignorait cependant la véritable mission, Brune administrait d'une main robuste une correction redoublée au compagnon du baron.

La foule, grossissant à toute minute, n'osait prendre part à aucun de ces combats particuliers, et se contentait de se maintenir à distance respectueuse.

Fouché aussi avait quitté la berline; mais laissant ses compagnons s'escrimer dans la cour, il avait pénétré dans la maison de poste, en se faisant suivre par le courrier.

Lorsque Nicolas, Brune et Jean s'étaient élancés pour prendre part à l'action et porter secours à celui qui leur avait, précédemment, si généreusement prêté son assistance, Fouché venait de décacheter la lettre que lui avait remise le valet du duc de Chartres.

Après l'avoir lue sans y rien comprendre, Fouché était demeuré le regard fixe, toute son intelligence tendue vers un même point. Il cherchait la lumière au milieu de cette énigme obscure. Tout à coup, sans même jeter un coup d'œil sur ce qui se passait autour de lui, il avait bondi hors de la chaise.

— Viens! dit-il au courrier en l'entraînant vers le corps de logis.

La maison était déserte; tous les habitants se pressaient au premier rang des spectateurs. Fouché s'assit précipitamment devant une table-bureau servant au maître de poste, et sur laquelle se trouvait tout ce qui est nécessaire pour écrire. Se tournant brusquement vers le courrier, il fouilla dans la poche de son habit et il déposa cinq louis d'or sur la table.

Le courrier jeta sur les louis un regard caressant.

— Cet argent est à toi, dit Fouché d'une voix brève, si tu me réponds nettement et franchement.

Le courrier leva les yeux vers son interlocuteur; celui-ci le regardait avec une fixité fascinatrice.

— Est-ce Son Altesse elle-même, en personne, qui t'a remis cette lettre pour moi? demanda Fouché.

— Non, répondit le courrier après avoir hésité un moment.

— Qui est-ce alors?

— Un ami de monseigneur.

— Le comte de Sommes? dit Fouché.

— Oui.

— Je le savais bien, murmura l'oratorien.

Puis, prenant une plume et une feuille de papier, il se mit à écrire rapidement.

— Prends cet argent; il est à toi! dit-il au courrier sans interrompre son occupation.

Le valet râfla l'or et l'enfouit dans la poche de sa veste.

— Maintenant, reprit Fouché en cachetant la lettre qu'il venait d'écrire, et en la remettant au courrier, tu vas porter directement cette missive au comte de Sommes. C'est la réponse que demande monseigneur. Va! pars sur l'heure et fais diligence!

Et, poussant le courrier hors de la maison, il s'élança vivement dans la cour. Le combat continuait toujours; mais Fouché n'avait pas fait deux pas en avant, qu'un cri poussé par la foule l'avertit qu'une catastrophe venait d'avoir lieu. Fouché courut comme une flèche, écartant les rangs pressés qui obstruaient sa vue.

L'adversaire d'Augereau se battait avec une vigueur et un sang-froid attestant une longue habitude du métier des armes. Celui de Nicolas semblait jouer avec son ennemi, bien certain de terminer la lutte dès qu'il le voudrait.

Augereau avait failli, deux fois, sentir s'enfoncer dans sa poitrine le fer du comte, et son animation était effrayante. Voulant en finir promptement, il marcha en avant, le comte rompit d'un pas, Augereau fit un double engagement, se découvrit, et, dégageant l'épée brusquement à l'instant où son adversaire se croyait menacé d'une attaque compliquée, il lui troua la poitrine avec une telle force, que le fer demeura engagé dans la plaie. C'était en ce moment que Fouché accourait.

Débarrassé de son ennemi, Augereau jeta un regard rapide autour de lui. Brune venait de lâcher l'homme à la perruque, et celui-ci, roué de coups de canne, était allé tomber sur un amas de fumier qui lui prêtait sa couche moelleuse.

Jean, préservé de toute blessure, avait à moitié assommé le marquis de Grandfleur, et un dernier coup de manche de fourche, vigoureusement appliqué, fit voler en éclats l'épée du prétendu gentilhomme. Celui-ci, se voyant désarmé, et entendant siffler autour de ses oreilles l'arme de fantaisie de son adversaire, recula vivement, et, s'élançant vers la porte, se mit à fuir, couvert par les huées des spectateurs.

Restaient Nicolas et le chevalier de Nérestan. Le jeune soldat avait un désavantage évident. Blessé deux fois déjà, quoique légèrement, il combattait toujours; mais en ce moment son adversaire l'attaquait avec une vigueur à laquelle le jeune homme ne devait pas résister. Augereau courut à lui.

— Laissez! cria le jeune soldat en parant tant bien que mal un coup habilement porté.

Et, se précipitant l'arme haute sur son ennemi, il lui fendit la cuisse d'un coup de sabre. Le chevalier chancela et s'affaissa sur lui-même. La foule battit des mains au triomphe des jeunes gens.

— Victoire! cria Jean en brandissant sa fourche.

— Victoire! répéta Nicolas, tout fier de son premier combat.

— Maintenant en voiture, et vivement! dit Fouché en entraînant les deux jeunes gens. Et, quoi qu'il arrive, ne bougez plus!

Brune poussait Augereau vers la berline. Fouché et l'étudiant entassèrent leurs compagnons dans l'intérieur de la voiture et montèrent les derniers.

— En route! crièrent-ils au postillon.

Celui-ci, intimidé par ce qui venait d'avoir lieu, fouetta ses chevaux. La foule s'écarta respectueusement devant les vainqueurs, et la berline quitta la maison de poste d'Arpajon, laissant dans la cour les spectateurs émus, étonnés, et s'empressant autour des deux cadavres.

L'adversaire de Nicolas fut transporté dans l'intérieur de la maison, et l'homme à la perruque, qui s'était relevé lentement, tout meurtri, suivait de l'œil la voiture roulant dans la rue.

— Brune! murmura-t-il d'une voix vibrante, et tandis que sa physionomie revêtait une expression impossible à décrire. Brune! Voilà un nom que je n'oublierai jamais, et un homme que je poursuivrai éternellement de ma haine! Comme je m'appelle Roquefort, celui-là ne mourra que de ma main!

XLVIII

LES CAISSIERS DU VOYAGE

La berline traversait Arpajon, enlevée au grand trot des trois chevaux menés lestement. Le postillon faisait claquer son fouet comme pour célébrer le triomphe de ses voyageurs. Parmi ceux-ci, Jean et Nicolas semblaient ivres de joie.

— Je me suis battu! criait le jeune soldat.

— J'ai fait fuir mon homme! disait Jean avec un fier regard

— Victoire! reprenaient-ils tous deux ensemble. Maintenant rien ne nous arrêtera!

L'HOTEL DE NIORRES

Un coup de vent violent chassa en partie la poussière, et Fouché vit briller au soleil les boucles du harnachement d'un cheval. (P. 515.)

— Oui, répondit froidement Fouché, si nous savons éviter les grandes routes et les mauvaises rencontres.

— Eh! dit tout à coup Augereau en se baissant, qui diable me grouille là dans les jambes?

— Qu'est-ce que c'est que cela? fit en même temps Brune en se baissant également.

Tous les voyageurs interrogèrent du regard le fond de la voiture. De dessous chacune des deux banquettes venaient de sortir deux têtes, et deux voix lamentables s'élevèrent piteusement.

— M. Gorain! dit Jean avec surprise.
— M. Gervais! ajouta Fouché.

C'étaient effectivement les deux bourgeois. Après s'être sauvés de la bagarre, les pauvres gens avaient cherché un refuge, et, trouvant la berline stationnaire, ses deux portières ouvertes, ils s'y étaient précipités ensemble, se cachant sous le drap des banquettes.

Depuis le départ de la voiture, ils n'avaient pas osé bouger : ils se tenaient cois dans une situation des plus pénibles, ne sachant pas comment leurs compagnons prendraient leur entrée inattendue en scène. Cependant, se sentant engourdis et respirant à peine, ils avaient hasardé un mouvement en avant chacun de leur côté : Gorain avait donné de la tête dans les jambes du maître d'armes, et Gervais s'était frayé un passage entre les mollets de Brune.

En voyant les deux bourgeois, Fouché fit un geste de satisfaction, et il s'empressa de les rassurer et de les aider à sortir de leur situation gênante. On se serra et on fit place aux nouveaux voyageurs. Fouché, après avoir témoigné la plus vive amitié à MM. Gorain et Gervais et avoir fait signe à ses compagnons de l'imiter, se pencha en dehors de la portière.

— Postillon! cria-t-il, le premier relais n'est-il pas à Étampes?
— Oui, monsieur, répondit le postillon en maintenant ses chevaux.
— Et, en quittant la grand'route pour prendre ce chemin qui est là, sur la droite, où irions-nous?
— A Boissy-le-Sec.
— Et ensuite?
— A Boutervilliers.
— De cette façon, nous tournerions Étampes?
— Sans doute.
— Alors, prenez le petit chemin.
— Mais le relais?
— Ne vous inquiétez pas! Vous nous quitterez à Boutervilliers, et nous payerons double.

Le postillon parut fort satisfait de la promesse, et il tourna à droite sans hésiter. La berline quitta la grand'route, et les chevaux s'élancèrent, excités par les claquements redoublés du fouet de leur conducteur.

— Il n'y a pas de relais à Boutervilliers, dit Brune. Comment ferons-nous?
— Nous achèterons des chevaux.
— Mais l'argent?

Fouché haussa les épaules, et, désignant du regard les deux bourgeois :

— Gorain et Gervais sont riches, murmura-t-il, et j'en reviens à mon principe : il faut savoir utiliser, à son profit, les armes de ses ennemis!

La voiture filait rapidement. Les divers accidents qui venaient d'arriver, loin d'avoir ralenti l'ardeur des voyageurs, paraissaient, au contraire, leur donner une énergie nouvelle.

Fouché, redoublant d'empressement auprès des deux bourgeois, les comblait d'attentions et de politesses. MM. Gorain et Gervais, encore mal remis des secousses violentes qu'ils venaient d'éprouver, semblaient plongés dans un océan de regrets où se noyait complètement leur désir de voyager; mais peu à peu, revenant à la situation présente qui n'avait rien de bien inquiétant, ils se calmèrent, et les douces paroles de Fouché caressant agréablement leur amour-propre, la présence de leurs compagnons, du courage et de la résolution desquels ils avaient été témoins, les rassurant sur l'avenir, leurs rêves dorés leur revinrent à l'esprit, et ils oublièrent leurs mésaventures, pour ne songer qu'à la brillante récompense qui les attendait une fois leur mission accomplie. Brune, qui était assis près d'Augereau, lui racontait brièvement l'histoire de la Jolie Mignonne, et le but du voyage entrepris.

— Bravo! dit le maître d'armes; c'est une bonne action, et j'en suis! Je ne vous quitte pas avant que nous n'ayons ramené l'enfant à ses parents. Seulement, je vous avertis d'une chose, c'est que je ne possède que trois écus pour faire le voyage.

— Bah! dit Fouché en riant, Dieu viendra à notre aide.

En ce moment la route faisait un coude brusque et courait droit vers l'est. La voiture tourna donc rapidement, et Fouché, qui se trouvait assis sur la banquette de devant, eut à l'horizon toute la partie du chemin que la berline venait de parcourir. Ses regards, qui erraient sur la campagne, devinrent fixes tout à coup, et un tressaillement nerveux des lèvres indiqua chez lui une violente préoccupation de l'esprit. Il apercevait au loin un léger tourbillon de poussière, et ce tourbillon, qui paraissait marcher sur la route, suivait la berline en maintenant entre elle et lui une distance toujours égale.

Fouché laissa écouler quelques instants, puis se penchant vers la portière, il interrogea l'horizon, et il vit encore le tourbillon de poussière à une même distance. Trois fois, à divers intervalles, il opéra la même manœuvre et trois fois il fit la même remarque; seulement à la troisième, et comme il examinait plus attentivement la route, un coup de vent violent chassa en partie la poussière, et Fouché vit briller au soleil les boucles du

harnachement d'un cheval. Faisant signe à Brune de se pencher vers lui :
— Avant d'arriver à Arpajon, dit-il, je vous avais averti que l'on nous suivait.
— Oui, répondit l'étudiant.
— Au moment où nous versions, n'avez-vous pas entendu le galop d'un cheval qui rejoignait l'endroit où tombait notre voiture.
— Si fait : j'ai parfaitement entendu et même il me semble qu'un bruit de paroles est arrivé vaguement jusqu'à moi.
— Vous ne vous êtes pas trompé. On nous suivait depuis Bourg-la-Reine et on nous suit encore.
— Vous croyez?
— J'en suis certain. J'avais mis cette poursuite sur le compte de ceux qui ont tenté d'entraver notre voyage à Arpajon, mais je me suis trompé.
— Comment cela? demanda Brune avec étonnement, mais en accordant la plus profonde attention à ce que lui disait Fouché, en lequel il reconnaissait une intelligence peu commune.
— Celui qui nous suit ne faisait nullement partie de la bande de l'homme que vous avez si vigoureusement corrigé. Son cheval n'était point à la maison de poste, et, loin d'être resté à Arpajon, celui-ci nous attendait sur la route. Il devait même être en avance sur la route d'Étampes. Il ignorait que nous dussions faire un crochet, et il n'a appris notre changement de chemin que par les claquements de fouet de notre postillon.
— Bah! vous croyez que le postillon...
— Est d'accord avec celui dont je vous parle. J'en réponds.
— Mais quel est celui-là?
— Je l'ignore encore.
— Ma foi! dit Brune, je ne comprends rien à ce qui nous arrive. Comment la recherche à laquelle nous nous livrons peut-elle nous attirer un si grand nombre d'ennemis?
— Vous oubliez l'histoire que j'ai commencé à vous raconter et que l'accident de la voiture a si brusquement interrompue.
— Eh bien?
— Eh bien! quand vous en connaîtrez la fin, vous ne vous étonnerez plus.

En ce moment la berline atteignait le petit village de Boissy-le-Sec. Fouché se pencha encore à la portière : le tourbillon de poussière qui avait si fort éveillé son attention s'élevait toujours sur la route à égale distance de la berline.

Il était près de onze heures du matin lorsque la berline atteignit Boutervilliers, l'endroit où l'on devait quitter les chevaux de poste. Les voyageurs mouraient de faim. Les deux bourgeois surtout, Augereau, Nicolas et Jean déclarèrent qu'ils étaient prêts à s'entre-dévorer si on ne leur permettait pas d'avoir recours à des aliments plus convenables. La berline s'était arrêtée devant une auberge.

— Déjeunez! dit Fouché à ses compagnons; moi, pendant ce temps, j'achèterai les chevaux qui nous sont nécessaires.

A ces derniers mots, Gorain et Gervais, qui marchaient en tête et pénétraient déjà dans l'auberge, poussèrent en même temps un soupir et se jetèrent mutuellement un long regard chargé de désolation.

— Des chevaux! murmura Gorain à l'oreille de Gervais. Cela coûte bien cher, hein?

— Les yeux de la tête! répondit Gervais.

— Pourquoi diable avez-vous offert notre bourse à M. Fouché?

— Eh! le moyen de la lui refuser? Il nous aurait plantés là!

— C'est vrai! Ah! l'échevinage coûte gros!

— M. Fouché a assuré qu'à l'autre relais il revendrait les chevaux sans trop perdre dessus.

— Dieu le veuille, Gervais!

Une table toute dressée au milieu de la salle de l'auberge vint faire une heureuse diversion aux regrets des deux bourgeois.

Fouché, comme on le voit, avait mis en œuvre sa maxime favorite : il se servait des deux espions au profit de sa propre cause. Gorain, Gervais, Augereau, Jean et Nicolas se mirent à table. Brune avait voulu accompagner Fouché.

L'argent à la main, il eurent promptement fait acquisition des deux chevaux qu'ils cherchaient, et ils les firent immédiatement atteler à la berline.

— Qui conduira? demanda Brune.

— Moi, répondit Fouché. Nous monterons tous deux sur le siège. Il faut que nous puissions veiller nous-mêmes à ce qui se passera sur la route. De cette façon nous déjouerons plus facilement les desseins de nos ennemis. Avant de partir, examinez soigneusement la voiture, que nous n'ayons aucun nouvel accident à redouter.

— Mais, fit observer Brune, la présence perpétuelle de Gorain et de Gervais nous empêchera d'établir le plan que nous devons suivre. N'avez-vous pas encore un peu de ce tabac qui les avait si merveilleusement endormis la nuit dernière?

— Je n'en possède plus une parcelle, et en aurais-je encore une boîte pleine, que je ne m'en servirais pas maintenant. Pour que ces choses-là réussissent, il ne faut les employer qu'une fois de loin en loin. Tout bêtes que soient Gorain et Gervais, ils pourraient supposer la vérité, la révéler par conséquent à ceux qui les ont apostés près de nous, et ceux-là ne doivent pas supposer un seul instant que nous ne soyons pas dupes. Quant à communiquer les uns avec les autres sans même donner un soupçon aux deux bourgeois, rien de plus simple et de plus facile. L'un de nous conduira les chevaux et à tour de rôle chacun des autres montera près de lui sur le siège; Gorain et Gervais auront même leur tour. De cette façon nous pourrons successivement nous parler sans témoins et en tenant, seul, l'un des deux espions, nous pourrons probablement encore les faire jaser tous deux à notre profit. Comprenez-vous?

— Parfaitement! dit Brune émerveillé de la profondeur de la rouerie dont l'oratorien faisait preuve.

— C'est surtout dans cette double intention que j'ai abandonné la poste pour acheter des chevaux.

— A propos, reprit l'étudiant après un moment de silence, qui était-ce donc que ce courrier qui s'adressait à vous dans la cour de la poste à Arpajon? Les événements m'ont empêché de vous demander des renseignements à cet égard.

— Ce courrier, répondit Fouché, m'était adressé par le duc de Chartres.

— Vous êtes donc en relations avec le duc?

— En aucune manière.

— Eh bien! alors?...

— Lisez! interrompit Fouché en tendant à Brune la lettre que lui avait remise le courrier.

L'étudiant prit la missive, l'ouvrit vivement, et, après l'avoir parcourue, il la rendit à Fouché en jetant sur celui-ci un regard interrogateur. Il était évident qu'il ne comprenait rien à ce qu'il venait de lire.

— J'ai cherché longtemps avant de comprendre, dit Fouché en souriant; mais je crois avoir trouvé le mot de l'énigme.

— Et ce mot, quel est-il?

— Je vous le dirai tout à l'heure après avoir terminé l'histoire que je dois vous confier. Maintenant les chevaux sont mis; déjeunons rapidement et partons.

Fouché et son interlocuteur étaient alors sur le seuil de la porte de l'auberge; tous deux entrèrent, et, tandis que Jean et Nicolas allaient veiller à la voiture, ils s'attablèrent auprès de leurs autres compagnons.

Le repas de ceux-ci était terminé; Augereau aidait obligeamment les deux bourgeois à vider la dernière bouteille. Gorain et Gervais, l'estomac satisfait, paraissaient avoir complètement oublié les événements passés.

— Le grand air m'avait donné une belle pointe d'appétit, dit en souriant le propriétaire de l'avocat Danton.

— Aurons-nous des choses à raconter, hein, compère? fit Gervais avec un sentiment d'orgueil; quand nous reviendrons chez nous, nous ne tarirons pas!

— Ah! un voyage est une belle chose à accomplir, dit Augereau

— C'est vrai, ajouta Gervais; je ne l'aurais jamais cru cependant. En avons-nous vu déjà des événements!

— Et vous en verrez bien d'autres, messieurs! dit Fouché en se levant de table.

— Maintenant, fit Gervais en tirant sa bourse, il faut payer; combien devons-nous chacun?

— Messieurs, dit Fouché en s'adressant aux deux bourgeois, vous comprenez que dans un voyage aussi long que celui que nous entreprenons, il est impossible de faire chaque jour, à chaque relais, à chaque repas, des comptes séparés. Puisque nous voyageons à frais communs...

— C'est bien entendu, interrompit Gervais.

— Il est plus simple, continua Fouché, que deux d'entre nous soient chargés spécialement de toutes les dépenses à faire; puis, le voyage terminé, nous partagerons également entre nous la somme à rembourser; cela vous paraît-il juste?

— Sans doute, dit Gorain, mais...

— Et, interrompit l'oratorien, je vous prie, messieurs, au nom de mes compagnons et au mien, d'être les caissiers de notre entreprise.

— Permettez... dit vivement Gervais.

— Nous ne saurions mieux placer notre confiance, interrompit encore Fouché.

— Certes! ajouta Brune en devinant l'intention de l'oratorien.

— Cependant... commença Gorain.

— Ces messieurs savent parfaitement commander, dit Augereau; nous venons d'en avoir la preuve; on voit qu'ils en ont l'habitude.

— Certainement... je ne dis pas que... balbutia Gorain, dont l'amour-propre flatté combattait l'envie de décliner l'honneur que l'on faisait à sa bourse.

— Messieurs, dit Fouché d'une voix grave, j'ai toujours eu pour principe d'accorder à l'expérience que donne l'âge, tout le respect qu'elle mérite. Vous seuls pouvez accepter cette mission de confiance. Tout ce que vous ferez sera bien fait. Nous approuvons d'avance les comptes que vous tiendrez, et nous n'examinerons pas seulement un seul de vos chiffres.

— Sans doute, dit Gervais en faisant une légère grimace, la confiance que vous nous témoignez est grande, et nous sommes flattés; mais... il y a peut-être un empêchement...

— Lequel? demanda Fouché.

— L'argent nécessaire.

— Nous n'en avons presque pas, ajouta Gorain.

— Oh! dit Fouché, la chose n'est pas embarrassante. Quand vous êtes venus chez moi, hier soir, vous aviez vos bourses bien garnies, puisque vous me proposiez généreusement un prêt que j'ai dû refuser.

— Cela est vrai, mais cependant...

— Puis, deux hommes de votre importance ne sont pas les premiers venus...

— C'est encore vrai, dit Gorain en se redressant.

— Et lors même que notre voyage serait plus long et plus dispendieux que je ne le crois, nous trouverions aisément, dans la première grande ville, à négocier votre signature si justement recherchée...

— Je crois, en effet, balbutia Gorain, que...

— Oui, se hâta d'interrompre Gervais, nos signatures sont valables; mais cependant...

— Permettez, dit Fouché, il est temps que nous nous distribuions les rôles que nous devons, chacun, avoir dans l'aventure où nous nous lançons. Il y a trois points bien distincts à établir : la force morale, c'est-à-dire la direction à donner à l'ensemble, le côté matériel, c'est-à-dire les entreprises hasardeuses à supporter, les obstacles à vaincre, les événements à combattre, et, peut-être même bien probablement, les hommes à renverser pour arriver au but; enfin le côté vulgaire du voyage, ou les comptes à tenir, à solder, à établir.

— C'est clair, dit Augereau. Moi, Nicolas et Jean, nous nous chargeons des obstacles à renverser et des ennemis à pourfendre.

— Moi, reprit Fouché, je me fais fort de diriger l'entreprise et de la mener à bonne fin avec l'aide de M. Brune. Cependant j'offre à MM. Gorain et Gervais le choix sur l'emploi qu'ils veulent prendre.

Les deux bourgeois se regardèrent piteusement. Les arguments de l'oratorien étaient puissants. Tous deux poussèrent un soupir.

— Je crois, continua Fouché, que ces messieurs doivent se charger des comptes à tenir; ce faisant, ils nous rendront un énorme service que nous n'oublierons jamais.

— C'est dit, ajouta Brune. Nous, nous nous chargeons de la partie active...

— Des coups à donner! dit Augereau.

L'HOTEL DE NIORRES

Laure de Morandes, mise en présence de ses frères, en face du jardinier qui la prétendait coupable, dénia l'accusation. (P. 525.)

— Et l'esprit sage de ces messieurs, reprit Fouché, nous évitera les erreurs dans lesquelles pourrait tomber notre inexpérience. Quant à moi, je m'en rapporte entièrement à eux.

— Et nous aussi, dirent Brune et Augereau.

— Alors, puisque tout est convenu, remettons-nous en route.

Les deux bourgeois n'avaient pas pu placer un mot; ils se regardaient encore cependant, ne sachant pas s'ils devaient se montrer fiers de l'honorable mission qui leur était confiée, ou mécontents de l'emploi, à peu près forcé, que l'on faisait de leurs écus. Mais les démonstrations de Fouché, les empressements de Brune et d'Augereau, donnèrent gain de cause à leur amour-propre, et, en s'installant les premiers sur la banquette de derrière de la berline, Gorain et Gervais se prélassèrent en personnages forts de leur suprématie.

— Ces jeunes gens sont très bien, dit Gorain à l'oreille de Gervais.

— Très bien, très bien, répondit Gervais. Je suis convaincu qu'ils nous rembourseront nos dépenses sans contestation.

— Moi aussi. D'ailleurs je suis en compte avec Bernard, et, en tout cas, je porterais l'argent avancé à son débit.

— C'est bien naturel, puisque c'est pour sa fille.

Nicolas, Jean et Augereau prirent place en face des deux bourgeois, auxquels on faisait décidément les honneurs du voyage. Brune et Fouché montèrent sur le siège.

Fouché ramassa les guides, fit claquer le fouet et les chevaux partirent.

— Maintenant, dit l'oratorien après que la voiture eut dépassé les dernières maisons du bourg, il faut savoir si nous allons être suivis de nouveau.

— Sur quel point nous dirigeons-nous? demanda l'étudiant.

— Sur Dourdan.

— Mais il y a un relais de poste à Dourdan.

— Aussi tournerons-nous la ville. Nous nous dirigions sur Orléans : maintenant nous passerons par Chartres.

— Je ne vois rien derrière nous, dit Brune après s'être détourné pour explorer la route.

Fouché, tout en maintenant ses chevaux, imita le mouvement de son compagnon.

— Je ne vois rien non plus, dit-il après un moment de minutieux examen.

— Tant mieux! fit Brune avec joie.

— Tant pis! dit Fouché. Nous n'avons rien fait encore pour dépister celui qui nous suivait; s'il ne continue pas sa manœuvre, c'est qu'il est certain de nous rejoindre dès qu'il le voudra. Défions-nous de tout. Nous courons sur un chemin semé de pièges, et le but à atteindre est loin encore. Ah! je connais les hommes qui ont intérêt à entraver la réussite de nos projets. Avant d'arriver à Saint-Nazaire, avant de retrouver la fille de Bernard, nous pouvons laisser bien des cadavres en route?

— Quoi! dit Brune avec étonnement, la partie est-elle donc si sérieuse?

— Croyez-vous que les duels d'Arpajon n'étaient qu'une plaisanterie? A cette heure, et sans le secours que le hasard nous a envoyé en la personne de maître Augereau, l'un d'entre nous serait étendu dans la cour de la maison de poste.

— Mais cependant ni Nicolas, ni Jean, ni moi, ni Bernard, nous ne nous connaissons pas d'ennemis personnels.

— Oui, mais en servant la cause du teinturier, vous élevez des obstacles à la réussite de projets qui devaient faire la fortune d'hommes puissants. Ne cherchez pas à comprendre, mon cher Brune. Écoutez-moi plutôt, vous allez tout savoir.

XLIX

LAURE

La berline venait de s'engager dans cette riante et spacieuse vallée à l'extrémité de laquelle s'enfouit Dourdan, au milieu d'un bouquet de feuillage. A droite s'élevaient les grands arbres de cette forêt magnifique qui, jadis, avait appartenu en propre à Hugues-Capet, lors de son avènement au trône. Au loin on apercevait, dominant les constructions de la ville, les neuf tours du vieux château bâti au VIe siècle par Gondrand, roi d'Orléans et de Bourgogne. Il était deux heures : le soleil, dans toute sa force, dardait ses rayons sur la route poussiéreuse, et le tourbillon qui s'élevait derrière la berline ne permettait pas aux regards de parcourir l'espace franchi.

Dans l'intérieur de la voiture, les deux bourgeois devisaient gaiement en compagnie du maître d'armes, du soldat et du garçon teinturier. Sur le siège, Fouché et Brune paraissaient absorbés dans une causerie intime : l'un parlant, l'autre écoutant avec une attention égale.

Fouché avait repris le cours du récit interrompu avant Arpajon par l'accident survenu à la première voiture.

— Ainsi, dit Brune, la jeune fille repoussa énergiquement toute participation au crime dont on l'accusait!

— Oui, répondit Fouché. Laure de Morandes, mise en présence de ses frères, en face du jardinier qui la prétendait coupable, dénia l'accusation, et non seulement elle refusa d'avouer qu'elle était la mère du malheureux enfant, mais encore elle prit le ciel à témoin de son innocence, déclarant que Noël mentait, que jamais elle n'avait été mère, que jamais elle n'avait méconnu son rang jusqu'à descendre à épouser un garçon jardinier. Le baron de Morandes et le chevalier de Bassat écoutaient leur sœur avec une anxiété fébrile; ils eussent donné dix années de leur existence pour croire à la vérité des paroles prononcées par la jeune fille. Quant à Noël, il ne disait mot; son regard ne quittait pas Laure, mais ce regard terne n'avait aucune expression. En s'entendant accuser, il n'avait fait aucun mouvement, il n'avait tenté aucune défense.

— « As-tu entendu, misérable? s'écria le chevalier de Bassat lorsque Laure eut encore une fois protesté de son innocence.

— « Oui, dit le jardinier d'une voix ferme ; j'ai entendu et je n'ai rien à répondre.

— « Ainsi, tu avoues être l'auteur de l'horrible calomnie dont nous avons failli être dupes?

— « Je n'avoue rien, messieurs.

— « Quoi! dit Laure avec une véhémence extrême, oses-tu bien, en ma présence, répéter les infâmes propos que tu as tenus sur moi?

— « Si ce que je dis n'est pas vrai, répondit Noël, comment expliquer la présence de ce cadavre? Comment surtout expliquer que cet enfant, s'il n'est pas le vôtre, porte autour du cou un bijou vous ayant appartenu? »

« Et il désigna le médaillon qu'avaient déjà remarqué les deux jeunes gens. Laure arracha le bijou attaché sur la poitrine du squelette.

— « Ce médaillon! s'écria-t-elle, il m'a été volé.

— « Ah! fit Noël, il faut donc maintenant m'accuser d'un vol?...

« Le baron et le chevalier demeurèrent muets et atterrés en présence de ces deux accusations si diamétralement opposées l'une à l'autre.

« S'ils désiraient ardemment croire à l'innocence de Laure, si leur cœur les portait à ajouter foi aux paroles de la jeune fille, la contenance de Noël, son impassibilité, sa froide résolution apportaient, dans leur âme, le doute le plus poignant. Comment supposer, en effet, que ce jeune homme auquel, depuis le temps qu'il était employé au château, on n'avait rien à reprocher, eût eu subitement l'insigne audace de bâtir, avec une infernale adresse, une trame aussi inouïe, aussi perfide ? Puis la présence de ce squelette, cette preuve matérielle du crime dont était accusée Laure, ne s'élevait-elle pas menaçante devant la jeune fille ?

« Mais il fallait donc alors que Mlle de Morandes fût une créature bien perverse pour ne ressentir ni honte, ni humiliation, ni remords en face de son complice, en face de son enfant tué par son ordre et en face de ses frères que le droit naturel faisait ses juges.

« L'affreux embarras des deux malheureux jeunes gens augmentait d'instant en instant. Laure, en proie à la surexcitation la plus effrayante, se tordait les mains et arrachait, avec un violent désespoir, les longues mèches de sa belle chevelure qui se déroulait sur ses épaules.

« Noël, plus pâle que le linceul qu'il venait d'enlever et qui gisait à côté du cadavre, Noël, le regard fixe et la poitrine oppressée, s'appuyait contre le tronc du gros arbre au pied duquel s'ouvrait la fosse béante. La lune éclairait vaguement le lugubre tableau : cette scène horrible durait depuis près d'une heure déjà. Un silence profond régnait dans le jardin, silence que troublaient seuls le sifflement rauque qui s'échappait de la gorge de Laure et le râle sourd qui déchirait la poitrine du jardinier. Puis, au loin, à intervalles réguliers, l'oiseau de nuit faisait entendre son cri plaintif.

— « Il faut pourtant que nous sachions la vérité ! s'écria le frère aîné. Il faut que nous connaissions le coupable et qu'il expie son crime.

« Le chevalier poussa un rugissement de joie féroce : une pensée soudaine venait de jaillir dans son cerveau. Saisissant le corps de l'enfant, il le jeta devant la jeune fille :

— « Si cet enfant n'est pas le tien, dit-il d'une voix vibrante, foule aux pieds son cadavre !

« Laure recula, puis elle s'arrêta, parut prendre une résolution et fit un pas vers le corps inanimé ; mais au moment où son pied se levait pour accomplir une horrible profanation, elle poussa un cri aigu, se renversa en arrière, et elle tomba sur le sol en proie à une crise nerveuse d'une violence inexprimable.

— « Rien ! nous ne saurons donc rien ! s'écria le baron de Morandes avec rage.

« Ici, continua Fouché en s'interrompant, il y a une lacune dans mon récit.

— Comment cela ? demanda Brune qui écoutait avec un intérêt manifeste.

— Je n'ai jamais su comment s'était terminée cette scène.

— Mais cependant, le lendemain ?
— Le lendemain on ne trouvait dans le jardin aucune trace de la fosse, ni rien qui pût déceler la présence du cadavre de l'enfant.
— Et Mlle de Morandes ?
— Elle épousa le surlendemain l'homme auquel elle était fiancée.
— Et Noël, le jardinier ?
— La nuit après celle où s'était accomplie la scène terrible que je viens de vous raconter en partie, la nuit qui précédait le jour du mariage, le pavillon du château, qu'habitait le jardinier, devint brusquement la proie des flammes. L'incendie s'alluma si violemment qu'il fût impossible de porter à temps des secours. Noël avait dû être surpris dans son sommeil et devenir la première victime du feu. On ne put pénétrer dans le pavillon. Lorsque l'on fouilla les décombres, on retrouva des ossements calcinés... ce fut tout.
— Cet incendie n'était-il pas l'œuvre du baron et du chevalier ? dit Brune. Ne voulaient-ils pas, d'un même coup, détruire toutes les preuves du déshonneur de leur sœur et punir le malheureux jardinier ?
— Cela était probable, répondit Fouché ; du moins ce fut l'avis de tous les habitants du pays. Par une fatalité étrange, l'histoire de l'enfant, racontée par Noël aux deux frères, était devenue subitement la fable de toute la contrée. La honte de Mlle de Morandes était alors publique, et lorsque éclata l'incendie dans lequel Noël avait dû succomber, la clameur générale désigna à la justice le baron et le chevalier comme auteurs de cet attentat.

« Cette accusation, que l'on chercha d'abord à étouffer par tous les moyens possibles, prit bientôt une telle force que les magistrats durent intervenir. Ordre fut donné de diriger une instruction criminelle contre le baron et le chevalier. Toutes les preuves les plus accablantes étaient amassées contre eux, et sans doute tous deux étaient coupables, car la veille du jour où le lieutenant criminel devait se transporter au château le baron et le chevalier se tuèrent en s'appuyant sur la lame de leurs épées. Cette double mort mit fin à cette épouvantable affaire.
— Mais Mlle de Morandes ?
— Elle était devenue folle.
— Avant son mariage ?
— Non pas, après, le jour même de la mort de ses frères.
— Et son mari, quel était-il ?
— Un homme fort riche, vous ai-je dit ; il se nommait M. de Saint-Gervais.
— Est-ce qu'il est mort aussi, lui ?

— Oui, mais d'une façon toute naturelle. Après la catastrophe qui avait anéanti la famille de Morandes, car la vieille mère n'avait pas longtemps survécu à ses fils, après celle à la suite de laquelle sa femme avait perdu la raison, M. de Saint-Gervais quitta Paris pour fuir le scandale provoqué par cette affaire. Puis, au bout de quelques années, il revint dans la capitale et il s'adonna à une existence de plaisirs perpétuels. Une belle nuit, mais dix ans au moins après son mariage, le financier mourut subitement d'une attaque d'apoplexie. Il n'avait aucun parent, aucun enfant; et, par contrat de mariage, il avait passé sur la tête de sa femme tout ce qu'il possédait. La pauvre folle se trouva donc héritière d'une fortune de plusieurs millions.

— Et Mlle de Morandes, Mme de Saint-Gervais, veux-je dire, demanda Brune, vit-elle encore?

— Oui.

— Où est-elle?

— Près de Brest.

— Toujours folle?

— Toujours; depuis trente ans, la malheureuse n'a eu qu'une lueur de raison, il y a de cela six années.

— Et la justice n'a pas poursuivi cette affaire?

— Que vouliez-vous qu'elle fît? Noël était mort brûlé, les deux frères s'étaient tués, la jeune fille était devenue folle et Mme de Morandes avait succombé à sa douleur.

— Et cette lueur de raison dont vous parlez, et qu'a ressentie la malheureuse folle, a-t-elle été de longue durée?

— Mme de Saint-Gervais a recouvré la raison durant deux mois environ.

— Et la justice n'a pas essayé, pendant ce court instant, de reprendre l'instruction?

— Il y avait vingt-quatre ans que les catastrophes avaient eu lieu: tout était oublié.

— De sorte que cette horrible affaire n'a jamais été complètement éclaircie?

— Jamais, répondit Fouché; la justice ne parvint point à en savoir aussi long même que je viens de vous raconter. Moi seul, peut-être, après les héros de cette lugubre aventure, connais aujourd'hui une partie de la vérité.

— Comment l'avez-vous apprise? demanda vivement Brune.

— Vous allez le savoir, dit Fouché en modérant l'allure de ses

Aimant l'étude, je m'y adonnai donc avec passion. (P. 530.)

chevaux et en se baissant sur son siège pour interroger la route avec une attention extrême.

La voiture ne marchait plus que lentement; Fouché, l'œil tendu, fouilla du regard la poussière du chemin.

— Qu'avez-vous donc? demanda l'étudiant, surpris de cette pantomime expressive.

— Attendez ! dit Fouché en passant dans les mains de son compagnon les guides qu'il maintenait courtes; continuez au pas.

Fouché descendit du siège et sauta sur la route. Devançant la berline, il se baissa vers le sol, tout en marchant, et il l'examina avec une attention plus scrupuleuse encore. Puis, soit qu'il se fût trompé, soit au contraire qu'il eût rencontré les indications mystérieuses qu'il cherchait, il revint vers la berline, remonta sur le siège, reprit les rênes des mains de Brune, et fouettant vigoureusement les chevaux il leur fit reprendre l'allure qu'il leur avait donnée depuis le départ de Boutervilliers.

— Que cherchiez-vous donc ? demanda Brune.

— Rien, répondit Fouché d'un air préoccupé.

« Vous me demandiez, reprit l'oratorien après un moment de silence, comment j'avais appris une partie de la vérité qui me reste à vous révéler ? je vais vous le dire :

« Il y a seize ans, j'étais à Nantes alors, et je m'occupais assez sérieusement des études de droit. Je travaillais contre la volonté de mon père, lequel, en sa qualité d'armateur, voulait à toutes forces faire de son fils un marin, et j'avoue que je ne me sentais aucun goût pour les voyages de long cours. Aimant l'étude, je m'y adonnai donc avec passion, et bien que je ne me destinasse pas au barreau je m'occupai de droit. Mes efforts eurent un certain retentissement dans ma ville natale.

« Plusieurs personnes étant venues me consulter à propos de différentes affaires, et le hasard m'ayant merveilleusement servi dans les conseils que je leur donnai, on en conclut que j'étais un docteur émérite. Je refusai les honoraires qu'on voulait à toutes forces me faire accepter, et mon désintéressement augmenta d'autant ma réputation.

« Bref, durant près d'une année, je me vis assailli par une foule de solliciteurs, et si j'eusse voulu faire concurrence aux gens d'affaires de Nantes, nul doute que je ne fusse parvenu à une brillante position. Mais là n'était pas mon ambition, et pour mettre un terme à cette affluence de plaideurs qui assiégeaient ma maison, je pris le parti de fermer hermétiquement ma porte. Résolu à ne pas me départir de ma détermination, je me montrai inflexible pour quiconque prétendait troubler ma solitude.

« Un soir, cependant, que j'étais seul dans ma chambre, on frappa si discrètement à ma porte que, bien que la façon de s'annoncer, convenue entre mes amis et moi, n'eût pas été exécutée, je vins ouvrir moi-même. Un homme, à demi dissimulé dans l'ombre du couloir, était debout sur le seuil. Sur mon invitation, il entra chez moi, me salua profondément et il attendit que je lui adressasse la parole. Un peu surpris de cette visite inattendue, j'examinai avec attention mon visiteur. C'était un fort beau vieillard de haute mine et de très grand air, au port développé, au regard intelligent, au sourire triste et doux.

— « Monsieur, lui dis-je en voyant qu'il gardait obstinément le silence, puis-je vous demander qui j'ai l'honneur de recevoir?

— « Vous êtes bien monsieur Joseph Fouché? me dit-il en me regardant fixement et sans répondre à ma question.

— « Oui, monsieur, dis-je.

— « Je suis, moi, reprit-il, le marquis Gaston d'Horbigny. »

« Ce nom m'était parfaitement connu; c'était celui d'un gentilhomme avec lequel mon père avait été jadis et était encore en relations, je ne sais plus pour quelle affaire aux colonies. Je savais aussi que le marquis, mon visiteur, était extrêmement riche, et qu'en dépit des soixante-quatorze ans qu'il avait alors il venait d'épouser une jeune fille de vingt et un ans. Quand il se fut nommé, je crus à une erreur de sa part.

— « C'est sans doute à mon père, monsieur le marquis, que vous désirez parler? » lui dis-je.

« Il fit un signe de tête négatif.

— « C'est à vous, reprit-il, que j'ai affaire. »

« Je refermai ma porte et j'offris un siège au marquis avec tout l'empressement que méritaient son âge et son caractère honorable, que je connaissais fort bien.

— « Monsieur, reprit-il après une légère hésitation, la demande que je vais vous adresser va vous paraître bizarre, étrange, peu réfléchie peut-être. La façon dont j'agirai ensuite vous paraîtra très certainement plus incroyable encore, car moi, qui vous connais à peine, moi, que vous ne connaissez pas, je viens en même temps solliciter de vous un grand service et vous donner la preuve d'une confiance bien singulière. »

« J'écoutai, sans répondre à cette ouverture mystérieuse.

— « Votre père, continua-t-il, connaît ma fortune, dont la plus grande partie, établie aux colonies, vient d'être réalisée par ses soins. J'ai pour lui l'estime qu'il mérite, et je me serais adressé à lui, je ne vous le cache pas, de préférence à vous, si le service que j'ai à demander ne concernait surtout l'avenir. Votre père a soixante ans passés, sa santé est mauvaise et il se peut très bien qu'il ne me survive que de quelques années s'il me survit même, tandis que vous, qui n'avez pas encore vingt ans, vous avez devant vous de longues années d'espérance. Vous êtes bien jeune encore, trop jeune peut-être, il est possible; mais, d'après ce que j'ai ouï-dire, votre jugement, qui s'est mûri de bonne heure et la connaissance que vous avez témoignée des affaires de droit, ces temps derniers, me sont garants que la démarche que je fais ne sera pas vaine. »

« Je fis signe au marquis que j'étais disposé à l'entendre.

— « Donnez-moi d'abord, me dit-il, votre parole d'honneur; engagez-vous, sur votre foi d'honnête homme, à garder jusqu'à l'heure de ma mort, à moins que je ne vous relève moi-même de ce serment, le secret le plus absolu sur ma visite de ce soir et sur le but de cette visite. »

« Je réfléchis un instant; mais comme le serment que demandait le marquis n'engageait nullement ma conscience en dehors des limites qu'elle ne pouvait franchir :

— « Sur ma parole d'honneur, sur ma foi d'honnête homme, lui dis-je, je fais serment de garder le secret que vous exigez! »

« Le marquis me prit la main et il me la serra cordialement en signe d'affectueux remerciement. Tirant de sa poche un papier plié en forme de lettre et cacheté à ses armes, il me le déposa précieusement entre les mains.

— « Gardez ce papier, dit-il, qu'il ne vous quitte jamais; soustrayez-le à tous les regards, et n'en prenez connaissance qu'après ma mort. Lorsque je ne serai plus de ce monde, brisez ces cachets, lisez ce que contient cet écrit et agissez alors suivant votre conscience. »

« Je tenais la lettre et je regardais le marquis avec un étonnement croissant.

— « C'est là tout le service que j'ai à solliciter de vous! dit-il en se levant.

— « Quoi! fis-je sans revenir encore de ma surprise; vous n'avez pas autre chose à me communiquer?

— « Rien autre chose.

— « Et il faut que je garde ce papier?

— « Jusqu'à ma mort.

— « Mais, dis-je encore après un moment de réflexion, la mission que vous me confiez, car il est évident que cet écrit renferme une mission à accomplir après votre mort, pourrai-je donc la remplir?

— « Je l'espère, » répondit le marquis.

« Je continuai à regarder mon vénérable interlocuteur avec une expression dénotant combien j'étais peu convaincu de la réalité de la proposition extraordinaire qui venait de m'être faite. Il s'aperçut parfaitement de ce qui se passait en moi.

— « Il faut que vous vous contentiez de mes paroles, me dit-il d'une voix douce; je ne puis m'expliquer davantage; car il y a, dans le secret que je vous confie, un autre secret qui n'est pas le mien, et celui-là, je ne suis pas maître de le révéler.

— « Mais pourquoi vous être adressé à moi? dis-je en cherchant à deviner la cause de ce mystère.

— « Je vous l'ai dit, répondit-il; vous êtes jeune, et c'est là une raison puissante, car il s'agit, ici, de l'avenir; vous êtes le fils d'un honnête homme, et j'espère que vous aurez hérité de ses vertus; enfin vous êtes intelligent, adroit, très rusé et fort instruit en matière de droit.

— « D'autres ont toutes ces qualités, répliquai-je.

— « D'autres les ont également, c'est possible; mais ceux-là, il faudrait que je les cherchasse, et je ne les connais pas. D'ailleurs le temps me presse. A mon âge, sait-on jamais si le jour présent aura un lendemain? »

« Puis, comme je retournais toujours le papier entre mes doigts, hésitant à en accepter le dépôt, M. d'Horbigny me saisit les deux mains, et s'inclinant devant moi tandis que deux larmes brillaient dans ses yeux :

— « Mon enfant, reprit-il d'une voix très émue, un vieillard vous conjure de ne pas repousser la prière qu'il adresse à vos jeunes années. Le passé demande aide à l'avenir!... Refuserez-vous? »

« Je n'aime pas la sensiblerie, continua Fouché d'une voix sèche; quoique jeune encore, je n'ai pour les hommes qu'une estime fort médiocre, et j'ajoute peu de foi à leurs paroles et à leurs émotions; mais ce vieillard qui s'inclinait devant moi avait quelque chose de si réellement noble, sa parole était empreinte d'une telle onction, son geste était si touchant et si persuasif...

— Que vous avez accepté? interrompit brusquement Brune.

— Effectivement, j'acceptai, répondit Fouché.

— Pardieu! s'écria l'étudiant, je le crois bien; j'eusse accepté dix fois pour une, moi. Et le marquis, que vous dit-il?

— Il me remercia en peu de mots et il sortit.

— Et quand l'avez-vous revu?

— Je ne l'ai jamais revu depuis cette époque.

— Il est donc mort?

— Oui. Il est mort deux ans après ce soir où j'avais reçu sa visite; c'est-à-dire il y a maintenant près de quatre années accomplies.

— Et, reprit Brune après un moment de silence consacré aux réflexions que faisait naître dans son ardente imagination le récit étrange que lui faisait Fouché, et, durant ces deux années qui se sont écoulées entre votre conversation avec le marquis d'Horbigny et l'époque de sa mort, vous ne l'avez jamais revu, jamais rencontré?

— Jamais, répondit l'oratorien?

— Vous n'avez donc pas cherché à avoir une explication?

— Si fait; mais chaque fois que j'essayai de parvenir jusqu'au vieux marquis, je trouvai entre lui et moi des barrières infranchissables. Enfin, quelques mois après notre entrevue, il avait quitté Nantes et il n'y revint que peu de temps avant sa mort.

— Hum! fit Brune avec une légère grimace. Je vous avoue qu'il ne m'intéresse que médiocrement, votre marquis d'Horbigny. Un vieillard de soixante-quatorze ans qui épouse une jeune fille de vingt et un ans est un vieux fou coupable d'appeler le ridicule sur des cheveux blancs ou un détestable égoïste sacrifiant tout à une passion qui, à cet âge, n'est plus que honteuse.

— En thèse générale, vous auriez raison, répondit froidement Fouché; mais dans le cas en question vous avez tort. Le marquis n'était ni un sot ridicule ni un méprisable débauché. C'était un homme supérieur, d'une intelligence peu commune, portant fièrement son beau nom, et incapable d'une bassesse ou d'une action ridicule.

— Cependant son mariage...

— Avait été forcé.

— Ah bah! mais c'est plus plaisant encore!

— Non! c'est triste, voilà tout.

— Comment?

— Mille bruits divers avaient couru à Nantes à l'époque de cette union d'une disproportion si extravagante. Les uns riaient et blâmaient comme vous : c'étaient ceux qui ne connaissaient pas M. d'Horbigny. Les autres, ceux qui, comme mon père, avaient été à même d'apprécier ses belles qualités, secouaient la tête et ne répondaient pas aux mauvais plaisants. Ils avaient remarqué que durant l'époque qui avait précédé son mariage le vieux marquis paraissait assombri, soucieux, courbant sa belle tête ordinairement si droite, comme s'il n'eût pu supporter le poids des pensées qui alourdissaient son cerveau.

« L'union accomplie, cette tristesse apparente augmenta chaque jour, loin de décroître. Or, un vieillard qui épouse une jeune fille peut devenir soucieux après le mariage, mais avant, il est toujours gai, joyeux, et désireux de se montrer plus jeune et plus alerte.

— C'est vrai, dit Brune en souriant. On concluait donc que le marquis avait été contraint dans sa volonté, en épousant sa jeune femme?

— Oui.

— Mais quelle cause donnait-on à cette contrainte?

— On s'évertuait à chercher et on ne trouvait pas.

— De sorte que l'on n'a rien su?

— Officiellement, non, mais des propos scandaleux tenus sur la conduite de la jeune marquise et appuyés sur des remarques sérieusement faites expliquèrent bientôt la tristesse sombre de son époux.

— Elle le trompait?

— Du moins l'affirmait-on.

— Mais pourquoi l'avait-il épousée? J'en reviens là, moi! dit Brune en hochant la tête.

— On ne l'a jamais su positivement, je vous le répète; mais on prétendait que la cause qui avait déterminé cette union avait dû être bien douloureuse pour le vieux gentilhomme, car son valet de chambre avait dit, indiscrètement, que, la veille du mariage, il avait surpris son maître les yeux gonflés de larmes et en proie à un accès de profond désespoir. Le valet ajoutait même qu'il croyait que M. d'Horbigny avait eu un moment l'intention de se tuer, qu'il avait cru remarquer les plus sinistres préparatifs, mais qu'à la suite d'une lettre qu'un homme inconnu avait apporté à l'hôtel le vieux seigneur avait changé de résolution. Ce fut le lendemain qu'il se maria.

— Et sa femme était jolie?

— Charmante.

— Et il a eu des enfants?

— Une petite fille.

Un sourire railleur éclaira la physionomie expressive de l'étudiant.

— Enfin! dit-il, vous connaissez l'axiome de droit : *Is pater est...*

Fouché haussa les épaules :

— Vous n'avez jamais connu le marquis d'Horbigny! dit-il. Sans quoi vous ne parleriez pas ainsi.

— Enfin, monsieur Fouché, depuis votre mystérieux entretien avec lui, je vous le demande encore, vous ne l'avez jamais revu?

— Jamais. Seulement tous les mois, à la même date, anniversaire du jour où j'avais reçu le dépôt précieux, je recevais une lettre qui contenait simplement la formule du serment que j'avais prêté. J'avais compté déjà vingt-trois lettres. Le vingt-quatrième mois, je ne reçus rien, mais j'appris que le marquis était mort et que sa jeune femme demeurait à Nantes avec sa petite fille, âgée seulement de quelques mois.

— Alors, vous avez ouvert la lettre qu'il vous avait confiée? demanda Brune avec un intérêt croissant.

Fouché ne répondit pas. La berline venait d'atteindre un endroit de la route où se trouvait un carrefour. Un bouquet de bois se dressait à droite, tandis qu'à gauche de vastes prairies s'étendaient à perte de vue.

Fouché remit encore les rênes à Brune et, ainsi qu'il avait fait une fois déjà, il s'élança à terre.

Ce fut avec la même minutieuse attention qu'il inspecta la route, cherchant à démêler, dans la poussière du chemin, des traces ou des indications auxquelles il devait attacher une grande importance.

— Les voyageurs de l'intérieur dormaient profondément. Les fatigues de la nuit précédente et les émotions des accidents du matin expliquaient suffisamment ce sommeil réparateur. Seuls, Fouché et Brune ne dormaient pas.

L'étudiant regardait l'oratorien, s'efforçant, mais en vain, de comprendre la manœuvre singulière à laquelle il se livrait. Fouché, après avoir fait signe à Brune de maintenir la voiture immobile, avait examiné attentivement le sol des quatre routes qui se croisaient à l'endroit où stationnait la berline. Puis, revenant près des chevaux, dont les naseaux fumants et le poil humide attestaient la fatigue, il prit dans la poche de son habit un carton plié en forme de livre et il l'ouvrit dans toute sa grandeur. C'était une carte routière de la province. Fouché promena son doigt sur les lignes tracées, et réfléchissant un peu :

— Cette route, murmura-t-il en désignant celle de droite, conduit à Saint-Mesme ; celle de gauche mène à Richarville et celle qui nous fait face aboutit à Corbreuse. C'est là notre plus court, mais c'est là aussi évidemment qu'est le danger. Faut-il la suivre ? faut-il faire un détour ?

Fouché replia sa carte et la remit dans sa poche.

— Continuer vers Corbreuse serait évidemment plus adroit, reprit-il.

Puis, s'approchant des chevaux, il les examina tous deux.

— Bah ! fit-il ensuite. Ils n'ont fait encore que trois lieues, ils sont vigoureux. En les forçant un peu, ils en feront bien huit avant la nuit, et de cette façon nous éviterons...

— Eh bien ? demanda Brune en voyant Fouché faire un mouvement indiquant une pensée subite qui jaillissait dans sa tête. Sommes-nous donc égarés ?

— Non ! non ! nous allons continuer et gagner Corbreuse ! répondit l'oratorien en reprenant sa place.

La voiture se remit en marche. Le pays était absolument désert et la chaleur excessive.

— Vous disiez donc, reprit Brune avec une impatience décelant l'intérêt que lui avait inspiré le récit de Fouché, que, le marquis d'Horbigny mort, vous aviez ouvert la lettre mystérieuse ?

— Oui, reprit Fouché, et voici ce qu'elle contenait.

— « Eh bien! monsieur Fouché, me dit-elle d'une voix douce, puisque je n'ai plus besoin des soins du bon docteur, il faut partir. » (P. 541.)

« Mais, dit Fouché en changeant de ton, il faut avant que je continue, et pour éviter toute confusion dans votre esprit, que je vous dise, en peu de mots, quelle était la situation de la marquise d'Horbigny. »

Et l'oratorien, entrant aussitôt dans de minutieux détails, expliqua comme quoi le marquis, par un testament bizarre, avait laissé en usufruit à sa veuve, plus jeune que lui de plus de cinquante ans, ses deux cent mille livres de revenu : usufruit dont la jouissance devait expirer alors que

Berthe, la fille de la marquise, aurait atteint ses quinze ans accomplis. La marquise d'Horbigny ne devait plus avoir, à cette époque, que vingt mille livres de rente. De plus, si Berthe venait à mourir avant d'être arrivée à l'âge fixé, la fortune entière passait sur la tête de la fille aînée du frère du marquis, le comte d'Adore.

— On se perdait en conjectures, continua Fouché, sur les raisons qui avaient dicté ces dispositions extraordinaires et placé la veuve dans une situation toujours inquiétante. Il y avait surtout, dans le dernier article, quelque chose qui semblait établir une pénible défiance à l'égard de la jeune mère. Enfin, comme toute la fortune provenait du marquis, il avait le droit d'en disposer à sa volonté et le testament n'était nullement attaquable. A cette époque, tout ce que je vous ai raconté de l'histoire de Mlle de Morandes m'était absolument inconnu. J'ignorais même qu'il existât en France une famille de ce nom. Le jour où j'appris la mort de M. d'Horbigny, je n'étais pas à Nantes; j'étais en voyage et je venais d'arriver à Quimper. La lettre d'un ami qui m'annonçait cette nouvelle me parlait en même temps des dispositions singulières du testament. Suivant la recommandation du vieux marquis, son précieux dépôt ne m'avait point quitté un seul instant. J'avais juré de ne pas m'en séparer et j'avais tenu ma promesse. Ce ne fut pas sans une certaine émotion que je saisis le papier et que je portai la main sur les larges cachets qui scellaient l'enveloppe. La curiosité se mélangeait en moi à un autre sentiment que je ne pouvais analyser. Bref, je rompis les cachets et j'ouvris la feuille couverte d'écriture.

— Que contenait-elle? demanda Brune avec anxiété.

Fouché prit un portefeuille dans la poche de son habit, l'ouvrit et en tira un papier jauni par le temps.

— Voici cette lettre signée du marquis d'Horbigny et écrite tout entière de sa main, dit-il. Elle ne m'a pas encore quitté, car je n'ai pas encore accompli la mission qu'elle indique. Lisez vous-même.

Brune prit la missive d'une main que l'émotion rendait tremblante et lut à haute voix :

« Moi, Jules-Olivier-Gaston Déroin, marquis d'Horbigny, âgé de septante et quatre ans, mais fort bien portant de corps et parfaitement sain d'esprit, ai remis à M. Joseph Fouché, fils du sieur Fouché, armateur à Nantes, le présent écrit, afin qu'il en fasse usage en temps et lieu, si besoin est. Cet écrit, dont la dernière partie est tracée en forme de dispositions testamentaires, anéantirait de droit toutes les dispositions prises par moi, par la raison que, leur étant postérieur, il est l'expression suprême de mes dernières volontés.

« Je laisse au sieur Joseph Fouché, que j'institue l'exécuteur de ces volontés dernières, la faculté de décider lui-même et d'après sa propre intelligence s'il y a opportunité ou non à agir. Voici, dans tous les cas, ce qu'il doit faire immédiatement, dès l'instant où il aura reçu la nouvelle de ma mort.

« M. Joseph Fouché se rendra à Gouesnou, petite ville située au-dessus de Brest sur la route de Saint-Pol. Là il s'informera de la demeure du docteur Harmand. Ce médecin, dont la spécialité est de traiter les cas de folie, possède un petit établissement où il recueille les malheureux privés de la raison.

« Fouché demandera au docteur à voir une femme malade, enfermée chez lui depuis plus de vingt ans, et que l'on ne connaît que sous le nom de Laure. Si cette femme est toujours folle, si sa folie est réellement incurable, Fouché cessera sur-le-champ toute démarche. Il brûlera ce papier, et une donation de cinq cents louis, que je joins à cet écrit, le dédommagera de son voyage inutile et du temps perdu qu'il y aura consacré. Si, au contraire, cette femme est guérie ou est en voie de guérison, il lui dira qu'il vient la trouver en mon nom et lui fera voir le signe que je trace au bas de ce papier. Dès lors elle n'aura aucun secret pour lui et ce qu'elle lui dira dictera la conduite à suivre.

« Dans le cas de guérison complète, mais dans ce cas seulement, j'annule toutes les dispositions prises antérieurement par moi et je lègue toute ma fortune à Mlle Laure de Morandes. »

— Laure de Morandes! répéta Brune en regardant Fouché. Celle dont vous venez de me raconter la tragique histoire?

— Elle-même, répondit l'oratorien.

— Était-ce donc elle qui était folle?

— Oui.

— Et vous l'avez vue?

— Aussitôt après avoir pris connaissance de cet écrit, je quittai Quimper, je gagnai Brest, et je me rendis à Gouesnou. Je trouvai facilement la demeure du médecin et je me présentai à lui.

« Je ne vous raconterai pas en détail, continua Fouché, ma première entrevue avec la folle. Je me bornerai à vous dire que la pauvre femme, grâce aux soins du bon docteur, en était arrivée à posséder de loin en loin des lueurs de raison et que la guérison même, sans être complète, était cependant en bonne voie.

« Le médecin désirait une crise qu'il espérait être salutaire. Il pensa que ma présence et ce que je pourrais dire à la malade amèneraient cette crise et il ne se trompa pas. La vue surtout du signe mystérieux, tracé par le marquis, causa une émotion extrême à la malheureuse femme, et cette émotion, loin de lui être fatale, amena, avec des larmes abondantes, un état de calme dont le docteur tira le meilleur augure.

« Je demeurai trois semaines à Gouesnou. Durant ces trois semaines, Mlle de Morandes, car c'était elle auprès de laquelle je me trouvais, n'eut plus que quelques crises qui, une fois passées, laissaient dans l'état de la malade un mieux sensible.

« Ce fut pendant ce temps que le docteur, parfaitement au courant de la triste histoire de sa pensionnaire, me la confia dans tous ses détails, me recommandant de ne jamais faire, en sa présence, aucune allusion au passé.

— « Une crise provoquée de cette façon, me dit-il, serait terrible et entraînerait une rechute dont la guérison serait probablement impossible. »

« Seulement Laure avait-elle été la complice de Noël ou était-elle la victime d'une machination horrible? Voilà ce que le docteur n'avait jamais pu apprendre et ce que Laure, qui, au commencement de sa folie, parlait sans cesse de la scène du jardin, n'avait pas pu, elle-même, éclaircir.

« Les souvenirs de la folle paraissaient s'arrêter là où j'ai moi-même arrêté mon récit d'après celui du docteur.

« Le médecin ajouta à ces explications que, sept ou huit années plus tôt, il avait cru déjà Laure parfaitement guérie. La raison lui était revenue. Elle avait écrit à cette époque plusieurs lettres, elle avait entretenu, durant un mois, une active correspondance, puis un homme âgé était venu la voir. Cet homme était demeuré quelques jours près d'elle et il avait déclaré qu'il voulait l'emmener avec lui; mais au moment du départ, Laure, sans cause apparente, avait été frappée tout à coup d'un subit accès et sa raison s'était de nouveau égarée.

« Le visiteur, qu'au portrait que m'en fit le docteur je devinai être le marquis d'Horbigny, était reparti paraissant en proie à une désolation profonde.

« Depuis ce temps, jusqu'à celui de mon arrivée à Gouesnou, personne n'était venu voir la malade. Sa pension était régulièrement et largement payée au médecin, chaque année, par une main inconnue. Tantôt c'était un paysan, tantôt un valet, tantôt un moine qui apportait à Gouesnou une bourse remplie d'or, et le docteur n'avait jamais pu obtenir le moindre renseignement d'aucun des porteurs.

« J'écoutais le docteur avec une attention profonde, ne pouvant éclaircir moi-même les points obscurs qui existaient dans ces différents récits et me demandant en vain quel devait être le rôle que le marquis d'Horbigny m'avait destiné dans cette bizarre aventure.

« Enfin, au bout de six semaines, le médecin, après avoir examiné scrupuleusement l'état de la malade, me déclara qu'il la croyait entièrement guérie.

« Mlle de Morandes, avec laquelle je causais chaque jour, et qui chaque fois me demandait à relire la lettre du marquis, accueillit la déclaration du médecin en personne ayant une parfaite conscience de ce qu'elle entendait.

— « Eh bien ! monsieur Fouché, me dit-elle d'une voix douce, puisque je n'ai plus besoin des soins du bon docteur, il faut partir. Voulez-vous commander une voiture et des chevaux? Demain nous serons à Brest. »

« Je m'empressai d'obéir, et nous nous mîmes presque aussitôt en route. Mlle de Morandes avait avec moi les manières les plus affectueuses et les plus douces.

— « Je dois reconnaître, me dit-elle, la confiance absolue que M. d'Horbigny avait en vous, en vous faisant dépositaire de tous mes secrets. D'ailleurs j'aurai besoin de vous sans doute pour faire exécuter les dernières volontés du marquis et rentrer en possession de la fortune, non pas qu'il me lègue, mais qu'il me restitue.

— « Quoi ! lui dis-je, cette fortune était à vous ?

— « Oui, je n'avais fait que la confier au marquis d'Horbigny.

— « Mais cependant il en a disposé comme étant la sienne.

« Parce qu'il pouvait douter que je revinsse à la raison.

— « Mais sa fille...

— « Sa fille ! s'écria Mlle de Morandes. Il n'en a pas.

— « Quoi ! cet enfant...

— « N'est pas le sien ! Il ne l'ignorait pas. »

— Eh bien ! après? fit Brune en voyant Fouché s'arrêter encore.

— Ce clocher dont j'aperçois l'extrémité au-dessus des arbres, répondit l'oratorien, doit être celui de Corbreuse. Ici nous devons redoubler d'attention !

Brune s'était retourné et il interrogeait la route parcourue

— Depuis Boutervilliers, dit-il, on ne nous a plus suivis.

— Non, répondit Fouché ; mais on nous a précédés.

— Comment? fit Brune avec étonnement. La route a toujours été déserte devant nous.

On arrivait à une montée assez rude. Fouché, sans répondre à l'étudiant, arrêta les chevaux et mit pied à terre. Brune l'imita.

— Pouvons-nous descendre? demanda Augereau en ouvrant la portière, car les voyageurs venaient enfin de s'éveiller.

— Oui, répondit Fouché. Montez la côte à pied, si bon vous semble.

Les voyageurs sautèrent sur la route. Fouché pria Jean de veiller sur les chevaux; puis, entraînant Brune, il devança la voiture.

— Voyez, dit-il en indiquant du bout du manche du fouet, qu'il avait gardé à la main, des traces visibles sur la poussière du chemin, voyez ces pas; ce sont ceux d'un cheval lancé au trot, et ce trot est régulier, toujours le même. L'allure ne change pas. Ces traces sont fraîches, et, depuis Boutervilliers, elles précèdent notre voiture. Le cheval, qui a laissé sur la route l'empreinte de ses sabots, est une bête de race : le pas est petit et ferme, quoique léger. Il est monté par un cavalier habile, car il n'a fait aucune faute. Ce cavalier n'était pas un promeneur; les traces sont trop régulières. Le cheval ne traînait aucune voiture, sans quoi nous verrions le sillon des roues, et la route est nette. A chaque bouquet d'arbres, le cheval s'est arrêté. Sans doute le cavalier s'est caché pour épier : les piétinements l'attestent. Tenez ! voici des arbres, regardez !

— Quoi ! s'écria Brune, réellement stupéfait des sagaces observations de son interlocuteur, vous avez remarqué tous ces indices depuis Boutervillers ?

— Sans doute.

— Je m'incline devant votre science, monsieur.

— Celui qui nous suivait nous a donc précédés, continua Fouché. Pour moi, je ne doute pas. Seulement, cette fois, il a usé de ruse, et, sans mes remarques, nous n'eussions certes pu deviner sa présence.

— Mais que concluez-vous ?

— Que nous ne trouverons pas d'abord de chevaux disponibles à Corbreuse.

— Vous croyez ?

— Cela est évident.

— Et ensuite ?

— Ensuite, nous rencontrerons obstacles sur obstacles, car, après avoir dépassé Corbreuse, nous avons à traverser les bois d'Ossonville, et, d'après les renseignements que j'ai pu prendre, les chemins y sont horribles. Deux chevaux fatigués comme le sont les nôtres n'en sortiraient pas.

— Mais alors qu'allons-nous faire ?

— Une chose bien simple et bien facile. Nous sommes encore à une lieue de Corbreuse et à deux et demie de Dourdan. Nous voici en haut de la côte : la route de droite conduit à Corbreuse, et vous voyez que les empreintes du même cheval courent de ce côté. Celui qui nous précède, ne supposant pas que nous ayons pu deviner ses intentions, a gagné le village sans s'arrêter. D'ailleurs il lui faut le temps de faire râfle de tous les chevaux disponibles. Au lieu de continuer notre route, nous allons tourner à gauche. A la première auberge isolée, nous ferons donner double ration aux chevaux, et, quitte à crever les bêtes, nous reviendrons au galop sur Dourdan. Là personne ne nous attend. Il y a un relais de poste, nous prenons des chevaux frais, et, par la Forêt-le-Roi et les bois de Plessis, nous regagnons la route de Tours. Pour dépister les curieux, avant de rentrer dans Dourdan nous laisserons nos compagnons au commencement de la vallée. Jean et Nicolas veilleront, avec le maître d'armes, sur les deux bourgeois, et, moi sur le siège, vous dans la voiture, nous atteindrons la poste. Nous ferons mettre quatre chevaux à la berline, et en payant triples guides aux postillons nous serons de l'autre côté des bois de Plessis avant que notre espion ait pu parvenir à regagner nos traces. Alors il ne s'agit plus que de les croiser, puisque nous avons l'avance, et, dussions-nous simuler un accident, abandonner notre voiture sur la grand'route et faire quelques lieues à pied à travers champ pour mieux dépister nos ennemis, nous y parviendrons, je vous le jure. Croyez-vous en moi ?

— Commandez, répondit simplement l'étudiant, nous obéirons sans mot dire.

Fouché fit un signe de satisfaction.

Quelques instants après, suivant l'itinéraire tracé par l'oratorien, la berline roulait vers une auberge isolée située sur la route opposée à celle conduisant à Corbreuse.

— Écoutez-moi sans m'interrompre, reprit Fouché en s'adressant rapidement à Brune. Avant que nous atteignions l'auberge, il faut que vous sachiez tout ce que j'ai à vous apprendre.

« Mlle de Morandes jouissait, je vous l'ai dit, de toute la plénitude de ses facultés, mais jamais un mot ne sortait de sa bouche, faisant allusion à son passé. J'étais impatient de savoir ce que l'on voulait de moi, et après une conversation confidentielle de ma part et relative à la visite que j'avais reçue jadis, je la priai de me parler franchement.

— « A Brest, me dit-elle, je vous mettrai en relations avec un homme qui vous dira tout. »

« Nous atteignîmes Brest rapidement, et, sur l'indication précise de Mlle de Morandes, nous nous arrêtâmes dans un faubourg, devant une petite maison de pauvre apparence. Un vieillard nous reçut, et, quand il vit Mlle de Morandes, quand il l'entendit parler avec toute l'apparence d'une raison solidement rétablie, il laissa éclater une joie qui tenait du délire.

« Le soir, cet homme, qui se nommait Urbain, eut une longue conférence avec Mlle de Morandes, conférence dont je ne fus pas témoin, mais à la suite de laquelle il vint me trouver dans la petite chambre que l'on m'avait offerte. Sans préambule, Urbain se mit à me raconter tout ce que m'avait dit déjà le médecin; mais, comme le docteur, il ignorait si Laure avait été coupable ou victime.

« N'insistant pas sur ce point délicat, il passa immédiatement à une confidence tout aussi émouvante et à laquelle j'étais loin de m'attendre. Il m'apprit que ce Noël, le jardinier du château de Morandes, était le propre fils du marquis d'Horbigny.

« Ce fils du marquis avait montré, dès son enfance, les instincts les plus pervers et les plus effrayants. Le marquis avait tout tenté pour le corriger sans pouvoir y parvenir. Enfin, redoutant la honte pour le nom qu'il portait, l'orgueil du sang avait étouffé en lui tout sentiment d'amour paternel.

« Un jour M. d'Horbigny avait surpris son fils, âgé au plus de treize ans, forçant la caisse de son intendant et volant avec l'effronterie du dernier des misérables. Furieux, le père avait levé sa canne sur le fils coupable, mais celui-ci avait osé saisir une arme et menacer de rendre coup pour coup.

« Cette scène mit le comble à la patience du père. Le marquis n'hésita plus à accomplir un projet qu'il avait déjà médité. Il emmena son fils sous le prétexte de faire un voyage avec lui, mais il revint seul et déclara que l'enfant était mort en chemin.

— Il l'avait abandonné? demanda Brune.

— Oui, répondit Fouché. Il l'avait conduit en Espagne et l'avait placé dans un couvent, payant sa dot afin qu'il n'en sortît jamais.

« Cependant, l'année suivante, l'enfant parvenait à s'échapper et rentrait en France, mais privé d'argent, n'ayant aucun moyen de justifier ses prétentions à une naissance honorable. Peu désireux sans doute de réveiller l'attention paternelle, il traîna dans les provinces une misérable existence. Comment vécut-il jusqu'au jour fatal où il était entré au château de Morandes en qualité d'aide-jardinier? Personne que lui ne l'a su. Bref, le marquis, en apprenant la catastrophe que vous connaissez, avait appris également par des témoignages certains que Noël était son fils.

« M. d'Horbigny était proche parent de la famille de Morandes. C'était à lui que revenait la tutelle de la folle et il dut accepter cette mission. La douleur qu'il ressentit d'avoir été pour une part involontaire à

Cet homme qui semblait n'avoir autour de lui que des sujets, cet homme
était le Roi du bagne! (P. 549.)

l'événement désolant qui avait anéanti toute une honorable famille fit qu'il voulut, pendant de longues années, se consacrer à la guérison de la veuve du riche financier.

« Mlle de Morandes, devenue Mme de Saint-Gervais. avait hérité de son mari, vous le savez, d'une fortune fort belle. Le marquis géra d'abord cette fortune. Il n'était pas riche, et il entendait dire souvent autour de lui que les revenus de la folle étaient arrivés à point pour combler ses caisses vides. Bientôt la calomnie se joignit à des propos d'abord insignifiants. Le marquis quitta sa province et vint habiter la Bretagne. Près d'un tiers de la fortune de Mme de Saint-Gervais était placé aux colonies. Ce fut à l'occasion de sa gestion que le marquis avait été mis en relations avec mon père. Longtemps la malheureuse femme demeura dans la même situation. Le marquis l'avait fait conduire à Gouesnou, espérant une cure de la science renommée du docteur Harmant. Pour faciliter au médecin l'efficacité des soins qu'il devait donner, il avait fallu lui révéler la cause première de la folie, mais on lui avait caché soigneusement le nom de la famille de sa malade.

« De longues années s'écoulèrent, puis un jour le marquis reçut une lettre de Laure. Ce fut durant les quelques instants de lucidité dont je vous ai parlé. Celui-ci, joyeux de cette guérison inattendue, partit aussitôt pour aller auprès de la pauvre femme. Ce fut encore durant l'entrevue qu'ils eurent entre eux que Mme de Saint-Gervais, prévoyant peut-être une rechute prochaine, voulut faire une donation de tous ses biens au marquis, à la condition que cette donation serait anéantie le jour où elle se croirait complètement guérie et où elle voudrait faire usage de sa fortune. C'était une sorte de fidéicommis que le marquis accepta.

« Le lendemain du jour où l'acte avait été signé, Mme de Saint-Gervais que l'on avait laissée, le soir, fort calme dans sa chambre, fut prise pendant la nuit d'une crise effrayante. Comment cette crise était-elle arrivée? Quelle cause l'avait provoquée? Le docteur ne pouvait l'expliquer. On remarqua seulement des traces de fracture à la fenêtre de la chambre, mais on pensa que c'était au commencement de l'accès que la malheureuse folle avait commis ces dégâts. Cependant, au milieu de ses cris, on distinguait des paroles semblant énoncer une suite d'idées soutenues. La pauvre insensée repoussait tout le monde, comme si elle eût voulu écarter une vision pénible, et le nom de Noël revenait sans cesse sur ses lèvres. La maladie avait repris une force nouvelle. Le marquis dut donc repartir, muni de la donation qui le mettait en possession indéfinie des richesses de Mme de Saint-Gervais.

« Depuis ce moment, la folle, jusqu'au jour où je l'avais amenée à Brest, n'avait plus eu un instant de calme et de lucidité. Le marquis put donc se croire mis en possession définitive de l'héritage, et tout le monde s'habitua si bien à cette pensée que personne ne supposait que M. d'Horbigny ne fût pas immensément riche de ses propres deniers.

« D'autres années s'écoulèrent encore.

« Quelques mois avant l'époque de son mariage et alors qu'il n'était nullement question de projets d'union pour lui, le marquis reçut, un soir, une visite mystérieuse. Personne ne put voir le visage du personnage qu'un valet de confiance avait introduit. Le lendemain, M. d'Horbigny ne put sortir. Une fièvre ardente le clouait sur son lit. Une semaine s'écoula, le vieux gentilhomme se remit et il reçut une nouvelle visite du même personnage qui fut introduit aussi mystérieusement que la première fois.

« Cet homme que personne ne connaissait à l'hôtel d'Horbigny, savez-vous qui il était? C'était Noël, le jardinier du château de Moranges, le fils du marquis d'Horbigny !

— Noël! s'écria Brune. Il n'était donc pas mort?

— Il avait échappé à l'incendie.

— Et qu'était-il devenu?

— Vous ne pourriez le supposer !

— Qu'est-ce donc?

— Noël était un forçat évadé du bagne de Brest!

— Un forçat! répéta Brune de plus en plus stupéfait.

— Un forçat, dit encore Fouché. C'était au bagne que l'avaient conduit ses horribles instincts.

— Et que voulait-il à son père, grand Dieu!

— Il voulait l'immense fortune du marquis. Le misérable avait consacré plus de dix années à rechercher et à entasser les preuves les moins irrécusables de son individualité. Quand il vint trouver son malheureux père, il était en mesure de prouver que lui, le forçat évadé, était bien le noble fils du marquis d'Horbigny.

« Il menaça le vieux gentilhomme de se dénoncer lui-même; il fit luire devant les yeux effrayés du marquis le scandale d'un procès où le nom de ses ancêtres serait taché de la boue du bagne.

— Quelle horreur! s'écria l'étudiant avec indignation.

— Pour unique condition à son silence, le bandit mettait celle d'être placé en possession de la fortune de son père. Le marquis rejeta d'abord cette proposition, préférant la mort à l'ignominie, mais son fils lui déclara fort tranquillement que, s'il se tuait, il se ferait reconnaître pour revendiquer ses droits à la succession paternelle. Ivre de douleur, le vieux marquis, ne sachant que faire, dit à son fils que la presque totalité de ce qu'il possédait appartenait à Mme de Saint-Gervais.

— « Je le sais, répondit Noël, mais je sais aussi que la belle Laure, mes anciennes amours, a fait en votre faveur une donation de tous ses biens. Or cette donation est valable tant que Laure sera folle, et elle le sera toujours, j'y mettrai bon ordre! Donc cette fortune est à vous. »

« Et comme le marquis paraissait ne pas comprendre :

— « Rappelez-vous ce qui s'est passé à Gouesnou, reprit Noël avec un cynisme épouvantable. Quand Laure a fait sa donation, elle était parfaitement lucide, on la croyait guérie. Cependant le soir même elle redevenait folle. Savez-vous pourquoi? Je suivais attentivement tout ce qui se passait entre vous, car je songeais à l'avenir. La nuit venue, et l'acte bien en règle, je surpris Laure dans son sommeil, et ma vue seule suffit pour faire fuir sa raison encore vacillante. »

— Mais cet homme est un monstre capable de tout! s'écria Brune de plus en plus indigné.

— C'est pourquoi nous ne saurions trop veiller sur nous-mêmes, repartit Fouché, car cet homme est aujourd'hui notre ennemi acharné!

— Lui? dit l'étudiant.

— Lui-même! Écoutez-moi encore, et vous allez comprendre. Trois fois, en moins de deux semaines, le vieux marquis reçut encore la visite de son horrible fils. Ce qui se passa entre eux durant ces trois visites, je vous le laisse à penser. Sans doute Noël, la menace de la honte à la bouche, osa proposer à son père le plus infâme marché; sans doute le malheureux gentilhomme, vaincu par l'effroi que lui inspirait cette menace, finit par accéder aux volontés imposées par le bandit.

« Ce fut quelques jours après que le marquis d'Horbigny parla tout à coup de ses intentions de se remarier. Il attendait, disait-il, la jeune fille dont il avait fait choix.

« Effectivement, au milieu de l'étonnement général, on vit bientôt arriver à Nantes une jeune et belle personne accompagnée d'une vieille parente se disant sa tante, et venant d'une province éloignée. Au reste, ces dames ne voyant personne, ne recevant jamais personne, ne sortant que rarement, on ne put avoir aucun détail qui satisfît la curiosité.

« Bref, je vous ai dit ce qui s'était passé à propos de ce mariage qui s'accomplit solennellement, et la tristesse que le marquis ne pouvait vaincre fit naître mille soupçons dont aucun n'approchait de la vérité.

« Le marquis avait soixante-quatorze ans; ce n'était donc pas une compagne qu'il prenait, c'était une fille qu'il donnait à ses dernières années. Cette opinion était universelle. Aussi la nouvelle que la jeune marquise allait bientôt donner un héritier à son mari fut-elle accueillie par des salves de moquerie et de quolibets railleurs. Cependant une fille vint au monde; mais on put remarquer encore qu'à propos de la naissance de cet enfant la tristesse profonde du vieux gentilhomme parut d'autant plus vive.

— Je comprends! dit Brune en souriant.

— Après son mariage, le marquis, à ce que dit son valet de chambre plus tard, reçut encore la visite souvent renouvelée de l'homme que chacun ignorait être son fils. Seul Urbain, celui qui me racontait cette histoire, avait deviné l'affreuse vérité. Urbain était un vieux serviteur né dans la famille d'Horbigny. Il avait connu le fils du marquis, il avait accompagné son maître dans le voyage fait en Espagne. Il avait été le confident des angoisses du malheureux père, et avait porté lui-même au couvent la dot que devait payer le jeune homme à son entrée au cloître.

« Urbain, caché un soir près de la chambre du marquis, avait reconnu, dans le visiteur mystérieux, l'enfant perverti devenu homme infâme; mais il avait renfermé ce secret au fond de son cœur, et, le marquis ne lui ayant rien dit, il n'avait osé parler.

« Cependant il avait épié Noël à chacune de ses visites, et il avait suivi, pas à pas, l'intrigue qui se nouait. Bref, le marquis, obsédé de nouveau par son fils, avait dressé son testament. Par un motif dont Urbain ignorait la cause, et que je n'ai pas encore moi-même pu pénétrer, Noël avait dicté les clauses étranges qui, tour à tour, avantageaient la marquise et la menaçaient de ruine. Mais, en ce qui concernait l'article relatif à la famille d'Adore (celle du frère du marquis), Noël, en dépit de ses menaces, ne put obtenir que son père le changeât. Le vieux marquis fut inflexible.

« Si l'enfant qui portait son nom mourait, toute la fortune passait à sa nièce.

« Il fallut que Noël acceptât cette clause. Le testament fait et déposé, Noël ne reparut plus. Moins de deux ans après, le marquis d'Horbigny mourait ainsi que je vous l'ai dit.

« Le premier soin de la jeune veuve fut de chasser Urbain qu'elle n'aimait pas. Le valet congédié se retira à Brest, sa ville natale.

« Ce fut là qu'une nuit qu'il se trouvait attardé dans un faubourg il assista involontairement et sans être vu, à un conciliabule de forçats évadés la veille et qui n'avaient pu encore s'éloigner de la ville.

« Or, parmi ces forçats, il reconnut l'homme qu'il avait vu chez son maître, celui qu'il savait être le fils du marquis d'Horbigny, et cet homme qui commandait aux autres, cet homme qui semblait n'avoir autour de lui que des sujets, cet homme était le Roi du bagne!

— Le Roi du bagne! répéta Brune en frissonnant.

— Oui, répondit Fouché; ce que m'avait raconté le vieux valet m'éclairait complètement sur les démarches du marquis. M. d'Horbigny, dans la crainte d'exposer les jours de Mme de Saint-Gervais, n'avait pas osé faire un acte public en sa faveur, et il avait compté sur moi pour sauvegarder la fortune de la pauvre folle et la faire rentrer en possession de tous ses biens, si elle recouvrait la raison. Tout ce qui m'avait semblé obscur jusqu'alors devenait lumière : le mystère disparaissait pour faire place à la réalité.

— « Maintenant, ajouta Urbain, vous savez tout; acceptez-vous toujours la mission qui vous a été confiée?

— « Je l'accepte! répondis-je sans hésiter.

— « Alors, reprit le vieux valet, je veux dès demain vous faire connaître les ennemis que vous allez avoir à combattre.

— « Quoi! m'écriai-je, le fils du marquis est-il donc à Brest?

— « Je l'ignore, me répondit-il, mais son principal lieutenant est ici. »

« Urbain m'expliqua alors que depuis la mort de son maître, depuis la nuit où il avait reconnu le fils de M. d'Horbigny pour être le Roi du bagne, il avait consacré toute son intelligence, tout son temps, toutes ses peines à s'immiscer autant qu'il le pouvait dans les mystères de la terrible association dont Noël était devenu le chef. Grâce à sa finesse, à sa connaissance des lieux, aux moyens adroits qu'il avait employés pour corrompre plusieurs affidés, il avait appris bien des choses. Il me révéla la puissance formidable dont disposait ce roi des bandits, qui avait sur ses sujets une autorité sans limites; il me mit au courant enfin de tout ce que j'avais besoin de savoir, et le lendemain de notre conversation il me fit voir, la nuit, dans un ignoble cabaret, celui qui passait pour être le second du chef suprême. C'était un ancien forçat, d'une réputation extraordinaire, et qui avait accompli les choses les plus incroyables. Ses traits se gravèrent dans ma mémoire.

— Comment était-il? demanda curieusement l'étudiant.

— Comment il était? répéta Fouché; mais vous l'avez vu!

— J'ai vu cet homme, moi?

— Oui, avant-hier soir, alors que nous quittions Paris.

— Comment? dit Brune avec étonnement.

— Rappelez-vous celui que vous avez remarqué, rue de Vaugirard, parmi les spectateurs qui entouraient le feu de paille...

— Quoi! c'était...

— Le lieutenant du Roi du bagne, je vous l'ai dit.

— Oh! oh! dit Brune, je commence à comprendre enfin quels sont les ennemis auxquels nous avons affaire.

— Oui, fit Fouché en secouant la tête, la partie est rude!

— Mais, reprit l'étudiant, qu'avez-vous fait à Brest à l'époque où vous y étiez avec Mme de Saint-Gervais?

— J'avais d'abord tracé divers plans de conduite qui tous me parurent successivement impraticables. J'avais pensé à m'adresser à la justice, mais Urbain me détourna de ce moyen; il me fit observer que tous ces gens qui avaient jusqu'alors lutté avec avantage contre la société triompheraient encore de nos tentatives contre eux; puis, si je réussissais, je méconnaissais les volontés du marquis d'Horbigny, car pour expliquer toute l'intrigue il fallait bien dévoiler la vérité entière et livrer le nom du vieux gentilhomme à l'horreur et à la honte! Il avait préféré faire passer son fils pour mort plutôt que d'accepter l'infamie que son existence souillée eût jetée sur la race des d'Horbigny : avais-je le droit de faire, moi, ce que le marquis avait refusé d'accomplir? La punition du coupable ne m'appartenait pas. Ce que je devais faire, c'était de remettre Mme de Saint-Gervais en possession de tous ses biens. Je pris alors le parti de me rendre à Nantes et d'attaquer le testament du marquis à l'aide de la lettre qu'il m'avait remise. La donation de Mme de Saint-Gervais était claire et précise; le résultat du procès n'était pas douteux. Je pris conseil des meilleurs avocats et je les chargeai de poursuivre l'affaire. Six semaines après, le procès allait s'engager entre Mme de Saint-Gervais et la marquise d'Horbigny. La veille du jour de l'ouverture des débats, je revenais de chez notre principal avocat, donnant la main à Mme de Saint-Gervais qui avait dû m'accompagner pour divers renseignements qu'elle avait eu à donner elle-même. Nous venions de traverser la place Royale et nous nous apprêtions à rentrer dans la maison que Mme de Saint-Gervais habitait, lorsque, à l'angle de la rue, un homme, enveloppé d'un manteau, nous croisa brusquement. Cet homme, que je n'avais pas remarqué, s'approcha tout à coup de ma compagne, écarta vivement les plis de son manteau, lui montra un objet que je ne pus distinguer et qu'il tenait sur sa poitrine, et disparut rapidement. Tout cela s'était accompli d'une façon si instantanée que je n'avais eu le temps de m'opposer ni à l'action de l'homme, ni à son passage. Je me retournai vivement, mais je sentis au même instant la main de Mme de Saint-Gervais se roidir dans la mienne, ses doigts crispés déchirèrent les miens de leurs ongles aigus, elle poussa un cri rauque, chancela, et, avant que j'eusse pu la retenir, elle roula sur le pavé. Une nouvelle crise venait de s'emparer d'elle. La malheureuse était redenue folle!

— C'était l'homme qui avait passé près d'elle qui avait provoqué cette crise? s'écria Brune.

— Sans aucun doute, répondit Fouché; le misérable avait accompli son œuvre, car cet homme devait être Noël, le jardinier, le fils du marquis d'Horbigny, le Roi du bagne enfin.

— Et vous n'avez pas remarqué ses traits?

— Je l'ai à peine entrevu, et les plis de son manteau me dérobaient sa figure. Mme de Saint-Gervais de nouveau privée de raison, le procès tombait de lui-même et la marquise d'Horbigny restait en possession des revenus et sa fille héritière des biens-fonds.

« Je ramenai Mme de Saint-Gervais à Gouesnou. Le vieil Urbain, en apprenant la catastrophe, mourut de chagrin, et je demeurai seul dépositaire du terrible secret. Ne pouvant rien tant que la folle ne recouvrerait pas la raison, je quittai la province et mes amis me procurèrent une chaire au collège de Juilly.

« Depuis cette époque jusqu'à celle où nous sommes, je n'entendis plus parler de cette affaire à laquelle je m'étais trouvé mêlé d'une façon si étrange et si directe. Je sus seulement que Mme d'Horbigny avait laissé sa fille à Saint-Nazaire, qu'elle était venue à Paris où elle vivait brillamment, et qu'elle était sur le point d'épouser un jeune seigneur de la cour, le comte de Sommes, un ami intime du duc de Chartres. Enfin, il y a quatre jours, je reçus une lettre de Saint-Nazaire, lettre écrite par l'un des avocats que j'avais consultés jadis pour Mme de Saint-Gervais. Cette lettre m'apprenait la mort de Mlle Berthe d'Horbigny. Dès lors toute la fortune du marquis échappait aux mains impures qui la spoliaient impudemment et revenait à Mlle d'Adore, la nièce de Mme d'Horbigny.

« M. d'Adore, avec lequel j'avais été mis en relations, m'écrivit en même temps pour me prier de veiller aux intérêts de sa fille, en évitant toutefois un scandale dans lequel le nom de son frère se fût trouvé compromis. Ne voulant pas voir la marquise, qui savait fort bien tout ce que j'avais fait contre elle à propos de Mme de Saint-Gervais, je me rendis chez son fiancé, le comte de Sommes.

« Celui-ci me reçut à l'instant même, mais lorsque je lui énonçai le but de ma visite, il me rit au nez et me montra une lettre constatant l'excellente santé dans laquelle se trouvait Mlle Berthe.

« Ah! fit Fouché en interrompant brusquement son récit, voici l'auberge que je désirais atteindre. Il est temps, nos chevaux commencent à refuser; il faut leur faire donner double ration. »

Effectivement on apercevait, derrière un bouquet d'arbres, une maison de médiocre apparence, entourée d'un petit jardin, lequel était ceint par un mur de clôture, et qui se dressait isolément sur la route comme une sentinelle avancée placée en vedette. Fouché arrêta à la hauteur de la porte d'entrée et il fit pénétrer la voiture dans la cour.

L

L'AUBERGE ISOLÉE

Tous les voyageurs mirent pied à terre, mais personne ne se présenta pour les recevoir : la maison paraissait absolument déserte. Seuls les brai-

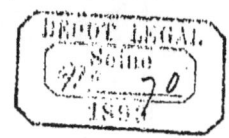

Augereau pénétra dans le cellier, repoussa le petit bonhomme, prit la bouteille qu'il était
en train de remplir, la leva à la hauteur de l'œil. (P. 555.)

ments d'un âne, partant d'un petit bâtiment situé dans l'angle de la cour, indiquaient l'endroit où se trouvait l'écurie. Fouché alla ouvrir la porte entrebâillée de ce petit bâtiment et appela un garçon : personne ne répondit.

— Ah ça! fit Augereau en riant, est-ce que nous venons d'aborder dans une île déserte?

— Une île déserte! répéta avec un sentiment d'effroi M. Gorain. J'ai lu dans des relations de voyages qu'il se passait ordinairement de terribles choses dans ces îles désertes.

— Rassurez-vous, mon digne ami, dit Augereau avec le plus grand sang-froid, l'île n'est plus déserte, puisque nous voici pour l'habiter.

Ah! c'est juste! répondit Gorain sans comprendre.

Pendant ce temps, Brune avait pénétré dans la maison et interrogeait chaque pièce; les premières étaient inhabitées, mais portes et fenêtres étaient ouvertes.

Enfin, dans un petit cellier situé de l'autre côté de l'habitation, Brune trouva un jeune garçon en train de mettre du vin en bouteilles.

— Eh! l'ami! fit-il en s'arrêtant sur la porte du cellier, êtes-vous donc seul dans cette auberge?

A l'appel de l'étudiant, le jeune garçon se retourna lentement et, une bouteille d'une main, une batte de l'autre, il fixa de grands yeux étonnés sur son interlocuteur.

— Qué qu'y a, m'sieu? fit-il d'une voix enrouée et avec cet accent traînard moitié gouailleur, moitié stupide, dont il est impossible de définir l'expression et qui semble particulier à cette partie de l'ancienne Ile-de-France nommée jadis le Hurepoix.

— Il y a, répondit Brune, qu'il faudrait te remuer un peu et appeler tes maîtres, car nous avons grand faim et grand soif, et nos chevaux demandent une bonne provende.

Le jeune paysan continua à regarder l'étudiant, comme s'il n'eût pas compris un mot de ce qu'il venait d'entendre.

— Ah çà! est-ce que tu es sourd? s'écria Brune avec impatience.

— Oh! que nenni! répondit le paysan.

— Alors, dépêche-toi!

— Oh! que je me dépêche ou que non, que ça n'y fera rien, mon bon m'sieu! dit le jeune homme en se dandinant.

— Comment! ça n'y fera rien? répéta Brune. Est-ce que tu te moques de moi?

— Eh bien! morbleu! la cantine est donc vide? cria une voix joyeuse, et Augereau parut à son tour sur le seuil du cellier.

— Je n'ai encore pu trouver que cet échantillon des habitants du logis, répondit l'étudiant en désignant le jeune homme, mais je ne sais trop quelle langue lui parler pour me faire comprendre de lui.

— Ah! fit Augereau en riant, on voit bien que vous n'avez pas encore beaucoup voyagé, vous! Vous allez voir comment on se fait comprendre des jeunes aubergistes qui ont l'oreille un peu délicate.

Le petit paysan, sans plus s'occuper de ses hôtes, s'était remis à son occupation, un moment interrompue par l'arrivée de Brune. Augereau pénétra dans le cellier, repoussa le petit bonhomme, prit la bouteille qu'il était en train de remplir, la leva à la hauteur de l'œil, mira le jour au travers, tout en contenant de sa main inoccupée les efforts que faisait le paysan pour rentrer en possession de sa propriété.

— Belle couleur! fit le maître d'armes en reposant la bouteille sur la planche; c'est du petit vin d'Anjou, mais ça doit s'avaler.

Puis se tournant vers le petit paysan :

— Nous voulons dîner! dit-il d'une voix rude.

— Ça ne se peut point! répondit le paysan.

— Comment dis-tu cela?

— Je dis que je ne peux pas vous donner à manger, dà!

— Ah çà! drôle, veux-tu faire connaissance avec le fourreau de mon épée? Où est l'aubergiste?

— Il n'y est point! répondit le jeune homme sans paraître s'émouvoir de la menace d'Augereau.

— Où est-il?

— Il est aux champs!

— Eh bien! sa femme, sa fille, sa servante?

— Il n'en a point.

— Ah çà! qui donc y a-t-il ici, alors?

— Il n'y a que moué!

— Il n'y a que toué! répondit Augereau en riant; et tu ne peux pas nous faire à dîner?

— Non!

— Morbleu! s'écria Brune, comment allons-nous faire? Il faut nous en aller...

— Brrr... fit Augereau, pas si niais! Nous sommes ici dans une auberge et nous y dînerons, c'est moi qui vous le dis. D'abord, voilà un petit gaillard qui commence à m'échauffer la bile. Il faut qu'il change de ton. En attendant, parons aux événements!

Augereau avança le bras et fit une râfle d'une demi-douzaine de bouteilles qu'il tendit à Brune.

— Emportez cela! dit-il.

— Je ne peux point! Au vol... commença le petit paysan en voulant sauter sur l'étudiant.

Mais il ne put achever sa phrase, ni son geste. Augereau l'avait saisi par l'oreille avec une telle rudesse que le jeune homme poussa un hurlement de douleur.

— Dans la salle à manger! dit Augereau en passant devant Brune sans lâcher le petit paysan.

La salle à manger servant en même temps de cuisine, suivant la coutume, s'ouvrait sur la cour où Fouché avait fait entrer la voiture. Gorain, Gervais, Nicolas et Jean attendaient là, appelant, criant, pour faire venir l'aubergiste introuvable.

— Eh! Nicolas! cria Augereau en poussant le paysan vers le soldat, je vous recommande le petit bonhomme; il a la tête dure, mais, en lui frottant de temps en temps les épaules, vous en ferez ce que vous voudrez. Brune, vous, apportez le vin; forcez le drôle à vous donner le pain et à dresser le couvert. Moi, pendant ce temps, je vais faire un tour au poulailler.

Comment? comment? dirent à la fois Gorain et Gervais; mais il n'y a donc personne pour nous servir, ici?

— C'est une île déserte! répondit Augereau en riant; mais soyez sans crainte, nous n'y mourrons pas de faim!

Et Augereau passa dans la cour. Fouché était là, s'occupant exclusivement des chevaux.

— Eh bien? demanda-t-il au maître d'armes en achevant de dételer.

— Il n'y a ici qu'un enfant, répondit Augereau.

— Corbleu! c'est jouer de malheur. J'ai fouillé l'écurie et la grange, je n'ai trouvé que quelques bottes de paille, pas de foin et de l'avoine avariée. Les chevaux ne peuvent manger, et cependant il faut qu'ils courent!

— Bah! dit Augereau, ne vous inquiétez pas. Si vous n'avez pas trouvé d'avoine, j'ai trouvé du vin, moi. Prenez du pain, faites une soupe au vin pour les bêtes, et du diable si elles n'ont pas, après, le feu dans le ventre!

— Vous avez raison! s'écria Fouché avec joie. Dites à Brune de m'apporter ce qu'il faut. Je ne veux quitter ni les chevaux ni la voiture.

Augereau appela l'étudiant, et, après lui avoir exprimé le désir de Fouché, il se dirigea vers la basse-cour, tandis que Brune retournait au cellier. Dans la basse-cour, Augereau ne trouva d'abord aucun animal vivant; mais, habitué aux péripéties d'une vie agitée, aux misères des voyages et aux ruses de la maraude qu'il avait souvent pratiquée en pays étranger et dans sa propre patrie, le maître d'armes en appela à son instinct. Il étudia le terrain, remua le fumier et découvrit des traces fraîches indiquant la présence de lapins. Or, les poules pouvaient courir les champs, mais les lapins devaient être renfermés.

Augereau écouta, regarda, flaira, étudia, s'ingénia, et finit par découvrir, enfouie sous des branchages nouvellement coupés, une cabane contenant une demi-douzaine de lapins gris de la plus belle apparence.

— Tiens! tiens! tiens! fit-il en saisissant deux des animaux par leurs longues oreilles, il paraît que l'on craint les maraudeurs dans cette cassine?

Et, à l'aide d'un double coup sec appliqué sur la nuque, il fit froidement passer de vie à trépas les pauvres lapins innocents.

— Eh! Jean! appela-t-il, venez un peu m'aider. Nous allons faire la chasse aux poulets!

Augereau venait en effet d'apercevoir, au loin dans la campagne, quelques-uns des membres de cette grande famille des gallinacés, qui semble avoir été créée par Dieu pour la plus grande satisfaction de l'estomac humain. Jean ne se fit pas prier pour prendre sa part de l'expédition.

— Et vous, les deux papas, cria Augereau aux deux bourgeois, allumez un bon feu! Nicolas, pensez à la soupe!

Quelques instants après, le maître d'armes et le garçon teinturier rentraient, l'un tenant à la main ses deux lapins, et l'autre trois poules et un jeune coq.

Nicolas, grâce aux indications données de fort mauvaise volonté par le jeune paysan, avait fini par découvrir la huche au pain. La vaisselle et les couverts d'étain étant placés sur les dressoirs, il lui avait été facile de s'en emparer.

MM. Gorain et Gervais s'étaient assis sur deux chaises, et se regardaient bouche béante, ne sachant pas évidemment ce qu'ils devaient faire. Les façons d'agir de leurs compagnons leur paraissaient tellement en dehors de tous les usages reçus dans la bourgeoisie parisienne qu'ils se demandaient, chacun intérieurement, si ce qu'ils voyaient était bien réel, et non pas l'effet d'une fantasmagorie trompeuse.

— Comment! s'écria Augereau, le feu n'est pas allumé! Allons, il faut donc que nous fassions tout! Jean, à la besogne, mon garçon! Nous allons essayer nos talents de cuisinier.

Et, tandis que Jean prenait dans un coin une brassée de bois mort et la jetait dans l'âtre aux proportions gigantesques, Augereau ramassa les lapins de la main gauche et il prit les poules de la main droite, puis se plaçant entre les deux bourgeois toujours immobiles:

— Plumez-moi celles-là, dit-il à Gorain; écorchez-moi ceux-ci, continua-t-il en s'adressant à Gervais; maintenant, je vais aux légumes.

— Ah! cria le jeune paysan qui n'avait pas encore remarqué les lapins et les poules; ah! mais c'est nos lapins! mais c'est nos poules! Que va dire notre maître?

— Il dira ce que cela coûte, répondit magistralement Augereau; et ces deux messieurs que tu vois là lui fermeront la bouche en ouvrant leur bourse! Sur ce, plumez et écorchez; je reviens.

Et Augereau tourna sur ses talons, laissant muets et immobiles de surprise les deux amis: Gervais regardant les lapins qui gisaient sur ses genoux, et Gorain portant une main craintive sur le plumage des gallinacés. Pendant ce temps, Brune et Fouché continuaient à s'occuper exclusivement des chevaux et de la berline. Adoptant le système de nourriture proposé par le maître d'armes, Fouché avait fait vider plusieurs bouteilles dans un baquet et y avait jeté à profusion de gros morceaux de pain bis. Puis il s'était mis avec Brune à bouchonner rudement les chevaux. Cette opération terminée, on avait donné aux bêtes fatiguées la provende de nouvelle espèce.

— Vous vous êtes arrêté, dit Brune en se rapprochant de Fouché, au moment où le comte de Sommes venait de vous prouver que Mlle d'Horbigny vivait encore. Comment votre entrevue s'est-elle terminée, et en quoi cette histoire se rattache-t-elle à celle de la fille de Bernard? J'ai hâte de savoir la vérité.

— La voici en deux mots, répondit Fouché. Plus tard je vous donnerai les détails circonstanciés. Maintenant je vais droit au but. Mlle Berthe d'Horbigny est morte et bien morte. Seulement vous comprenez combien cette mort lésait les intérêts de la marquise. Sa fille décédée, toute la fortune revient à Mlle d'Adore. Là n'est point l'affaire du Roi du bagne, qui a commis tant de crimes, qui a fait redevenir deux fois folle Mme de Saint-Gervais et qui a contraint son père à un infâme mariage pour se réserver, dans l'avenir, cette fortune immense, laquelle lui eût échappé sans retour. Là non plus n'était point l'affaire du comte de Sommes, lui qui basait, sur son union avec Mme d'Horbigny, l'échafaudage d'une position splendide.

— Mais ce comte de Sommes est-il donc d'accord avec le Roi du bagne?

— Je l'ignore absolument, répondit Fouché, et c'est ce point obscur qu'il est si important d'éclaircir. Le comte de Sommes est-il complice du forçat ou est-il sa dupe? Est-ce l'un de ces gentilshommes honteusement dégradés et ne rougissant plus sur l'emploi des moyens à prendre pour redorer leurs blasons? N'est-ce, au contraire, qu'un instrument dont se sert le grand criminel, un pantin dont une main puissante et habile fait jouer les fils? Je ne saurais le dire: toujours est-il que le comte, à son insu ou non, agit dans le même sens et court vers le même but que le Roi du bagne. Berthe morte, il fallait donc, pour conserver l'héritage à la marquise, non seulement cacher cette mort à tous les yeux, mais encore faire revivre l'enfant dont l'existence est si précieuse. On a cherché une jeune fille de même âge et de même figure : le hasard a fait que la Jolie Mignonne remplit toutes les conditions désirées et on a enlevé la fille du teinturier Bernard.

— Oh! je comprends tout! s'écria Brune.

— Ici encore, continua vivement Fouché, se présente l'un de ces points sur lesquels je n'ai encore pu jeter la lumière. Le comte et le Roi du bagne ont-ils agi en communauté d'intrigue pour enlever la Jolie Mignonne et l'envoyer à Saint-Nazaire? Ce qui est certain, c'est qu'ils ont travaillé tous deux à atteindre ce but. Maintenant, lequel dirigeait l'autre? Voilà ce que, pour nous, il serait si important de savoir. Ce dont je suis sûr encore, c'est que la fille de Bernard a été enlevée par les gens du Roi du bagne et que le comte de Sommes avait connaissance de ce rapt; c'est que la marquise a prêté les mains à cette horrible intrigue tramée à son profit; c'est que le comte de Sommes, enfin, a mis tout en œuvre pour étouffer l'affaire. Qui la marquise trompe-t-elle? Agit-elle de concert avec son fiancé pour tromper le Roi du bagne, ou cet espoir d'une union n'est-il qu'un leurre donné au comte pour le faire tomber dans le piège et exploiter son influence? Encore une fois, je doute! Mais, dans tous les cas, vous sentez de quelle importance est, pour les intéressés, la non réussite de notre entreprise.

— Parfaitement! Je m'explique la puissance de nos ennemis et, vous aviez raison, elle est formidable.

— Nous avons, contre nous, toutes les forces mystérieuses dont dispose le Roi du bagne, et celles, également redoutables, que peut mettre en jeu le favori d'une Altesse! Nous en avons eu les preuves, au reste...

— Ainsi, vous croyez que ce qui s'est passé à Arpajon ce matin...

— Est le résultat d'un plan ourdi! Cela est facile à prouver.

— Mais cette lettre que le duc de Chartres vous adressait?...

— M'était envoyée par le comte de Sommes. C'était un moyen adroit d'ajouter, à mes trousses, de nouveaux ennemis.

— Comment cela?

— Le duc est l'adversaire de la Cour, donc tous ceux qui le servent sont suspects au gouvernement du roi. Me faire supposer être l'agent de monseigneur, c'est dire à tous les employés de M. Lenoir de veiller sur moi, et ils n'y ont pas manqué. Celui que vous avez si vivement étrillé, à ma recommandation, doit être quelque agent secret.

— Corbleu ! s'écria Brune, si j'avais su cela ?

— Bah ! ne nous occupons plus de cet homme. Ceux que je redoute le plus, ce sont les sujets du terrible monarque et les gens au gage du comte.

— Mais, dit Brune après un moment de réflexion, comment se fait-il que ces personnes, qui ont si grand intérêt à s'opposer à la réussite de nos desseins, n'agissent pas ouvertement contre nous et n'emploient pas des moyens violents, au lieu de se cacher dans l'ombre pour nous dresser des embûches ?

— Parce que, répondit Fouché, les moyens dont vous parlez, s'ils réussiraient même, attireraient sur l'affaire un jour qu'il serait dangereux de lui prodiguer. Un soupçon ne doit même pas pouvoir s'élever contre la marquise, comprenez bien cela ! Puis, si je succombais d'une façon peu naturelle, j'ai des amis qui demanderaient vengeance de ma mort à la justice, et ces amis, sans être de grands seigneurs, commencent à avoir une certaine influence redoutée par la cour. Danton, Robespierre et plusieurs autres sont gens à crier haut et longtemps. Or, un scandale ne vaudrait rien pour nos ennemis, tandis que si nous ne parvenons pas à retrouver la Jolie Mignonne, que nous échouions enfin dans notre aventure, nous sommes contraints à nous taire. Comprenez-vous ?

— Parfaitement bien, et je conclus de tout ce que vous me dites que, lorsque nous arriverons à Saint-Nazaire, la prétendue fille de la marquise aura depuis longtemps quitté la province.

— Erreur ! dit vivement Fouché.

— Quoi ! vous supposez qu'ils auront bêtement laissé là où ils savent que nous allons celle que nous ne devons pas retrouver ?

— Ils y sont parbleu bien forcés !

— Comment ?

— Le tuteur de Mlle d'Horbigny est naturellement M. d'Adore, le frère du défunt marquis. C'est lui qui a exigé que Mme d'Horbigny laissât sa fille à Saint-Nazaire, et on ne peut l'en emmener sans sa permission

— Il habite donc près de là ?

— Il habite Nantes.

— Et la substitution s'est faite sans qu'il pût la constater ?

— Elle a été opérée avec une habileté telle, d'après ce que je sais, que personne autre que deux femmes absolument dévouées à la marquise, et qui avaient la charge spéciale de l'enfant, n'a pu même la supposer.

L'HOTEL DE NIORRES

Mais les plus affairés étaient certainement MM. Gorain et Gervais. (P. 563.)

M. d'Adore n'a pu que deviner sans avoir de certitude, et tout dépend de l'individualité à prouver de la fille du teinturier. Seulement, et là est le danger pour nos ennemis, on ne doit pas, sous peine d'éveiller les plus grands soupçons, laisser ignorer à M. d'Adore l'endroit où habite sa pupille, et cet endroit, il lui appartient de le connaître et d'en exiger légalement la désignation précise. L'intérêt de nos adversaires est donc tout entier dans ceci : nous empêcher, par des moyens en apparence naturels, d'arriver à Saint-Nazaire !

— Oh ! dit Brune, si ce n'est que cela...

— Peste ! dit Fouché, vous en parlez bien à l'aise ! On voit que vous ne connaissez pas nos ennemis ; mais patience ! vous aurez le temps d'apprécier leur caractère. Maintenant, vous voici parfaitement au courant de l'intrigue dont nous devons dénouer les fils. Si les circonstances nous forçaient à nous séparer, vous pourriez agir, sans moi, de votre côté.

— Et pour le compte de qui croyez-vous que Gorain et Gervais soient chargés de nous espionner ?

— Ils sont évidemment dupes d'un agent du Roi du bagne. Ils connaissent le redoutable lieutenant de Noël, je l'ai deviné facilement au geste qu'ils ont fait en le voyant près du feu de paille de la rue de Vaugirard.

Tandis que Brune et Fouché achevaient leur entretien dans la cour, ne perdant de l'œil ni les chevaux ni la voiture, une activité remarquable, et dénotant tout l'intérêt profond que chacun prenait à sa besogne, régnait dans la salle basse de l'auberge. Jean soufflait un feu clair, Nicolas préparait une marmite, le jeune paysan achevait, tout en rechignant, de dresser son couvert sur une grande table de bois brut garnie de bancs.

Mais les plus affairés étaient, sans contredit, MM. Gorain et Gervais. Excités par les vives interpellations de leurs compagnons et par les propres cris de leur estomac affamé, ils avaient entrepris d'accomplir la tâche que leur avait donnée à chacun le maître d'armes. M. Gorain, tenant une poule par le cou de la main gauche, lui arrachait énergiquement, de la main droite, plumes et duvet.

Heureusement la bête était vieille, et sa chair coriace résistait avantageusement aux efforts du bourgeois, sans quoi, à voir l'ardeur avec laquelle il arrachait les plumes, il eût, certes, dépouillé entièrement l'animal. Tant bien que mal cependant, il avançait dans son œuvre, et le coq gisait sur la table, privé de son plumage éclatant ; mais M. Gervais, soit qu'il manquât d'entrain ou d'habitude, ne se tirait pas aussi facilement de la préparation des lapins. Le malheureux bourgeois était inondé de sang, et il avait beau tirer sur la peau, qu'il coupassait en festons, il n'était point encore parvenu à dégager un seul membre.

— Dépêchez-vous! lui criait Jean. Le tourne-broche attend!

— Je fais ce que je peux, mon jeune ami, répondit Gervais; mais ce lapin est bien difficile à dépouiller.

En ce moment, Augereau rentra, portant une véritable brassée de salades de tous genres.

— Oh! oh! fit-il en regardant Gervais, vous n'y connaissez rien, vous! Tenez, épluchez-moi un peu la salade, je vais vous montrer comment un chasseur entend la cuisine! Mais, avant tout, je demande à boire, je meurs de soif. Allons, mon petit bonhomme, continua-t-il en s'adressant au jeune paysan, verse-nous une rasade de ce petit vin d'Anjou que je ne serais pas fâché de goûter.

Le jeune paysan, qui avait jusqu'alors répondu par un grognement sourd à tout ce qu'on lui avait demandé, s'empressa, cette fois, d'obéir à Augereau, et ce fut presque d'un air aimable qu'il rangea sur la table autant de verres qu'il y avait de convives, et il les remplit en vidant deux bouteilles.

— Bois aussi, dit Augereau à l'enfant.

Le paysan se recula vivement en secouant la tête.

— Je n'ai pas soif! murmura-t-il.

— A ton aise! Messieurs, à votre santé!

Augereau saisit son verre, Gorain, Gervais, Nicolas et Jean en firent autant. Les verres s'entre-choquèrent joyeusement.

— A notre bon voyage! dit Nicolas en élevant le sien.

Chacun salua son voisin, et tous les coudes se levèrent lentement. Déjà toutes les lèvres s'entr'ouvraient, lorsqu'un cri arrêta brusquement les buveurs.

— Ne buvez pas! cria une voix forte.

Et Fouché s'élança dans la salle. Chacun s'était reculé avec stupeur.

— Ne buvez pas! répéta Fouché. Ce vin est le même que celui que j'ai donné aux chevaux?

— Oui, dirent à la fois Augereau, Jean et Nicolas.

— Eh bien! il est empoisonné!

— Empoisonné! répéta-t-on.

— Empoisonné! s'écria Gorain en laissant tomber son verre.

— Oui, empoisonné! s'écria Fouché. Où est celui qui vous l'a versé?

Chacun se retourna : le petit paysan avait disparu. Un peu avant que Fouché n'entrât dans la salle, et alors que les buveurs portaient un toast à leur heureux voyage, le jeune homme s'était faufilé le long de la muraille et avait gagné une porte de sortie opposée à celle donnant sur la cour. Quand on s'aperçut de sa disparition, il n'était plus temps de le poursuivre.

— Mais, s'écria Augereau encore mal revenu de sa stupéfaction, mais qu'est-ce que vous nous contez là? Ce vin est empoisonné? Comment le savez-vous?

— C'est bien le même que j'ai donné aux chevaux, n'est-ce pas? demanda encore Fouché.

— Oui! oui! c'est bien le même! répéta-t-on de toutes parts.

— Eh bien! dit Fouché, l'un des chevaux vient de tomber foudroyé, comme s'il eût été frappé par une congestion cérébrale, et l'autre tremble sur ses jambes et se couvre de sueur...

— Il vient de mourir, dit Brune en entrant dans la salle.

— Tonnerre! s'écria Augereau avec fureur. Il faut que je trouve l'hôte maudit qui nous ménageait si belle réception! Çà! fouillons la maison!

— Vous ne trouverez rien, fit observer Fouché avec un calme qui contrastait étrangement avec l'événement. Croyez-vous que les auteurs de ces tentatives d'assassinat vous attendent? Je m'explique maintenant ce que me disait Brune à propos de la solitude dans laquelle était plongée cette auberge. L'enfant que vous avez trouvé au cellier était chargé de conduire le crime à bonne fin. On pensait que, par la chaleur qu'il fait, nous arriverions épuisés par la soif, et que la vue de ce vin frais, à peine mis en bouteilles, donnerait envie de boire aux premiers arrivants. Seulement, continua Fouché en réfléchissant, comment savait-on que nous ne continuerions pas notre route vers Corbreuse?

Puis, après un instant de silence :

— Je n'ai donc pas tout deviné! murmura-t-il.

— Sacrebleu! s'écria Nicolas, nous l'avons échappé belle.

— Saint Cloud! saint Médard! mes patrons, priez pour moi! balbutia Gorain qui venait seulement de recouvrer la possibilité de parler.

Gervais, blême, frémissant, la figure décomposée et tenant encore à la main le litre qu'il considérait d'un regard fixe, n'avait point fait un mouvement. Le malheureux était demeuré saisi par la révélation du danger qu'il venait de courir.

— Plus de chevaux! s'écria Brune. Le premier village est loin encore. Faudra-t-il donc passer la nuit ici?

— Passer la nuit ici? répéta Gorain en faisant un soubresaut.

— La... nuit... ici ?... balbutia Gervais en jetant loin de lui le verre contenant le breuvage mortel.

— Que décidons-nous ? demanda Brune. Il est bientôt sept heures ! La nuit va venir...

Fouché, auquel s'adressait surtout l'étudiant, ne répondit pas. Il paraissait plongé dans une méditation profonde.

Tout à coup son œil s'alluma, et il releva vivement la tête.

— Messieurs, dit Fouché en lançant un regard circulaire sur ses compagnons, avez-vous confiance en moi ?

— Oui ! oui ! oui ! s'écria-t-on de toute part.

— Voulez-vous m'obéir sans demander l'explication de ce que je vous dirai de faire ?

— Nous le promettons !

— Eh bien ! vous venez de faire les préparatifs du dîner ; dînons !

— Hein ? firent les compagnons de l'oratorien, stupéfaits de cette conclusion inattendue.

— Le vin est empoisonné, dit Fouché, le pain l'est peut-être ; mais ces poules et ces lapins, qu'Augereau a pris vivants, ne peuvent certes pas nous être nuisibles...

— C'est vrai ! s'écria le maître d'armes.

— Mangeons donc les poules et les lapins ! Mettez-vous à table ; je reviens dans un instant !

— Mais... firent observer quelques voix.

— Vous avez promis de m'obéir sans réflexions ! Voulez-vous que nous nous vengions de l'horrible attentat dont nous avons failli être les victimes ? Voulez-vous que les armes employées par nos ennemis tournent contre eux ?

— Oui ! oui ! dirent à la fois Nicolas, Jean et Augereau.

— Alors, à table ! Brune, venez avec moi !

Et Fouché, entraînant l'étudiant, quitta avec lui la salle basse.

Augereau, Nicolas et Jean se regardèrent un moment. Gorain et Gervais, qu'une émotion nouvelle, et plus forte que toutes celles précédentes qui avaient assailli les deux amis depuis leur départ de la capitale, venait de terrifier si brusquement, Gervais et Gorain n'avaient pas évidemment conscience de ce qui se passait autour d'eux.

— Ah bah ! fit Augereau en se mettant à table, le vin est tiré, il ne faut pas le boire ; mais les lapins sont cuits, il faut les manger. D'ailleurs j'ai un véritable précipice dans l'estomac, et, mourir pour mourir, mieux vaut que ce soit d'indigestion que d'inanition. Jean, faites cuire les oiseaux !

Jean et Nicolas prirent place à côté du maître d'armes, et le garçon teinturier posa sur le fourneau une sorte de poêlon en terre dans lequel les poules et le coq devaient cuire pêle-mêle dans leur jus, formant un ragoût sans nom, mais dont l'odeur parut sans doute fort appétissante aux nerfs olfactifs d'Augereau, car ses narines se dilatèrent en aspirant le fumet qui s'exhala du poêlon.

Une demi-heure après, le dîner était à point, et tous trois prirent place à table.

— Eh bien ! messieurs, le cœur ne vous en dit donc pas ? fit Nicolas en s'adressant aux deux bourgeois.

— Allons ! venez manger, ajouta le maître d'armes.

— Manger ! répéta Gorain en frissonnant.

— Du poison ! ajouta Gervais.

— Eh non ! des poules et des lapins !

— Tiens ! fit Jean en parlant la bouche pleine, mais qu'est-ce que nous boirons ?

— Au fait ! c'est vrai ! dit Augereau. Le vin n'est pas catholique, mais il est diantrement malsain.

— Voici de l'eau ! dit Brune en rentrant; et celle-ci est bonne. Fouché l'a fait goûter par les lapins de la basse-cour.

— Alors reprenons la santé interrompue ! s'écria Augereau.

LI

LES CADAVRES

Une heure après, la nuit, descendant rapidement sur la terre, enveloppait de ses voiles épais les campagnes de la province de l'Ile-de-France. Le ciel qui, durant le jour, avait été d'une limpidité merveilleuse, avait changé d'aspect quelques instants avant le coucher du soleil. De chaudes vapeurs, se dégageant de la terre, s'étaient élevées peu à peu, comme pompées par les dernières ardeurs des rayons lumineux. Le soleil, déclinant rapidement, avait apparu au-dessus de la cime des arbres comme un gros globe rougeâtre ; puis, s'abaissant encore à l'horizon, il s'était effacé progressivement derrière les feuilles à demi dévorées par la poussière brûlante, et disparaissant soudain il avait lancé, comme un dernier adieu, un jet suprême de lumière orangée. Alors les vapeurs flottant au-dessus de la campagne s'étaient condensées en nuages, et une forte brise d'ouest, s'élevant brusquement, les avait amoncelées en masses menaçantes.

La nuit était venue, et aucune étoile ne brillait au ciel. Des nuages noirs interposaient leur opacité entre la terre et les lueurs argentées de la lune. Le vent était tombé tout à coup, aussi soudainement qu'il s'était levé, et la chaleur, un moment combattue par la brise, se faisait de nouveau sentir plus écrasante et plus fatigante encore. L'air était chargé d'électricité; l'oxygène, se raréfiant, rendait plus pénible la respiration. Les plantes elles-mêmes paraissaient souffrir: les herbes se courbaient et les grands arbres projetaient, sur l'horizon sombre, la masse noire de leur feuillage immobile. Enfin tous les pronostics de l'un de ces orages violents qui éclatent si fréquemment à cette époque de l'année décelaient l'imminence d'un bouleversement dans l'atmosphère.

Un silence absolu régnait dans la plaine. Le chant des oiseaux s'était éteint avec le dernier rayon du soleil, et l'air était devenu tellement lourd qu'il semblait ne plus permettre à ces mille bruits ordinaires, qui animent la nature, de traverser l'espace.

Neuf heures venaient de sonner à la petite église gothique de Corbreuse. Sur la route conduisant de ce village à celui de la Forêt-le-Roi, passé le carrefour où Fouché avait un moment arrêté la berline avant de se diriger vers l'auberge isolée, deux hommes suivaient à cheval le chemin que venait de parcourir la berline.

Les deux cavaliers semblaient également faire route vers l'auberge. La nuit noire, qui régnait autour d'eux et les enveloppait de ses ombres épaisses, ne permettait pas de distinguer leurs traits; mais au son de la voix (tous deux causaient à voix basse et avec animation) on devinait aisément que ces deux hommes étaient encore jeunes. Les chevaux paraissaient frais comme sortant de l'écurie.

Au moment où ils venaient de dépasser le carrefour, et où ils s'étaient engagés dans le chemin assez mauvais conduisant à la maison isolée, une rafale subite s'était élancée en mugissant sur la plaine, courbant les cimes des arbres, tordant les branches, arrachant les feuilles, faisant crier les troncs et emportant dans des tourbillons rapides les herbes qu'elle éparpillait avec fracas.

— Oh! oh! dit l'un des deux cavaliers, l'orage va éclater, maître Jonas!

— Est-ce que tu as peur de l'eau, Roquefort? répondit en souriant l'autre voyageur.

Quelque rapide qu'eût été la lueur produite par l'éclair, Roquefort avait eu le temps de contempler ce singulier tableau. (P. 571.)

— Peur d'un orage dans ce pays! fit Roquefort en haussant les épaules. Ces orages-là sont des pluies bonnes à effrayer les chats, voilà tout! Nous autres Avignonnais, nous sommes habitués à entendre le mistral ronfler autrement que ne grelottent vos brises du Nord, et quand la tempête mugit sur le Rhône elle fait un autre bruit que celui que nous entendons! D'ailleurs, peu importe la tempête! ce qui m'importe, c'est de savoir si tu m'as dit la vérité.

LIVR. 72. — L'HOTEL DE NIORRES. LIVR. 72.

— Puisque j'ai vu !
— Tu as vu quoi ?
— Les chevaux morts et les hommes mangeant et buvant.
— Et tu es certain qu'ils buvaient ?
— Les bouteilles étaient sur la table, les verres à demi pleins et la nappe déjà tachée !
— Alors le coup a réussi ?
— C'était immanquable, je te l'avais bien dit. Quand j'ai vu que Fouché relevait si attentivement les traces de ton cheval, je me suis douté qu'il ne filerait pas sur Corbreuse et qu'il viendrait par ici. Alors j'ai fait tout préparer à l'auberge. L'affaire du vin était assez bien imaginée, hein ?
— Oui, répondit Roquefort, et elle a surtout été parfaitement préparée. Je t'en fais mes compliments.
— J'étais bien certain que Rubis jouerait son rôle à merveille. Ce petit drôle-là possède une intelligence réellement remarquable.
— A propos, qu'est-il devenu ? Serait-il resté à l'auberge ?
— Je ne crois pas. Lorsque je me suis avancé jusque-là tout à l'heure, avant de venir te rejoindre, j'ai fait le signal ordinaire. Si Rubis eût été dans la maison, il m'eût répondu, et personne n'a répété le cri d'appel.
— Mais alors, où est-il ?
— Dans les bois peut-être. Les choses mises en train, il se sera sauvé. Oh ! je ne suis pas inquiet de lui : Rubis se tire toujours d'affaire.

En ce moment, un éclair rapide embrasa l'horizon, et un coup de tonnerre formidable roula dans l'espace. A la lueur de l'éclair, Roquefort et Jonas avaient pu distinguer facilement, à peu de distance, les murailles blanches de l'auberge isolée.

— Trop de précautions ne sauraient nuire, dit Roquefort ; quittons nos chevaux, attachons-les à ce chêne et allons à pied jusqu'à l'auberge.

Pour toute réponse, Jonas sauta lestement à terre ; la pluie commençait à tomber, et de larges gouttes s'abattaient, avec un petit bruit sec, sur les feuilles desséchées des arbres.

Les deux hommes attachèrent leurs montures à la tige d'un jeune chêne bordant la route, et se dirigèrent à pied vers l'auberge. Les éclairs se succédaient rapidement, et la foudre grondait à intervalles si rapprochés que l'on n'entendait plus qu'un roulement incessant.

Jonas et son compagnon atteignirent rapidement la porte de la cour de l'auberge. Là ils s'arrêtèrent. La nuit était devenue plus sombre encore, et les ténèbres étaient tellement épaisses alors que les éclairs ne les déchiraient pas de leur clarté fugitive qu'il était impossible de distinguer à quelques pas devant soi.

Au lieu de pénétrer dans la cour, Roquefort fit signe à Jonas de le suivre, et, se glissant le long de la muraille, il atteignit à la hauteur des fenêtres éclairant l'intérieur de la salle basse. Roquefort se baissa et écouta attentivement.

— Je n'entends rien, murmura-t-il.

— Puisque je te dis que le coup est fait! répondit Jonas.

— Tu crois que tous y ont passé?

— Parbleu! puisque tous ont mangé, tous ont bu! Or, il n'y avait pas d'autre vin que celui que tu sais.

— Diable!

— Quoi! tu n'es pas content?

— Noël se fâchera!

— Noël! répéta Jonas en tressaillant avec un sentiment de crainte, et pourquoi se fâchera-t-il? N'ai-je pas exécuté ses ordres?

— Trop! Tu les as dépassés.

— Comment? Il avait dit qu'il ne fallait pas que les voyageurs sortissent de l'Ile-de-France. Eh bien! ils n'en sont pas sortis.

— Il tenait à ce que Fouché ne mourût pas!

— Ah! fit Jonas en haussant les épaules, on ne fait pas une omelette sans casser tous les œufs! Qu'est-ce qu'il voulait en faire de son Fouché? Et puis après? Le coup est fait.

— Assurons-nous-en toujours, dit Roquefort en se haussant vers l'appui de la fenêtre.

L'orage éclatait dans toute sa furie; la pluie tombait à torrents et le vent emportait des nuages de feuilles, de branches et d'herbes fauchées par la tempête. Roquefort, l'œil appuyé contre les vitres, cherchait à faire pénétrer son regard dans l'intérieur de l'auberge.

Tout à coup un éclair formidable déchira les nues et inonda la campagne d'une clarté brillante. A sa lueur resplendissante, le compagnon de Jonas put contempler le plus étrange spectacle. Cinq hommes occupaient l'intérieur de la salle basse. Deux de ces hommes étaient étendus sur le carreau qui recouvrait le plancher; deux autres étaient assis devant une table encore chargée de mets et se tenaient le corps renversé en arrière; le cinquième gisait près de la cheminée. Tous cinq présentaient l'aspect d'une immobilité cadavérique.

Quelque rapide qu'eût été la lueur produite par l'éclair, Roquefort avait eu le temps de contempler ce singulier tableau.

— Tu as raison, dit-il en se tournant vers Jonas, ils ont bu!

— Quand je te l'affirmais! fit Jonas en haussant les épaules.

— Mais, reprit Roquefort, ils étaient sept et je n'en vois que cinq!

— Les deux autres seront allés mourir ailleurs.

— C'est ce qu'il faut que nous sachions; viens!

Les deux hommes regagnèrent l'entrée de la cour, dans laquelle ils pénétrèrent sans hésiter.

Roquefort fit quelques pas et trébucha; son pied venait de rencontrer un obstacle solide; Jonas le retint.

— Prends garde! dit-il; c'est le cadavre de l'un des chevaux.

— Et voici celui de l'autre, ajouta Roquefort en désignant une masse noire gisant sur le sol.

En ce moment, un nouvel éclair, aussi splendidement lumineux que le précédent, éclaira la cour. Entre les deux chevaux morts, Roquefort et Jonas aperçurent un corps étendu.

— Fouché! murmura Roquefort.

— Et le soldat! ajouta Jonas en désignant un second corps également privé de mouvement. Ça fait bien sept!

Un coup de tonnerre effrayant éclata soudain avec un bruit tellement sec, tellement strident, que les deux hommes s'arrêtèrent comme si le fluide électrique les eût frappés.

— Le feu! cria Jonas en désignant l'un des petits corps de bâtiment de l'auberge.

En effet, la foudre venait de tomber sur la toiture en chaume de l'écurie; et l'incendie, allumé par le redoutable phénomène, se propageait tout à coup avec une rapidité inouïe.

— Tant mieux! dit Roquefort avec joie; le coup est fait et le diable vient à notre aide pour anéantir les preuves.

— Alors, filons!

— Tu oublies les poches des bourgeois; ils avaient leurs bourses bourrées de louis et d'écus; il ne faut jamais perdre l'occasion, quand elle se présente.

— Au fait, fit Jonas, ça sera un acompte sur la récompense que nous a promise Noël!

— Roquefort était déjà dans la salle basse; Jonas l'y suivit. L'incendie qui venait de s'allumer, et que combattait la pluie tombant à flots, rendait lumineux l'intérieur de la maison.

Les cinq hommes gisaient toujours dans la même situation. C'était Augereau qui était étendu près de la cheminée. Brune et Gorain étaient couchés sur le carreau. A quelques pas, Jean et Gervais étaient assis devant la table. Le plus profond silence régnait dans la pièce, et l'immobilité complète, absolue de ces cinq hommes, avait quelque chose de saisissant et de terrifiant. C'était l'image de la mort dans toute sa roideur effrayante.

Jonas et Roquefort s'avancèrent cependant sans hésiter.

Quiconque eût assisté à cette scène eût cru certes être le jouet du plus horrible rêve d'une imagination en délire. Cette table maculée de vin, ces verres à demi vidés, ces assiettes brisées, ces sièges renversés, tous les symptômes enfin d'une lutte énergique ou d'une agonie furieuse; ces cinq hommes, ces cinq cadavres immobiles, les uns gisant à terre, les autres étreignant la table d'une main demeurée crispée; ces yeux fixes, ces bouches entr'ouvertes et contractées par un dernier cri; puis ce spectacle de désolation éclairé par la lueur rougeâtre d'un incendie naissant qui en rendait l'effet plus saisissant encore; au dehors, le bruit de la foudre et celui de la tempête, et ces deux bandits venant, sans honte et sans crainte, chercher leur proie et fouiller ces cadavres, tout cela offrait un tableau que le peintre le plus habile eût à peine pu rendre et que nous ne saurions essayer de décrire.

— Voilà les deux bourgeois, dit Roquefort d'une voix parfaitement calme en désignant successivement Gorain et Gervais; à toi celui-ci, à moi celui-là, et, au petit bonheur, point de partage!

Et, tandis que Roquefort se dirigeait vers le groupe formé par les corps immobiles du maître d'armes et du propriétaire de l'avocat Danton, Jonas s'avança vers la table sur laquelle étaient renversés, sans mouvement, Jean et Gervais. Chacun des deux bandits se hâta de se mettre à l'œuvre, mais à peine se baissaient-ils tous deux, qu'ils se redressèrent avec un même mouvement aussi brusque, aussi spontané.

— Il a bougé! s'écria Jonas.

— Hein? fit Roquefort en reculant.

Ils ne purent ni l'un ni l'autre ajouter un mot ni même pousser un cri. Quatre mains énergiquement vigoureuses venaient de saisir Jonas, de le terrasser et de le mettre hors d'état de tenter le plus léger moyen de résistance, tandis que dix doigts de fer, valant à eux seuls les quatre mains qui étreignaient Jonas, avaient à demi étranglé Roquefort.

— Un cri, un geste, un mouvement, et je t'achève! dit la voix cuivrée de Brune.

— Si tu bouges, si tu miaules, tu es mort! dit en même temps Augereau qui, à l'aide de Jean, attachait solidement les bras et les jambes de Jonas.

L'opération achevée, le maître d'armes courut vers l'étudiant, lequel

contenait d'une main ferme les efforts que faisait Roquefort pour échapper
à la strangulation.

— Morbleu! dit Augereau en souriant, vous avez une fière poigne!
C'est une justice à vous rendre! Vous manierez proprement un fleuret!
Sur ce, ficelons l'olibrius!

— C'est fait! cria Jean à Nicolas qui, au bruit de la lutte, s'était
élancé dans la salle basse.

— Fouché?... où est Fouché? demanda Brune au jeune soldat.

— Il va venir sans doute, répondit Nicolas. A peine a-t-il vu les deux
bandits pénétrer dans la salle qu'il s'est levé précipitamment et il s'est
élancé sur la route.

— Ouf! fit Augereau en se redressant, si ces deux-là se sauvent sans
ma permission, je veux bien être pendu à leur place!

Et il repoussa du pied le corps rendu immobile de Roquefort. Puis,
se tournant vers Gorain et Gervais :

— La pénitence est finie, ajouta-t-il en riant; vous pouvez remuer à
votre aise.

Les deux bourgeois poussèrent un soupir et levèrent les yeux au ciel
avec l'expression de martyrs douloureusement résignés. L'orage n'avait pas
cessé de gronder, durant cette scène rapide, et l'incendie allumé par le
feu du ciel, augmentant de fureur, triomphant de la pluie et alimenté par
le vent, s'étendait avec une rapidité que rien désormais ne pouvait plus
combattre. Une lumière d'un rouge ardent inondait la salle basse.

— Eh! eh! dit Augereau, est-ce que Fouché aurait l'intention de nous
laisser griller ici?

— Jean! Nicolas! cria brusquement une voix partant du dehors, venez
m'aider à atteler!... ne perdons pas un instant!

— Atteler? répéta Brune, tandis que les deux jeunes gens s'élançaient
à l'appel de l'oratorien; mais les chevaux sont morts!

— Fouché en a trouvé d'autres! dit Augereau qui s'était avancé jusque
sur le seuil de la porte. Où diable a-t-il pris ceux-là? ils sont magnifiques
et ils paraissent tout frais!

Ces deux chevaux, que Fouché attelait à la berline, avec l'aide du
garçon teinturier et du jeune soldat, étaient ceux qui avaient amené jusqu'à l'auberge Roquefort et Jonas.

Avec cette perception étrangement remarquable qui lui était particulière, Fouché, alors qu'il était étendu dans la cour, jouant son rôle dans
la comédie qu'il avait si habilement mise en scène, Fouché avait entendu
le piétinement des chevaux qu'effrayaient les éclairs et le bruit du tonnerre. Il avait supposé naturellement que ces chevaux devaient appartenir

aux deux bandits, et, tout aussitôt, de cette supposition était né un nouveau plan de conduite. Ainsi que l'avait dit Nicolas, à peine Fouché avait il vu Roquefort et Jonas entrer dans la salle basse, qu'il s'était élancé pour s'emparer des bêtes qui devaient lui être d'un si puissant secours.

Laissant ses compagnons se tirer d'affaire avec les bandits, ne songeant pas un seul instant aux dangers qu'ils pouvaient courir, en présence de deux hommes armés et déterminés, ni à leur prêter assistance, il s'était précipité sur la route. A la lueur des éclairs, il avait aperçu les deux chevaux attachés au jeune chêne. Mais, en présence de l'incendie qui éclatait dans toute sa violence, au bruit du tonnerre roulant avec fracas, au milieu des tourbillons de vent emportant, dans leur course furieuse, les épaves projetées par la tempête, il avait fallu toute l'énergique assistance de Nicolas et de Jean, pour aider Fouché à atteler les deux animaux affolés de terreur.

— En voiture! vivement!... cria l'oratorien, après avoir attaché la dernière longe. Augereau, et vous, Brune, transportez ici les deux prisonniers. Vous, Jean, et vous, Nicolas, allez prendre, dans le cellier, le jeune garçon que j'ai pu rattraper dans la plaine... mais, pour Dieu! faites vite!

— Quoi! dit Augereau, nous allons emporter avec nous les deux hommes et l'enfant?

— Que voulez-vous en faire?

— Parbleu! les laisser ici; ils deviendront ce qu'ils pourront!

Fouché haussa les épaules :

— Il faut qu'ils nous servent, dit-il d'une voix brève, et ils nous serviront! Ce sont les armes employées par nos ennemis que nous retournons contre eux!

— Fouché a raison, dit Brune en traînant Jonas vers la portière de la berline.

— Mais pourquoi nous embarrasser des trois? Emmenons-en un, dit encore Augereau, en voyant avec regret les meilleures places de la berline prises par les deux hommes.

Fouché ne lui répondit point.

— A vous, messieurs, dit-il à Gorain et à Gervais; montez vivement!

Les deux bourgeois n'étaient plus reconnaissables; la terreur qu'ils ressentaient avait décomposé leurs traits et avait étouffé complètement le peu d'intelligence que possédait leur cervelle étroite. Pour les contraindre à jouer leur rôle muet dans la scène qui venait d'avoir lieu, il avait fallu recourir aux menaces les plus violentes. Une paire de pistolets que Jean et Brune tenaient à la main, cachée sous leurs vêtements, était l'argument irrésistible qui avait obligé Gorain et Gervais à conserver une immobilité absolue.

Cette situation critique avait mis le comble aux sensations pénibles qui avaient déjà si violemment ébranlé ces constitutions, peu faites pour résister aux grands événements. Aux paroles de Fouché, ils s'avancèrent, obéissant comme deux pauvres machines mues par une force supérieure, et ils montèrent dans la voiture comme deux êtres privés de raison. Roquefort et Jonas étaient attachés sur la banquette du fond; Gorain et Gervais se placèrent en face d'eux.

Tout à coup, les yeux de Gorain se dilatèrent, un cri rauque jaillit à demi de sa gorge, et, saisissant la main de Gervais, il l'étreignit avec une violence tout à fait en dehors de ses habitudes. Gervais, arraché brusquement à sa stupeur, suivit la direction des regards de son ami; le malheureux propriétaire avait les yeux fixes et pour ainsi dire rivés sur Roquefort.

— M. Roger! murmura-t-il.

En ce moment, Jean et Nicolas revenaient dans la cour, portant dans leurs bras le jeune homme que les voyageurs avaient trouvé, à leur arrivée, seul dans l'auberge.

— Augereau, dit rapidement Fouché, montez sur le siège, prenez les rênes. Vous conduirez. Nicolas sera près de vous. Vous connaissez le pays, je crois?

— Parfaitement! répondit le maître d'armes.

— Route de la Forêt-le-Roi, alors!

— Très bien!

Et, tandis qu'Augereau grimpait lestement à son poste, Fouché se retourna pour aider Jean et Nicolas. Cette scène rapide avait empêché l'oratorien d'entendre l'exclamation à demi étouffée de Gorain et les paroles qu'il avait murmurées; mais Roquefort avait surpris l'une et entendu les autres. En voyant les deux bourgeois, son regard terne s'était allumé soudain et avait brillé d'un feu joyeux. Le troisième prisonnier fut placé près des deux premiers, puis Fouché, Jean et Brune montèrent à leur tour.

Les chevaux se cabraient, impatients de fuir cette cour qu'éclairait l'incendie. Augereau rendit la main, la berline fut enlevée au galop. Les flammes envahissaient alors le principal corps de bâtiment. La tempête avait diminué de force, mais des rafales bruyantes, soufflant sans relâche, courbaient les langues de feu et leur donnaient une activité plus grande. La route était lugubrement éclairée au loin. La berline courait sur le chemin défoncé par l'orage avec une rapidité fantastique.

Les chevaux, menés de main de maître, ne quittaient pas le galop. (P. 578.)

Fouché, repoussant Gorain et Gervais, avait pris place, ainsi que Brune, en face de Roquefort et de Jonas. L'oratorien tenait à la main une paire de pistolets.

— Nous allons à Saint-Nazaire, dit-il d'une voix brève en s'adressant aux deux bandits ; bien des embûches doivent être dressées sur notre route, vous nous préviendrez d'avance de tous les dangers que nous pouvons rencontrer. Je jure Dieu qu'au moindre retard que nous éprouverions, qu'au plus léger événement qui me paraîtrait douteux, je vous brûlerais la cervelle sans hésiter une seconde !

— Et je fais le même serment ! ajouta Brune.

— Donc, reprit Fouché, réfléchissez et prévenez-nous à temps !

Les deux hommes ne répondirent point, mais ils échangèrent un sombre regard : ils comprenaient que cette double menace ne serait pas vaine.

L'orage touchait à sa fin : la nuit était toujours obscure, le vent soufflait avec la même violence, la pluie tombait sans discontinuer, mais le tonnerre ne grondait plus qu'à de longs intervalles, et le bruit, s'affaiblissant progressivement, ne parvenait plus qu'amoindri aux oreilles des voyageurs. La berline, enlevée par les vigoureuses bêtes, dont Augereau excitait encore l'ardeur, dévorait l'espace, en dépit de la chaussée défoncée et des flaques d'eau qui coupaient çà et là le chemin, et le transformaient parfois en véritable torrent.

Au train dont Augereau conduisait les chevaux, il était évident que la voiture, qui venait d'atteindre la Forêt-le-Roi, traverserait le bois de Plessis, dans lequel elle allait bientôt s'engager, avant le lever du soleil.

A Voves, Fouché comptait laisser Chartres sur la droite, et, évitant toujours les grandes routes les plus fréquentées, gagner Bonneval, pour de là se diriger sur La Flèche, en passant par Authon, Vibraye, Bouloire et Pontvallain. Cet itinéraire offrait le double avantage de suivre la ligne la plus courte, en évitant les grandes villes, et cependant de traverser des bourgs assez importants pour que l'on ne pût pas être arrêté soit par le manque de chevaux, soit par toute autre circonstance imprévue dépendante d'un voyage aussi long.

Les chevaux, menés de main de maître, ne quittaient pas le galop : la voiture volait sur le chemin, et c'était miracle qu'elle eût pu résister, jusqu'alors, aux secousses violentes que causaient les cahots. Enfin, comme l'aurore apparaissait radieuse à l'horizon, après cette nuit désastreuse, venant comme un sourire plein d'espoir après un sanglot convulsif, les chevaux, épuisés, rendus, manquant presque à chaque pas, atteignirent Voves. Des chevaux frais furent pris à la poste, et la berline courut dans la direction de Bonneval.

Mais, tandis que la voiture, après avoir traversé Voves en ne s'y étant arrêtée que le temps strictement nécessaire pour faire atteler trois vigoureux percherons, parcourt au grand trot cette route charmante, tracée, durant trois lieues, au fond d'une vallée fraîche et pittoresque, il faut que nous la laissions rouler rapidement vers le but qu'elle doit atteindre, et que, faisant un brusque retour sur les événements, nous revenions plus vite encore vers la capitale du royaume. Bientôt nous retrouverons Fouché et ses amis, bientôt nous reviendrons près d'eux pour continuer avec eux le voyage entrepris; mais nous devons, pour la clarté même de l'histoire que nous transcrivons ici, abandonner momentanément les adversaires du Roi du bagne, pour retourner auprès des premières victimes de l'infernal complot ourdi par l'infâme fils du marquis d'Horbigny et son complice le comte de Sommes.

LII

M. DE NIORRES

Trois jours se sont écoulés depuis l'accomplissement des terribles catastrophes qui ont frappé la famille, déjà si désolée, du malheureux conseiller au Parlement; trois nuits se sont écoulées depuis cette nuit épouvantable où nous avons assisté à l'incendie de l'hôtel de Niorres, à l'arrestation du marquis d'Herbois et du vicomte de Renneville. Une aile seule de l'hôtel avait échappé à l'élément destructeur et demeurait intacte, s'élevant tristement au milieu des ruines enfumées qui l'entouraient.

M. de Niorres avait refusé obstinément de quitter cette maison à demi détruite, et qui avait été le tombeau de sa famille. Le conseiller demeurait seul avec sa belle-sœur, Mme de Niorres, et ses deux nièces, Léonore et Blanche.

Depuis la nuit où une série de forfaits odieux avait frappé tous ceux qui lui étaient si chers, M. de Niorres avait étonné les cœurs qui s'intéressaient à lui, par le brusque et étrange changement qu'il avait subi. Ce n'était plus le même homme. Le magistrat à l'esprit calme et froid, toujours maître de lui-même, contenant ses passions et n'agissant jamais qu'après avoir mûrement et sagement envisagé ses moindres actes, ses plus légères démarches, avait fait place à un homme n'obéissant qu'à un seul sentiment, tourmenté par une passion insatiable, à un homme, enfin, avide de vengeance, ne vivant, ne pensant que pour punir ceux auxquels il devait tous ses malheurs. Une force factice animait ce corps, brisé par tant de cruelles émotions successives, une activité fiévreuse ne permettait pas à cet esprit supérieur de prendre un seul instant de repos.

Depuis trois jours, ne dormant pas, mangeant à peine, le conseiller se montrait partout où sa présence pouvait être utile pour l'enquête qui s'établissait.

Le lieutenant de police, le lieutenant criminel, les présidents de chambre, les magistrats chargés de l'instruction de l'affaire, trouvaient toujours, et à toute heure, le malheureux conseiller à leur disposition. M. de Niorres se reprochait amèrement d'avoir aussi longtemps étouffé les horribles crimes dont sa famille avait été victime; il se disait que, s'il eût parlé plus tôt, peut-être les coupables eussent-ils été découverts avant d'avoir accompli leurs derniers attentats.

Tout Paris, toute la Cour ne s'occupaient que des événements accomplis à l'hôtel de Niorres. Les plus grands noms de la noblesse avaient cru devoir donner au pauvre père les témoignages de l'intérêt qu'inspirait sa situation douloureuse, en venant se faire inscrire à la porte de cet hôtel à demi détruit.

M. de Niorres avait refusé de recevoir qui que ce fût : il ne voyait que tous les gens pouvant lui apporter quelques documents relatifs au procès criminel qui allait s'entamer. A peine, depuis trois jours, avait-il vu deux fois ses nièces et sa belle-sœur. Mme de Niorres, au reste, s'était renfermée avec ses filles dans son appartement, et personne n'avait essayé de troubler leur retraite, par respect pour la désolation dont elles étaient accablées.

Ce jour-là, où nous prions le lecteur de revenir avec nous dans cet hôtel de la rue du Chaume, où nous l'avons conduit souvent déjà, M. de Niorres, quoiqu'il fût onze heures du matin à peine, venait de rentrer après être sorti depuis les premières heures du jour. A peine le conseiller atteignait-il le seuil de son appartement, que l'un des valets qui lui étaient demeurés fidèles après tant de désastres courut le prévenir qu'un jeune gentilhomme demandait instamment à lui parler sur l'heure.

— Son nom? dit brusquement M. de Niorres.

— M. le comte de Sommes, répondit le valet.

— Qu'il vienne! qu'il vienne! s'écria avec empressement le conseiller.

Le valet disparut, et, quelques instants après, le comte de Sommes entrait, le visage triste, la démarche sévère, et saluait M. de Niorres avec tous les signes du plus profond respect.

Le conseiller lui saisit les mains et les lui serra avec force.

Monsieur le comte, dit-il d'une voix émue, je n'ai pas encore pu vous témoigner tout l'excès de ma reconnaissance. Vous avez sauvé mes nièces au péril de votre vie durant cette nuit dont j'ose à peine évoquer le souvenir, et depuis trois jours vous avez fait, pour moi, ce que n'aurait pas accompli un ami de vingt ans. Si une douleur comme la mienne pouvait éprouver une consolation, votre conduite, certes, eût suffi pour l'amoindrir.

— Je vous en conjure, monsieur, répondit le comte avec un modeste embarras, ne me remerciez pas! J'ai agi suivant ma conscience, et je n'ai pas été maître de faire autrement.

— Vous venez du Châtelet, n'est-ce pas? demanda vivement le conseiller.

— Oui. Ne vous avais-je pas promis hier de faire tous mes efforts pour assister à l'interrogatoire des accusés? J'ai réussi, grâce aux puissantes protections que j'ai pu mettre en jeu.

— Eh bien?

— Ils se sont renfermés dans un obstiné silence, refusant de répondre à toutes les questions.

— Les misérables! murmura le conseiller avec une colère sourde.

Le comte prit la main de M. de Niorres et, s'asseyant doucement près de lui :

— Permettez! dit-il d'une voix insinuante. Croyez-vous bien réellement que MM. d'Herbois et de Renneville soient coupables?

— Si je le crois! s'écria le conseiller en bondissant sur son siège. Ne les ai-je pas surpris...

— Mon Dieu! interrompit le comte de Sommes, je ne cherche pas à détruire vos convictions. Tout ce que je demande, c'est à fortifier les miennes!

— Quoi! croyez-vous donc que je me sois trompé?

— Lorsque je vous vois, lorsque je vous écoute, lorsque je me rappelle ce que j'ai vu moi-même, je ne doute pas, et j'accuse ceux que vous accusez aussi; mais lorsque je réfléchis, lorsque surtout je songe aux noms que portent ces hommes, j'ai peur que ma conviction ne soit fausse. Oh! si vous aviez été à même d'assister à la scène dont j'ai été témoin ce matin, peut-être hésiteriez-vous à cette heure! J'ai longuement examiné le marquis et le vicomte. Leur front était pur, leur regard assuré, et lorsque je me suis approché d'eux pour leur dire qu'il ne fallait pas attribuer ma présence à une indigne curiosité, mais bien à mon désir ardent de connaître la vérité dans une affaire où je m'étais trouvé involontairement jouer un rôle, ils m'ont répondu avec un calme si parfait que je n'ai pu m'empêcher de les saluer comme si j'eusse éprouvé pour eux l'estime la plus sincère.

— Vous êtes jeune, monsieur le comte, répondit le conseiller en secouant la tête, votre cœur est chaud, et vous ne connaissez pas encore l'espèce humaine. Il vous est permis de vous laisser prendre au mirage trompeur produit par l'hypocrisie de l'impudence.

M. de Sommes sourit doucement, comme un homme convaincu de la vérité des paroles qu'il vient d'entendre et avouant sans honte son inexpérience des choses et des hommes.

En ce moment, le même valet qui avait introduit le comte entra dans la pièce et vint parler à l'oreille de son maître. Celui-ci tressaillit brusquement et une lueur d'espérance illumina sa physionomie attristée.

— Qu'il attende, dit-il au valet qui sortit aussitôt.

M. de Sommes s'était levé vivement.

— Je vous laisse, monsieur, dit-il en s'inclinant devant le conseiller au parlement.

— Excusez-moi, monsieur le comte, répondit M. de Niorres, d'en agir avec vous avec ce sans-façon que peuvent faire pardonner peut-être les cruelles circonstances dans lesquelles je me trouve. La personne dont on vient de m'annoncer la visite inattendue est attachée depuis longtemps à ma famille et peut-être m'apporte-t-elle un adoucissement à mes douleurs.

— Dieu le veuille, et croyez que personne ne le désire plus que moi. Cependant il est essentiel que nous reprenions notre conversation à peine ébauchée. Voulez-vous me permettre d'attendre que vous soyez libre?

— Je n'osais pas solliciter cet acte de complaisance, dit le conseiller avec empressement.

— Oh! fit M. de Sommes avec un geste affectueux, j'ai moi-même une grâce à vous demander. Me serait-il permis de présenter mes hommages à Mlles de Niorres, que je n'ai pas revues depuis le terrible événement dans lequel j'ai été assez favorisé pour leur être utile?

— Ma sœur est absente, répondit le conseiller, mais mes nièces seront heureuses de vous exprimer toute leur profonde reconnaissance. Les pauvres enfants n'ont vu personne encore. Peut-être votre présence produira-t-elle un effet salutaire, en détournant forcément le cours de leurs pensées.

M. de Niorres appela.

— Conduisez M. le comte chez Mlles de Niorres, dit-il au valet qui venait d'entrer.

— Hélas! fit le comte en pressant les mains du conseiller, ces jeunes filles sont maintenant les uniques héritières de toute votre affection!

Et il quitta la pièce, suivant le valet qui le précédait vers l'appartement de Léonore et de Blanche.

— Les uniques héritières de mon affection! dit M. de Niorres en relevant la tête dès que la porte se fut refermée sur le jeune homme. Oh! non! non! Elles ont aimé ces deux misérables qui ont immolé mes enfants, elles ne sont plus rien pour moi! Celui-là seul sur qui se concentrent toutes les facultés aimantes de mon cœur, c'est le pauvre petit être que Dieu m'a permis de sauver à temps du désastre !

Et, courant vivement vers une porte opposée à celle par laquelle était sorti le comte, il l'ouvrit brusquement :

— Saint-Jean ! dit-il, venez ! Je vous attends !

Le vieux serviteur se précipita dans la pièce et tomba aux genoux de M. de Niorres, qu'il étreignit avec des sanglots convulsifs...

LIII

UN AMI

Depuis la nuit terrible dont nous avons décrit les principaux événements, Blanche et Léonore, brisées, épuisées, anéanties, avaient vingt fois appelé la mort comme le seul remède aux maux effrayants qui les torturaient; mais la mort n'était pas venue et la souffrance était demeurée plus vive et plus douloureuse. Toutes deux avaient appris, sans ménagement et sans préparation, l'arrestation du marquis d'Herbois et du vicomte de Renneville...

Léonore et Blanche avaient bien ajouté foi quelques jours auparavant à la duplicité de la conduite des deux gentilshommes, mais de cette duplicité dont leur cœur s'était montré justement froissé, à l'accomplissement de crimes comme ceux dont on accusait le marquis et le vicomte, il y avait une distance si grande que la conviction des deux nièces du conseiller s'était refusée à la franchir.

En apprenant l'horrible nouvelle, les pauvres enfants s'étaient récriées avec force, protestant de l'innocence des prétendus coupables. Désireuses de prouver, autant que cela dépendait d'elles, cette innocence dont elles ne doutaient pas, Blanche et Léonore avaient tout avoué à leur oncle. Elles avaient dit avoir reçu les lettres du marquis et du vicomte, avoir répondu à ces missives en accordant un rendez-vous pour la nuit suivante. Puis elles parlèrent des lettres dont le conseiller avait eu déjà connaissance et qui les avaient déterminées à repousser cet amour auquel elles ne pouvaient plus croire. Mais dans leurs paroles mêmes M. de Niorres avait trouvé des preuves nouvelles contre les deux accusés.

Ce rendez-vous donné devait aboutir à un rapt violent. La voiture tout attelée attendant à l'angle de la rue, les aveux du postillon, lequel avait déclaré se tenir aux ordres du marquis d'Herbois et du vicomte de Renneville, en étaient des preuves flagrantes, indiscutables.

Puis ces correspondances avec des courtisanes renommées pour leur luxe inouï et leur besoin incessant de fortunes à gaspiller ne donnaient-elles pas la pensée des désirs que devaient avoir les deux officiers de marine d'acquérir des richesses dont ils n'attendaient que la possession pour continuer leur existence dissipatrice? Enfin cette clef de la porte du jardin que les jeunes gens avaient fait faire, cette empreinte de la serrure qu'ils avaient prise comme deux voleurs (le serrurier, facilement découvert, avait raconté ce qu'il savait), ne venaient-elles pas encore ajouter à la charge de l'accusation.

En entendant ces répliques écrasantes de leur oncle, Léonore et Blanche étaient demeurées terrifiées.

Tout, en effet, s'élevait contre les deux jeunes gens.

— Oh! disait Blanche, est-il donc possible qu'ils soient coupables? Non! non! je ne le crois pas et je ne le croirai jamais!

Et la jeune fille, dont la douleur anxieuse atteignait son paroxysme, recherchait avec une activité fiévreuse tout ce qui pouvait écarter de la tête de ceux qu'elle regardait cependant comme infâmes vis-à-vis d'elle et de sa sœur l'accusation terrible que dressaient les circonstances les plus fatales. Léonore, retrouvant des forces dans son désespoir, se roidissait également contre ce qu'elle regardait comme une épouvantable erreur de la justice humaine.

Peu à peu le souvenir des lettres de la Guimard et de la Duthé s'était effacé, et les jeunes filles, oubliant ce qu'elles croyaient avoir à reprocher à ceux qu'elles aimaient, ne se rappelaient plus que leur situation critique. Aux reproches avaient succédé les larmes de l'intérêt le plus tendre, et, en présence du péril, l'amour, chassé momentanément par la jalousie, était revenu à tire-d'aile, ramené par sa propre force.

Dire ce que les deux filles de Mme de Niorres avaient supporté de souffrances, durant ces trois jours qui avaient suivi la nuit de la catastrophe, serait impossible.

Mme de Niorres, se consacrant entièrement à son beau-frère, voyait peu ses filles. Celles-ci étaient donc demeurées à peu près isolées depuis trois jours. Si la douleur qui les accablait leur rendait chère cette solitude, leur avide désir de savoir des nouvelles la leur faisait parfois trouver pesante. Ce jour-là surtout, où le comte de Sommes était venu rendre visite au conseiller au parlement, Léonore et Blanche se sentaient plus anxieusement tourmentées encore. Elles savaient que MM. d'Herbois et de

Elles attendaient donc anxieusement des nouvelles. Leur mère n'était point encore de retour. (P. 586.)

Renneville, enfermés d'abord à la Bastille, avaient dû être transférés dans les prisons du grand Châtelet, afin de subir les interrogatoires que devaient commencer les juges.

Il leur semblait que du premier contact des accusés avec les magistrats jaillirait la lumière qui devait éclairer l'innocence des deux jeunes gens. Elles se disaient qu'il était impossible que l'on ne reconnût pas l'absurdité d'une semblable imputation, et, quant aux affirmations de M. de

Niorres, elles les écartaient, pensant que la douleur avait pu troubler la raison du conseiller. Elles attendaient donc anxieusement des nouvelles. Leur mère n'était point encore de retour. Elles avaient bien vu rentrer leur oncle, mais elles n'avaient pas osé se présenter à lui. Mille suppositions contraires germaient dans leur esprit exalté. Ce fut alors que le valet vint demander pour M. le comte de Sommes la permission d'être introduit.

Les deux sœurs avaient été sauvées de l'incendie par le comte, sans avoir su tout d'abord quel avait été leur sauveur. Ce fut le lendemain seulement que M. de Niorres leur apprit son nom.

L'annonce de sa visite les émut vivement. Elles se regardèrent un moment en hésitant; puis le sentiment de la reconnaissance dominant vite ce premier mouvement, si naturel chez deux jeunes filles se trouvant seules, sans l'appui de leur mère, elles s'empressèrent de recevoir celui auquel elles devaient de n'avoir pas péri de la mort la plus affreuse.

Le comte, introduit dans la petite pièce, s'inclina gracieusement en acceptant le siège que lui offraient Léonore et Blanche; mais aux premiers mots de gratitude prononcés par les deux sœurs il les interrompit doucement du geste.

— Mesdemoiselles, dit-il, ne supposez pas, je vous en conjure, que je sois venu ici quêter des remerciements, qu'il me serait doux d'entendre, sans aucun doute, mais que je ne puis cependant accepter. En vous arrachant à la mort, Dieu m'a récompensé largement, puisqu'il m'a permis d'accomplir une bonne action et de préserver d'un hideux trépas deux de ses créatures les plus parfaites. Donc c'est moi qui suis le débiteur du destin. Ne parlons plus de cet événement, je vous en supplie. La cause qui m'amène près de vous est noble et belle; c'est pourquoi je l'ai acceptée sans hésiter. D'ailleurs elle est celle du malheur, et un gentilhomme ne pouvait la repousser. Mesdemoiselles, j'ai vu, ce matin même, dans leur prison, le marquis d'Herbois et le vicomte de Renneville!

A cette annonce inattendue, Léonore et Blanche devinrent plus pâles, et un même cri jaillit, à la fois, de leurs lèvres décolorées.

— Avant tout, poursuivit le comte, je dois vous dire que, bien que je ne possède aucune preuve en faveur des accusés, j'ai la conviction sincère de leur entière innocence. C'est donc un ami de ces deux gentilshommes qui se présente devant vous...

Les deux sœurs se regardèrent encore : elles échangeaient les pensées qui envahissaient tumultueusement leur cerveau... Toutes deux hésitaient à parler...

— Enfin Blanche, dont la nature plus ardente l'emportait souvent en dépit de sa propre volonté, Blanche se leva, l'œil en feu et la lèvre frémissante.

— Ils sont innocents, n'est-ce pas, monsieur? s'écria-t-elle. Ils sont innocents! vous le croyez aussi! Répétez-nous qu'ils sont innocents!

— C'est ma conviction, je le répète, répondit le comte de Sommes.

— Vous êtes donc de leurs amis? Vous les connaissez depuis longtemps? Vous pourrez dire...

— Malheureusement, je ne pourrai rien dire, interrompit le comte. Je connais effectivement Henri et Charles depuis de longues années. Ils n'ont pas, je l'affirme, un ami plus sincèrement dévoué que moi. Nous sommes à peu près du même âge et nous avons passé ensemble une partie de notre jeunesse, mais quant à ce qui peut plaider victorieusement en leur faveur en ce moment, malheureusement je ne sais rien, mesdemoiselles, et cependant, je vous le dis encore, j'ai la conviction de leur innocence!

— Pourtant, dit Léonore, cette conviction doit reposer sur quelque chose.

— Elle a pour base, en effet, une garantie puissante : l'honneur de deux gentilshommes. Jamais je ne pourrai supposer que le marquis d'Herbois et le vicomte de Renneville soient coupables de telles infamies!

— N'est ce pas, monsieur? s'écria Blanche avec élan.

— Mais, fit observer le comte, il est inutile que nous discutions cette question, car vous aussi pensez comme moi. Ce qu'il importe en ce moment, pour eux et pour vous, c'est que je remplisse la mission dont je suis chargé.

— Une mission pour nous? dit Léonore.

— De la part du marquis et du vicomte? ajouta Blanche.

— Oui, mesdemoiselles.

— Qu'est-ce donc? demandèrent à la fois les deux jeunes filles avec un égal empressement.

Le comte prit une lettre dans la poche de son habit et la présenta aux deux sœurs.

— L'écriture de M. de Renneville! s'écria Blanche en s'emparant de la missive qu'elle décacheta vivement.

Le comte attendit discrètement, en silence, que les deux jeunes filles eussent pris connaissance de la lettre qu'il venait de leur remettre. Blanche et Léonore, les mains tremblantes, la poitrine oppressée, les yeux mouillés de pleurs, parcouraient avidement du regard la missive datée de la prison du Châtelet. Quand elles eurent achevé, elles se tournèrent, par un même mouvement, vers M. de Sommes.

— Oh ! dit Blanche en lui tendant la main, vous êtes bien réellement l'ami de Charles et d'Henri, soyez le nôtre !

— M. de Renneville nous conjure d'avoir en vous une confiance absolue, monsieur, ajouta Léonore. Ne nous abandonnez pas dans la triste situation où un destin fatal nous a plongés tous, et nous vous devrons deux fois la vie.

Et la fille aînée de Mme de Niorres imita le geste accompli par sa sœur. Le comte de Sommes prit les deux petites mains qui se tendaient vers lui, et les porta respectueusement à ses lèvres.

— J'étais l'ami, le compagnon de plaisir du marquis et du vicomte, alors qu'ils étaient libres et heureux, répondit-il d'une voix émue. Mon amitié et mon dévouement se sont accrus en raison du malheur, et je les aime plus encore, maintenant qu'ils sont accusés par les événements et abandonnés par les hommes.

— Oh ! s'écria Blanche, vous êtes bon !

Un moment de silence suivit ce premier élan de confiance manifesté par les deux nièces du conseiller.

— Mesdemoiselles, reprit le comte de Sommes, puisque vous voulez bien me considérer dès maintenant comme votre plus dévoué et votre plus respectueux serviteur, il faut que vous me donniez, au nom de Charles et d'Henri, une preuve de cette confiance que je réclame. Pardonnez-moi si je vais vous rappeler un souvenir bien douloureux ; mais il le faut. Il y a trois jours, lors de la nuit terrible dont nous connaissons les horribles résultats, le marquis et le vicomte ne s'étaient introduits dans le jardin de cet hôtel que dans l'espoir de vous y rencontrer toutes deux. Ils vous avaient demandé quelques instants d'entretien, et je crois que vous aviez daigné répondre à leur sollicitation par une douce promesse...

— Cela est vrai, balbutia Blanche en rougissant légèrement, tandis que Léonore détournait la tête.

— Et cependant, continua le comte, vous n'êtes pas venues...

Les deux jeunes filles ne répondirent pas.

— Était-ce un ordre de madame votre mère, était-ce une défense de M. de Niorres qui vous avait contraintes à demeurer dans votre appartement ?

Blanche et Léonore baissèrent les yeux. Les paroles de leur interlocuteur les reportaient à cette heure douloureuse où elles avaient douté de l'amour de ceux qu'elles aimaient. Ces preuves écrites d'une duplicité infâme, ces lettres adressées à deux courtisanes éhontées, ces échanges de protestations d'une passion profonde qu'elles possédaient encore, avaient torturé leur cœur en lui imposant les angoisses les plus affreuses.

Les événements terribles accomplis depuis ce moment avaient amoindri ce souvenir affreux ; mais les questions du comte de Sommes venaient de le réveiller plus poignant et plus cuisant encore. Par un sentiment de pudeur facile à comprendre, les deux jeunes filles se refusaient à avouer, en présence d'un étranger, cette jalousie dont elles ressentaient les cruels effets.

— Pardonnez-moi, reprit M. de Sommes en remarquant l'embarras de ses deux interlocutrices et leur répugnance évidente à lui répondre, pardonnez-moi d'insister sur un sujet aussi délicat, mais il le faut. Le marquis et le vicomte n'ont pu encore s'expliquer la cause dont les effets ont été si désastreux pour eux ; car c'est en ne vous voyant pas dans les jardins qu'ils se sont élancés dans les appartements...

— Oh ! mon Dieu ! s'écria Blanche en serrant les mains de sa sœur avec un geste convulsif, cette pensée ne nous était pas venue...

— Pour expliquer leur présence dans l'intérieur de l'hôtel, poursuivit le comte, il faut bien qu'ils révèlent le rendez-vous que vous leur aviez accordé ; mais cette révélation, ils n'ont pas jusqu'ici voulu la faire, dans la crainte de vous offenser. Ignorant la raison qui s'était opposée à l'accomplissement de votre promesse, ils ne savent ce qu'ils doivent dire, et, dans le doute, ils se sont abstenus. A leur premier interrogatoire, auquel j'ai assisté, ils ont gardé un obstiné et absolu silence. Cette conduite peut les perdre sans retour, car elle prête aux suppositions les plus défavorables, et cependant ils ont juré de n'en pas tenir d'autre tant que ce doute, qui les tourmente, n'aurait pas cessé pour eux. C'est à mes instantes sollicitations, à mes prières réitérées, qu'ils se sont rendus, en écrivant cette lettre et en me permettant de servir d'intermédiaire entre eux et vous. Vous voyez donc quel est, en ce moment, le but de ma démarche. Que dois-je leur reporter ? que doivent-ils répondre eux-mêmes ?

En écoutant le comte de Sommes, Léonore et Blanche avaient compris toute l'importance des questions qu'il leur adressait. Aussi, sans hésiter, Léonore se leva-t-elle, et, courant à un petit meuble placé dans un angle de la pièce, elle prit un volumineux paquet de papiers froissés qu'elle remit au comte de Sommes.

— Voici la cause de notre conduite, dit-elle d'une voix brève ; lisez, monsieur, et vous comprendrez !

Le comte prit les papiers, les regarda, en ouvrit quelques-uns, et après les avoir rapidement parcourus :

— Qu'est-ce que tout ce fatras ? dit-il.

— Quoi ! s'écria Blanche, ne comprenez-vous pas ? Ces lettres ne vous disent-elles pas que nous sommes les plus malheureuses des femmes ?

— Mais en quoi ? demanda le comte avec une naïveté parfaitement simulée, si elle n'était pas sincère.

Oh! monsieur, dit Léonore avec indignation, voulez-vous donc excuser deux hommes qui se sont fait un jeu cruel d'abuser de la confiance de deux pauvres jeunes filles? Nous les aimions et ils nous trompaient!..

— Ils osaient nous parler de leur amour! s'écria Blanche; et c'était en nous quittant, sans doute, qu'ils écrivaient de pareilles lettres!

— En vous quittant? répéta le comte de Sommes; mais vous n'y songez pas, mesdemoiselles! Ces lettres ont au moins, si je ne me trompe, trois années de date, et Charles et Henri n'ont eu le bonheur de vous voir que longtemps après que cette correspondance avait cessé.

— Comment! dit Léonore en se levant brusquement, ces lettres ne sont donc pas récentes?

— J'ai l'honneur de vous répéter, mademoiselle, qu'il y a plus de trois ans qu'elles ont été écrites.

— Mon Dieu! dit Blanche en pressant son front brûlant dans ses petites mains aux doigts effilés, on nous aurait donc trompées?

— On vous a abusées indignement, si l'on a prétendu que ces lettres étaient moins anciennes que je l'affirme.

— Vous êtes l'ami de M. d'Herbois et de M. de Renneville, fit Léonore en secouant la tête; vous cherchez à nous tromper comme ils nous ont trompées eux-mêmes!

— Mesdemoiselles, répondit le comte d'une voix grave, ce n'est pas dans un pareil moment que l'on peut employer de telles ruses. Si mes amis étaient coupables, je chercherais peut-être à atténuer leur faute en la rejetant sur l'entraînement d'une folie passagère; mais ils sont aussi innocents du crime que vous leur reprochez, qu'ils le sont de celui dont les accuse la justice des hommes. En voulez-vous une preuve indiscutable? Je suis heureux de pouvoir vous la donner sur l'heure.

Et le comte, se levant à son tour, fouilla dans la poche de son habit. Parmi plusieurs lettres finement pliées et soigneusement parfumées qu'il ramena dans sa main, il en prit une et l'ouvrit; mais avant de la présenter à ses deux jeunes interlocutrices :

— Veuillez m'excuser, dit-il, si je mets sous vos yeux les détails d'une existence que vous devriez ignorer; mais les circonstances m'y forcent, et, d'ailleurs, votre cœur est trop noble pour que votre esprit se souille au contact des révélations que je vais vous faire. Les deux femmes auxquelles sont adressées les lettres qui ont causé un malheur si horrible sont deux créatures sans honte et sans pudeur, vivant ouvertement de la débauche la plus scandaleuse. Deux hommes comme le marquis et le vicomte peuvent avoir été éblouis un moment par le rayonnement que jettent ces divinités plus que païennes, mais quant à ressentir pour elles une passion sincère, une passion dont vous puissiez vous montrer offensées, cela est impossible. La lettre que je vous présente à mon tour est signée par l'une de ces femmes, par Mlle Guimard. Cette lettre, vous le voyez, est datée de l'année 1784 : elle a donc été écrite il y a un an. Or, veuillez écouter ce passage.

Et le comte lut à haute voix :

« ... Vous ne me parlez plus, mon cher comte (cette lettre m'était adressée, mesdemoiselles), de vos amis d'Herbois et de Renneville. Que sont devenus ces deux messieurs depuis plus de deux ans que Duthé et moi ne les avons vus ? Dernièrement ma charmante collègue avait retrouvé, par hasard, toute la correspondance vésuvienne du vicomte. Il faudra que je cherche celle du marquis. Les souvenirs sont quelquefois agréables à rappeler, bien que ceux-là soient des plus fugitifs... »

— Lisez, mesdemoiselles, reprit le comte en tendant la lettre aux deux jeunes filles, lisez, et vous verrez que je ne vous trompe pas.

Blanche prit le papier que lui offrait le comte, et ses yeux le dévorèrent avec avidité ; puis se jetant au cou de sa sœur :

— Oh ! s'écria-t-elle avec des larmes dans la voix, nous avons été bien coupables ! Nous avons douté d'eux. Nous avons été la cause de toutes leurs douleurs !

— Mais, dit Léonore, pourquoi, dans quel but nous a-t-on remis ces lettres ?

— Qui vous les a remises ? demanda le comte.

— Nous l'ignorons.

Et Léonore raconta brièvement la façon dont Blanche avait découvert les lettres.

— Qui les avait fait placer là ? répéta la jeune fille.

— Votre oncle ! répondit nettement le comte.

— Notre oncle ! s'écria Blanche.

— N'a-t-il pas toujours été opposé à ces mariages ? dit M. de Sommes ; n'a-t-il pas tout fait pour les empêcher ? N'a-t-il pas refusé obstinément de recevoir le marquis et le vicomte ?

— Mais une telle ruse serait infâme ! dit Léonore.

— Elle a souvent été employée en pareilles circonstances ! D'ailleurs, comment, après les preuves que je viens de vous donner, expliquerait-on la présence de ces lettres dans votre chambre ? Qui donc avait intérêt à les placer sous vos yeux, si ce n'est celui qui voulait briser ces unions projetées ?

Blanche et Léonore se regardaient avec un saisissement profond. Cette pensée, émise par le comte, ne leur était jamais venue à l'esprit.

— Qui croire? dit Blanche avec une sorte de stupeur.

— Ceux que vous aimez et qui vous aiment! répondit vivement M. de Sommes. Douter encore serait vouloir être deux fois coupables... Songez aux maux déjà nés de votre défiance!

— Mon Dieu! mon Dieu! s'écria Léonore, le malheur ne se lassera-t-il pas de s'abattre sur nous?

— Mesdemoiselles, demanda brusquement le comte, que dois-je répondre à mes pauvres amis?

— Que nous ne doutons plus d'eux, s'écria Blanche, et que nous les aimons toujours. Qu'ils disent la vérité, qu'ils disent que c'est parce que nous leur avions accordé l'entretien qu'ils sollicitaient qu'ils sont venus à l'hôtel de Niorres!

— Oh! dit le comte en s'inclinant, je n'attendais pas moins de votre générosité. Ces douces paroles, que je vais leur transmettre, leur donneront la force et le courage nécessaires pour résister à tant d'épreuves. Mais ce n'est pas tout, mesdemoiselles. J'ai juré à Charles et à Henri de veiller sur leur bonheur menacé. Je veux, non seulement concourir de tous mes efforts à les décharger de l'accusation qui pèse sur eux, mais je prétends encore veiller à l'accomplissement de leurs vœux les plus chers. Je m'élèverai comme un obstacle entre celles qu'ils aiment plus que la vie et les perfides qui voudraient empoisonner cet amour. Dites, aurez-vous en moi la confiance que je sollicite? Daignerez-vous me faciliter les moyens d'accomplir la noble mission que je me suis donnée? Réfléchissez avant de me répondre. Il faut, si vous acceptez mon amitié, que vous me considériez comme l'un de ces frères dévoués auxquels on ne doit rien cacher. Mieux vaudrait repousser ma demande que de m'accorder une confiance limitée, car de doutes nouveaux, de restrictions nouvelles pourraient naître les malheurs les plus irréparables. Aussi, vous le dis-je encore, mesdemoiselles, réfléchissez avant de me répondre; je ne veux pas surprendre une confiance que je sollicite dans l'intérêt de mes pauvres amis. Demain j'aurai l'honneur de venir chercher votre réponse, en vous apportant des nouvelles du marquis et du vicomte.

En achevant ces mots, le comte de Sommes s'était incliné devant les deux jeunes filles comme s'il se fût apprêté à prendre congé. Léonore et Blanche l'avaient écouté en silence, mais à la dernière phrase elles avaient fait un même mouvement.

— Quoi! monsieur, s'écria la plus jeune des deux sœurs, vous pourriez donc, chaque jour, nous parler d'Henri et de Charles?

Vers 1782, les boulevards furent une promenade fort belle et une voie de circulation très utile. (P. 600.)

— Quelle que soit votre réponse, mesdemoiselles, c'est un devoir que je compte accomplir.
— Vous les verrez donc?
— Tous les matins; j'en ai obtenu la permission du chancelier.
— De sorte que nous saurons chaque jour...
— Tout ce qui les intéresse? oui, mesdemoiselles.

— Oh! s'écria Léonore, vous avez droit à toute notre confiance, et nous vous la donnons tout entière.

— Demain, dit le comte, vous me répéterez ces paroles, alors nous agirons en conséquence. Jusque-là, réfléchissez, je vous en prie, je n'ai qu'une prière à vous adresser...

— Parlez, monsieur! dirent à la fois les deux sœurs.

— M. votre oncle connaît ma visite, mais il en ignore le but, sans quoi il ne l'eût pas autorisée, j'en suis convaincu. Eh bien! il ne faut pas que ni lui ni même madame votre mère puissent supposer l'entente qui doit régner entre nous. Je vous demande donc le secret le plus absolu à propos de la démarche que j'ai tentée ce matin. La perte peut-être de nos pauvres amis dépend d'une indiscrétion.

— Comment? demanda Blanche avec étonnement, notre mère..

— Je ne puis m'expliquer davantage en cet instant, interrompit le comte; je vous supplie de garder un secret absolu, voulez-vous me le promettre?

— Quoique nous ne comprenions pas le motif qui vous fait parler ainsi, nous vous le promettons, dit gravement Léonore.

— Demain, reprit le comte, nous terminerons cet entretien, mais... je verrai demain matin Charles et Henri... En échange de la lettre que je viens de vous remettre, n'aurai-je rien à leur porter?

Et comme les deux jeunes filles hésitaient visiblement :

— Songez, continua M. de Sommes, dans quelle horrible situation morale ils se trouvent tous deux! Songez que vous leur devez une réparation... Une ligne seule tracée de votre main les rattachera à l'espoir... oh! vous ne repousserez pas la prière que je vous adresse en leur nom...

Et le comte, jetant autour de lui un regard rapide, aperçut devant une fenêtre une petite table chargée de tout ce qui est nécessaire pour écrire; il la prit vivement et la plaça devant les deux nièces du conseiller.

— Que craignez-vous? dit-il d'une voix douce.

Blanche avait pris une plume; sa sœur l'imita. Les deux jeunes filles écrivirent rapidement.

Le comte les considérait d'un œil ardent, et une expression de joie triomphale passa sur son visage.

Blanche remit les deux billets cachetés à M. de Sommes. Celui-ci les serra précieusement, et s'inclinant de nouveau :

— Demain, dit-il, à l'heure où je pourrai vous parler sans témoins, je viendrai vous rendre compte de la situation où j'aurai trouvé ceux auxquels ces lettres, que j'emporte, vont redonner la vie et l'espérance du bonheur.

En achevant ces mots, le comte salua encore et il sortit.

Dans le petit salon, il retrouva le valet qui l'avait introduit.

— M. de Niorres fait prier monsieur le comte de vouloir bien l'excuser, dit le domestique : une affaire importante l'a contraint à quitter l'hôtel.

— Très bien! répondit M. de Sommes. J'aurai l'honneur de le voir demain.

Et il s'élança dans l'escalier avec la légèreté d'un homme satisfait de lui-même.

— Ouf! fit-il en touchant le palier du premier étage, ces jérémiades commençaient à m'agacer furieusement les nerfs! Mais j'ai les lettres!... du diable maintenant si je ne réussis pas.

En traversant la cour encombrée de ruines encore presque fumantes, pour gagner la porte de sortie donnant sur la rue du Chaume, le comte de Sommes croisa un homme revêtu d'une sorte de costume de voyage et couvert de poussière, comme s'il venait d'accomplir une longue et pénible route.

— Eh bien! mon pauvre Saint-Jean, dit à l'homme le valet qui avait accompagné le comte jusque sur le seuil du bâtiment, vous considérez ces ruines et le cœur vous saigne en pensant à ce qui s'est accompli en votre absence.

M. de Sommes passa près de Saint-Jean, sans même lui accorder un regard, et il rejoignit sa voiture qui attendait le long du mur de l'hôtel Soubise.

— Hôtel d'Horbigny! dit-il en s'élançant dans le brillant équipage.

Et tandis que la voiture se dirigeait rapidement vers la droite en remontant la rue, Saint-Jean, le vieux domestique du conseiller, quittait la maison incendiée et, tournant à gauche, se dirigeait vers le bas de la rue Saint-Avoye.

LIV

LE KIOSQUE

Une heure après, le comte de Sommes, mollement étendu sur une ottomane, se prélassait dans un charmant cabinet de verdure, situé au fond du petit jardin de l'hôtel de la belle marquise, tenant tout ouvertes sur ses genoux les deux lettres que lui avaient remises Mlles de Niorres. Il paraissait profondément absorbé dans un flot de réflexions qui, à en juger par l'aspect de sa physionomie, ne devaient nullement être désespérantes, lorsqu'un pas léger fit craquer le sable de l'allée conduisant au salon rustique, et Armande, la camériste de la marquise, glissa sa tête éveillée par l'entrebâillement de la porte.

— Monsieur le comte!... fit-elle pour appeler l'attention du jeune homme.

— Qu'est-ce? dit M. de Sommes en levant les yeux et en refermant vivement les lettres; est-ce que la marquise est rentrée?

— Pas encore; madame ne reviendra qu'à trois heures, ainsi que je l'ai dit à monsieur le comte.

— Alors, qu'est-ce que tu veux?

— Il y a une visite au salon pour madame.

— Puisque ta maîtresse est sortie, je n'ai que faire de la visite, moi!

— C'est bien ce que j'avais pensé; mais le visiteur a demandé si M. le comte était à l'hôtel. Jérôme n'a répondu ni oui ni non; il est venu me consulter, et je viens à mon tour prendre les ordres.

— Qui est-ce qui me demande?

— Le marquis Camparini.

— Le marquis! répéta le comte en tressaillant; dis-lui que je l'attends! Qu'il vienne ici!

Armande disparut rapidement.

— Que me veut-il? se demanda le comte demeuré seul. Nous ne devions nous voir que cette nuit! Se serait-il passé quelque chose de nouveau?

Et le jeune homme se mit à parcourir rapidement le salon de verdure, avec une préoccupation manifeste.

Comme il pirouettait sur les talons rouges de ses souliers, le marquis Camparini parut sur le seuil de la porte.

— Per Bacco! quel joli nid de feuillage! dit le gentilhomme italien avec un accent prononcé; ce sont de véritables jardins d'Armide! Il ne manque que la divinité du lieu! Comment va, très cher?

— A merveille! répondit le comte en acceptant la main que lui tendait le visiteur. Et à quel heureux hasard dois-je le plaisir de vous voir, cher marquis?

— Je viens faire mes adieux à la belle marquise.

— Quoi! vous partez!

— Oui. Je quitte Paris ce soir.

— Et vous allez?

— A Florence, où m'appellent des affaires de famille.
— Alors vous ne pourrez assister au procès qui va avoir lieu?
— J'en suis au regret, mais cela m'est impossible. J'ai fait toutes mes visites pour prendre congé, et voulant emporter de Paris, comme suprême impression, la plus favorable, je suis venu en dernier chez Mme d'Horbigny.

En faisant cette réponse, le marquis avait marché jusqu'à la porte du salon, et, s'arrêtant sur le seuil, avait lancé dans l'allée un regard investigateur.

Le valet qui l'avait conduit jusqu'au pavillon était déjà loin. Le marquis explora, d'un œil sûr, les massifs et les deux petites allées latérales, puis revenant au comte :

— J'ai annoncé mon départ à tout le monde, dit-il en baissant la voix; et, effectivement, ce soir le marquis Camparini montera dans sa voiture et quittera ostensiblement Paris. J'ai signé ma déposition aujourd'hui entre les mains du greffier de la grand'chambre, et je suis entré dans les plus minutieux détails. Elle est écrasante! J'ai évité jusqu'ici toute rencontre avec le conseiller; mais tu comprends que prolonger cette conduite, sans éveiller les soupçons, serait impossible. Or, comme il faut que Saint-Jean revienne auprès de son maître, il eût été imprudent de ne pas faire partir le Camparini. M. de Niorres a parfois une profondeur de regard inquiétante! Bref, tu connais ma manière de procéder? ne rien donner au hasard, tout prévoir.

— Je comprends parfaitement, repartit le comte, mais pourquoi es-tu venu ici?

— Pour te voir, mon aimable Bamboula! répondit le Roi du bagne en souriant, pour te voir et connaître le résultat de ta visite aux belles éplorées! Peste! si je suis arrivé à point auprès du conseiller pour te favoriser un moment d'entretien avec ses charmantes nièces, tu as singulièrement prolongé la conversation?

— Ne fallait-il pas le temps de circonvenir les infantes? dit le comte en haussant les épaules.

— Et tu es arrivé à ton but?

— Je le crois.

— Ainsi les lettres?...

— Ont produit un effet merveilleux.

— Pas de soupçons relativement à l'écriture?

Aucun. Elle était admirablement contrefaite; c'est une justice à te rendre.

— Maintenant il faut jouer la seconde partie de la scène. Tu iras au

Châtelet demain matin. Voici la permission de visiter les accusés; je l'ai obtenue, en ton nom, du duc de Chartres.

— Et voici les modèles d'écriture que les petites m'ont donnés... non sans peine.

Les deux complices échangèrent les papiers que chacun avait pris à la main.

— Parfait! dit le marquis en souriant. Caractères faciles à imiter. Tu auras les lettres pour les marins, cette nuit.

— Où me les remettras-tu?

— Je te le ferai savoir, ici, dans la soirée. Cela dépendra de l'heure de mon départ, car il me faudra le temps de revenir. Si tu es habile, avant deux fois vingt-quatre heures, les nièces du conseiller ne verront et n'entendront que par toi!

— Sois tranquille, la chose est en bonne voie.

— Maintenant, tu te rappelles ce que tu dois dire aux marins?

— Parfaitement. Je sais ma leçon par cœur.

— Bravo alors! tout est au mieux.

— Et Fouché? As-tu de ses nouvelles?

— Aucune. J'attends cette nuit le courrier que doit m'expédier Roquefort. Si, de ce côté, les affaires marchaient mal, je partirais dès demain. Tant que le procès ne sera pas engagé complètement, ma présence peut être inutile ici. Le conseiller et ses nièces ont bien encore deux mois à vivre.

— A peu près, répondit froidement le comte. Au reste, cela dépend de l'activité des juges.

Un moment de silence régna entre les deux estimables personnages.

— A propos, reprit le marquis en redressant la tête, on n'a eu aucune nouvelle de cet homme que j'ai si bêtement manqué?

— Le matelot qui accompagnait le marquis et le vicomte?

— Oui. Je l'ai blessé, il est tombé!...

— Il est impossible, jusqu'ici, de savoir ce qu'il est devenu.

— Diable! c'est gênant!

— Pourquoi?

Le Roi du bagne regarda son interlocuteur.

— Par une raison bien simple, répondit-il; c'est que cet homme, qui s'appelle Mahurec et que ses camarades ont surnommé le Roi des gabiers, est dévoué à ses deux officiers comme le chien à son maître, et que jadis, à Brest, il a vu souvent Bamboula!

Le comte fit un geste d'indifférence.

— Impossible qu'il se souvienne! dit-il.

— Peut-être ; mais à coup sûr il y aurait moins de danger s'il avait à cette heure un pied de terre sur le corps. Enfin il a sans doute été mourir ailleurs, car ses blessures devaient être graves. Les deux balles avaient porté, j'en suis certain.

— Deux hommes sont chargés des recherches. J'attends des nouvelles d'heure en heure ; mais, encore une fois, de ce côté je ne crains rien.

— Dans tous les cas, reprit le marquis, il faut te tenir sur tes gardes. Sors à pied le moins possible. Enfin veille sur tes moindres actions. Tu as aujourd'hui la confiance du conseiller, demain tu auras celle des deux nièces et celle des deux officiers. Tu peux à ton gré brouiller les cartes ; songe à gagner la partie !

— J'y songe aussi, répondit le comte de Sommes avec un singulier sourire.

Le Roi du bagne remarqua ce sourire fugitif ; mais sa physionomie demeura impassible.

LV

LES BOULEVARDS DE PARIS

Paris ! Paris est Paris dans toutes les langues de tous les pays, et c'est la seule ville, au monde, dont le nom n'ait jamais changé.

Puis, à Paris, est accolé un autre nom qui est aussi dans toutes les bouches : les boulevards.

Et cependant, il y a deux cents ans à peine, qu'était-ce que cette ligne magnifique qui représente, aujourd'hui, le plus merveilleux coup d'œil dont puisse jouir l'observateur ? Qu'était-ce que cette promenade devenue la reine des voies les plus somptueuses ? C'était un infâme cloaque où allaient s'enfouir les immondices du Paris des Valois. Son origine se perd dans la boue des fossés de 1536, ces fossés creusés autour du mur d'enceinte pour servir à repousser les attaques des Anglais qui ravageaient la Picardie.

Dans les premiers mois de l'année 1668, on travailla, par les ordres de Louis XIV, au grand mur du rempart de la porte Saint-Antoine. Une partie du fossé fut comblée par les matériaux de rebuts, et comme ce fossé était devenu intérieur, d'extérieur qu'il était, et ne pouvait plus, par conséquent, servir à la défense de la ville, le prévôt songea à faire, de la partie comblée, une promenade pour ses administrés, et il fit planter des arbres depuis la porte Saint-Antoine jusqu'au couvent des Filles du Calvaire.

Tout d'abord, cette promenade, que les Parisiens nommèrent le Cours, jouit d'une faveur extrême. Elle fut revêtue de murs dans toute sa longueur. Par arrêt du 7 juin 1670, la continuation du boulevard fut autorisée depuis la rue des Filles-du-Calvaire jusqu'à la porte Saint-Martin. En 1671, on abattit la vieille porte Saint-Denis pour établir l'arc de triomphe qui fut élevé, l'année suivante, sur les dessins de Blondel, et aux dépens des Parisiens, à l'occasion des brillantes fêtes données au roi vainqueur par le prévôt des marchands et les échevins de la bonne ville. A cette occasion encore, on fit le projet de continuer le boulevard depuis la nouvelle porte Saint-Denis jusqu'à celle de Saint-Honoré. Le mur du rempart et les plantations d'arbres furent poussés successivement jusqu'à la porte Poissonnière (dite Sainte-Anne), et pour l'exécution de ces projets on avait démoli l'ancienne porte du Temple.

Par arrêt du 7 avril 1685, on fit enlever les terres, combler les fossés et continuer le rempart et le Cours planté. Cette nouvelle enceinte de Paris était beaucoup plus vaste que celle tracée en 1631 par Barbier.

Le rempart de Louis XIII, s'élevant dans le quartier Saint-Martin, sur l'emplacement des rues Meslay et Sainte-Apolline, on l'étendit jusqu'au point où est aujourd'hui le boulevard. Ce rempart aboutissait encore à la rue Montmartre, entre la fontaine et la rue des Jeûneurs (ou mieux des Jeux-Neufs), il fut également reporté et se continua ainsi, en prenant une nouvelle extension, jusqu'à la porte Saint-Honoré, située sur l'emplacement actuel de la rue Royale.

Enfin, en 1777, sous Louis XVI, on démolit la porte Saint-Antoine, vieux monument en ruine, vaine décoration qui gênait la circulation dans un quartier très fréquenté et qui, construite en 1685, réparée en 1770, disparut complètement au mois de mai 1778.

Le même arrêt, qui ordonnait cette démolition, portait que les boulevards Saint-Antoine et du Temple seraient pavés et que les fossés, glacis, contrescarpes, jusqu'à la rue du Calvaire, seraient démolis et comblés afin d'y construire des maisons. Bientôt le quartier de la Chaussée-d'Antin vint, ainsi que nous l'avons dit, achever l'œuvre commencée, et, vers 1782, les boulevards furent une promenade fort belle et une voie de circulation très utile.

« C'est, dit Mercier (à la date de 1782), une promenade vaste, magnifique, commode, ouverte à tous les états, infiniment peuplée de tout ce qui peut la rendre agréable et récréative. »

La belle société avait depuis longtemps déserté la place Royale, et bien

L'HOTEL DE NIORRES

Là, la foule ébaubie se prélassait en riant aux éclats devant les tréteaux sur lesquels trônaient les spirituels paillasses du temps passé. (P. 603.)

que la vogue fût alors aux Tuileries et aux récentes galeries du Palais-Royal, les boulevards partagèrent la faveur de la mode et attirèrent la foule élégante par leur richesse, leurs curiosités, leurs spectacles de toute sorte. En 1785, les plus beaux magasins de mode, les plus brillants cafés, les académies de coiffure les plus renommées et les plus fastueuses se trouvaient là. Rien de plus curieux, de plus différent déjà, à cette époque, que la physionomie différente des différentes parties de ce boulevard immense.

Quand on entrait à Paris par la rue Saint-Antoine, on avait, devant soi, la Bastille et l'Arsenal, puis cette maison que Beaumarchais venait de rendre célèbre. Tout près de cette habitation de l'écrivain était celle d'un homme non moins connu, de cet habile aventurier, de ce Cagliostro, dont le nom demeurera attaché à cette folle époque. Un peu plus loin se dressait, encore, le derrière de l'hôtel de Ninon de Lenclos. Une prison, un arsenal, un poète satirique, un aventurier, une courtisane : telles sont les illustrations de ce boulevard Beaumarchais.

Puis, ensuite, venait le boulevard du Temple, où se réunissaient joyeusement déjà les petits cafés, les petits restaurants, les petits spectacles, où affluait la foule attirée peut-être autant par l'amour du plaisir que par le singulier privilège dont jouissait encore, avant la Révolution, l'enclos voisin du Temple. L'ancienne demeure des religieux templiers, dont le duc d'Angoulême, fils du comte d'Artois, était alors grand-maître, servait d'asile inviolable aux débiteurs qui ne payaient pas. Sur le seuil de la porte de l'enclos, l'exploit de l'huissier devenait nul, l'arrêt, qui ordonnait la prise de corps, expirait. Le débiteur pouvait entretenir ses créanciers sur ce même seuil, leur prendre la main, mais s'il faisait un pas de plus, il était pris. Aussi que de ruses employées et déjouées! Le débiteur récalcitrant était obligé de payer fort cher une mauvaise petite chambre, du fond de laquelle il arrangeait ses affaires pour reconquérir sa liberté. La visite des jurés des communautés n'avait pas lieu dans le Temple. Toutes les professions y étaient libres sans aucune exception. En 1783, un épicier y exerçait la médecine et vendait une tisane prétendue souveraine.

On comprend ce que la proximité de ce lieu donnait déjà d'attraits au boulevard. Aussi ce boulevard du Temple était-il la promenade à la mode. Là, la foule ébaubie se prélassait en riant aux éclats devant les tréteaux sur lesquels trônaient les spirituels paillasses du temps passé : ces Bobèche, ces Galimafré, ces Volange, qui feraient pâlir plus d'un comédien renommé de nos jours. Là, aussi, s'élevait le théâtre de Nicolet. Là chantait Fanchette la vielleuse, cette charmante jeune fille qui débitait, d'une façon à ravir son auditoire, les couplets badins de Piron, de Collé et de l'abbé de Latteignant. Là venait de s'ouvrir le café Turc, là était l'entrée mystérieuse du jardin de Paphos.

Un peu plus loin, devant la porte de Curtius, s'égosillait sans relâche un crieur appelant la foule. Curtius ne prenait que deux sous par personne, et moyennant cette somme modique il faisait voir, assise autour d'une grande table, toute la famille royale escortée des ducs et pairs. Puis, dans la pièce voisine se trouvaient, moulés en cire, les plus jolies femmes de Paris, les écrivains en renom, les voleurs fameux, enfin toutes les célébrités de l'époque.

Et telle était la vogue dont jouissaient ces figures de cire, que le sieur Curtius gagnait plus de cent écus par jour avec la montre de ces mannequins enluminés[1]. Mais ce qui avait mis surtout à la mode la promenade du boulevard du Temple avait été l'invention de l'artificier Torré, lequel avait imaginé de donner au public, pour son argent, deux fois par semaine, des feux d'artifices en plein boulevard. Les propriétaires des maisons voisines, effrayés de ces divertissements dangereux, intercédèrent auprès du lieutenant de police pour qu'il défendît ces feux d'artifices.

Torré, qui avait fait de grands frais d'établissement, se trouvant ainsi ruiné, eut recours à un expédient qui lui réussit. Sur l'emplacement qu'il avait acheté, il éleva des salles de bal, fit construire des cafés, établit des boutiques de mode, et obtint la permission de réunir, deux fois par semaine, le public, de cinq à dix heures du soir. Le prix d'entrée était de trente sols.

La nouveauté du spectacle, unie à l'intérêt qu'avaient inspiré les malheurs du pauvre artificier, donnèrent une vogue incroyable à ce nouvel établissement, que son propriétaire appela le Vauxhall, quoiqu'il n'eût rien de commun avec le Vauxhall de Londres. Mais, grâce au duc de Chartres, l'anglomanie commençait alors à faire fureur, et pour réussir, il fallait donner à toute entreprise un faux air de venir d'outre-Manche.

Après le Vauxhall, les établissements célèbres du Temple étaient les Variétés amusantes, le café d'Apollon, et enfin le renommé *Cadran bleu*, aujourd'hui disparu, comme tant d'illustrations d'autrefois.

Le Château-d'Eau n'existait pas encore au XVIIIe siècle[2]. Cette partie du boulevard était encombrée de mauvaises bâtisses en planches, où un si

---

1. *L'Espion du boulevard du Temple*, en 1782. Curtius, artiste en cire, Allemand de naissance, avait pour nom : Kurtz.
2. Il fut construit en 1811.

grand nombre de théâtres en plein vent réjouissaient la foule, qu'il inspira le quatrain suivant à je ne sais plus quel rimailleur du temps :

> Il ne fallait au fier Romain
> Que des spectacles et du pain,
> Mais au Français plus que Romain
> Le spectacle suffit sans pain.

Puis, comme opposition à ces théâtres de dernier ordre, s'était élevé, en 1781, sur le boulevard Saint-Martin, la nouvelle salle de l'Opéra. L'ancienne, située au Palais-Royal, était devenue, le 8 avril 1781, la proie des flammes. Le feu avait pris heureusement au moment où la représentation s'achevait, ce qui avait restreint le nombre des victimes. Les réservoirs manquaient d'eau; on ne put éteindre l'incendie, et huit jours après on voyait encore la fumée s'élever des ruines, desquelles on tira vingt et un cadavres défigurés. On s'occupa aussitôt de la reconstruction d'un nouveau théâtre. La reine n'aimait point à éprouver d'interruption dans ses plaisirs, et l'Opéra était du nombre de ceux que Sa Majesté goûtait avec le plus de transport.

Elle fit venir M. Le Noir, l'architecte proposé pour l'érection du nouveau monument, et lui ordonna de rebâtir par enchantement (ce fut son expression) un temple du Goût, des Grâces et des Arts.

— Si la baguette d'Armide existait, répondit le galant architecte, elle serait sans doute aux mains de la beauté, et Votre Majesté n'aurait besoin de personne pour rebâtir l'Opéra.

— Combien demandez-vous de temps pour achever votre œuvre? dit la reine.

— Trente jours, répondit nettement l'architecte.

— Je vous en accorde quarante, fit la reine avec joie, et je vous tiendrai pour un habile enchanteur si vous me remettez la clef de ma loge le quarante et unième.

— Je m'y engage sur l'honneur.

— Et moi, je promets le cordon de Saint-Michel en échange de ma clef.

M. Le Noir sortit enchanté de l'audience, et comme on mit à profusion, sous sa main, argent, matériaux et ouvriers, il tint parole. Mais le théâtre achevé, la foule des courtisans, effrayée de la rapidité merveilleuse avec laquelle avait été construite la salle, se persuada qu'elle manquait de solidité, et le bruit qu'un éboulement, sous le poids des spectateurs, était probable, se répandit dans tout Paris. M. Le Noir, désolé, alla trouver le roi.

— Êtes-vous certain de votre œuvre? demanda Louis XVI.

— Parfaitement, sire; je réponds de la solidité de la salle, dit l'architecte.

— Eh bien! ouvrez par un spectacle gratis, et vous donnerez un démenti aux faux bruits, si ce que vous dites est vrai.

L'architecte s'empressa d'obéir, et le 30 novembre l'inauguration eut lieu par la reprise d'*Adèle*. La salle, encombrée du parquet aux frises, résista victorieusement, et le nouvel Opéra, construit sur le boulevard Saint-Martin, fut, en effet, si parfaitement solide que nous voyons le bâtiment encore debout, et que, bien que le genre de spectacle auquel il avait été destiné ait été changé, il est loin de menacer ruine [1].

Après avoir franchi la porte Saint-Martin, édifiée en 1674, deux ans après sa sœur, la porte Saint-Denis, on trouvait une longue avenue, triste, délaissée, et que sa proximité du boulevard du Temple faisait paraître plus morne. Ce qui fait maintenant la plus belle partie des boulevards (du faubourg Poissonnière à la rue Royale) en était alors la plus laide et la moins fréquentée. Çà et là quelques magasins, quelques boutiques et surtout de grands hôtels, entre autres celui du duc de Richelieu, dont les jardins bordaient tout un côté des boulevards et aboutissaient à ce fameux pavillon de Hanovre qui fit tant crier après l'illustre maréchal. On prétendait qu'il l'avait fait construire avec le produit des lauriers d'or et d'argent recueillis durant la guerre de Hanovre, et on racontait, à ce propos, qu'après avoir investi une ville ennemie, le duc avait vu s'acheminer vers lui le bourgmestre qui portait, sur un plat, les clefs de la cité, clefs faites en or massif. Le maréchal remercia, déclara la ville prise et se saisit des clefs d'or.

— Hélas! s'écria le magistrat, en pareille circonstance, M. de Turenne prit la ville et laissa les clefs!

— M. de Turenne était vraiment un homme inimitable! répondit le maréchal en gardant ce dont il s'était emparé.

Plus loin que le pavillon de Hanovre (sur le boulevard des Capucines actuel et en face la rue Caumartin), s'élevait l'hôtel si luxueux de Mlle Duthé. Au coin de la rue Basse-du-Rempart demeurait Mirabeau. Enfin, côte à côte avec Mlle Duthé habitait le célèbre baron de Grimm, qui nous a laissé une si volumineuse correspondance. Après, venaient les constructions de la nouvelle rue Royale, c'est-à-dire (en 1785) le néant.

Comme on le voit, le boulevard, qui commençait par une prison et un auteur dramatique, se terminait par une courtisane, un journaliste, un

---

1. Ce fut en 1793 que l'Opéra fut transporté rue de Richelieu (place Louvois).

aventurier et un futur orateur. Au centre se trouvaient les plaisirs; à côté d'eux le travail. Salomon de Caus, le premier qui ait pensé à l'application de la vapeur et qui mourut fou, ou du moins enfermé comme tel, avait habité le boulevard Saint-Antoine. Boule, le célèbre ébéniste, demeurait dans une bicoque, boulevard du Temple. Montgolfier, l'inventeur des aérostats qui portèrent son nom, avait sa maison à côté de celle où Boule était mort. Puis, pour qu'il ne manquât au boulevard aucune illustration, même celle du crime, Théroigne de Méricourt, ce démon femelle, cette Aspasie du sang, comme on l'avait surnommée en 1793, habitait inconnue encore en 1785, le boulevard Saint-Antoine.

D'après ce que nous venons de dire, le lecteur peut se faire une idée à peu près exacte de ce qu'était, en 1785, la promenade favorite des Parisiens du XVIIIe siècle; elle jouissait déjà à peu près de la même mode que celle dont elle jouit de nos jours; seulement cette mode avait circonscrit ses limites à celles du boulevard du Temple. C'est sur ce boulevard que nous prions le lecteur de nous suivre, et de s'arrêter avec nous à la porte même de ce fameux Vauxhall, alors dans l'extrême fraîcheur de sa vogue, car son ouverture avait eu lieu le 7 juillet, c'est-à-dire quelques jours seulement avant celui où a commencé notre récit.

LVI

LE VAUXHALL

Le nouvel établissement de Torré se composait d'un vaste salon de danse, d'une salle de café et d'un magnifique jardin où avaient lieu les exercices pyrotechniques; le tout décoré et disposé avec un art, un goût, un luxe, une entente qui en relevaient encore les principaux ornements. Il était six heures du soir, il faisait grand jour, et la foule affluait vers le Vauxhall, avec une ardeur qui devait fort réjouir le caissier de l'établissement. La physionomie de cette foule élégante qui fréquentait alors le boulevard du Temple n'était pas moins curieuse à contempler que tous ces spectacles, pas moins riche que toutes ces boutiques éblouissantes qui bordaient la promenade des deux côtés.

La grande mode alors, pour les femmes, était aux bonnets à la Grenade, à la Thisbé, à la Sultane : toutes étaient coiffées en limaçon.

Les hommes portaient des chapeaux blancs à la Boston, à la Philadelphie, à la Colin-Maillard. Hommes et femmes étaient frisés et poudrés de la façon la plus extravagante, et l'on comprendra toute la valeur de ce dernier mot, si l'on songe qu'il y avait alors à Paris plus de douze cents perruquiers, employant plus de six mille garçons, et que, d'après les calculs les plus sérieux des économistes du temps, la farine dépensée à poudrer les cheveux eût facilement nourri dix mille pauvres par an.

La canne avait remplacé l'épée, et les femmes elles-mêmes l'avaient reprise après l'avoir abandonnée depuis le XI° siècle. Elles sortaient seules dans la rue et sur les boulevards, la canne à la main. La canne, au reste, n'était pas pour elles un vain ornement, elles en avaient véritablement besoin plus que les hommes, « vu la bizarrerie de leurs hauts talons qui, dit Mercier, ne les exhaussaient que pour les empêcher de marcher ». Outre sa canne, chaque femme qui se respectait tenait à la main la laisse d'un petit chien qui marchait devant elle.

Cette nouvelle folie était poussée au dernier point.

« Nos dames, dit un autre écrivain de l'époque, sont devenues gouvernantes de roquets, et partout on les voit suivies de grands imbéciles qui, pour leur faire la cour, portent leurs chiens publiquement sous le bras dans les promenades et dans les rues. » Les hommes aussi avaient leurs modes ridicules. Les lorgneurs, armés d'un énorme lorgnon à deux branches, remplissaient les lieux publics, les spectacles, et s'évertuaient à déployer toutes leurs grâces pour manier le gigantesque binocle.

Après les lorgneurs venaient les physionomistes. Pour expliquer cette dernière dénomination, il faut se rappeler que la science de Lavater était alors dans toute sa mode, et que chacun se piquait de lire sur le visage d'autrui ses pensées les plus secrètes. Les physionomistes se plantaient résolument sur les boulevards, dans les rues, dans les promenades, et n'avaient d'autre occupation que celle de dévisager les passants et surtout les passantes, lorsque celles-ci étaient jolies.

Puis venait l'élégant.

« L'élégant, dit l'auteur du *Tableau de Paris,* n'exhale point l'ambre comme le petit-maître ; son corps ne paraît pas non plus, dans un instant, sous je ne sais combien d'attitudes ; son esprit ne s'évapore point dans des compliments à perte d'haleine. Sa fatuité est calme, tranquille, étudiée ; il sourit au lieu de répondre ; il ne se contemple point dans sa glace : il a les yeux incessamment fixés sur lui-même, comme pour faire admirer les proportions de sa taille et la précision de son habillement. Il laisse parler les autres ; la dérision imperceptible réside sur ses lèvres ; il a l'air de rêver et il vous écoute. Les femmes, de leur côté, n'épuisent plus les super-

Lefèvre marchait devant, le poing sur la hanche, écartant du coude les flots pressés de la foule (P. 615.)

latifs, n'emploient plus les grands mots étonnants. Les élégantes parlent avec une simplicité affectée et n'expriment plus sur aucune chose ni leur admiration, ni leurs transports; à peine daignent-elles parler. »

L'élégant et l'élégante étaient les séides des modes anglaises, et Mercier aurait pu dire que les unes et les autres affectaient d'imiter les airs froids, raides et gourmés de nos voisins, comme ils s'évertuaient à copier leurs vêtements, leurs usages et leurs habitudes. Rappeler de nos jours les costumes étranges dont s'affublaient alors les femmes du monde ou celles aspirant à ce titre, ceux des hommes les plus renommés pour le soin de leurs toilettes, serait chose plus que difficile à accomplir. Bornons-nous à citer les polonaises à jupes courtes, les caracos à l'Innocence reconnue qui étaient de pékin lilas garnis de collets, de revers et de parements vert pomme, et boutonnés avec des boutons de nacre; le chapeau-bonnette, dont la partie supérieure avait exactement la forme d'un pain de munition et dont les bords, plissés en larges tuyaux aplatis sur les tempes, s'allongeaient en auvent sur le front et sur la nuque, que surmontaient des plumes et des fleurs nouées avec un ruban à l'arc-en-ciel. Les paniers avaient été remplacés par les jupons grossis, les bouffantes, les jupons ébaubis et les tournures auxquelles notre délicatesse nous empêche de donner le nom moins décent qu'elles portaient, mais qui est écrit en toute lettre dans les Mémoires de Mme de Genlis. Mais le lorgneur, le physionomiste, l'élégant, l'élégante n'étaient pas, heureusement pour la gloire financière du Vauxhall, les seuls qui eussent droit d'entrée dans l'enceinte de l'établissement renommé.

Officiers et financiers, bourgeois et magistrats, commis et clercs, grisettes et soubrettes venaient là, plus rarement, il est vrai, mais toujours en troupes nombreuses, prendre une partie de ce plaisir que l'on payait avant de pénétrer dans le sanctuaire.

Il eût donc été difficile de trouver un spectacle plus attrayant par sa diversité, plus brillant par ses mille bigarrures, plus animé, plus riant, plus bruyant et plus tumultueux que celui qu'offrait, chaque après-midi et chaque soir, l'enceinte du Vauxhall. Comme dans tous les lieux publics où la foule se réunit sans distinction légalement imposée, des barrières invisibles s'étaient élevées cependant au Vauxhall entre les différentes catégories du public qui en franchissait l'enceinte, et chaque classe de la société se trouvait, pour ainsi dire, en possession exclusive d'une partie du vaste établissement.

Ainsi les jardins avaient le privilège de voir se réunir dans leurs mystérieuses allées l'élite des promeneurs élégants et des plus jolies promeneuses. Là on allait passer quelques heures, attiré qu'on était moins encore par les promesses affriolantes des affiches monstrueusement gigantesques placardées à la porte, que par le besoin d'obéir aux caprices de la mode, que par le désir surtout de voir et par celui plus impérieux encore d'être vu.

Grisette singeant la grande dame, femme du monde s'efforçant de dissimuler son rang sous le vêtement écourté de la petite bourgeoise, camériste se parant au grand jour des falbalas empruntés à la garde-robe de sa maîtresse, courtisane avide d'aventures, se coudoyaient, se mêlaient, se croisaient, prêtant l'oreille aux galants propos des gentilshommes en humeur de s'encanailler, répondant aux œillades des gardes-françaises, aux sourires engageants des jeunes procureurs et aux déclarations brillantes des Messieurs de la Ferme.

Le café, lui, avait ses tables accaparées, ses banquettes occupées, ses salles encombrées par les bons bourgeois, bien aises de goûter à la fois deux plaisirs et de contenter en une même soirée les yeux et l'estomac. Là se trouvaient encore de vieux sous-officiers mettant à réquisition la bourse de quelques badauds, des joueurs organisant une partie qu'on allait consommer dans quelque tripot voisin, et surtout de ces nouvellistes dont la spécialité fâcheuse était, à cette époque, d'encombrer tous les lieux publics pour y répandre des théories incendiaires et y raisonner de tout et sur tout, envers et contre tous.

Puis, tandis que le jardin et le café voyaient leurs habitués émailler les allées et vicier l'atmosphère des salles, le salon de bal était occupé par la partie, sans contredit, la plus honnête de la réunion; celle aimant le plaisir pour le plaisir lui-même et venant demander à la musique de Torré les joies de la danse.

Dans la salle de bal on trouvait des familles entières de la petite bourgeoisie, des parents y conduisant leurs jeunes filles, d'honnêtes travailleurs venant chercher un innocent délassement aux fatigues, des commis, des clercs en quête de jolies danseuses. Là on riait, on causait, on dansait sans chercher à éviter les regards; là enfin on s'amusait gaiement et réellement.

Ce soir du dimanche où nous entrons au Vauxhall, la salle de bal était resplendissante de joie, de bruit et de lumière.

Entre la salle de bal et les salles du café se trouvait un espace libre, découvert, sorte de terrain neutre reliant ensemble ces deux parties de l'établissement et précédant l'entrée du jardin.

Dans cet endroit, où l'on était également à proximité des plaisirs de la danse, de ceux de la promenade, et d'où l'on entendait à la fois la musique du salon et les murmures bruyants s'échappant du café, se tenait un groupe composé de personnages que nous avons déjà rencontrés au début de notre récit.

Danton, Tallien, Michel Ney, Saint-Just et Joachim, le jeune abbé qui avait bien décidément jeté le froc aux orties, pour revêtir l'uniforme, causaient ensemble tout en regardant tous ceux qui passaient. Joachim était charmant avec son habit vert à retroussis rouges, et ce vêtement militaire faisait encore ressortir sa bonne mine et son air éveillé. Danton tenait la parole, et ceux qui l'entouraient l'écoutaient avec une attention dénotant un intérêt profond.

— Je me suis occupé de cette affaire, disait l'avocat, et, je vous le répète, mon opinion est formellement arrêtée : ils sont coupables! D'ailleurs il n'existe aucune base pour établir une conviction contraire. MM. d'Herbois et de Renneville seront condamnés; cela ne fait pas un doute dans mon esprit.

— Cependant, dit Saint-Just, vous les connaissez tous deux...

— Eh oui! répondit Danton; et c'est précisément pourquoi j'ai voulu approfondir cette déplorable affaire, car je les avais toujours tenus pour des hommes d'honneur et de parfaits gentilshommes.

— Je croyais, dit Michel, que vous deviez être l'avocat du marquis d'Herbois? Du moins ce bruit courait-il hier à l'étude.

— Peut-être défendrai-je le marquis, mais rien n'est décidé à cet égard. Je voudrais que Robespierre se chargeât de la cause du vicomte.....

— Est-ce qu'il a refusé?

— Non; mais il n'a pas encore accepté! Il veut étudier à fond la cause avant de donner une réponse, et je lui ai remis ce matin même toutes les pièces que j'ai pu réunir.

— Et ces pièces sont autant de charges contre les accusés? demanda Tallien.

— Des charges accablantes?

— Ils ont avoué?

— Non pas! Ils nient tout, mais, malheureusement pour eux, leur défense ne prouve rien, tandis que l'accusation est claire, précise et presque indiscutable. Les circonstances les accablent; les témoignages les plus graves sont contre eux. La déposition de M. de Niorres est d'une foudroyante précision. Il a déclaré qu'il avait surpris les deux assassins au moment où ils achevaient de commettre leur dernier crime. M. de Renneville venait de tuer, d'un coup de pistolet, la malheureuse Mme de Versac.

— Quelle horreur! s'écria Joachim.

— Et le vicomte nie? demanda Michel.

— Absolument.

— Le conseiller a peut-être été le jouet d'une horrible hallucination, dit Tallien; je plaiderais cela, moi!

— Le dire de M. de Niorres peut sans doute être combattu, reprit Danton; mais il est une déclaration plus difficile à mettre à néant : c'est celle d'un nommé Georges, valet au service du conseiller. Cet homme, qui avait accepté des deux accusés la mission de tenir prête une voiture pour faciliter leur fuite, et qui a été arrêté étant encore à son poste, a fait les révélations les plus écrasantes. Habilement interrogé, il a d'abord balbutié; pressé, il s'est coupé dans ses assertions; enfin, perdant la tête, il s'est lui-même déclaré coupable. Il a dit être depuis longtemps le complice du marquis d'Herbois et du vicomte de Renneville.

— Oh! cela est grave, dit Tallien.

— Enfin, qu'a-t-il dit encore? demanda Saint-Just.

— Il a fait les aveux les plus complets, répondit Danton. Il a déclaré avoir trempé dans les crimes précédents.

— Et qu'ont répondu MM. d'Herbois et de Renneville? demanda Michel.

— Ils n'avaient rien pu répondre à l'heure où j'ai eu ces détails; car ils ignoraient les aveux faits par leur complice, et ils n'avaient point encore été confrontés avec lui.

— Mais, si ce Georges dit vrai, la défense est impossible

— Sans doute! Quel intérêt Georges aurait-il à mentir puisqu'il s'avoue coupable? D'ailleurs ses indications sont précises. Il est entré dans les plus minutieux détails; il a décrit les moindres circonstances; il a déclaré la nature du poison; comment il se l'était procuré... D'autres domestiques interrogés ont affirmé être vraies toutes les dépositions de Georges, et ils se rappelaient tous les détails que celui-ci avait relatés.

— Et il dit que MM. d'Herbois et de Renneville sont ses complices?

— Il dit que ce sont les instigateurs des crimes. Lui n'aurait été que l'instrument.

— C'est drôle, dit Michel; ces deux jeunes gens m'intéressaient, moi! Quand je songe qu'il y a huit jours à peine nous avons voyagé avec eux dans le carrabas de Versailles.

— Le fait est, ajouta Joachim, qu'ils ne m'ont pas semblé avoir mauvaise figure.

— Ni à moi, dit Saint-Just; et cependant ils sont coupables!

— Oh! parfaitement coupables, fit Danton. Je ne puis en douter, je le répète.

En même temps que se terminait cette conversation, s'achevait dans la salle de danse le silence qui y régnait depuis quelques instants, et la musique, résonnant brusquement et bruyamment, excitait une animation générale.

— Ah! s'écria Joachim, je vais danser!

— Et moi aussi! fit Saint-Just. Venez-vous, monsieur Tallien?

Les trois jeunes gens s'éloignèrent vivement dans la direction du salon de danse, laissant seuls Danton et Michel.

— Pardonnez-moi, dit l'avocat au clerc de notaire; mais j'aperçois là-bas un de mes amis qui vient d'entrer dans le jardin. C'est Marat, vous savez, le chirurgien des écuries du comte d'Artois? et il faut que je lui parle.

Michel salua Danton, et, comme celui-ci s'éloignait, il tourna sur ses talons pour aller rejoindre Tallien dans la salle de bal; mais ce mouvement rapide le mit brusquement nez à nez avec un couple qui arrivait à contresens. Ce couple se composait d'un homme et d'une femme. L'homme, de taille moyenne, jeune encore, portait martialement l'uniforme de soldat aux gardes-françaises; les galons de caporal brillaient sur les manches de l'habit.

La femme, plus jeune de quelques années, vive, pimpante, l'œil alerte, le nez au vent, portait, le plus coquettement du monde, le costume retroussé de la fin du XVIIIe siècle qui rendait ravissantes les femmes seulement jolies, jolies les moins laides, et fort avenantes encore les plus mal douées par la nature.

Le clerc de notaire, le garde-française et la jeune femme s'étaient forcément arrêtés sur place, par suite de leur brusque rencontre, et demeurèrent un moment tous trois face à face et immobiles.

— Tiens! s'écria la jolie commère, je ne me trompe pas; c'est une de mes pratiques de Versailles, monsieur Michel!

— Lui-même, ma belle petite mère Lefèvre, répondit le clerc en tendant la main au caporal, et en saluant la blanchisseuse-cabaretière. Comment diable se fait-il que je vous retrouve en ce moment au Vauxhall?

— C'est encore une idée à ma femme, répondit le caporal.

— Et je n'en ai que des bonnes, je m'en vante, dit vivement Mme Lefèvre. Figurez-vous, mon bon petit monsieur Michel, que depuis huit jours tout le monde me parle de ce satané Vauxhall. Le Vauxhall par ci, le Vauxhall par là!... Ça ne fait que m'être corné aux oreilles. Pour lors, j'ai voulu voir cette merveille. Aujourd'hui c'était dimanche, j'ai prié Mme Hoche de répondre à mes pratiques, s'il en venait, que j'allais me promener à mon tour; j'ai mis ma plus belle robe, mes plus beaux souliers, j'ai pris ma mante des jours de fête, mon bonnet à rubans jaunes et mon mari, et nous sommes montés en pot-de-chambre. Voilà!

— Et vous vous amusez?

— Si je m'amuse! s'écria la blanchisseuse; c'est-à-dire que je n'en peux plus! J'ai les jambes qui me rentrent dans le corps, tant j'ai marché, je suis rouge comme une écrevisse cuite, à force de regarder; j'ai un mal de tête abominable et le gosier sec comme un pur hareng saur!

— Le fait est, dit Lefèvre, que nous nous sommes fièrement amusés!

— Jamais je n'ai eu tant d'agrément à la fois, moi! dit Mme Lefèvre.

— Eh bien! dit Michel, puisque vous avez soif, allons au café. J'aurai le plaisir de vous offrir un verre de punch ou une glace.

— Une glace! dit Mme Lefèvre; je n'en ai jamais mangé. On dit que c'est un vrai mets de duchesse, et, ma foi, je ne serais pas fâchée d'en connaître le goût!

— Allons au café!

Et Michel, offrant galamment son bras à son hôtesse de Versailles, s'achemina avec elle vers la partie la non moins fréquentée du Vauxhall.

Lefèvre marchait devant, le poing sur la hanche, écartant du coude les flots pressés de la foule.

L'affluence était réellement extraordinaire, et, si le monde continuait à envahir la porte, il était évident que l'établissement allait devenir trop étroit.

En pénétrant dans le café, Lefèvre avait lancé autour de lui un regard scrutateur comme s'il eût cherché quelques-unes de ses connaissances parmi la foule qui encombrait les salles.

— Par ici! dit-il à sa femme et à Michel, qui tous deux cherchaient en vain une table disponible. Par ici! j'aperçois Hoche tout là-bas avec des amis. Ils nous feront bien une petite place.

Et le caporal aux gardes-françaises, circulant au milieu de ces bancs, de ces tables et de ces tabourets, comme un pilote habile au milieu d'une rade remplie de navires, atteignit le port de refuge qu'il venait de découvrir.

Hoche était attablé avec ces deux personnages, qui avaient joué un si grand rôle, lors de l'accident dans lequel Léonard avait failli périr: Santerre, le brasseur, et Fouquier, le conducteur du carrabas.

En apercevant Mme Lefèvre et le clerc de notaire, le garçon d'écurie du comte d'Artois et ses compagnons s'empressèrent de faire place à côté d'eux.

— Là! dit Lefèvre en s'asseyant et en appelant le garçon.

— Donnez-nous des glaces! commanda Michel.

— Ouf! qu'il fait chaud, ici! dit Mme Lefebvre en s'éventant avec un plateau vide qu'elle prit sur la table.

— Il faisait encore plus chaud où était Hoche, il y a quatre jours, dit Santerre de sa grosse voix rude.

— Où donc était-il, ce garçon?

— Ah! dit le neveu de la fruitière, si ma tante avait su celle-là, j'aurais attrapé un fier savon.

— Au fait, qu'est-ce que tu as donc fait? demanda Lefèvre. Il y a cinq jours qu'on ne t'a vu à Versailles.

— J'étais de service aux écuries de Paris. Monseigneur a échangé des chevaux avec le prince de Soubise, et c'est ça qui m'a retenu et qui a été cause que j'ai manqué d'être rôti.

— Comment? demanda Mme Lefèvre.

— Parbleu! en me mettant dans le feu pour en retirer d'autres. Je racontais cela à ces Messieurs tout à l'heure. Figurez-vous qu'il y a quatre jours, juste, je venais de souper avec les palefreniers du prince de Soubise à son hôtel. Nous avions bien mangé et bien bu, quand tout à coup nous entendons des cris abominables et nous voyons une grande lueur rouge. Nous sortons dans la cour, nous regardons. C'était l'hôtel de Niorres qui brûlait.

— Ah! fit Michel, vous étiez là?

— Oui, monsieur, et j'ai failli y laisser ma peau.

— Raconte-nous cela! ajouta Lefèvre.

— Alors, reprit le garçon d'écurie, nous nous élançons au secours; la foule accourait de tous côtés, mais, nous trouvant les plus près, nous entrons naturellement les premiers dans les jardins. C'était déjà un spectacle horrible. Chacun prend ce qu'il trouve pour aller puiser de l'eau, moi je m'élance comme les autres, je cours dans le jardin, quand tout à coup je me heurte contre quelque chose et je m'étale de tout mon long. Je me relève, je regarde : c'était un homme couché sur le gazon qui m'avait fait tomber. Je me penche : le pauvre diable était couvert de sang... il ne bougeait pas. Un palefrenier passait avec un seau d'eau, je le lui arrache et je le jette au nez de mon individu qui ouvre un œil en jurant comme un vrai possédé. Alors, qu'est-ce que je reconnais? Un ami à vous, père Lefèvre.

— Comment! un ami à moi? dit le caporal. Qui donc?

— Eh! votre ami le matelot!

— Mahurec!

— Lui-même.

— Il était là?

— Mais oui!

— Et qu'est-ce qu'il faisait?

— Parbleu! il se mourait tout bonnement.

— Il était donc blessé?

— Il avait reçu une balle dans le côté gauche et une autre à l'épaule droite.

— Il était blessé par deux balles! s'écria Michel avec étonnement.

Charles et Henri étaient assis tous deux sur l'un des lits. (P. 621.)

— Ah ça! dit Lefèvre, on s'était donc battu?
— Dame! il paraîtrait.
— Comment! tu ne sais pas qui est-ce qui l'avait blessé?
— Non.
— Il ne t'a rien dit?
— Avant-hier encore il ne pouvait pas parler, et je ne l'ai pas revu depuis.

— Ah! le pauvre garçon! dit Mme Lefèvre avec émotion. Il a l'air d'un si brave homme!

— Et où est-il?

— Chez une vieille femme, une amie de ma tante, chez laquelle je l'ai transporté au plus vite, répondit Hoche.

— Et tu ne m'as rien fait dire? s'écria Lefèvre d'un ton de reproche.

— Je vous aurais averti demain en retournant à Versailles.

— Pauvre Mahurec! mais je veux aller le voir tout de suite, moi!

— Et moi aussi! ajouta vivement la mère Lefèvre. Au diable le Vauxhall et ses feux d'artifices! Ce pauvre homme se meurt peut-être pendant ce temps-là! Dis donc, Lefèvre, il faut le soigner, entends-tu?

— Dis-nous où il est, Hoche!

— Mon Dieu! je vais vous conduire près de lui, si vous le voulez.

— C'est ça, mon garçon! Filons en deux temps et quatre mouvements.

Lefebvre et sa femme étaient déjà debout.

— Je vous accompagne! dit vivement Michel.

Puis, arrêtant du geste le garde-française et sa femme :

— Attendez! ajouta-t-il. Il y a encore quelqu'un qui doit venir avec nous.

— Qui donc? demanda Mme Lefèvre.

— L'avocat Danton; je vais le chercher... Attendez-moi une minute!

— Mais pourquoi?...

— Cela serait trop long à vous expliquer. Seulement je suis convaincu que sa présence sera fort utile pour l'explication des blessures qu'a reçues votre ami.

Et le clerc de notaire, faisant un dernier geste pour inviter ses compagnons à la patience, s'élança vivement hors du café. Fouquier s'était levé également et s'apprêtait évidemment à suivre Lefèvre et sa femme.

LVII

LA PRISON

Le Châtelet, auquel Louis XIV avait fait, en 1684, ajouter plusieurs parties de bâtiments, sentait sa ruine prochaine, mais il était toujours debout à sa même place, dominant le quai de ses vieilles tours noircies par les siècles, sous l'une desquelles était ce passage étroit, obscur et humide qu'on était obligé de franchir en allant du Pont-au-Change à la rue Saint-Denis.

Là encore existaient, avant que la hache révolutionnaire en eût éparpillé les décombres, ces prisons fameuses citées dans l'ordonnance de Henri VI, roi de France et d'Angleterre, à la date du 10 mai 1425, pour être déjà au nombre de quinze. Dix d'entre elles étaient les moins horribles, puisque, dit un écrivain du temps, les lits y étaient payés plus cher, car chaque prisonnier payait son droit de demeure forcée.

Ces dix prisons portaient chacune un nom différent. C'était : les Chaînes, Beauvoir, la Motte, la Salle, les Boucheries, Beaumont, la Grièche, Beauvais, Barbarie et Gloriette. Les prisonniers y payaient, par nuit, quatre deniers pour un lit entier, et deux deniers pour une place. Les cinq autres prisons, plus justement renommées par l'horreur qu'elles inspiraient, étaient : la Fosse, le Puits, la Gourdanie, le Berseuil ou Berceau, les Oubliettes où les prisonniers n'étaient tenus de payer qu'un seul denier par nuit pour une couche de paille. Enfin il y en avait une seizième où l'on ne payait rien, mais dans laquelle on n'avait droit à rien, et qui portait le nom caractéristique de : Entre-deux-Huis (portes).

A l'entrée, pendant le séjour et au moment de la sortie, les prisonniers acquittaient encore, de leur bourse, les droits de geôlage.

Dans les comptes de la prévôté de Paris, on lit cet article : « Poulie de cuivre servant à la prison de la Fosse du Châtelet. »

Il paraît que les prisonniers étaient descendus dans le cachot dit la Fosse par une ouverture pratiquée à la voûte du souterrain, comme on descend un seau dans un puits. Peut-être que cette Fosse du Châtelet était celle qu'on nommait aussi Chausse d'Hypocras, où les prisonniers avaient les pieds dans l'eau et ne pouvaient se tenir ni debout ni couchés. Sa forme devait être celle d'un cône renversé.

Ordinairement les prisonniers y mouraient après quinze jours de détention. C'était le digne pendant de ce cachot du château de Vincennes qui valait, prétendait-on, son pesant d'arsenic. Les Oubliettes avaient reçu également la dénomination énergiquement expressive de Fin-d'Aise. Ce cachot était plein d'ordures et de reptiles. L'auteur des *Persécutions de l'Église de Paris* dit, en parlant de l'un des cachots du Châtelet, que « Pierre Gobert fut mis dans le trou le plus fâcheux, nommé Fin-d'Aise, plein d'ordures et de bêtes, et ne cessait pourtant de chanter psaumes, etc. »

La cour du Châtelet était, avant la Révolution, présidée par le prévôt de Paris, le lieutenant-général de police, le lieutenant civil et deux lieutenants particuliers. Elle se composait en outre, de cinquante-cinq conseillers et de dix conseillers honoraires, et se divisait en quatre sections :

l'audience du parc civil, celle du présidial, la chambre du conseil et la chambre criminelle. C'était naturellement à celle-ci qu'appartenait le jugement de l'affaire de MM. d'Herbois et de Renneville. Sur la porte de cette chambre on lisait ce beau distique du poète Santeuil :

> *Hic pœnæ scelerum ultrices posuere tribunal :*
> *Sontibus unde tremor, civibus inde salus.*

que l'on a traduit ainsi :

> Ici la loi plaça son tribunal auguste
> Pour l'effroi du coupable et le salut du juste.

A leur arrestation, le marquis d'Herbois et le vicomte de Renneville avaient été provisoirement conduits à la Bastille ; mais le lendemain, sur l'ordre du lieutenant civil, ils avaient été transférés dans les prisons du Châtelet pour être mis ainsi à la disposition de la chambre criminelle, et s'étaient vu enfermer dans le cachot nommé les Chaînes[1] et réservé spécialement à l'honneur de recevoir les gentilshommes accusés d'un crime pouvant entraîner la peine de mort. En arrivant au Châtelet, en pénétrant par le guichet sous une porte basse, en parcourant les sombres détours de ce repaire du crime et du vice, en montant l'escalier de la tour qui devait les conduire aux Chaînes, le marquis et le vicomte étaient demeurés calmes et forts, comme deux hommes parfaitement résolus à tenir tête au fatal destin qui les poursuivait de ses coups. Interrogés tour à tour par le lieutenant civil et le lieutenant de police, ils s'étaient contentés de nier simplement toute participation au crime dont on les prétendait coupables, refusant, ainsi que l'avait dit le comte de Sommes au conseiller au Parlement, d'entrer dans aucune explication relative à leur conduite.

— Prouvez-nous clairement notre culpabilité, avait dit le marquis, et alors nous saurons bien nous justifier. Jusque-là, protester de notre innocence sera notre seule manière d'agir ; chercher à nous justifier par des preuves serait accepter une accusation que vous ne pouvez même nettement formuler.

En présence de la contenance froidement résolue des deux jeunes gens et du parti pris évident qu'ils avaient de ne pas répondre, les juges cherchèrent d'autres bases que les aveux des accusés pour établir leur acte judiciaire. Ce fut alors que les témoins appelés déposèrent, et, comme le

---

1. C'était dans ce même cachot que devaient être enfermés, quelques années plus tard, le baron de Bezenval et le malheureux Favras.

disait Danton à ses amis, ces témoignages furent accablants. Ce fut alors aussi que Georges, le valet de M. de Niorres, entra dans une voie de révélations qui devait conduire lui et les complices qu'il se donnait à une condamnation certaine.

C'était le dimanche matin qu'avait eu lieu la déposition de Georges, et Danton était parfaitement au courant de la situation, en ajoutant que le marquis et le vicomte ignoraient cet aveu si compromettant pour eux. C'est donc à l'heure même où se passaient au Vauxhall les scènes que nous avons rapportées dans les précédents chapitres que nous introduisons le lecteur dans la prison des deux jeunes gens, à l'instant précis où Lefèvre et sa femme, apprenant la triste situation dans laquelle se trouvait Mahurec, s'empressaient de quitter l'établissement de Torré pour courir au chevet du malheureux blessé.

Hoche les conduisait. Ney avait ramené Danton, lequel semblait fortement préoccupé par ce que venait de lui communiquer le jeune clerc de notaire. A quelques pas derrière eux marchait Fouquier, le prétendu conducteur de carrabas, l'agent du lieutenant de police.

Il pouvait être à peu près sept heures du soir, et le soleil était sur son déclin ; un dernier rayon, pénétrant par la fenêtre grillée pratiquée dans l'épaisseur de la muraille, éclairait l'intérieur de la prison. Les murs nus, blanchis à la chaux, présentaient tristement leur ton livide et uniforme. En face de la petite fenêtre était une énorme porte, sans serrure apparente, garnie d'un petit guichet grillagé, lequel permettait au surveillant de donner un coup d'œil investigateur dans la pièce. Deux tabourets de paille, une table en bois blanc, deux mauvaises couchettes sur lesquelles s'étalait un maigre matelas, recouvert de draps bis et d'une couverture grise, composaient, avec une cruche de grès, tout l'ameublement du cachot.

Charles et Henri étaient assis tous deux sur l'un des lits. La chaleur était étouffante entre ces murs épais, et, pour moins souffrir, les deux jeunes gens avaient rejeté leurs habits et leurs vestes. Leurs cheveux sans poudre, pendaient en longues mèches autour de leur front pâli. Une sombre douleur se lisait dans leurs regards fixés sur les dalles qui pavaient le cachot. Tous deux se tenaient la main et le plus profond silence régnait entre eux.

Tout à coup le vicomte de Renneville fit un mouvement convulsif, se leva brusquement, et, parcourant la chambre, tandis qu'une rougeur ardente teignait subitement son front :

— Oh! s'écria-t-il avec une rage sourde, une telle situation ne peut se prolonger longtemps! Lors même que notre innocence sera publiquement reconnue, on nous jettera toujours cette accusation à la face. Il y aura des gens qui se croiront mal convaincus et qui nous prétendront coupables! Cela ne se peut pas, Charles, cela ne se peut pas! Il faut en finir! Notre existence est désormais brisée; pourquoi chercher plus longtemps à en rattacher les fils rompus par une réunion de circonstances fatales?... Je ne lutte plus, moi! je ne me sens plus de courage que pour mourir!

— Mourir? répéta le marquis en se dressant vivement. Ce serait avouer une culpabilité dont notre mémoire serait à jamais souillée. Ce serait méconnaître ce que nous devons à nos ancêtres dont nous jetterions ainsi les noms honorés dans la fange! Non! non! Henri, il ne faut pas mourir! Il faut vivre assez pour triompher du sort injuste qui nous accable! Veux-tu donc que le monde répète que Blanche et Léonore ont aimé deux assassins?

— Mon Dieu! s'écria le vicomte, si elles nous aiment autant que nous les aimons, ce qu'elles souffrent doit être horrible! Pauvres chères créatures!

— Notre mort ajouterait à leurs souffrances!

— Mais la vie est-elle donc possible, Charles?

— Eh! s'écria le vicomte avec un emportement plus furieux encore, comment prouver la vérité? Comment nous défendre? Tout ne se dresse-t-il pas pour nous abattre? Chaque jour voit une arme nouvelle tourner contre nous sa pointe acérée. Expliquer notre présence à l'hôtel de Niorres, c'est jeter en pâture à la calomnie la réputation, l'honneur de deux nobles jeunes filles qui nous ont donné toute leur confiance, tout leur amour. Pouvons-nous donc répondre à cet amour, à cette confiance, par la honte?

— Mais, reprit le marquis, ne devons-nous donc pas dire la vérité entière? Où sera la honte dont tu parles? Nous aimons Blanche et Léonore, nous n'avons qu'un espoir, nous ne formons qu'un seul désir, c'est de leur faire agréer le nom que nous portons. Les terribles événements accomplis dans la famille de Niorres justifient suffisamment les craintes qui devaient nous agiter. Nous avions formé le plan d'arracher, de ce repaire de crimes, celles que nous aimons plus que la vie! N'étions-nous pas résolus à employer la violence s'il le fallait? Cela est la vérité, Henri, et cela explique notre présence dans les jardins de l'hôtel de Niorres. Quoi de plus naturel? Voilà ce qu'il faut dire, mon ami; et voilà ce que nous dirions à l'instant, si tu ne venais de me conjurer de garder le silence. Pourquoi? je l'ignore. Je t'ai promis de t'obéir sans que tu te fusses expliqué; mais cependant il est temps de répondre et de prouver notre entière innocence.

— Prouver cette innocence est impossible! dit le vicomte en secouant tristement la tête.

— Impossible? répéta le marquis en s'arrêtant brusquement.

— Oui, dit M. de Renneville en se laissant tomber sur le lit avec un accablement profond, impossible !

M. d'Herbois se rapprocha de lui vivement et lui prit les mains.

— Henri, dit-il, reviens à toi! Ta tête s'égare! Le malheur qui nous frappe a-t-il donc troublé ton esprit? Tu dis qu'il est impossible de prouver notre innocence? Pourquoi parles-tu ainsi?...

— Oh! fit le vicomte en jetant ses deux bras autour du cou de son ami, pardonne-moi, Charles; c'est moi qui suis la cause de tous les maux qui t'accablent! Pardonne-moi... car j'ai rendu irrécusable l'accusation qui, à cette heure, pèse sur nos têtes!

— Toi! s'écria le marquis en reculant d'un pas.

Un léger moment de silence régna dans la prison. Les derniers feux du soleil ne brillaient plus que fugitivement, et les premières vapeurs du soir, s'élevant au-dessus de la grande ville, plongeaient les cachots du Châtelet dans une vague obscurité.

Henri, à demi étendu sur le lit, le front pressé entre ses mains humides de sueur, semblait en proie à un fol accès de désespoir. Charles demeurait stupéfait, debout en face de son ami, se demandant s'il devait ajouter foi aux paroles qu'il venait d'entendre, et cherchant à se rendre compte de ce qui se passait dans l'esprit de Renneville.

Depuis la veille, effectivement, un changement complet s'était opéré chez le vicomte. Jusqu'alors il avait relevé un front calme sous l'accusation portée contre lui. Ferme et résolu, il avait rejeté avec mépris toute allégation lui paraissant indigne d'être combattue. Lui et le marquis avaient refusé de répondre durant leurs deux premiers interrogatoires, n'opposant que le silence aux questions pressantes du magistrat chargé de l'instruction.

Certains de leur innocence, ils pensaient que l'accusation tomberait d'elle-même, et ils eussent cru faire abnégation de leur dignité personnelle en descendant, eux, jusqu'à la combattre. Mais la veille au soir, le samedi, chacun des deux accusés avait été appelé par un juge différent et interrogé séparément.

Le marquis d'Herbois avait été reconduit le premier dans sa prison. Une demi-heure après le vicomte avait été ramené à son tour. Il faisait nuit; l'obscurité la plus profonde régnait dans la pièce, et Charles n'avait pu remarquer l'altération effrayante qui décomposait la physionomie de son compagnon.

Quelques mots avaient cependant été échangés entre eux; mais le vicomte, rejetant la répugnance qu'il éprouvait visiblement à répondre sur une indisposition qu'il prétendait ressentir, se renferma dans un mutisme absolu. M. d'Herbois crut devoir laisser son ami se livrer au violent chagrin auquel il semblait être en proie, et, pensant que l'interrogatoire qu'il venait de subir avait de nouveau excité ses douleurs, il s'abstint de toute nouvelle insistance.

La nuit entière s'était passée comme s'étaient accomplies les nuits précédentes, les deux jeunes gens ne donnant au sommeil que les heures de repos absolument exigées par les besoins de la nature. Le jour était venu; le vicomte paraissait dormir encore; le marquis respecta son repos. Enfin le geôlier avait apporté le frugal repas du matin. Henri avait refusé d'en prendre sa part. Cependant il semblait remis, et il n'avait pas tardé à reprendre avec le marquis la conversation habituelle, celle qui les occupait uniquement et qui avait trait aux deux nièces du conseiller.

M. d'Herbois avait remarqué plusieurs fois des hésitations, des réticences, des mouvements singuliers chez son interlocuteur. On eût dit que celui-ci avait une confidence pénible à faire, et qu'au moment décisif il s'arrêtait et n'osait continuer.

Le vicomte pâlissait et rougissait tour à tour. Parfois il se levait et marchait dans la pièce, comme s'il eût cherché à faire circuler le sang qui envahissait sa poitrine et étouffait sa respiration. Le marquis avait remarqué tous ces symptômes; mais il les avait attribués à l'indisposition dont s'était plaint, la veille, le vicomte: indisposition que justifiait suffisamment la cruelle situation morale dans laquelle ils se trouvaient tous deux. Enfin le vicomte, cédant à la violence des sentiments qui l'agitaient, avait formulé nettement le désir de ne pas supporter plus longtemps le malheur; et avait proposé la mort comme le seul remède aux douleurs présentes.

Le marquis, étonné tout d'abord, avait combattu cette proposition insensée; mais aux dernières paroles prononcées par M. de Renneville il s'était reculé, frappé par une crainte subite : celle que son ami ne fût attaqué d'un accès d'aliénation mentale. Aussi, se rapprochant du vicomte, il se plaça sur le lit.

— Henri, mon ami, lui dit-il d'une voix douce, que signifient les paroles que tu viens de me dire? Pourquoi me demander un pardon dont tu n'as que faire? Pourquoi t'accuser de notre malheur commun? Ne te laisse pas aller aux sombres pensées qui peuvent envahir ton cerveau comme parfois elles assiègent le mien...

— Je ne me laisse entraîner nullement par un sentiment exagéré, comme tu parais le croire, interrompit M. de Renneville. Seulement je vois

Tout à coup un point lumineux brilla à l'extrémité du corridor, la lueur d'une lanterne l'éclaira progressivement. (P. 632.)

l'avenir plus sombre que tu ne peux l'envisager, par la raison bien simple qu'il est une circonstance que tu ignores et que je connais, moi, et que cette circonstance s'élève contre nous comme une preuve terrible, accablante, d'un crime que, cependant, nous n'avons pas commis.

— Je ne te comprends pas, dit M. d'Herbois avec un étonnement croissant; car il sentait que son ami parlait fort sensément et était parfaitement maître de lui-même. A quelle circonstance fais-tu allusion, et comment se fait-il que, depuis notre arrestation, depuis quatre jours, tu ne m'aies pas dit un mot de cette circonstance que tu prétends être si terrible pour nous ?

— Parce qu'elle s'était complètement effacée de ma mémoire...

— Quoi! une chose aussi sérieuse...

— Ne prolongeons pas cette explication, pénible pour moi, par des discussions inutiles, interrompit Henri avec une fébrile impatience. Mon seul tort est, en réalité, d'hésiter depuis hier soir à te confier ce qui est... J'avais peur que ton amitié pour moi ne se changeât en indifférence... peut-être en haine et en mépris... C'est là mon excuse.

— Que parles-tu de haine et de mépris! s'écria le marquis avec violence. Moi te haïr! moi te mépriser! Allons donc, Henri, tu perds la raison!

Le vicomte se tourna vers son ami qui s'était levé brusquement, et, le prenant par les mains, le força à se rasseoir près de lui.

— Te rappelles-tu, Charles, dit-il sans répondre aux exclamations du marquis; te rappelles-tu bien tous les événements de cette épouvantable nuit, durant laquelle Dieu aurait dû nous faire trouver la mort ?

— Tous les événements de cette nuit horrible sont gravés là! répondit le marquis en se frappant le front.

— Tu n'en as oublié aucun?

— Aucun.

— Ainsi, tu te souviens qu'après avoir fouillé tour à tour les chambres du premier étage de l'hôtel, après avoir trouvé morts, lâchement assassinés dans leurs appartements, M. et Mme de Nohan, nous nous élançâmes vers le second étage, alors que l'incendie éclatait dans sa plus terrible violence?

— C'est-à-dire, Henri, que nous essayâmes de traverser les flammes, et que ce ne fut qu'après une lutte effroyable avec l'élément destructeur que nous parvînmes, à demi asphyxiés, à franchir les degrés du second étage...

— Je ne sais ce qui se passait alors en toi, Charles, mais moi, je sentais ma raison s'ébranler; j'étais à demi fou de rage, de douleur. Il me semblait que nous ne sortirions jamais de cette fournaise ardente, et mon seul désir, mon unique espoir était de rejoindre Léonore et Blanche pour mourir près d'elles et avec elles.

— Je ne puis plus analyser maintenant ce que j'éprouvais, répondit le marquis. Seulement ce que je sais, c'est que mon désir, c'est que mon espoir étaient les mêmes que les tiens...

— Ce fut alors, reprit le vicomte, qu'un pan de mur s'écroula près de nous et que tu tombas frappé par une poutre enflammée.

— Oui... je m'évanouis sous le choc, mais cet évanouissement fut court...

— Je ne sais, répondit le vicomte.

— Quoi! tu m'as toi-même affirmé que cet évanouissement avait duré à peine l'espace de quelques secondes...

— Je le croyais, Charles, alors que je te l'affirmais, car, ainsi que je viens de te le dire, j'avais oublié...

— Oublié! répéta le marquis, mais qu'est-ce donc? qu'avais-tu oublié?...

— Ce qui s'était passé pendant que tu étais évanoui... Je ne me le suis rappelé qu'hier, en présence du magistrat qui m'interrogeait et dont les paroles m'ont rendu le souvenir...

— Encore une fois, je ne te comprends pas!

— Eh bien! Charles, tu vas me comprendre! dit le vicomte avec une énergie singulière. En te voyant tomber, je te crus mort... oh! je me souviens parfaitement maintenant. Mon exaltation était alors à son comble... Pendant quelques instants, je devins fou! Je m'élançai dans les flammes sans savoir où j'allais... Croyant sans doute à de nouveaux périls qu'il me faudrait combattre, j'avais saisi le pistolet que Mahurec m'avait contraint à prendre, tu te rappelles?

Le marquis fit un signe affirmatif.

— Cette arme à la main, continua M. de Renneville, je bondissais au milieu des décombres embrasés. Comment parvins-je sur le seuil d'une chambre encore isolée du foyer de l'incendie, je ne puis le dire, mais ce que je sais, c'est que je pénétrai à l'intérieur... Là encore un affreux et sanglant spectacle s'offrit à mes yeux et redoubla l'accès furieux qui troublait mes facultés intellectuelles. Mme de Versac gisait là assassinée et deux enfants avaient été tués près d'elle... Je m'élançai vers les cadavres, je me penchai vers eux... cherchant avec anxiété un indice d'existence, quand tout à coup... le pistolet que je tenais toujours fit feu... soit que mon doigt eût pressé involontairement la détente, soit plutôt que l'ardeur des flammes qui commençaient à envahir la pièce eût allumé la poudre... J'étais près de l'un des enfants... oh! il était mort déjà! il était mort avant que je pénétrasse dans la chambre, Charles, je te l'affirme! je te le jure sur mon honneur de gentilhomme! je te le jure sur ma foi de chrétien!

— Oh! je te crois, Henri! je te crois! dit vivement le marquis en saisissant le bras de son ami.

— Il était mort, j'en suis certain, reprit le vicomte, car son cadavre n'a même pas tressailli. Mais ce coup de feu en frappant l'enfant m'avait atteint au cœur... j'étais là, immobile, fasciné, mon pistolet fumant encore à la main... Ce fut alors qu'un cri effrayant retentit derrière moi, qu'une main s'abattit sur mon épaule et que le mot ASSASSIN ! frappa mon oreille. Je me retournai... M. de Niorres était devant moi... Je voulus parler... mes lèvres se refusèrent à laisser passer un son. Il me repoussa violemment et s'élança hors de la pièce... Tu entrais dans l'appartement par une autre porte. Tu sais ce qui suivit cette scène horrible... M. de Niorres revint presque aussitôt avec le lieutenant de police et ceux qui l'accompagnaient... Je n'avais pu prononcer un seul mot. J'étais frappé de mutisme... On nous arrêta... Tu te souviens alors, sans doute (quant à moi, je me rappelle vaguement)? mais je tombai, je crois, sans connaissance.

— Oui, dit le marquis, tu fus en proie à une horrible attaque nerveuse, dont j'ignorais la cause principale, mais qu'expliquaient des circonstances affreuses, et dont tu ne fus délivré que le lendemain, lorsque l'on nous fit quitter la Bastille...

— En revenant à moi, continua le vicomte, j'avais tout oublié. Je ne me souvenais de rien depuis l'instant où je t'avais vu tomber... Ce fut toi qui m'appris que nous avions été arrêtés dans la chambre de Mme de Versac. Par suite de quel étrange phénomène cet événement épouvantable s'était-il effacé de ma mémoire? Je ne puis l'expliquer, mais je crois, je te le répète, que je fus durant quelques instants le jouet d'un subit accès de folie furieuse. La douleur de savoir Blanche et Léonore en proie à un péril mortel et de ne pouvoir les sauver, ni même les rejoindre; le désespoir que m'avait causé ta chute, car je te croyais tué, je le répète; l'exaltation qu'avaient développée dans tout mon être les périls sans nombre que nous venions de traverser, jointe, sans doute, aux secousses matérielles produites sur son organisation par l'extrême chaleur qui menaçait, à chaque instant de nous faire suffoquer et qui faisait bondir tout le sang de mes artères vers le cerveau, avait déterminé une sorte de congestion qui devait me tuer et à laquelle je n'ai survécu que par un miracle... Lorsque je retrouvai le calme, il me sembla sortir d'un rêve long et douloureux. Mes idées étaient confuses... et ce ne fut qu'avec ton aide qu'elles se rétablirent peu à peu dans ma tête. Mais la scène que j'ai décrite avait complètement disparu de mon esprit...

— Mais, dit M. d'Herbois, comment se fait-il que tu te sois souvenu hier soir? Comment se fait-il qu'aucun des magistrats qui nous ont interrogés ensemble n'ait parlé de cette circonstance si grave cependant et qu'il nous importe si fort d'expliquer?

— Il paraît, reprit le vicomte de Renneville après un moment de silence, que la déposition détaillée, faite contre nous par M. de Niorres, n'a eu lieu qu'hier matin. C'est à cette cause que j'attribue notre interrogatoire séparé d'hier soir. M. de Niorres a déclaré m'avoir surpris accomplissant le dernier et le plus infâme des forfaits : l'assassinat de son petit-fils ! Lorsque le magistrat qui m'interrogeait m'énonça cette accusation horrible, appuyée sur le dire d'un témoin oculaire, tout mon sang se glaça dans mes veines par suite de l'indignation que je ressentis. Ce qu'il me fallut de puissance pour accomplir l'effort à l'aide duquel je me contraignis, je ne puis te l'expliquer... et ce que j'ai souffert durant quelques secondes... Dieu seul le saura jamais ! Furieux, je voulus cette fois répondre à l'accusation, et je sommai le magistrat de me donner les preuves de ce crime sans nom dont on osait me souiller. Oh ! continua le comte en changeant de ton, juge, Charles, de ce que mon cœur endura de tortures lorsqu'en écoutant la lecture de cette déposition précise et détaillée, je sentis se déchirer un voile qui obscurcissait mon cerveau !... La mémoire me revenait... je me rappelais tout... et lorsque le magistrat eut achevé, je demeurai foudroyé, anéanti, dans l'attitude enfin d'un véritable coupable ! Que pouvais-je ? comment combattre cette preuve écrasante ? Moi seul savais ce qui c'était passé, moi seul pouvais l'expliquer, et il était évident que l'on n'ajouterait pas foi à mes paroles. M. de Niorres m'avait surpris, et il devait croire, lui, à l'accomplissement du crime. Celui-là expliquait tous les autres...

— Pauvre ami ! dit M. d'Herbois en pressant Henri contre sa poitrine. Oh ! le destin nous est fatal !

— Nier était impossible, reprit le vicomte avec véhémence. Le fait déposé était vrai, et mon honneur ne pouvait le déclarer faux ! Ce que M. de Niorres ne savait pas, ce qu'il ne pouvait savoir, c'est que l'assassinat était accompli avant mon entrée dans la pièce !... Dis, maintenant, Charles ! comprends-tu notre situation affreuse ? Comprends-tu qu'il est inutile que nous cherchions à lutter ? Dieu nous a abandonnés d'avance. Pourquoi attendre la justice des hommes, qui nous condamnera dans son erreur ? Je te le répète, Charles, il faut mourir !... Voilà la cause de mes douleurs secrètes, voilà la cause de ma détermination de ne pas supporter plus longtemps un supplice ignominieux... Maintenant, me pardonnes-tu ?...

M. d'Herbois ne répondit pas tout d'abord. Son front penché s'était couvert d'une sueur froide, et son œil demeurait sans regards. Le malheureux gentilhomme comprenait sans doute aussi, lui, que tout était perdu.

— Mais, dit-il tout à coup en redressant la tête, il est certain, il est évident, pour tout le monde, que les crimes commis ont dû être accomplis avant que l'incendie fût allumé, sans quoi l'une des malheureuses victimes eût au moins cherché à fuir. On eût appelé, et le plus profond silence a répondu seul à nos cris...

— Sans doute, répondit le vicomte.

— Eh bien! nous n'avons pénétré dans l'hôtel qu'aux premières lueurs de l'incendie...

— Nous pouvons l'affirmer; mais qui peut le prouver?

— Qui? Mahurec, qui nous accompagnait, Georges, le valet de l'hôtel qui nous attendait avec la voiture.

Le vicomte secoua la tête.

— Qu'est devenu Mahurec? dit-il. Comment se fait-il que nous n'ayons pas entendu parler de lui?... Encore une déception, Charles!

— Tu crois que Mahurec nous abandonnerait parce que le malheur nous frappe? s'écria le marquis. Tu serais injuste envers le matelot!

— Aucune voix ne s'est élevée en notre faveur. La sienne eût dû le faire. D'ailleurs, que Mahurec nous ait ou non abandonnés, qu'importe? Son témoignage serait rejeté par la justice; Mahurec n'est-il pas notre subordonné? L'affection qu'il prétendait nous porter n'était-elle pas connue au point de faire considérer Mahurec comme l'un de nos serviteurs?...

— Mais Georges?...

— Georges ne sait rien et ne peut rien dire!...

— Cependant, s'écria le marquis avec violence, il est impossible que l'on flétrisse deux hommes d'honneur, que l'on jette la boue sur l'uniforme de deux officiers du roi, que l'on déclare infâmes deux loyaux gentilshommes, et coupables deux innocents!...

— La justice en serait-elle à sa première erreur?

— Mais que conclus-tu donc, Henri?

— Je conclus, encore une fois, qu'il faut mourir, Charles!

— Déserter au moment du combat!

— Non! mais éviter la honte.

— Eh! ne nous suivra-t-elle pas jusque dans la tombe? Mourir, c'est nous avouer coupables?

— Mais l'on nous condamnera comme tels!

— Eh bien! je protesterai jusque sur l'échafaud. Que nos têtes roulent sous la hache du bourreau, mon dernier cri aura été une protestation d'innocence! D'ailleurs, et Blanche, et Léonore, que tu oublies!

— C'est parce que je pense à elles que je veux mourir! Elles nous mépriseront!

— Nous mépriser! s'écria le marquis avec un geste violent.

En ce moment, un bruit de pas retentit dans le corridor conduisant à la prison. Les deux gentilshommes se turent spontanément et se regardèrent avec anxiété, car la nuit était devenue complète durant l'entretien que nous venons de rapporter, et, à pareille heure, la porte des Chaînes ne s'ouvrait jamais. Cependant le bruit métallique, que produit un trousseau de clefs remué avec fracas, arrivait distinctement jusqu'à eux. Bientôt après les verrous crièrent dans leurs gâches, et la serrure grinça sourdement. La porte s'ouvrit, et le geôlier parut sur le seuil, tenant respectueusement, à la main, son bonnet de laine.

— Que nous voulez-vous? demanda brusquement le marquis.
— Vous prier de me suivre, messieurs, répondit le geôlier.
— Où cela? demanda le vicomte.
— A l'étage supérieur.
— Pour nous interroger?
— Non, messieurs.
— Pourquoi faire alors?
— Parce que j'ai reçu ordre de vous faire changer d'habitation.
— Ah! dit le marquis; cette prison n'était peut-être pas assez laide!
— On veut nous séparer! s'écria le vicomte avec inquiétude.
— Je puis vous affirmer le contraire, messieurs, répondit le geôlier. Vous serez toujours ensemble, ainsi que vous l'avez demandé, et le nouvel appartement, auquel je vais vous conduire, vous sera moins désagréable que celui-ci. Il est beaucoup mieux installé.

Le marquis et le vicomte se regardèrent avec étonnement.

— Pourquoi ce changement que nous n'avons pas sollicité? dit M. de Renneville.

Le geôlier fit signe qu'il ne pouvait répondre à cette question.

— Si ces messieurs veulent bien me suivre, se contenta-t-il de répéter.

Le marquis et le vicomte se disposèrent à prendre leurs habits déposés sur une chaise.

— On viendra chercher tout cela, messieurs, dit le geôlier avec empressement; ne vous donnez pas cette peine.

Les deux jeunes gens échangèrent encore un regard de surprise à cette prévenance inattendue, et ils firent signe à leur interlocuteur qu'ils étaient prêts à le suivre. Le geôlier marcha devant les deux prisonniers, éclairant de la lanterne, qu'il tenait à la main, les sombres détours du corridor. On atteignit un escalier taillé dans l'épaisseur de la muraille, et les deux jeunes gens gravirent les marches à la suite de leur conducteur. A l'étage supérieur, un autre geôlier attendait à l'entrée d'un second corridor. Il prit la tête du petit cortège, et, arrivé en face d'une porte ouverte, il s'arrêta et s'effaça pour laisser passer le marquis et le vicomte.

La pièce, dans laquelle venaient de pénétrer les deux jeunes gens, était beaucoup plus vaste que celle qu'ils avaient abandonnée : une large fenêtre grillée donnait accès à un volume d'air bien plus considérable. Les meubles étaient beaucoup plus propres et infiniment plus confortables. Il y avait dans cette chambre une certaine recherche qui tendait évidemment à faire oublier la prison.

Le premier geôlier qui s'était absenté, après avoir remis les deux prisonniers à son camarade, rentra en cet instant. Il tenait à la main une petite lampe de cuivre qu'il déposa sur une table.

— On vous accorde une lumière, dit-il.

Puis comme les deux jeunes gens, mal revenus de leur surprise, le regardaient sans répondre :

— J'ai ordre d'introduire, près de ces messieurs, une personne qui vient de se présenter au Châtelet.

— Qui donc? s'écrièrent à la fois les deux prisonniers.

— Je l'ignore, répondit le geôlier; je ne fais qu'obéir aux ordres que l'on vient de me transmettre.

Charles et Henri se regardèrent encore.

— Qui cela peut-il être? murmurèrent-ils.

Le geôlier avait quitté de nouveau la chambre. Son camarade veillait sur le seuil de la pièce. MM. d'Herbois et de Renneville attendaient avec une anxiété manifeste. Le corridor, au fond duquel était située la porte de la nouvelle prison, s'étendait en ligne droite en face des deux jeunes gens. Leurs regards s'efforçaient de percer les ténèbres qui y régnaient. Tout à coup un point lumineux brilla à l'extrémité du corridor; la lueur d'une lanterne l'éclaira progressivement, et le marquis et le vicomte purent distinguer vaguement une ombre se dessinant derrière le corps du geôlier.

LVIII

LE VISITEUR

Le personnage qui s'avançait avait la démarche libre de la jeunesse, la tournure dégagée d'un homme de cour et le costume brillant d'un gentilhomme. Un chapeau rond, à bords larges et plats, galonné d'or, dérobait une partie de son visage.

— Le geôlier, s'effaçant le long de la muraille, laissant passer le visi-

Si le comte n'avait d'autre but que celui de capter la confiance des deux jeunes gens, il pouvait être assuré du succès. (P. 636.)

teur en s'inclinant profondément devant lui, referma la porte dès qu'il fut entré, et il s'éloigna avec son camarade. La lueur douce, que répandait la petite lampe en éclairant faiblement la pièce, ne permettait pas aux deux prisonniers de distinguer nettement les traits du mystérieux personnage.

Charles et Henri attendaient donc en silence, ne comprenant évidemment rien à ce qui se passait.

Le visiteur ôta son chapeau et salua gracieusement en faisant quelques pas en avant. Les rayons de la lampe tombèrent alors sur son visage; le marquis et le vicomte tressaillirent.

— Vous me reconnaissez, messieurs? dit le visiteur en souriant.

— N'est-ce point vous, monsieur, qui avez assisté à notre interrogatoire hier matin? demanda le marquis.

— Moi-même.

— Alors vous êtes le comte de Sommes?

— Tout disposé à vous servir et trop heureux s'il peut réussir à vous être agréable.

Et le comte de Sommes, car c'était lui en effet, s'inclina de nouveau. M. de Renneville lui présenta un siège. Tous trois s'installèrent autour de la petite table, et un profond silence régna tout d'abord.

— Messieurs, commença le comte en devinant ce qui se passait dans l'esprit des deux prisonniers, vous ne comprenez rien à ma démarche, n'est-il pas vrai? Je n'ai pas l'honneur d'être connu de vous. Vous m'avez aperçu hier matin, durant quelques instants, et dans une situation si pénible pour vous, que ma présence devait être une douleur de plus. Quoique je vous aie, en peu de mots, expliqué cette présence par toute la sympathie que vous m'inspiriez, je vous supplie, encore à cette heure, de me pardonner ce qui, dans ma conduite, a pu vous être désagréable. Enfin, mon nom, qui vous est à peu près étranger, ne vous dit pas davantage ce que je suis et surtout ce que je voudrais être. En vous expliquant rapidement le motif de la démarche que je fais ce soir, vous comprendrez tout.

Charles et Henri ne répondirent pas, mais ils s'inclinèrent en signe qu'ils étaient prêts à écouter. Le comte prit deux lettres dans la poche de sa veste et tendit l'une au marquis, l'autre au vicomte.

— Monsieur le marquis, dit-il, Mlle Blanche a bien voulu me charger de vous remettre ce billet, et Mlle Léonore m'a donné celui-ci pour M. de Renneville.

Les deux jeunes gens étouffèrent un même cri de surprise et de joie, et saisirent les deux lettres d'une main frémissante. Tous deux rompirent brusquement les cachets, tous deux parcoururent avidement les quelques lignes que contenait chaque lettre, et, avec un même mouvement, ils se retournèrent vers le visiteur.

— C'est vous, monsieur, qui durant cette nuit fatale avez sauvé la vie à Blanche? s'écria le marquis.

— Et à Léonore? ajouta le vicomte.

— Le ciel m'a effectivement permis d'avoir ce bonheur d'être utile à ces charmantes jeunes filles, répondit modestement le comte. Mais, je vous en conjure, laissons de côté des remerciements que je ne mérite pas, car j'ai fait, pour elles, ce que j'aurais fait pour toutes autres. J'ignorais qui était en péril alors que j'ai tenté d'arracher aux flammes les victimes qu'elles voulaient dévorer. D'ailleurs je ne vous ai pas remis ces lettres pour provoquer l'expansion de votre reconnaissance; elles devaient me servir d'introduction auprès de vous, voilà tout.

— Oh! monsieur, dit le marquis, que ne vous devons-nous pas?

— Sans vous, ajouta le vicomte, sans votre généreux dévouement, le malheur qui nous a frappés serait irréparable.

— Et il ne l'est pas, messieurs, dit vivement le comte, voilà précisément le motif de ma visite inattendue. Ce malheur, qui s'appesantit sur vos têtes, il faut le conjurer. Je ne suis venu ici que pour vous prêter mon aide, que pour vous aider à échapper au péril qui vous menace.

— Comment? demanda M. d'Herbois.

— Messieurs, continua le comte, avant de vous parler plus confidentiellement, il faut que je vous dise la part que j'ai prise aux événements qui se sont passés. J'étais avec M. Lenoir, le duc de Lauzun et le marquis Camparini alors que M. de Niorres a porté contre vous la terrible accusation...

— Ah! interrompirent les deux jeunes gens en redressant la tête.

— Vous n'avez pu remarquer ma présence au milieu du trouble si naturel qui s'était emparé de vous, mais je vous ai vus, moi, messieurs, et mon premier cri a été en votre faveur. « Ils ne sont pas coupables! » ai-je dit à Lauzun. Ne me remerciez pas de cette pensée, messieurs : j'agissais suivant ma conscience! Non! deux hommes de naissance, deux nobles officiers de la marine royale, deux amis du bailli de Suffren ne pouvaient pas être coupables d'une série de forfaits aussi odieux, aussi épouvantables! Douter un seul instant, eût été une insulte pour les noms que vous portez!

En entendant ces paroles si consolantes dans la situation où ils se trouvaient, les deux jeunes gens se levèrent, mus par un même sentiment et ils tendirent la main au comte de Sommes.

— Merci, monsieur, dit le marquis d'une voix grave. Nous sommes, en effet, dignes de toute votre sympathie.

— Ma conviction, qui cependant ne se basait sur aucun fait matériel, quand toutes les preuves paraissaient s'amasser contre vous, poursuivit le comte, ne me fit pas défaut un seul moment. Je vis Mlles de Niorres : leur désespoir était effrayant. Je cherchai à leur donner du courage, à faire briller, devant leurs yeux noyés de larmes, une lueur d'espérance consolatrice. Le service que j'avais pu leur rendre les avait disposées à m'accorder la confiance que je sollicitais. En m'écoutant, elles se calmèrent et elles m'apprirent que votre présence dans les jardins de l'hôtel de Niorres, durant cette nuit terrible, n'avait d'autre cause que la promesse qu'elles vous avaient faites toutes deux d'un rendez-vous dans ce même jardin.

— Mais, s'écria le vicomte, elles ne sont pas venues. Qui donc les a retenues ?

— Une ruse infâme, messieurs !

— Une ruse ! répéta le marquis ; employée par qui ?

— Par vos ennemis.

— Mais nos ennemis, qui donc sont-ils ?

— Ceux qui ont intérêt à empêcher les mariages arrêtés, ceux enfin qui ont probablement commis les crimes dont aujourd'hui on vous accuse !

— Mon Dieu ! dit M. de Renneville, de quel dédale d'infamies sommes-nous donc enveloppés ?

— Mais cette ruse, reprit le marquis avec une vivacité extrême, quelle était-elle ? Quel moyen a-t-on pu employer pour empêcher Mlles de Niorres de tenir la promesse qu'elles nous avaient faite ?

— Un moyen très simple, bien usé, mais qui réussit cependant toujours : la calomnie !

— La calomnie ! répéta le vicomte.

— Oui ! la calomnie dont Beaumarchais vient de tracer un si hideux portrait.

Et le comte de Sommes, entrant aussitôt en matière, raconta minutieusement une partie de la scène qui avait eu lieu entre lui et les deux jeunes filles, seulement il la présenta sous un aspect complètement différent. Selon lui, la confidence, loin d'être provoquée par ses soins, avait été faite presque spontanément par Blanche.

Charles et Henri l'écoutaient avec une attention profonde. En entendant cet homme qu'ils ne connaissaient pas, en le voyant s'immiscer dans leurs pensées les plus intimes, prendre une part active à ce qui leur arrivait, et paraissant leur apporter les preuves d'une affection sincère et d'un dévouement généreux à leur cause, il leur semblait que M. de Sommes était pour eux un vieil ami.

Si le comte n'avait d'autre but que celui de capter la confiance des deux jeunes gens, il pouvait être assuré du succès. Lorsqu'il parla des lettres de la Guimard et de celles de la Duthé, le marquis et le vicomte firent, en même temps, un geste d'étonnement et d'indignation, mais le comte, poursuivant rapidement son récit, ne leur permit pas de l'interrompre. Il dit, en altérant la vérité dans les détails, qu'un hasard étrange avait fait qu'il fût en ce moment dans les bonnes grâces de la célèbre danseuse, tandis que son ami le duc de Lauzun passait pour avoir inspiré, depuis quelques jours, à Mlle Duthé, une passion complètement en dehors de ses habitudes. Ce même hasard, toujours favorable, avait permis que le comte fût porteur, à l'heure où il parlait aux deux jeunes filles, de plusieurs lettres d'une date récente et dont les expressions détruisaient toute pensée d'autres amours.

Ces lettres, il n'avait pas hésité à les mettre sous les yeux de Blanche et de Léonore, et sa parole persuasive aidant, il était venu à bout de détruire, absolument, les effets de cette calomnie si habilement préparée. Mlles de Niorres avaient rendu toute leur affection aux deux marins.

Comme on le voit, le comte arrivait bien à la même péroraison que celle qui était conforme à la vérité, mais pour atteindre ce résultat, il avait pris un chemin passablement détourné. Au moment où il achevait de donner cette explication si intéressante pour ses interlocuteurs, ceux-ci se levèrent à la fois et saisirent chacune des mains de M. de Sommes, qu'ils pressèrent avec un sentiment de gratitude évidente.

— Monsieur, dit le marquis d'Herbois d'une voix profondément émue, je ne sais comment vous exprimer toute notre reconnaissance ! Vous, que nous connaissons à peine, avez daigné agir envers nous comme ne l'eût pas fait peut-être un ami de dix ans !

— Vous êtes le seul qui ayez tendu vers nous une main secourable et consolatrice ! ajouta le vicomte. Que pourrons-nous faire jamais pour acquitter une dette comme celle que nous contractons aujourd'hui envers vous ?

— Me croire votre ami le plus sincère, dit le comte de Sommes, et me permettre de consacrer mes efforts, mon bras, ma tête et mes influences à faire triompher la cause de l'innocence et celle de la vérité. C'est une tâche que je me suis imposée, messieurs, et qu'il faut que je remplisse !

Un léger silence suivit cet échange de protestations amicales.

Vous comprenez, reprit le comte en faisant un effort visible pour contenir l'émotion vraie ou fausse qui l'agitait, vous comprenez que ma conversation avec Mlles de Niorres me démontra que j'avais pensé noblement, en rejetant loin de vous tout soupçon accusateur. Dès lors, je n'eus plus qu'un but : celui de tout faire pour mettre au jour votre innocence. J'ai l'honneur, messieurs, d'être nommé par S. A. le duc de Chartres son plus intime ami. Cette affection de monseigneur me donne une influence puissante sur les événements et sur les hommes, et cette influence, je l'utilisai aussitôt pour commencer l'œuvre que j'allais entreprendre. J'obtins, du lieutenant de police, l'autorisation d'assister à vos interrogatoires ; c'est ce qui vous explique ma présence auprès du magistrat chargé d'instruire votre procès. Je voulais (je l'espérais du moins) trouver dans vos réponses les preuves matérielles que je cherchais activement. Malheureusement vous refusâtes d'entrer en aucune explication, et, bien que votre contenance déjouât mes projets, je ne pus m'empêcher de l'admirer ; et votre calme froid et méprisant, en écartant les demandes du juge, me convainquit plus encore que l'intérêt sympathique que vous m'inspiriez était fondé. Je fus mis à même de lire les dépositions des témoins. Plusieurs sont accablantes, celle de M. de Niorres entre autres. Cet homme a juré votre perte, et il ne recule devant aucune infamie pour l'accomplir...

— M. de Niorres ! s'écria le marquis. Croyez-vous donc qu'il nous accuse contre sa conscience ?

— Je le crois, dit nettement le comte.

— Impossible ! fit M. de Renneville. M. de Niorres a bien des torts envers nous, mais son cœur est honnête !

— Il s'est opposé tout d'abord, et sans aucuns motifs, aux mariages arrêtés entre vous et ses nièces, reprit froidement le comte de Sommes. Il a formellement refusé de vous recevoir dans son hôtel, il s'est constamment conduit, vis-à-vis de vous, comme un homme vous haïssant profondément.

— Cela est vrai ! balbutia Henri.

— C'est lui qui a remis à Blanche et à Léonore, ou du moins qui leur a fait remettre, cette correspondance surprise, et dont il espérait un effet favorable selon ses désirs.

— Il aurait fait cela ! s'écria le marquis.

— M. Lenoir m'a déclaré lui avoir donné connaissance de ces épîtres, et même lui en avoir remis quelques-unes en main propre.

— Le lieutenant de police vous a dit cela ?

— Je vous le jure sur mon honneur !

— Un tel homme employer une telle ruse !

— Et qui donc eût pu l'employer, si ce n'est lui ?

— C'est vrai ! c'est vrai ! dit encore le vicomte.

— Avant la nuit fatale, il vous avait accusés déjà tous deux des crimes commis dans sa famille !

— Lui ! s'écrièrent les deux jeunes gens.

— M. Lenoir me l'a affirmé !

— Quoi ! dit le marquis en frémissant d'indignation, on avait osé nous soupçonner...

— Il disait, continua le comte, que Blanche et Léonore, devant être unies avec vous, vous seuls aviez intérêt à appeler sur leur tête toute la fortune de la famille !

— Horrible! horrible! dit Henri avec une expression de colère effrayante.

— Je vous déchire le cœur, fit le comte avec un accent de regret; mais il le faut! Je dois éclairer complètement la route à suivre. Oui, M. de Niorres vous accusait déjà avant cette nuit de crimes, et la déposition qu'il a faite n'est que le résultat d'une odieuse machination.

— Cela n'est pas! cela ne saurait être! dit M. d'Herbois avec emportement.

— Cela est, messieurs!

— Mais pourquoi? Dans quel but nous charger ainsi, nous, innocents?

— Pour enfouir à jamais dans vos tombes un secret dont un hasard vous a fait maîtres! dit le comte en baissant la voix.

Les deux jeunes gens se regardèrent avec stupéfaction.

— Un secret! répétèrent-ils.

— Rappelez-vous la Madone de Brest!

— La Madone! dit le marquis.

— La Madone! répéta le vicomte

— La Madone qui vous a fait sa confession à son lit de mort.

Les deux prisonniers demeurèrent foudroyés. Ils croyaient ce secret de la vie passée du conseiller connu d'eux seuls et de M. de Niorres.

— La Madone! répétèrent-ils encore en courbant la tête.

— Vous me demandez comment je puis avoir connaissance de cette histoire? reprit le comte. Peu importe, je sais tout, cela est l'essentiel. Comprenez-vous, maintenant, la conduite de M. de Niorres?

— Les preuves que M. de Niorres nous avait accusés déjà? demanda le marquis.

— Vous aurez ces preuves en entendant la lecture de votre acte d'accusation. D'ailleurs, pourquoi vous dirais-je cela si je n'en étais pas convaincu? Dans quel but agirais-je?

— Ainsi, reprit le vicomte, qui, depuis quelques instants, semblait plongé dans les plus amères réflexions; ainsi, parce que nous sommes pauvres, on nous accuse d'avoir voulu nous enrichir en commettant des crimes infâmes?

— M. de Niorres a fait plus, ajouta le comte d'une voix incisive, il a répandu le bruit que vous ne pouviez échapper aux embarras que vous causaient des dettes énormes qu'en contractant de riches mariages; et il prétend que, la veille même du jour où l'incendie était allumé dans son hôtel, vous empruntiez à un juif usurier en escomptant vos prochaines unions avec ses nièces!

En entendant cette dernière phrase, Henri et Charles étouffèrent un cri prêt à jaillir de leur gorge aride. Ils se rappelaient l'emprunt contracté par l'entremise de Roger, et ils voyaient cet acte se dresser encore devant eux comme une accusation nouvelle. Sans doute le comte jugea que le désespoir et la rage avaient atteint leur paroxysme dans le cœur de ses interlocuteurs, car, changeant de ton brusquement :

— Cet homme veut votre perte, dit-il d'une voix plus douce, et c'est contre lui seul qu'il faut lutter.

— Et Mme de Niorres, que dit-elle? demanda le marquis d'une voix brisée.

— Mme de Niorres a été convaincue par son beau-frère; j'ai le douloureux regret de vous l'apprendre. Elle partage, à cette heure, sa manière de voir, et cela au point que ses filles n'ont pas osé prendre la parole en votre faveur, et ont reculé devant l'aveu qu'elles voulaient faire du rendez-vous qu'elles vous avaient accordé, rendez-vous qui explique si bien votre présence dans le jardin de l'hôtel, la nuit où se sont accomplis les sinistres événements. Mlle Blanche était certaine, m'a-t-elle dit, que si sa mère et son oncle connaissaient ce détail, elles seraient toutes deux enfermées au fond d'un cloître!

— Oh! s'écria le marquis en serrant les mains du vicomte, tu avais raison, Charles! Il ne faut rien dire. Que le destin fatal s'appesantisse sur nous seuls!

Le comte entendit ces paroles, mais il ne demanda aucune explication.

— Mais, dit M. de Renneville en regardant fixement le comte, dans quel but, monsieur, êtes-vous venu nous apprendre toutes ces horribles choses?

— Dans le but de vous sauver! répondit le comte.

— Nous sauver? Comment?

— Écoutez-moi, messieurs, dit M. de Sommes en se rapprochant des deux interlocuteurs. Je suis convaincu de votre innocence, c'est pourquoi je suis venu à vous, je vous le répète; mais cette conviction, qui m'est toute personnelle, n'est pas encore entrée dans l'esprit de vos juges. S'y fera-t-elle jour? je l'espère; mais cependant je n'oserais l'affirmer, car la déposition de M. de Niorres est précise et accablante, et sa situation de conseiller au parlement lui donne, sur la cour criminelle, une influence énorme. Ce procès qui s'entame durera de longs mois, et la prison est un horrible séjour pour deux gentilshommes. Puis, quelle que soit l'issue, elle sera toujours fatale pour votre avenir. Vos noms seront jetés en pâture à la curiosité publique, et le peuple, que l'on excite chaque jour contre la

L'HÔTEL DE NIORRES

Les abords du Vauxhall étaient encombrés d'une foule curieuse attendant l'heure, afin de jouir gratis du spectacle du feu d'artifice que l'on allait tirer. (P. 646.)

LIV. 81. — L'HÔTEL DE NIORRES. LIV. 81.

noblesse, sera heureux de frapper, en vous, deux de ses membres...

— Où voulez-vous en venir? interrompit brusquement le marquis d'Herbois.

— J'ai pu, grâce à mon influence, continua le comte, obtenir pour vous un changement de prison. Le geôlier qui est chargé de votre garde est un homme auquel j'ai rendu jadis de grands services, et qui m'est absolument dévoué. Deux principaux employés du Châtelet ont été achetés, par moi, au poids de l'or. Enfin, tous les préparatifs sont à peu près achevés, et dès demain, votre fuite de cette affreuse demeure peut s'opérer avec des chances assurées de plein succès...

— Fuir! s'écria le marquis.

— Nous avouer coupables! dit le vicomte.

— Non! non! dit M. d'Herbois avec violence.

— Une fois échappés aux mains de la justice, reprit le comte, l'affaire s'étouffera d'elle-même. Des relais assurés d'avance vous conduiront rapidement au Havre... Là, un navire en partance vous recevra à son bord...

— Assez, monsieur, dit le marquis en se levant avec un geste rempli de noblesse. Je vous remercie bien vivement, en mon nom et en celui du vicomte de Renneville, de l'intérêt bienveillant que vous nous témoignez, mais les propositions que vous nous faites sont inacceptables. Fuir de cette prison serait déverser volontairement sur nous l'horreur d'une culpabilité que nous prétendons repousser avec toute l'énergie que Dieu nous a donnée.

— Nous pouvons mourir, ajouta M. de Renneville; mais fuir serait une action lâche et basse.

— Cependant vous êtes innocents, reprit le comte de Sommes avec une insistance plus pressante, et peut-être vous déclarera-t-on coupables! En fuyant, vous gagnez un temps précieux, une liberté d'action qui pourra vous permettre de rechercher les preuves dont vous avez besoin pour prouver votre innocence. Ces preuves acquises, vous reviendrez alors...

— Mais, interrompit le marquis, durant ce temps dont vous parlez, nous saurons que des milliers de bouches flétrissent notre réputation! Plutôt que de souffrir un pareil martyre, il vaudrait mieux la mort!

— Oui, la mort! dit le vicomte avec une sombre expression. La calomnie se taira peut-être en présence de nos cadavres.

— Ainsi, vous refusez? Ainsi, vous repoussez mes offres? reprit le comte de Sommes après quelques instants de silence. Ainsi, vous rejetez l'emploi des moyens assurés que je vous propose?

— Nous refusons! dirent en même temps, et avec un même accent de résolution, le marquis et le vicomte.

Le comte de Sommes leva sur ses deux interlocuteurs un regard perçant.

— Messieurs, dit-il d'une voix grave, les paroles que je viens d'entendre me confirment encore dans la résolution que j'avais prise déjà de consacrer toute ma volonté, tous mes soins, toutes mes forces à faire triompher votre cause. Messieurs, je vous admire, et quelque douleur que j'éprouve en voyant repousser mes services, je ne puis que sentir augmenter l'intérêt profondément sympathique que vous m'avez inspiré.

Et le comte s'inclina en tendant aux deux jeunes gens ses mains ouvertes. Le marquis et le vicomte le remercièrent, par un salut, des paroles qu'il venait de prononcer.

En ce moment, un bruit de clefs retendit au dehors.

— Le geôlier vient m'avertir qu'il est temps que je quitte le Châtelet, dit le comte. Je puis user de la permission que m'a fait obtenir Son Altesse de vous visiter souvent; mais l'usage de cette permission est subordonné à votre volonté.

— Oh! venez! venez souvent, monsieur! s'écria le marquis. L'intérêt que vous nous témoignez est une consolation précieuse dans notre malheur.

— Je verrai Mlles de Niorres, ajouta le comte. Près d'elles, je parlerai de vous; près de vous, nous parlerons d'elles!

— Ah! dit M. de Renneville, vous êtes le meilleur des hommes, et jamais nous n'oublierons ce que vous aurez fait pour nous.

— Demain, j'irai à l'hôtel de Niorres, et je dirai à celles que vous aimez que vous êtes plus que jamais dignes de tout leur amour!

— Dites aussi à Blanche et à Léonore que nous mourrons plutôt que de compromettre leur honneur! ajouta vivement le marquis.

— Et à M. de Niorres, fit le vicomte en relevant sa tête intelligente, dites-lui, si ce que vous nous avez appris est vrai, si vous ne vous êtes pas trompé dans vos conjectures, que sa conduite infâme ne nous inspire que dégoût et mépris!

— Le geôlier faisait crier les verrous de la porte de la nouvelle prison. Les trois jeunes gens échangèrent un dernier adieu, et le comte de Sommes s'élança dans le corridor.

A peine la porte se fut-elle refermée sur lui que le marquis et le vicomte se tournèrent l'un vers l'autre et se regardèrent lentement avec un accablement profond.

— Si ce que nous a révélé cet homme est vrai, dit le marquis, tu avais raison, Henri, nous sommes perdus, et rien ne peut nous sauver!

— Lutter est impossible! répondit le vicomte. La mort est le seul remède aux maux qui nous accablent, et puisque nous devons avoir recours à elle, mieux vaut que nous l'appelions plus tôt que plus tard!

Le marquis saisit son ami entre ses bras et l'étreignit contre sa poitrine.

— Oh! fit-il avec un accent déchirant, l'avenir paraissait si beau!

Et tous deux, accablés par le désespoir qui brisait leur âme, demeurèrent immobiles dans les bras l'un de l'autre.

Le comte de Sommes, après avoir quitté la prison, avait traversé, précédé par le geôlier, le corridor conduisant à l'escalier de pierre. Il descendit les marches sans prononcer une seule parole, et bientôt il atteignit une voûte, basse et ténébreuse, donnant accès sur la cour intérieure du Châtelet. Une grille massive fermait l'entrée de cette voûte. Le geôlier se baissa pour faire jouer la serrure dans sa gâche. Profitant de ce mouvement, le comte fouilla prestement dans sa poche et y prit une bourse bien garnie qu'il glissa entre les mains de son conducteur.

— Son Altesse s'occupera de toi, dit-il. Je te recommande, moi, les deux prisonniers; ne leur refuse rien de ce qu'ils te demanderont... même lorsque leurs demandes te paraîtraient étranges... Tu comprends?

Le geôlier cligna de l'œil et fit un signe d'intelligence.

— L'un des porte-clefs de la Bastille a été destitué parce que son prisonnier s'était coupé la gorge avec un rasoir qu'il lui avait procuré, dit-il.

— Ce porte-clefs-là n'était pas dans les bonnes grâces de monseigneur le duc de Chartres, répondit le comte en se glissant hors de la grille, et, moi, je te promets la protection de Son Altesse.

Et, sans attendre une réponse, sans se retourner même, le comte de Sommes traversa rapidement la cour du Châtelet pour gagner l'entrée principale.

— Au Vauxhall et brûle le pavé! dit-il à son cocher, en s'élançant dans la voiture qui l'attendait à la porte du Châtelet.

Il était neuf heures du soir, lorsque l'élégant équipage atteignit le boulevard du Temple. Le comte tira le cordon de soie communiquant avec le siège, avant d'arriver à la porte de l'établissement public. Un valet de pied s'élança à terre et vint ouvrir la portière et abaisser le marchepied.

— Faut-il suivre monsieur le comte? demanda le valet après avoir aidé son maître à descendre.

— Non, répondit le jeune homme. Que la voiture m'attende à l'entrée de la rue du Temple, et si, à minuit, je ne suis pas revenu, rentrez à l'hôtel!

Le valet de pied s'inclina et le comte de Sommes, secouant son jabot en point d'Alençon et détirant les dentelles de ses manchettes, se dirigea vers l'établissement de l'artificier Torré.

LIX

LE FEU D'ARTIFICE

Les abords du Vauxhall étaient encombrés d'une foule curieuse attendant l'heure, afin de jouir gratis du spectacle du feu d'artifice que l'on allait tirer. A l'intérieur, le jardin offrait le coup d'œil d'une mer agitée, tant ces flots de têtes poudrées, ondulant dans tous les sens, ressemblaient de loin à des vagues moutonneuses.

Le comte, sans se laisser entraîner par le courant et suivre la masse des promeneurs qui se rapprochaient des charpentes dressées à l'extrémité du jardin, se glissa à droite le long du mur du café et atteignit, assez rapidement, un bouquet d'arbres magnifiques, dont l'ombrage touffu et épais s'étendait par-dessus la toiture du bâtiment. Cet endroit était presque désert, car le feuillage, s'interposant entre le pied des arbres et l'horizon, dérobait entièrement le coup d'œil du feu que l'on allait tirer.

Un seul promeneur, faisant fi du spectacle qui appelait la foule, se tenait dans ce lieu écarté. C'était un homme de grande taille, et portant une sorte d'uniforme militaire. Sans doute le comte de Sommes le reconnut en dépit de l'obscurité profonde qui régnait dans cette partie des jardins, car il se dirigea, sans hésiter, droit vers lui.

Le personnage s'était retourné en entendant marcher, et, en apercevant celui qui s'avançait dans sa direction, il s'arrêta et attendit.

— Ah! fit-il d'une voix sifflante, c'est toi, Bamboula! Tu viens bien tard.

— Je suis resté plus longtemps que je ne le croyais au Châtelet! répondit le comte.

— Tu as vu les oiseaux?

— Oui.

— Ils sont englués?

— Plus que jamais!

— Bon! conte-moi cela!

— J'ai agi ainsi qu'il avait été convenu.

— Les lettres?...

— Ont fait un effet superbe. Ç'a été la reproduction de la scène avec les petites.

— Et ils ne diront rien?
— Du rendez-vous? Pardieu! Tu penses! Deux paladins de cette trempe! Plutôt que de se justifier en compromettant les objets de leur culte, ils se laisseront couper le cou comme deux pauvres poulets.
— Très joli! Tu ne comprends pas cela, toi, Bamboula?
— Non, je l'avoue.
— Cela ne m'étonne pas! Après? tu as parlé du conseiller?
— Naturellement.
— Et l'affaire de la Madone?
— Cela les a convaincus, car ils doutaient!
— J'en étais sûr! dit l'interlocuteur du comte.
— J'ai proposé la fuite: ils ont refusé. Tu avais deviné juste.
— N'importe! Tu as fait faire bien ostensiblement les préparatifs? Tu t'es compromis bien ouvertement?
— J'ai agi comme un niais qui aurait les meilleures intentions du monde.
— Bravo! Il faut que tout Paris sache que le comte de Sommes s'intéressait tellement aux accusés qu'il a tout fait pour mener à bonne fin leur évasion. Cela nous servira plus tard, si par un hasard que je ne puis prévoir on nous adressait quelques objections. Enfin, le résultat de ta visite?
— C'est qu'ils sont convaincus de mon amitié pour eux et en proie au plus violent désespoir.

Il est évident, que, s'ils se tuaient, cela avancerait infiniment les choses et simplifierait diantrement la situation.

— Ils se tueront! dit le comte.
— Tu crois?
— J'en suis presque certain.

Et le comte de Sommes se mit à raconter, dans ses moindres détails, l'entretien qu'il venait d'avoir avec le marquis d'Herbois et le vicomte de Renneville. Il n'oublia rien, pas même la singulière recommandation qu'il avait faite au geôlier des deux prisonniers. Son interlocuteur l'écoutait attentivement en laissant échapper, de temps à autre, des murmures approbatifs. Quand le comte eut achevé:

— Très bien, dit le mystérieux personnage. Parfaitement compris! parfaitement joué! Bamboula, je suis content de toi! Tu feras honneur à ton père et la royauté du bagne ne tombera pas en quenouille! Tu as raison! ces deux nigauds se tueront!

Et il fit claquer ses doigts avec un geste trivial, en signe de joyeux contentement.

— Résumons! dit-il d'une voix brève. Tu as l'oreille du conseiller, la confiance des deux jeunes filles et la reconnaissance des marins. Tu élèves une barrière infranchissable contre toute insinuation perfide de l'avenir, en faisant tous tes efforts pour sauver les coupables. Aucune entrevue ne peut avoir lieu entre les demoiselles et les officiers, donc champ libre des deux côtés, sans crainte d'une explication. Ce que tu as dit au marquis et au vicomte a dû, en effet, augmenter considérablement leurs douleurs et les désespérer complètement. Accusés antérieurement par le conseiller, eux que l'opinion publique désignait pour avoir voulu acquérir la fortune, par leurs mariages avec Mlles de Niorres; tout, jusqu'à cet emprunt contracté la veille de l'arrestation et à propos duquel ils escomptaient l'avenir, a dû les convaincre qu'ils ne pouvaient échapper à l'accusation qui pèse sur eux. Donc, tout espoir leur est enlevé! Lorsque demain ils apprendront, par l'organe des juges, que Georges a fait des aveux écrasants pour eux, ils seront tellement stupéfiés qu'ils n'essayeront même pas de se défendre. D'ailleurs, l'essayassent-ils que je les défie de réussir! Ce sera le dernier coup : ils ne s'en relèveront pas! Georges a joué son rôle avec une merveilleuse adresse! Il sera royalement récompensé. Le drôle a fait preuve d'un aplomb miraculeux. De deux choses l'une : ou les marins ne chercheront plus à lutter et ils se tueront! c'est ce qui est le plus probable et le plus à désirer, ou ils tenteront de résister au destin. Alors les accusations se dressent de tous côtés devant eux et les entourent d'un cercle infranchissable. Quoi qu'ils fassent, ils sont perdus, car même s'ils acceptaient plus tard la proposition de fuite, ils n'en seraient que plus promptement reconnus coupables! Tout marche à souhait, mon fils, et je t'avais bien dit que mon plan était infaillible.

Et le Roi du bagne, se redressant de toute la hauteur de sa taille gigantesque, jeta autour de lui un regard dominateur.

— Maintenant, reprit-il, il faut que je parte!

— Tu pars? répéta le comte sans pouvoir retenir un tressaillement joyeux.

— Oui. Je quitte Paris cette nuit...

— Et tu vas?

— Sur la route de Saint-Nazaire.

— Tu as reçu des nouvelles?

— Mauvaises!

— Comment?

— Roquefort s'est laissé jouer par Fouché.

— Mais alors la marquise serait perdue.

— Brrr! fit le Roi du bagne en haussant les épaules, je n'abandonne pas encore la partie de ce côté! Je serai à Saint-Nazaire avant eux.

Aussi les voitures de voyage ne s'aventuraient-elles que bien rarement dans ces parages dangereux. (P. 655.)

— Mais s'ils arrivent jusqu'à Saint-Nazaire ils verront l'enfant!
— Eh bien?
— Ils reconnaîtront la fille du teinturier.

Le Roi du bagne fit entendre un sifflement railleur.

— Ils ne reconnaîtront rien du tout! dit-il. J'ai tout prévu!

En ce moment une fusée lumineuse s'élança en frémissant vers le ciel, et la foule entière poussa une immense clameur joyeuse. Le feu d'artifice commençait.

Le café et la salle de danse se vidèrent spontanément et complètement, les buveurs et les danseurs, accompagnant les danseuses et les buveuses, se précipitaient dans le jardin, devenu insuffisant par l'envahissement de la masse des curieux, pressés, serrés, et grimpés sur toutes les chaises, les tables, les arbres, et beaucoup de femmes hissées sur les épaules des hommes.

Le comte de Sommes et son compagnon avaient suivi de l'œil un des flots multicolores qui se ruaient vers un même point. Le père et le fils semblaient profondément préoccupés par une pensée que chacun d'eux paraissait peu désireux de confier à l'autre. De sombres éclairs brillaient rapidement dans les yeux du Roi du bagne et illuminaient son impassible physionomie.

— Ton absence sera-t-elle longue? demanda enfin le comte, en rompant le silence qui régnait entre lui et son père.

— Je l'ignore, répondit le terrible personnage. Cela dépendra des événements. Peut-être huit jours, peut-être davantage.

— Ainsi, Roquefort a échoué?

— Roquefort, Jonas et Rubis se sont laissés enlever comme trois niais.

— Et Jacquet?

— Je ne sais ce qu'il est devenu.

— Mais enfin que vas-tu faire là-bas?

— Tu n'as pas besoin de le savoir; ce qui se passe à Paris doit te suffire. Songe à mener à bien l'affaire des Niorres, et qu'à mon retour je trouve la place nette!

— Rapporte-t-en à moi! fit le comte en souriant.

Le Roi du bagne posa sa main sur l'épaule du comte de Sommes, et le contraignant à supporter l'éclat de ses regards :

— Je t'ai prouvé jusqu'ici que mon plan avait été tracé de main de maître, dit-il, et que j'avais su tout prévoir et tout deviner. Eh bien! ce plan, il faut le suivre sans s'en écarter d'une seule ligne : le succès est au bout! Ce qu'il nous faut, c'est l'extinction complète de tous les héritiers de M. de Niorres : cette extinction doit être accomplie en moins de huit jours maintenant, et de la façon la plus naturelle. Il est impossible, entends-tu, moralement impossible que le marquis d'Herbois et le vicomte de Renneville n'aient pas recours au suicide comme seule issue à leur situation. Il faut qu'ils aient cette pensée : au besoin, tu la leur ferais naître. Il faut qu'ils se tuent : au besoin, on saurait les y aider. Eux morts, Blanche et Léonore ne pourront supporter la vie, et personne ne s'étonnera de leur trépas rapide! Cela te regarde personnellement, Bamboula! C'est l'avant-dernier acte du drame. Le dernier est mon affaire, et je te promets un dénouement heureux! Avant un an, le fils reconnu du conseiller entrera en possession de l'immense fortune que personne ne sera plus en mesure de lui contester. Ta route est donc toute tracée : suis-la! Songe que la richesse est au bout!

— Et la marquise? demanda le comte.

— Pardieu! tu l'épouseras et tu hériteras d'elle un jour!

Le comte regarda fixement à son tour son interlocuteur.

— Tu ne m'as jamais déclaré nettement, dit-il, ce que tu voulais pour ta part.

— Tu connaîtras mes conditions quand le temps sera venu, répondit froidement le Roi du bagne. Jusque-là, contente-toi d'agir et rappelle-toi que, d'après le code qui nous régit, la trahison est le premier des crimes, et le seul que je ne pardonne pas. Tu n'es pas assez sot pour supposer que les liens du sang, qui m'attachent à toi, soient jamais un obstacle à mes volontés?

— Pourquoi me dis-tu cela? demanda le comte de Sommes en détournant les yeux.

— Pourquoi? répéta le Roi du bagne. Parce que tu n'as qu'une pensée, Bamboula: celle d'échapper à ma dépendance.

— Moi?

— Ne joue pas la comédie; je t'ai deviné. Tu t'es dit que maintenant Léonore et Blanche sont les deux seules héritières de Niorres; que si l'une des sœurs mourait, l'autre aurait dans ses mains une fortune royale, et, comme toutes deux sont belles, tu as pensé que celui qui épouserait la survivante serait assez riche et assez heureux pour ne pas désirer davantage; et qu'à bien prendre, mieux vaudrait une fortune tout acquise que courir des chances nouvelles en épousant la marquise d'Horbigny! Est-ce vrai cela, Bamboula, et ai-je deviné juste?

En écoutant son compagnon, le comte avait senti une ardente rougeur empourprer son front, et ses sourcils, se rapprochant, avaient cherché à atténuer le feu qui brillait dans ses regards. Le Roi du bagne fixait sur lui un œil froidement scrutateur.

— Tu ne réponds pas? fit-il après un moment d'attente.

— Et que veux-tu que je réponde? demanda le comte en faisant un violent effort pour dominer l'agitation qui s'était emparée de lui.

— Ai-je deviné juste?

— Je t'affirmerais le contraire que tu refuserais de me croire...

— Donc...

— Pense ce qu'il te plaira de penser!

— Très bien! Tu m'as compris. Maintenant je puis partir. A mon retour, je dois retrouver le conseiller seul, debout sur les ruines de sa famille. Adieu, Bamboula! Mes compliments à la belle marquise!

Une lueur brillante éclaira brusquement le jardin : on tirait le bouquet.

Le Roi du bagne fit un dernier geste adressé à son compagnon et disparut dans la foule, dont les rangs repoussés arrivaient alors jusqu'au bouquet d'arbres, à l'abri duquel avaient causé les deux complices. Le comte demeura un moment immobile à la même place; puis secouant la tête, comme pour chasser les pensées qui envahissaient son cerveau, il fit quelques pas dans la direction du café.

— Il a tout compris, tout deviné! murmura-t-il. Mes pensées les plus secrètes lui apparaissent aussi clairement que s'il les lisait dans un livre ouvert. Je suis rivé à lui; rivé sans espoir de briser mes chaînes!

Le comte frappa la terre du talon de son soulier.

— Retomber de ma situation à celle d'esclave! continua-t-il avec fureur; cela est-il donc possible? Quoi! je ne trouverai pas un moyen pour acquérir ma liberté! Mon plan, cependant, est encore plus habile que le sien, et s'il réussissait, j'échapperais à tous les périls... Dois-je donc y renoncer et me contenter d'obéir?

Le feu d'artifice venait de lancer sa dernière fusée, et le jardin, tout à l'heure rayonnant de lumière, paraissait, en dépit de son illumination en verres de couleurs, être retombé dans une obscurité profonde.

La foule criant, riant, se pressant, s'écoulait lentement et allait se heurter sur les boulevards aux groupes des curieux économes qui s'étaient contentés, en demeurant au dehors, de battre des mains à l'apparition de chaque chandelle romaine, dont les étoiles diamantées surgissaient de temps à autre au-dessus de la cime des grands arbres ou de la toiture de la salle de bal.

Le comte, son chapeau sur les yeux, se laissait entraîner par ce courant qui le poussait hors du jardin. La perplexité la plus vive se peignait sur sa physionomie, et ses lèvres contractées indiquaient le travail auquel se livrait son esprit. En quittant le Vauxhall, il se dirigea instinctivement vers la rue du Temple, à l'angle de laquelle il devait rencontrer sa voiture.

En traversant la chaussée du boulevard, il se trouva à la hauteur d'un groupe animé, composé d'une femme vêtue en petite bourgeoise et de trois hommes, dont l'un portait l'uniforme des gardes-françaises et les deux autres l'habit de simples particuliers. Le comte allait dépasser ces promeneurs, lorsque plusieurs voitures, roulant rapidement sur la chaussée, lui firent faire un mouvement de halte involontaire. Le groupe s'était arrêté également, attendant que la voie fût libre.

Le comte touchait presque du coude le soldat, et il pouvait parfaitement entendre les paroles échangées entre ses voisins.

— Pauvre homme! disait la femme, cela m'a navré le cœur de le voir dans un état pareil! Est-ce que vous croyez qu'il en revienne, monsieur Michel?

— Ma foi! je n'en jurerais pas, reprit celui auquel venait de s'adresser la compagne du soldat; mais cependant, je l'espère, ma chère madame Lefèvre.

— Dès demain je viendrai m'installer près de lui!

— Dis donc, Hoche, fit le garde-française en se tournant vers le troisième personnage, as-tu remarqué comme ses yeux se sont ouverts quand j'ai parlé de ses lieutenants, comme il les appelle?

— Oh! oui! dit le garçon d'écurie du comte d'Artois. Il les aime de tout son cœur.

— Pauvre Mahurec! s'il en mourait, je le regretterais joliment.

Les voitures venaient de passer; la voie était libre. Mme Lefèvre et ses amis traversèrent la chaussée du boulevard.

En entendant le nom de Mahurec, le comte de Sommes avait violemment tressailli, et ce nom, prononcé par des voix étrangères, parut l'arracher subitement à l'espèce de torpeur dans laquelle il était plongé; pressant le pas, il continua à marcher à la hauteur du petit groupe. La foule qui sortait du Vauxhall emplissait à tel point les abords de l'établissement qu'il était impossible que Lefèvre et ses compagnons pussent remarquer qu'ils étaient suivis par un homme espionnant leurs paroles. Ils continuèrent donc leur conversation, dont Mahurec faisait tous les frais. Arrivés à la hauteur de la rue du Temple, ils s'arrêtèrent et formèrent un petit cercle, comme s'ils se fussent apprêtés à prendre congé les uns des autres.

— Adieu, monsieur Michel, dit la blanchisseuse au jeune clerc de notaire. Vous verra-t-on demain là-bas?

— Certes! j'irai chaque jour savoir des nouvelles. Danton viendra demain avec moi.

— Vous vous rappelez l'adresse?

— Soyez tranquille; j'ai une bonne mémoire : rue du Figuier-Saint-Paul, près de la rue Saint-Antoine, chez Mme Beauvais. C'est bien cela, n'est-ce pas, Hoche?

— Oui, répondit le neveu de la fruitière.

— Ce pauvre Mahurec, s'il pouvait en revenir! murmura Lefèvre, en poussant un soupir.

— A propos, dit Michel en se rapprochant de la mère Lefèvre, n'allez pas lui parler de la situation dans laquelle se trouvent le marquis d'Herbois et le vicomte de Renneville! Danton l'a bien défendu! Cette révélation pourrait le tuer d'abord, et Danton veut être le premier à l'interroger à cet égard.

— C'est convenu! Je n'irai pas faire une pareille sottise.

Michel serra les mains des deux hommes et salua la jeune femme.

— A demain! dit-il en faisant un pas en arrière pour quitter le petit groupe et s'engager dans la rue du Temple.

Lefèvre, sa femme et le garçon d'écurie reprirent leur marche et descendirent le boulevard dans la direction de la porte Saint-Martin. Le comte de Sommes n'avait pas perdu un mot de ce qui venait de se dire. L'expression anxieuse, qui assombrissait son front, avait complètement disparu, et son visage reflétait une pensée triomphante.

— Oh! fit-il en tournant lentement sur ses talons, tout n'est pas perdu! Mahurec vit encore! je n'avais pas songé à lui, moi! Ah! je ne suis pas tellement garrotté dans tes liens que je ne puisse redevenir libre! Quelle heure?... continua-t-il en s'arrêtant pour interroger sa montre. Onze heures! Je trouverai Son Altesse.

Et courant à sa voiture, qui l'attendait à quelques pas, il s'élança devant le valet de pied qui ouvrit la portière, en lui criant d'une voix presque joyeuse :

— Au Palais-Royal.

La voiture partit au grand trot. Quelques instants après, elle s'arrêtait rue de Valois, à l'entrée particulière conduisant aux appartements du duc de Chartres.

— Où est monseigneur? demanda le comte s'adressant à un huissier, lequel, à la vue du jeune homme qu'il savait être l'un des plus familiers compagnons de son maître, s'était empressé d'accourir prendre les ordres.

— Son Altesse vient de rentrer de l'Opéra.

— Le duc est dans son cabinet, alors?

— Je ne suppose pas, car Son Altesse n'était pas seule.

— Eh bien! faites prévenir monseigneur que je le supplie de m'accorder sur l'heure un moment d'audience.

L'huissier s'inclina et sortit vivement pour aller avertir le valet de chambre.

Le comte attendit dans la pièce en se promenant avec impatience.

— Oh! murmura-t-il, tandis que ses yeux s'animaient et que son front se redressait fièrement, c'est une inspiration du diable! Pourvu maintenant que Mahurec ne meure pas!

— Monseigneur attend monsieur le comte! dit l'huissier en rentrant discrètement.

LX

LA FORÊT DE CAMPBON

Lorsque le voyageur qui visite cette belle partie de l'ouest de la France, si fertile en événements historiques, qui avoisine l'embouchure de la Loire, entre dans ce gigantesque quadrilatère formé au nord par la Vilaine, à l'est par l'Indre, au sud par la Loire et à l'ouest par l'Océan, il est frappé de la nature particulière du sol sur lequel il vient de poser le pied en quittant la forêt d'Ancenis.

Là, en effet, sur une étendue de près de trente lieues de largeur, en suivant les lignes du Sillon de Bretagne, on trouve à peu près de tout : terrains primitifs et de transition, roches granitiques et schisteuses, houille, argiles, tourbières immenses et marais salants. L'œil se perd sur des landes énormes, sur des marais couvrant toute une contrée, s'il n'est arrêté par l'aspect sévère de forêts gigantesques dont l'origine remonte au temps des druides.

Quant aux chemins, à l'exception des routes de poste conduisant à Nantes, on en distingue, de nos jours, quelques vestiges encourageants. A la fin du dernier siècle, avant que l'active administration du premier Empire eût étendu ses bienfaits sur cette partie désolée de la France que la guerre civile avait aux trois quarts détruite, on n'en voyait aucun. Des sentiers défoncés se dessinaient capricieusement au milieu des landes, s'embourbaient dans les marais ou se perdaient sous les fourrés des bois, mais de route proprement dite, il n'en existait qu'une : la Loire. Aussi les voitures de voyage ne s'aventuraient-elles que bien rarement dans ces parages dangereux, et plus d'un gentilhomme, allant de son château à celui du voisin, était obligé, s'il ne faisait la route à cheval, de se laisser traîner dans l'une de ces abominables charrettes bretonnes, lesquelles sont construites pour rouler, au besoin, sur le côté et sont bien certainement capables de résister aux chemins de l'enfer, en admettant toutefois que l'enfer ait ses grandes voies mal entretenues, ce qui est bien peu probable.

C'est à partir de Blain surtout que la direction à suivre à travers le pays se hérisse de difficultés toujours renouvelées et souvent insurmontables. Là commencent les interminables marais qui assombrissent le sol et donnent au pays un aspect vaseux devant lequel recule d'ordinaire le touriste.

Trois jours après celui où se sont accomplies à Paris les dernières scènes, une berline, attelée de quatre chevaux et dont la caisse, couverte de boue et de poussière, attestait une longue route péniblement parcourue, quittait Blain vers six heures du soir et s'avançait lentement vers Bouvron.

Les petits chevaux bretons, roidissant leurs jarrets et tirant énergiquement sur les cordes qui les attelaient à la voiture, triomphaient des ornières profondes creusées sous les roues de la berline et des coteaux à pic qui se dressaient parfois en face d'elle.

Nicolas et Jean occupaient, avec un petit paysan, le siège de la berline. Dans l'intérieur étaient les autres voyageurs, Fouché, Brune et Augereau, se tenant attentifs aux moindres mouvements des prisonniers. Gorain et Gervais, assis en face l'un de l'autre, poussaient les hauts cris aux secousses violentes que leur imprimait la caisse si rudement ballottée.

Les deux pauvres bourgeois étaient méconnaissables : les traits tirés, la perruque de travers dépoudrée complètement, les yeux enfoncés, les joues amaigries et d'une pâleur qu'une épaisse couche de poussière rendait encore plus maladive.

Brune, Fouché, Augereau et leurs deux compagnons avaient souffert également des fatigues du voyage, mais leur énergie morale avait soutenu leurs forces physiques, et la lutte avec les hommes et avec les événements avait, pour ainsi dire, décuplé la vigueur dont les avait doués la nature.

Il y avait sept jours que les voyageurs avaient quitté Paris, et depuis ces sept jours chacun d'eux avait pu prendre à peine quelques instants de repos, car ils veillaient tour à tour à la sûreté commune, dirigeant la voiture et gardant les prisonniers.

Grâce au merveilleux génie de l'oratorien, qui lui faisait deviner toutes les ruses et déjouer toutes les intrigues si habilement nouées contre lui, grâce à sa présence d'esprit peu commune, qui lui avait permis de tromper les espérances de ses ennemis et de se servir de leurs propres armes pour les tourner contre eux-mêmes, en s'emparant de Roquefort, de Jonas et de Rubis, Fouché avait su éviter tout événement dangereux et passer auprès de toutes les embûches sans faire un seul faux pas; mais il n'avait pu, quelque activité qu'il déployât, remédier aux accidents naturels, et, par une fatalité inconcevable, ceux-là ne lui avaient pas fait faute.

Il avait fallu tout d'abord éviter avec soin les routes trop fréquentées,

*La voiture avait atteint le haut de la côte et les chevaux s'étaient arrêtés
pour souffler. (P 661.)*

afin que la présence des deux hommes garrottés et attachés au fond de la
voiture n'éveillât pas des soupçons qu'il eût été dangereux de laisser
éclaircir. De là de nombreux détours qui avaient plus que triplé l'espace
à franchir. Puis la voiture, horriblement fatiguée par le mauvais état des
routes de traverse, s'était rompue trois fois. Les deux premiers accidents
avaient pu être réparés en quelques heures, mais le troisième, plus important, avait exigé toute une journée de travail, d'autant plus qu'il était sur-

venu en rase campagne, loin de toute habitation, et qu'il avait fallu que l'un des voyageurs se détachât, fît près de deux lieues avant de trouver un charron et ramenât l'ouvrier sur le lieu où gisait la berline.

Souvent encore les chevaux manquaient. Plusieurs fois, contraints de venir relayer dans les villes, Fouché avait dû faire arrêter dans un bois voisin, y demeurer à la garde des prisonniers avec l'un de ses compagnons et attendre que la berline revînt les prendre.

Tous ces retards, tous ces embarras, élevant obstacles sur obstacles, avaient plus que triplé la longueur de la route à parcourir. Enfin le voyage touchait presque à son terme. Encore quinze lieues à peine, par des chemins exécrables, il st vrai, et Fouché et ses compagnons allaient atteindre Saint-Nazaire.

Pas une seule minute, Fouché ni Brune n'avaient laissé les prisonniers libres de communiquer avec les bourgeois. Sans doute Roquefort avait compté utiliser encore ses deux dupes, car tout d'abord son regard terne s'était ranimé en apercevant Gorain et Gervais; mais en voyant chaque heure s'écouler sans qu'il pût éviter la surveillance de l'oratorien ou celle de l'étudiant, son front s'était peu à peu rembruni, et, plus on approchait de Saint-Nazaire, plus l'expression de son visage devenait sinistre et menaçante.

Les deux bourgeois, ne sachant pas ce qu'ils devaient faire, n'avaient eu qu'un seul désir ardent : reprendre la route de Paris.

Gorain, se chargeant de la communication, s'était adressé à Fouché. Après avoir longuement parlé de ses fatigues, de sa santé délicate, de l'inquiétude dans laquelle devaient être sa femme et celle de Gervais, il avait fini par avouer qu'ils voulaient, tous deux, renoncer aux douceurs du voyage entrepris.

Fouché l'avait laissé parler aussi longuement qu'il avait voulu, puis lorsque Gorain eut achevé :

— Mes chers amis, avait-il dit aux deux bourgeois, vous voulez retourner à Paris? Je comprends parfaitement votre désir et je ne m'oppose nullement à ce que vous cherchiez à l'accomplir.

Gervais et Gorain avaient poussé un même soupir de satisfaction.

— Mais, avait continué Fouché, je ne dois pas vous cacher plus longtemps la vérité. Nous sommes entourés d'ennemis formidables, ne cherchant qu'à nous anéantir tous! Vous avez vu ce qui est arrivé déjà depuis notre départ? La rupture de la roue à Arpajon, les duels, les tentatives d'empoisonnement, l'incendie, tout cela était dirigé contre nous. Jusqu'ici j'ai pu parvenir à nous préserver tous. Tant que vous serez avec nous, je réponds de vous. Si vous nous quittez... que Dieu vous préserve, je ne réponds plus de rien. Nous arriverons probablement là où nous allons, mais malheur à ceux d'entre nous qui chercheraient à retourner en arrière!... il est évident qu'ils n'atteindraient pas Paris. Maintenant vous êtes absolument libres! Faites ce que vous voudrez!

Gorain et Gervais s'étaient regardés avec de gros yeux inquiets et ébahis, puis ils avaient frissonné, et ils avaient courbé la tête en déclarant à Fouché qu'ils étaient prêts à le suivre jusqu'au bout du monde.

Depuis cet instant décisif, les deux malheureux s'étaient laissé conduire comme deux véritables machines, absolument dénués de toute volonté. Exténués par la fatigue, ahuris par les événements, stupéfiés par la peur qui les agitait sans cesse, ils avaient à peine conscience de leur propre existence.

Quant à Fouché, ce qui l'avait déterminé à agir ainsi, ce n'était pas le désir de conserver près de lui la compagnie gênante et embarrassante des deux bourgeois, compagnie dont il se fût fort volontiers privé, c'était simplement la nécessité. Aucun des voyageurs n'était riche, à l'exception des deux bourgeois, et, grâce aux précautions à prendre, aux événements à prévoir, aux chevaux à acheter, à revendre avec perte, à louer aux postillons dont on devait parfois payer l'aveuglement ou la discrétion, les frais de route s'élevaient chaque jour à des sommes souvent fabuleuses pour la bourse plate de l'oratorien et celle non plus gonflée de ses compagnons de voyage.

Gorain et Gervais représentaient le nerf de l'intrigue, suivant l'expression de Beaumarchais, puisque eux seuls possédaient les fonds nécessaires à l'accomplissement de l'entreprise. Il était donc de nécessité première de ne pas se séparer d'eux.

C'était dans ces conditions que s'étaient effectuées les quatre-vingts lieues franchies par la berline, depuis l'instant où nous l'avons quittée jusqu'à celui où nous la retrouvons. Elle roulait alors au milieu des marais, creusant, sous ses roues, des ornières profondes et menaçant à chaque instant de verser.

— Dans combien de temps serons-nous à Saint-Nazaire? demanda Brune à l'oreille de Fouché.

— Demain matin, si les routes ne sont pas trop mauvaises, répondit l'oratorien; mais nous ne sortirons jamais d'ici, si je ne monte pas sur le siège.

Brune se rapprocha de son interlocuteur.

— Quelle est la forêt dont j'aperçois, au loin, les arbres? demanda-t-il en désignant l'horizon en avant de la route.

— La forêt de Campbon.

— Elle est longue à traverser?

— Énorme et presque vierge!

Au nom de la forêt de Campbon, Roquefort, qui était placé de façon à ne pouvoir examiner la route, tressaillit brusquement et il poussa doucement, de son bras lié, le coude de Jonas.

Celui-ci leva les yeux en avant et désigna du regard le siège de la voiture sur lequel se tenait le petit paysan, sous la garde du soldat et du garçon teinturier.

La journée avait été horriblement fatigante; la chaleur était extrême et les exhalaisons qui se dégageaient des marais, rendues plus pénibles encore par l'ardeur incessante du soleil, dont aucun obstacle ne brisait les rayons, causaient aux voyageurs, peu habitués à respirer cette atmosphère chargée de miasmes délétères, une sorte de malaise contre lequel ils luttaient avec peine. Ceux surtout qui étaient enfermés dans l'intérieur de la voiture ressentaient une torpeur dont les atteintes fatiguaient leurs sens émoussés.

Fouché, se penchant, de temps à autre, par la portière, exploitait le pays, qu'il connaissait parfaitement pour y avoir passé toutes les années de sa première jeunesse, et il donnait des indications à Nicolas qui conduisait l'attelage; mais, soit négligence, soit inexpérience, le jeune soldat n'évitait pas toujours les endroits les plus mauvais de la route et les roues menaçaient, à chaque instant, de rester embourbées dans les énormes trous fangeux qui bordaient la voie parcourue par la voiture.

Il y avait deux heures déjà que la berline avait quitté Blain, et la nuit, descendant rapidement, rendait plus difficile encore la conduite de la voiture dans ces chemins à peine tracés. La brise de mer, à laquelle la proximité de l'Océan n'enlevait rien de sa force, soufflait depuis quelques instants et apportait un soulagement aux fatigues causées par l'extrême chaleur du jour. A un quart de lieue environ en avant sur la route, se dressait une masse sombre : c'étaient les arbres de cette forêt de Campbon qu'avait aperçue Brune et que l'oratorien avait déclarée être longue et difficile à franchir. Une côte assez rapide forçait alors les chevaux à marcher au pas.

— Si nous ne montons pas sur le siège, dit Fouché à son voisin, nous risquons fort d'éprouver quelque accident, car ni Jean ni Nicolas ne connaissent le pays.

— Eh bien! conduisons la voiture, répondit Brune.

— Bah! reprit l'étudiant, Augereau, Jean et Nicolas suffiront bien à les garder.

— Oui, mais sauront-ils les contraindre à parler à temps comme je l'ai fait jusqu'ici, si nous devons éviter quelque embûche nouvelle.
— Eh bien! conduisez seul, je demeurerai dans la voiture.
— C'est peut-être ce qu'il faudrait faire; mais j'ai à vous parler. Il faut qu'avant d'atteindre Saint-Nazaire nous convenions ensemble de la façon dont nous devons agir, et pour cela, il faut, je le répète, que nous causions seul à seul.
— Alors montons sur le siège.
Fouché réfléchit durant quelques instants.
— Descendons! dit-il ensuite, je donnerai des instructions détaillées à Augereau.

La voiture avait atteint le haut de la côte et les chevaux s'étaient arrêtés pour souffler un peu avant de s'engager dans la forêt, dont les voûtes ombragées apparaissaient comme autant d'antres sombres. Nicolas, profitant de ce temps d'arrêt, était descendu de son siège, laissant Rubis à la garde du garçon teinturier, et il s'occupait à allumer l'unique lanterne qui, attachée sous le garde-crotte, devait servir à éclairer la route.

Fouché et Brune avaient mis pied à terre, appelant près d'eux le maître d'armes. Celui-ci dormait paisiblement. Réveillé brusquement, il porta tout d'abord la main à la garde de son épée; mais reconnaissant bientôt qu'aucun danger réel ne menaçait ses amis, il s'empressa d'obéir à l'invitation de l'oratorien, que chacun avait reconnu, tacitement, pour chef suprême.

Gorain, Gervais et les deux prisonniers demeurèrent donc seuls dans la voiture. C'était la première fois, depuis le moment de l'arrestation des deux derniers, que Fouché et Brune les quittaient ensemble. Roquefort lança par la portière, soigneusement refermée, un regard furtif, et, bien certain que Fouché et ses amis causaient à voix basse à une assez grande distance pour ne pouvoir remarquer ce qui se passait dans l'intérieur de la berline, il se pencha vivement vers les deux bourgeois :

— Messieurs, leur dit-il à voix extrêmement basse, voulez-vous que je tienne les promesses que je vous ai faites?...

Gorain et Gervais se regardèrent sans oser répondre.

— Voulez-vous, à votre retour à Paris, être jetés au fond d'un cachot de la Bastille et y pourrir éternellement?

Les deux bourgeois firent un soubresaut sur la banquette.

— Détachez les cordes qui me lient les mains! reprit Roquefort, détachez-les, corbleu! et je vous délivre cette nuit de ces démons incarnés qui vous ruinent et vous entraînent à votre perte!... Détachez ces cordes!

coupez-les! sinon je jure Dieu qu'une horrible prison sera désormais votre unique séjour!

Et comme Gervais et Gorain hésitaient toujours sans répondre, Roquefort se souleva sur la banquette et il tendit ses bras liés aux deux bourgeois.

Tandis que cette scène se passait dans l'intérieur de la voiture, on atteignait les abords de cette forêt de Campbon, vaste, immense, touffue, solitaire, presque vierge, ainsi que l'avait dit Fouché, qui couvrait une étendue considérable de terrain. Ses fourrés épais, ses taillis serrés, ses cépées séculaires offraient, au gros gibier, une retraite difficile à forcer. Rarement une voiture affrontait ces inextricables détours tracés sous les arceaux touffus du feuillage des ormes et des chênes. La chasse à courre était déjà difficile dans la forêt de Campbon; le voyage en berline devait donc y être presque impraticable.

Fouché n'ignorait pas tous les obstacles; mais, pour arriver à Saint-Nazaire en venant de l'Anjou, il n'y avait que deux routes : celle que suivaient alors les voyageurs, ou celle passant par Nantes. Les mêmes raisons qui avaient fait éviter à l'oratorien les grandes villes, l'avaient conduit à suivre la première des deux routes. Il avait compté sur sa profonde connaissance du pays; car il avait souvent parcouru, dans sa première jeunesse, cette forêt qu'il s'agissait maintenant de traverser, et il avait pensé qu'il pourrait, sans le secours d'un guide, diriger sa voiture et la conduire, sans encombre, au but qu'elle devait atteindre.

Fouché et Brune avaient remplacé sur le siège Nicolas et Jean; la nuit était complète, et la grosse lanterne, placée devant le garde-crotte, jetait sur l'attelage sa lumière rougeâtre; mais cette lumière, qui avait l'avantage d'éclairer suffisamment le chemin à suivre, offrait l'inconvénient de rendre plus ténébreuses, par son opposition, les profondeurs de la sombre forêt. Les chevaux marchaient lentement, d'un pas égal, et, si la berline n'avançait pas rapidement, du moins gagnait-elle incessamment dans sa course. Elle venait de franchir le premier tiers à peu près de la forêt, et Fouché avait découvert une voie assez large, plate, unie, qui allait permettre de lancer les chevaux à une allure plus vive.

— Les druides ont dû venir souvent ici consommer leurs odieux sacrifices! dit Brune tandis que les petits bretons prenaient un trot allongé. Voyez donc ces magnifiques arceaux! Cette nature sauvage est réellement sublime.

— J'aimerais mieux une grand'route et les plaines de la Brie, répondit Fouché.

— Oh! cette réflexion n'est pas précisément poétique, fit observer en souriant l'étudiant.

L'oratorien haussa les épaules.

— La poésie est une duperie, dit-il.

— Oh! fit encore Brune avec une réprobation évidente.

— Une niaiserie, continua Fouché. Elle indique la faiblesse du cerveau, comme le teint transparent du visage décèle la faiblesse de la poitrine. Cela est bon pour les femmes qui n'ont rien à faire. Les hommes doivent n'envisager les choses que pour ce qu'elles sont matériellement. Aussi, je vous le répète, je donnerais tous ces beaux arceaux de verdure, toute cette végétation luxuriante, pour une plaine de la Champagne pouilleuse, attendu qu'en voyage un terrain nu et plat est cent fois préférable à tous les sites pittoresques.

— Cela dépend des goûts, dit Brune.

— Mon goût est de réussir dans tout ce que j'entreprends.

— Tant mieux pour nous si votre goût est satisfait cette fois. Dans quelques heures, nous arriverons à Saint-Nazaire.

— Si nous continuons de ce train, je puis vous affirmer que nous y entrerons avant le lever du soleil.

— Tant mieux encore, car je suis exténué.

— Vous vous rappelez bien ce qui a été convenu entre nous? reprit Fouché sans répondre à l'observation de Brune.

— Parfaitement. En arrivant nous conduisons nos prisonniers au bailliage...

— Et là ils seront en sûreté; je connais le magistrat auquel nous les confierons. Notre voyage accompli, nous n'avons plus besoin d'eux, car nous n'aurons plus rien à craindre, et alors la justice pourra peut-être voir clairement dans tout cela.

— Ensuite, reprit Brune, nous laissons Gorain et Gervais sous la garde d'Augereau, de Nicolas et de Jean, et nous nous rendons, tous deux, à la demeure des femmes chargées d'élever Mlle d'Horbigny...

— Chut! interrompit brusquement Fouché.

— Qu'est-ce donc? demanda Brune avec étonnement.

— Il m'avait semblé voir, là dans ce hallier, briller un canon de fusil, dit l'oratorien à voix basse.

— J'ai entendu remuer... ajouta Brune.

— En êtes-vous certain?

— Oui! ici... sur ma gauche.

Fouché avait arrêté les chevaux.

Se penchant sur le siège, il fouilla du regard les ténèbres en prêtant une oreille attentive.

— Nous nous serons trompés, reprit-il après un moment de silence et en remettant ses chevaux en marche.

— Cependant, dit Brune, j'ai entendu...

— Quelque bête fauve dont nous aurons troublé le sommeil.

— Mais ce que vous avez vu...

— Un ver luisant sur un tronc d'arbre, sans doute; car je ne vois plus rien, et je n'entends rien. Cependant, veillons avec attention.

Brune frappa à la glace de devant de la berline; Augereau l'abaissa aussitôt de l'intérieur de la voiture.

— Les prisonniers? dit l'étudiant.

— Ils ne bronchent pas, répondit le maître d'armes, d'ailleurs, je suis prêt à tout événement.

Et il fit voir l'extrémité des deux pistolets qu'il tenait de chaque main.

— Au premier événement suspect, continua-t-il, je leur casse la tête; c'est convenu.

— Bien, murmura Fouché en fouettant ses chevaux.

Lorsque l'oratorien et l'étudiant avaient remplacé Nicolas et Jean sur le siège de la voiture, ils avaient conservé la garde de Rubis, le petit paysan, qu'il était impossible, faute de place, de reléguer dans la berline. Cependant, comme les deux voyageurs avaient à parler confidentiellement d'une part, et, que, de l'autre, le mauvais état des routes et l'obscurité profonde qui régnait exigeaient toute leur attention, ils avaient avisé au moyen le plus convenable de conserver leur liberté d'action et d'esprit, tout en plaçant en sûreté le petit paysan.

Fouché avait pris des cordes, avait attaché l'enfant et l'avait fixé sur le dôme de la berline, le contraignant à demeurer couché sur le dos.

La situation était des plus pénibles; mais l'oratorien ne s'en était nullement préoccupé, et la voiture s'était mise en marche.

Après avoir donné l'éveil à l'attention d'Augereau, Brune s'était retourné vers Rubis, qui ne pouvait tenter un seul mouvement pour fuir. La voiture roulait toujours plus rapidement qu'elle n'avait pu le faire encore.

La route paraissait assez belle, et Fouché, voulant profiter du terrain praticable, avait rendu la main et laissait ses poneys bretons prendre le galop de chasse.

Depuis la légère alerte qu'ils avaient eue, aucun des deux conducteurs n'avait rien remarqué d'alarmant. La forêt paraissait absolument silencieuse et complètement solitaire.

Tout à coup les deux chevaux de volée bondirent comme s'ils eussent eu un obstacle à franchir; les porteurs imitèrent rapidement leur élan, et

Une clarté sinistre se répandit aussitôt autour de lui et éclaira l'endroit où avait lieu la lutte. (P. 668.)

la berline éprouva un choc violent, qui fit craquer la caisse. Elle venait de passer par dessus un tronc d'arbre renversé en travers sur la route.

— Corbleu! dit Fouché, nous l'avons échappé belle. Nous eussions dû verser dix fois!

Brune lui passa la main sur l'épaule et le contraignit à regarder dans les fourrés.

— Des fusils! murmura-t-il. Au galop!

Et il rendit de nouveau la main en excitant ses chevaux. Mais presque aussitôt Brune fit entendre une exclamation de colère.

— Le drôle a pu fuir! s'écriait-il.

— Quoi? demanda Fouché.

L'étudiant désigna le dôme de la voiture, sur lequel Rubis était attaché quelques instants auparavant : la place était nette. Soit que le petit paysan fût parvenu à user ses liens par le frottement, soit qu'il eût été mal attaché, soit enfin que le choc que venait de recevoir la voiture en franchissant le tronc d'arbre eût brisé les cordes et l'eût lancé sur la route, il avait complètement disparu. Fouché poussa une sourde exclamation.

— Atteignons seulement la clairière! dit-il, et nous sommes sauvés!

Mais la route, qui jusqu'alors avait paru libre, se présenta subitement obstruée par un énorme amas de pierres. Sans hésiter, Fouché se jeta sur la droite à travers les taillis, au risque de briser la berline. Un sifflement aigu retentit près de là.

— Augereau! Jean! Nicolas! à vos armes! cria Fouché en faisant pleuvoir une grêle de coups de fouet sur ses chevaux.

L'attelage s'élança en hennissant de douleur; la voiture, emportée au galop, franchit rapidement, et en dépit des obstacles de la route, une distance de plusieurs centaines de toises; mais tout à coup une double explosion retentit, et les deux chevaux de volée roulèrent à terre... Les deux porteurs, lancés en avant et obéissant à l'impulsion que leur donnait le poids de la voiture, s'abattirent sur les cadavres qui s'opposaient à leur passage. La berline reçut un second choc plus terrible que le premier et qui la fit chanceler; mais elle reprit son équilibre et demeura immobile.

Une troupe d'hommes armés, surgissant alors des taillis et des fourrés et entourant la route, formèrent un cercle menaçant autour de la voiture.

Tout cela s'était accompli avec une rapidité telle que les voyageurs, placés dans l'intérieur, n'avaient pu comprendre l'importance de l'accident, alors même qu'il était déjà accompli. Roquefort et Jonas poussèrent un cri joyeux et se précipitèrent d'un même élan sur la portière de gauche, près de laquelle étaient assis Gorain et Nicolas.

LXI

L'ATTAQUE

Augereau poussa un juron formidable : les prisonniers avaient les mains libres, et cependant ils avaient gardé durant la route une immobilité telle, une attitude si complètement identique à celle de gens étroitement garrottés, que ni le maître d'armes, ni ses compagnons n'avaient pu se douter, vu l'obscurité qui régnait dans l'intérieur du carrosse, que les liens qui attachaient Roquefort et Jonas eussent été rompus à l'avance.

Mais le premier moment de surprise, qui avait rendu inactifs le maître d'armes, le soldat et le garçon teinturier, fut court. L'imminence du péril leur rendit, d'un même coup, toute leur présence d'esprit.

Roquefort, d'un geste rapide, avait ouvert la portière et bondissait sur la route... Nicolas, renversant Jonas dans la voiture, s'élança à terre... Fouché et Brune sautaient près de lui le pistolet au poing...

— Une muraille vivante se dressait de toutes parts.

— Tirez! tirez! cria Roquefort en s'élançant vers les agresseurs. Qu'ils meurent tous! c'est l'ordre!

— Bas les armes! cria une voix sonore partie d'un groupe de bandits formant la tête de la troupe. Toute résistance est inutile! Vous êtes pris comme dans une souricière!

Un coup de feu répondit seul à cet ordre, donné d'une voix impérative, et Roquefort roula sur le sol. Le bandit trouva la force de se redresser à demi, et, se retournant avec une expression de férocité extraordinaire vers Brune dont le pistolet, encore fumant, ne s'était pas abaissé :

— Ah! s'écria-t-il, tu ne mourras que de ma main!

Une formidable explosion accompagna plutôt qu'elle ne suivit cette menace de vengeance : les assaillants, rendus furieux par l'action inattendue de l'étudiant, venaient de faire sur la voiture une décharge générale. Un nuage de fumée blanchâtre, se condensant sur le lieu de la scène, déroba complètement les effets de cette décharge générale.

La lanterne de la voiture avait été atteinte et brisée par une balle, et lorsque la fumée se dissipa un peu, l'obscurité était tellement profonde qu'aucun des voyageurs ne put distinguer ce qu'étaient devenus ses compagnons.

Un tumulte effrayant régnait dans cette forêt tout à l'heure si paisible : des cris, des chocs violents, des cliquetis d'armes décelaient une lutte acharnée se livrant au milieu des ténèbres, et rendue plus horrible encore par l'ignorance où chacun devait être de sa propre situation. Des éclairs rapides, suivis de détonations vibrantes, déchiraient çà et là l'obscurité de la nuit, puis on entendait le râle d'un agonisant, la chute d'un corps, le cri de triomphe du vainqueur, le cri de rage du vaincu.

Fouché, toujours maître de lui au milieu du danger, Fouché, que le calme et la réflexion n'abandonnaient jamais, Fouché, après avoir déchargé successivement ses deux pistolets et avoir vu tomber deux hommes,

Fouché comprit que cette scène de carnage ne pouvait se terminer qu'avec la disparition des ténèbres.

Il pouvait fuir, ou du moins le tenter en se glissant dans les taillis, et, cette pensée, il ne la rejeta pas tout d'abord. Seulement, avant de la mettre à exécution, il voulut savoir s'il devait renoncer à l'espoir d'être suivi par quelques-uns de ses compagnons de route. Se baissant donc rapidement, il ramassa une poignée d'herbes sèches, et l'allumant au bassinet de son pistolet, il la secoua pour activer la flamme et l'éleva au-dessus de sa tête.

Une clarté sinistre se répandit aussitôt autour de lui et éclaira l'endroit où avait lieu la lutte.

Par un hasard providentiel, ni Brune, ni Augereau, ni Nicolas, ni Jean, n'avaient été atteints par les bandits, et quatre ou cinq de ceux-ci jonchaient la terre de leur cadavre, et arrosaient, de leur sang, les herbes jaunies. Quant à Gorain et à Gervais, sans doute la terreur les avait fait demeurer dans la berline, car le regard rapide que Fouché lança autour de lui ne les rencontra pas.

Roquefort avait dû être enlevé par ses amis : son corps n'était pas au milieu des cadavres. Rubis et Jonas combattaient au premier rang, s'acharnant tous deux après le garçon de maître Bernard.

A peine Fouché eut-il constaté la position de chacun, qu'il éteignit sous son pied le brandon enflammé, comprenant que l'obscurité serait leur plus sûr auxiliaire à lui et à ses amis. Cependant il n'était pas sans crainte : les coups de feu se succédaient rapidement et avec un acharnement toujours égal.

Les ténèbres épaisses s'opposaient à ce que cette fusillade pouvait avoir de dangereux, et cependant les détonations éclataient de tous côtés avec une rapidité telle, que la flamme de la poudre dominait parfois l'obscurité.

Fouché avait rechargé ses pistolets, mais il ne se battait pas. D'un calme imperturbable au milieu du danger, il entendait, sans ressentir la moindre émotion, les balles siffler incessamment à ses oreilles. La bravoure de cet homme était réellement étrange et ne ressemblait en rien à celle des autres hommes.

La lutte ne l'électrisait pas : il demeurait impassible. Il ne songeait pas à attaquer, ni même à se défendre : il réfléchissait, et là, au milieu de cette forêt immense, loin de tout secours, entouré de misérables évidemment embusqués pour conjurer sa perte et celle de ses amis, il discutait froidement, avec lui-même, le parti qu'il devait prendre.

Un coup de feu tiré près de lui avait un moment illuminé le lieu de la scène, et lui avait permis de voir Brune debout à quelques pas. L'étudiant étant celui de ses compagnons que Fouché reconnaissait pour le plus intelligent, il se rapprocha de lui :

— Venez ! dit-il à voix basse.

— Hein? fit Brune en déchargeant son second pistolet.

— Venez ! partons !

— Fuir! abandonner nos amis! s'écria l'étudiant avec indignation. Mais ils seront massacrés !

— Que nous demeurions ou non, ils le seront toujours et leur mort assurera notre retraite.

— Une lâcheté ! fit Brune avec éclat.

— Eh non ! c'est de l'adresse !

— Eh bien ! fuyez, vous, et laissez-moi mourir.

— Impossible ! dit Fouché avec une naïveté terrible en pareille circonstance. Je ne puis rien seul : je ne connais pas la Jolie Mignonne !

Il était évident que, sans ce motif, Fouché ne se fût pas même préoccupé de l'un de ses compagnons. Ces paroles avaient été échangées rapidement au milieu des cris, des coups de feu et du sifflement des balles.

La lutte durait depuis quelques minutes à peine, mais elle paraissait terrible. Par un hasard étrange cependant, aucun des cinq voyageurs n'avait été atteint, et le feu ne discontinuait pas. Il fallait que les bandits fussent trompés par l'obscurité ou tirassent mal.

— On dirait qu'ils nous épargnent, murmura-t-il, et qu'ils prennent plaisir à continuer la lutte. Pourquoi?

Il ne put chercher la solution du problème. Un bandit imitant la manœuvre faite précédemment par l'oratorien, venait d'enflammer une poignée de branches résineuses et éclairait tout à coup la forêt à l'aide de cette torche improvisée.

En ce moment, Fouché crut distinguer un bruit sourd se mêlant au tumulte : on eût dit un roulement lointain.

Grâce à la lumière rougeâtre projetée par la torche, les adversaires pouvaient se voir, cette fois, face à face. Augereau, Brune, Jean et Nicolas, le visage empourpré, les yeux ardents, rendus furieux par ce combat prolongé, poussèrent un même rugissement de joie en pensant qu'ils allaient diriger leurs coups avec plus de certitude. Tous quatre bondirent en avant, Augereau, l'épée au point, Nicolas armé de son sabre, Brune brandissant un poignard et Jean menaçant les bandits de la crosse d'un fusil qu'il avait arraché aux mains d'un mourant.

Les assaillants étaient quatre fois plus nombreux que les voyageurs et, à cette agression inattendue, ils se ruèrent sur leurs ennemis, mais sans tirer un seul coup de feu.

Jean et Nicolas furent renversés sous le choc, Brune esquiva l'attaque en se jetant de côté, tandis qu'Augereau, plus vigoureux, faisait une résistance désespérée. Fouché s'était élancé derrière le tronc d'un énorme chêne : il ne doutait pas que ses compagnons ne fussent vaincus, et il pensait que l'on voulait les prendre vivants.

La lutte touchait évidemment à son terme... déjà le soldat et le garçon teinturier étaient mis dans l'impossibilité de tenter un mouvement. Augereau pliait sous la grappe d'assaillants qui se cramponnaient à lui, Brune venait d'être désarmé, et trois bandits s'élançaient à la fois sur l'oratorien...

En ce moment, le bruit d'un roulement rapide domina le vacarme, une nouvelle lumière brilla sous les arceaux de la forêt, quatre chevaux lancés à fond de train arrivèrent sur le lieu du combat, et plusieurs hommes armés de pistolets, de fusils et de couteaux de chasse, s'élancèrent d'une élégante berline de voyage.

L'un de ces nouveaux venus si à propos bondit vers Fouché et le débarrassa des bandits qui l'assaillaient. Les autres, qu'à leur livrée il était facile de reconnaître pour des valets de bonne maison, se précipitèrent au secours de Jean, de Nicolas et de Brune.

En l'espace de quelques secondes, la scène avait complètement changé de face. Les bandits, surpris au milieu de leur triomphe, tentèrent bien une résistance énergique, mais une fusillade, parfaitement nourrie, les tint en respect, et quand ils virent Augereau et ses amis se relever et revenir sur eux ils commencèrent à lâcher pied.

Le personnage qui était venu tout d'abord au secours de Fouché semblait diriger le combat. Criant, frappant, gesticulant, toujours là où la résistance paraissait la plus grande, il se battait avec un entrain, une bravoure qui étonnaient Augereau lui-même.

Deux postillons, demeurés sur les chevaux, un pistolet d'une main, une torche de l'autre, éclairaient le combat, tout en opérant une heureuse diversion. Enfin les derniers bandits disparurent sous les halliers. Augereau, Brune, Nicolas et Jean s'élançaient pour les poursuivre, mais Fouché les arrêta. Sept cadavres gisaient à terre.

— Diavolo! fit le valeureux personnage en se retournant vers les voyageurs qu'il venait de secourir si fortuitement, nous sommes arrivés à temps pour vous arracher aux griffes de ces misérables.

— Pouvons-nous savoir à qui nous sommes redevables d'un si précieux service? demanda Fouché en s'inclinant.

— Certes, monsieur, répondit le voyageur avec un accent italien très prononcé. Puisque service il y a, celui qui a été heureux de vous le rendre se nomme le marquis Camparini !

— Corbleu ! dit Augereau, vous êtes un brave !

— Mais, fit le marquis en désignant les cadavres des bandits, il me semble que voici des preuves de votre courage.

Les domestiques du marquis, le pistolet au poing, continuaient à faire bonne garde.

— Or çà ! reprit le gentilhomme italien du ton le plus dégagé et comme s'il se fût trouvé au milieu d'un salon, je ne suppose pas que votre intention, messieurs, soit de passer la nuit sur le champ de bataille, bien que vous en soyez demeurés maîtres, je vais à Saint-Nazaire, où je dois m'embarquer... Vous plaît-il que nos voitures fassent route de conserve, au moins jusqu'à la sortie de cette forêt, car j'ignore où vous allez? De cette façon nous serions à même de nous secourir mutuellement, si besoin en était encore.

Fouché s'inclina en signe qu'il acceptait l'offre, tandis que Brune et Augereau se dirigeaient vers la berline qui les avait amenés.

La voiture était dans un état déplorable, et cet état expliquait la préservation, sans cela inexplicable, dont avaient joui les voyageurs en combattant. Sans doute les bandits, trompés par l'obscurité, avaient cru que les coups de feu dirigés contre eux partaient de la voiture, car toute leur fusillade avait dû être concentrée sur la berline.

Les deux chevaux porteurs avaient été tués; ils étaient criblés de balles; deux des roues de la voiture avaient leurs jantes déchiquetées par les projectiles, et la caisse était trouée de part en part, les ressorts étaient brisés... La berline, enfin, était hors d'état de continuer la route, lors même que l'on y pût atteler de nouveaux chevaux.

— Corps du Christ ! s'écria le marquis, les bandits ont fait là de la belle besogne pour le charron.

— Mais Gervais et Gorain doivent être tués, s'écria Brune, car ils sont demeurés dans la voiture !

— Les malheureux ! fit Augereau en se précipitant.

On ouvrit à la fois les deux portières qui tenaient à peine : la berline était vide.

— Que sont-ils devenus? demanda Jean.

— La peur les aura fait fuir, dit Nicolas.

— Il faut les appeler, les chercher, fit Brune. Nous ne pouvons abandonner ces pauvres gens qui, après tout, ne nous ont fait aucun mal.

— Qu'est-ce donc ? demanda le marquis.

On lui expliqua brièvement la situation. En apprenant que deux des voyageurs de la berline avaient disparu, il ordonna à ses domestiques d'allumer d'autres torches, et il offrit généreusement de commencer les recherches.

Fouché laissait faire sans rien dire... Il paraissait être absorbé dans la contemplation de la berline à demi détruite par les balles. Évidemment cet homme, qui cherchait une cause première aux plus petits événements, se demandait comment l'erreur des bandits avait pu être si grossière, qu'attaqués par des hommes, ils s'en fussent pris à une voiture vide.

— Que signifie cela? pensait-il. Nous eussions dû être tués tous! Était-ce donc un jeu?... Et cependant ces cadavres...

Fouché se rapprocha des corps étendus sur la terre et se pencha vers eux : les blessures étaient saignantes encore, et les corps étaient presque froids. Fouché se redressa en hochant la tête : le marquis Camparini suivait tous ses mouvements du coin de l'œil, et semblait deviner ses pensées.

Pendant ce temps, les valets, tenant des torches, fouillaient les alentours sous la direction de Brune, d'Augereau, du soldat et du garçon teinturier, lesquels appelaient à pleine voix les deux pauvres bourgeois. Mais les fourrés paraissaient déserts : aucune trace ne pouvait faire deviner ce qu'étaient devenus MM. Gorain et Gervais, et aucun cri ne répondait aux appels répétés des quatre voyageurs.

Fouché, tout en paraissant absorbé dans ses réflexions, s'était avancé vers la berline élégante qui avait amené le marquis d'une façon si miraculeusement heureuse sur le lieu de la lutte, et il l'examinait avec un soin minutieux.

La voiture paraissait avoir accompli une longue route : sa caisse, ses roues étaient salies, tachées, couvertes de boue et de poussière. Les chevaux étaient bien de ceux du pays, et ils avaient dû être pris au dernier relais. La portière portait un blason de forme italienne, surmonté d'une couronne de marquis.

Fouché revint vers le voyageur, lequel n'avait pas fait un mouvement, ni même changé de place.

— Monsieur, lui dit-il, je me félicite encore qu'un heureux hasard vous ait conduit à notre secours, car, sans votre énergique intervention, nous succombions bien certainement; mais j'avoue que j'ai peine à m'expliquer comment un gentilhomme, traversant la Bretagne, a pu se résoudre à quitter la route de Nantes pour s'engager dans ces horribles chemins des marais.

— Oh! fit le marquis, assurément je n'eusse pas pris de plein gré ces

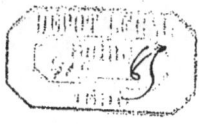

Le soir, l'Œil-de-Bœuf offrait un tableau moins animé. Là se tenait un petit groupe de courtisans attendant patiemment que la porte fermée s'ouvrît devant eux. (P. 680.)

horribles chemins, comme vous les nommez si justement, et certes je ne m'en fusse pas consolé alors, car j'aurais perdu l'occasion de vous être utile; mais avant de quitter la France, je voulais adresser mes adieux à l'un de mes plus anciens amis dont le château est situé dans ce voisinage. C'est pourquoi j'ai quitté Nantes hier matin, résolu à faire un crochet afin de contenter mes désirs.

— Et vous vous rendez à Saint-Nazaire?

— Heureusement pour vous et vos compagnons, monsieur; car votre voiture est hors de service et la mienne est assez grande pour que je puisse vous y offrir place à tous, si du moins, comme je le crois, Saint-Nazaire est également le but de votre voyage.

— Quoi ! vous auriez cette bonté?...

— Mais cela n'est que bien naturel. Comment vous abandonnerais-je, en pleine forêt, après vous avoir délivrés des mains des bandits? Non pas, par Dieu! D'ailleurs la France m'a été assez hospitalière pour que je sois heureux, au moment de la quitter peut-être pour jamais, de rendre un service à des Français. Vous allez à Saint-Nazaire, n'est-ce pas?

— Oui, monsieur.

— Eh bien! je vous y conduirai moi-même.

Fouché s'inclina pour remercier le marquis de ces paroles si bienveillantes, prononcées du ton de voix le plus franc et le plus sincère.

En ce moment, Brune et ses compagnons revinrent près des deux interlocuteurs.

Ils n'avaient trouvé aucune trace des deux bourgeois.

— La peur leur aura donné des ailes, dit l'oratorien. Ils auront fui au commencement de l'action, et peut-être qu'à cette heure ils ont traversé la forêt et sont à Port-Château ou à Besné.

— Le croyez-vous? demanda Augereau.

— Que voulez-vous qu'ils soient devenus? S'ils sont perdus, ils finiront par trouver quelque ferme ou quelque village...

— Mais si ceux qui nous ont attaqués s'étaient emparés d'eux?

— Cela est peu probable.

— Enfin, si cela était?

— Eh bien! si cela était, dit Fouché d'une voix brève, je suis convaincu qu'ils ne courraient aucun danger.

Fouché avait formulé cette réponse avec un accent tellement ironique que le marquis Camparini tressaillit, le regarda et se pinça les lèvres.

Le Roi du bagne venait de découvrir qu'il avait en face de lui un terrible adversaire, et que cet homme, à l'œil terne et au front plissé, avait dans son cerveau le génie de l'intrigue merveilleusement développé. Il comprenait que Fouché, pesant chaque circonstance à sa juste valeur, analysait, jusque dans ses moindres détails, la scène qui venait d'avoir lieu.

Le marquis, se redressant comme un lutteur qui se voit en face d'un ennemi digne de lui, parut puiser dans cette conviction une énergie nouvelle pour jouer son rôle avec plus de finesse; et ce fut en redoublant d'aisance qu'il reprit, après un moment de silence :

— Puisque les recherches de ces messieurs ont été vaines, je crois qu'il vaudrait mieux gagner au plus vite Saint-Nazaire. Là vous pourrez prévenir les magistrats et revenir avec une bonne escorte faire une battue dans la forêt. Je regrette que mon départ soit irrévocablement fixé à demain, sans quoi je me fusse fait un plaisir de vous accompagner dans la recherche de vos amis.

Sur un signe du marquis, l'un des valets ouvrit la portière du carrosse.

Le marquis contraignit poliment ses compagnons à prendre place les premiers dans la voiture. Tandis qu'ils obéissaient à cette marque de savoir-vivre, le marquis se rapprocha des cadavres, étendus sur la terre humide de sang, et les examina rapidement, l'un après l'autre.

— Très bien! murmura-t-il; Jourdan m'a compris. Ceux-là étaient à la veille de trahir, et leur mort a servi ma cause...

Et le marquis, pirouettant sur ses talons avec un geste d'insouciance, revint vers le carrosse, dans lequel il s'élança.

— Vous regardiez ces hommes? demanda Fouché.

— Oui, répondit le gentilhomme italien; et je trouve que vos bandits de France sont fort laids. Ils ne peuvent soutenir la comparaison avec nos bandits italiens. Ceux des Abruzzes surtout sont réellement fort beaux.

La voiture, rapidement entraînée, roulait dans la forêt à la lueur des torches que tenaient les valets.

Le marquis se pencha à la portière et regarda au dehors.

— Je déclare, dit-il en souriant et en reprenant sa place vis-à-vis de Fouché, que, même avec l'aide d'une carte, je serais incapable de me reconnaître au milieu de ces exécrables chemins. Le diable m'emporte si je sais où nous sommes!

— Nous allons quitter la forêt de Campbon, répondit Fouché.

— Sommes-nous encore loin de Saint-Nazaire?

— A quelques lieues à peine.

— Vous paraissez connaître admirablement le pays, monsieur!

— J'y suis né.

— A Saint-Nazaire?

— Non, à Nantes; mais je connais parfaitement Saint-Nazaire.

— En vérité? fit le marquis avec un joyeux étonnement. Alors vous allez probablement pouvoir me rendre un important service.

— A vos ordres, monsieur.

— Figurez-vous qu'en quittant Paris j'ai été chargé d'une mission par une des plus charmantes femmes de la cour, fiancée à un gentilhomme avec lequel j'ai eu l'honneur de souper chez le duc de Chartres, M. le comte de Sommes...

— M. le comte de Sommes! s'écria Brune en tressaillant brusquement.

Fouché retint une exclamation prête à jaillir de ses lèvres.

— Vous le connaissez? demanda le marquis à l'étudiant.

— De nom, répondit Brune en achevant de se remettre.

— Cette belle dame, reprit le marquis, est veuve de M. d'Horbigny. Elle a, m'a-t-elle dit, une petite fille qui est élevée à Saint-Nazaire, une charmante enfant qu'elle paraît idolâtrer, et, sachant que je devais m'embarquer dans ce port pour de là gagner Brest, où m'attend le bâtiment qui doit me conduire à Naples, elle m'a prié de voir sa fille et de lui remettre cette boîte contenant un cadeau.

Et le marquis, fouillant dans la poche de son élégant surtout de voyage, en tira un écrin de velours qu'il présenta à Fouché. La lumière projetée par les torches, pénétrant dans la voiture, permit aux voyageurs d'admirer un ravissant collier de perles.

— Malheureusement, continua le marquis, j'ai perdu une lettre jointe à cet écrin, et sur l'enveloppe de cette lettre était l'adresse de la gouvernante de Mlle d'Horbigny. De sorte que je vais être obligé de quêter cette adresse, de porte en porte, dans une ville où je ne connais absolument personne.

Ces paroles avaient été prononcées d'un ton si naturel, ce que disait le marquis paraissait tellement simple, tellement probable, qu'aucun des voyageurs, pas même Fouché, ne parut mettre en doute la véracité de l'Italien.

Brune, stupéfait du hasard qui avait jeté le marquis sur la route qu'il suivait ainsi que ses amis, avait peine à contenir son étonnement.

— Monsieur le marquis, dit Fouché après un moment de silence durant lequel il sembla peser sa réponse, je suis heureux, en effet, de pouvoir vous être agréable. Vous désirez connaître la demeure de Mlle d'Horbigny? Je me rends en ce moment moi-même près d'elle avec ces messieurs, et, si vous le voulez bien, nous vous servirons de guides.

En cet instant, la berline franchissait les derniers halliers de la forêt et atteignait la plaine.

Le jour commençait à se lever; à l'horizon on apercevait la brume courant vaguement sur l'Océan, et un premier rayon du soleil, perçant la vapeur, vint éclairer le clocher de l'église de Saint-Nazaire.

LXII

L'ŒIL-DE-BŒUF

L'escalier de la reine, qui est dans l'aile gauche, communique avec les appartements de la reine, placés en face de l'Orangerie, et les appartements du roi donnant sur la cour de Marbre.

Par l'entrée de droite, on traverse d'abord la salle des gardes, puis l'antichambre du roi, et on pénètre dans cette salle célèbre qui est bordée, dans sa longueur, par la Galerie des Glaces, ayant, à sa droite, la porte en glaces de la chambre du roi, et, à sa gauche, un couloir, communicant avec l'appartement de la reine, et éclairé par une fenêtre ovale, pratiquée dans la partie en voûte soutenant le plafond, et qui a donné son nom de l'Œil-de-Bœuf à cette salle immense. C'était là que les courtisans venaient attendre le lever du maître. Un tableau peint par Nocret peut rester comme l'une des plus curieuses preuves de cette espèce d'idolâtrie dont les courtisans de l'Œil-de-Bœuf entouraient Louis XIV, et à laquelle le roi se prêtait si complaisamment. Le roi est représenté, ainsi que sa famille, avec les emblèmes des divinités de l'Olympe. Louis XIV, dominant l'ensemble, est en Apollon, Marie-Thérèse en mère des Amours, Mlle de Montpensier en Diane, Monsieur en Étoile du matin qui va saluer le soleil. Henriette d'Angleterre est en Flore et Anne d'Autriche en Cybèle. Dans le fond, les trois filles du duc d'Orléans représentent les Trois Grâces, et Mademoiselle le Zéphire. Cet étrange tableau ne rend-il pas convenable l'assertion paradoxale de Saint-Simon : « Si le roi n'avait pas peur du diable, il se ferait adorer ? »

A l'une des extrémités de l'antichambre est encore aujourd'hui le petit modèle en bronze de la statue équestre de Louis XIV, sur lequel fut exécutée celle qui décore la cour du palais.

Depuis que le roi-soleil avait fixé sa résidence à Versailles, et que ses successeurs avaient cru devoir suivre son exemple, l'Œil-de-Bœuf ne s'était (en 1785) vu désert que deux seules fois : à la mort de Louis XIV et à la mort de Louis XV.

Aujourd'hui les habitants de Versailles viennent voir Paris. Avant 1789, c'étaient les Parisiens qui allaient voir Versailles.

Le dimanche, les jours de fête, les Parisiens, les provinciaux de passage dans la capitale, envahissaient, qui les carrabas, qui les pots-de-chambre, qui le coche d'eau, autrement dit la galiote, qui descendait la Seine jusqu'à Sèvres. Tous couraient à Versailles pour y voir le roi, la reine, le dauphin, les princes, les princesses, la procession des cordons bleus, puis le parc, la ménagerie et les eaux. On leur ouvrait les grands appartements, mais on leur fermait les petits, qui étaient les plus riches et les plus curieux à visiter. A midi la foule se pressait dans la grande galerie pour contempler le roi se rendant à la messe, et la reine, et Monsieur, et Madame, et le comte d'Artois et la comtesse d'Artois, et on se disait à l'oreille, suivant les circonstances :

— Avez-vous vu? le roi a ri!
— Oui, il a ri!

Ou bien :

— Le roi n'a pas l'air content!
— La reine commence à vieillir.

Au grand couvert, le Parisien remarquait que le roi avait mangé de bon appétit, que la reine n'avait bu qu'un verre d'eau; graves remarques qui fournissaient à l'entretien pendant quinze jours, et les servantes allongeaient le cou pour mieux écouter ces nouvelles. Ce dîner en public était pour Marie-Antoinette l'un des usages les plus désagréables.

« L'usage le plus anciennement établi, dit Mme Campan, voulait aussi qu'aux yeux du public les reines de France ne parussent environnées que de femmes, et, quoique le roi mangeât publiquement avec la reine, il était lui-même servi par des femmes pour tous les objets qui lui étaient directement présentés à table. La dame d'honneur, à genoux, sur un pliant très bas, une serviette posée sur le bras et quatre femmes en grand habit, présentait les assiettes au roi et à la reine. La dame d'honneur leur servait à boire. »

On peut imaginer aisément qu'un tel cérémonial bannissait le charme de la conversation, la gaieté, et souvent même l'appétit; mais l'étiquette le voulait ainsi. Les huissiers laissaient entrer sans distinction tous les gens proprement mis, et ce spectacle faisait surtout le bonheur des provinciaux.

« A l'heure des dîners, dit encore Mme Campan, on ne rencontrait dans les escaliers que de braves gens qui, après avoir vu le roi manger sa soupe, allaient voir les princes manger leur bouilli, et qui couraient ensuite à perte d'haleine pour aller voir Mesdames manger leur dessert. »

Quant aux tableaux, aux statues, aux antiques qui meublaient le palais, aucun des spectateurs n'avait d'yeux pour tout cela. Parisiens et provinciaux admiraient les glaces, les dorures, le dais du trône et la quantité de plats qu'on posait sur la table royale, et les carrosses surdorés, et et les cent-suisses et les gardes du corps.

Mais si, durant les jours de la semaine, le bon public de la ville n'était pas admis au château, celui de la cour s'y pressait toujours en grande affluence, et la reine n'évitait pas, pour cela, ces ennuyeuses représentations qu'elle détestait si fort.

Tout ce monde doré, brodé, éclatant, allait, venait, courait dans ces immenses galeries avec un bourdonnement perpétuel. Les Altesses, les Grandeurs, les Éminences, les Excellences, les seigneurs, trottaient pêle-mêle avec les pages, les valets, les gardes, les huissiers. C'était à qui irait chez un ministre ou à une audience princière. Un autre se glissait dans les groupes. Celui-là faisait parade de son influence passagère, celui-ci mendiait la protection du dernier valet bleu (1).

C'était, depuis l'ouverture des portes du château jusqu'à leur fermeture, un spectacle comparable à celui qu'offre l'intérieur d'une ruche d'abeilles.

Mais où la foule brillante accourait avec le plus d'empressement, c'était à l'heure du lever, dans l'antichambre du roi, dans cette pièce précédant la chambre et qui était universellement connue par son nom d'Œil-de-Bœuf. Là vivait, sans bouger, un suisse carré et colossal : gros oiseau dans une petite cage dorée. Il buvait, il mangeait, il dormait dans cette antichambre ; il n'en sortait point. Le reste du château lui était étranger. Un simple paravent séparait son lit et sa table des puissances de ce monde de grandeurs.

Quatre phrases étaient tout ce qu'il prononçait de sa voix puissante ; douze mots sonores remplissaient sa mémoire et composaient son service.

— Passez, messieurs ! — Le roi ! — Retirez-vous ! — On n'entre pas, monseigneur !

Et monseigneur de filer sans dire un mot. Tout le monde saluait ce gardien du sanctuaire royal. Personne n'osait jamais le contredire. Sa voix chassait des nuées de comtés, de marquis et de ducs qui fuyaient devant sa parole comme le troupeau sous le claquement du fouet du gardien. Il renvoyait, sans gêne, les princes et les princesses ; il ne leur parlait que par monosyllabes. Aucune dignité subalterne ne lui imposait. Il ouvrait, pour le maître, la portière de glaces et la refermait ensuite. Le reste de la terre était égal à ses yeux.

« Quand sa voix retentit, écrivait un témoin oculaire, les pelotons épars des courtisans s'amoncellent ou se dissipent. Tous fixent leurs

---

(1) Valet des petits appartements ne faisant que le service intime.

regards sur cette longue main appuyée sur le bouton de cristal de la porte royale : immobile ou en action, elle a un effet surprenant sur ceux qui la regardent. Ses étrennes montent à plus de cinq cents louis d'or par an, car on n'oserait lui offrir un métal aussi vil que l'argent et personne ne songerait à éviter l'impôt. »

Le soir, l'Œil-de-Bœuf offrait un tableau moins animé. Là se tenait un petit groupe de courtisans attendant patiemment que la porte fermée s'ouvrît devant eux.

C'étaient les prétendants à l'honneur insigne de souper avec le roi : plus d'un avait poursuivi cette grâce pendant trente années de sa vie. Chacun, en se présentant à l'Œil-de-Bœuf, se flattait d'une espérance qui ne s'éteignait jamais, quoique bien souvent trompée.

Au bout de deux heures d'attente, cette porte adorée et pressée dans un tremblement respectueux s'entr'ouvrait sous la main du cerbère ; un huissier de la chambre paraissait avec une liste à la main et criait sept ou huit noms au milieu du plus attentif et du plus anxieux silence. Les élus, les bienheureux, les favorisés de l'attention royale entraient ou plutôt se glissaient dans l'étroit et envié passage ; puis le suisse refermait froidement la porte au nez des autres, qui, faisant semblant de se consoler de cette disgrâce, s'en allaient le chagrin et le désespoir dans le cœur.

« L'Œil-de-Bœuf, a dit Mercier, est la chambre où l'on se tient toujours debout, et d'où l'on peut aller partout sans s'asseoir nulle part. Un courtisan qui a quatre-vingts ans en a bien passé quarante-cinq là, sur ses pieds, à attendre la sortie du roi, à quêter un sourire ou une parole bienveillante. »

Il était neuf heures du matin ; la chaleur était plus accablante encore que les jours précédents, et cependant la foule des courtisans parés, coiffés et **poudrés**, étouffant sous le harnais doré et sous la perruque, se pressait dans l'antichambre dont l'atmosphère s'épaississait de minute en minute. C'était trois semaines après les derniers événements que nous avons rapportés.

Les conversations animées, échangées dans l'Œil-de-Bœuf, formaient un murmure confus qu'interrompait, de temps à autre, un silence subit et profond. C'était lorsque le suisse, la main appuyée sur le bouton de cristal, se baissait pour approcher son oreille de la serrure : manœuvre que le compatriote de Guillaume Tell exécutait régulièrement, à intervalles égaux, avec un calme parfait. Puis, lorsque le cerbère redressait sa tête, blanchie plus par la farine que par les ans, et reprenant son immobilité, les paroles demeurées suspendues sur toutes les lèvres s'échappaient de nouveau médisantes et pressées, et le murmure recommençait.

L'HOTEL DE NIORRES

Ils retombèrent sur leur siège et demeurèrent dans un mutisme absolu. (P. 688.)

LIV. 86. — L'HOTEL DE NIORRES.

Près de la porte de la grande galerie des glaces, appuyé contre le chambranle, se tenait un personnage revêtu d'un uniforme constellé de cordons et de croix. Autour de lui, formant un demi-cercle, étaient groupés plusieurs gentilshommes, lesquels par le respectueux empressement qu'ils témoignaient à celui qu'ils entouraient décelaient sa situation importante à la cour.

Au moment où l'un de ces instants de silence causés par la pantomime du suisse faisait ressembler l'Œil-de-Bœuf à une salle du palais de la Belle au bois dormant, un jeune seigneur, mis avec une extrême recherche, tenant, sous le bras, son tricorne galonné et chiffonnant son jabot d'une main aristocratique, se glissa par la porte.

En apercevant le personnage qui dominait la petite assemblée, le gentilhomme s'inclina et lui tendit familièrement la main.

— Comment se porte l'une de nos gloires nationales? demanda-t-il en souriant. Cher monsieur de Suffren, il est rare de vous rencontrer dans l'antichambre du roi!

— Mais vous-même, monsieur le duc de Lauzun, répondit l'illustre marin, devenez de moins en moins assidu à l'Œil-de-Bœuf.

— Le roi ne m'aime pas, répondit le duc.

— Dites que vous préférez le séjour du Palais-Royal à celui de Versailles.

Le duc sourit sans répondre.

— A propos, reprit-il, avez-vous des nouvelles du procès?

— Hélas! oui! répondit le bailli.

— Oh! oh! je vois à votre air chagrin que les choses vont mal!

— Fort mal pour mes pauvres amis!

— Quoi!... auraient-ils avoué?...

— Rien, mais les circonstances parlent pour eux!

— Quand le prononcé du jugement aura-t-il lieu!

— Demain, probablement!

Le bailli de Suffren étouffa un soupir.

— Les croyez-vous donc innocents? demanda M. de Lauzun.

— Sans aucun doute, répondit le bailli.

— Cependant je les ai vus tous deux dans la chambre où ils venaient d'accomplir leur dernier forfait! M. de Niorres ne venait-il pas de surprendre le vicomte assassinant son dernier petit-fils?

— M. de Renneville a donné l'explication de ce fait, répondit vivement le bailli.

— Mais, reprit le duc, cette explication est-elle admissible? Pourquoi avait-il un pistolet à la main? Enfin pourquoi ces deux hommes se trouvaient-ils, cette nuit-là, dans les appartements de l'hôtel de Niorres?

— Le valet, qui se prétend leur complice, n'a-t-il pas suffisamment expliqué cette présence en déclarant que MM. d'Herbois et de Renneville voulaient enlever celles qu'ils aimaient?

— Eh! mon cher amiral, c'est précisément cet amour qui les condamne, car il prouve l'intérêt qu'ils avaient à accomplir ces crimes!

— Cela est vrai! murmurèrent plusieurs voix.

Le bailli secoua la tête.

— Ils sont innocents! dit-il.

— Les preuves de cette innocence? demanda le duc.

— Eh! répondit le bailli avec impatience, si je les avais, pensez-vous que j'eusse attendu jusqu'ici pour les donner?

— Vous voyez bien alors que vous raisonnez d'après une conviction morale toute personnelle.

— Jamais je n'admettrai que Charles et Henri soient aussi infâmes! Non! non! messieurs! J'ai eu trop de preuves de leur loyauté, de leur courage, de leur intrépidité pour admettre la possibilité d'une semblable accusation. Il y a évidemment dans cette affaire un mystère que nous ignorons, et qui, bien certainement, se transformera en vérité lumineuse.

— Dieu veuille alors que cette transformation ne s'accomplisse pas trop tard, monsieur le bailli; mais j'avoue que je doute que la cour criminelle envisage les choses à un point de vue favorable pour vos protégés.

— Je parie que vous parlez du procès d'Herbois et de Renneville, dit un nouveau personnage, qui venait de se mêler au groupe.

— Tiens! Cadore! dit le duc de Lauzun en tendant la main au jeune baron. Tu vas bien? Eh oui! nous parlions du procès qui se juge en ce moment au Châtelet. Aurais-tu des nouvelles?

— Toutes fraîches.

— Bah! est-ce que le jugement est rendu?

— Non, pas encore, mais chacun prévoit l'arrêt.

— Ils seront condamnés, n'est-ce pas?

— C'est évident!

— Morbleu! fit le bailli de Suffren en fermant les poings avec un geste énergique.

— Que voulez-vous, monsieur l'amiral? Ils sont coupables! Toutes les preuves sont contre eux! Et, tenez! continua le baron en se tournant vers un jeune gentilhomme qui venait également d'entrer dans l'antichambre, voici le comte de Sommes qui, certes, peut passer pour un zélé partisan des accusés, car il s'est donné ouvertement assez de mouvement pour adoucir leur sort. Il a suivi toutes les phases du procès, et, quoi qu'il en dise, il est, dans sa conscience, parfaitement de mon avis, j'en réponds! N'est-ce pas, comte?

M. de Sommes arrivait, et il salua le bailli de Suffren, qui fit un mouvement vers lui.

— Monsieur, dit l'amiral en s'adressant au comte de Sommes, je sais tout ce que vous avez fait pour mes malheureux officiers, et je vous en remercie du fond du cœur, car, quelle que soit l'opinion générale, je les tiens, moi, pour des hommes incapables d'une infamie!

— C'est aussi parce que telle est mon opinion, monsieur, répondit le comte, que je devais faire ce que j'ai fait. Malheureusement mes efforts sont demeurés impuissants!

— Quoi! dit le bailli en frissonnant. Les choses en sont-elles à ce point, que tout soit perdu?

— Je le crains. Depuis deux audiences, le marquis d'Herbois et le vicomte de Renneville s'obstinent à garder un absolu silence; or ce silence équivaut à un aveu en présence des accusations terribles qui les écrasent. Ce silence, c'est leur condamnation.

— Ils ont refusé de parler, dites-vous?

— Oui, monsieur, obstinément refusé.

— Mais pourquoi? Quel motif ont-ils donné?

— Aucun!

— Ils ne peuvent se déclarer innocents et ils ne veulent pourtant pas s'avouer coupables, c'est clair! fit observer le baron de Cadore.

— Évidemment! dirent quelques voix.

Le bailli de Suffren passa sa main sur son front.

— Je ne comprends rien à ce que vous me dites, fit-il.

— Écoutez, monsieur, reprit le comte. Pour bien comprendre, il faut que vous connaissiez le procès dans tous ses détails. J'en ai suivi la marche pas à pas. Vous savez qu'il y a quatre jours seulement que le procès a été porté devant la cour.

« Le premier jour, consacré aux formalités d'usage, à la lecture de l'acte d'accusation et aux interrogatoires généraux, le marquis et le vicomte ont répondu à toutes les questions avec une netteté et une dignité qui tout d'abord ont disposé l'auditoire en leur faveur.

« Sur un seul point, ils ont refusé de donner un éclaircissement : c'était à propos de leur présence la nuit dans l'hôtel de Niorres, mais la cour a passé outre sans insister.

« Le second jour, les interrogatoires ont continué, et les accusés ont tout nié, avec un tel accent de sincérité et de conviction véritable, que, plusieurs fois, des manifestations bruyantes se sont élevées en leur faveur.

« Ils ont rappelé, avec une noble modestie, leur existence militaire : ils ont parlé des combats auxquels ils avaient assisté, des périls qu'ils avaient bravés, et, faisant un rapprochement entre les témoignages publics d'estime que leur avaient donnés leurs chefs et l'accusation infâme qui pesait sur eux, ils ont redressé fièrement la tête, rejetant cette accusation avec un accent de mépris qui a excité l'enthousiasme général.

« Je vous avoue qu'alors je croyais leur cause gagnée : j'étais heureux, moi, qui, l'avant-veille encore, les avais laissés tristes et désespérés, moi qui craignais, en voyant surtout l'abattement du vicomte, qu'ils eussent recours au suicide pour échapper à leur horrible situation.

« Mais M. d'Herbois, dont le courage n'a pas un instant faibli, avait su sans doute combattre le désespoir de son ami et lui rendre des forces pour l'instant de la lutte.

« Je quittai l'audience, l'espérance au cœur. Hélas ! je ne songeais pas à ce qui pouvait avoir lieu le lendemain.

« Avant-hier, je retournai à la cour. Oh ! le souvenir de cette journée épouvantable ne sortira jamais de mon esprit ! L'interrogatoire des accusés était terminé : on allait entendre les dépositions des témoins.

« Ces dépositions furent accablantes !

« Pour établir la situation précaire du marquis et du vicomte, pour établir l'intérêt qu'ils avaient eu à commettre les crimes dont on les chargeait, on avait fait mander tous ceux qui pouvaient prouver l'état dans lequel se trouvaient leurs affaires personnelles.

« Plus de dix usuriers vinrent déposer : l'un, entres autres, tout en s'efforçant de servir les deux jeunes gens, fit les révélations les plus aggravantes. Celui-là se nommait M. Roger. Bref, de cette première instruction ressortit un chiffre de plus de quatre cent mille livres, comme montant des dettes des accusés, et eux-mêmes déclaraient n'avoir aucun patrimoine.

« Comment pouvaient-ils espérer payer ces chiens qui aboyaient hautement après leurs chausses ? Tous les usuriers déclarèrent, sans hésiter, qu'ils n'avaient point agi rigoureusement depuis trois mois dans l'espérance unique des mariages arrêtés.

« Un reçu de quatre mille livres, signé par le marquis et par le vicomte, prouva, de la façon la plus incontestable, qu'eux-mêmes avaient engagé l'avenir de ces unions.

« Or, Mlles de Niorres n'ont rien de leur chef, et elles ne pouvaient posséder qu'en héritant des malheureuses victimes !

« Cette déclaration terrible produisit un effet foudroyant sur l'assistance, et les deux accusés baissèrent la tête.

« Puis vint la déposition accablante de M. de Niorres, lequel déclarait nettement avoir surpris l'un des accusés commettant son dernier crime !

« L'auditoire frissonnait.

« Ensuite on donna lecture de notre déclaration, c'est-à-dire de celle signée par le duc de Lauzun, le marquis Camparini, M. Lenoir et moi, déclaration dans laquelle nous disions avoir vu les deux accusés dans la chambre de Mme de Versac, en présence des trois cadavres.

« Jusqu'alors, je l'avoue, j'espérais encore. L'affaire des usuriers ne pouvait, à la rigueur, que prêter à une interprétation, notre déposition ne précisait rien et celle de M. de Niorres pouvait être combattue, puisqu'elle était unique, mais il en était une bien autrement accablante !

« Un homme fut introduit : cet homme était un valet du conseiller de Niorres, nommé Georges.

« Accusé lui-même de participation au crime, il fit des aveux d'une précision effrayante.

« Il déclara être depuis longtemps le complice des deux accusés et il entra dans des détails horribles sur les précédents crimes, s'en reconnaissant l'auteur, mais disant qu'il n'avait agi qu'à l'instigation du marquis et du vicomte. Il avait été le bras qui frappait, eux la tête qui combinait les crimes.

« Il avait empoisonné, mais le marquis et le vicomte lui avaient fourni le poison.

« Tout ce qu'il disait était si net, si clair, si précis, qu'il ne restait aucune question à lui adresser.

« Il ajouta que, la nuit fatale, il avait aidé le marquis et le vicomte à tuer M. et Mme de Nohan, qu'il avait mis le feu aux bâtiments, toujours sur l'ordre de ses complices, et qu'ensuite, et tandis que ceux-ci devaient tuer Mme de Versac et les deux enfants, il était allé les attendre dans un endroit convenu et où tous les moyens de fuite étaient préparés.

« C'était là, en effet, qu'il avait été arrêté.

« Il reconnaissait encore avoir pris l'empreinte de la serrure de la porte du jardin et avoir remis cette empreinte au marquis d'Herbois, lequel avait fait faire une fausse clef qui devait servir à l'accomplissement des crimes.

« En entendant cet homme, un frémissement d'indignation avait parcouru toute la salle d'audience.

« Le marquis et le vicomte s'étaient tout d'abord dressés et avaient tenté de l'interrompre, mais la cour leur avait imposé silence.

« Alors, soit qu'ils fussent accablés sous le poids de ces accusations terribles, soit qu'ils se reconnussent impuissants pour lutter contre le destin qui les écrasait, ils retombèrent sur leur siège et demeurèrent dans un mutisme absolu.

« C'est à partir de cet instant qu'ils ont obstinément et absolument refusé de répondre.

« Le procès se continue cependant, les accusations se dressent menaçantes et ils se renferment dans un silence absolu.

— C'est qu'ils sont coupables! dit le baron de Cadore.

— Demain, fit le comte de Sommes, la cour criminelle nous le dira.

— Il est bien évident, dit Lauzun, qu'ils seront condamnés, surtout s'ils ne parlent pas. Qui les défend?

— Personne; ils ont refusé les avocats.

Le bailli de Suffren avait écouté le comte de Sommes avec un profond recueillement.

— Monsieur le comte, demanda-t-il brusquement, les croyez-vous coupables, vous?

Le comte secoua la tête.

— Que vous dirai-je? répondit-il. J'étais convaincu de leur parfaite et entière innocence, mais que penser en présence de ces accusations si formidablement écrasantes? que supposer en voyant la contenance des accusés et le silence obstiné dans lequel ils se renferment? Ce silence n'est-il pas, lui-même, une accusation nouvelle?

Le bailli frappa du pied le parquet.

— Eh bien! moi, dit-il, je les crois innocents; et la preuve, c'est que dans l'audience que Sa Majesté a bien voulu m'accorder pour ce matin, je plaiderai leur cause et je demanderai la justice qui leur est due!

— Ah! fit le comte de Sommes dont l'œil étincela soudain.

Le suisse se baissa alors vers la porte royale et toutes les conversations cessèrent instantanément : mais une nouvelle déception suivit cette manœuvre, et la porte demeura close.

L'Œil-de-Bœuf était réellement encombré au point qu'il eût été impossible à la plupart des groupes formés dans l'antichambre de se disjoindre. La foule était compacte, et chacun gardait scrupuleusement sa place dans l'espérance, au moment décisif, de rencontrer plus promptement le regard du monarque.

Des valets bleus circulaient lentement au milieu de tous ces gentilshommes, qui s'empressaient de leur livrer passage.

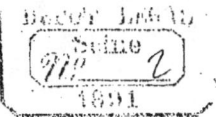

— Eh bien! mon amiral? fit Mahurec en voyant le pénible silence que gardait son chef. (P. 694.)

L'un d'eux, qui était entré depuis peu de temps, et paraissait chercher dans la foule, se dirigea vers le bailli de Suffren.

— Monseigneur, dit-il en s'inclinant profondément, il y a, dans la cour de Marbre, un homme qui invoque votre nom pour pénétrer dans le château...

— Qui cela? demanda l'amiral avec étonnement.

— Le valet qui est venu m'informer ne m'a pas dit le nom de ce personnage qui, à ce qu'il paraît, fait un scandale abominable.

— Un homme qui invoque mon nom et fait un scandale dans le palais du roi! dit l'amiral en se redressant. Cela ne peut pas être.

— Je demande pardon à monseigneur, mais cela est. Cet homme s'est présenté à toutes les portes du château, et comme naturellement on lui refusait l'accès, il a employé la violence, et c'est en battant un suisse et deux gardes qu'il est arrivé jusque sur le seuil du grand vestibule. Là, les gardes suisses l'ont voulu arrêter, mais il a opposé une résistance désespérée. Cependant on en fût venu à bout, seulement comme il ne cessait de parler de vous, monseigneur, et de crier qu'il voulait vous voir, que vous l'attendiez, et que, fussiez-vous avec Sa Majesté, il vous verrait, on n'a pas osé l'arrêter sans venir prendre vos ordres.

— Je vais voir ce que veut cet homme et qui il est, répondit le bailli de Suffren en quittant l'Œil-de-Bœuf.

Le valet bleu s'inclina de nouveau et se retira discrètement après avoir rempli sa mission.

M. de Suffren traversa la grande galerie des Glaces et se dirigea vers l'escalier d'honneur.

Comme il descendait les premières marches de marbre, il entendit un grand bruit arriver jusqu'à lui : c'étaient des cris, des imprécations, des jurons d'une énergie inconnue à Versailles, puis des bruissements sourds comme ceux causés par la lutte d'un homme contre plusieurs autres.

Le comte de Sommes, qui causait avec le duc de Lauzun et le baron de Cadore, n'avait pas perdu un mot cependant de la conversation rapide échangée entre l'amiral et le valet bleu. Cessant peu à peu de se mêler à l'entretien, il fit un pas en arrière et se laissa séparer du duc et du baron par un flot de courtisans qui circulaient lentement.

Libre de ses actions, le comte sortit vivement de l'Œil-de-Bœuf et entra dans la galerie des Glaces au moment où le bailli de Suffren, dont il avait suivi tous les mouvements, achevait de la parcourir. Alors, se glissant avec une insouciance apparente le long des grandes fenêtres, il suivit rapidement la direction prise par l'amiral sans que celui-ci pût se douter un seul instant qu'il était espionné.

LXIII

LE GABIER

M. de Suffren se hâta de descendre vers le lieu d'où partait ce bruit, si peu en harmonie avec la majesté de la demeure royale. Au milieu d'un groupe de valets, de gardes et d'huissiers, il aperçut, se débattant, poussant, bousculant, un homme revêtu du costume des matelots de la marine militaire. L'amiral portait au plus haut point l'amour de sa noble profession, et tout ce qui touchait à la marine avait le don de lui remuer profondément le cœur. Aussi, en voyant ce matelot se débattre au milieu de cette foule de gens de terre, oublia-t-il ce que lui avait raconté le valet bleu; il ne vit qu'un marin molesté par des domestiques, et élevant brusquement la voix :

— Drôles ! s'écria-t-il, osez-vous bien assaillir un matelot du roi !

Cette intervention inattendue produisit dans le groupe l'effet de la foudre. Chacun se recula spontanément, et le matelot demeura seul au milieu d'un cercle.

— Eh bien ! tas de terriens ! s'écria-t-il en accompagnant ses paroles d'une effroyable série de jurons. Eh bien ! faillis chiens ! je vous l'avais bien dit que je verrais mon amiral et que je relèverais son pont, quand il serait sur la galerie de l'arrière avec Sa Majesté le roi en personne naturelle !

Puis se tournant vers le bailli de Suffren :

— As pas peur, mon amiral ! continua-t-il; c'est moi, Mahurec, votre gabier d'artimon, avec des avaries dans la coque, mais encore solide sur sa quille !

En reconnaissant le gabier pour lequel il avait une estime sincère, M. de Suffren s'était avancé plus vivement :

— C'est encore toi ! dit-il d'un ton brusque, moitié satisfait, moitié mécontent.

— Encore moi ! répondit Mahurec; c'est pas aimable, ça, mon amiral; mais je n'ai pas couru une bordée de longueur pour nous dire des amabilités...

L'amiral regardait le matelot avec une attention soutenue et un étonnement manifeste. Un grand changement, en effet, s'était opéré dans le gabier depuis le jour où, dans la cour des Ministres, il avait déjà forcé la consigne pour s'élancer après la voiture du bailli de Suffren. C'était le même torse herculéen, la même carrure d'épaules, les mêmes membres dégingandés, le même physionomie franche et expressive, mais le corps avait maigri, mais les bras n'étaient plus aussi formidables, mais les traits du visage étaient profondément altérés par une souffrance intérieure, mais les tons chaudement basanés de la peau avaient fait place à une pâleur marbrée, dénotant une perte de sang abondante.

Le matelot soutint sans sourciller le regard investigateur qui pesait sur lui.

— Qu'as-tu donc? demanda enfin le bailli, tu es changé! Es-tu malade?

— Je sors de mon cadre d'infirmerie, où m'avaient affalé deux avaries majeures, répondit Mahurec. Il n'y a que de ce matin que je suis radoubé à reprendre la mer; aussi je m'ai pomoyé jusqu'ici en carriole; mais, n'empêche! c'est pas de moi qu'il s'agit. J'ai à vous larguer deux mots dans le pertuis de l'entendement, mon amiral, et quand je demande ma route pour venir dans vos eaux, voilà cette volée de terriens qui se lâchent sur moi pis qu'une bordée de pirates! Tonnerre de Brest! je...

Un geste impérieux du bailli de Suffren arrêta, sur les lèvres du matelot, la phrase prête à en sortir, et Mahurec demeura le poing levé et parcourant d'un regard menaçant le cercle des valets, des gardes et des huissiers.

Mahurec se contentait de grommeler intérieurement sans oser entraver la muette défense de son chef. M. de Suffren fit signe aux valets et aux gardes de s'éloigner; puis, s'approchant du gabier, il lui appuya la main sur l'épaule et le poussa assez rudement vers la porte donnant sur la cour de Marbre.

— Va! dit-il.

Mahurec obéit à l'impulsion donnée, et accompagna son amiral dans la cour. La cour des Ministres était, comme toujours, encombrée d'équipages de toute espèce, de carrosses et de chaises à porteurs, mais la cour de Marbre était à peu près solitaire. M. de Suffren entraîna Mahurec dans un angle désert, et se plaçant en face de lui :

— Voyons, matelot, dit-il d'une voix brusque, et qui cependant n'avait rien de sévère, qu'as-tu? que veux-tu?...

— J'ai... je veux... j'ai que je ne suis pas content! dit brusquement le matelot après avoir hésité un moment, et comme s'il obéissait à une résolution fortement arrêtée.

— Pas content? de quoi? de qui? fit M. de Suffren.
— De vous, mon amiral.

Et Mahurec demeura immobile, les yeux baissés et la main au chapeau.

— Hein? fit le bailli avec surprise.
— Oui, reprit le gabier, qui, de pâle, était devenu rouge d'émotion. Je ne suis pas content, mon amiral, parce que, tandis que vous courez des bordées là-haut avec tous vos terriens empanachés, il y a à cette heure deux braves cœurs qui vous sont dévoués et qui pourrissent dans une prison ! Ah! tonnerre! continua le gabier en s'exaltant subitement, mes lieutenants au cachot! Et dire qu'il n'y a pas tant seulement dans ce Paris de malheur une bordée de vrais matelots pour faire un chambardement général et tordre le cou à ceux qui...

— C'est donc pour me parler du marquis et du vicomte que tu es venu à Versailles! interrompit l'amiral.

— Tiens! pourquoi donc que je serais venu alors?
— Mais pourquoi n'es-tu pas venu plus tôt? Il y a plus d'un mois que Charles et Henri sont arrêtés! qu'as-tu fait pendant ce temps?

— Rien! J'étais affalé dans mon hamac, plus bête qu'un poulet à qui votre maître coq aurait coupé le cou!

— Tu étais donc malade?
— J'avais du plomb dans la flottaison.
— Tu as été blessé?
— Oui, mon amiral!
— Où? comment? quand?
— Dans les jardins de cet hôtel de malheur, où mes lieutenants n'auraient jamais dû se laisser remorquer.

— Tu as été blessé dans les jardins de l'hôtel de Niorres? dit M. de Suffren avec un étonnement profond.

— Oui, mon amiral!
— Par qui?
— Ah! voilà ; j'en sais rien!

Le bailli se rapprocha du matelot.

— Voyons, dit-il, qu'est-ce que cela signifie? Explique-toi.
— J'ai tout expliqué, répondit Mahurec ; je n'en sais pas davantage.

M. de Suffren réfléchissait. Puis, reprenant la parole après un moment de silence, il pressa Mahurec de questions, et parvint à se faire raconter en détail le commencement de la fatale soirée.

Malheureusement Mahurec ne pouvait apporter aucun éclaircissement favorable pour les accusés. Il ne se rappelait que ce qui s'était passé entre lui et ses lieutenants jusqu'à l'heure où ceux-ci l'avaient laissé en sentinelle à la petite porte du jardin. Aux premières lueurs de l'incendie, il avait quitté son poste et s'était élancé vers les bâtiments; mais, au moment où il atteignait la pelouse, il était tombé frappé de deux balles, sans savoir quelle était la main qui avait tiré sur lui. Depuis cet instant, il ne se souvenait de rien. Durant huit jours, il était resté étendu sur un mauvais lit en proie à une fièvre violente; puis, grâce aux soins dont il avait été entouré, il était revenu peu à peu à la vie; mais, dans la crainte sans doute de lui causer une commotion trop douloureuse, ses amis lui avaient caché la situation de MM. d'Herbois et de Renneville. Ce n'était que la veille au soir seulement qu'on lui avait tout raconté.

En apprenant l'accusation qui pesait sur ses lieutenants, en les sachant en jugement et accablés par toutes les preuves les plus flagrantes d'une culpabilité avérée, le gabier n'avait écouté que son affection pour les prétendus coupables. Certain de leur innocence, il avait senti son sang se glacer dans ses veines en entendant dire que cette innocence était méconnue, et, repoussant tout avis contraire, il avait résolu de venir trouver son amiral pour le prier de sauver ses lieutenants.

Le matelot, ignorant des choses et des usages de la terre, regardait son amiral comme le premier homme du royaume après le roi, et il ne doutait pas qu'un mot du bailli de Suffren ne suffît pour tirer le marquis et le vicomte de l'horrible situation dans laquelle ils se trouvaient. Aussi avait-il osé témoigner son mécontentement envers son amiral, qu'il accusait d'abandonner ses lieutenants. Le bailli avait écouté Mahurec avec un recueillement profond. A mesure que le gabier parlait, une déception pénible se peignait sur les nobles traits de l'illustre marin. En voyant Mahurec, en apprenant qu'il avait passé la soirée avec le marquis et le vicomte, quelques heures avant les terribles événements, M. de Suffren avait espéré tirer de son interlocuteur quelques indices qui pussent le mettre sur la voie des preuves d'innocence à donner en faveur des accusés. Malheureusement il n'en avait rien été.

— Eh bien! mon amiral? fit Mahurec en voyant le pénible silence que gardait son chef.

— Eh bien! répéta l'amiral avec une colère sourde, que veux-tu que je fasse?

— Ce que je veux que vous fassiez? s'écria le matelot; mais je veux... je veux que vous fassiez rendre justice à mes lieutenants. Je veux que tous ces terriens baissent devant eux leur nez crochu; je veux qu'ils s'en aillent à Brest, et moi avec!

— Mon pauvre matelot! fit le bailli en secouant la tête, Charles et

Henri sont entre des griffes qui ne les lâcheront pas ainsi ! Les malheureux se sont mis dans la situation la plus terrible. Tout est contre eux!

— Tout? fit Mahurec en reculant.

— Tout! répéta le bailli. Pour tous, ils sont coupables! Ils seront condamnés.

Mahurec devint d'une pâleur effrayante : ses sourcils se contractèrent violemment, ses poings se serrèrent, et ses yeux s'injectèrent de sang.

— Condamnés! répéta-t-il d'une voix rauque. Condamnés! eux!... mes lieutenants!... Condamnés comme empoisonneurs!... comme assassins!... Oh! mon amiral!

Il y avait dans cette dernière exclamation du gabier une éloquence de sentiments tellement admirable que le bailli de Suffren en fut frappé. Il regarda le pauvre homme qui chancelait et lui prit à la fois les deux mains.

— Mahurec! Matelot! dit-il effrayé de la décomposition du visage du gabier.

— Mon amiral! reprit Mahurec d'une voix si émue qu'elle ressemblait au râle d'un mourant, mon amiral! je vous ai sauvé trois fois la vie... vous me l'avez dit quelquefois; mais moi, c'est la première fois que je vous le rappelle... J'ai reçu pour vous trois blessures profondes... vous savez?... Je ne vous ai pourtant jamais rien demandé... mais... à cette heure, c'est une dette qu'il faut me payer, mon amiral! Donnez-moi la vie de mes lieutenants, leur liberté... et comme je vous devrai du retour... je me ferai tuer, pour vous, à la première campagne! Je le jure sur la sainte Vierge de Bon-Secours, la patronne des vrais gabiers!

Mahurec avait la tête haute : deux larmes brillaient dans ses yeux et roulèrent sur ses joues brunies par le hâle de la mer et le soleil des tropiques, et pâlies par la souffrance et par l'émotion.

Le bailli de Suffren se connaissait en hommes, et il savait apprécier toutes les grandeurs d'âme. Ces deux larmes qui s'échappaient de deux yeux qui ne s'étaient jamais détournés ni devant la colère de Dieu ni devant celle des hommes, qui avaient toujours regardé en face la tempête et le navire ennemi, ces deux larmes, glissant lentement sur cette peau rude qui avait été si souvent noircie par la poudre et rougie par le sang, firent sur le vieux marin un effet auquel il ne chercha pas à se soustraire.

— Matelot, dit-il d'une voix grave, je voulais plaider moi-même la cause du marquis et celle du vicomte. Le roi m'a accordé une audience... Voici l'heure, viens avec moi! Louis XVI sera heureux de voir l'homme que je lui présenterai comme le meilleur matelot de ses flottes!... Tu parleras au roi pour tes lieutenants !... Viens!

LXIV

PAUVRE MÈRE

Le soir du jour où nous avons conduit le lecteur dans l'antichambre royale, maître Bernard, le teinturier de la rue Saint-Honoré, le père désolé de la Jolie Mignonne, achevait tristement de fermer la devanture de sa modeste boutique.

Ce travail accompli et la dernière clavette passée dans le dernier boulon, il repoussa la porte de la rue, traversa son petit magasin en étouffant un soupir, et il gravit les marches de l'escalier en colimaçon qui conduisait à la chambre de sa femme.

La pauvre Mme Bernard, dont le temps écoulé, loin d'adoucir la douleur, avait augmenté le désespoir, n'avait pas recouvré les forces ni la santé depuis l'événement déchirant qui était venu troubler sa vie. Elle était dans son lit, malade, épuisée, ne se soutenant encore que par un reste d'espoir. Près d'elle étaient assis quatre personnages : c'étaient Mme Lefèvre, son mari et Gorain et Gervais, revenus seulement à Paris la veille au soir.

Depuis un mois que Fouché, Brune, Nicolas et Jean étaient partis, les tourments des parents de la Jolie Mignonne n'avaient fait que s'accroître de jour en jour. Espérant chaque matin, et voyant le soir cette lueur d'espérance qui s'était élevée avec le soleil fuir avec lui et se transformer en déception amère, ils avaient senti s'écouler chaque heure dans les horribles angoisses d'une vaine attente. Le temps se passait, et ils ne recevaient aucune nouvelle.

— Ma fille est morte ou perdue pour nous à jamais, et M. Fouché n'ose pas nous rapporter cette affreuse nouvelle, disait la pauvre mère en fixant sur son mari ses yeux rougis et secs, car depuis longtemps la douleur avait tari ses larmes.

Le pauvre Bernard, en voyant l'état horrible dans lequel était sa femme, s'efforçait de balbutier quelques paroles d'espérance auxquelles il ne croyait pas lui-même, puis il courbait la tête sous le regard clair de la malade, et il se détournait pour lui cacher son désespoir.

Cette petite boutique, jadis si gaie, si animée, si prospère, devenait chaque jour plus triste, plus morne, plus déserte.

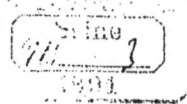

— Ah! dit Mme Lefèvre d'un air triomphant, vous avouez donc que vous vous êtes sauvés?
(P. 700.)

Mme Bernard était au lit; Jean, le garçon teinturier, était parti avec Fouché; Bernard demeurait seul. Les soins à donner à sa femme, la douleur qui l'accablait avaient rapidement triomphé des exigences du commerce. Les commandes étaient mal prises, mal exécutées, jamais livrées à temps. Les pratiques, qui avaient d'abord compati aux maux du teinturier, oublièrent bientôt la situation du malheureux père pour se plaindre aigrement du marchand négligent et inexact.

Bernard, le cœur brisé, le cerveau exalté, répondit aux reproches par des paroles amères. Les clients se fâchèrent, et, peu à peu, la boutique devint veuve de ses pratiques les plus assidues et les plus vivifiantes. Bernard ne se plaignit pas ; ne s'apercevant pas du mauvais état de ses affaires, il était plus libre, et cette liberté de tous les instants, qui lui permettait de se consacrer davantage à sa femme et à sa douleur, lui sembla un bienfait de la Providence, une sorte de consolation à ses maux.

Le bonhomme ouvrait la boutique le matin et la refermait le soir, mais il agissait plus par habitude que par nécessité, car aux rares clients qui se présentaient, il répondait qu'il n'avait plus ni le temps de s'occuper d'affaires, ni le cœur disposé à se consacrer au travail.

Mme Bernard, qui n'avait plus assez de forces physiques pour se soutenir debout, ignorait absolument ce qui se passait en dehors de sa chambre ; d'ailleurs la pauvre mère ne s'en préoccupait pas. Toutes ses pensées étaient pour l'enfant disparu. Que lui importait le reste ? Elle sentait bien que si la Jolie Mignonne ne lui était pas rendue, que si tout espoir de la retrouver était à jamais perdu, elle ne survivrait pas à la cruelle catastrophe qui l'avait privée de son unique enfant chéri.

M. et Mme Bernard n'avaient jamais vu Lefèvre ni sa femme, jusqu'au moment du départ de Fouché. Un hasard les avait rapprochés, une circonstance bien simple avait servi entre eux d'intermédiaire. Lorsque Hoche avait transporté Mahurec chez Mme Beauvais, la vieille femme qui avait pris soin du blessé, le gabier perdait son sang avec une rapidité inquiétante. Bientôt le linge avait manqué pour panser les plaies, et, comme l'argent faisait plus défaut que la bonne volonté, il ne fallait pas songer à en acheter. Hoche pensait déjà courir à Versailles, chez sa tante ou chez la mère Lefèvre, mais ce voyage exigeait plusieurs heures, et le pauvre garçon était fort embarrassé, lorsqu'il se rappela les patrons de son ami Jean. Il se rendit chez eux et obtint ce qu'il désirait. Là, il parla naturellement de Mahurec et des événements de l'hôtel de Niorres. De retour auprès du matelot, il raconta les douleurs du teinturier et de sa femme, et lorsque Mme Lefèvre vint s'installer, selon sa promesse, au chevet du blessé, elle fut mise au courant des aventures de la Jolie Mignonne, qu'elle connaissait en partie.

Mme Lefèvre avait un cœur excellent : le désespoir de Mme Bernard l'intéressa au plus haut point, et, à son premier moment de liberté, elle se fit conduire, par Hoche, chez les pauvres parents désolés. La sympathie fit le reste.

Le jour où nous entrons dans la chambre de la teinturière, Mme Lefèvre, voyant Mahurec à peu près guéri, l'avait laissé sur la route de

Versailles et était venue s'installer chez la malade. En arrivant, elle avait trouvé Bernard et sa femme en proie au plus violent chagrin; Gorain et Gervais étaient revenus à Paris la veille au soir, et non seulement ils n'avaient pu donner aucune nouvelle sur la jolie Mignonne, mais ils ne savaient même pas ce qu'étaient devenus Fouché, Brune, Jean et Nicolas.

Les deux bourgeois avaient voulu entrer dans des détails circonstanciés sur leur voyage, et faire le récit intéressant des tribulations sans nombre qui les avaient assaillis, mais Bernard et sa femme, tout entiers à la douleur que leur apportait une déception nouvelle, n'avaient rien entendu alors qu'on ne parlait plus de leur fille, et Gorain et Gervais en avaient été pour leurs frais oratoires.

— Quoi! s'était écriée la mère Lefèvre, ces nigauds-là ne vous ont rien appris! Pourquoi n'ont-ils pas été jusqu'au bout? Qui est-ce qui les a forcés à s'arrêter en route?

— Ils ont parlé de bandits... d'arrestation, je crois, dans une forêt, dit Bernard.

— Arrêtés, eux, par des bandits! Allons donc! Je connais votre garçon, je connais Nicolas : deux gaillards qui ne boudent pas! Ils ne se seraient pas laissé arrêter comme des oisons. D'ailleurs, qu'est-ce qu'ils sont devenus, eux? Voilà ce qu'il faut savoir, avant de vous désespérer complètement.

Lefèvre, survenu, avait été de l'avis de sa femme, et le résultat de cette petite conférence fut d'envoyer quérir MM. Gorain et Gervais, avec prière instante de venir raconter leurs aventures à des amis du teinturier.

Les deux bourgeois, qui, depuis leur retour, étaient les héros du quartier et ne tarissaient pas en récits de tous genres, avaient saisi avec empressement cette occasion nouvelle de faire parade de leurs exploits lointains.

Au moment où nous les retrouvons, ils étaient déjà arrivés depuis plus d'une heure, et ils avaient raconté, à leur façon, mais en entrant dans les moindres détails, les incidents de leur voyage, depuis leur départ jusqu'à l'instant où la berline avait été attaquée dans la forêt de Campbon.

Ils en étaient à ce point important de leur narration.

— De sorte, interrompit brusquement la mère Lefèvre, que vous avez laissé vos compagnons aller se battre tout seuls, et que vous n'avez même pas su empêcher les prisonniers de se sauver...

— Permettez, ma chère dame... dit M. Gervais en se pinçant les lèvres.

— Enfin, avouez que vous avez eu peur et que vous avez agi comme des poltrons.

— Ce n'est pas cela! fit Gorain avec un peu d'aigreur. Vous ne comprenez pas la situation! Un des prisonniers s'était sauvé, l'autre nous bousculait pour fuir... Il faisait noir comme dans un four, et nous avions peur, en combattant, de blesser nos amis...

— Mais ils se battaient bien, eux!

— D'abord, reprit Gervais, nous ne sommes pas des soldats...

— Cela se voit! interrompit Lefèvre.

— Ensuite, il faisait une nuit si obscure...

— Que vous vous êtes sauvés!

— Non! on nous a arrachés de l'intérieur de la voiture...

— Et vous vous êtes laissé prendre!

— Permettez donc! dit Gorain en suant à grosses gouttes, car, jusqu'alors, il n'avait trouvé que des admirateurs, et la mère Lefèvre contrecarrait à chaque instant ses assertions, ce qui le jetait dans une perturbation morale des plus vives; permettez donc, ma chère dame! quand on nous a tirés si brusquement du carrosse, nous ne savions pas si nous étions entre les mains de nos amis ou de nos ennemis, et, dans le doute, il faut s'abstenir...

— De se laisser prendre! ajouta Lefèvre. Voilà ma façon de penser! Moi, je me serais promptement débattu.

— Mais si nos amis...

— Enfin, interrompit la mère Lefèvre, vous vous êtes bien aperçus, à la longue, que vous aviez affaire à vos ennemis...

— Oui, ma chère dame, alors il n'était plus temps, nous étions en pleine forêt...

— Nous avions couru si fort! dit naïvement Gervais.

— Ah! dit Mme Lefèvre d'un air triomphant, vous avouez donc que vous vous êtes sauvés?

— Mais pas du tout! s'écria Gorain.

— Cependant, vous couriez si fort...

— Pour aller porter secours à nos amis!

— Mais ils étaient près de vous!...

— Mais nous ne le savions pas! J'ai l'honneur de vous répéter qu'il faisait noir comme dans un four. On ne se voyait pas à deux pas! Il était impossible de distinguer sa main droite d'avec sa main gauche! Comprenez-vous?

— Très bien! dit Lefèvre en souriant. Mais vous ne nous avez pas dit ce qu'étaient vos prisonniers qui, d'après ce que nous venons d'entendre, devaient faire cause commune avec les bandits qui vous avaient attaqués?

— Oui, ajouta Mme Lefèvre, qu'est-ce que c'était que ces Iroquois-là?

— Ah! voilà! dit Gorain, nous n'en savons rien!

— Quoi! vous n'avez rien découvert sur leur compte?

— Rien de rien! fit Gervais en se grattant la tête.

— Et vous ne les avez pas revus, depuis l'événement?

— Oh! si fait! Ils nous ont emmenés prisonniers dans leur caverne! N'est-ce pas, mon compère?

— Oui, dit M. Gervais

— Et où était située cette caverne? demanda Lefèvre.

— Dans une belle maison, répondit Gorain.

— Comment! une caverne dans une maison? Qu'est-ce que vous nous contez là?

— Permettez! fit Gorain en rougissant comme une pivoine. Je dis caverne par manière de parler...

— Et là, qu'est-ce qu'on vous a fait?

— Mon Dieu!... rien du tout!... Nous avons mangé... nous avons bu... nous avons dormi.

— Au milieu des bandits?

— Mais oui...

— Morbleu! dit Lefèvre, voilà des bandits qui ressemblent à de bien braves gens!

— Mais, dit la blanchisseuse, ces bandits ont dû vous prendre tout, vous dépouiller complètement?

— Complètement! répéta Gervais en poussant un soupir.

— Et comment êtes-vous parvenus à vous échapper de leurs mains?...

— Mais... dit Gorain en regardant Gervais, nous nous sommes échappés... comme cela... en nous en allant...

Les deux bourgeois paraissaient fort embarrassés, depuis quelques instants. Il était évident que les questions pressantes et directes du garde-française et de la blanchisseuse contrariaient singulièrement le récit qu'ils voulaient faire.

La niaise réponse de Gorain fit éclater de rire la mère Lefèvre.

— En voilà une bonne! dit-elle. C'est comment vous vous êtes en allés, que je vous demande?

— Mon Dieu! dit Gervais, tout bonnement... dans une voiture.

— Et vous avez couru la poste jusqu'à Paris?

— Mais oui,... nous sommes arrivés hier soir.

Lefèvre et sa femme se regardèrent d'un air de profond étonnement.

— Ah ça ! reprit le caporal avec un accent sévère, est-ce que vous vous moquez de nous, à la fin ! Comment ! vous nous racontez que vous avez été pris par des bandits, qu'ils vous ont pillés, dévalisés complètement, qu'ils vous ont emmenés prisonniers dans leur repaire, et puis ensuite que vous vous êtes en allés tout tranquillement, en voiture, roulant la poste comme des financiers ? Qu'est-ce que tout cela signifie ?

— Mais... mais... balbutia Gorain.

— Mon Dieu !... vous comprenez... ajouta Gervais sur le même ton.

— Trouves-tu tout cela naturel, toi, la mère ? demanda Lefèvre à sa femme.

— Moi, je trouve cela bien drôle ! répondit la blanchisseuse.

Bernard et sa femme avaient écouté attentivement, sans se mêler en rien à la conversation. Eux aussi trouvaient étranges les réponses de Gorain et de Gervais, et les explications dans lesquelles les deux bourgeois s'embrouillaient à chaque phrase pouvaient, à bon droit, passer pour louches.

Les deux amis semblaient, au reste, de plus en plus mal à l'aise. Ils regardaient la porte vitrée donnant sur le carré avec un expressif désir de la voir s'ouvrir devant eux.

Mme Bernard fit un mouvement brusque vers ses deux visiteurs.

— Messieurs, s'écria-t-elle, ne nous cachez rien ! Vous voulez me céler la vérité, j'en suis sûre ! je le devine ! Qu'est-il arrivé à ma pauvre enfant ? Vos hésitations me tuent plus sûrement que ne le ferait l'annonce d'un grand malheur.

— Parlez, mes amis, parlez, je vous en conjure ! dit Bernard avec la même anxiété.

— Mais... nous parlons ! balbutia Gorain.

— Vous nous contez des histoires, interrompit Lefèvre.

— Allons ! ajouta la blanchisseuse, dites-nous franchement ce qu'il en est.

Les deux bourgeois semblaient être à une véritable torture. Ils se regardaient, ils pâlissaient, ils rougissaient comme deux coupables. Plus les instances devenaient pressantes, et plus leur embarras redoublait. C'est qu'il y avait, dans le récit de leurs aventures, un point que les deux amis désiraient laisser dans l'ombre. C'était tout ce qui avait rapport à M. Roger.

Le drame dans lequel on avait su imposer un rôle à Gorain et à Gervais n'était pas encore dénoué, et les deux pantins continuaient à se mouvoir en obéissant aux fils qui les faisaient agir.

Cette condition de leur récit de ne pas parler de celui qu'ils croyaient toujours être le confident du ministre, les gênait fort et leur faisait débiter balourdises sur balourdises. Aussi, aux questions pressantes de Bernard et de sa femme, de Lefèvre et de la blanchisseuse, demeurèrent-ils bouche béante, ne sachant que faire ni que répondre. Enfin, Gorain parut prendre un parti décisif.

— Mon Dieu! dit-il en hésitant un peu cependant, et en mâchant à demi ses paroles, vous me demandez là un tas de choses... Est-ce que je sais, moi! Gervais et moi, nous nous sommes sauvés, voilà tout!... Mais tout cela était si terrible que je ne puis rien me rappeler en détail...

— Ni moi! se hâta d'ajouter Gervais.

En entendant cette déclaration qui prouvait que les deux bourgeois mentaient, mais qu'ils étaient résolus à cacher la vérité, ou qu'ils étaient dans l'impossibilité de la révéler, les quatre auditeurs, qui suivaient attentivement leurs paroles, demeurèrent indécis.

Cette situation anxieuse redoublait encore les souffrances de la pauvre mère. Se renversant sur son lit, elle se mit à éclater en sanglots convulsifs. Mme Lefèvre courut à elle.

— Mordieu! s'écria Lefèvre avec colère, il faut pourtant que vous nous disiez la vérité! Que sont devenus vos compagnons?

— Mais nous n'en savons rien! dit Gorain avec désespoir, car il se sentait à bout de forces pour lutter davantage.

— Eh! puisque vous avez été pris par les bandits qui les ont attaqués, vous devez le savoir...

— Je vous jure!... balbutia Gervais.

— Allons donc! Assez de sornettes! Dites la vérité! Qu'est-ce que vous savez?

— Ils ne savent rien! dit une voix sèche, partie brusquement du seuil de la porte vitrée.

Tous ceux qui étaient dans la chambre se retournèrent par un même mouvement, et demeurèrent frappés de surprise.

Un homme, encadré par le chambranle de la porte ouverte, avait les traits fatigués, les vêtements salis et couverts de poussière, avec un œil ardent et brûlant d'un feu sombre.

— Monsieur Fouché! s'écria Bernard en se précipitant vers lui.

— Ma fille! ma fille! dit la pauvre mère d'une voix déchirante. Mon enfant! vous m'avez promis de me ramener mon enfant.

Fouché secoua douloureusement la tête et fit un pas en avant sans répondre.

Dans la demi-obscurité régnant sur le palier de l'escalier, on apercevait la tête intelligente de Jean, le garçon de maître Bernard.

L'apparition si complètement inattendue de Fouché avait produit, sur les deux bourgeois, l'effet de la tête de Méduse. Ils demeurèrent, à la vue de l'oratorien, stupéfaits et terrifiés comme s'ils eussent craint de se voir écraser par un ennemi formidable; mais si cette terreur apparente était sincère, elle fut de courte durée. Fouché s'approcha de ses anciens compagnons de voyage, les salua amicalement et leur sourit en homme enchanté de les retrouver. Gorain et Gervais ne furent pas maîtres de retenir un soupir de satisfaction.

La pauvre malade, les yeux hagards et les mains tendues, s'adressait à Fouché dans la pose la plus suppliante. Bernard, haletant et sans voix, attendait une réponse. Chez ces deux pauvres êtres, la vie avait évidemment suspendu ses fonctions.

Lefèvre et sa femme n'osaient bouger, tant leur anxiété était grande. Fouché s'était approché de M. et Mme Bernard et leur prenant les mains qu'il réunit dans les siennes en les serrant étroitement :

— Du courage ! dit-il d'une voix sourde.

— Ma fille ! balbutia le teinturier devenu plus pâle qu'un linceul.

— Elle est morte ! s'écria la malade avec une expression de douleur effrayante.

— Non ! non ! cela n'est pas ! je l'espère du moins ! dit vivement Fouché. Si cette horrible nouvelle était certaine, je ne vous l'apporterais pas ainsi moi-même, sans aucun ménagement. Je vous ai dit : Du courage ! et je vous le répète encore, mes amis : du courage ! Il vous en faut, et beaucoup; car, je dois l'avouer, toutes mes recherches ont été vaines.

— Quoi ! s'écria Bernard, vous n'avez rien découvert?

— Rien.

— Vous n'avez pas même trouvé une trace?

— Pas une ; sans quoi je ne fusse pas revenu.

— Mais, s'écria Mme Bernard retrouvant des forces dans l'énergie de sa douleur, pourquoi nous avoir promis alors? pourquoi nous avoir bercés d'une suprême espérance? Vous étiez certain de réussir, disiez-vous ! Oh ! Dieu vous punira de vous être ainsi joué du désespoir d'une mère !

Fouché comprenait trop l'immense chagrin de la malheureuse femme pour se montrer offensé des reproches qu'elle lui adressait dans sa cruelle déception.

— Je vous ai promis, répondit-il lentement, parce que je croyais pouvoir tenir mes promesses. Je vous ai bercés d'une espérance, parce que, pour moi, cette espérance devait se transformer en réalité. J'ai fait, j'en suis certain, tout ce qu'un homme pouvait faire pour réussir dans

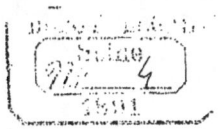

L'excellente femme s'agenouilla doucement et se mit à prier. (P. 708.)

l'entreprise dont je m'étais fait le chef. Le destin a été contre moi, j'ai échoué.

— Mais, demanda Bernard, où êtes-vous allé?
— A Saint-Nazaire.
— Pourquoi?
— Parce que j'avais la certitude, à mon départ, que c'était à Saint-

Nazaire que je devais retrouver votre fille. Malheureusement, je m'étais trompé !

— Comment ? Expliquez-vous, dit Mme Bernard, espérant peut-être encore trouver, dans les éclaircissements que donnerait Fouché, une lueur à laquelle son amour maternel pourrait se rattacher.

— Je croyais, dit Fouché d'une voix brève, qu'une substitution d'enfant avait eu lieu, qu'une petite fille morte avait été remplacée par une petite fille vivante, et que le rapt de la Jolie Mignonne n'avait d'autre but que de servir des intérêts privés d'une haute importance.

— Eh bien ?

— Eh bien ! je vous le répète, je m'étais trompé. L'enfant que je croyais mort vivait encore, ou, si la substitution a eu lieu, on ne s'est pas servi de votre fille.

— Enfin, s'écria la malheureuse mère, avez-vous vu celle que vous espériez être ma fille ?

— Oui, je l'ai vue, et Brune et Jean et Nicolas l'ont vue comme moi. Brune et Jean, qui connaissaient parfaitement votre enfant, n'ont pas reconnu, cependant, la Jolie Mignonne dans le malheureux petit être que nous avons visité.

Jean était entré doucement dans la chambre. Fouché se tourna vers lui.

— C'est vrai, dit le garçon teinturier en courbant la tête. Il était impossible de s'y tromper. Je vois encore la Jolie Mignonne. Elle était jolie, elle était blonde, elle était fraîche et rosée, elle était vive et intelligente...

— Oui... oui... oui... C'est cela !... c'est bien cela !... balbutiait Mme Bernard en suivant, sur les lèvres de Jean, les paroles qui s'en échappaient et qui traçaient si bien le portrait de l'enfant dont elle pleurait la perte.

— Eh bien ! continua le jeune homme, la petite fille que nous avons vue était blonde aussi, elle était aussi du même âge que la Jolie Mignonne; mais quelle différence entre elles ! Celle-là était maigre, chétive... son petit visage indiquait la souffrance, et ses traits étaient détruits par une maladie récente qui l'avait rendue laide... A peine entendait-elle, à peine nous voyait-elle. On eût dit d'une pauvre petite idiote. Et cependant c'était bien celle-là que M. Fouché espérait être votre fille ; c'était bien mademoiselle d'...

Jean s'arrêta sur un brusque geste de l'oratorien.

— Cet enfant était bien celui que je croyais mort, dit Fouché. Les témoignages les plus sérieux m'en ont convaincu. Puis la Jolie Mignonne aurait reconnu Brune et Jean, si ceux-ci ne l'avaient pu reconnaître elle-même. Non, ce n'était pas votre fille...

Mme Bernard, épuisée, venait de s'évanouir, Bernard et Mme Lefèvre s'empressèrent de lui prodiguer leurs soins, mais la malade était tellement faible, les secousses successives qu'elle venait de recevoir l'avaient si rudement brisée, qu'elle demeurait sans mouvement en dépit des efforts de la blanchisseuse et du teinturier pour la rappeler à l'existence.

Gorain et Gervais avaient écouté Fouché d'abord avec une grande surprise, puis avec une joie manifeste qu'ils s'efforçaient cependant de cacher.

— Non! non! continuait l'oratorien sans s'occuper de ce qui se passait dans la chambre, et comme s'il se fût répondu à lui-même; non, ce ne pouvait être la Jolie Mignonne, à moins que..

Il s'arrêta.

— Cependant, reprit-il, Berthe est morte et bien morte! On a pu tromper tout le monde à Saint-Nazaire; mais je suis certain... Et pourtant ce n'était pas la Jolie Mignonne; à moins que, poursuivit-il à l'oreille de Jean qui s'était rapproché de lui à moins que quelque poison corrosif n'ait altéré ses traits comme un poison stupéfiant pouvait avoir annihilé son intelligence!

— Oh! fit Jean en reculant d'horreur devant cette supposition de l'oratorien.

Fouché lui saisit la main pour lui imposer silence; mais un cri horrible lui fit brusquement tourner la tête.

Mme Bernard s'était dressée sur son lit, et l'œil fixe, les doigts frémissants, elle tendait les bras vers l'oratorien. Avec cette finesse d'ouïe, avec cette perception extraordinaire des sens particulière aux maladies nerveuses, elle avait entendu distinctement les paroles murmurées à voix basse par Fouché à l'oreille du garçon teinturier. La pensée que son enfant avait pu supporter ces horribles tortures avait réveillé subitement toutes ses facultés. Une transformation extraordinaire s'était opérée en elle; le sang, lui montant subitement à la face, avait empourpré son visage, et les mots se frayaient avec peine un passage entre ses lèvres violacées.

— Ma fille... balbutia-t-elle avec un accent rauque; ma fille... mon enfant... empoisonnée... défigurée... Oh! les monstres!... les monstres!... Je veux... je vais... Ma fille!... ma...

La pauvre femme demeura immobile; la parole expira sur ses lèvres; sa bouche resta entr'ouverte, ses yeux vacillèrent dans leur orbite; elle se roidit et retomba sur son oreiller sans pousser un cri.

Bernard, qui était près d'elle, la saisit dans ses bras, tandis que Mme Lefèvre s'empressait de l'inonder de vinaigre ; mais le teinturier et la blanchisseuse s'arrêtèrent en même temps et se regardèrent avec une expression impossible à rendre. Tous deux demeuraient comme fascinés, tandis que les autres personnages, immobiles à leur place, contemplaient cette scène muette.

Enfin le teinturier fit un pas en arrière, en laissant glisser sur le lit le corps qu'il soutenait ; il leva les deux mains vers le ciel, parcourut la chambre d'un regard stupide, puis, s'affaissant tout à coup sur lui-même, il tomba à deux genoux devant la couche où était étendue sa femme, et un sanglot convulsif lui déchira la gorge. Mme Bernard était morte.

Cette pantomime expressive du pauvre homme avait glacé de stupeur Lefèvre, Jean, Gorain et Gervais.

Fouché lui-même, en dépit de son âme de bronze et de son insensibilité stoïque, avait fait un mouvement vers le lit ; mais Mme Lefèvre, le visage ruisselant de larmes, l'arrêta du geste. L'excellente femme s'agenouilla doucement et se mit à prier.

Tous s'inclinèrent devant la majesté de la mort et ce fut, dans cette chambre, un silence stupéfiant, que rompaient seuls les sanglots qui déchiraient la poitrine du malheureux teinturier.

Sur un signe de Mme Lefèvre, le garde-française et Jean s'approchèrent de Bernard et voulurent l'entraîner pour le soustraire au déchirant tableau qu'il contemplait d'un œil hagard ; mais le pauvre homme se débattit entre les mains qui s'efforçaient de l'emmener : il ne voulait pas quitter le cadavre de sa femme. La blanchisseuse comprenait cette douleur effrayante.

— Laissez-le ! dit-elle à son mari et au garçon teinturier. Laissez-le, et allez chercher un prêtre !

Jean essuya ses yeux mouillés de larmes et s'empressa d'obéir.

Gorain et Gervais, rendus stupides par l'émotion qui s'était emparée d'eux, ne savaient ni que dire ni que faire. Mme Lefèvre jeta sur eux un regard chargé de mépris et de colère.

— Allez-vous-en ! dit-elle brusquement. Vous n'êtes bons à rien ni l'un ni l'autre !

Les deux bourgeois se levèrent sans souffler mot, sans oser répliquer une parole, et se glissèrent vers l'escalier avec un empressement dénotant leur satisfaction de quitter enfin cette chambre dans laquelle ils avaient joué un si triste rôle.

Tous deux gagnèrent la boutique et coururent vers la rue. Fouché, dont la nature sèche et nerveuse n'était pas accessible aux émotions de longue durée, Fouché avait repris tout son calme et, bien que la mort de la pauvre femme ne l'eût pas laissé insensible, son esprit, toujours en éveil, s'était promptement détaché de la scène de désolation qu'il avait sous les yeux. En voyant s'éloigner Gorain et Gervais, il parut frappé d'une pensée subite et, sans communiquer cette pensée, sans dire un mot, il quitta à son tour la chambre mortuaire, laissant Mme Lefèvre agenouillée près du malheureux teinturier et Lefèvre immobile dans un angle, contemplant ce douloureux tableau d'un œil attendri.

LXV

RENCONTRE NOCTURNE

En franchissant le seuil de la boutique, les deux bourgeois, pâles et défaits, avaient descendu la rue Saint Honoré sans échanger une parole. Leurs dents claquaient. Le spectacle qui les avait si fort impressionnés était encore présent à leur esprit et leur donnait des ailes pour s'éloigner au plus vite de cette maison de désolation.

Gorain demeurait à peu de distance, entre l'église Saint-Roch et la rue des Frondeurs. Arrivé à la porte de son domicile, il chercha précipitamment son passe-partout pour rentrer chez lui.

— Vous... allez... rentrer, compère? demanda Gervais. Vous me laissez tout seul?...

— Ma femme m'attend, répondit Gorain en cherchant toujours la clef que, dans son trouble, il ne pouvait trouver.

— Mais... mais... continua Gervais d'une voix défaillante, j'ai encore loin à aller...

— Arrangez-vous comme vous voudrez, compère, mais moi je rentre! dit Gorain en tirant enfin de sa poche le passe-partout qu'il s'apprêta à introduire dans la serrure.

— Eh bien! vous rentrez? vous oubliez donc notre rendez-vous? dit tout à coup une voix brusque.

Gorain et Gervais se collèrent en tremblant contre la porte. Le son inattendu de cette voix avait redoublé leur terreur.

— Qu'avez-vous donc? reprit la voix.

Et un personnage, qui s'était tenu jusqu'alors dans l'ombre, se dressa subitement devant eux.

Gorain et Gervais sentirent leurs dents claquer plus fort, et un nuage rouge, qui passa sur leurs yeux, les empêcha de voir leur interlocuteur.

— Ah ça! reprit celui-ci avec un accent sévère, êtes-vous devenus fous, mes maîtres, et ne reconnaissez-vous plus votre meilleur ami?

— M. Roger! balbutia Gervais.

— M. Roger! répéta Gorain avec un soupir de soulagement.

— Eh! oui! moi-même, heureusement, car, si je ne me trompe, vous alliez me fausser compagnie lorsque vous saviez, cependant, que nous avions rendez-vous ce soir ensemble.

— C'est vrai! dit Gorain. Je l'avais oublié.

— Bah! fit l'agent du Roi du bagne avec un sourire railleur. A quoi donc songiez-vous?

— Ah! dit Gervais, si vous saviez ce qui vient d'arriver!

— Quoi donc?

— Un grand malheur!

— Qu'est-ce que c'est?

— Mme Bernard est morte!

— Tiens! la pauvre femme! dit M. Roger avec un ton d'indifférence parfaite. Et de quoi est-elle morte?

— De chagrin d'avoir perdu sa fille.

— Et Bernard?

— Ah! le pauvre cher homme ne vaut guère mieux!

— C'est très malheureux, tout cela, reprit M. Roger d'un ton sec, mais ce n'est pas un motif pour que vous oubliiez ce qui a été convenu entre nous. Les affaires de l'État avant les affaires privées, que diable! Si je n'avais pas été au devant de vous ce soir, que serait-il arrivé? Je ne vous aurais pas vus, et qu'aurais-je répondu demain matin à monseigneur?

— Dame! fit Gorain, cet événement nous avait bouleversés!

Eh bien! remettez-vous! Venez avec moi jusqu'à la rue de Richelieu!

Et M. Roger, prenant par un bras chacun de ses deux interlocuteurs, les contraignit à marcher avec lui dans la direction indiquée.

— Que vous voulait Bernard quand il vous a envoyé chercher? demanda Roger.

— Il voulait nous faire raconter notre voyage devant ses amis, répondit Gorain.

— Qui cela?

— M. et Mme Lefèvre.

— Et vous avez dit?

— Ce que nous avons pu, fit Gervais avec une mine piteuse, car cette satanée petite femme nous retournait comme saint Laurent sur le gril.

— Je devine que vous aurez lâché quelque sottise!

— Oh! non! dit vivement Gorain. Nous n'avons pas prononcé votre nom!

— Pardieu! je l'espère bien pour vous... Sans cela, vous savez? la Bastille! Enfin vous avez assisté au retour de Fouché?

— Quoi! s'écria Gervais, vous saviez qu'il était revenu?

— Je sais tout!

— C'est merveilleux! dit Gorain avec admiration.

— Que s'est-il passé? demanda Roger.

Et comme les bourgeois ne lui répondaient pas assez vite, il les interrogea précipitamment. Quand il eut connu, dans tous ses détails, la scène qui s'était accomplie chez Bernard et avait amené la terrible catastrophe, il secoua la tête.

— Allons! tout va bien! murmura-t-il.

Puis, reprenant à voix basse, en se penchant alternativement vers chacun de ses deux compagnons :

— Vous savez ce que je vous ai promis? dit-il. Le moment approche où vous serez récompensés de vos efforts. Monseigneur est très content de vous...

— Il vous l'a dit? interrompit Gorain.

— Ce matin, continua Roger. Avant peu, vous serez échevin, monsieur Gorain, et vous, monsieur Gervais, vous aurez votre brevet de fournisseur; il ne vous reste plus qu'un léger triomphe à remporter.

— Lequel? demandèrent vivement les deux bourgeois dont l'ambition réveillée avait étouffé le souvenir de leur émotion de la soirée. Que faut-il faire? Parlez vite, cher monsieur Roger!

— Maintenant que la pauvre Mme Bernard est morte, la tâche sera plus facile, reprit l'agent du Roi du bagne. Il faut que le teinturier se contente de pleurer sa femme et qu'il oublie sa fille, et il faut, surtout, qu'il cesse toutes relations avec M. Fouché!

— Mais comment voulez-vous que nous empêchions Bernard de...

— On cherche, on invente, on trouve! interrompit Roger. Voulez-vous faire de la diplomatie?

— Je veux bien! répondit Gorain avec empressement.

— Eh bien! Bernard a la tête faible; sa douleur aura encore diminué le peu de forces morales qu'il avait; ne le quittez pas! Faites-vous ses amis intimes...

— Bon! dit Gervais.

— Et, reprit Roger d'une voix insinuante, servez-vous de votre voyage. Prouvez-lui que Fouché n'a jamais eu que de mauvaises intentions à son égard...

— Cependant... nous n'en savons rien! dit Gorain en hésitant.

— Agissez comme si vous le saviez...

— Mais... nous mentirons...

— Vous serez diplomates! D'ailleurs il le faut! Tel est l'ordre de monseigneur, et vous savez où vous conduirait la désobéissance?

Gervais et Gorain courbèrent la tête : ils n'avaient plus rien à objecter.

— Dès demain, dit Roger, commencez à exécuter le plan que je vous indique, et, demain soir, n'oubliez pas de vous trouver à l'endroit convenu. J'aurai peut-être de nouvelles instructions à vous donner. Surtout, songez à la situation dans laquelle vous êtes engagés : d'un côté, les honneurs; de l'autre, la Bastille!

M. Roger lâcha le bras de ses deux interlocuteurs, leur adressa un geste amical et il disparut vivement sans ajouter un mot.

Gorain et Gervais demeurèrent face à face; ils se regardaient tous deux avec des yeux effarés.

— Vous avez entendu? dit enfin le propriétaire de l'avocat Danton.

— Oui, répondit Gervais. Et vous?

— Moi aussi!

— Alors, demain, il faudra retourner chez Bernard?

— Dame! il le faut bien!

— Ah! c'est égal, compère, dit Gervais d'une voix piteuse, j'étais plus tranquille avant de songer aux honneurs!

— Et moi donc! fit Gorain en soupirant.

Les deux amis échangèrent une poignée de main.

— A demain! dit Gorain.

— A demain! répondit Gervais.

Puis, levant les yeux au ciel comme deux pauvres martyrs, ils se séparèrent et, se tournant le dos, Gervais continua à descendre la rue, et Gorain la remonta les mains enfoncées dans les poches de sa veste.

Le bon bourgeois marchait les yeux fixés sur le pavé et le nez baissé, lorsqu'en franchissant la rue des Frondeurs et comme il allait atteindre son domicile, des doigts nerveux lui saisirent le bras et le clouèrent sur place.

L'HOTEL DE NIORRES

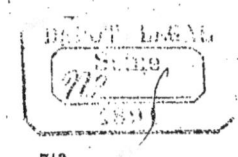

Léonore et Blanche, pâles toutes deux, éplorées, sous le poids du plus poignant chagrin, se tenaient debout. (P. 714.)

Gorain, étourdi à cette brusque attaque, poussa un cri d'effroi.

— Au sec... commença-t-il.

— Taisez-vous! commanda une voix brève.

— M. Fouché! dit Gorain en reconnaissant l'homme qui venait d'interrompre si brusquement sa marche.

— Silence! dit l'oratorien, et venez avec moi!

LIVR. 90. — L'HOTEL DE NIORRES.   LIVR. 90.

LXVI

LES AVEUX

Tandis que se passait dans la maison du teinturier cette scène de désolation, une autre scène, peut-être moins dramatique, mais tout aussi émouvante, tout aussi douloureuse, s'accomplissait dans ce pavillon de la rue du Chaume, seul vestige demeuré debout du magnifique hôtel de Niorres. Léonore et Blanche, pâles toutes deux, éplorées, sous le poids du plus poignant chagrin, se tenaient debout, enlacées, semblables à des statues du désespoir. Léonore, la tête appuyée sur la poitrine de sa jeune sœur, paraissait sur le point de succomber à l'accablement qui engourdissait ses membres et avait frappé d'une torpeur étrange ses facultés intellectuelles. Blanche, le front baissé, les sourcils contractés, les paupières rougies et les mains frémissantes, froissait entre ses doigts un papier dont le contact paraissait la brûler comme la tunique dont Déjanire revêtit son amant.

A quelques pas des deux jeunes filles, et contemplant ce tableau d'un œil qui s'efforçait de paraître attendri, le comte de Sommes, son chapeau à la main, était dans l'attitude d'un homme qui s'apprête à prendre congé après un pénible entretien.

Une certaine incertitude se lisait dans sa pose; il attendait évidemment une parole ou un geste de l'une des deux jeunes filles pour quitter la pièce.

Après quelques instants d'un silence profond, et que troubla seule la respiration entrecoupée des malheureuses nièces du conseiller au parlement, Blanche se tourna à demi vers le comte.

— Quelle que soit notre affliction, monsieur, dit-elle d'une voix rendue rauque par les efforts qu'elle faisait pour contenir ses larmes et refouler ses sanglots, quelque terrible que soit le coup dont nous a frappées le message que vous venez de nous remettre, croyez que nous reconnaissons comme il le mérite le service que vous nous avez rendu durant cette période de malheur que nous traversons si péniblement. Croyez, monsieur, à la reconnaissance de deux pauvres jeunes filles auxquelles vous avez sauvé la vie, mais auxquelles vous ne sauriez, désormais, apporter la consolation et le calme.

M. de Sommes fit un pas en avant.

— Mademoiselle, dit-il avec une émotion admirablement jouée, j'ignorais, je vous le jure, devoir être le fatal instrument de l'implacable Providence. La lettre que je vous ai remise...

— Par grâce, monsieur, interrompit Blanche, ne parlez pas de cette lettre !

Et une rougeur ardente envahit le front de la jeune fille, tandis qu'elle pressait convulsivement contre sa poitrine le corps presque inanimé de sa sœur.

Le comte de Sommes fit un geste indiquant qu'il obéissait à l'injonction formulée.

— Ne puis-je donc rien pour vous ? demanda-t-il à voix basse.
— Rien ! répondit Blanche.
— Votre résolution est prise ?
— Irrévocablement !
— Ainsi le couvent ne vous effraye pas ?
— Notre vœu le plus ardent est d'entrer dans un cloître.
— Pardonnez-moi, mademoiselle, d'insister encore près de vous, reprit le comte après un léger silence ; mais le respectueux attachement que je vous ai voué m'ordonne impérativement de parler comme je le fais. Vous êtes bien jeunes encore, votre sœur et vous, pour prendre une résolution irrévocable.
— La douleur vieillit vite ! dit Blanche en secouant la tête.
— Le temps guérit toutes les blessures... poursuivit le comte.
— Il y a des plaies incurables ! répondit la jeune fille.
— Peut-être vous repentirez-vous un jour.

Blanche fit un signe négatif d'une énergie froide et contenue.

— Songez, continua le comte de Sommes, que vous êtes appelées par l'âge à demeurer seules de toute votre famille, et peut-être M. de Niorres serait-il en droit d'exiger que vous restassiez dans le monde, en héritant de cette immense fortune.

— Oh ! interrompit Blanche avec un geste violent, cette fortune, nous la repoussons de toutes nos forces ; n'est-elle pas la cause de tous les maux qui nous accablent ? Cette fortune, je la hais, je la déteste, je l'abhorre ; n'en parlez plus, monsieur, n'en parlez jamais ! Avez-vous donc oublié déjà le service que nous vous avons supplié de nous rendre ?

— Non, mademoiselle, je n'ai rien oublié et je suis toujours prêt à vous servir, répondit le comte. Votre sœur et vous venez de me remettre une renonciation absolue à cette fortune qui doit vous revenir un jour, et vous m'avez demandé de faire dresser un acte en bonne forme de cette renonciation. J'accomplirai vos volontés; mais je vous ferai observer seulement que madame votre mère, que monsieur votre oncle, comme tuteur, ont droit de s'opposer à cet acte.

— Que notre oncle dispose de sa fortune à son gré! Quant à notre mère, elle connaîtra nos intentions et les approuvera, dit Léonore en se redressant.

Blanche lui serra les mains et l'embrassa.

— Cependant... fit le comte.

— N'insistez plus! dit Blanche. Au nom de l'amitié que vous voulez bien nous accorder, ne cherchez pas à nous détourner d'une résolution que rien ne saurait changer. C'est pour lever tous les obstacles que nous nous sommes adressées à vous. Ne repoussez pas nos prières! Cette renonciation que nous vous avons remise, faites-en dresser l'acte en secret. Demain nous aurons fait choix du cloître au fond duquel nous devons nous ensevelir. Vous saurez le secret de notre demeure... C'est là que le notaire devra venir recevoir l'expression de nos volontés!

M. de Sommes porta la main à ses yeux, comme pour voiler ses larmes.

— Vous me brisez le cœur! dit-il; mais n'importe. J'ai promis, j'obéirai! Mesdemoiselles, vos volontés seront accomplies, je vous le jure!

Les deux jeunes filles lui tendirent à la fois la main.

— Vous êtes bon! murmura Léonore.

Le comte réunit ces deux petites mains dans les siennes, et, approchant ses lèvres, y déposa un baiser empreint du respect le plus profond.

— Ah! fit Blanche en cessant de contenir les larmes qui l'étouffaient, ne nous abandonnez pas. Maintenant que nous connaissons l'horrible vérité, maintenant que MM. d'Herbois et de Renneville n'existent plus pour nous, maintenant que nous avons honte de nous-mêmes en songeant à cet amour qui s'était emparé de notre cœur, vous êtes notre seul ami!

— Mesdemoiselles, fit le comte en posant la main sur son cœur, la moitié de ma vie, consacrée à vous servir à genoux, ne suffirait pas pour payer le bonheur que me cause un tel titre!

Et comme s'il ne pouvait contenir son émotion, comme s'il craignait de la laisser déborder en présence des deux jeunes filles, le comte fit un geste pathétique, et, s'inclinant presque jusqu'à terre, il quitta la chambre sans ajouter une parole.

Demeurées seules, Léonore et Blanche restèrent un moment dans la même position; puis, éclatant toutes deux en sanglots déchirants, elles se laissèrent tomber sur les sièges placés près d'elles.

Léonore cachait sa charmante figure, décomposée par la douleur, dans ses mains tremblantes, et les larmes, se faisant jour entre ses doigts blancs et effilés, brillaient comme des perles limpides au bout de ses ongles roses.

Blanche froissait toujours, avec des contractions fiévreuses, le papier qu'elle n'avait point laissé glisser sur le tapis.

— Mon Dieu! mon Dieu! fit-elle en recouvrant un peu de calme, faut-il donc croire à ce qu'ils ont écrit?

— Oh! cette lettre, cette lettre! balbutia Léonore.

— Non! non! s'écria Blanche, cela n'est pas possible!

— Oh! ma sœur, que je souffre, je voudrais mourir! dit Léonore en se renversant sur son fauteuil.

— Mourir! répéta Blanche. Eux aussi vont mourir, et ils ont mérité la mort!

— Ne dis pas cela! fit Léonore d'une voix brisée.

— Cette lettre, cette lettre, il faut la relire!

Et l'énergique enfant, séchant ses larmes par un effort puissant de volonté, essuya ses beaux yeux pour recouvrer la vue, et, s'approchant de Léonore qu'elle saisit par le bras :

— Écoute! dit-elle; dussions-nous nous tuer après, il faut relire cette lettre!

Léonore s'affaissa sur elle-même sans répondre. Blanche déplia le papier, et, comprimant les battements de son cœur, domptant sa douleur pour respirer plus librement, elle commença d'une voix sourde, mais accentuée, la lecture de l'épître qui paraissait être la cause du violent désespoir des deux sœurs.

« Demain, le jugement sera prononcé, lut-elle en frissonnant, en dépit de ses efforts pour se maîtriser; demain nous serons condamnés! La mort est là! Elle se dresse devant nous, implacable et terrible. Nous ne pouvons l'éviter! Qu'elle vienne donc, et nous la recevrons avec courage... nous l'attendons sans pâlir... nous l'appelons même avec impatience.

« Oui! nous l'appelons, cette mort qui doit enfin nous délivrer de tous nos maux. Encore quelques jours à peine, et nous serons devant le tribunal de Dieu! Mais, avant de quitter la terre, avant que la justice humaine n'ait accompli son œuvre suprême, nous voulons vous adresser nos dernières pensées. Du courage, Blanche; du courage, Léonore! Ne pleurez pas sur nous... nous sommes indignes de vos larmes! »

Blanche s'arrêta et regarda sa sœur.

« Nous sommes indignes de vos larmes, reprit-elle, et cependant nous vous aimons; mais c'est cet amour qui nous contraint à parler à cette heure; c'est cet amour que nous ressentons pour vous, qui nous fait venir vous dire : Ne pleurez pas!

« Blanche, Léonore, pourrez-vous comprendre ce que nous avons à vous dire? Aurez-vous la force de continuer la lecture de cette lettre, après avoir entendu l'aveu que nous avons à faire? Un aveu. Ce mot seul ne vous effraye-t-il pas déjà? Dans notre situation, les criminels seuls ont un aveu à faire... Eh bien!... nous sommes criminels!...

« Oui! nous osons vous le confier; oui, nous nous confessons à vous! Cet aveu, que nous avons refusé à la justice, que nous refuserons au prêtre, cet aveu que ne nous eût pas arraché la torture, que ne nous arrachera pas la menace de la damnation éternelle, cet aveu, nous vous le faisons spontanément à vous, et de notre plein gré! Nous vous le faisons sans hésitation et sans regret, parce que nous vous aimons, parce que nous ne voulons pas que notre tombe, en recevant nos cadavres, se referme sur l'avenir qui vous est réservé.

« Blanche, Léonore, nous sommes coupables! Ces crimes que l'on nous reproche, nous les avons commis : la justice humaine ne faillira pas en nous frappant! Oui, nous sommes coupables! mais écoutez notre justification, cette justification qu'il n'appartient qu'à vous seules d'entendre! Encore une fois; nous vous aimons, et, par un horrible jeu du destin, c'est cet amour inspiré par deux anges qui nous a conduits sur la voie sanglante.

« Nous étions pauvres, plus que pauvres, endettés pour des sommes énormes. Rien, dans l'avenir, ne pouvait nous faire espérer de combler l'abîme creusé par nos folles années de jeunesse. Vous allier à nous, c'était vous allier à cette misère effrayante des gentilshommes obligés de souffrir les privations les plus sévères, sous les dehors du luxe et de l'abondance!

« Cette existence, qui ne nous avait jamais effrayés, nous a terrifiés, en songeant que vous deviez la partager un jour. Que fallait-il faire? Ou renoncer à l'amour que nous ressentions, ou devenir riches, pour vous entourer de ces mille soins recherchés dont vous êtes si dignes. L'amour était trop profondément enraciné dans notre cœur, pour pouvoir l'arracher... Le vertige s'est emparé de notre cerveau!

« Voilà l'explication de notre conduite; vous savez tout! Maudissez-nous, nous sommes coupables; mais ne nous descendez pas, dans votre pensée, au rang d'abjects assassins!

« Ne nous pleurez pas! Tel est notre dernier cri! Telle est notre dernière prière! La vie était désormais impossible pour nous! Il fallait mourir... que la mort vienne! Vos noms n'ont pas été prononcés, par nous, durant le procès qui s'achève. Nous avons opposé un silence absolu à toutes les interrogations qui nous ont été adressées. Pour beaucoup, nous serons d'innocentes victimes... Nous pouvions vous laisser cette conviction, mais nous vous eussions laissé, avec elle, le désespoir... C'est cette pensée qui nous guide, c'est cette pensée seule qui amène notre confession!...

« Adieu, Blanche; adieu, Léonore!... Nous mourrons bientôt en prononçant vos noms chéris, auxquels nous ajouterons celui du seul ami qui nous soit demeuré fidèle, du seul homme digne de ce titre, du comte de Sommes qui vous remettra cette lettre. Lisez-la devant lui; qu'il sache tout, et, lorsqu'il connaîtra la vérité... qu'il agisse suivant sa conscience. Il peut nous repousser... nous ne pouvons que le bénir!

« Adieu encore... et ne pleurez pas! ».

Cette lettre était écrite de la main du marquis et portait la signature des deux jeunes gens.

Lorsque Blanche en eut achevé la lecture, qu'elle faisait pour la seconde fois, ses forces l'abandonnèrent et elle s'évanouit. Léonore la contempla un moment d'un œil fixe.

— Oh! murmura-t-elle, en voyant la pâleur dont se couvrait le visage de sa jeune sœur, si Dieu nous permettait de mourir!

LXVII

LENOIR ET FOUCHÉ

Dans les premiers jours du mois de juin 1785, le lieutenant de police, M. Lenoir, était loin de jouir d'une parfaite tranquillité d'esprit. Il voyait poindre, à l'horizon, et cet horizon avait fort peu d'étendue, une grosse tempête qui menaçait à la fois l'homme dans sa réputation d'intelligence, et le magistrat dans la charge qu'il occupait. M. Lenoir savait, à n'en pas douter, que, sous peu de jours, le roi lui donnerait un remplaçant, et ce nouveau fonctionnaire chacun le désignait ouvertement : c'était M. Thiroux de Crosne, intendant de Rouen, l'ennemi acharné de M. de Calonne, dont M. Lenoir était le séide, et l'ami du baron de Breteuil, dont M. Lenoir était l'adversaire déclaré. On disait même, mais cela bien bas, que M. de Crosne était une créature, non avouée, du duc de Chartres, et que le parti de ce dernier avait obtenu adroitement ce triomphe.

M. Lenoir avait toujours rempli la charge qui lui avait été confiée en homme actif et intègre : sa chute était le résultat d'une intrigue de cour.

D'un autre côté, cependant, en présence des événements qui se préparaient, le lieutenant de police ne pouvait maîtriser un soupir de soulagement, en songeant qu'il allait déposer un lourd fardeau.

Le procès du collier, ce procès qui devait porter un si rude coup à l'édifice monarchique, commençait à travailler tous les esprits. La reine, le cardinal de Rohan se voyaient compromis dans cette ténébreuse histoire des diamants escroqués aux joailliers Bœhmer et Bossanges. M. Lenoir avait été effrayé, en sondant les profondeurs de cet abîme, qui s'ouvrait tout à coup sous les pas de son administration, et souvent il avait passé de longues heures douloureuses à méditer sur la conduite qu'il devait tenir.

La nomination de M. de Crosne, que tout le monde tenait pour assurée depuis une semaine, venait précisément arracher M. Lenoir à ses terreurs anxieuses, et cependant cette destitution dont il était menacé le trouvait fort peu résolu à la résignation.

Par un sentiment naturel à tous les hommes en place, et qui n'est pas l'un des caractères les moins distinctifs de l'employé, à quelque classe qu'il appartienne, cette charge dont il maudissait la veille la lourdeur, le jour où il pensa qu'elle pouvait glisser de ses mains, il se prit à la regretter de toutes ses forces. Toute autre pensée s'effaça pour faire place à la colère sourde que faisait naître en lui une destitution imméritée.

Le 10 août 1785, à six heures du matin, le lendemain de la mort de la pauvre Mme Bernard, et le jour même où devait être prononcé le jugement du marquis d'Herbois et du vicomte de Renneville, M. Lenoir parcourait à grands pas son cabinet, s'arrêtant de temps à autre par un mouvement machinal, et froissant de la main les papiers qui encombraient une immense table de Boule placée au centre de la pièce. Plus d'une demi-heure s'était écoulée déjà dans cette pantomime expressive, lorsque la portière de tapisserie qui séparait le cabinet d'un salon formant antichambre fut soulevée discrètement, et un huissier, vêtu de noir, se glissa sur le tapis.

— Monseigneur... fit-il à voix basse, et comme s'il craignait de troubler la rêverie du lieutenant de police.

— Qu'est-ce ? demanda M. Lenoir en se retournant brusquement.

— Monseigneur, c'est une personne qui sollicite instamment l'honneur d'être reçue.

L'HOTEL DE NIORRES

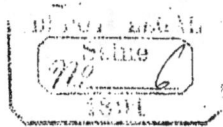

— Fouché! répéta M. Lenoir en paraissant chercher dans ses souvenirs. (P. 724.)

— Quelle est cette personne?

— Un homme jeune encore et qui a refusé de dire son nom.

— A-t-il une lettre d'audience?

— Non, monseigneur.

— Alors, qu'il s'adresse au secrétaire!

— Il refuse également. Il prétend que c'est à monseigneur seul qu'il doit parler.

— Et il ne veut pas dire qui il est?

— Non, monseigneur! C'est le même personnage qui s'est présenté à l'hôtel, cette nuit à deux heures du matin, et qui prétendait que l'on réveillât sur l'heure monseigneur.

« Le sergent de la prévôté l'a repoussé, et il s'est installé devant la grande porte. Depuis ce moment, il n'a pas bougé de place jusqu'à l'heure où il a aperçu, du dehors, monseigneur traverser le salon pour se rendre à son cabinet. Alors il a recommencé ses instances de telle sorte que l'on a cru devoir prévenir monseigneur. »

M. Lenoir réfléchit profondément. Dans la situation où il se trouvait, il eût été peu habile d'éconduire un homme qui avait peut-être à lui faire quelque révélation importante.

Contrairement au sage, dans le doute, la police ne doit jamais s'abstenir.

— Introduisez cet homme! dit M. Lenoir après un moment de silence.

L'huissier sortit et rentra presque aussitôt, soulevant la portière pour laisser passage au persévérant visiteur.

M. Lenoir toisa le personnage introduit et se vit en présence d'un homme de taille ordinaire, entièrement vêtu de noir, mais dont la physionomie, froidement énergique, dénotait une intelligence supérieure. Assez satisfait de cet examen, le lieutenant de police fit un pas vers le mystérieux personnage.

— Vous avez demandé à me parler? dit-il.

— Oui, répondit le visiteur matinal. Voici quatre heures que je sollicite cet honneur, car j'étais à la porte de cet hôtel à deux heures du matin, mais on m'a répondu que M. le lieutenant de police reposait...

— Eh bien? fit M. Lenoir, étonné du ton presque ironique avec lequel avait été prononcées ces dernières paroles.

— Je croyais que le chef de la police du royaume ne devait jamais se reposer! répondit froidement l'interlocuteur au magistrat.

M. Lenoir fit un pas de plus en avant.

— Votre nom? dit-il.

— Fouché !

— Fouché ! répéta M. Lenoir en paraissant chercher dans ses souvenirs. Pourquoi avez-vous refusé de vous nommer ?

— Parce que mon nom eût été une recommandation mauvaise. Ne me croyez-vous pas, d'après le rapport de vos hommes, l'un des agents du duc de Chartres ?

Le lieutenant de police tressaillit : la mémoire lui revenait. Il se rappelait la lettre écrite par le duc de Chartres, lettre que lui avait remise le courrier infidèle, et les ordres qu'il avait ensuite donnés à Jacquet.

Regardant fixement l'oratorien :

— Que me voulez-vous ? reprit-il.

— Vous donner un bon avis, répondit Fouché, et solliciter une faveur dont tout le profit doit être pour la justice du royaume.

— Quel est cet avis ? quelle sera cette faveur ? Parlez ! j'écoute ! fit M. Lenoir, assez étonné de l'étrange façon dont se présentait le solliciteur.

— Cet avis, reprit l'oratorien avec un sang-froid parfait, cet avis est que la police vient d'être la dupe du gibier auquel elle doit faire la chasse. Elle a été jouée complètement par ses ennemis naturels. Vous ne comprenez pas ? Rappelez-vous les ordres que vous avez donnés à l'un de vos principaux agents, relativement à un certain voyage que j'entreprenais, il y a un mois, pour me rendre à Saint-Nazaire. Vous savez, sans doute, ce que j'allais faire dans cette ville ?

— Expliquez-vous nettement, dit le lieutenant de police, sans répondre directement à la question.

— Soit ! J'allais à la recherche de la fille de Bernard, le teinturier de la rue Saint-Honoré.

— Eh bien ! cette enfant, l'avez-vous retrouvée ? demanda M. Lenoir en se rapprochant vivement de l'oratorien.

— Je l'ai retrouvée ; pour moi, cela ne fait pas un doute ! répondit Fouché.

Un éclair rapide brilla dans les yeux du lieutenant de police.

— Mais, continua l'oratorien, il est aujourd'hui matériellement impossible de reconnaître l'enfant.

— Comment ?

— On l'a défigurée à l'aide de compositions corrosives, et on lui a prodigué des stupéfiants qui ont détruit, peut-être à tout jamais, les fonctions de l'intelligence. Aujourd'hui la fille de Bernard est méconnaissable, et elle est incapable de reconnaître qui que ce soit. Les preuves de son identité font absolument défaut.

— Monsieur, reprit M. Lenoir après un léger silence, c'est une dénonciation dans toutes les formes que vous me faites là, et une dénonciation d'un crime horrible.

— Je le sais! dit Fouché avec le plus grand calme.

— Et savez-vous aussi quel est l'auteur de ce crime?

— Je le sais également.

— Nommez-le!

— Le comte de Sommes.

En entendant prononcer le nom de celui qu'il savait être le favori du duc de Chartres, M. Lenoir tressaillit violemment.

— Les preuves que cette accusation est fondée? demanda-t-il d'une voix brève.

— Ces preuves, répondit Fouché, je ne puis vous les donner sur l'heure, mais accordez-moi ce que je vais vous demander, et avant quinze jours elles seront entre vos mains.

— Que demandez-vous?

— Des pleins pouvoirs pour agir à ma guise, suivant les circonstances.

M. Lenoir haussa les épaules.

— On n'accorde à personne une telle faveur, répondit-il.

— Quelqu'un répondra pour moi, dit Fouché.

— Qui?

— Jacquet!

— Jacquet? répéta M. Lenoir avec étonnement.

— Oui, dit Fouché avec un sang-froid imperturbable. Jacquet, l'agent que vous aviez attaché à mes trousses alors que le comte de Sommes, se jouant de vous, m'envoyait, par un courrier infidèle, une lettre du duc de Chartres qui devait me tenir en suspicion. Ayant perdu nos traces depuis Arpajon, il ne nous a rejoints qu'à Saint-Nazaire. Là, il a facilement découvert le but de la mission que nous nous étions donnée. Comprenant tout, il devina que, par ricochet, il était lui-même la dupe des auteurs d'un crime dont il connaissait l'existence. En homme intelligent, il vint à moi, et de notre conversation résulta la lueur lumineuse qui devait éclairer notre situation réciproque. Lui aussi avait accusé jadis, auprès de vous, le comte de Sommes d'être l'auteur du rapt de l'enfant du teinturier Bernard. Et à lui alors, comme à moi maintenant, vous demandiez des preuves. Eh bien! ces preuves, donnez-nous aujourd'hui les moyens de vous les fournir, et nous vous les fournirons! Le voulez-vous? Voilà ce que je viens vous demander!

Dans le rapport de Jacquet fait au lieutenant de police, le jour de la première visite, à Versailles, de M. de Niorres à M. Lenoir, l'accusation contre le comte de Sommes avait été posée, mais M. Lenoir, craignant d'attaquer un ami intime du duc de Chartres, avait étouffé cette affaire.

Mais, dans la situation présente, M. Lenoir ne devait plus être sous la même influence. M. de Crosne, appartenant au duc de Chartres, était désigné comme devant être le prochain successeur du lieutenant de police actuel; donc les amis du duc de Chartres devenaient naturellement les ennemis de M. Lenoir. S'il devait tomber, M. Lenoir entrevoyait une certaine consolation à sa chute dans la perte de l'un des favoris de Son Altesse. Aussi sa physionomie, animée, reflétait-elle l'activité fiévreuse qu'avait donnée à son esprit la déclaration si précise de Fouché.

Se rapprochant d'un cordon de sonnette, il l'agita vivement.

— Jacquet! dit-il à l'huissier qui souleva la portière de tapisserie.

Puis, se tournant vers Fouché :

— Pourquoi, demanda-t-il, avoir attendu si tard pour me prévenir?

— Parce que, répondit Fouché, je ne pouvais, jusqu'à l'accomplissement du voyage, faire que des suppositions, et je ne suis revenu qu'hier soir. Depuis longtemps, il est vrai, je tenais les fils de cette intrigue, dont le dénouement occupe aujourd'hui toutes mes pensées; depuis longtemps j'avais songé à venir vous confier le secret dont j'étais dépositaire, mais, je vous le répète, les preuves matérielles me faisaient défaut et m'ont toujours arrêté au moment où j'allais venir à vous. Je devais attendre, j'ai attendu. Je voulais, avant de m'adresser à la justice, avoir ces preuves à lui offrir : l'identité de l'enfant volé devait m'en fournir de suffisantes. Donc, avant de parler, je devais voir par moi-même.

— Mais ces preuves dont vous me parlez aujourd'hui, comment espérez-vous les avoir?

— Je vais vous le dire...

Un léger coup frappé à l'huis interrompit l'oratorien. La portière se souleva de nouveau et M. Jacquet fit son entrée dans le cabinet du lieutenant de police.

Celui-ci lui fit signe d'approcher.

— Vous connaissez cet homme? demanda-t-il en désignant Fouché.

— Parfaitement! répondit Jacquet.

— Et vous en répondez?

— Comme de moi-même.

— Ainsi donc, nous avons été joués?

— Complètement, monseigneur. Nous avons été lancés sur une fausse piste. Heureusement que le flair n'a pas fait longtemps défaut et que j'ai su retrouver la bonne voie. Monseigneur se rappelle ce que je lui ai dit? Eh bien! tout ce que j'avais affirmé était vrai. Le comte de Sommes a volé l'enfant de Bernard pour conserver à Mme d'Horbigny la fortune que lui enlevait la mort de sa fille. Cela ne fait aucun doute.

— Mais les preuves? s'écria M. Lenoir.

— Nous les aurons, cette fois, j'en réponds!

— Moi aussi, ajouta Fouché.

— De plus, reprit Jacquet, monseigneur se souvient également de la déclaration que je lui avais faite, d'un homme se faisant mon sosie au point de tromper mes agents?

— Oui; eh bien?

— Eh bien! je sais quel est cet homme; M. Fouché m'a aidé cette nuit à le dépister.

— Qui est-ce?

— Un forçat évadé nommé Roquefort, se cachant à Paris sous le nom de Roger, se disant tantôt agent d'usure, tantôt employé du ministère de la maison du roi : c'est sous ce titre qu'il a agi auprès de Gorain et de Gervais, les amis de Bernard.

— Roger! répéta le lieutenant de police. Celui qui vient de jouer un rôle dans le procès d'Herbois et de Renneville?

— Probablement, monseigneur.

— Et ce Roger est un forçat évadé?

— C'est le principal auxiliaire du fameux Roi du bagne, dont la capture nous semble impossible.

— Oh! pensa le lieutenant de police, une pareille affaire me conserverait ma charge!

Puis il reprit à haute voix :

— Comment avez-vous découvert cet homme?

— C'est M. Fouché qui m'a lancé sur la voie, répondit Jacquet, en me mettant en présence, la nuit dernière, du sieur Gorain, lequel venait de quitter Roger. Ce soir nous pouvons l'arrêter, si nous le voulons, à l'endroit où il a rendez-vous avec les bourgeois.

— Mais il sera prévenu par Gorain.

— Gorain est à cette heure prisonnier dans ma chambre.

M. Lenoir fit un signe approbatif.

— Mais quel rapport, reprit-il, y a-t-il entre ce Roger et l'affaire de l'enfant volé?

— Un parfaitement direct, monseigneur, car Roger a tout tenté pour empêcher M. Fouché d'arriver à Saint-Nazaire.

Et Jacquet, entrant dans quelques détails, raconta les principales scènes du voyage dans lesquelles Roquefort avait joué un rôle si important.

— Si ce Roquefort est l'agent principal du Roi du bagne, dit le lieutenant de police, il agissait dans cette circonstance pour le compte de son chef?

— Sans aucun doute! dit Fouché.

— Alors le Roi du bagne aurait donc un intérêt dans l'affaire de l'enfant du teinturier?

— Cela est de toute évidence.

— Et cependant vous accusez le comte de Sommes!

— Le comte de Sommes est très certainement coupable! C'est lui qui a fait enlever l'enfant, c'est lui qui l'a envoyé à Saint-Nazaire. Son intérêt dans l'accomplissement de ces crimes est flagrant. C'est lui, enfin, qui m'a fait passer pour un agent du duc de Chartres, dit vivement Fouché.

— Mais comment expliquer ce point de relation qui semble exister entre le comte de Sommes et le Roi du bagne?

— Voilà effectivement l'endroit mystérieux qu'il importe si fort d'approfondir, et ce que, moi, je me charge de faire. Accordez-moi des pleins pouvoirs, laissez-moi agir sous la surveillance de Jacquet, et avant quinze jours j'aurai vu clair dans cette affaire ; avant quinze jours j'aurai mis, entre vos mains, le comte de Sommes, le Roi du bagne et tous leurs complices.

Tandis qu'il parlait, les yeux de Fouché s'animaient d'un feu sombre: sa physionomie, ordinairement froide et impassible, révélait une expression intelligente dont l'éclat n'était pas ordinaire.

On comprenait que ce qu'il promettait, cet homme était certain de le tenir.

M. Lenoir réfléchissait profondément.

— Mais avant tout, dit Jacquet en s'approchant du lieutenant de police, il est une arrestation indispensable et qui doit être faite sans tarder d'une minute.

— Laquelle, demanda M. Lenoir.

— Celle de Pick !

— Pick ! répéta le lieutenant de police.

— Cet agent est vendu au Roi du bagne, monseigneur.

— Pick trahit?

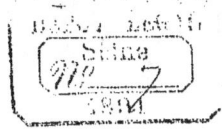

Mme Lefèvre tenait la parole et paraissait intéresser au plus haut point tout son auditoire. (P. 735.)

— Je l'affirme sur ma tête. Si je me trompe, monseigneur agira contre moi : liberté pour liberté, j'accepte l'enjeu. Si monseigneur se refuse à ce que je lui demande, je ne réponds de rien ! Pick a tous les secrets de la police et il les livrera à ses amis.

M. Lenoir se promenait à grands pas en hésitant, évidemment, sur le parti qu'il avait à prendre.

Fouché le suivait d'un œil attentif, étudiant tous les jeux de sa physionomie et cherchant à deviner les pensées qui s'abritaient sous ce front chargé de nuages.

L'oratorien, en dépit de son calme apparent, semblait être dans une anxiété profonde.

Jacquet attendait la réponse de son chef avec l'impatience du limier qui flaire le cerf.

Enfin M. Lenoir, s'arrêtant brusquement, se tourna vers Fouché.

— Vous engagez-vous, sur votre liberté à venir, à tenir les promesses que vous venez de me faire? dit-il d'une voix lente.

— Je m'y engage! répondit Fouché.

— Quelle récompense voulez-vous si vous réussissez?

— Aucune.

M. Lenoir regarda l'oratorien avec un étonnement qui eût pu paraître comique en toute autre circonstance.

Fouché devina que cette réponse extraordinaire devait sembler étrange au magistrat.

— En vous servant, je me sers, dit-il. J'ai intérêt à constater la vérité.

— Rappelez-vous que vous jouez un jeu dangereux, reprit le lieutenant de police.

— J'en accepte les chances!

— Eh bien! dit M. Lenoir, je vais vous mettre à même d'agir efficacement. Jacquet mettra à votre disposition ses hommes les plus adroits et les plus actifs, qui vous obéiront sans réserve, et je vais signer, immédiatement, l'arrestation de Pick.

— Enfin! dit Fouché en laissant échapper un soupir de soulagement.

Si M. Lenoir se décidait vite à donner à un homme, qu'il ne connaissait pas, cette preuve de confiance, il n'agissait pas cependant aussi légèrement qu'on pourrait le supposer.

Quoique l'administration de la police fut bien loin, au XVIIIe siècle, de posséder cette finesse, cette ruse, cette habileté qu'elle devait acquérir plus tard et qui allait bientôt réaliser la fable des cent yeux d'Argus, elle était néanmoins assez savamment dirigée pour que le chef suprême eût connaissance de bien des secrets, que la prudence lui imposait parfois de paraître ignorer. M. Lenoir possédait des indices qui le disposaient à ajouter foi à l'accusation formulée par Jacquet et par Fouché. Il savait que Pick avait des intelligences avec les ennemis de la sûreté publique, mais Pick lui avait été utile jusqu'alors et il avait cru devoir continuer à s'en servir. Il n'ignorait pas, non plus, la terrible individualité du Roi du bagne. Bien souvent, il avait concentré toutes les forces dont il disposait pour accomplir la capture importante de ce chef des forçats, mais toujours, en tout lieux et en tout temps, il avait échoué.

La police ne devant jamais paraître impuissante, le magistrat avait caché, avec soin, ses tentatives infructueuses, et ce mystère, dont était entourée l'existence du Roi du bagne, avait merveilleusement servi les intérêts de celui-ci. Or, dans sa situation présente, le lieutenant de police comprenait plus que jamais toute l'importance qu'aurait la réussite de l'arrestation d'un tel personnage. S'il devait abandonner sa charge, la capture du Roi du bagne la lui faisait quitter sur un coup d'éclat, et peut-être que cette capture, jointe à une affaire comme celle de l'accusation du comte de Sommes, la lui conserverait-elle encore de longues années. Hésiter longtemps était impossible : la nomination de M. de Crosne était imminente; il fallait la prévenir. De plus, M. Lenoir connaissait Jacquet pour un agent des plus adroits et des plus honnêtes. Sa garantie lui paraissait donc suffisante. Enfin Fouché lui semblait doué d'une intelligence tellement supérieure qu'il croyait devoir donner un peu au hasard pour s'attacher un pareil homme. Donc, il avait pris rapidement son parti.

M. Lenoir s'était assis devant la table de boule et écrivait rapidement.

Un silence profond régnait dans la pièce. Tout à coup un bruit sourd se fit au dehors, la portière fut écartée violemment, les deux battants de la porte du cabinet s'ouvrirent avec fracas :

— Ordre du roi! dit l'huissier d'une voix claire,

Un personnage, richement vêtu, franchit le seuil de la pièce et marcha droit vers le lieutenant de police, lequel s'était levé subitement pour aller à sa rencontre. Le personnage s'inclina sans mot dire et présenta un large pli scellé aux armes de France.

M. Lenoir déchira l'enveloppe d'une main agitée par un mouvement fébrile et développa l'épître. C'était ce qu'on nommait alors une lettre de cachet.

M. Lenoir la parcourut rapidement; puis, s'inclinant à son tour :

— Veuillez dire à Sa Majesté, fit-il d'une voix légèrement émue, que ses volontés vont être accomplies sur l'heure et qu'elle n'a pas, dans tout son royaume, un serviteur plus humblement dévoué que moi.

Le personnage, tout chamarré de broderies, salua et sortit. M. Lenoir prit sur son bureau les papiers qu'il venait de signer et les déchira.

— Que faites-vous? s'écria Fouché.

— Monsieur, répondit M. Lenoir, c'est à mon successeur qu'il faut demander un plein pouvoir. Je ne suis plus lieutenant de police; le roi vient de me prévenir qu'il me retirait cet emploi!

Fouché demeurait immobile, les sourcils contractés et les lèvres frémissantes. M. Lenoir, craignant sans doute de laisser lire, sur son front, la douleur secrète que ressentait son orgueil blessé, quitta aussitôt la pièce.

— M. de Crosne est nommé, et M. de Crosne ne laissera pas planer une accusation sur le favori du duc de Chartres! dit Jacquet avec découragement...

— Oh! murmura l'oratorien avec rage, tout est donc à la faveur, à la sottise et à l'aveuglement? Décidément, il faut une organisation nouvelle à la place de cette vieille machine monarchique.

Puis reprenant à voix haute :

— Allons! dit-il, nous n'avons plus rien à faire ici : le temps de la justice n'est pas venu!

— Nous sommes en présence de plus forts que nous, répondit Jacquet, en suivant Fouché qui franchissait le seuil du cabinet.

Dans le salon d'attente, Jacquet se trouva nez à nez avec un homme de haute taille, lequel lui adressa un gracieux sourire.

— Monsieur Pick! fit Jacquet en reculant d'un pas.

— Lui-même, cher monsieur Jacquet, répondit l'obséquieux personnage. Lui-même, et qui voudrait bien ne pas être ici en ce moment...

— Vous avez quelque désagréable nouvelle à m'annoncer? dit Jacquet en se remettant.

— Croyez, cher monsieur Jacquet, que je suis au désespoir...

— Qu'est-ce que c'est? interrompit Jacquet.

— Vous savez que M. Lenoir, ayant sollicité du roi la permission de prendre un repos nécessaire, Sa Majesté a daigné lui accorder cette faveur...

— Et nommer M. de Crosne à sa place? dit Jacquet avec impatience.

— C'est cela même.

— Eh bien! j'approuve fort cette résolution prise par Sa Majesté. Est-ce là tout ce que vous aviez à m'apprendre?

— Pas précisément...

— Alors... je vous écoute, monsieur Pick? Qu'y a-t-il encore qui puisse me concerner?

— Peu de chose, cher monsieur Jacquet. Un petit ordre de M. de Crosne, qui va vous permettre d'imiter M. Lenoir et de jouir, enfin, de quelques instants de liberté...

— Je suis cassé? demanda Jacquet sans manifester la moindre émotion.

— Non... mais vous êtes invité à demeurer jusqu'à nouvel ordre éloigné de Paris de plus de vingt lieues. Je crois que vous aurez Orléans pour séjour.

— Très bien? Dois-je partir de suite?

— Je pense que oui.

— Puis-je me rendre chez moi en ce moment?

— Je crois que non.

— Mais j'ai des papiers importants...

— M. de Crosne a envoyé quelqu'un prendre soin de ces papiers. Soyez sans crainte!

Jacquet ne sourcilla pas. Il demeura calme et parfaitement maître de lui-même.

— Est-ce vous, monsieur Pick, qui êtes chargé de m'arrêter et de me conduire à ma nouvelle résidence? demanda-t-il.

— En aucune façon, cher monsieur Jacquet, répondit Pick. Je ne suis porteur d'aucun ordre vous concernant. Seulement, je sais qu'un exempt et une voiture vous attendent au bas de cet escalier, et j'ai voulu vous prévenir moi-même, pensant que le coup serait moins douloureux, étant porté par une main amie...

— Grand merci! fit Jacquet en s'inclinant. Croyez à toute ma reconnaissance.

Et l'agent évincé salua son rival triomphant, avec un charmant sourire, puis il marcha d'un pas ferme vers cet escalier, au bas duquel il devait abandonner sa liberté.

Fouché n'avait pas perdu un mot de cet entretien et son œil scrutateur cherchait à deviner ce qui se passait au fond de l'âme de chacun des deux interlocuteurs.

— Dupé et disgracié! murmura Jacquet en posant le pied sur la première marche de l'escalier. C'est trop de moitié, mais patience! L'avenir est là!

— Eh bien? lui dit Fouché en ralentissant sa marche, nos ennemis triomphent, nous sommes battus, la Jolie Mignonne est perdue et bien perdue... nous n'avons plus qu'à courber la tête et à reconnaître notre défaite.

Jacquet lança un regard profond à l'oratorien.

— Savoir attendre est le premier mot de la sagesse humaine, dit-il, et M. de Crosne ne sera pas toujours lieutenant de police!

Fouché saisit la main de Jacquet et la pressa fortement.

— Bien! fit-il à voix basse. Vous êtes un homme! nous nous reverrons!

— En attendant, que ferez-vous?

Et Jacquet accompagna cette phrase d'un geste singulier : on eût dit qu'il traçait dans l'air un signe symbolique et mystérieux. Fouché demeura un moment étonné, mais se remettant promptement en répondant au signe de Jacquet par un geste de la main tout aussi mystérieusement étrange :

— Je ferai, dit-il, ce que doit faire tout ennemi du privilège et de l'injustice : je marcherai dans le sentier de la liberté!

Jacquet atteignait alors le vestibule de l'hôtel du lieutenant de police. Une voiture tout attelée stationnait devant le perron, et un exempt de la prévôté se tenait à la portière. Fouché jeta à son compagnon un dernier coup d'œil d'intelligence et il s'élança dans la cour, tandis que l'exempt s'avançait vers Jacquet.

Pendant que cette petite scène avait lieu au bas du grand escalier, M. Pick, le regard triomphant et redressant sa haute et flexible taille, était entré dans le cabinet du lieutenant de police, demeuré désert depuis la sortie de M. Lenoir et celle de Fouché et de Jacquet. Des papiers lacérés gisaient à terre : c'étaient ceux que M. Lenoir avait déchirés en apprenant sa disgrâce. Pick les ramassa et les interrogea curieusement du regard.

Eh bien? demanda une voix ironiquement brève.

Pick se retourna et vit devant lui un homme portant la livrée du nouveau lieutenant de police. L'agent fit un geste de stupéfaction empreint d'une respectueuse terreur.

— Eh bien! répondit-il, il était temps. Si la lettre de cachet fut arrivée dix minutes plus tard, Jacquet et Fouché avaient pleins pouvoirs.

Et il tendit au valet les papiers qu'il venait de ramasser sur le tapis.

XXIII

LA PLACE DU CHATELET

En quittant l'hôtel du lieutenant de police, Fouché s'était dirigé vers la place du Châtelet. Un grand concours de monde envahissait une partie du quai et toute la façade du vieux bâtiment. C'était ce jour-là que devait être prononcé le jugement du marquis d'Herbois et du vicomte de Renneville. La foule, avide et curieuse, qui n'avait pu trouver place dans l'intérieur de l'enceinte où se dénouaient les diverses phases du drame émouvant qui préoccupait si fort tous les esprits, la foule encombrait les abords du Châtelet, tous se pressant pour être les premiers à connaître le résultat du procès.

Bien peu, parmi tous ceux qui encombraient la place, s'intéressaient au sort des deux accusés. Les uns prétendaient que les juges n'oseraient condamner deux gentilshommes comme de vils assassins. Les autres juraient que justice serait enfin rendue et que, précisément parce que les accusés étaient de vieille noblesse, ils devaient être condamnés comme exemple.

Mais, près du pont, à proximité de la fraîcheur de la rivière et profitant d'un peu d'ombre que projetait la grosse tour, se tenait un petit groupe composé de plusieurs personnes attendant avec anxiété le prononcé du jugement, uniquement au point de vue des accusés.

C'étaient d'abord Mme Lefèvre et son mari, puis Tallien et Michel, Augereau et Nicolas, Hoche, et enfin le brasseur Santerre, qui, mû par un sentiment de simple curiosité, était venu se mêler à la foule. Depuis quelques instants, Mme Lefèvre tenait la parole et paraissait intéresser au plus haut point tout son auditoire.

— Et depuis ce matin vous n'avez pas revu Mahurec? demanda Michel en voyant la blanchisseuse suspendre son récit.

— Non! répondit Mme Lefèvre.

— De sorte que vous ignorez si le bailli de Suffren lui a tenu parole?

— Je l'ignore absolument. Mais aussi, voyez cet imbécile qui, parce qu'il se trouve en présence du roi, au lieu de lui raconter tout simplement la chose, perd la tête et devient plus muet qu'une carpe!

— Eh bien! moi, je le comprends, dit une voix joyeuse.

— Tiens! M. Joachim! s'écria la mère Lefèvre en voyant le jeune soldat nouvellement enrôlé se glisser au milieu du groupe.

— Moi-même, madame Lefèvre, et j'arrive à point pour défendre le matelot en question. Vous dites qu'une fois en présence de Louis XVI il n'a pu trouver une parole?

— Dame! c'est lui-même qui me l'a avoué. Il paraîtrait que, quand le bailli l'a poussé en avant en face du roi, Mahurec y a vu trente-six millions de chandelles, et puis sa langue s'est collée à son palais, et va te promener! plus personne?

— Et l'amiral n'a pas parlé pour lui? dit Augereau.

— Si fait! mais ça n'était pas la même chose. Mahurec en aurait dit plus long, s'il avait pu retrouver la parole. Enfin il paraît que le roi l'a bien reçu, et puis il l'a mis à la porte, voilà!

— Ce pauvre garçon! ajouta Lefèvre; il avait l'air désolé hier soir.

— Tiens! pardi! il y avait de quoi; il adore ses lieutenants, et au moment d'obtenir leur grâce il reste bête comme un poisson qui perd l'eau. Ah! si ç'avait été moi.

— Le fait est, dit Lefèvre, que tu t'en serais proprement tirée.

— J'ose le dire.

— Et Mahurec n'a pas revu le bailli? demanda Tallien.

— Non. Il a couru à Versailles ce matin pour tâcher de le rencontrer et de revoir le roi mais s'il n'en fait pas plus que la première fois, ce sera bien peine perdue!

— Après tout, dit Michel, MM. d'Herbois et de Renneville ne seront peut-être pas condamnés.

Un silence accueillit cette supposition que personne ne pensait admissible. Chacun croyait à la culpabilité des deux jeunes gens.

En ce moment, un léger mouvement se fit dans un groupe voisin, et deux nouveaux personnages arrivèrent près de celui formé par la mère Lefèvre et ses compagnons. Ces deux personnages, tous deux vêtus de noir et en deuil, étaient M. Gervais et Jean, le garçon teinturier. Gervais était blême et avait le regard inquiet. Jean avait les yeux gonflés, les paupières rouges et les joues marbrées, comme s'il venait de pleurer longuement.

En les voyant tous deux, Mme Lefèvre poussa un profond soupir.

— Eh bien! mon pauvre garçon, dit-elle à Jean, tout est fini?

— Hélas oui! répondit le jeune homme; la pauvre Mme Bernard est maintenant dans sa dernière demeure.

— Et Bernard?

— Oh! le cher homme! il fait pitié. Il s'est évanoui là-bas.... Il a fallu l'emporter...

— Vous n'avez pas vu Gorain par ici? demandait Gervais, pendant ce temps, au maître d'armes.

— Ni vu ni connu! répondit Augereau.

— C'est bien singulier!

— Quoi! est-ce que M. Gorain serait perdu? Ce serait dommage.

— Je ne sais pas s'il est perdu, mais hier soir je l'ai quitté en sortant de chez Bernard. Ce matin nous devions aller ensemble à l'enterrement de cette pauvre femme... et il n'est pas venu. Je suis allé chez lui, sa femme est dans une inquiétude mortelle : il n'était pas rentré depuis la veille, et...

— Ah! M. Danton! s'écria Michel en apercevant l'avocat qui se dirigeait vers la tête du pont. Il vient du Châtelet; nous allons savoir!...

Chacun fit un mouvement en avant pour se porter à la rencontre de

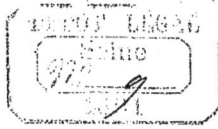

Ses doigts crispés froissaient toujours le papier qu'ils tenaient et qui était cacheté du grand sceau de l'Etat. (P. 740.)

l'avocat. Danton s'avançait à travers la foule, suivi du chirurgien Marat, dont la face exprimait une sorte de joie féroce. Les questions se croisèrent avant que l'avocat eût pu ouvrir la bouche.

— Les juges délibèrent, dit-il. Rien n'est encore terminé, mais dans une demi-heure le jugement sera rendu.

— Seront-ils condamnés? demanda Michel.

— Parbleu! répondit Marat; croyez-vous que, parce qu'ils sont nobles, ils doivent échapper à la justice?

— Ils pourraient être innocents!

Le chirurgien fit entendre un sifflement railleur.

— Vous les avez vus? demanda Mme Lefèvre à Danton.

— Parfaitement, répondit l'avocat.

— Et comment sont-ils?

— Toujours les mêmes, impassibles!

— Parlent-ils?

— Ils continuent à garder un silence absolu, ce silence qui serait leur perte s'ils n'étaient pas coupables, mais il est malheureusement évident qu'ils le sont!

— C'est égal! ces pauvres jeunes gens! ils m'intéressent!

— Pas moi! dit Lefèvre. Des soldats auraient dû agir autrement et ne pas se laisser abîmer par ces robes noires. Pourquoi ne se sont-ils pas tués?

— Le vicomte voulait mourir, dit vivement Danton. Le marquis l'en a empêché.

— Il a eu tort!

— Peut-être!

— Comment cela?

— La mort eût été un aveu.

— Eh! puisqu'ils sont coupables!

— Mais ils ne l'avouent pas. D'ailleurs ils sont coupables, tout le prouve; mais cependant il y a dans cette affaire un côté étrangement mystérieux. Je sais que le vicomte voulait mourir, que le marquis lui-même avait un moment adopté cette résolution, puis, par un motif que j'ignore, il a tout à coup changé d'avis et fait jurer à son ami de ne pas chercher à attenter à ses jours.

— Ils espèrent que le roi les graciera! dit Marat.

— Je ne le crois pas, car ils n'ont tenté aucune démarche à cet égard.

— Ils ne pouvaient rien faire avant d'être condamnés, et d'autres se sont chargés de ce soin...

— A propos, dit Danton, et Mahurec?

— Il est à Versailles, répondit Lefèvre.

Un frémissement qui parcourut la foule interrompit la conversation. Chacun se tournait vers la grande porte du Châtelet.

— Le jugement est rendu! murmura Danton.

L'anxiété la plus vive se peignait sur tous les visages : les rangs se pressaient et un silence profond régna dans la foule.

Quelques hommes descendaient le perron du Châtelet et des flots de curieux se ruaient autour d'eux.

Tout à coup un bruissement de voix rompit ce silence lugubre : une même phrase fut répétée avec mille cris coupés et courut comme une traînée, depuis le Châtelet jusqu'au port.

Durant un instant, la foule assemblée ne prononça que les mêmes mots; puis de véritables hurlements s'élevèrent et des bravos frénétiques éclatèrent à la fois.

— Qu'est-ce donc? demanda Mme Lefèvre qui n'avait pas encore compris.

— Le marquis d'Herbois et le vicomte de Renneville sont déclarés coupables et condamnés à mort! s'écria Marat avec une expression de contentement sauvage. Il faudrait, pour donner une leçon au pouvoir, que tous ces insolents courtisans de Versailles entendissent ces cris de joie de la foule !

Et Marat, joignant sa voix à celle de tous ces hommes qui avaient soif de sang aristocratique et qui devaient bientôt se repaître aux journées de septembre, cria à pleins poumons :

— Vive la justice du Châtelet!

En ce moment, au centre même de cette foule agitée, se fit sentir une agitation plus vive. Un homme, paraissant doué d'une force herculéenne et poussé par un sentiment d'une énergie extrême, venait de se ruer vers le Châtelet, écrasant, renversant, foulant aux pieds tout ce qui s'opposait à son passage.

Cet homme, qui venait de déboucher sur la place par le quai, ruisselait de sueur et agitait fiévreusement en l'air un papier qu'il tenait à la main. Des sons rauques s'échappaient seuls de sa gorge; ses pieds nus étaient ensanglantés comme s'ils venaient d'accomplir une course furieuse. Ses vêtements, qui étaient ceux d'un matelot de la marine militaire, étaient dans un désordre complet, qu'augmentaient encore les mains qui se cramponnaient à eux pour écarter ou retenir l'homme qu'aucun effort ne pouvait arrêter.

Haletant, épuisé, râlant, le matelot atteignit la grande porte du Châtelet, devant laquelle un huissier venait de clouer l'arrêt rendu. Là il voulut s'élancer pour pénétrer dans l'intérieur des bâtiments, mais ses forces épuisées l'abandonnèrent tout à coup, et après avoir gravi deux des marches du perron il roula à terre en poussant un cri ressemblant à un rugissement.

Ses doigts crispés froissaient toujours le papier qu'ils tenaient et qui était cacheté du grand sceau de l'État.

Cet homme, c'était Mahurec; ce papier, c'était une lettre de grâce, signée par Louis XVI, et qui commuait en un bannissement perpétuel la peine de mort prononcée contre les deux officiers de marine.

LXIX

LES MARRONS DU FEU

Ce soir-là, comme huit heures sonnaient, deux hommes étaient dans le boudoir de cet hôtel qui appartenait au comte de Sommes, à Versailles, s'étendant, l'un sur une ottomane dont il s'était fait un lit de repos, l'autre sur un moelleux fauteuil dans lequel il se prélassait.

Le premier, vêtu fort simplement, était le terrible chef de la grande association, Noël le jardinier, Saint-Jean le valet, le Roi du bagne, trinité effrayante se perdant en un seul individu, auquel trois individualités différentes semblaient nécessaires pour expliquer la quantité de crimes commis par une seule main. L'autre, costumé élégamment comme un grand seigneur de l'époque, était le bandit Bamboula, le comte de Sommes, le favori du duc de Chartres.

Tous deux causaient depuis quelques instants à peine; tous deux jouissaient du triomphe remporté par leurs odieuses machinations.

— L'affaire du bannissement ne me contrarie pas le moins du monde, disait le Roi du bagne en s'étendant sur les coussins. Cela, même, cadre mieux avec mes intentions. J'eusse certainement préféré un suicide qui eût terminé les choses plus promptement et plus radicalement; mais puisque le marquis a su esquiver l'adoption de cette proposition si ingénieusement faite par toi, mieux vaut un exil perpétuel et un départ immédiat que le spectacle d'une exécution publique, et surtout l'attente de cette exécution. Qui sait ce qui aurait pu s'accomplir d'ici-là? Tu comprends, Bamboula, les deux jeunes gens condamnés par leurs juges, bannis par le roi sont bien coupables pour tous. La faveur spéciale dont ils viennent d'être l'objet prouve encore cette culpabilité; car on ne gracie pas des innocents. Ils sont perdus; ils n'existent plus pour nous ni pour le monde. C'est tout ce qu'il nous faut. Qu'ils soient enterrés en France ou qu'ils vivent aux grandes Indes, c'est pour nous la même chose. Ils ne se trouvent plus entre nous et la fortune, mais bien entre nous et l'accusation. Donc tout est bien, et le but est atteint.

— Où sont-ils? demanda Bamboula.

— Je l'ignore, et fort peu m'importe! Tout ce que je sais, c'est qu'ils sont partis il y a deux heures pour Brest, sous bonne escorte, et que j'ai donné des ordres pour que, sur toute la route, mes hommes veillent à ce que la maréchaussée fasse son devoir, lui prêtent main-forte au besoin, qu'enfin les prisonniers ne puissent parvenir à s'échapper. Je sais encore qu'un navire mettra à la voile dès leur arrivée... Ensuite ils iront où le roi les enverra... Ce qu'il y a de certain, c'est qu'ils ne rentreront pas en France, et y rentrassent-ils maintenant, que nous n'avons plus rien à redouter.

— C'est vrai, murmura le comte en faisant un geste d'assentiment.

— A propos, reprit le Roi du bagne, il faut que je te félicite. Tu t'es servi du duc de Chartres avec une habileté merveilleuse. La nomination de M. de Crosne est arrivée à point.

— N'est-ce pas?

— C'est parfait, tu es digne de moi.

— Maintenant, parlons de nos affaires...

— Attends! fit le Roi du bagne en se soulevant sur son coude; avant de procéder à la vente de la peau, assurons-nous que l'ours est bien mort. Récapitulons un peu, et voyons s'il serait encore debout un ennemi à redouter. M. Lenoir, qui commençait à devenir inquiétant est rentré dans l'ombre. Jacquet, qui jouait un double jeu et ne paraissait être à nous que pour nous trahir, Jacquet est dans l'impossibilité de nous nuire. Les deux marins sont au diable, les deux nièces sont au couvent, Mme Bernard est morte et Bernard est fou.

— Bernard est fou? interrompit le comte avec étonnement.

— Oui. Quelques heures après l'enterrement de sa femme, sa raison l'a abandonné. Du côté de la petite, nous n'avons donc rien non plus à redouter.

— Et Fouché et ses compagnons?

— Fouché est un habile homme et un gaillard dangereux, je l'avoue; et je crois que s'il avait le bras plus long, il serait prudent de se tenir hors de portée de ses doigts maigres; mais seul comme il est, il ne peut rien, absolument rien. D'ailleurs, il a beau savoir bien des choses, il lui faudrait des preuves pour agir, et ces preuves qui lui manquent, il ne les aura jamais; donc, de ce côté encore, absence de danger. Quant à ses compagnons... il ne faut pas en parler. Que pourraient-ils même tenter?

— N'importe! dit Bamboula, je crois qu'il eût été prudent de ne pas laisser Fouché sortir de Saint-Nazaire.

— C'est possible; mais les circonstances ne le permettaient pas, et maintenant, s'attaquer à lui serait vouloir provoquer un danger inutile.

— Restent nos amis Gorain et Gervais.

— Vétilles! fit le Roi du bagne en haussant les épaules; Roquefort s'en arrangera.

— Alors il ne reste plus rien à craindre?

— Le Roi du bagne sourit d'un air triomphant.

— Eh bien! Bamboula, mon fils, dit-il avec un accent à demi railleur, auras-tu, à l'avenir, confiance dans les plans que je formerai, et me reconnais-tu digne de donner des ordres? Tout ce que j'ai prévu ne s'est-il pas accompli de point en point? Ai-je fait une école? ai-je commis une faute? ai-je oublié une précaution à prendre? Voilà de longues années, tu le sais, que je marche dans la voie que je me suis tracée, et je suis arrivé au bout de la route sans avoir dévié d'une ligne.

Le comte ne répondit pas; mais il s'inclina en homme reconnaissant parfaitement la supériorité dont se glorifiait son interlocuteur.

— Maintenant que nous sommes tranquilles, reprit le Roi du bagne, passons à nos petites affaires privées, ou plutôt explique-moi toi-même comment tu comprends la situation.

Et le terrible personnage, reprenant la position horizontale qu'il avait un moment abandonnée, s'étendit nonchalamment sur les coussins de l'ottomane.

— La situation est bien simple, dit le comte. Il ne reste plus de la famille de Niorres que le conseiller, Blanche, Léonore et leur mère. Dans deux mois au plus tard M. de Niorres sera mort. La chose s'explique d'elle-même : cet homme ne peut survivre à ses enfants; la douleur le tuera rapidement, puisque tu continues ton service auprès de lui jusqu'à ce qu'il ait rendu son dernier soupir.

Le Roi du bagne fit un geste affirmatif.

— Donc, poursuivit le comte, il mourra. Le conseiller mort, la fortune immense accumulée sur sa tête passe à ses deux nièces, ses seules héritières. Mais Blanche et Léonore sont, à cette heure, au couvent des Carmélites, et elles ont renoncé d'avance à cet héritage. Voici les papiers signés par elles; voici l'acte de renonciation tout préparé et qu'elles signeront demain.

Le comte présenta les papiers dont il parlait à son interlocuteur. Celui-ci les parcourut du regard et les lui rendit.

— Très bien ! dit-il.

— M. de Niorres mort, reprit le comte, ses deux nièces renonçant à son héritage, la fortune revient au roi, après un délai de deux années. Nous laissons écouler dix-huit mois pour donner aux événements le temps de s'effacer, puis le fils, reconnu, de la Madone, se présente, et, ses titres à la main, entre en possession de tous les biens qu'il réclame et que personne ne peut lui disputer. Est-ce cela ?

— Tout à fait cela, répondit le Roi du bagne, et d'autant mieux cela même que la renonciation à l'héritage est bien préférable à la mort des deux jeunes filles, en ce que cette mort eût élevé de nouvelles recherches et que nous n'avions plus là les marins pour leur faire jouer le rôle de bouc émissaires. Il n'y a qu'un danger.

— Lequel ?

— C'est que l'une des deux nièces ne se lassât du couvent, qu'elle n'en sortît, qu'elle se mariât, et que son époux fît casser la renonciation, en la taxant de surprise, ce qui est possible et serait faisable.

On veillera à ce que cette circonstance ne se présente pas.

— Très bien ; mais, en réfléchissant, il y a peut-être un autre danger.

— Je ne le vois pas.

— Bon ! je le vois, moi.

— Et ce danger serait ?...

— Ce danger, mon cher Bamboula, serait tout entier pour moi et viendrait de toi !

— Comment ?

— Si l'une des deux nièces finissait par t'aimer et consentait à devenir la comtesse de Sommes ; si l'autre mourait et que toi, ayant l'acte de renonciation, tu l'anéantissais, cet acte, afin de devenir possesseur, d'une façon toute naturelle, de la fortune que tu convoites, et dont tu me devras la moitié !

— Quoi ! fit le comte en pâlissant légèrement et en se mordant violemment les lèvres, tu crois que je serais capable...

— Non ! non ! interrompit le Roi du bagne en souriant. Je suis certain que tu ne feras rien de tout cela ! C'était une supposition qui me venait à l'esprit, voilà tout ! Continue, mon cher Bamboula, je t'écoute.

Le comte regarda son interlocuteur, et les regards des deux hommes se croisèrent comme deux flèches acérées. Le comte se demandait si le Roi du bagne raillait ou s'il avait lu dans sa pensée ; mais, bien certain qu'il ne parviendrait pas à démêler la vérité, il détourna les yeux et continua :

— Du côté des Niorres et de leur fortune, les choses sont donc limpides. Reste maintenant l'affaire d'Horbigny.

— Oh! fit le Roi du bagne, celle-là n'est plus embarrassante. Mme Bernard est morte, Bernard est devenu fou : l'enfant est abandonné, personne ne le réclamera jamais. D'ailleurs personne ne peut maintenant le reconnaître, et mes préparations chimiques ont pleinement réussi. La marquise peut jouir, dès à présent et sans crainte de la fortune de son mari.

— Eh bien! reprit le comte, avant que les dix-huit mois qu'il faut attendre pour réclamer l'héritage des Niorres ne soient écoulés, et tandis que l'affaire du procès s'apaisera et s'oubliera, j'épouserai la marquise.

— De sorte qu'avant deux ans d'ici tu réuniras dans les mains l'héritage du vieux marquis et celui du conseiller, c'est-à-dire plus de cinq cent mille livres de revenu. C'est assez joli, cela.

Le comte ne répondit pas. Il devinait, au ton dont avaient été prononcées ces paroles, que le Roi du bagne jouait avec lui comme un chat avec la souris qu'il va croquer.

De pâle qu'il était ordinairement, il devint blafard : ses lèvres minces disparurent complètement, ses yeux s'injectèrent de sang, et ses doigts crispés déchiquetèrent les franges soyeuses du fauteuil.

Une crainte vague l'agitait, mille suppositions contraires excitaient sa colère, et pourtant il se contenait.

Le Roi du bagne ne parut pas remarquer ce qui se passait en lui.

— Et quelle sera ma part, à moi? dit-il en hochant la tête. Que me donneras-tu?

— Que veux-tu prendre? répondit le comte.

— Dis-moi d'abord ce que tu comptes m'offrir?

— Mais... moitié... cela est convenu.

Le Roi du bagne fit claquer sa langue.

— C'est bien mesquin! dit-il.

— Hein! fit le comte en se dressant. Tu ne trouves pas que cela soit assez?

— Écoute donc! Tu ne réfléchis pas! D'abord je suis ton père, ensuite il me semble que dans tout ce qui s'est passé j'ai été, moi, l'esprit qui commande et toi seulement le bras qui frappe. Qui donc a fait signer au conseiller la donation dont tu vas revendiquer le profit? N'est-ce pas moi? Qui donc t'a retiré de la fange pour te lancer dans le monde et te préparer au rôle que tu devais jouer? N'est-ce pas moi? Qui donc a dirigé toute

L'HOTEL DE NIORRES

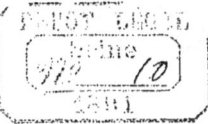

— Tu plaisantes! dit-il.
— Pourquoi? demanda froidement le chef des forçats. (P 748.)

l'intrigue? Qui donc a eu la pensée de se servir de l'amour des deux marins? Qui donc a enlevé la Jolie Mignonne? Qui donc enfin a su conserver à la marquise la fortune de son mari en cachant à tous les yeux la mort de sa fille? N'est-ce pas moi, encore moi, toujours moi? Et lorsque le but est atteint, lorsqu'il n'y a plus qu'à recueillir, tu viens m'offrir moitié de tes trésors? Allons donc, Bamboula! tu méconnais ton père, mon enfant!

L'accent du Roi du bagne était tellement ironique, tellement railleur, tellement caustique, que le comte de Sommes tressaillit et frissonna comme s'il eût été piqué par un serpent.

— Au fait, dit-il d'une voix brève, dis ce que tu veux?
— Tout! s'écria le Roi du bagne.
— Tout? répéta le comte.

Les deux hommes se regardèrent encore. Un silence profond régna dans la pièce. L'expression de chacune de ces deux physionomies eût offert un modèle parfait à un peintre ami des contrastes. Le comte de Sommes, en proie à une rage froide et contenue, offrait sur son visage ces tons verdâtres qu'y impriment la colère et le sentiment de l'impuissance. Le Roi du bagne, calme et impassible, dominait son interlocuteur de toute la hauteur de son intelligence, de tout le poids de sa supériorité.

— Écoute, Bamboula, reprit-il d'une voix incisive, je vais m'expliquer nettement. Tu es mon fils, cela est vrai, mais pour des hommes tels que moi les liens du sang ne sont rien et n'ont aucune signification. Ce n'est pas parce que tu étais mon fils que je t'ai élevé au rang que tu occupes, mais seulement parce que j'ai reconnu, en toi, un homme supérieur, un esprit en dehors du vulgaire, et tous les genres de ces grandes passions qui font accomplir de grandes choses. Maintenant je te connais; je n'ignore aucun de tes défauts. Tu es orgueilleux, tu es hypocrite, tu es ingrat. Si je te mets en possession de la fortune, tu ne me reconnaîtras plus, car tu n'auras plus besoin de moi. Or j'ai encore besoin de ton intelligence et de tes services, moi, et je veux te garder sous ma domination. Ces trésors, que j'ai su mettre à portée de ta main, crois-tu que ce soit un sot amour de l'or qui m'ait fait en désirer la possession? Une pensée, bien autrement grande, me domine. J'ai la royauté du bagne, je rêve, sur la terre, la royauté du mal! Il faut que tout un pays bouleversé me permette de contenter enfin mes passions inassouvies! J'aime le sang, Bamboula, j'aime le meurtre, j'aime le pillage, le désordre, l'anarchie! Ce qu'il me faut pour vivre et respirer à l'aise, c'est une atmosphère chargée de toutes ces effluves magnétiques que dégagent les plus mauvaises passions humaines. Oh! je me connais, Bamboula! Je sais ce que je suis. Le destin a fait de moi l'un de ces héros du crime jetés sur la terre comme un fléau; j'accomplirai le rôle que m'a départi la nature. Ma vie est longue, et je prévois ce qui va s'accomplir au milieu de cette société avec laquelle j'ai toujours vécu en lutte. Un cataclysme social est imminent, je l'attends avec impatience. Bien d'autres que moi aspirent à cette heure d'un bouleversement général : les uns, mus par un mesquin intérêt particulier, obéissant à de plats désirs de vengeance privée, à de stupides envies émanant d'un orgueil plus stupide encore; les autres, croyant à une régénération de l'esprit humain à l'aide de doctrines pompeusement énoncées. Ceux-là poussent, ceux-ci sont poussés, et tous marchent dans un même sentier, tous courent vers un même but. D'effroyables catastrophes se préparent, et cet espoir fait ma joie, car alors aucune barrière ne sera plus debout entre moi et la satisfaction des passions qui me dominent. Je veux hâter de toutes mes forces ce moment que j'attends depuis de longues années; je veux que tout ce que je possède, que tout ce qui m'obéit, me serve dans l'accomplissement de mes projets. Hommes et argent seront prodigués! Comprends-tu, Bamboula? J'ai besoin de tous ces trésors qui vont devenir nôtres, pour faire, de l'or, un levier puissant qui soulève les esprits. J'ai besoin de ton intelligence à toi, pour appuyer mes efforts; j'ai besoin de ta position dans le monde aristocratique pour connaître ce qui s'y passe. Tu seras mon lieutenant, mon espion, mon âme damnée, ma chose enfin. Il faut que tu m'obéisses à mon gré, et tu m'obéiras! Comprends-tu que je ne puisse te donner la fortune pour te donner en même temps l'indépendance?

Le Roi du bagne s'était levé en terminant ce discours, et sa physionomie, chaudement éclairée par la lumière des bougies, apparaissait sinistre, menaçante et animée par le reflet des passions tumultueuses qui se heurtaient dans son cerveau. Le comte le considéra avec une émotion qu'il ne chercha pas à cacher. Il croyait connaître cet homme, et il s'apercevait qu'il n'avait jamais jeté la sonde jusqu'au fond de cette âme aux replis tortueux.

— Pour parler comme tu le fais, dit-il, pour rêver ce que tu rêves, il faut donc que tu haïsses bien profondément l'espèce humaine!

Les yeux du Roi de bagne lancèrent deux jets de flammes.

— Oui, je la hais! dit-il d'une voix pénétrante.

— Que t'a-t-elle fait?

— Ce qu'elle m'a fait?... s'écria le terrible personnage.

Puis, s'arrêtant brusquement en faisant un violent effort sur lui-même :

— Tu n'as pas besoin de le savoir, continua-t-il d'une voix calme. L'histoire de mon passé ne concerne que moi, et personne ne la connaîtra jamais! Au reste, la question entre nous n'est pas là. Revenons à ce qui nous occupe. La fortune, du moins celle de la marquise d'Horbigny, s'élève à près de dix millions de capital. Ces dix millions, je les garde pour moi seul. Je fournirai seulement à l'existence brillante qu'il faut que tu continues à mener. Cela doit te suffire.

Le comte de Sommes soutint, sans sourciller, le regard que le Roi du bagne fixait sur lui. Puis, haussant légèrement les épaules, il laissa échapper un rire sec.

— Tu plaisantes! dit-il.

— Pourquoi? demanda froidement le chef des forçats.

— Comment! tu supposes que pour servir tes desseins insensés, pour satisfaire les passions qui te dominent, pour augmenter ta puissance enfin, j'irai, de mon plein gré, renoncer à toutes mes espérances, immoler mon avenir et me faire ton esclave pour parvenir à l'accomplissement de tes plans? Me prends-tu pour un sot instrument dont on se sert et que l'on brise ensuite, lorsque l'on n'en a plus besoin? Tu te fais trop d'honneur à toi-même en te donnant pour l'esprit qui a commandé, et tu ne m'en fais pas assez, à moi, en me reléguant au rôle stupide du bras qui agit. J'ai droit à ma part, et je saurai la prendre. Je te propose de partager! Prends garde! si tu refuses, si tu veux la guerre, tu n'auras rien!

— Le crois-tu? fit le Roi du bagne avec un sourire railleur.

— Si tu as cru prendre tes précautions, j'ai su établir les miennes, continua le comte. Aujourd'hui je ne te crains pas! Que peux-tu contre moi? En vérité, tu es fou lorsque tu prétends m'imposer tes volontés! Je suis libre, entends-tu! Et que tu me prêtes ton assistance ou non, je saurai arriver à la fortune et fondre celle de la marquise avec celle des Niorres. Tu me menaces d'une révélation? Allons donc! cette menace n'est bonne que pour les niais! Pour me dénoncer, il faudrait que tu te dénonçasses toi-même. D'ailleurs je nierais. Quelles preuves as-tu contre moi?

— Aucune, je l'avoue, dit le Roi du bagne.

— Et tu n'oublies pas non plus, je pense, que les relations que j'ai su me créer me serviraient prodigieusement en cas d'attaque?

— Je ne l'oublie pas davantage.

— Alors, que peux-tu contre moi?

— Deux choses bien simples : empêcher, d'une part, ton mariage avec la marquise, et de l'autre, te priver de l'héritage des Niorres.

— Toi, tu peux cela! s'écria le comte.

— Sans doute!

— Allons donc! je ne te crois pas!

— Il te faut des preuves?

— Oui.

Le Roi du bagne se laissa retomber sur le divan et reprit sa pose nonchalante.

— Pour t'épouser, dit-il, il faut que la marquise d'Horbigny ait mon consentement tacite à cette union, et, ce consentement, je puis le refuser.

— On s'en passera! dit le comte, dont la colère commençait à se faire jour à travers le calme qu'il affectait.

— Je ne le crois pas.

— Pourquoi?

— Mon Dieu! pour ce simple motif : c'est que la marquise est déjà bigame, et qu'il dépend de moi de la faire condamner.

— Hein! s'écria le comte.

— La marquise avait été mariée en Italie avant d'épouser M. d'Horbigny. Son premier mari est encore vivant, et ce mari... c'est moi!

— Toi! fit Bamboula avec stupéfaction.

— Eh! oui! moi-même. Rappelle-toi l'histoire de mes mariages, que j'ai racontée devant le duc de Chartres. Ne t'ai-je pas dit que l'une de mes femmes, la dernière, était vivante? Eh bien! c'est la marquise...

— Elle! elle! répéta le comte comme s'il se refusait à croire.

— En veux-tu la preuve? continua le Roi du bagne, elle est facile à donner. Tiens, voici une lettre écrite tout entière de la main de la belle marquise, lettre datée de deux mois à peine, et qui dissipera tous tes doutes. Lis!

Le comte prit le papier que lui présentait son interlocuteur.

— Garde cette lettre et porte-la à la marquise, elle t'en confirmera toutes les expressions, ajouta le Roi du bagne.

Une rougeur ardente envahissait le visage du comte.

— Ainsi, s'écria-t-il avec explosion, elle et toi, vous vous êtes joués de moi!

— Il le fallait, mon cher ami! répondit le Roi du bagne toujours impassible. Je ne pouvais pas, moi, premier mari de la marquise et pensant à faire un jour valoir mes droits, travailler à faire passer, sur sa tête, tout l'héritage de son second mari. La plus légère indiscrétion nous eût perdus tous deux, car l'on eût pu nous accuser, à bon droit, d'une complicité manifeste. Il fallait demeurer en apparence étrangers l'un à l'autre, et faire adroitement agir un tiers qui nous servit sans s'en douter. C'est la vieille histoire des *marrons du feu* et qui sera éternellement vraie, tant que le monde sera monde.

Le comte de Sommes courba la tête; il se sentait dominé par l'infernal génie de son interlocuteur. Il comprenait tout; il s'expliquait la conduite de la marquise, celle du Roi du bagne, et lui, qui avait cru jouer les autres, il était forcé de reconnaître qu'il avait été la dupe de plus adroits.

A cette pensée, son orgueil froissé se joignant au sentiment que lui inspirait la perte d'une partie de cette fortune immense qu'il croyait réunir dans ses mains amena en lui une surexcitation violente.

Les suggestions les plus opposées et les plus rapides se firent jour dans son esprit, en moins de temps que nous ne mettons à écrire cette phrase.

Le Roi du bagne, le regard rivé sur Bamboula, semblait lire nettement tout ce qui se passait dans son âme.

— Soit! s'écria Bamboula après un moment de silence. A toi la fortune du marquis d'Horbigny, mais à moi celle des Niorres! Oh! je sais ce que signifie ton sourire! Tu te dis que tu possèdes entre tes mains l'original de cette donation faite en faveur du fils de la Madone, et que, pour réclamer l'exécution de cet acte dont je n'ai, moi, que la copie, il me faudra ton assistance. Mais tu n'as pas tout prévu, malgré ton infernal génie de l'intrigue. Ce que tu redoutais tout à l'heure, je le ferai! L'une des nièces mourra, et j'épouserai l'autre. Alors ma fortune sera encore plus considérable que la tienne, et si tu veux la guerre tu l'auras! Oh! ne hausse pas les épaules. Tu auras en moi un ennemi terrible. Que sont les liens du sang entre nous? Rien! Tu l'as dit toi-même. Tu m'as joué, tu m'as trompé, tu t'es servi de moi comme d'un vil instrument : je me vengerai! Garde-toi! Je connais une partie de tes secrets, je...

— Silence! commanda impérativement le Roi du bagne. Si tu tiens à ta vie, cesse ce jeu terrible que tu joues devant moi! Oser entrer en lutte avec moi, le Roi du bagne! Sais-tu que parmi tous ces hommes qui m'entourent, et qui ne craignent rien cependant sur la terre, pas un seul n'oserait entreprendre un tel combat! Crois-tu donc, d'ailleurs, qu'un colosse de puissance puisse être attaqué par un pygmée de ton espèce! Crois-tu que j'ai pu oublier une précaution à prendre? Soumets-toi, Bamboula, car tu es à moi! Tu m'appartiens, et tu ne peux m'échapper! Je ne puis te dénoncer moi-même! non, sans doute, mais tu n'en es pas plus pour cela à l'abri de la justice. Il est un homme qui t'a vu jadis à Brest, qui t'a rencontré à Paris, et qui a été sur le point de te reconnaître et auquel un seul mot ouvrirait les yeux.

— Un homme! répéta Bamboula.
— Oui.
— Qui donc?
— Tout simplement Mahurec; et, si tu veux savoir la vérité, je t'avouerai que c'est parce qu'il peut te dénoncer un jour, en te reconnaissant, que je ne l'ai pas tué dans les jardins de l'hôtel, la nuit de l'incendie; comprends-tu?

Bamboula regarda encore le terrible personnage.

— Mais si je suis pris un jour, dit-il, ce jour-là je te dénoncerai.

Camparini sourit.

— La royauté du bagne, dit-il, est plus solidement établie que tu ne le penses, et, le jour où tu serais arrêté, tu mourrais avant d'avoir pu parler. Maintenant, agis à ta guise, épouse l'une des nièces, si bon te semble... je ne m'y oppose pas!

A cette révélation inattendue, qui le privait de sa dernière espérance, qui détruisait son dernier rêve, le comte demeura foudroyé. Il savait que le Roi du bagne ne pouvait mentir; il comprenait qu'il était vaincu. Le Roi du bagne parut jouir un instant de son triomphe; puis, se rapprochant de son interlocuteur :

— Il dépend de toi, dit-il, que tes plus beaux rêves d'avenir soient réalisés. Obéis-moi! soumets-toi! Avant dix-huit mois tu seras en possession de l'héritage des Niorres, tu prélèveras cent mille livres pour tes revenus. Jure-moi obéissance et je ferai de toi, mon fils, l'un des hommes les plus puissants de ce monde. Tu comprends aujourd'hui toute l'étendue de ma domination; te soumets-tu?

Le comte regarda le Roi du bagne; un combat formidable semblait s'accomplir dans son âme. Enfin ses traits crispés se détendirent; sa résolution était arrêtée.

— Je me soumets! dit-il d'une voix frémissante.

LXX

Rien ne nous semble plus intéressant, en présence des changements qui transforment si magiquement la capitale, que de reconstruire, par la pensée, ce Paris, berceau de la civilisation moderne, tel qu'il était aux siècles précédents; de rebâtir, là où s'ouvrent aujourd'hui ces artères gigantesques, des quartiers resserrés, populeux et étouffés; de relever, à la place occupée par ces jardins spacieux et élégants, les vieux monuments qui ont dû disparaître; de faire renaître ces cloaques infects devenus des promenades charmantes; ces rues étroites, sinueuses et ressemblant à des défilés, changées en voies larges, aérées et droites

Nous avons décrit, en écrivant le *Capitaine La Chesnaye,* le Paris de Henri IV; déjà, en traçant les pages qui précèdent, nous avons essayé de décrire le Paris de Louis XVI; mais il est un endroit de ce Paris dans lequel ne nous ont pas encore conduit nos promenades, que nous avons laissé dans l'ombre, et qui cependant, par la métamorphose qu'il a subie, plus que tout autre mérite certes que nous nous en occupions.

Nous voulons parler de ce point central de la capitale où s'élève ce palais majestueux, le plus vaste, le plus beau, le plus régulier de tous les royaux séjours, et qui, de simple pavillon de chasse au milieu d'une forêt, qu'il était encore sous la seconde race, de forteresse servant à commander le fleuve qu'il était devenu au dixième siècle, commença enfin, en 1204, à servir de résidence au roi de France, Philippe-Auguste, tout en conservant son nom de Louvre, venant du latin *Lupara* ou *Loupara* (Louverie), nom qui rappelait sa première origine : nous voulons parler de ce palais reconstruit par Pierre Lescot sur les ordres de François Ier, achevé par Henri II, et relié au nouveau palais des Tuileries, sous les règnes successifs de Charles IX, d'Henri IV et de Louis XIII, et par les soins des architectes Philibert Delorme, Androuet, Decerceau et Metzeau; nous voulons parler enfin de ce palais dont Louis XIV fit construire la colonnade, que lui-même et des successeurs abandonnèrent pour Versailles, dont Napoléon Ier fit restaurer les bâtiments et refaire les appartements intérieurs, et qu'il appartenait à Napoléon III de terminer, achevant en quelques années, sous l'influence magique de sa volonté puissante, l'œuvre commencée depuis plus de trois siècles.

Avant la première période impériale, le château des Tuileries était tel encore que l'avait laissé Louis XIV.

En 1790, c'est-à-dire cinq ans après que s'étaient accomplis les événements que nous avons rapportés, la résidence devenue forcément royale, était loin de répondre au tableau que l'on peut s'en faire aujourd'hui, par l'inspection de ses bâtiments aérés, de ses proportions grandioses et ses abords dégagés.

A cette époque, l'esplanade, qui sépare le vieux Louvre des Tuileries, était occupée par des maisons particulières, des cours, des hôtels, des jardins murés, des rues étroites, obscures, montueuses, qu'on pouvait naguère se figurer encore par les derniers vestiges de la rue du Doyenné.

Deux ou trois de ces rues aboutissaient à la place du Carrousel.

En face de leur ouverture s'élevait l'enceinte du palais, non pas précisément à l'endroit où gît maintenant la grille, mais vingt pas en arrière, ce qui rétrécissait considérablement les cours.

Cette enceinte était formée par une ligne de bâtiment de chétive apparence et n'offrant, au dehors, qu'un mur mal crépi, haut de quinze

L'HOTEL DE NIORRES

Depuis quelques instants le jeune militaire, immobile et silencieux, se livrait à la rêverie profonde qui semblait l'absorber. (P. 754.)

à vingt pieds, sans autre ouverture que les trois portes donnant accès dans les cours du château.

Ces bâtiments, qui ressemblaient aux communs des anciennes demeures féodales, servaient, à droite et à gauche des entrées, de logements aux concierges, qui y tenaient des restaurants, et l'on avait pratiqué, dans le reste de leur pourtour, des corps de garde et des casernes pour les troupes de service ordinaire.

L'espace, entre la façade du château et son enceinte extérieure, était divisé en trois cours d'inégales grandeurs, par deux rangées parallèles de bâtiments semblables à ceux que nous venons de décrire.

La première à gauche, celle qui précédait le pavillon de Flore, et que fermait d'un côté la galerie du Louvre, se nommait la cour des Princes; sa porte d'entrée était voisine des deux guichets qui font communiquer le Carrousel avec le quai. La seconde, appelée cour Royale, était de beaucoup la plus vaste : elle conduisait au vestibule du pavillon de l'Horloge, et elle était bordée, latéralement, par les deux rangs de bâtiments que nous avons déjà signalés.

La troisième cour était celle des Suisses : elle occupait les abords du pavillon de Marsan et avait, comme les deux autres, une porte s'ouvrant sur la place du Carrousel.

On voit qu'alors la grande cour qui s'étend aujourd'hui d'une extrémité à l'autre de la façade des Tuileries, au levant, était partagée en trois quadrilatères, bordés, sur toutes leurs faces, d'édifices qui les enceignaient.

Du côté du jardin, l'aspect était à peu près le même que de nos jours.

A l'époque où nous reprenons notre récit, c'est-à-dire en 1790, dans les premiers jours de janvier, et au moment où dix heures du matin sonnaient à Saint-Roch, un jeune homme de taille moyenne, maigre et d'apparence chétive, portant l'uniforme de lieutenant d'artillerie, paraissait être en contemplation devant la porte principale du palais des Tuileries, celle donnant au milieu de la place du Carrousel.

Depuis quelques instants le jeune militaire, immobile et silencieux, se livrait à la rêverie profonde qui semblait l'absorber, lorsqu'un personnage, de quelques années plus âgé, et vêtu avec un laisser-aller tout artistique, déboucha à son tour sur la place, aperçut le lieutenant d'artillerie, poussa une exclamation joyeuse et marcha vivement vers lui.

— Que comtemplez-vous là? demanda-t-il d'une voix comiquement tragique.

Le jeune officier se retourna, en tressaillant, comme si l'on venait de le tirer d'un lourd sommeil.

— Talma! dit-il.

— Eh! oui! moi-même, mon cher ami! Par quel heureux hasard êtes-vous donc à Paris? Je vous croyais à Valence.

— Je ne suis que de passage ici, répondit l'officier d'artillerie. Mais, à propos, j'ai à vous complimenter. J'ai eu connaissance de tous vos succès au théâtre. Le manteau de Lekain est bien placé sur vos épaules

— Il y a pourtant pas mal de gens qui prétendent que je ne puis le porter... que par derrière, dit Talma en riant, mais l'avenir jugera. En attendant, que faisiez-vous devant le palais?

— Je contemplais la demeure d'un roi prisonnier.

— Et vous vous disiez?...

Rien! répondit l'officier en secouant la tête.

Talma, en homme de goût, n'insista pas.

— Ah ça! reprit-il, puisque le hasard nous a fait nous rencontrer ce matin, nous passerons la journée ensemble. Qu'avez-vous à faire?

— Mais... peu de chose.

— Où allez-vous?

— Je me promène dans Paris. C'est là le seul but que je me proposais. J'étais, et je suis encore, curieux d'étudier la physionomie de la grande ville, en face des événements qui se préparent.

— Qu'à cela ne tienne! flânons! je ne demande pas mieux. Je n'a-pas de répétition aujourd'hui. Allons au hasard!

Et Talma, prenant le bras de son compagnon, l'entraîna dans la direction du Palais-Royal.

Bientôt tous deux pénétrèrent dans ce jardin du palais, centre de l'industrie, foyer du commerce, arène toujours ouverte aux factions qui en avaient déjà fait plusieurs fois le rendez-vous de leurs complots et le théâtre de leurs combats.

Une multitude curieuse entourait, à rangs pressés, un homme monté sur une table.

Cet orateur, que la foule applaudissait, déclamait avec une extrême véhémence contre la perfidie de la Cour, l'orgueil des nobles, la cupidité des riches et la paresse des législateurs.

Il échauffait les passions de son auditoire par une parole fière, hardie, entraînante, jetant, à ceux qui l'écoutaient, les motions les plus incendiaires. L'officier et Talma se mêlèrent à la foule.

— Bravo, Danton! cria Talma lorsque l'orateur, après avoir achevé sa péroraison, sauta lestement à terre, au milieu des applaudissements des uns et des injures des autres.

— Danton! répéta l'officier.

— Eh! oui! l'ancien avocat, à présent le président-fondateur du club des Cordeliers!

— Salut, Talma! dit Danton sur un ton tragique, et en tendant la main à l'artiste déjà célèbre.

Un quatrième personnage arriva, s'avançant avec empressement vers Danton.

— Eh! bonjour, Brune! dit l'orateur. Te voilà donc rédacteur en chef du nouveau *Journal de la Cour et de la Ville?*

— Oui, mon cher Danton! répondit Brune avec une familiarité qui indiquait une amitié sincère.

— Ce soir, tu seras chaudement accueilli au club des Cordeliers, dont tu es, avec moi, le fondateur.

Brune regardait le lieutenant d'artillerie.

— Vous étiez à Valence l'année dernière? dit-il en rappelant ses souvenirs.

— Oui, répondit l'officier, j'y suis même encore en garnison.

— Mais moi aussi, dit Danton, j'ai eu le plaisir de vous voir, seulement je ne sais plus où?

— Votre mémoire, dit Talma, ne réveille donc pas le souvenir d'un voyage à Versailles?

— Eh oui! dit Danton, dans un carrabas! C'était à l'époque de l'affaire de ce pauvre Bernard et de celle de ces deux gentilshommes qui avaient commis un si grand nombre d'assassinats.

— Cela est vrai. Il me semble même que ces deux gentilshommes dont vous parlez étaient avec nous dans la même voiture.

— Parfaitement..

— Et que sont-ils devenus?

— Ma foi! je n'en sais rien. Ils ont été embarqués sur un ordre du roi, qui avait commué leur peine, et ils sont en Amérique, je pense. Au reste, je ne pourrais vous renseigner à leur égard, car, je vous le répète, depuis leur départ, on n'en a plus entendu parler.

— Et ce matelot qui paraissait leur être si dévoué et qui, m'a-t-on dit autrefois, a contribué à les sauver de l'échafaud?

— Ah! ah! attendez donc! un pauvre diable qui avait un singulier nom... Il est parti avec le marquis d'Herbois et le vicomte de Renneville, autant que je puisse me souvenir, et on ne sait pas non plus ce qu'il est devenu.

— Et le malheureux M. de Niorres?

— Il est mort deux ou trois mois après le procès. Sa belle-sœur ne lui a presque pas survécu.

— N'avait-il pas deux nièces?

— Oui! les causes innocentes, mais principales des empoisonnements : celles qui devaient épouser les deux officiers de marine.

— Sont-elles mortes aussi?

— Non; elles sont au couvent. Elles se sont admirablement conduites. Lors de la mort de leur oncle, elles ont fait une renonciation à la fortune qui leur revenait.

— Les pauvres jeunes filles ont prononcé leurs vœux?

— Ma foi! je n'en sais rien, mais...

Danton s'arrêta.

Un homme, tout jeune encore, portant l'uniforme du régiment des hussards, avec les galons de brigadier, se promenait dans le jardin, et il s'arrêta près du groupe en souriant.

Brune lui serra la main.

— Mon cher Ney, dit Danton, vous rappelez-vous, tout brigadier que vous soyez, vos souvenirs de clerc de notaire?

— Oh! je n'ai rien oublié, dit Michel, en saluant militairement l'officier d'artillerie.

— Eh bien! n'est-ce pas à l'étude de votre notaire, que les demoiselles de Niorres ont déposé leur acte de renonciation?

— Oui, répondit Michel.

— Est-ce qu'elles ont prononcé leurs vœux?

— Non, pas encore. Elles veulent attendre qu'elles aient vingt-cinq ans révolus.

— Pourquoi?

— Ah! je ne saurais vous dire la cause de cette détermination, mais elle est formelle, j'en suis certain. Or, elles n'auront vingt-cinq ans que dans trois ans, en 1793.

— Messieurs, dit Danton, je vous demande pardon, mais il faut que j'aille au Châtelet.

— Tiens! fit Michel, je vais précisément de ce côté.

— Et nous vous accompagnons, ajouta Talma en reprenant le bras de l'officier.

Tous quatre quittèrent le jardin du palais et se dirigèrent vers les Halles.

Là, Paris offrait une tout autre physionomie que celle qu'il présentait dans le jardin du Palais-Royal; c'était l'activité d'un grand marché, au milieu de la paix la plus profonde.

En traversant la rue Saint-Honoré pour gagner les quais, Danton se heurta presque contre deux bourgeois qui marchaient en flânant le long des boutiques.

— Ah! s'écria l'un des promeneurs en faisant un soubresaut en arrière, monsieur Danton, mon illustre locataire!

— Tiens! monsieur Gorain! fit l'avocat en s'arrêtant. Cela va bien? Et vous aussi, monsieur Gervais?

Gorain et Gervais répondirent, en hommes extrêmement flattés de l'honneur que leur faisait l'orateur politique déjà célèbre, et dont le nom s'accolait parfois à celui de Mirabeau.

— Vous allez voir juger M. de Favras? demanda Gervais.

— Oui. Mais à propos, continua Danton en fronçant ses épais sourcils, on m'a fait un singulier rapport contre vous, messieurs?

— Contre nous! balbutia Gorain en pâlissant.

— On m'a affirmé que vous étiez tous deux des satellites du pouvoir monarchique, que vous aviez sollicité jadis, vous, Gervais, un brevet de fournisseur du ministre, et vous, Gorain, la dignité d'échevin. Cela serait-il vrai?

— Moi, grand Dieu! dit Gervais dont la physionomie revêtait les couleurs de l'arc-en-ciel. Jamais, au grand jamais, je n'ai eu la pensée... Je suis bon patriote,... rien que patriote... Je suis fournisseur du peuple, ce bon peuple, cet excellent peuple. Je...

— Moi, interrompit Gorain, j'étais à la prise de la Bastille, ainsi...

— Très bien, dit Danton, mais veillez sur vos actions, vous êtes mal notés dans le district.

— Nous irons au club tous les soirs! dit vivement Gervais.

— Et nous portons toujours la cocarde patriotique! ajouta Gorain en se baissant pour faire voir son chapeau surmonté de la cocarde tricolore.

— Venez au club, soyez patriotes, reprit Danton. Vous êtes influents dans votre quartier : c'est à vous de donner le bon exemple.

— Nous vous le promettons, monsieur Danton, nous vous le promettons! dirent à la fois les deux bourgeois que la peur faisait trembler.

Danton leur fit un geste moitié amical, moitié menaçant, et continua sa route suivi de ses trois compagnons.

— Ah! mon Dieu! fit Gorain en s'appuyant sur le bras de Gervais, il ne manquerait plus que ce maudit échevinage, qui m'a causé tant de maux et tant de tribulations déjà pour n'aboutir à rien, fût encore cause de nouvelles affaires!

— Une idée! dit Gervais.

— Laquelle?

— Si nous demandions à M. Danton de nous faire nommer officiers municipaux de Paris? Ça serait une fière preuve de patriotisme!

— Vous avez raison, compère! Ce soir nous irons au club et nous solliciterons cet honneur. Si M. Danton a besoin d'argent, je lui en prêterai... il me doit déjà plusieurs termes,... ainsi, nous serons à l'abri de toute dénonciation.

Et les deux bourgeois, dont la peur servait de mobile à leurs convictions politiques, s'éloignèrent, enchantés de l'idée émise par Gervais.

Danton et ses amis approchèrent du Châtelet. Une foule immense, rassemblée sur le quai, obstruait le passage, malgré les efforts de la garde nationale, et faisait retentir l'air d'affreuses vociférations.

Ces forcenés accusaient l'autorité de trahison, les juges de lenteur et demandaient, à grands cris, la tête du marquis de Favras dont le procès était alors pendant.

Au milieu des plus furieux, on voyait un homme de haute taille richement vêtu et qui paraissait exciter la foule.

C'était un horrible charivari.

Danton se glissa jusqu'auprès du groupe principal, et échangea quelques paroles avec l'agitateur.

— Qu'est-ce donc que cet homme? demanda l'officier d'artillerie

— C'est un Italien d'origine, puissamment riche, répondit Talma, mais qui a embrassé avec feu les idées nouvelles. C'est un ami de Marat, de Danton, de Mirabeau : il se nomme le marquis Camparini... Mais tenez, continua Talma en changeant de ton, voici encore un jeune homme, là, dans la foule, avec lequel nous avons voyagé de Paris à Versailles : c'est Tallien, qui a abandonné le notariat pour la politique. Il est aujourd'hui journaliste et président du comité de la section des Minimes.

Pendant que Talma parlait, Tallien s'était approché de Michel.

— Eh bien! Michel, lui dit-il, tu as donc fait comme moi? Tu as abandonné l'étude?

— Je n'étais pas né pour être notaire!

— Ni moi non plus, car j'ai planté là les actes pour m'occuper de la politique.

— Dans quel journal écris-tu?

— Dans *l'Ami du Citoyen*, qui est celui adopté par le *Club des Jacobins*. Mais toi, continua Tallien en changeant de ton, tu n'as quitté Me Desrousseau que pour te lancer dans le chemin de la gloire!

— Mais oui, Tallien! J'ai confiance dans ce chemin à parcourir.

— Ah! fit Tallien en riant, est-ce que tu espères l'accomplissement de ton rêve, tu sais, le bâton de maréchal?

— Pourquoi pas? dit Talma qui s'était rapproché :

Le premier qui fut roi fut un soldat heureux!

Et il se tourna vers l'officier.

Le lieutenant d'artillerie ne répondit pas : il contemplait avec une attention profonde cette foule qui l'entourait.

— Venez, dit-il en entraînant Talma; ces clameurs font mal. Tous ces gens attroupés et demandant la tête d'un homme, ont l'air de chiens attendant la curée.

Les deux jeunes gens descendirent les quais et gagnèrent le jardin des Tuileries.

Il faisait froid, mais le temps était superbe; la terrasse, les allées étaient remplies de promeneurs paisibles.

Les femmes les plus jolies, variées dans leurs atours comme les fleurs d'un parterre, faisaient briller dans ce beau jardin leurs parures et leurs charmes.

— Ici, dit Talma, on est à cent lieues des scènes tumultueuses dont nous venons cependant d'être témoins, il y a un quart d'heure à peine. Quelle singulière ville que ce Paris; quel singulier peuple que ce peuple français!

— Le seul qui soit capable de grandes choses.

Les deux jeunes gens atteignaient alors le pont tournant.

Un grand nombre de personnes couraient vers les Champs-Élysées. Le lieutenant d'artillerie et le gardien suivirent les coureurs.

Là, il y avait émeute : d'anciens gardes-françaises étaient aux prises avec un bataillon de la garde nationale.

Ainsi, on discourait au Palais-Royal, on jugeait au Châtelet, on se promenait aux Tuileries et on se battait aux Champs-Élysées.

— Pour compléter la journée, dit Talma, nous irons aux clubs et à l'Opéra.

Les deux jeunes gens traversèrent la place que devaient ensanglanter les années suivantes, et ils allaient s'engager dans la nouvelle rue Royale, lorsqu'à l'angle de cette rue, en passant devant un cabaret, ils aperçurent un groupe de buveurs attablés dans un cabinet du rez-de-chaussée.

Il y avait là le sergent Lefèvre, le caporal Hoche, l'adjudant-major Joachim, le sergent Nicolas et Augereau, encore maître d'armes, avec Jean en bourgeois.

Au moment où Talma et son compagnon passaient devant les fenêtres, Lefèvre se levait, tenant un verre à la main.

— A la patrie! dit-il.
— A la patrie! répétèrent les autres. (P. 761.)

— A la patrie! dit-il.
— A la patrie! répétèrent les autres.
— Nous jurons tous de la servir!
— Nous le jurons!
— Et moi aussi! ajouta une voix joyeuse.

Et un nouveau venu franchit le seuil de la salle. C'était Michel qui venait d'entrer et de prendre un verre.

— Or donc, continua Lefèvre, nous sommes tous soldats de la France! Augereau et Lannes, êtes-vous décidés?

— Oui! répondirent les deux voix avec le même élan.

— Vous vous enrôlez?

— Oui!... oui!...

— Eh bien! Murat, ci-présent, qui a une si belle écriture, va dresser votre enrôlement.

— En deux temps et quatre mouvements! cria Joachim, aussi joli soldat qu'il avait été joli abbé.

— Minute! dit Lefèvre. Avant l'engagement, il faut que tu écrives nos noms et nos qualités à tous, ci-présents! Car j'ai une idée que je crois bonne.

— Laquelle? cria-t-on en chœur.

— En cette année 1790, nous sommes tous sous-officiers ou soldats. Eh bien! en l'an 1800, nous verrons qui sera arrivé les premiers capitaines! Ceux-là payeront à dîner aux autres et à la même date qu'aujourd'hui, le 7 janvier.

— C'est dit! répétèrent toutes les voix.

— Pour lors donc, Joachim Murat, prends ta plume et écrivasse!

— C'est à vous à commencer, sergent, dit Joachim en prenant tout ce qu'il fallait pour écrire.

Lefèvre posa ses deux poings sur la table :

— François-Joseph Lefèvre, né à Rubach, en 1755. Soldat aux gardes-françaises le 10 septembre 1773, et sergent en 1789. Seize années de service à la patrie.

Il leva son verre, que les autres choquèrent.

Joachim regarda interrogativement le caporal, qui dit :

— Lazare Hoche, né à Montreuil en 1768. Engagé aux gardes-françaises en 1785, et caporal depuis six mois! A la patrie!

— A toi, brigadier! dit Joachim après le trinquement.

— Michel Ney, né à Sarrelouis en 1769. Engagement en 1787! Vive la patrie!

Nicolas se leva.

— Nicolas-Jean-de-Dieu Soult, né à Saint-Amans en 1769, et enrôlé en 1785 dans le Royal-Infanterie. Sergent depuis hier! A la patrie!

— A toi, dit Michel à l'écrivain en lui prenant sa plume.

— Joachim Murat, né en 1768, à la Bastide de Cahors, et, après avoir jeté mon froc aux orties, je suis adjudant-major dans les chasseurs!

— Pour lors, reprit Lefèvre, à nos deux enrôlements, maintenant!

— Pierre-François-Charles Augereau, Parisien et né au faubourg Marceau, en l'année de grâce 1757. Enrôlé volontaire dans les chasseurs. A la patrie!

— Jean Lannes, dit le jeune bourgeois avec une émotion qui illuminait son visage, né en 1769 à Lectoure, et je m'engage dans un bataillon de volontaires. A la patrie!

— A la patrie! cria-t-on avec ensemble, et les verres se choquèrent pour la dernière fois.

— J'ai retenu tous les noms, dit le jeune officier d'artillerie qui s'était arrêté, avec Talma, devant cette fenêtre. Je verrai qui sera capitaine dans dix ans. Si jamais je deviens colonel ou général, je m'occuperai d'eux, car ils sont tous braves, et ça fera de bons soldats que j'aimerais à avoir sous mes ordres.

Michel Ney et Joachim Murat, voyant en même temps le lieutenant d'artillerie, se levèrent en saluant. Tous les sous-officiers se retournèrent, et Lefèvre, prenant son verre, dit respectueusement :

— Mon lieutenant, permettez-nous de boire à votre santé!

Tous l'acclamèrent avec leurs verres. L'officier d'artillerie leva son chapeau, pour leur rendre ce salut, et il reprit sa marche avec Talma.

— Qui est-ce donc que cet officier qui a un regard si profond? dit Joachim Murat, en se penchant curieusement pour le voir.

— C'est le lieutenant Bonaparte, qui a fait ses études à Brienne, dit Michel Ney. Brune vient de me le dire.

— Et l'autre? demanda Augereau.

— C'est Talma, le célèbre acteur.

Et tandis qu'on parlait des deux promeneurs, ils atteignaient à la hauteur du boulevard, se croisant avec un magnifique équipage dans lequel se pavanait un jeune seigneur, que le tragédien salua.

— Qui est-ce donc? demanda le jeune officier.

— Un habitué du foyer de la Comédie-Française, répondit Talma, un ami du duc d'Orléans, et l'un des plus élégants seigneurs qui n'aient pas encore quitté le sol de la France : le comte de Sommes, qui a hérité de toute la fortune laissée par le conseiller de Niorres, et que ses nièces ont refusé d'accepter. C'est une longue histoire que je vous raconterai un jour, si vous voulez l'entendre.

Les deux jeunes gens remontèrent la partie inachevée du boulevard, se dirigeant vers le pavillon de Hanovre.

En cette année 1790, cinq ans après le jugement rendu contre d'Herbois et de Renneville, le Roi du bagne était en plein triomphe, car tous les obstacles avaient été abaissés devant lui

Le comte de Sommes dépensait follement la fortune, fruit de tant de crimes, et les revenus de la marquise d'Horbigny servaient les projets de son digne époux.

Tous ces gens jouissaient d'une impunité complète, et les secousses violentes qui agitaient l'État rendaient cette impunité plus grande et plus durable encore.

Mais qu'était devenu l'enfant échappé au désastre de toute sa famille, et dont l'existence devait être un jour, pour Bamboula, une épée de Damoclès perpétuellement suspendue sur sa tête? cet enfant, ce petit-fils de M. de Niorres, que Saint-Jean avait sauvé, d'accord avec son maître, cet enfant que nous avons vu enlever et qui était bien, lui, le seul et unique héritier de ces immenses richesses que convoitait le comte de Sommes?

La Jolie Mignonne, la pauvre enfant du teinturier Bernard, ne devait-elle pas cesser d'être la victime des crimes accomplis?

Et puis, où étaient le marquis d'Herbois et le vicomte de Renneville, et Mahurec leur fidèle matelot?

Qu'allaient devenir enfin, au milieu de la tourmente révolutionnaire, les nièces du conseiller de Niorres, Léonore et Blanche, qui étaient allées demander au cloître la paix du cœur et l'oubli des chagrins?

La justice divine devait-elle donc sanctionner l'erreur de la justice humaine, et laisser impunis tant d'odieux forfaits?

1re et 2e livraisons — Gratuites

L'HOTEL DE NIORRES
Par Ernest CAPENDU

Réclamer gratis partout les 1re et 2e livraisons illustrées de L'HOTEL DE NIORRES
Jules ROUFF et Cie, éditeurs, 14, Cloître-Saint-Honoré, PARIS

L'HÔTEL DE NIORRES

PAR

ERNEST CAPENDU

Illustrations artistiques entièrement inédites de DUNKI

L'œuvre de CAPENDU, magnifique roman d'amour, de cape et d'épée, dont nous commençons la publication, est le chef-d'œuvre des romans populaires.

Dans ce merveilleux récit, le fracas des guerres de la Révolution se mêle aux sourires de tendres amours et aux plus gracieuses images.

Il nous suffira de rappeler le titre des quatre parties de cette magnifique épopée :

L'Hôtel de Niorres. — Le Roi des Gabiers.
Le Tambour de la 32ᵉ demi-brigade. — Bibi-Tapin.

Ces quatre parties de l'œuvre immortelle de CAPENDU sont le cadre d'une action dramatique et de l'intérêt le plus grand où se croisent et se heurtent des personnages de tous les mondes : *grandes dames, matelots, courtisans, soldats*, etc.

Le lecteur retrouvera dans L'HOTEL DE NIORRES tous les grands noms qui ont illustré le commencement de notre siècle.

Pour conserver cet important ouvrage, tous les lecteurs de
L'HOTEL DE NIORRES
recevront GRATUITEMENT les titre, faux-titre et couverture.

| 10 centimes | | 10 centimes |
| LA LIVRAISON | | LA LIVRAISON |

AVIS IMPORTANT
LES 1ʳᴱ ET 2ᴱ LIVRAISONS SONT DONNÉES GRATUITEMENT PARTOUT

Demander la suite chez tous les libraires et marchands de journaux

Jules ROUFF et Cⁱᵉ, éditeurs, 14, Cloître-Saint-Honoré, PARIS

SCEAUX. — IMPRIMERIE CHARAIRE ET FILS

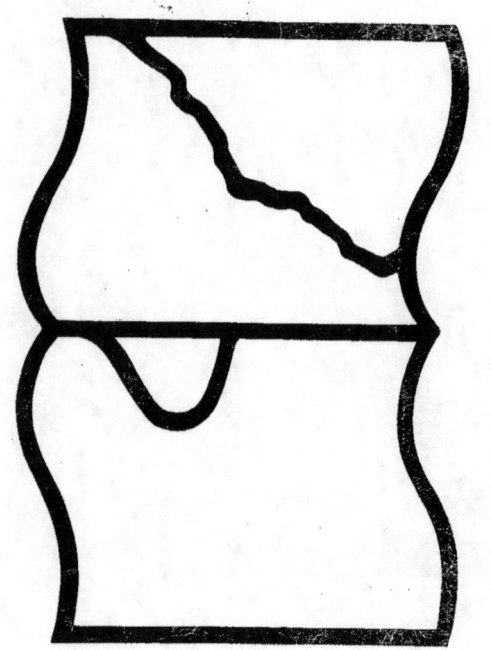

Texte détérioré — reliure défectueuse
NF Z 43-120-11

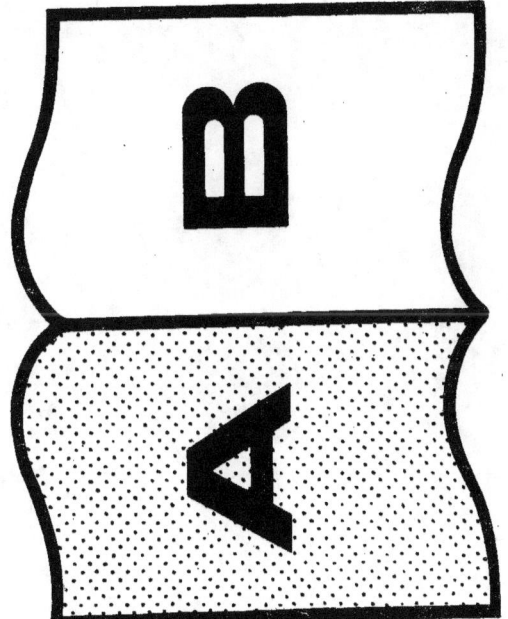

Contraste insuffisant
NF Z 43-120-14

www.ingramcontent.com/pod-product-compliance
Lightning Source LLC
Chambersburg PA
CBHW071657300426
44115CB00010B/1239